Dirección de redacción
Prof. Alejandro Itzik
Prof. Pablo Valle

Realizado y editado en Argentina
Impreso en Colombia
Panamericana Formas e Impresos S.A.
Bogotá, D.C. - Colombia
EDICIÓN 2004 Del Tercer Milenio
Todos los derechos reservados
© **EDITORA SUDAMER S.A.**
Montevideo - Buenos Aires - Bogotá - México DF - Madrid
ISBN de la obra: 9974-7750-7-8

Queda prohibida la reproducción total o parcial de este libro, así como su tratamiento informático, grabación magnética o cualquier almacenamiento de información o sistema de recuperación o por otros medios, ya sean electrónicos, mecánicos, por fotocopia, registro, etc., sin el permiso previo y por escrito de los titulares del copyright.

DICCIONARIO MAGISTER

Español / Inglés

A modo de presentación

Desde que la globalización se instaló en el mundo, es más notoria la necesidad de establecer un fuerte vínculo comercial y cultural entre los países de habla española y los de habla inglesa. Como respuesta a esa necesidad, millares de hispanoamericanos estudian inglés y millares de personas de habla inglesa estudian español.

Esta tendencia al predominio del inglés se ha acentuado, en los últimos años, en medio de procesos de cambio en los sistemas de telecomunicaciones que relacionan y, en gran medida, uniforman las regiones más distantes del planeta.

Más allá de las distintas visiones (favorables o críticas) sobre las consecuencias económicas, políticas y sociales que estos procesos generan, se trata de una realidad indiscutible.

Lo cierto es que el manejo de este idioma se ha convertido en una herramienta indispensable para profesionales, hombres de negocios, estudiantes, técnicos e, incluso, para los trabajadores de la industria, el comercio o los servicios. Todos deben enfrentar, en su vida cotidiana, la necesidad de manejar, al menos, conocimientos básicos de inglés.

Por eso, la tendencia actual es incorporarlo como materia de estudio en los distintos niveles educativos, en particular en los países de habla hispana. También crece la red de institutos privados o de clases particulares destinada a satisfacer una demanda creciente para el aprendizaje de este idioma.

Pero esta demanda tienen necesidades diferenciadas. Y esto se expresa no sólo en los distinto tipos de cursos y planes de estudio existentes, sino también en la variedad de textos de estudio y diccionarios requeridos. De allí, la gran cantidad de diccionarios que se encuentran en el mercado, muchos de ellos excelentes, que abarcan desde pequeñas obras de bolsillo hasta grandes trabajos, pasando por diccionarios técnicos y profesionales específicamente, de sinónimos, y otros.

Por ello, todo lo que tienda a facilitar esos vínculos y a mejorar el saber mutuo de los americanos, no sólo debe considerarse útil y deseable, sino que merece ser estimulado. Éste es el propósito que persigue esta obra.

La misma está dirigida a jóvenes y niños de la enseñanza primaria y media, quienes necesitan de un material de consulta permanente, claro y accesible. Asimismo, este diccionario será de gran utilidad para los adultos, en los momentos en que necesiten ampliar su vocabulario o aclarar cualquier duda que se les presente.

Para redactarla se han tenido en cuenta los más modernos criterios vigentes en diccionarios bilingües. Es decir, presentar las voces no sólo en su significado básico, sino también en el que adquieren en distintos contextos, actividades y disciplinas. Se incluyen además numerosos giros idiomáticos.

También sabemos que el idioma inglés es predominante, sin dudas, en los negocios, el comercio, la industria, las comunicaciones, la tecnología, la informática, el transporte y el turismo a nivel internacional, por lo cual el manejo de este idioma se ha convertido en una herramienta indispensable. Por tal motivo, la obra cierra con una **Guía práctica de conversación y diálogos**, los más comunes que suelen producirse en los viajes de negocios o turismo.

Por todo esto creemos que esta obra será bien recibida por estudiantes, padres, docentes y profesionales, quienes encontrarán en ella un aliado eficaz a la hora de resolver dudas idiomáticas.

LOS EDITORES

Abreviaturas

a.	adjetivo	interrog.	interrogativo
adv.	adverbio	inv.	invariable
Aer.	Aeronáutica	Law	Derecho
Anat.	Anatomía	Lit.	Literatura
Arg.	Argentina	m.	sustantivo masculino
art.	artículo	Mach.	Machinary *(maquinaria)*
Astron.	Astronomía	Mar.	Marítimo
aux.	auxiliar	Mat./Math.	Matemática
Biol.	Biología	Mec./Mech.	Mecánica
Bot.	Botánica	Med.	Medicina
Chem.	Chemistry *(Química)*	Metal.	Metalúrgia
Com.	Comercio	Min.	Mineralogía
Comp.	Computación	Mus./Mús.	Música
conj.	conjunción	n.	noun (sustantivo neutro)
def.	definido	neut.	neutro
dem.	demostrativo	Opt.	Óptica
Dep.	Deportes	p.	pasado
Der.	Derecho	pl.	plural
Ecol.	Ecología	Poet.	Poética
Educ.	Educación	Pol.	Política
Electr.	Electricidad/Electrónica	pos.	posesivo
esp.	especialmente	prep.	preposición
f.	femenino, sustant. f.	pron.	pronombre
fam.	familiarmente	Psic.	Psicología
Farm.	Farmacia	Quím.	Química
fig.	figurado, uso cotidiano	ref.	verbo reflexivo
Filos.	Filosofía	rel.	relativo
Fís.	Física	Relig.	Religión
Fisiol.	Fisiología	sing.	singular
Fotog.	Fotografía	Sociol.	Sociología
Geog.	Geografía	Sp.	Sports (Deportes)
Geol.	Geología	subj.	subjuntivo
Geom.	Geometría	superl.	superlativo
Gram.	Gramática	Tecn./Tech.	Tecnología
Hist.	Historia	TV	Televisión
i.	verbo intransitivo	tr.	verbo transitivo
Ing.	Ingeniería	Vet.	Veterinaria
interj.	interjección	Zool.	Zoología

a. f. first letter of Spanish alphabet.
a. prep. **1.** to: a)*voy a:* (I am going to Buenos Aires); b) *cara a cara* (face to face) **2.** at: *¿a qué hora?* (at what time?). **3.** on, on the: *a bordo* (on board); *a la orilla* (on the shore). **4.** by: *escrito a mano* (written by hand). **5.** in: *a la americana* (in the american manner). **6.** from: *se lo compré a Carlos* (I bought it from Charles). **7.** with: *lo asediaron a preguntas* (they besieged him with questions). **8.** *a menos que; a no ser que:* unless.
ábaco. m. abacus.
abad. m. abbot.// **abadesa.** f. abbess.
abadejo. m. codfish.
abadía. f. abbey.
abajo. prep. **1.** down, below. **2.** *escaleras a.:* downstairs. **3.** *echar a.:* to demolish; to overthrow. **4.** *hacia a.:* downward/s. **5.** *¡a. con él!:* ¡down with him!.
abalanzar. 1. tr. to fling. **2.** ref. to hurl oneself.
abalorio. m. glass bead.
abanderado, da. a. standard-bearer.
abandonado, da. a. **1.** abandoned. **2.** careless *(descuidado).* **3.** slovenly *(desaliñado).*
abandonar. tr. **1.** to abandon, to desert *(desertar).* **2.** to leave, to go out of *(un lugar).* **3.** to neglect *(descuidar).* **4.** ref. to become slovenly. **5.** to abandon oneself to *(abandonarse a).*
abandono. m. **1.** abandonment, abandon. **2.** neglect *(descuido).*
abanicar. tr./ref. to fan.// **abanico.** m. fan.
abaratar. tr./ref. to cheapen.// **abaratamiento.** m. cheapening.
abarcar. tr. to embrace, to cover.
abarrotar. tr. to fill up.// **abarrotado, da.** a. **1.** crowded *(de gente).* **2.** full *(lleno).*
abastecer. tr. to supply.// **abastecedor, ra.** m./f. supplier.// **abastecimiento.** m. supply, supplying.
abasto. m. **1.** supplying, provisioning. **2.** *dar a.:* to produce to capacity.
abatir. tr. **1.** to knock down, to demolish *(derribar).* **2.** to depress, to discourage *(desanimar).* **3.** ref. to become discouraged.// **abatimiento.** m. low spirits, depression, discouragement.
abdicar. tr. to abdicate.// abdication (f.).
abdomen. m. abdomen.
abducción. f. abduction.
abductor, ra. 1. a. abducent. **2.** m. abductor.
abecé. m. rudiments.
abecedario. m. alphabet.
abedul. m. birch.

abeja. f. bee.
abejorro. m. bumblebee.
aberración. f. aberration.
abertura. f. **1.** opening. **2.** *Phot.* aperture.
abeto. m. fir.
abierto. irreg. pp. of **abrir**.// **1.** open. **2.** clear *(claro).* **3.** sincere *(sincero).*
abigarrado, da. a. variegated, multicolored.
abigarrar. tr. to variegate, to mottle.
abigeato. m. cattle rustling.
abisal. a. abyssal.
abismo. m. abyss, chasm.// abysmal (a.).
abjurar. tr. to abjure, to renounce.
ablandamiento. m. softening.
ablandar. tr./refl. **1.** to soften. **2.** fig. to pacify, to calm down.
ablución. f. ablution, washing.
abnegación. f. abnegation, self-denial.
abnegar. 1. tr. to abnegate. **2.** ref. to deny oneself.
abocar. tr. **1.** to bite. **2.** to face. **3.** ref. to approach. **4.** *Arg.* to engage.
abochornar. 1. to suffocate, to embarrass. **2.** ref. to become embarrassed.
abofetear. tr. to slap.
abogacía. f. law (profession).
abogado, da. m./f. lawyer, attorney.
abogar. 1. 1. to advocate, to plead *(defender).* **2.** to intercede *(interceder).*
abolengo. m. lineage, ancestry.
abolición. f. abolition.
abolir. tr. def. to abolish, to repeal.
abolladura. f. dent.
abollar. tr. to dent.
abombado, da. a. **1.** swollen, convex. **2.** *L.A.* stupefied, confused *(aturdido).*
abombar. tr. **1.** to make convex. **2.** *L.A.* tr/ref. to stupefy, to confuse.
abominable. a. abominable, disagreeable.
abominar. tr. to abominate, to detest.
abonado, da. a. suscriber, season ticket holder.
abonar. tr. **1.** to suscribe *(suscribir).* **2.** to pay *(pagar).* **3.** to vouch for, to guarantee *(acreditar, garantizar).* **4.** *Agr.* to fertilize.
abono. f. **1.** subscription. **2.** payment. **3.** fertilizer.
abordar. tr. **1.** *Mar.* to board. **2.** to approach *(acercarse).* **3.** to tackle (a difficult or assignment).
abortar. i./tr. **1.** to abort. **2.** fig. to fail.
aborto. m. **1.** abortion. **2.** fig. failure.
abotonar. tr/ref. to button up.

abovedar. tr. to arch, to vault.
abra. f. cove, valley.
abrasador, ra. a. burning.
abrasar. tr. to burn, to overheat.
abrasivo, va. a. abrasive.
abrazadera. f. clamp, bracket.
abrazar. tr. 1. to embrace, to hug. 2. to include, to comprise *(incluir)*. 3. to adopt, to follow *(una fe)*.
abrazo. m. embrace, hug.
abrecartas. m. letter opener.
abrelatas. m. can opener.
abrevar. tr. to water cattle.
abreviado, da. a. brief, short, shortened (books).
abreviar. tr. to abbreviate, to shorten.
abreviatura. f. abbreviation, compendium.
abrigar. tr. 1. to shelter *(proteger)*. 2. to keep warm *(cubrir)*. 3. to harbor *(sospechas)*. 4. ref. to wrap oneself up.
abrigo. m. 1. shelter, cover *(protección)*. 2. overcoat *(sobretodo)*. 3. Mar. harbor.
abril. m. April.
abrillantar. tr. to brighten.
abrir. tr. 1. to open. 2. to begin *(empezar)*. 3. to lead, to head *(encabezar)*. 4. ref. to clear up *(clima)*; to blossom *(florecer)*. 5. *a. paso:* to make way.
abrochador, ra. m./f. buttonhook.
abrochar. tr. 1. to button up *(botones)*. 2. to fasten *(cinturón o zapatos)*.
abrojo. m. thistle, caltrop.
abroquelar. tr./ref. to protect (oneself).
abrumador, ra. a. overwhelming, oppressive.
abrumar. 1. tr. to overwhelm, to oppress. 2. ref. to become foggy.
abrupto, ta. a. abrupt, rugged.
absceso. m. abscess.
absolución. f. absolution.
absoluto, ta. 1. a. absolute. 2. *en a.:* absolutely not, not at all. 3. m. dogmatic assertion.
absolver. tr. 1. to absolve. 2. *Law.* to acquit.
absorber. tr. to absorb.// absorption (f.).
absorto, ta. irreg. pp. of **absorber.**// a. engrossed, entranced.
abstemio, mia. a. abstemious, teetotaler.
abstenerse. ref. to abstain, to refrain.
abstinencia. f. abstinence.
abstracción. f. 1.abstraction. 2. instrospection.
abstracto, ta. irreg. pp. of **abstraer.**// a./m. abstract.
abstraer. 1. tr. to abstract. 2. ref. to withdraw.
abstraído, da. a. absorbed, withdrawn.
absuelto, ta. irreg. pp. of **absolver.**
absurdo, da. 1. a. absurd. 2. m. absurdity.
abuelo. m. 1. grandfather. 2. old man *(viejo)*. 3. pl. grandparents.// **abuela.** f. 1. grandmother. 2. old woman.
abultar. tr. to enlarge, to swell.
abundancia. f. abundance.
abundar. i. to abound.// abundant (a.).
aburrido, da. a. bored, tiresome.
aburrimiento. m. boredom, tedium.
aburrir. 1. tr. to bore. 2. ref. to become bored.
abusar. i. to abuse, to go too far.

abuso. m. 1. abuse (of power). 2. excess.
abyecto, ta. a. abyect, low.
acá. adv. 1. here, over here. 2. *más a.:* nearer, closer. 3. *por a.:* around here. 4. *a. y allá:* here and there.
acabado, da. 1. a. finished, complete. 2. m. finish.
acabar. tr. 1. to finish, to complet. 2. to end. 3. to die *(morir)*. 4. to use up *(consumir)*. 5. ref. to run out of. 6. *a. de:* to have just.
academia. f. academy.// **académico, co.** 1. a. academic. 2. m. academician.
acaecer. i. to happen.
acalorado, da. a. heated, warm.
acalorar. 1. tr. to heat or warm up. 2. ref. to get heated, to get excited.
acallar. tr. to quiet, to hush.
acampanado, da. a. bell-shaped.
acampar. i. to camp.
acantilado. m. vertical cliff.
acaparador, ra. 1. a. hoarding. 2. m. stockpiler, monopolizer.
acaparar. tr. 1. to stockpile, to hoard *(acumular)*. 2. to monopolize *(monopolizar)*.
acaramelado, da. a. 1. caramelized. 2. fig. sweet.
acaramelar. 1. tr. to caramelize. 2. ref. to be or become extremely sweet.
acariciar. tr. to carish, to cherish.
acarrear. tr. 1. to cart, to transport. 2. fig. to cause, to bring on.
acarreo. m. cartage, transportation.
acaso. 1. m. chance, accident. 2. adv. perhaps, maybe. 3. *por si a.:* just in case.
acatar. tr. to respect, to comply with, to obey.
acatarrarse. ref. to catch a cold.
acaudalado, da. a. rich.
acaudalar. tr. to accumulate.
acaudillar. tr. to lead, to head.
acceder. tr. 1. to agree, to consent. 2. to accede.
acceso. m. 1. access, entry *(entrada)*. 2. outburst *(arrebato)*. 3. *Med.* attack.// accessible (a.).
accesorio, ria. a./m. accesory.
accidentado, da. 1. a. rough, uneven. 2. m./f. accident victim.
accidentarse. to suffer or have an accident.
accidente. m. 1. accident. 2. roughness, unevenness *(de terreno)*. 3. *por a.:* by chance.
acción. f. 1. action. 2. act, deed *(hecho)*. 3. lawsuit *(acto legal)*. 4. plot *(teatro)*. 5. share *(comercio)*. 6. thanksgiving *(acción de gracias)*.
accionar. tr. to work, to operate.
accionista. m./f. shareholder, stockholder.
acechanza. f. ambush.
acechar. tr. to spy on, to watch.
acecho. m. 1. watching. 2. *al a.:* in ambush.
acéfalo, la. a. 1. acephalous. 2. fig. leaderless.
aceitar. tr. to oil, to lubricate.
aceite. m. oil, fuel oil *(combustible)*.
aceitera. f. oil cruet, oil cup *(lubricación)*.
aceitoso, sa. a. oily.
aceituna. f. olive.
aceleración. m. acceleration.//**acelerador.** m. accelerator.

acelerar. tr. 1. to speed up. 2. to expedite. 3. i. to hurry.
acelga. f. chard, beet.
acento. m. 1. accent (*signo*). 2. tone (*tone*). 3. a. ortográfico: written accent:.
acentuar. tr. 1. to accent. 2. to emphasize. 3. ref. to stand out.// accentuation (f.).
acepción. f. meaning.
aceptación. f. 1. acceptance (*acción*). 2. approval (*aprobación*).
aceptar. tr. 1. to accept. 2. to believe in (*admitir, creer*). 3. to approve (*aprobar*).
acequia. f. irrigation ditch.
acera. f. sidewalk.
acerado, da. a. steel, steely.
acerbo, ba. a. sour, harsh.
acerca de. prep. about, concerning.
acercamiento. m. approach.
acercar. 1. tr. to bring near. 2. ref. to come near.
acería. f. steel mill.
acero. m. 1. steel. 2. fig. sword (*espada*).
acérrimo, ma. a. 1. staunch. 2. fanatic.
acertado, da. a. correct, accurate.
acertar. tr. 1. to hit. 2. to guess correctly (*adivinar*). 3. to find (*encontrar*).
acertijo. f. riddle.
acetato. m. acetate.
acetileno. m. acetylene.
acetona. f. acetone.
achacar. tr. to attribute, to imput.
achaque. m. ailment, illness.
achicar. 1. tr. to reduce. 2. to take in (*ropa*). 3. ref. to get smaller. 4. to shrink back (*acobardarse*).
achicharrar. 1. tr. to scorch. 2. ref. to burn.
achicoria. f. chicory.
achisparse. 1. tr. fig. to make tipsy. 2. ref. fig. to get tipsy.
achuras. f. pl. L.A. offal, innards.
aciago, ga. a. fateful, unlucky.
acicalar. tr./ref. to spruce up.
acicate. m. spur, incentive.
acicatear. tr. to spur, to incentive.
acidez. f. acidity.
ácido, da. 1. a. acid, sour (*agrio*). 2. m. acid.
acierto. m. 1. good shot, good choice, hit, success. 2. good sense (*cordura*). 3. skill (*habilidad*).
aclamar. tr. to acclaim.// acclamation (f.).
aclarar. 1. tr. to clarify, to explain. 2. i. to clear up, to dawn (*amanecer*). 3. ref. to clear up; to become clear (*hacerse entendible*).
aclaratorio, ria. a. clarifying, explanatory.
aclimatar. 1. tr. to acclimatize, to acclimate. 2. ref. to become acclimatized or acclimated.
acobardar. 1. tr. to intimidate. 2. ref. to become intimidate.
acogedor, ra. a. welcoming, friendly.
acoger. tr. 1. to welcome (*dar la bienvenida*). 2. to shelter (*amparar*). 3. ref. to take refuge (*refugiarse*). 4. ref. a. a: to have recourse in.// **acogida.** f. 1. reception, welcome: 2. *tener buena a.*: to be well received.
acolchado, da. 1. a. padded, quilted. 2. m. padding. 3. *Arg.* bedspread.
acolchar. tr. to quilt.
acólito. m. 1. acolyte. 2. follower (*discípulo*). 3. altar-boy (*monaguillo*).
acometer. tr. 1. to attack. 2. to undertake.
acometida. f. attack, assault.
acomodador, ra. m./f. usher.
acomodar. tr. 1. to put in order (*ordenar*). 2. to accomodate (*colocar*). 3. i. to suit. 4. ref. to adapt.
acomodo. m. 1. job (*empleo*). 2. lodgings (*alojamiento*). 3. fig. connections.
acompañamiento. m. 1. *Mus.* accompaniment. 2. company, retinue.
acompañante. 1. a. accompanying. 2. m./f. companion; accompanist (*música*).
acompañar. tr. 1. to accompany, to escort (*escoltar*). 2. to enclose (*agregar*). 3. ref. *Mus.* to accompany oneself on.
acompasar. tr. to give rhytm to.
acomplejar. 1. tr. to give a mental complex. 2. ref. to suffer a mental complex.
acondicionado, da. a. 1. conditioned. 2. *aire a.*: air-conditioned. 3. *bien o mal a.*: in good or bad condition.
acondicionador. m. 1. conditioner. 2. *a. de aire:* air-conditioner.
acondicionar. tr. 1. to condition. 2. to outfit (*un vehículo*).
acongojar. 1. tr. to afflict. 2. ref. to be afflicted.
aconsejable. a. advisable.
aconsejar. tr. to advise, to counsel.
acontecer. i. to happen.
acontecimiento. m. happening, event.
acoplar. tr. to gather, to collect.
acoplo. m. gathering, stock, collection.
acorazado, da. 1. a. armored. 2. m. battleship (*buque de guerra*).
acordar. tr. 1. to agree (*concordar*). 2. to decide (*decidir*). 3. ref. to remind, to remember.
acorde. 1. a. in agreement. 2. m. *Mus.* chord.
acordeón. m. accordion.
acordonar. tr. 1. to cordon off, to sorround. 2. to tie, to lace (*cordones*).
acorralar. tr. 1. to corner (*personas*). 2. to corral (*animales*).
acortar. tr. to shorten.
acosar. tr. to harass.// **acoso.** m, harassment.
acostar. 1. tr. to put to bed. 2. ref. to go to bed.
acostumbrar. tr./ref. to accustom, to be in the habit.
acotación. m. mark, elevation note, marginal note.
acotar. tr. to mark off, to annotate.
acre. 1. a. acrid. 2. m. acre.
acrecentamiento. m. increase.// **acrecentar.** tr. to increase.
acreditación. f. accreditation.
acreditar. tr. 1. to accredit. 2. to make famous. 3. to guarantee. 4. to credit (*comercio*).
acreedor, ra. 1. a. worthy. 2. m./f. creditor.
acrílico, ca. a./m. acrylic.
acrisolar. tr. to refine, to purify.
acrobacia. f. acrobatics.// acrobat (m./f.).// acrobatic (a.).

acta

acta. f. 1. record (registro). 2. minutes. 3. certificate (certificado).
actinio. m. actinium.
actitud. f. attitude.
activar. tr. to activate.
actividad. f. 1. activity. 2. en a.: in operation. 3. campo de a.: field of action.
activar. tr. 1. to activate (poner en funcionamiento, realizar actividad). 2. to expedite (aclererar).
activista. a. activist.
activo, va. 1. a. active. 2. m. Com. assets.
acto. m. 1. act. 2. ceremony. 3. en el a.: inmediately.
actor. m. 1. actor. 2. Law. plaintiff.// actress (f.).
actuación. f. 1. permormance. 2. behavior (conducta). 3. pl. Law. proceedings.
actual. a. present, current.
actualidad. f. 1. present time. 2. current situation. 3. pl. news, current events. 4. en la actualidad: at present.
actualizar. tr. 1. to modernize. 2. to bring up to date.
actualmente. adv. at present.
actuar. 1. tr. to actuate. 2. i. to act (teatro).
actuario. m. actuary.
acuarela. f. water color.
acuario. m. aquarium.
acuartelar. tr. to quarter.
acuático, ca. a. aquatic.
acuatizar. i. to land on water.
acuciante. a. eager.
acuciar. tr. to hasten, to urge.
acuchillar. tr. to slash, to cut.
acudir. i. 1. to go, to come. 2. to attend, to show up. 3. acudir a: to turn to.
acueducto. m. aqueduct.
acuerdo. m. 1. agreement, accord (convenio). 2. opinion, ruling (dictamen). 3. estar de a.: to be in agreement. 4. de a. con: in agrrement with.
acumulación. f. accumulation.
acumulador, ra. 1. a. accumulating. 2. m. storage battery.
acumular. tr. to accumulate, to gather.
acunar. tr. to rock.
acuñar. tr. 1. to coin. 2. to wedge (meter cuñas).
acuoso, sa. a. aqueous, watery.
acupuntura. f. acupuncture.
acusado, da. 1. a. acussed. 1. m./f. defendant.
acusar. tr. 1. to accuse. 2. to denounce, to give away (denunciar). 3. a. recibo: to acknowledge receipt.// accusation (f.).
acusativo. m. accusative.
acuse. m. acknowledgement.
acústico, ca. 1. a. acoustic, acoustical. 2. f. acoustics.
adagio. m. 1. adage (proverbio). 2. Mús. adagio.
adalid. m. leader, head of a party.
adaptación. f. adaptation, adjustment.
adaptar. tr./ref. to adjust, to adapt. // adapter (m.).
adecuación. f. fitting, adjustment.
adecuar. tr. to make suitable, to adapt, to adjust.
adelantado, da. 1. a. advanced, fast (reloj). 2. m. governor of a frontier province (España). 3. por a.: in advance.
adelantar. tr. 1. to advance, to move forward (avanzar). 2. to surpass (aventajar). 3. to go fast (reloj). 4. i. fig. to make progress. 5. ref. to get ahead.
adelante. 1. adv. forward, ahead. 2. ¡a.!: come in!, forward! 3. de aquí en a.: from now on. 3. más a.: farther on.
adelanto. m. 1. progress, advance. 2. a. en cuenta corriente: overdraft.
adelgazar. 1. tr. to make thin or slim. 2. i. to lose weight, to be slim (una persona).
ademán. m. 1. gesture. 2. pl. manners.
además. adv. besides, in additon, furthermore.
adentro. 1. adv. inside. 2. a. Amér. de tierra adentro: from the interior. 3. m. pl. the innermost self.
adepto, ta. 1. a. adept, initiated. 2. m./f. follower.
aderezar. tr. 1. to season (comida). 2. to adorn (adornar).// **aderezo.** m. seasonment (condimento), adornment (adorno).
adeudar. tr. 1. to owe. 2. Com. to debit (debitar).
adherir. 1. tr. to stick on. 2. i./ref. to adhere. 3. to support (respaldar).// adherence (f.).// adhesive (a./m.).
adhesión. f. 1. adhesion. 2. loyalty (lealtad).
adicción. f. addiction.
adición. f. 1. addition. 2. Amér. bill, check.
adicto, ta. 1. a. addicted, devoted. 2. m./f. addict, follower (seguidor).
adiestramiento. m. training.// **adiestrar.** tr. to train, to coach.
adinerado, da. a. rich, wealthy.
adiós. interj./m. good bye.
aditamento. f. addition, attachment.
aditivo, va. a./m. additive.
adivinanza. f. riddle, puzzle.
adivinar. tr. 1. to predict (predecir). 2. to guess (conjeturar). 3. to read (el pensamiento).
adivino, na. m./f. fortuneteller.
adjetivar. tr. to qualify.// adjective (a./m.).
adjudicar. 1. tr. to award. 2. ref. to appropiate.
adjuntar. tr. to attache, to enclose.
adjunto, ta. 1. a. attached, enclosed. 2. m./f. assistant, associate.
administración. f. 1. administration, managment (dirección). 2. headquarters (oficina).
administrador, ra. 1. a. administrative. 2. m. manager.
administrar. tr. 1. to manager. 2. to administer.
admiración. f. 1. admiration. 2. surprise, wonder (sorpresa). 3. signo de a.: exclamation point.
admirar. tr. to admire.
admisible. a. admissible.
admisión. f. 1. admission. 2. Mech. intake.
admitir. tr. 1. to admit (entrada). 2. to accept (aceptar). 3. to acknowledge (reconocer).
adobar. tr. 1. to marinate, to pickle (comida). 2. to tan (pieles).
adoctrinar. tr. to indoctrinate, to instruct.
adolecer. tr. 1. to fall ill. 2. a. de: to suffer from.
adolescencia. f. adolescence, youth.// **adolescente.** a./m./f. adolescent, youth, teen ager.

agarradera

adonde. adv. where, to which place.
adondequiera. adv. wherever, anywhere.
adoptar. tr. to adopt.// adoption (f.).
adoptivo, va. a. adoptive, adopted.
adoquín. m. paving block.
adorador, ra. 1. a. worshipping; idolizing. **2.** m./f. worshipper; idolizer.
adorar. i./tr. **1.** to worship, to adore. **2.** fig. to love.
adormecer. 1. tr. to put to sleep. **2.** ref. to become or to get sleepy.// **adormecido, da.** a. sleepy.// **adormecimiento.** m. sleepiness, drowsiness.
adornar. tr. to decorate, to adorn.
adorno. m. adornment, ornament, trimming.
adosar. tr. **1.** to place or lean against. **2.** to join (unir). **3.** to attach (agregar).
adquirir. tr. to acquire, to buy.
adquisición. f. acquisition, purchase.
adquisitivo, va. a. **1.** acquisitive. **2.** poder a.: buying power.
adrede. adv. on purpose, deliberately.
aduana. f. customs.
aduanero, ra. 1. a. customs. **2.** m. customs officer.
aducir. tr. to adduce.
adueñarse. ref. to take over or possesion.
adulador, ra. 1. a. adulating, flattering. **2.** m. adulater, flatterer.
adular. tr. to adulate, to flatter.
adulterar. tr. to adulterate.
adulterio. m. adultery.
adulto, ta. a./m./f. adult, mature.
adustez. f. austerity, harshness.
adusto, ta. a. austere, severe.
advenedizo, za. a./m. foreign, alien.
advenimiento. m. advent, arrival, coming.
adverbio. m. adverb.
adversario, ria. m./f. adversary, opponent.
adversidad. f. adversity, misfortune.
adverso, sa. a. **1.** adverse. **2.** opposite (opuesto).
advertencia. f. **1.** warning. **2.** advice (consejo). **3.** notice (noticia).
advertir. tr. **1.** to notice (notar). **2.** to warn (avisar). **3.** to advice (aconsejar).
adyacencia. f. adjacency.// adjacent (a.).
aéreo, a. a. air, aerial.
aerodinámico, ca. 1. a. aerodynamic, streamlined. **2.** f. aerodynamics.
aeródromo. m. airdrome, aerodrome.
aeroespacial. a. aerospace.
aerolínea. f. airline.
aerolito. m. aerolite, meteorite.
aeromodelismo. m. airplane modeling.
aeronauta. m./f. aeronaut.
aeronáutico, ca. 1. a. aeronautic. **2.** f. aeronautics.
aeronave. f. airship.
aeroplano. m. airplane.
aeropostal. a. air mail.
aeropuerto. m. airport.
aerosol. m. aerosol.
afabilidad. f. affability.// affable (a.).
afamado, da. a. famous, renowned.
afán. m. **1.** eagerness (fervor). **2.** desire (anhelo).

afanar. ref. **1.** to hurry, to strive. **2.** fig. Arg. to steal.
afanoso, sa. a. **1.** laborious, diligent. **1.** eager (fervoroso).
afear. tr. to make ugly.
afección. f. affection, disease.
afectar. tr. **1.** to affect. **2.** to influence. **3.** to afflict(afligir).// affectation (f.).
afecto, ta. 1. a. affectionate. **2.** m. affection.
afectuoso, sa. a. affectionate.
afeitadora. f. shaver.
afeitar. tr./ref. to shave.
afeite. m. cosmetics, make-up.
afeminado, da. a. effeminate.
aferrar. 1. tr. to grasp, to grip, to hook. **2.** ref. to cling to, to persist in (persistir).
afianzar. tr. **1.** to make fast, to secure. **2.** to guarantee (garantizar).
afiche. m. poster.
afición. f. **1.** inclination, liking. **2.** fans, enthusiasts (aficionados).// **aficionado, da.** m./f. **1.** fan (simpatizante de un deporte). **2.** amateur (deporte no profesional).
aficionarse. ref. to develop a liking for.
afiebrado, da. a. feverish.
afilador, ra. m./f. **1.** grinder (persona). **2.** sharpener (máquina).
afilar. tr. to sharpen, to grind.
afiliación. f. affiliation.
afiliado, da. m./f. affiliate, member.
afiliar. tr./ref. to affiliate to join.
afín. a. similar, akin.
afinador, ra. m./f. **1.** tuner. **2.** tuning key.
afinar. tr. **1.** to refine. **2.** Mus. to tune.
afinidad. f. affinity.
afirmar. tr. **1.** to affirm. **2.** to secure (afianzar). **3.** ref. to hold fast.// affirmation (f.).
afirmativo, va. 1. a. affirmative. **2.** f. affirmative statement.
aflicción. f. affliction.
afligido, da a. saddened, distressed
afligir. tr. **1.** to sadden, to distress. **2.** to afflict.
aflojar. tr. **1.** to loosen, to slacken. **2.** fig. to pay up (pagar); to let go (irse, huir).
aflorar. i. **1.** to emerge. **2.** Geol. to outcrop.
afluencia. f. **1.** affluence. **2.** crowd (gentío). **3.** flow (flujo).// **afluente. 1.** a. flowing. **2.** m. tributary river.
afluir. tr **1.** to flow (fluir). **2.** to flock (acudir).
afonía. f. aphonia.
afónico, ca. a. **1.** voiceless (sin sonido). **2.** aphonic.
aforar. tr. to appraise, to gauge.
aforismo. m. aphorism.
aforo. m. measurement, appraisal.
afrecho. m. bran.
afrenta. f. affront.
afuera. 1. adv. out, outside. **2.** ¡afuera!: get out!. **3.** f. pl. outskirts.
agachar. 1. tr. to bow, to bend down. **2.** ref. to crouch. **3.** fig. to submit.
agalla. f. **1.** gill. **2.** fig. pl. guts, courage.
ágape. m. banquet.
agarradera. f. handle, holder.

agarrar

agarrar. tr. 1. to grab, to grasp. 2. *Amer.* to take *(un vehículo).* 3. to get, to catch *(una enfermedad).* 4. ref. to hold on, to cling. 5. ref. fig. to fight *(pelearse).* 6. *a. para:* to head for.
agasajar. tr. to entertain, to feast someone.// **agasajo.** m. 1. entertainment *(festejo).* 2. present *(regalo).*
agazaparse. ref. 1. to crouch *(agacharse).* 2. to hide out *(esconderse).*
agencia. f. agency.
agente. m. 1. agent. 2. *a. de policía:* policeman. 3. *a. de bolsa o de comercio:* broker.
ágil. a. nimble, agile.// **agilidad.** f. agility, nimbleness.
agilizar. tr. to make agile or nimble.
agio. m. speculation.
agitación. f. agitation, excitement.
agitar. tr. 1. to shake. 2. to excite *(alborotar).* 3. ref. to wave *(el mar).* 4. ref. to be agitated *(perturbarse).*
aglomeración. f.: 1. agglomeration. 2. crowd *(gentío).*
aglomerar. tr. 1. to agglomerate. 2. to crowd *(apiñarse).*
aglutinar. tr. to agglutinate.// **aglutinante.** a. agglutinant.
agnóstico, ca. a./m./f. agnostic.
agobiar. 1. tr. to overwhelm. 2. ref. to depress *(deprimirse).*// **agobio** m. burden, fatigue *(fatiga).*
agolparse. ref. to flock, to crowd.
agonía. f. agony, anguish.// **agonizante.** a. dying.
agonizar. i. to be dying, to be in agony.
agosto. m. August.
agotador, ra. a. exhausting, tiring.
agotamiento. m. exhaution; depletion.
agotar. 1. tr. to exhaust. 2. ref. to be exhausted *(cansarse).* 3. ref. to run out *(entradas).* 4. to sold-out *(mercancías).*
agraciado, da. a. good loocking, atractive.
agraciar. tr. 1. to embellish *(embellecer).* 2. to grace *(favorecer).*
agradable. a. pleasant, agreeable.
agradar. i./tr. to please.
agradecido, da. a. grateful, thankful.
agradecer. tr. to thank.// **agradecimiento.** m. thanks.
agradar. i./ tr. to please.// **agrado.** m. 1. pleasure *(placer).* 2. taste, liking *(gusto).*
agrandar. tr. 1. to enlarge. 2. to exaggerate *(exagerar).* 3. ref. to grow larger.
agrario, ria. a. agrarian, agricultural.
agravamiento. m. aggravation.
agravante. a. aggravating.
agravar. tr./ref. to worsen, to make worse.
agraviar. 1. tr. to offend. 2. ref. to take offense.
agravio. m. offense.
agredir. tr. to attack, to assault.
agregado, da. 1. a. aggregate. 2. m. attache o aggregate.
agregar. 1. tr. to add, to attach. 2. ref. to join.
agresión. m. aggression.// **agresividad** f. aggressiveness.
agresor, ra. 1. a. aggressive. 2. m./f. aggressor.
agreste. a. rustic.
agriar. 1. tr. to sour. 2. ref. to become sour.
agrícola. a. agricultural, farming.
agricultor, ra. m./f. farmer.
agricultura. f. agriculture, farming.
agridulce. a. bitter-sweet.
agrietar. tr./ref. to crack, to split.
agrimensor, ra. m./f. surveyor.
agrimensura. f. surveying.
agrio, gria. a. sour.
agro. m. agriculture.
agronomía. f. agronomy, agronomics.// **agrónomo, ma.** 1. a. agronomical. 2. m. agronomist.
agropecuario, ria. a. pertaining to agriculture and livestock activity.
agrupación. f. group, association.
agrupar. tr./ref. to group.
agua. f. 1. water. 2. *a. corriente:* running water. 2. *a. de colonia:* toilet water. 3. *a. dulce:* fresh water. 4. *a. potable:* drinking water. 5. pl. *a. termales:* hot springs. 5. *claro como el a.* : crystal-clear. 6. *hacer a.:* to leak.
aguacero. m. downpour.
aguado, da. a. watery, diluted.
aguafuerte. m. etching.
aguamarina. f. aquamarine.
aguantar. tr. 1. to endure *(durar).* 2. to tolerate *(tolerar).* 3. to hold, to retain *(contener).* 4. ref. to control oneself.// **aguante.** m. 1. endurance. 2. tolerance.
aguar. tr. 1. to water down. 2. fig. to spoil a party *(una fiesta).*
aguardar. tr. to wait for, await.
aguarrás. m. turpentine oil.
agudeza. f. 1. sharpness. 2. fig. witticism.
agudo, da. a. 1. sharp. 2. fig. keen, witty. 3. *Mus.* high-pitched. 4. *Geom./Gram.* acute.
aguerrido, da. a. hardened, experienced.
aguijón. m. sting, spur.
águila. f. eagle.// **aguileño, ña.** a. aquilíne, hook-nosed.
aguinaldo. m. Christmas gift or bonus.
aguja. a. 1. needle. 2. hand *(de reloj).*
agujerear. tr. to pierce, to perforate.
agujero. m. hole.
aguzar. tr. to sharpen.
ahí. prep. 1. there. 2. *por ahí:* thereabout.
ahijado, da. m./f. godchild, godson *(niño),* goddaughter *(niña).*
ahínco. m. eagerness.
ahíto, ta. a. stuffed.
ahogar. tr. 1. to drown. 2. to choke *(sofocar).*
ahogo. m. 1. suffocation. 2. anguish *(angustia).*
ahondar. tr. to deepen, to go into deeper.
ahora. adv. 1. now. 2. just now *(recién).* 3. *a. bien:* now then. 4. *a. mismo:* right now. 5. *hasta a.:* until now. 6. *por a.:* for the time being.
ahorcado, da. m./f. hanged person.
ahorcar. tr./ref. to hang.
ahorrar. 1. tr. to save. 2. tr./ref. to spar *(evitar/se).*
ahorro. m. 1. saving. 2. pl. savings.

ahuecar. tr. to make hollow.
ahumado, da. a. 1. smoked *(comida).* 2. smoky *(lleno de humo).*
ahumar. tr. to smoke.
ahuyentar. tr. to drive away.
aindiado, da. a. *L.A.* indian-like.
airado, da. a. angry, irate.
aire. m. 1. air. 2. wind *(viento).* 3. appearance *(apariencia).* 4. a. *acondicionado:* air conditioning. 5. *al a. libre:* in the open air. 6. *estar en el a. (TV):* to be on the air.
airear. tr. to ventilate. to aerate.
airoso, sa. a. graceful, gallant.
aislador, ra. 1. a. insulating. 2. m. insulator.
aislamiento. m. insulation.
aislar. tr. 1. to isolate. 2. *Electr.* to insulate.
ajar. tr. to cruple, to wrinkle.
ajedrez. m. chess.
ajeno, na. a. 1. someone else's. 2. alien.
ají. m. chilli pepper.
ajo. m garlic.
ajuar. m. trousseau.
ajustado, da. a. tight.
ajustador, ra. m./f. 1. adjuster. 2. fitter*(máquina).* 3. toolmaker *(operario).*
ajustar. tr. 1. to adjust, to adapt. 2. to tighten *(apretar).* 3. *Mec.* to fit. 4. to conform, to comply.
ajuste. m. 1. adjustment. 2. fitting *(adecuación, afinación).* 3. arrangement *(arreglo).* 4. settlement *(de precios).*
ajusticiar. tr. to execute.
al. contrac. of **a** and **el**.
ala. f. 1. wind. 2. brim *(del sombrero).* 3. blade *(de la hélice).* 4. eave *(alero).* 5. pl. *dar a.:* to encourage.
alabanza. f. praise.
alabar. tr. to praise.
alacena. f. cupboard, closet.
alacrán. m. scorpion.
alado, da. a. winged.
alambique. m. still, destilery.
alambrado, da. 1. a. wire fenced. 2. m. wire fence. 3. f. wire netting.
alambre. m. 1. wire. 2. *a. de púas:* barbed wire.
alameda. f. poplar grove, boulevard *(avenida).*
álamo. m. poplar.
alarde. m. ostentation, show.
alardear. tr. to show off.
alargar. tr. 1. to lengthen. 2. to strech out *(estirar).* 3. ref. to get longer.
alarido. m. yell, howl.
alarma. f. 1. alarm. 2. anxiety *(ansiedad).* 3. warning *(advertencia).*
alarmar. tr. 1. to alarm. 2. to scare *(asustar).*
alazán, na. a. sorrel, chestnut.
alba. f. dawn.
albacea. m./f. executor.
albañal. m. sewer, drain.
albañil. m. bricklayer, mason.// **albañilería.** f. bricklaying, masonry.
albedrío. m. free will.
albergar. tr. 1. to lodge, to house. 2. fig. to harbor. 3. ref. to take lodgings.

albergue. m. 1. shelter *(refugio).* 2. lodging *(alojamiento).* 3. hostel *(hostería).*
albóndiga. f. meatball.
albor. m. whiteness, dawn *(alba).*
alborotar. tr. 1. to excite. 2. to disturb.
alboroto. m. disturbance, tumult. riot *(motín).*
alborozar. tr. to delight, to overjoy.// **alborozo.** m. joy.
albur. m. chance, risk.
alcahuete, ta. m./f. 1. gossip. 2. procurer *(entregador).*
alcahuetear. tr. 1. to squeal *(soplar).* 2. to procure, to pander.// **alcahuetería.** f. 1. pimping. 2. *andar con a.:* to squeal on people.
alcalde. m. mayor.
alcaldía. f. mayorality*(cargo),* mayor's office*(oficina).*
álcali. m. alkali.// **alcalino, na.** a. alkaline.
alcance. m. 1. reach *(distancia).* 2. scope *(extensión).* 3. range *(de tiro, de onda).* 4. significance *(significación).* 4. *al a.:* accesible. 5. *largo a.:* long-range.
alcancía. f. coinbox, piggy bank.
alcantarilla. f. sewer, drain.
alcanzar. tr. 1. to reach. 2. to attain *(conseguir).* 3. to catch up with *(igualar a).* 4. i. to be enough *(ser suficiente).* 5. to be able to *(ser capaz de).*
alcaucil. m. artichoke.
alcázar. m. castle.
alce. m. elk.
alcoba. f. bedroom.
alcohol. m alcohol.// alcoholic (a./m./f.).// alcohlism (m.).
alcoholizar. tr. to alcoholize.
alcurnia. f. ancestry, lineage.
aldaba. f. door knocker.
aldea. f. village.
aldeano, na. m./f. villager, peasant *(campesino).*
aleación. f. alloy.
aleatorio, ria. a. contingent, aleatory.
aleccionar. tr. to instruct, to teach.
aledaño, ña. 1. a. bordering. 2. m. border. 3. m. pl. outskirts.
alegar. tr. to argue.
alegato. m. 1. allegation, argument. 2. *Law.* plea.
alegoría. f. allegory.
alegrar. 1. tr. to cheer, to enliven. 2. ref. to enjoy.
alegre. m. happy, cheerful.// **alegría.** f. happiness, joy.
alejamiento. m. 1. removal, withdrawal. 2. distance *(distancia).*
alejar. 1. tr. to separate, to put away. 2. ref. to move away.
aleluya. interj. hallelujah.
alemán, ña. 1. a./m./f. German.
alentador, ra. a. encouraging.
alentar. 1. to breathe. 2. tr. to encourage.
alerce. m. larch.
alergia. f. allergy.// allergic (a.).
alero. m. eaves.
alerta. 1. adv. on the alert. 2. m. alarm, alert. 3. *¡alerta!:* watch out!
alertar. tr. to alert, to warn.

aleta

aleta. f. 1. fin *(de pez)*. 2. blade *(de hélice)*. 3. Mec. leaf, flipper.
aletargar. tr./ref. to make drowsy.
aletear. i. to flutter, to flap.
alevosía. f. treachery, perfidy.
alfabetizar. tr. to alphabetize, to teach to read and write.
alfabeto. m. alphabet.
alfanumérico, ca. a. alphanumeric.
alfarería. f. pottery.// **alfarero, ra.** m./f. potter, ceramist.
alférez. m. second liutenant.
alfil. m. bishop.
alfiler. pin, safety pin *(de gancho)*.
alfombra. f. carpet, rug.// **alfombrar.** tr. to carpet.
alforja. f. saddlebag, knapsack.
alga. f. seaweed.
algarabía. f. uproar.
algarrobo. m. carob tree.
álgebra. f. algebra.// algebraic (a.).
algo. indef. pron. 1. something. 2. anything *(negación o interrogación)*. 3. some *(alguno)*. 4. adv. somewhat.
algodón. m. cotton.
alguien. indef. pron. 1. someone, somebody. 2. anyone, anybody *(negación e interrogación)*.
algún o **alguno, na.** 1. indef. pron. someone; *a. que otro:* a few. 2. adj. some; any *(negación o interrogación)*.
alhaja. f. jewel, gem.
alharaca. f. fuss, ado.
aliado, da. 1. a. allied. 2. m./f. ally.
alianza. f. alliance.
aliar. tr./ref. to ally, to join.
alias. m. alias.
alicaído, da. a. downcast, depressed.
alicate. m. plier.
aliciente. m. incentive.
alienar. tr. to alienate.// alienation (f.).
aliento. m. 1. breath *(respiración)*. 2 courage, encouragement.
aligerar. tr. 1. to lighten. 2. to quicken *(acelerar)*.
alimaña. f. animal pest.
alimentación. f. 1. feeding *(acción)*. 2. food *(alimentos)*.
alimentar. tr. to feed, to nourish.
alimenticio, cia. a. nourishing, nutritious.
alimento. m. food, nourishment.
alineación. f. 1. alignment. 2. line-up *(deporte)*.
alinear. tr./ref. to align, to line up.
alisar. tr. to smooth.
alisios. m. pl. trade winds.
alistar. tr. 1. to list *(listar)*. 2. to recruit *(reclutar)*. 3. to get ready *(dejar listo)*. 4. ref. to enlist.
aliviar. tr. 1. to mitigate, to relieve. 2. to ease *(facilitar)*. 3. to lighten *(aligerar)*. 4. ref. to get better.
alivio. m. relief.
aljibe. m. cistern.
allá. adv. 1. there. 2. *a. lejos (tiempo)*: way back. 3. *más a. de*: beyond. 4. *por a.*: over there.
allanar. tr. 1. to flatten *(nivelar)*. 2. to overcome *(superar)*. 3. to raid *(invadir)*. 4. ref. to agree to.

allegado, da. a. 1. near, close. 2. m. relative.
allegar. 1. tr. to gather. 2. ref. to approach.
allí. adv. there.
alma. f. 1. soul. 2. human being *(ser humano)*. 3. core *(de un artefacto)*.
almacén. m. 1. store, grocery store *(comercio)*. 2. warehouse *(depósito)*.// **almacenamiento.** m. storage.
almacenar. tr. to store, to warehouse.
almacenero, ra. m./f. 1. warehouseman. 2. Amér. grocer man
almáciго. m. mastic tree, seedbed.
almanaque. m. calendar.
almeja. f. clam.
almendra. f. almond.// **almendro.** m. almond tree.
almíbar. m. syrup.
almidón. m. starch.
almirante. admiral.
almohada. f. pillow.// **almohadilla.** f. 1. small pillow. 2. inkpad *(entintadora)*.// **almohadón.** m. cushion.
almorzar. tr. to lunch.// **almuerzo.** m. lunch.
alocado, da. a. reckless, crazy.
alocar. tr. to drive crazy.
alocución. f. address, allocution.
alojamiento. m. lodging, housing *(casa)*.
alojar. tr./ref. to lodge, to house.
alondra. f. lark.
alpaca. f. alpaca.
alpargata. f. hemp sandal.
alpinismo. m. mountain climbing.
alpino, na. a. alpine.
alpiste. m. birdseed.
alquilar. tr. 1. to rent, to lease. 2. *se alquila*: for rent or hire.
alquiler. m. 1. rent *(dinero)*. 2. hiring *(acción)*.
alquimia. f. alchemy.// alchemist (m./f.).
alquitrán. m. tar, coal tar.
alrededor. adv. 1. around *(en torno)*. 2. about *(cerca de)*. 3. m. pl. sourronding, outskirts *(afueras)*.
alta. f. 1. discharge. 1. *dar de a.*: to discharge.
altanería. f. arrogance, haughtiness.
altar. m. altar.
altavoz. m. loudspeaker.
alteración. f. alteration, disturbance.
alterado, da. a. 1. altered. 2. upset *(perturbado)*. 3. angry *(enfadado)*.
alterar. tr. 1. to alter. 2. to upset *(perturbar)*. 3. ref. to change *(cambiar)*, to get upset *(perturbarse)*.
altercado. m. dispute.
alternar. i./tr. 1. to alternate. 2. to mix *(con personas)*.
alternativo, va. 1. a. alternating, alternate. 2. f. alternative, choice. 3. f. pl. ups and downs.
alteza. f. highness.
altibajos. m. pl. ups and downs.
altillo. m. 1. hillock *(colina)*. 2. S.A. attic *(desván)*.
altímetro. m. altimeter.
altiplanicie. f. high plateau.
altitud. f. altitude, height.

altivez. f. haughtiness, pride.
alto, ta. a. **1.** high. **2.** tall (estatura). **3.** upper (superior). **4.** pl. a. horas: late hours. **5.** m. height, elevation (altura). **6.** m. stop (parada). **7.** adv. up high, above. **8.** ¡a.!: stop!. **9.** pasar por a.: to ignor.
altruismo. m. altruism.// altruist (m./f.).
altura. f. **1.** height. **2.** altitude (altitud). **3.** level (nivel). **4.** pl. the heavens. **5.** a esta a.: at this point. **6.** estar a la a.: to measure up.
alucinación. f. hallucination.
alud. m. avalanche.
aludir. i. to allude, to refer to.
alumbrado, da. 1. a. lighted, lit. **2.** m. lighting.
alumbrar. tr. **1.** to light, to illuminate, to enlighten. **2.** to give birth (dar a luz).
aluminio. m. aluminium.
alumno, na. m./f. pupil, student.// **alumnado.** m. student body.
alunizaje. lunar landing.
alusión. f. allusion.
aluvial. a. alluvial.
aluvión. m. flood, sediment.
alza. f. rise, increase.
alzado, da. 1. a. raised, elevated. **2.** m./f. insurgent. **3.** height.
alzamiento. m. uprising, rebellion.
alzar. 1. tr. to raise, to lift. **2.** ref. to rise, to get up.
ama. f. **1.** lady, mistress. **2.** a. de casa: housekeeper.
amabilidad. f. kindness.
amado, da. a./m./f. beloved, dear.
amaestrar. tr. train.
amagar. tr. **1.** to threaten. **2.** to feign.
amago. m. **1.** sign. **2.** threat (amenaza).
amalgama. f. amalgam.
amalgamar. tr. to amalgamate.
amanecer. i. **1.** to dawn. **2.** to wake up (despertar). **3.** m. daybreak, dawn.
amaneramiento. m. affectation.
amansar. tr. to tame.
amante. 1. a. loving. **2.** m./f. lover.
amapola. f. poppy.
amar. i./tr. to love.
amargar. tr./ref. to make bitter, to embitter.
amargo, ga. a. **1.** bitter. **2.** fig. painful.
amargura. f. **1.** bitterness. **2.** fig. pain.
amarillo, lla. a./m. yellow.
amarradero. m. **1.** hitching post. **2.** Mar. mooring.
amarrar. tr. **1.** to tie up. **2.** Mar. to moor.
amartillar. tr. **1.** to hammer. **2.** to cock (un arma).
amasar. tr. **1.** to knead **2.** fig. to amass.
amatista. f. amethyst.
amazona. f. horsewoman, amazon.
amazónico, ca. a. Amazonian.
ámbar. m. amber.
ambición. f. ambition.
ambicionar. tr. to aspire to, to covet.
ambicioso, sa. a./m./f. ambitious, greedy.
ambientar. 1. tr. to set. **2.** ref. to adjust oneself.
ambiente. m. **1.** atmosphere. **2.** environment (medio ambiente). **3.** Arg. room (cuarto).
ambigüedad. f. ambiguity.// ambiguous (a.).

amplificador

ámbito. m. **1.** boundary (límite). **2.** field (campo).
ambos, bas. a./indef. pron. both.
ambulancia. f. ambulance.
ambulante. a. **1.** roving, itinerant. **2.** vendedor a.: peddler.
ameba. f. amoeba.
amén. m. **1.** amén. **2.** a. de: besides, in addittion to.
amenaza. f. threat, menace.
amenazar. tr. to threaten, to menace.
amenguar. tr. to diminish.
amenizar. tr. to make pleasent.
ameno, na. a. pleasent.
americanismo. m. americanism.
americano, na. a./m./f. American.
ametralladora. f. machine gun.
amianto. m. amianthus, asbestos.
amigable. a. friendly.
amigar. 1. tr. to become friend. **2.** ref. to reconcile.
amígdala. f. tonsil.
amigo, ga. m./f. **1.** friend. **2.** fig. ser a. de: to be fond of.
aminorar. tr. to reduce, to diminish.
amistad. f. friendship.// **amistoso, sa.** a. friendly.
amnesia. f. amnesia.
amnistía. f. amnesty.
amo. m. **1.** master. **2.** owner (dueño).
amoblar. tr. to furnish.
amolador, ra. m./f. grinder, sharpener.
amoldar. 1. tr. to mould. **2.** ref. to adapt oneself.
amonestación. f. reprimand.
amonestar. tr. to admonish, to reprimand.
amoníaco. m. ammonia.
amonio. m. ammonium.
amontonamiento. m. pilling up; crowding (de gente).
amontonar. 1. tr. to pile up. **2.** ref. to crowd.
amor. m. **1.** love. **2.** affection (afecto). **3.** pl. love affair. **4.** a. propio: pride, self esteem. **5.** hacer el a.: to make love.
amoratado, da. a. purple.
amordazar. tr. to gag (gente), to muzzle (animales).
amorfo, fa. a. shapeless.
amoroso, sa. a. loving.
amortiguador, ra. 1. a. damping, dimming. **2.** m. shock absorber (auto), dimmer (de luz).
amortiguar. tr. **1.** to absorbe (golpes). **2.** to dim (luces). **3.** to muffle (ruidos).
amortización. f. amortization, repayment (pago).
amortizar. tr. **1.** to amortize. **2.** to repay (pagar).
amotinado, da. a./m. mutineer.
amotinar. 1. tr. to incite to riot. **2.** ref. to riot, to mutiny.
amparar. tr. to protect.// **ámparo.** m. protection, shelter.
amperímetro. amperimeter.
amperio. m. ampere.
ampliación. f. **1.** extension. **2.** enlargement (foto).
ampliar. tr. **1.** to expand, to extend. **2.** to increase (aumentar). **3.** to enlarge (foto).
amplificador. m. amplifier, loudspeaker.

amplificar. tr. to amplify, to magnify.// amplification (f.).
amplio, plia. a. ample, roomy.
amplitud. f. fullness, extent.
ampolla. f. 1. blister. 2. Med. ampoule.
ampollar. tr./ref. to blister.
amputar. tr. to amputate, to cut off.
amuleto. m. amulet.
amurallar. tr. to fortify with wall, to wall.
anacronismo. m anachronism.
ánade. m. duck, goose.
analfabetismo. m. illiteracy.
analfabeto, ta. a./m./f. illiterate.
anállsis. m. analysis.
analizar. tr, to analyze.
analogía. f. analogy.// **análogo, ga.** a. analogous, similar.
ananá. f. pineapple.
anaquel. m. shelf.
anaranjado, da. 1. a. orange-colored. 2. m. orange.
anarquía. f. anarchy.// anarchyst (a./m./f.).
anatomía. f. anatomy.// anatomic (a.).
anca. f. crump, rump.
ancho, cha. a. 1. wide, broad. 2. loose (holgado). 3. pl. a sus a.: at one's ease.// m. width.
anchoa. f. anchovy.
anchura. f. width.
ancianidad. f. old age.
anciano, na. m./f. old man, old woman.
ancla. f. anchor.
anclar. tr. to anchor.
andadas. f. pl. 1. tracks, long walks. 2. fig. old tricks.
andamio. m. scaffold.
andante. a. 1. walking. 2. Mus. andante. 3. caballero a.: knight errant.
andanza. f. event, adventure.
andar. i. 1. to walk, to move. 2. to work (funcionar). 3. to be (estar). 4. to feel (sentirse). 5. to go (marchar). 6. a. en: to be mixed up in. 7. ¡andando!: get going.
andar. m. pace, gait.
andén. m. 1. railway plataform. 2. sidewalk.
andinismo. m. mountain climbing in the Andes.
andino, na. a. Andean.
andrajo. m. rag, tatter.
androide. m. android.
anécdota. f. anecdote.
anegamiento. m. flooding.
anegar. tr. to flood, to inundate.
anemia. f. anemia.
anestesia. f. anesthesia.
anestesiar. tr. to anesthize.
anexar. tr. to annex.// **anexo, xa.** 1. a. joined, enclosed. 2. m. annex, enclosure.
anfibio, bia. 1. a. amphibious. 2. m. amphibian.
anfiteatro. m. amphitheater.
anfitrión, na. m./f. hoss, hostess.
ángel. m. angel.// angelic, angelical (a.).
anglicano, na. a./m./f. Anglican.
anglicismo. m. anglicism.
angloamericano, na. a./m./f. Anglo-American.
anglosajón, na. a./m./f. Anglo-Saxon.

angostar. tr./ref. to narrow.// **angosto, ta.** a. narrow.
angostura. f. narrowness.
anguila. f. eel.
angular. a. angular.
ángulo. m. 1. angle. 2. corner (esquina).
angustia. f. anguish, distress.
angustiar. tr./ref. to anguish, to distress.
anhelante. a. yearning, longing for.
anhelar. i./tr. to yearn, to long for.
anhelo. m. yearning, longing.
anidar. i. to nest, to harbor.
anilina. f. aniline.
anillo. m. 1. ring. 2. Biol. annulus.
animación. f. 1. liveliness. 2. animation (movimiento).
animado, da. a. 1. lively. 2. animated.
animador, ra. 1. a. enliveling. 2. m./f. master of ceremonies.
animal. a./m./f. animal.
animar. tr. 1. to enlive (avivar). 2. to animate (dar movimiento). 3. to encourage (dar coraje). 4. ref. to take heart or courage.
ánimo. m. 1. spirit. 2. energy, vitality (vitalidad). 3. encouragement (coraje). 4. ¡á.!: courage!
animosidad. f. animosity.
animoso, sa. spirited, courageous.
aniñado, da. a. childish.
aniquilar. tr. to anihilate, to destroy.
anís. m. anise, anisette (licor).
aniversario. m. anniversary.
ano. m. anus.
anoche. adv. last nigh.
anochecer. 1. i. to get dark, to fall night. 2. m. nightfall, dusk.
anodino, na. a. anodyne.
ánodo. f. anode.
anomalía. f. anomaly.// anomalous (a.).
anónimo, ma. 1. a. anonymous. 2. m. anonymous letter.
anormal. a. abnormal.// abnormality (f.).
anotación. f. 1. noting (acción). 2. note (nota).
anotar. tr. 1. to annotate. 2. to comment (comentar). 3. to score (deporte).
ansia. f. 1. anxiety, anguish (angustia). 2. yearning, longing (anhelo).
ansiar. tr. to yearn, to long for.
ansiedad. f. anxiety, worry.// **ansioso, sa.** a. anxious.
antagónico, ca. a. antagonistic, opposed.
antagonismo. m. antagonism.
antaño. adv. in olden times.
antártico, ca. a. antarctic.
ante. prep. 1. before, in front of (delante de). 2. in view of (considerando). 3. a. todo: above all.
anteayer. adv. day before yesterday.
antebrazo. m. forearm.
antecedente. a./m. 1. antecedent. 2. pl. background.
anteceder. tr. to precede.
antecesor, ra. 1. a. former. 2. m. ancestor.
antedicho, cha. a. aforesaid.
antelación. a. 1. anticipation. 2. con a.: in advance.

antemano (de). adv. forehand, in advance.
antena. f. antenna.
anteojo. m. 1. telescope. 2. eyeglass.
antepasado, da. 1. a. before the last. 2. m. ancestor.
anteponer. tr. 1. to place in front. 2. fig. to prefer, to put before.
anteproyecto. m. preliminary plain, draft.
anterior. a. 1. previous, before to. 2. *Biol.* front.
anterioridad. f. 1. priority. 2. *con a.:* previously, in advance.
antes. adv. 1. before, formerly. 2. rather, rather than *(más bien, en vez de).*
anteúltimo, ma. a. penultimate.
antiaéreo, a. a. antiaircraft.
antibiótico, ca. a./m./f. antibiótic.
anticipación. f. 1. anticipation. 2. *con a.:* in advance.
anticipar. tr. 1. to advance, to move forward. 2. to foresee, to anticipate *(prever).* 3. ref. to be or arrived early *(llegar temprano).* 4. ref. to get ahead of.
anticipo. m. 1. anticipation. 2. advance *(dinero).*
anticlerical. a./m./f. anticlerical.
anticonceptivo, va. a./m./f. contraceptive.
anticudo, da. a. old fashioned.
anticuario. m. antique dealer
antídoto. m. antidote.
antifaz. m. mask.
antiguo, gua. a. 1. ancient, old *(viejo).* 2. former *(anterior).*
antigüedad. f. 1. ancient times, antiquity *(época).* 2. seniority *(en el empleo).* 3. pl. antiques.
antihigiénico, ca. a. unsanitary.
antílope. m. antelope.
antillano, na. a./m./f. West-Indian.
antimonio. m. antimony.
antipatía. f. dislike, antipathy.
antipático, ca. a. disagreeable, unpleasent.
antípoda. m. antipode.
antisemita. a. anti-Semitic.
antiséptico, ca. a./m. antiseptic.
antisocial. a. antisocial.
antítesis. f. antithesis.
antojadizo, za. a. capricious.
antojarse. ref. 1. to feel like, to fancy *(desear).* 2. to seem *(parecer).*
antojo. m. 1. whim, fancy *(capricho).* 2. craving *(de comida).* 3. *a su a.:* as one pleases.
antología. f. anthology.
antorcha. f. torch.
antro. m. 1. cavern, cave. 2. *fig.* den, lair.
antropófago, ga. a./m./f. cannibal.
antropoide. a./m. antropoid, ape.
antropología. f. anthropology.// anthropologist (m./f.).
antropomorfo, fa. a. anthropomorphous.
anual. a. annual.// **anualidad.** f. annual or yearly payment.
anuario. m. yearbook, annual.
anudar. tr. 1. to tie in knots. 2. to tie *(atar)*
anular. 1. tr. to nullify, to void. 2. a. annular, ring shaped. 3. m. ring finger.

anunciante. m./f. advertiser.
anunciador, ra. m./f. 1. annoouncer *(persona).* 2. advertiser *(empresa).*
anunciar. tr. 1. to announce *(informar).* 2. to advertise *(publicitar).* 3. to foreshadow *(presagiar).*
anuncio. m. 1. announcement *(noticia).* 2. poster *(afiche).* 3. sign *(señal).* 4. advertisement *(publicidad).*
anverso. m. obverse.
anzuelo. m. 1. fishhook. 2. fig. lure.
añadir. tr. to add, to increase.
añejar. tr. to age, to cure.// **añejo, ja.** a. aged, mature.
añicos. m. pl. fragments.
año. m. 1. year. 2. *a. bisiesto:* leap year. 3. *a. económico:* fiscal year. 4. *a. luz:* light-year. 5. pl. *tener tantos a.:* to be so many years old. 6. *¿cuántos a. tienes?:* how old are you?
añoranza. f. nostalgia.
añorar. i./tr. to pine for.
apabullar. tr. to crush, to squash.
apacible. a. calm, peaceable.
apaciguar. 1. tr. to pacify. 2. ref. to calm down.
apadrinar. tr. fig. to sponsor.
apagar. tr. 1. to put out *(el fuego).* 2. to turn out *(la luz).* 3. to silence *(el ruido).* 4. to tone down *(el color).* 5. ref. to fade.// **apagón.** m. blackout.
apalabrar. tr. to agree to.
apalear. tr. to beat, to thrash.
apañar. tr. *Arg. fig.* to cover up for.
aparador. m. 1. cupboard *(armario).* 2. showwindow *(escaparate).*
aparato. m. 1. apparatus. 2. machine. 3. fig. show.
aparcero, ra. m./f. 1. sharecropper. 2. *Arg.* comrade.
aparear. tr. 1. to pair off. 2. to mate *(animales).*
aparecer. i./ref. 1. to appear. 2. to show up *(mostrarse).*
aparejo. m. 1. harness *(arnés).* 2. derrick *(poleas).* 3. gear, equipment *(engranaje).*
aparente. a. apparent, seeming.
aparentar. tr. 1. to feign, to pretend *(fingir).* 2. to look, to seem *(parecer).*
aparición. f. apparition.
apariencia. f. appearance.
apartado, da. 1. a. remote, isolated. 2. m. post office box *(postal).*
apartamento. m. apartment.
apartar. tr. 1. to separate, to take aside *(separar).* 2. to put away *(alejar).* 3. ref. to move aside or away.
aparte. adv. 1. apart *(separado).* 2. aside *(lateral).* 3. *aparte de:* besides. 4. *punto y a.:* paragraph.
apasionado, da. a. passionate.
apasionar. 1. tr. to impassion. 2. ref. to become enthused or excited.
apatía. f. apathy.// **apático, ca.** a. apathetic.
apeadero. m. 1. wayside station. 2. inn *(fonda).*
apearse. ref. 1. to dismount *(de un caballo).* 2. to get out of *(de un vehículo).*
apechugar. i. *L.A.* to put up with.
apedrear. tr. to stone.

apegarse

apegarse. ref. to become fond of.// **apego.** m. fondness.
apelación. f. appeal, recurse.
apelar. tr. to appeal.
apellidar. 1. tr. to call, to name. **2.** ref. to be named.
apellido. m. surname, family name.
apenar. 1. tr. to sadden, to pain. **2.** ref. to be pained.
apenas. adv. **1.** scarcely, hardly. **2.** as soon as (inmediatamente).
apéndice. m. appendance, appendix.
apercibir. 1. tr. to warn (advertir). **2.** ref. to arm oneself.
aperitivo. m. aperitif.
aperos. m. pl. **1.** farm implement. **2.** L.A. riding gear.
apertura. f. **1.** opening, beginning (principio). **2.** aperture.
apesadumbrar. tr. to grieve, to distress.
apestar. 1. tr. to infect. **2.** i. to stink.// **apestoso, sa.** a. stinking.
apetecer. tr. **1.** to crave, to desire.// **apetecible.** a. desirable.
apetito. m. appetite.// **apetitoso, sa.** a. appetizing.
apiadarse. ref. to have pity.
ápice. m. apix.
apicultura. f. beekeeping, apiculture.// **apicultor, ra.** beekeeper. m./f.
apilar. tr. to pile up.
apiñar. tr./ref. **1.** to cram. **2.** to crawd (gente).
apio. m. celery.
apisonar. tr. to pack down, to steam roller.
aplacar. tr. to placate, to calm down.
aplanar. tr. to flatten, to level.
aplastante. a. overwhelming, exhausting.
aplastar. tr. **1.** to crush. **2.** to overwhelm (derrotar). **3.** ref. fig. to become discouraged.
aplaudir. tr. to applaud, to clap.
aplauso. m. applause, clapping.
aplazamiento. m. postponement.
aplazar. tr. **1.** to postpone. **2.** Amer. to fail (fallar).
aplicación. m. **1.** application. **2.** diligence (esmero).
aplicar. tr. **1.** to apply (colocar). **2.** to use (usar). **3.** ref. to apply oneself.
aplomo. a. self-assurance.
apocado, da. a. timid.
apócrifo, fa. a. apocryphal.
apodar. tr. to nickname.
apoderado, da. 1. a. empowered. **2.** m. attorney.
apoderar. 1. tr. to grant power (otorgar un poder). **2.** ref. to take possesion (tomar posesión).
apodo. m. nickname.
apogeo. m. **1.** Astron. apogee. **2.** fig. height, power.
apología. f. **1.** defense. **2.** eulogy.
apoplegía. f. apoplexy.
aporrear. tr. **1.** to beat. **2.** to bang on (un instrumento).
aportar. tr. **1.** to contribute. **2.** to bring (traer).

aporte. m. contribution.
aposento. m. **1.** room. **2.** lodging (hospedaje).
apostar. tr. to bet, to wager.
apóstata. m./f. apostate.
apostilla. f. footnote, marginal note.
apóstol. m. apostle.// apostolic (a.).
apostrofar. tr. **1.** to insult. **2.** fig. to address.
apóstrofo. m. apostrophe.
apostura. f. bearing, grace.
apotema. f. apothem.
apoteosis. f. apotheosis.
apoyar. tr. **1.** to support (respaldar). **2.** to sponsor (promover). **3.** to uphold (confirmar). **4.** ref. to lean, to rest.
apoyo. m. **1.** support (respaldo). **2.** basis (base).
apreciación. f. **1.** appraisal (valor). **2.** appreciation (aprecio).
apreciar. tr. **1.** to appraise (valorar). **2.** to appreciate (estimar). **3.** to consider (considerar).
aprecio. m. esteem, appreciation.
aprehender. tr. to apprehend.
apremiante. a. pressing, urgent.
apremiar. tr. **1.** to urge. **2.** to press (presionar).
apremio. m. **1.** compulsion. **2.** judicial order.
aprender. tr. to learn.
aprendiz, za. m./f. apprentice.
aprendizaje. m. **1.** learning, **2.** apprenticeship.
aprensión. m. apprehension, suspicion, fear.
aprensivo, va. a. apprehensive, fearful.
apresar. tr. to arrest, to capture.
aprestar. tr. to prepare, to make ready.
apresto. m. **1.** preparation. **2.** sizing (de tela).
apresuramiento. m. hastiness.
apresurar. 1. tr. to hurry. **2.** ref. to hasten.
apretado, da. a. **1.** tight. **2.** fig. to be short of money.
apretar. tr. **1.** to tighten (nudos). **2.** to compress, to squeeze (comprimir). **3.** to urge (apremiar). **4.** i. to be too tight (zapatos, ropa). **5.** a. los dientes: to grit one's teeth. **6.** a. los puños: to shake hands.
apretón. m. **1.** squeeze. **2.** a. de manos: handshake.
aprieto. m. predicament.
aprisa. adv. quickly, swiftly.
aprisionar. tr. to imprision, to bind.
aprobación. f. approval.
aprobar. tr. **1.** to approve. **2.** to pass (un examen).
aprontar. tr. to make or have ready.
apropiación. f. appropriation.
apropiado, da. a. appropriate, suitable.// **apropiar. 1.** tr. to adapt. **2.** ref. to take possession of, to seize.
aprovechamiento. m. use, utilization.
aprovechable. a. usable.
aprovechar. i./tr. **1.** to make use of. **2.** ref. to take advantage of.
aprovisionar. tr. to supply.
aproximación. f. approximation.
aproximar. 1. tr. to bring near. **2.** ref. to approach.
aptitud. f. **1.** aptitude. **2.** pl. gift, talent.
apto, ta. a. apt, capable, fit.
apuesta. f. wager, bet.
apuesto, ta. a. good-looking.

apuntador, ra. m./f. **1.** pontier. **2.** prompter (teatro).
apuntar. tr. **1.** to aim (armas). **2.** to point (puntos). **3.** to make a note (anotar). **4.** to suggest (sugerir). **5.** to prompt (teatro).
apunte. m. **1.** note, memorandum. **2.** Arg. fig. llevar el a.: to pay attention.
apuñalar. tr. to stab, to knife.
apurado, da. a. **1.** hurried. **2.** fig. needy.
apurar. 1. tr. to hurry, to press. **2.** ref. to hurry.
apuro. m. **1.** hurry. **2.** pl. estar en a.: to be in a jam.
aquejar. tr. to afflict, to distress.
aquel, lla, llos, llas. pron. dem. **1.** sing. that, that one. **2.** pl. those, those ones. **3.** the former (el primero nombrado).
aquello. neut. dem. pron. that, that matter.
aquí. adv. **1.** here (acá). **2.** now (ahora). **3.** de aquí en adelante: from now on. **4.** por aquí: around here (cerca); this way (por este lado).
aquietar. 1. tr. to calm. **2.** ref. to calm down.
árabe. a./m./f. Arabian.
arabesco. m. arabesque.
arácnido, da. a./m. arachnid.
arado. m. **1.** plow (máquina). **2.** plowing (acción).
arancel. m. tariff, duty.
arandela. f. washer.
araña. f. **1.** spider. **2.** chandelier (candelabro).
arañar. tr. to scratch.
arar. tr. to plow.
araucano, na. a./m./f. Araucanian.
arbitraje. m. arbitration.
arbitrar. tr. **1.** to arbitrate. **2.** to referee (deporte).
arbitrariedad. f. arbitrariness.// arbitrary (a.).
árbitro. m. **1.** arbiter, judge. **2.** Sp. referee, umpire.
árbol. m. **1.** tree. **2.** Mech. axle.// **arboleda.** m. grove.
arbusto. m. bush, shrub.
arca. f. **2.** chest. **2.** ark (nave). **3.** pl. coffers.
arcada. f. **1.** arcade. **2.** pl. retching (nauseas).
arcaico, ca. a. archaic.// archaism (m.).
arcángel. m. archangel.
arce. m. maple tree.
arcilla. f. clay.// **arcilloso, sa.** a. clayey.
arco. m. **1.** Geom. arc. **2.** Arq. arch. **3.** Mus. bow. **4.** Sp. goal. **5.** a. iris: rainbow.
arcón. m. large chest.
archiduque, sa. m. archiduke, f. archiduchess.
archipiélago. m. archipielago.
archivar. tr. to file.// **archivista.** m./f. file clerk.
archivo. m. **1.** file (legajo). **2.** file cabinet (armario).
arder. 1. i. to burn, to blaze. **2.** fig. to rage.
ardid. m. stratagem, scheme.
ardiente. a. **1.** burning. **2.** fervent (fervoroso).
ardilla. f. squirrel.
ardor. m. **1.** ardor. **2.** fig. passion.// **ardoroso, sa.** a. hot, ardent.
arduo, dua. a. arduous, hard.
área. f. area.
arena. f. **1.** sand. **2.** arena (circo).// **arenal.** f. sandy ground.// **arenoso, sa.** sandy.
arenque. m. herring.
arete. m. earring.
argamasa. f. mortar, plaster.
argelino, na. a./m./f. Algerian.
argentino, na. a./m./f. Argentine, Argentinian.
argolla. f. ring, hoop.
argot. m. slang.
argón. m. argon.
argucia. f. sophistry, sublety.
argüir. tr. to argue.
argumentar. i. to argue.// argumentation (f.).
argumento. m. **1.** argument. **2.** plot (de un libro).
aridez. f. aridity.// arid (a.).
ariete. m. batering ram.
ario, ria. a./m./f. Aryan.
arisco, ca. a. wild, untamed.
arista. f. edge.
aristocracia. f. aristocracy.// aristocrat (m./f.).
aritmética. f. arithmetic.
arma. f. **1.** weapon, arm. **2.** troops, army (fuerza militar). **3.** pl. military profession (carrera militar). **4.** pl. alzarse en a.: to rebel.
armada. f. navy, fleet.
armador, ra. m./f. **1.** assembler (ensamblador). **2.** ship owner (naviero). **3.** Sp. play-maker.
armadura. f. **1.** armor. **2.** framework (armazón).
armar. tr. **1.** to assemble, to mount (ensamblar, montar). **2.** to arm (dar armas). **3.** fig. to create (crear). **4.** to make (escándalo).
armario. m. wardrope, cabinet.
armazón. m. framework.
armería. f. armory.
armiño. m. ermine.
armisticio. m. armistice.
armonía. f. harmony.// harmonic (a.).
armónica. f. harmonica.
armonizar. tr. to harmonize.
arnés. m. **1.** armor. **2.** pl. harness.
aro. m. hoop, large ring.
aroma. m. aroma.// aromatic (a.)
arpa. f. harp.
arpía. f. harpy.
arpón. m. harpoon.
arquear. tr. to curve, to arch.
arqueo. m. **1.** curve. **2.** a. de caja: cash inventory.
arquelogía. f. archaeology.// archaeologist (m./f.).
arquero, ra. m./f. **1.** archer. **2.** Sp. goalkeeper.
arquitecto, ta. m./f. architect.// arquitecture (f.).
arrabal. m. **1.** suburb, slum. **2.** pl. outskirts.
arraigar. tr. **1.** to take root. **2.** ref. to establish.
arrancar. tr. **1.** to pull out or up. **2.** to start (up) (una máquina). **3.** a. de: to get started.
arranque. m. **1.** start (inicio), **2.** starter (dispositivo). **3.** outburst (arrebato).
arrasar. tr. **1.** to level (aplanar). **2.** to destroy (destruir).
arrastrado, da. a. wretched, miserable.
arrastrar. 1. tr. to drag, to pull along. **2.** i./ref. to crawl.
arrastre. m. **1.** dragging. **2.** fig. influence, pull.
arrayán. m. myrtle.
arrear. tr. to herd, to drive cattle.
arrebatado, da. a. impetuous, rash.

arrebatar

arrebatar. tr. 1. to snatch. 2. ref. fig. to carry away *(personas)*; to be burned *(comidas)*.
arrebato. m. 1. rage *(furor)*. 2. rapture *(rapto)*.
arreciar. tr. to become intense.
arrecife. m. reef.
arreglar. tr. 1. to arrange. 2. to adjust *(ajustar)*. 3. to repair *(reparar)*. 4. to resolve *(resolver)*. 5. to put in order *(ordenar)*. 6. to agree *(acordar)*. 7. ref. to adjust *(conformarse)*; to get dressed up *(ataviarse)*. 8. *arreglárselas:* to manage.
arreglo. m. 1. arrangement *(acción/música)*. 2. repair *(reparación)*. 3. order *(orden)*. 4. agreement *(acuerdo)*.
arremangar. tr./ref. to roll up.
arremetida. f. attack, assault.
arremeter. tr. to attack, to assault.
arremolinar. tr. 1. to swirl *(agua)*. 2. to crowd *(gente)*.
arrendamiento. m. 1. rental *(acción)*. 2. rent *(pago)*.
arrendar. tr. to let, to rent, to lease.
arrendataro, ria. 1. a. renting. 2. m./f. tenant.
arreos. m. pl. 1. harness. 2. accessories.
arrepentirse. ref. to repent.// repenetant (a.)
arrepentimiento. m. repentance.
arrestar. to arrest.
arresto. m. 1. arrest *(detención)*. 2. boldness *(audacia)*.
arriar. tr. to lower.
arriba. adv. 1. above. 2. upstairs *(en una casa)*. 3. *¡a.!:* get up!, hurrah! 3. *más a.:* higher.
arribar. i. to arrive.// **arribo.** m. arrival.
arriero, ra. m./f. muleteer.
arriesgado, da. a. 1. risky *(riesgoso)*. 2. daring *(audaz)*.
arrimar. tr. 1. to bring near. 2. ref. to approach.
arrinconar. tr. 1. to put in a corner. 2. to corner *(acorralar)*.
arrodillarse. ref. to kneel down.
arrogancia. f. arrogance.// arrogant (a.).
arrogarse. ref. to arrogate.
arrojado, da. a. bold, resolute.
arrojar. tr. 1. to throw. 2. *Com.* to shaw *(un balance)*.
arrojo. m. daring.
arrollador, ra. a. irresistible, desvastating.
arrollar. tr. 1. to roll up. 2. to trample *(atropellar)*.
arropar. tr. to clothe.
arroyo. m. brook, gutter.
arroz. m. rice.// **arrozal.** m. rice paddy.
arruga. f. wrinkle.
arrugar. tr. to wrinkle.
arrullar. tr. to coo, to lull to sleep.// **arrullo.** m. cooing, lullaby.
arrumaco. m. caress.
arrumbar. tr. to put aside, to neglect.
arsenal. m. arsenal, shipyard.
arsénico. m. arsenic.
arte. m. or f. 1. art. 2. skill *(habilidad)*. 3. pl. *bellas a.:* fine arts. 4. *por amor al a.:* for free.
artefacto. m. appliance, gadget.
arteria. f. artery.
artero, ra. a. underhanded.
artesanía. f. handicrafts.

artesano, na. m. craftsman, artisan, f. craftswoman.
ártico, ca. a. arctic.
articulación. f. 1. articulation. 2. *Med./Mech.* joint.
articular. tr. 1. to articulate 2. *Mech.* to join. 3. to ennunciate *(pronunciar)*.
artículo. m. 1. article. 2. commodity *(mercancía)*.
artífice. m./f. artificer.
artificial. a. artificial.
artificio. m. 1. artifice *(acción)*. 2. device *(aparato)*.
artillería. f. artillery.// **artillero.** m. gunner.
artimaña. f. trick.
artista. m./f. 1. artist. 2. m. actor, f. actress.// artistic (a.).
artritis. f. arthritis.
arveja. f. pea.
arzobispo. m. archbishop.
as. m. ace.
asa. f. handle.
asado. m. roast.
asador. m. 1. spit *(varilla)*. 2. grill *(parrilla)*.
asalariado, da. 1. a. salaried. 2. m. salaried worker.
asaltante. m./f. assailant
asaltar. tr. to assault, to attack.
asalto. m. 1. assault, attack. 2. round *(box)*. 3. surprise party *(fiesta sorpresa)*.
asamblea. f. assembly, conference, meeting.
asar. tr. to roast.
ascendencia. f. 1. ancestry. 2. influence *(influencia)*.
ascendente. a. ascending.
ascender. i. 1. to climb, to rise. 2. to be promoted *(de categoría)*. 3. tr. to promote *(promover)*.
ascenso. m. 1. ascention, rise. 2. promotion *(promoción)*.
ascensor. m. elevator.// **ascensorista.** m./f. elevator operator.
asceta. m./f. ascetic, hermit.// asceticism (m.).
asco. m. 1. disgust, repugnance. 2. *dar asco:* to sicken, to disgust.
asear. 1. tr. to clean, to wash. 2. ref. to clean or wash up.
asechar. tr. to trap, to snar.
asediar. tr. 1. to besiege *(sitiar)*. 2. to pester *(molestar)*.
asedio. m. siege.
asegurador, ra. m./f. insurance company.
asegurar. tr. 1. to secure *(afirmar)*. 2. to make fast *(reforzar)*. 3. *Com.* to insure. 4. ref. to make sure *(cerciorarse)*. 5. *Com.* to insure oneself.
asemejar. 1. tr. to make like. 2. ref. to ressemble.
asentado, da. a. 1. quiet *(estable)*. 2. settled *(establecido)*. 3. judicious *(juicioso)*.
asentar. tr. 1. to record *(registrar)*. 2. to found *(fundar)*. 3. to place *(colocar)*. 4. to affirm *(afirmar)*. 5. to iron *(la ropa)*. 6. ref. to settle down *(establecerse)*.
asentimiento. m. assent, consent.
asentir. tr. to assent, to consent.
aseo. m. cleanliness.
asequible. a. accesible, approachable.

aserción. m. assertion.
aserradero. m. sawmill.
aserrar. tr. to saw.
aserrín. m. sawdust.
asesinar. tr. to murder, to assassinate.
asesinato. m. murder, assassination.
asesino, na. 1. a. murderous. 2. m./f. murderer, killer.
asesor, ra. 1. a. advising. 2. m./f. adviser, counselor.
asesoramiento. m. 1. advising (acción). 2. advice.
asesorar. 1. tr. to advise. 2. ref. to seek advice.
aseveración. f. asseveration, assertion.
aseverar. tr. to affirm, to assert.
asfalto. m. asphalt.
asfixia. f. suffocation, asphyxia.
asfixiar. 1. tr. to asphyxiate. 2. ref. to suffocate.
así. adv. 1. so, this way. 2. a. como: as son as. 3. a. no más: just like that. 4. a. sea: so be it. 4. algo a,: thereabouts. 5. conj. therefore, thus. 6. adj. such.
asiático, ca. a./m./f. Asiatic.
asiduo, dua. a. assidous, frequent.
asiento. m. 1. seat, chair. 2. Com. entry.
asignación. f. 1. allowance. 2. assignation.
asignar. tr. 1. to assign (señalar). 2. to appoint (designar).
asignatura. f. subject, course.
asilado, da. a./m./f. refugee.
asilar. tr. 1. to shelter (refugiar). 2. to give asylum (albergar).
asilo. m. 1. asylum (acción). 2. shelter (refugio). 3. home (hogar). 4. a. de pobres: poorhouse. 5. a. de huérfanos: orphanage.
asimilar. tr./ref. to assimilate.// ref. to be similar.
asimismo. adv. 1. likewise (igualmente). 2. also, too (también).
asir. tr. to grasp.
asirio, ria. a./m./f. Assyrian.
asistencia. f. 1. attendance (presencia). 2. help, aid (ayuda). 3. a. pública: health clinic.
asistente. 1. a. assisting. 2. m./f. assistant, helper.
asistir. 1. i. to attend. 2. tr. to assist, to help.
asma. f. asthma.// asthmatic (a.).
asno. m. donkey.
asociación. f. association.
asociado, da. 1. a. associated. 2. m./f. associate.
asociar. tr. 1. to associate. 2. to connect (ligar).
asolar. tr. to lay waste.
asolear. 1. tr. to sun. 2. ref. to sun oneself.
asomar. 1. i. to appear. 2. tr. to show. 3. ref. to lean out.
asombrar. tr. to amaze, to astonish.
asombro. m. amazement, astonishment.
asombroso, sa. a. astonishing.
asomo. m. 1. sign, hint. 2. ni por a.: no way.
asonada. f. riot.
aspa. f. blade.
aspaviento. m. fuss.
aspecto. m. 1. aspect. 2. appearance (apariencia).
aspereza. f. roughness.

áspero, ra. a. 1. rough (rugoso). 2. rugged.
aspersión. f. sprinkling.
aspiración. f. 1. aspiration (anhelo). 2. inhalation (respiración).
aspirador, ra. m. suction pump; f. vacuum cleaner.
aspirante. m./f. candidate.
aspirar. tr. 1. to inhale. 2. a. a: to aspire to.
aspirina. f. aspirine.
asquear. tr./ref. to disgust, to revolt.
asqueroso, sa. a. disgusting, repulsive, filthy.
asta. f. 1. flagpole. 2. horn (cuerno).
asterisco. m. asterisk.
astilla. f. splinter.
astillar. tr. to splinter.
astillero. m. shipyard.
astringente. a. astringent.
astro. m. star.
astrología. f. astrology.// astrologist (m./f.).
astronauta. m./f. astronaut.
astronáutica. f. astronautics.
astronomía. f. astronomy.// astronomer (m./f.).
astucia. f. 1. astutenness. 2. trick (ardid).
astuto, ta. a. astute, shrewd.
asueto. m. short holiday, day off.
asumir. tr. 1. to assume. 2. to take on (un cargo).
asunción. f. assumption.
asunto. m. 1. subject, matter (tema). 2. affair, business.
asustadizo, za. a. easily frightened.
asustar. 1. tr. to frighten. 2. ref. to be frightened.
atacante. m. 1. assailant, attacker. 2. Sp. forward.
atacar. tr. to attack.
atado. m. bundle.
atadura. f. fastening.
atajar. tr. 1. to intercept. 2. to stop. 3. Sp. to catch.
atajo. m. short cut.
atalaya. f. watchtower.
ataque. m. 1. attack. 2. raid.
atar. tr. to tie, to fasten.
atardecer. 1. i. to get dark. 2. m. late afternoon.
atareado, da. a. busy, occupied.
atarear. 1. tr. to assign work to. 2. ref. to busy or ocuppy oneself.
atascamiento. m. obstruction.
atascar. 1. tr. to clog. 2. ref. to get clogged.
ataúd. m. coffin.
ataviar. tr. to adorn, to dress.
atavío. m. dress, ornament.
ateísmo. m. atheism.
atemorizar. 1. tr. to frighten. 2. ref. to be frghtened.
atemperar. tr. 1. to pacify. 2. to moderate (moderar).
atención. f. 1. attention. 2. pl. courtesies.
atender. 1. i. to pay attention (prestar atención). 2. tr. to take care of (cuidar). 3. tr. to wait on (servir).
atenerse. ref. to rely on.
ateniense. a./m./f. Athenian.
atentado. m. 1. attempt, attack. 2. criminal attack.
atentar. i./tr. to attempt.
atento, ta. a. 2. attentive. 2. corteous (cortés).

atenuante. 1. a. attenuating. 2. m. *Law.* extenuating.
atenuar. tr. 1. to attenuate. 2. *Law.* to extenuate.
ateo, a. m./f. atheist.
aterciopelado, da. a. velvety.
aterrado, da. a. terrified.
aterrador, ra. a. terrifying.
aterrar. tr. to terrify.
aterrizaje. m. landing.
aterrizar. i. to land.
aterrorizar. tr. to terrorize, to terrify *(aterrar).*
atesorar. tr. 1. to store up. 2. fig. to possess.
atestar. tr. 1. to testify *(atestiguar).* 2. to stuff *(llenar).*
atestiguar. tr. to testify, to attest.
atiborrar. tr. to pack. to stuff.
ático, ca. a./m./f. Attic.// m. attic *(altillo).*
atinar. tr. 1. to find *(encontrar).* 2. to hit *(acertar).*
atisbar. tr. to watch, to spy on.
atizar. tr. to poke.
atlántico, ca. a. Atlantic.
atlas. m. atlas.
atleta. m./f. athlete.// athletic (a.).
atletismo. m. athletics.
atmósfera. f. atmosphere.// atmospheric (a.).
atolón. m. atoll.
atolondrado, da. a. 1. reckless. 2. confused.
atolondrarse. ref. to become confused.
atolladero. m. 1. mudhole. 2. fig. predicament.
átomo. m. atom.// atomic (a.).
atomizar. tr,. to atomize, to pulverize.
atónito, ta. a. astonished.
atontar. tr. 1. to stun. 2. to confuse *(aturdir).*
atorar. 1. tr. to obstruct, to clog. 2. ref. to get clogged.
atormentar. tr. to torment, to torture.
atornillador. m. screw driver.
atornillar. tr. to screw.
atorrante. m./f. *Arg.* loafer, bum.
atracadero. m. dock.
atracar. tr. 1. to hold up *(asaltar).* 2. to stuff *(hartar).* 2. to dock *(un barco).*
atracción. f. attraction.
atraco. m. hold up, robbery.
atracón. m. overeating, big feed.
atractivo, va. 1. a. attractive. 2. m. appeal, attraction.
atraer. tr. to attract.
atrapar. tr. to catch, to trap.
atrás. adv. 1. behind *(lugar).* 2. ago *(tiempo).*
atrasado, da. a. 1. backward *(lugar).* 2. late *(demorado).* 3. slow *(reloj),* 4. underdeveloped *(país).*
atrasar. tr. 1. to delay *(demorar).* 2. to set back *(un reloj).* 3. i./ ref. to be slow. 4. ref. to be late.
atraso. m. 1. delay. 2. tardiness *(tardanza).* 3. backwardness *(lugar).* 4. undevelopment *(de un país).*
atravesar. tr. 1. to cross *(cruzar).* 2. to lay across *(poner oblicuo).* 3. to pierce *(traspasar).* 4. ref. to block.
atrayente. a. attractive.
atreverse. ref. to dare.
atrevido, da. a. 1. bold *(osado).* 2. imprudent.

atrevimiento. m. 1. daring *(osadía).* 2. impertinence.
atribuir. 1. tr. to credit. 2. ref to take credit for.
atribución. f. 1. attribution. 2. pl. powers.
atril. m. music stand, lectern.
atrincherar. tr. to entrench.
atrio. m. porch, hall.
atrocidad. f. 1. atrocity. 2. fig. enormity.
atrofia. f. atrophy.
atrofiar. tr./ref. to atrophy.
atronador, ra. a. thundering.
atronar. tr. to deafen. to stun.
atropellado, da. a. hasty.
atropellar. tr. 1. to trample *(arrollar).* 2. to run over *(derribar).* 3. ref. to hasty.
atropello. m. 1. assault. 2. fig. abuse.
atrocidad. f. 1. atrocity. 2. fig. enormity.
atroz. m. atrocious, brutal.
atuendo. m. attire, apparel.
atún, m. tuna.
aturdido, da. a. 1. stunned. 2. confused.
aturdir. tr. 1. to stun *(atontar).* 2. to confuse *(confundir).*
audacia. f. boldness.// **audaz.** a. daring, bold.
audible. a. audible.
audición. f. 1. hearing *(oído).* 2. audition *(programa).*
audiencia. f. 1. hearing *(oído).* 2. audience *(auditorio).* 3. *Law.* court of justice.
auditorio. m. 1. audience *(gente).* 2. auditorium *(lugar).*
auge. m. 1. peak *(apogeo).* 2. popularity. 3. *Com.* boom.
augurar. tr. to augur, to predict.
augurio. m. augury, omen.
aula. f. classroom.
aullar. i. to howl, to wail.// **aullido** m. howl, wail.
aumentar. tr. 1. to increase. 2. to magnify *(óptica).*
aumento. m. 1. increase. 2. magnification *(lentes).*
aun. conj. 1. even, still. 2. a. *cuando:* although.
aún. adv. 1. yet, still 2. *más a.:* furthermore.
aunque. conj. 1. although *(si bien).* 2. even if *(a pesar de).*
áureo, a. a. 1. gold *(de oro).* 2. golden *(dorado).*
aureola. f. halo, aureole.
aurícula. f. auricle.
auricular. 1. a. auricular. 2. earpiece. 3. pl. earphones.
aurífero, ra. a. gold-bearing.
aurora. dawn.
auscultar. tr. to auscultate.// auscultation (m.).
ausencia. f. absence.
ausentar. 1. tr. to absent. 2. ref. to leave.
ausente. 1. a. absent. 2. absentee.// absenteeism (m.).
auspiciar. tr. *Amer. t*o sponsor.
auspicio. m. 1. sponsorship. 2. fig. pl. auspices.
austeridad. f. austerity.// austere (a.).
austral. a. southern, austral.
australiano, na. a./m./f. Australian
austríaco, ca. a./m./f. Austrian.
autarquía. f. autarchy, self-sufficiency.
autenticar. tr. to authenticate.// authencity (f.).

auténtico, ca. a. authentic, genuine.
autista. a. autistic.
auto. m. **1.** judicial decree. **2.** fig. automobile, car.
autobiografía. f. autobiography.// autobiographic (a.).
autobús. m. bus.
autocracia. f. autocracy.// autocrat (m./f.).// autocratic (a.).
autocrítico, ca. 1. a. self-criticist. **2.** f. self-crticism.
autóctono, na. a. native, aboriginal.
autodidacta. a./m./f. self-taught.
autódromo. m. automobile racetrack.
autógrafo, fa. 1. a. autographic. **2.** m. autograph.
autómata. m. automaton, robot.// automatic (a.).
automatizar. tr. to automatize.// automatization (f.).
automotor, ra. 1. a. automotive. **2.** m. motor vehicle.
automotriz. a. /f. automotive.
automóvil. 1. a. self-propelling. **2.** m. automobile, car.
automovilismo. m. **1.** motoring. **2.** Sp. racing car.
automovilista. m./f. motorist, car driver.
autonomía. f. autonomy.// **autónomo, ma.** a. autonomous (a.).
autopista. f. expressway, highway.
autopsia. s. autopsy.
autor, ra. m./f. author.
autoridad. f. authority.
autoritario, ria. a. authoritarian.
autorización. f. authorization.
autorizar. tr. to authorize, to permise.// authorized (a.).
autorretrato. m. self-portrait.
autoservicio. m. self-service.
auxiliar. 1. tr. to assist, to aid (ayudar). **2.** a. auxiliary. **3.** m./f. assistant.
auxilio. m. **1.** assitance, aid. **2.** pl. primeros a.: first aid.
avalancha. f. avalanche.
aval. m. endorsement, guarantee.
avalar. tr. **1.** to guarantee. **2.** to endorse (endosar).
avance. m. **1.** advance. **2.** preview (cine, TV).
avanzada. f. Mil. outpost.
avanzar. tr. to advance.// advanced (a.).
avaricia. f. avarice.// avaricious (a.).
avaro, ra. m./f. miser.
avasallante. a. subjugating.
avasallar. tr. to subjugate, to enslave.
ave. f. bird.
avecinarse. ref. to approach.
avejentar. tr./ref. to age prematurely.
avellana. f. hazelnut.
avemaría. f. **1.** Hail Mary (canto). **2.** ¡a.!: Good Heavens!
avena. f. oats.
avenida. f. avenue.
avenirse. ref. to agree, to reconcile.
aventajado, da. a. outstanding.
aventajar. tr. **1.** to surpass (sobrepasar). **2.** to be ahead of (llevar ventaja).
aventura. f. adventure.
aventurar. tr. **1.** to risk. **2.** to venture (proponer).// adventurous (a.).// adventurer (m./f.).
avergonzar. 1. tr. to shame. **1.** ref. to be ashamed of.
avería. f. damage.// **averiar.** tr. to damage.
averiguación. f. inquiry, investigation.
averiguar. tr. **1.** to investigate. **2.** to inquiry (inquirir).
aversión. f. aversion.
avestruz. f. ostrich.
aviación. f. **1.** aviation. **2.** Mil. Air Force.// aviator (m./f.).
avícola. a. poltry-breeding.
avicultor, ra. m./f. chicken farmer.
avicultura. f. poltry breeding.
avidez. f. avidity, greed.// **ávido, da.** a. avid, greedy.
avión. m. airplane, plane.// **avioneta.** f. small plane.
avisar. tr. **1.** to inform (informar). **2.** to warn (advertir).
aviso. m. **1.** notice (notificación). **2.** warning (advertencia). **3.** advertisement (anuncio). **4.** estar sobre a.: to be alert.
avispa. f. wasp.// **avispero.** m. wasp nest.// **avispón.** m. hornet.
avistar. tr. to sight.
avivar. tr. **1.** to spur on (animar). **2.** to stoke (un fuego). **3.** ref. to enliven, to revive.
avizorar. tr. to watch.// **avizor, ra** a. watchful.
axila. f. armpit.
axioma. m. axiom.// axiomatic (a.).
¡ay! interj. ow!, ouch!, oh!
ayer. 1. m. yesterday, the past. **2.** adv. yesterday.
ayuda. f. help, aid.
ayudante. m./f. assitant, female assistant.
ayudar. tr. to help, to aid.
ayunar. i. to fast.
ayuno. m. **1.** to fasting. **2.** en ayunas: fasting. **3.** quedarse en ayunas (fig,): to miss the point.
ayuntamiento. m. **1.** city council (concejo). **2.** city hall (edificio).
azabache. m. jet (piedra).
azada. f. hoe.// **azadón.** m. large hoe.
azafata. f. **1.** lady-in-waiting. **2.** stewardess (de avión).
azafrán. m. saffron.
azahar. m. orange blossom.
azar. m. chance, hazard.// **azaroso, sa.** a. risky.
azogue. m. quick silver.
azotar. tr. to flog.// **azote.** m. whip (látigo); lash (golpe).
azotea. f. flat roof.
azteca. a./m./f. Aztec.
azúcar. m. sugar.
azucarar. tr. to sugar-coat.// **azucarero, ra. 1.** a. sugar. **2.** m./f. sugar bowl.
azucena. f. white lily.
azufre. m. sulfur.
azul. a./m. blue.// **azulado, da.** a. bluish.
azulejo. m. glaced tile.
azuzar. tr. **1.** to set dogs. **2.** fig. to incite.

b. f. second letter of the Spanish alphabet.
baba. f. spittle.
babear. 1. tr. to drool. **2.** ref. to dribble.
babero. m. bib.
babilonio. nia. a./m./f. Babylonian.
babor. m. port, portside.
babosear. i./tr. to drool.// **baboseo.** m. dribbling.// **baboso, sa. 1.** a. drolling. **2.** f. slug.
bacalao. m. **1.** codfish. **2.** *cortar el b.:* to be in charge.
bache. m. pothole.
bachiller. m. bachelor.// **bachillerato.** m. **1.** bachellor's degree *(carrera).* **2.** high-scholl *(escuela).*
bacilo. m. bacillus.
bacín. m. chamber pot.
bacteria. f. bacteruim.// **bactericid** (a./m./f.).
bacteriología. f. bacteriology.// bacteriologist (m./f.).
báculo. m. staff.
bagaje. m. baggage, equipment.
bagatela. f. trifle.
bagazo. m. bagasse.
bagre. m. catfish.
bagual. 1. untamed animal. **2.** wild horse.
bahía. f. bay.
bailar. tr. to dance.// **bailarín, na.** m./f. dancer.
baile. f. **1.** dance *(danza).* **2.** ball *(fiesta).*// **bailongo.** m. *Amer.* public or village dance.
baja. f. **1.** drop *(caída).* **2.** loss *(muerto en combate).* **3.** *dar de b.:* to discharge.
bajada. f. slope, descent, sloped path.
bajamar. f. low tide.
bajar. 1. i. to descend, to drop. **2.** tr. to bring down *(llevar abajo),* to go down *(ir abajo).* **2.** ref. to get off *(apearse);* to go down.
bajeza. f. **1.** lowliness *(altura).* **2.** baseness *(villanía).*
bajio. m. shoal, sand bank.
bajo, a. 1. a. **1.** low; short *(de estatura);* soft *(volumen);* abject *(abject);* cheap *(barato).* **2.** adv. below. **3.** prep. under. **4.** m. bass *(música);* shoal, sand bank *(bajío).* **5.** *clase b.:* humble class. **6.** *tierras b.:* lowland.
bajorrelieve. m. bass-relief.
bala. f. **1.** bullet, cannon ball *(de cañón).* **2.** shot *(tiro).*
balada. f. ballad.
baladí. a. trivial.
balance. m. **1.** oscilattion. **2.** *Com.* balance *(acción);* balance sheet *(hoja de balance).*
balancear. 1. i. to rock. **2.** tr. to balance. **3.** ref. to swing.// **balanceo.** m. rocking.
balancín. m. balancing pole.
balanza. f. **1.** scale, balance. **2.** *b. comercial o de pagos:* trade or payments balance.

balar. i. to bleat.
balasto. m. ballast.
balaustrada. f. balustrade.
balazo. m. **1.** shot *(tiro).* **2.** bullet wound *(herida).*
balbucear o **balbucir.** i. to stammer.// **balbuceo.** m. stammering.
balcánico, ca. a./m./f. Balkan.
balcón. m. balcony.
baldar. tr. to crippled.// **baldado, da.** a. crippled.
balde. m. **1.** pail, bucket. **2.** *como un b. de agua fría:* like a ton of bricks. **3.** *de b.:* free, in vain.
baldear. tr. to wash down.
baldío, a. 1. a. uncultivated. **2.** m. wasted land.
baldosa. f. floor tile.
balero. m. *Amer.* cup and ball.
balido. m. bleating.
balístico, ca. 1. a. ballistic. **2.** f. ballistics.
baliza. f. buoy. beacon *(de avión).*
ballena. f. **1.** whale. **2.** stay *(de un cuello).*// **ballenero, ra. 1.** a. whaling. **2.** f. whaler. **3.** f. whale boat.
ballesta. f. crossbow.// **ballestería.** f. archery.// **ballestero.** m. crossbowman.
ballet. f. ballet.
balneario, ria. 1. a. bathing. **2.** m. bathing resort.
balompié. football, soccer *(EE.UU.).*
balón. m. **1.** ball *(pelota).* **2.** ballon *(globo).*// **baloncesto.** m. basketball.// **balonmano.** m. handball.// **balonvolea.** m. voleyball.
balotaje. f. balloting.
balsa. f. **1.** raft. **2.** pool *(embalse).*
bálsamo. m. balsam.// **balsamic** (a.).
baluarte. m. bulwark.
bambolear. i./ref. to wobble.// **bamboleo.** m. wobble.
bambú. m. bamboo.
banal. a. banal.// **banality** (f.).
banana. f. banana.// **bananero, ra.** a./m. banana.
banca. f. **1.** bench. **2.** banking *(finanzas).*
bancario, ria. a. bank, banking.
banco. m. **1.** bench, seat *(asiento);* **2.** workbench *(de trabajo).* **3.** bank *(institución).* **4.** sandbar *(de arena).*
banda. f. **1.** band. **2.** side *(lado).* **3.** gang *(pandilla).* **4.** *b. de sonido:* soundtrack.// **bandada.** f. flock.
bandeja. f. tray.
bandera. f. flag, banner.// **banderín.** m. pennant.
bandido. f. bandit.
bando. m. **1.** faction, party *(facción).* **2.** edict *(edicto).*
bandolero. m. bandit.// **bandolera.** f. bandoleer.
bandoneón. m. concertina.
banquero, ra. m./f. banker.
banquete. m. banquet.
banquillo. m. **1.** small stool. **2.** *Law.* defendant's seat.

bañadera. f. bathtub.
bañado. m. Amér. swamp.
bañar. tr. 1. to inmerse (sumergir). 2. to coat (cubrir). 3. tr./ref. to bathe.
bañera. m. bathtub.
bañista. m./f. 1. bather. 2. swimmer (nadador).
baño. m. 1. bath. 2. bathroom (lugar). 3. coat (capa).
baqueano, na. m./f. 1. expert. 2. guide (guía).
baquelita. f. bakelite.
bar. m. 1. barroom. 2. bar (medida).
baraja. f. 1. card (naipe). 2. playing card (juego).
barajar. tr. 1. to shuffle (naipes). 2. to juggle (cifras).
baranda. f. banister.// **barandal.** f. banister.//
barandilla. f. railing.
baratija. f. trinket.
barato, ta. a. cheap.// **baratura.** f. cheapness.
baraúnda. f. uprorar.
barba. f. 1. chin (barbilla). 2. beard (pelo).
barbaridad. a. 1. outrage, atrocity. 2. excessive amount (mucha cantidad). 3. nonsense (necedad). 4. ¡qué b.!: how awful!
barbarie. f. 1. savegery, barbarism. 2. fig. incivility.
bárbaro, ra. a. 1. barbarous, savage. 2. uncivilized. 3. fig. terrific. 4. m. Barbarian.
barbecho. m. fallow.
barbería. f. barbershop.// barber (m.).
barbilla. f. chin.
barbitúrico, ca. 1. a. barbituric. 2. m. barbiturate.
barbudo, da. a. heavily bearded.
barca. f. small boat.// **barcaza.** f. launch.
barcino, na. a. roan.
barco. m. ship, boat.
bardo. m. bard, poet.
bario. m. barium.
barítono. m. baritone.
barlovento. m. windward.
barniz. m. varnish, glaze, lacquer.
barnizar. tr. to varnish.// **barnizado.** m. varnishing, lacquering.
barómetro. m. barometer.// barometric (a).
barón, nesa. m. baron, f. baroness.
barquero. m. boatman, ferryman.
barquilla. f. small boat.
barquillo. m. wafer, wafer cone.
barra. f. 1. bar. 2. crowbar (palanca). 3. railing (barandilla). 4. L.A. public fan (público). 5. Arg. group, gang.
barraca. f. 1. hut, cabin. 2. Amer. warehouse.
barranco, ca. m./f. cliff, gorge.
barredor, ra. 1. a. sweeping. 2. m./f. sweeper.
barredura. f. sweeping.
barrenar. tr. to drill, to bore.
barreno, na. m./f. drill, bore.
barrer. tr. to sweep.
barrera. f. 1. barrier. 2. fig. obstacle.
barreta. f. small bar.
barriada. f. quarter, district.
barricada. f. barricade.
barrido. m. sweeping.
barriga. f. abdomen, stomach, belly.
barrigón. m. potbellied.
barril. m. barrel.
barrio. m. 1. district. 2. neighborhood (vecindario). 3. b. bajos: slums.
barrizal. f. clay pit, mud hole.

barro. m. 1. clay (arcilla) 2. mud (lodo). 3. blackhead (granillo).
barroco, ca. a. baroque.
barroso, sa. a. muddy.
barrote. m. 1. hanbar. 2. crosspiece.
barruntar. tr. to conjecture.
bartola (a la). adv. without a care.
bártulos. m. pl. household goods.
barullo. m. confusion, uproar.
basa. f. base, pedestal.
basalto. m. basalt.
basar. tr. 1. to base, to support. 2. ref. to be based on.
báscula. f. 1. bascule. 2. platform scale (balanza).
base. f. 1. base. 2. basis (fundamento). 3. foot (pie). 4. Sp. guard, playmaker (jugador base).
básico, ca. a. basic.
basílica. f. basilica.
básquetbol. m. basketball.
¡basta! interj. it is enough!
bastante. 1. a. enough, sufficient. 2. adv. enough, sufficiently.
bastar. 1. i. to be sufficient. 2. ref. to be self-sufficient.
bastardear. 1. i. to degenerate. 2. tr. to bastardize, to adulterate.
bastardilla. f. italics.
bastardo, da. a./m./f. bastard.
bastidor. m. 1. framework. 2. wing (de teatro). 3. chassis (de un auto). 4. entre b.: behind the scenes.
bastión. m. bastion.
basto, ta. 1. rough, coarse. 2. m. pl. clubs (barajas).
bastón. m. 1. cane, walking stick. 2. truncheon (vara).
basura. f. garbage, trash.// **basural.** f. garbage dump.
basurero. m. 1. garbage collector. 2. trash can (cubo).
bata. f. robe.
batacazo. m. thud.// dar el b.: to win unexpectedly,
batahola. f. bustle.
batalla. f. battle.
batallar. i. to battle, to fight.
batallador, ra. a. warring, battling.
batata. f. sweet potato.
bate. m. bat.
batea. f. 1. tray. 2. washtub (palangana).
batear. tr. to bat, to hit.// **bateador.** m. hitter.
batería. f. 1. battery. 2. drums (instrumento). 3. b. de cocina: kitchenware.
batido, da. 1. a. beaten 2. m. beating (acción); batter (comida); shake (bebida). 3. f. police raid.
batidor, ra. 1. a. beating. 2. f. beater, mixing, bowl.
batir. 1. to beat, to heat (golpear). 2. to defeat (derrotar). 3. to mix, to shake (revolver). 4. ref. to fight.
batiscafo. m. bathyscaphe.
batista. f. batiste.
batracio, cia. a./m./f. batrachian.
batuta. f. baton.
baúl. m. trunk, chest.
bautismo. m. 1. baptism. 2. christening (bautizo).
bautista. a./m./f. Baptist.
bautizar. m. 1. to baptize. 2. to name (poner nombre).
baya. f. berry.
bayeta. f. blaize.// **bayetón.** m. heavy woolen cloth.
bayo, ya. a. bay.
bayoneta. f. bayonet.
baza. f. 1. trick. 2. meter b.: to butt in.
bazar. m. bazaar.

bazo

bazo. m. spleen.
bazofia. f. hogwash.
beatificar. tr. to beatify.// beatification (f,).
beatitud. f, beatitude.// **beato, ta.** 1. a. beatified. 2. m./f. beatified person; lay brother or sister *(religioso)*; prude *(santurón)*.
bebé. m. baby.
bebedero. m. watering or drinking place.
bebedor, ra. 1. a. drinking. 2. m./f. drinker.
beber. tr. 1. to drink. 2. *b. a sorbos:* to sip. 3. *b. a tragos:* to gulp. 4. *b. como una esponja:* to drink like a fish.
bebido, da. 1. a. drunk. 2. f. drink, beverage.
beca. f. grant, scholarship.
becar. tr. to grant a scholarship.// **becario, ria.** m./f. scholarship student.
becerro, rra. m./f. yearling bull.
becuadro. m. *Mus.* natural time.
beduino, na. a./m./f. Bedouine.
béisbol. m. baseball.
beldad. f. beauty.
belga. a./m./f. Belgian.
bélico, ca. a. war like.// bellicose (a.).
beligerancia. f. belligerence.// belligerent (a./m./f.).
belleza. f. 1. beauty *(cualidad)*. 2. beautiful woman.
bello, lla. a. beautiful, fair.
bellota. f. acorn.
bemol. a./m. flat.
benceno. m. benzene.// **bencina.** f. benzine.
bendecir. tr. to bless.// **bendición.** f. blessing.
benedictino, na. a./m./f. Benedectine.
benefactor, ra. a./m./f. benefactor, benefactress.
beneficencia. f. welfare.
beneficiar. 1. tr. to benefit. 2. ref. to profit.// beneficiary (a./m./f.).// **beneficio.** m. 1. benefit. 2. pl. profits *(ganancias)*.// **beneficioso, sa.** a. beneficial, profitable.// **benéfico, ca.** a. beneficial.
benemérito, ta. a. meritorious, worthy.
beneplácito. m. approval, consent.
benevolencia. f. benevolence.// benevolent (a.).
bengala. f. signal flare.
benigno, na. a. benign, benevolent, mild *(clima)*.
beodo, da. a./m./f. drunk.
beréber. a./m./f. Berber.
berenjena. f. eggplant.// **berenjenal.** f. 1. eggplant patch. 2. *meterse en un b.:* to get into a jam.
berilio. m. beryllium.// **berilo.** m. beryl.
berkelio. m. berkelium.
bermejo, ja. a. bright red.
berrear. i. to bleat, to howl *(gritar)*.
berrido. m. bleat, shriek *(grito)*.
berrinche. m. fig. rage.
berro. m. watercress.
besar. tr. to kiss.
beso. m. kiss.
bestia. f. beast, animal.// **bestial.** a. bestial, beastly.// **bestialidad.** f. beastliness, beastility.
besugo. m. red porgy.
besuquear. tr. to lavish kisses.
betún. m. shoe polish.
biberón. m. baby bottle.
biblia. f. bible.// biblical (a.).
bibliografía. f. bibliography.// bibliographic (a.).
biblioteca. f. library, bookcase.
bibliotecario, ria. m./f. librarian.
bicarbonato. m. bicarbonate.
bicho. m. bug, insect.
bicicleta. f. bicycle.
bidé. m. bidet.
biela. f. connecting rod.
bien. m. 1. good, goodness *(el bien)*. 2. welfare *(bienestar)*. 3. pl. possesions, assets. 4. pl. *b. gananciales:* community property. 5. *b. raíces:* real state.
bien. adv. 1. well. 2. very *(muy)*. 3. right *(correctamente)*. 4. *ahora b.:* then. 5. *más b.:* rather. 6. *o b.:* or else.
bienal. a. biennial.
bienaventurado. a. blessed.
bienaventuranza. f. bless, well-being *(bienestar)*.
bienestar. m. 1. well-being. 2. welfare *(público)*.
bienvenida. f. 1. welcome. 2. *dar la b.:* to welcome.
bife. m. 1. beefsteak. 2. *Arg.* fig. slap.
bifurcación. f. bifurcation.
bigamia. f. bigamy.// bigamist (a./m./f.).
bigote. m. 1. mustache. 2. whiskers.
bikini. f. bikini.
bilingüe. a. bilingual.
bilis. f. bile.// bilious (a.).
billar. m. 1. billiards *(juego)*. 2. billiard room *(local)*.
billete. m. 1. ticket. 2. bill *(papel moneda)*.
billetera. m. billfold.
billón. m. billion, trillion *(EE.UU.)*.
bimestre. m. bimonthly.// **bimestral.** a. bimonthly.
bimotor. a. twin-motored.
binario, ria. a. binary.
binoculares. m. pl. binoculars.
binomio. m. binomial.
biografía. f. biography.// biographic (a.).
biología. f. biology.// biologic (a.).// biologist (m./f.).
biombo. m. folding screen.
bioquímico, ca. 1. a. biochemical. 2. m./f. biochemist. 3. f. biochemistry.
biosfera. f. biosphere.
bípedo, da. a./m. biped.
biplano. m. biplane.
birlar. tr. to steal, to sweap.
bisabuelo, la. m. great-grandfather, f. great-grandmother.
bisagra. f. hinge.
bisel. m. bevel.
biselar. tr. to bevel.
bisexual. m. bisexual.
bisiesto. a. leap.
bismuto. m. bismuth.
bisnieto, ta. m. great-grandson, f. great-granddaughter.
bisonte. m. bison.
bisturí. m. scalpel.
bisutería. costume jewelry.
bitácora. f. binnacle.
bizarría. f. bravery, gallantry.
bizarro, rra. a. brave, gallant.
bizco, ca. a. cross-eyed.
bizcocho. m. 1. cake. 2. biscuit.
blanco, ca. 1. a. white. 2. m./f. white *(color/persona)*. 3. m. blank *(espacio)*. 4. m. goal, aim, target *(objetivo)*.
blancura. f. whiteness.
blandir. tr. to brandish, to flourish.

blando, da. a. **1.** soft. **2.** tender *(tierno)*. **3.** flabby *(fláccido)*. **4.** *b. de caracter:* weak-willed.// **blandura.** f. softness.
blanquear. tr. **1.** to whiten. **2.** to whitewash *(pasar cal)*. **3.** to bleach *(ropa)*. **4.** i./ref. to turn white.// **blanquecino, na.** a. whitish.// **blanqueo.** m. **1.** whitening. **2.** bleaching.
blasfemar. i. to blaspheme.// **blasfemia.** f. blasphemy.// **blásfemo, ma.** m./f. blasphemer.
bledo. m. **1.** *no importarle un b.:* not to give a hoot. **2.** *no valer un b.:* not to be worth two cents.
blindaje. m. armor plating.
blindar. tr. to armor.// **blindado, da.** a. armored.
bloc. m. writing pad.
bloque. m. **1.** block. **2.** bloc *(político)*.
bloquear. tr. **1.** to block, to obstruct. **2.** to brake *(frenar)*. **3.** Com. to freeze *(bienes)*.// **bloqueo.** m. **1.** blocking. **2.** freezing.
blusa. f. blouse, tunic.
boa. f. boa.
boato. m. show, ostentation.
bobalicón, na. a./m./f. silly, foolish, idiot.
bobear. i. to fool.// **bobería.** f. foolishness.
bobina. f. **1.** spool. **2.** bobbin *(hilo)*. **3.** coil *(cableado)*.
bobo, ba. **1.** a. silly, foolish. **2.** m./f. idiot, fool.
boca. f. **1.** mouth. **2.** entrance, opening *(entrada)*. **3.** Zool. pincer. **4.** *a pedir de b.:* just as one like it. **5.** *andar de b. en b.:* to be the subject of gossip. **6.** *b. abajo:* downward. **7.** *b. arriba:* upward.
bocacalle. f. street intersection.
bocadillo. f. snack, tidbit.
bocado. m. mouthful, bite.
bocanada. f. **1.** gust, rush *(de aire)*. **2.** puff *(de humo)*.
bocetar. tr. to sketch, to draft.// **boceto.** m. sketch, draft.
bocha. f. bowling ball.
bochinche. m. L.A. uproar, commotion.
bochorno. m. **1.** embarrassment. **2.** suffocating heat *(calor)*.// **bochornoso, sa.** a. embarrassing, suffocating.
bocina. f. **1.** horn. **2.** megaphone *(megáfono)*.
boda. f. wedding, marriage.
bodega. f. **1.** wine cellar *(de vino)*. **2.** warehouse *(almacén)*. **3.** hold *(de un barco)*.// **bodegón.** m. **1.** tavern. **2.** Art. still life.// **bodeguero, ra.** m./f. owner or keeper of a wine cellar.
bofetada. f. slap.// **bofetón.** m. hard slap.
boga. f. **1.** vogue, fashion *(moda)*. **2.** rower *(flotante)*.
bogar. i. to row, to sail *(navegar)*.
bohemio, mia. **1.** a./m./f. bohemian. **2.** f. bohemian life.
boicotear. tr. to boycott.// **boycott** (m.).
boina. f. beret, cap.
bola. f. **1.** ball. **2.** rumor, gossip *(rumor)*. **3.** *no dar pie con b.:* to make one mistake after another.
bolchevique. a./m./f. Bolshevik.// **bolchevismo** (m.).
boleadoras. f. pl. Arg. bolas.
bolear. i. **1.** to bowl. **2.** to throw balls *(arrojar bolas)*.
boleta. f. **1.** ticket. **2.** certificate. **3.** ballot *(voto)*.
boletería. f. ticket office.
boletín. m. bulletin.
boleto. m. ticket.
boliche. m. **1.** bowling *(juego)*. **2.** Arg. small shop *(comercio)*, cheap restaurant.
bólido. m. fireball.
bolígrafo. m. ballpoint pen.
boliviano, na. a./m./f. Bolivian.

bolo. m. **1.** pin *(palo)*. **2.** bun *(bollo)*. **3.** pl. bowling.
bolsa. f. **1.** sack, bag. **2.** Anat. pocket, sac. **3.** *B.:* stock exchange *(finanzas)*.
bolsillo. m. pocket.
bolso. m. handbag.// **bolsón.** m. large handbag.
bollo. m. **1.** bun, roll. **2.** fritter *(fritura)*. **3.** lump *(golpe)*.
bomba. f. **1.** bomb. **2.** pump *(bombeador)*.
bombacha. f. knicker, baggy trouser.
bombardear. tr. to bomb, to bombard.// **bombardeo.** m. bombardment.// **bombardero.** m. bomber *(avión)*, bombardier *(soldado)*.
bombear. tr. to bomb, to pump.// **bombeador.** m. pump.// **bombeo.** m. pumping.
bombero. m. fireman, firefighter.
bombilla. f. **1.** light bulb. **2.** Arg. tube for maté.
bombo. m. **1.** bass drum. **2.** *hacer b.:* to put on airs.
bombón. m. bonbon, candy of chocolat.
bonachón, na. a. good-natured.
bonanza. f. **1.** fair weather *(clima)*. **2.** bonanza.
bondad. f. goodness, kindness.// **bondadoso, sa.** a. kind, good.
bonete. m. bonnet.
bongó. m. bongo drum.
bonificar. tr. **1.** to improve *(gratificar)* **2.** to discount *(descontar)*.// **bonificación.** f. improvement, discount, bonus.
bonito, ta. **1.** a. pretty. **2.** m. tuna.
bono. m. **1.** bond. **2.** deventure. **3.** certificate.
boquear. i. **1.** to gasp. **2.** to be dying *(agonizar)*.
boquete. m. gap, hole.
boquiabierto, ta. a. openmouthed.
boquilla. f. **1.** mouth piece. **2.** cigarette holder.
bórax. m. borax.
borbotar o **borbotear.** i. to boil, to bubble.// **borbotón.** m. **1.** boiling, bubbling. **2.** pl. *a b.:* in a torrent.
borceguí. m. ankle boot.
borda. f. gunwale.
bordar. tr. to embroider.// **bordado.** m. embroidery.
borde. m. **1.** border, edge. **2.** *al b. de:* on the brink of.
bordear. tr. **1.** to border. **2.** to skirt *(ir por el borde)*.
bordo. m. **1.** board. **2.** *a b.:* aboard, on board.
boreal. a. boreal, northern.
borne. m. Elec. terminal, binding post.
boro. m. boron.
borra. f. **1.** dregs. **2.** coffe grounds *(del café)*.
borrachera. f. drunkenness.// **borracho, cha.** a./m./f. drunk.
borrador. m. **1.** rough draft *(escrito)*. **2.** eraser *(que borra)*.// **borradura.** f. erasure.
borrar. tr. to erase.
borrasca. f. storm.// **borrascoso, sa.** a. stormy.
borrego, ga. m./f. yearling lamb.
borrón. m. **1.** ink blot. **2.** *b. y cuenta nueva:* clean slate.
borronear. tr. to scribbled.
borroso, sa. a. blurred, fluzzy.
boscoso, sa. a. wodded, woddy.
bosque. m. wood, forest.
bosquejar. tr. to sketch.// **bosquejo.** m. sketch.
bosta. f. manure.
bostezar. i. to yawn.// **bostezo.** m. yawn.
bota. f. **1.** boot. **2.** wineskin *(odre)*.
botánico, ca. **1.** a. botanical. **2.** m./f. botanist. **3.** f. botany.
botar. **1.** to bounce *(dar botes)*. **2.** to launch *(lanzar)*.

bote. m. **1.** boat. **2.** bounce *(rebote).*
botella. f. bottle.// **botellón.** m. large bottle.
botica. f. drugstore.// **boticario, ria.** m./f. druggist.
botín. m. **1.** half boot. **2.** booty *(presa).*
botiquín. m. medicine chest.
botón. m. **1.** button. **2.** *Bot.* bud. **3.** buzzer *(timbre).* **4.** starter, push button *(arrancador).* **5.** pl. bellboy.
botonera. f. set of buttons.
bóveda. f. **1.** vault. **2.** dome *(techo).* **3.** crypt *(cripta).*
bovino, na. a./m./f. bovine.
boxear. i. to box.// **boxeador.** m. boxer.// **boxeo.** m. boxing.
boya. f. buoy.
bozal. m. muzzle.
bracear. i. **1.** to swing one's arms. **2.** to swim *(nadar).*
bracero, ra. m./f. day laborer, worker.
bragas. f. pl. breeches.
braguero. m. *Med.* truss.
bragueta. f. fly of trousers.
bramar. i. to bellow, to roar.// **bramido.** m. roar, bellow.
brasa. f. hot coal.// **brasero.** m. brazier.
brasileño, ña. a./m./f. Brazilian.
bravío, a. a. wild, untamed.
bravo, va. a. **1.** brave, valiant. **2.** angry, furious *(enojado).* **3.** ¡b.!: well done!.// **bravucón, na.** m./f. boastful.// **bravura.** f. **1.** fierceness *(fiereza).* **2.** bravery.
brazada. f. **1.** fathom *(medida).* **2.** stroke *(natación).*
brazalete. m. bracelet.
brazo. m. **1.** arm. **2.** foreleg *(animales).* **3.** branch *(rama).* **4.** pl. workmen. **5.** *b. de mar o río:* inlet.
brea. f. tar, pitch.
brebaje. m. potion.
brecha. a. breach, gap.
bregar. i. **1.** to struggle. **2.** to work hard *(esforzarse).*
brete. m. **1.** shackles, fetters. **2.** fig. tigh spot.
breve. **1.** a. brief, short. **2.** *en b.:* shortly, soon.
brevedad. f. **1.** briefness. **2.** *a la mayor b.:* as soon as.
bribón, na. m./f. roguish.// **bribonada.** f. roguishness.
brida. f. bridle.
brigada. f. brigade.// brigadier (m.).
brillante. **1.** a. brilliant. **2.** m. diamond.// **brillantez.** f. brilliance, brightness.
brillar. i. to shine, to glitter.
brillo. m. shine, glitter.// **brilloso, sa.** a. brilliant.
brincar. i. to hop.// **brinco.** m. jump.
brindar. **1.** i. to toast. **2.** tr./ref. to offer *(ofrecer).*
brindis. m. toast.
brío. m. spirit, vigor.// **brioso, sa.** a. spirited, vigorous.
brisa. f. breeze.
británico, ca. a./m./f. British.
brizna. f. **1.** string, bit. **2.** glade *(de hierba).*
brocha. f. **1.** paintbrush. **2.** shaving brush *(de afeitar).*
broche. m. **1.** clasp, fastener. **2.** brooch *(prendedor).*
brócoli. m. broccoli.
broma. f. **1.** joke. **2.** fun *(diversión).* **3.** *ni en b.:* never.
bromear. i. to joke, to jest.// **bromista.** m./f. joker.
bromo. m. bromine.
bronca. f. **1.** row, quarrel. **2.** *armar b.:* to start a row.
bronce. m. bronze.// **bronceado, da.** **1.** a. bronze, tanned *(tostado).* **2.** m. bronzing, suntan *(tostado).*
broncear. tr. **1.** to bronze. **2.** to tan, to suntan *(tostarse).*
bronquio. m. bronchus.// bronchial (a.).// bronchiole (m.).// bronchitis (f.).
brotar. i. **1.** to spring. **2.** *Bot.* to sprout, to bud.

brote. m. **1.** bud, shoot. **2.** outbreak *(estallido).*
bruces (de). adv. phr. face-down.
brujo, ja. m. wizard, f. witch.// **brujería.** f. witchcraft.
brújula. f. compass, magnetic needle.
bruma. f. fog, mist.// **brumoso, sa.** a. foggy.
bruñir. tr. to burnish, to polish.
brusco, ca. a. brusque, rough. // brusqueness (f.).
brutal. a. brutal.// brutality (a.).
bruto, ta. **1.** a. brutish, stupid *(estúpido).* **2.** m. brute *(persona),* beast *(animal).* **3.** *peso b.:* gross weight.
bubón. m. large pustule or tumor.// bubonic (a,).
bucal. a. buccal, oral.
bucanero, ra. m./f. bucaneer.
bucear. i. to dive.// **buceo.** m. diving.
bucle. m. ringlet, curl.
buche. m. **1.** crop. **2.** sag *(pliegue).* **3.** belly *(barriga).*
bucólico, ca. a. bucolic.
budín. m. pudding.
buen. adv. good.
buenaventura. f. good luck.
bueno, na. a. **1.** good. **2.** useful *(útil).* **3.** healthy *(sano).* **4.** tasty *(sabroso).* **5.** *por las buenas:* willingly. **6.** adv. very well, okay, all right.
buey. m. ox, bullock.
búfalo. m. buffalo.
bufanda. f. scarf, muffler.
bufar. tr.. to snort.// **bufido.** m. snort.
bufé. f. buffet.
bufete. m. **1.** writing desk. **2.** lawyer's office.
bufo, fa. **1.** comic, clownish. **2.** m. clown, buffoon.
buhardilla. f. garret.
búho. m. owl.
buitre. m. vulture.
buje. m. axle box, bushing.
bujía. f. **1.** candle *(candil).* **2.** spark plug *(automóvil).*
bula. f. bull, edict.
bulbo. m. bulb.
bulla. f. noise, racket.
bullicio. m. noise, hubbub.// **bullicioso, sa.** a. noisy.
bullir. **1.** i. to boil, to bubble. **2.** tr. to move.
bulto. m. **1.** bulk *(tamaño).* **2.** package *(paquete).* **3.** *Med.* swelling, lump. **4.** *escurrir el b.:* to duck, to dodge. **5.** *hacer b.:* to take up space.
buque. m. ship, steamer.
burbuja. f. bubble.
burbujear. i. to bubble.// **burbujeante.** a. bubbling.
burdel. m. brothel.
burdo, da. a. coarse, vulgar.
burgués, sa. a./m./f. bourgeois.// bourgeoise (f.).
buril. m. burin, graver.
burla. f. **1.** joke . **2.** jeer *(mofa).* **3.** trick *(engaño).*
burlar. **1.** tr. to dodge *(eludir).* **2.** ref. to joke *(bromear).* **3.** ref. to make fun of *(de alguien o algo).*
burlón, na. **1.** a. jeering, joking. **2.** mocker, joker.
burocracia. f. bureaucracy.// **burócrata.** m./f. bureaucrat.// **burocrático, ca.** a. bureaucratic.
burra. f. she-ass.// **burrada.** f. fig. stupidity.
burro. m. **1.** donkey. **2.** *b. de arranque:* blockhead.
bursátil. a. relative to stock market.
buscar. tr. to search, to look for.// **búsqueda.** f. search.
busto. m. chest, bust.
butaca. f. **1.** armchair. **2.** box seat *(teatro).*
buzo. m. diver.
buzón. m. mailbox.

c. f. third letter of Spanish alphabet.
cabal. a. **1.** complete *(completo).* **2.** precise *(exacto).* **3.** *estar en sus c.:* to be in one's right mind.
cábala. f. cabala.// cabalistic (a.).
cabalgar. i. to ride horseback.// **cabalgata.** f. cavalcade.
caballada. f. herd of horses.
caballa. f. mackerel.
caballería. f. **1.** horse, mount *(animal).* **2.** *Mil.* cavalry. **3.** knighthood *(calidad de caballero).*
caballeriza. f. stable.
caballero. m. **1.** gentleman *(señor).* **2.** knight *(noble).* **3.** sir *(título).* **4.** *c. andante:* knight errant.// **caballeroso, sa.** a. gentlemanly.// **caballerosidad.** f. gentlemanliness.
caballete. m. **1.** easel *(trípode)* **2.** ridge of roof. **3.** sawbuck *(de carpintero).*
caballo. m. **1.** horse. **2.** knight *(ajedrez).* **3.** *c. de fuerza:* horsepower. **4.** *a c.:* horseback.
cabaña. f. hut, cabin.
cabecear. tr. **1.** to nod. **2.** *Sp.* to head.
cabecera. f. **1.** head *(lugar principal).* **2.** capital *(de distrito).* **3.** *médico de c.:* attendig physician.
cabecilla. m. ringleader.
cabellera. f. **1.** head of hair. **2.** comet's tail.
cabello. m. **1.** hair. **2.** *cuero cabelludo:* scalp.
caber. i. **1.** to fit. **2.** to fall on *(corresponder).* **3.** *cabe decir:* one might say. **4.** *no cabe duda:* there's no doubt. **5.** *no c. en sí:* to be beside oneself.
cabestrillo. m. sling.// **cabestro.** m. halter.
cabeza. f. **1.** head *(jefe).* **2.** leader *(jefe).* **3.** mind, brain *(cerebro).* **4.** *a la c.:* at the head *(delante);* in charge *(a cargo).* **5.** fig. *c. de turco:* scapegoat. **6.** *meterse de c.:* to plunge into. **7.** *sentar c.:* to settle down.
cabezal. f. **1.** headpiece. **2.** headline *(de un texto).*
cabezazo. m. **1.** butt. **2.** *Sp.* header.
cabezón, na. a. **1.** bigheaded. **2.** fig. stubborn.
cabida. f. **1.** room, space. **2.** *tener c.:* to have a place.
cabildo. m. **1.** town council. **2.** town hall *(edificio).*
cabina. f. **1.** booth. **2.** cabin *(barco).* **3.** cockpit *(avión).*
cabizbajo, ja. a. crestfallen.
cable. m. cable.
cablegrafiar. i./tr. to cable.// cablegram (m.).
cabo. m. **1.** end, butt. **2.** *Geog.* cape. **3.** *Mil.* corporal. **4.** *al c. de:* at the end of. **5.** *al fin y al c.:* after all. **5.** *llevar a c.:* to carry out.
cabotaje. m. coastal trading.
cabra. f. goat.// **cabrío.** a. of goats.
cabrero, ra. a. fig. hot tempered.
cabritilla. f. goatskin.
cabrito. m. kid, young goat.
cabrón, na. 1. m. he-goat. **2.** m./f. fig. bastard.
cacao. m. cacao, cocoa.
cacarear. i. **1.** to cackle. **2.** fig. to boast.
cacatúa. f. cockatoo.
cacería. f. hunting.
cacerola. f. saucepan.
cachalote. m. sperm whale.
cacharro. m. **1.** crock *(vasija).* **2.** piece of junk *(trasto).*
cachear. tr. to search, to frisk.
cachete. m. cheek.// **cachetada.** f. slap.
cachetear. tr. to slap.
cachivache. m. **1.** junk *(trasto).* **2.** pl. pots and pans *(utensilios).*
cacho. m. **1.** piece *(pedazo).* **2.** *Arg.* bunch of bananas. **3.** *un c.:* a bit.
cachorro, rra. m./f. **1.** pup. **2.** puppy *(perro).*
cacique. m. **1.** Indian chief. **2.** fig. political boss.// **caciquismo.** m. fig. bossism.
cacto. m. cactus.
cada. a. **1.** each, every. **2.** *c. cual* o *c. uno:* each one.
cadalso. m. gallows.
cadáver. m. corpse, body.// cadaverous (a.).
cadena. f. **1.** chain. **2.** network (TV, radio). **3.** *c. de montaje:* assembly line. **4.** *c. montañosa:* mountain range.
cadencia. f. cadence, rhytm.// **cadencioso, sa.** a. rhytmical.
cadera. f. hip, hip joint.
cadete. m. cadet.
caducar. i. **1.** to lapse, to expire. **2.** *Law.* to be invalid.// caducity (f.).// **caduco, ca.** a. **1.** lapsed, expired. **2.** senile. **3.** *Law.* canceled.
caer. i. **1.** to fall **2.** to fall down *(derrumbarse).* **3.** to suit, to fit *(calzar).* **4.** to see, to realize *(comprender).* **5.** to be caught *(ser atrapado).* **6.** to drop *(precios).* **7.** to die *(morir).* **8.** *al c. la noche:* at nightfall. **9.** *c. bien:* to like, to please *(personas);* to agree with *(alimentos).* **10.** *estar al c.:* to be about to arrive *(por llegar)* or happen *(suceder).*
café. m. **1.** coffee. **2.** café, coffee shop *(cafetería).*// caffeine (f.).// **cafetal.** f. coffee plantation.// **cafetalero, ra. 1.** a. coffee. **2.** m./f. coffee grower

cafetero, ra

cafetero, ra. 1. a. coffee. 2. m./f. coffe merchant, coffee owner. 3. f. coffeepot// **cafetín.** m. small cafe.// **cafeto.** m. coffee tree.
caída. f. 1. fall. 2. slope (declive). 3. drop (precios). 4. c. de la tarde: nightfall. 5. c. del sol: sunset.
caja. f. 1. box. 2. chest (cofre). 3. cash (efectivo). 4. cashier's office (oficina); cashier's window (ventanilla). 5. cabinet (armazón). 6. type case (imprenta). 7. c. de ahorros: saving bank. 8. c. de cambios: transmission. 9. c. de jubilaciones: pension fund. 10. c. fuerte: safe. 11. c. registradora: cash registrer. 12. c. torácica: chest.
cajero, ra. m./f. cashier.
cajetilla. f. 1. pack. 2. Arg. fig. dandy.
cajón. m. 1. large box. 2. drawer. 3. coffin (ataúd).
cal. f. lime.
calabaza. f. squash.
calabozo. m. dungeon, jail cell.
calado. m. 1. drawnwork (tejido). 2. depth (profundidad). 3. draft (de un barco).
calamar. m. squid.
calambre. m. cramp.
calamidad. f. calamity.// calamitous (a.).
calandria. f. lark.
calaña. f. nature, type, sort.
calar. tr. 1. to penetre (penetrar). 2. to drench, to soak (mojar). 3. to cut (cortar). 4. to fix (bayonetas). 5. Mar. to draw. 6. Arg. fig. to stare at (mirar fijo).
calavera. f. 1. skull. 2. Arg. fig. reveler.
calcañar. m. heelbone.
calcar. tr. 1. to trace. 2. to copy.
calcáreo, a. a. calcareous, limy.
calcinar. tr. 1. to calcine. 2. fig. to burn.
calcio. m. calcium.
calco. m. 1. tracing. 2. fig. copy.
calcomanía. f. decal, transfer.
calculador, ra. 1. a. calculating. 2. m./f. calculator.
calcular. tr. to calculate, to compute.
cálculo. m. 1. calculation. 2. Mat. calculus. 3. pl. Med. gallstones.
caldear. tr. to heat.
caldera. f. caldron, boiler.// **calderero, ra.** m./f. coppersmith.// **caldero.** m. kettel, small caldron.
caldo. m. 1. broth (consomé). 2. juice (jugo).
calefacción. f. heating.// **calefactor.** m. heater.
calendario. m. calendar, almanac.
calentador, ra. 1. a. heating. 2. m. heater.
calentar. 1. tr. to heat, to warm. 2. ref. to become warm. 3. ref. fig. to be excited (excitarse); to be angry (enojarse).// **calentura.** f. 1. fever. 2. fig. excitation (excitación); anger (enojo).
calera. f. lime quarry.
calesita. f. Arg. merry-go-round.
calibrar. tr. to gauge (medir). 2. to calibrate (graduar).// **calibre.** m. 1. caliber (armas), 2. diameter (tubos). 3. quality (calidad). 4. calipers (medidor).
calidad. f. 1. quality. 2. class (clase). 3. en c. de: as.
cálido, da. a. warm.// **calidez.** f. warmness
calidoscopio. m. kaleidoscope.

caliente. a 1. hot. 2. fig. excited, angry
califa. m. caliph.
calificación. f. 1. classification. 2. grade, mark (nota).
calificado, da. a. qualified, competent.
calificar. 1. i. to qualify. 2. tr. to classify (clasificar). 3. tr. to grade (poner nota).// **calificativo, va.** 1. a. qualifying. 2. m. qualifier.
caligrafía. f. caligraphy.// caligrapher (m./f.).
calistenia. f. calisthenics.
cáliz. m. 1. chalice. 2. Bot. calyx.
calizo, za. 1. a. calcareous, limy. 2. f. limestone.
callar. 1. i. to be silent. 2. tr. to silence. 3. ref. to omit (omitir), to become quiet or silent (silenciarse). 4. ¡cállate!: shut up!// **callado, da.** 1. a. silent, reserved (reservado).
calle. m. 1. street. 2. Sp. lane.
callejear. i. to walk the street.// **callejero, ra.** a. street, of the street.
callejón. m. 1. alley. 2. fig. c. sin salida: deadlock.
callo. m. 1. corn. 2. pl. tripe.// callosity (f.).
calma. f. 1. calm, calmness. 2. c. calma: calmly.
calmante. 1. a. calming. 2. m. sedative.
calmar. i./tr. 1. to calm. 2. to pacify. 3. ref. to calm down.// calm (a.).
calofrío. m. chill.
calor. m. 1. heat, warmth. 2. ardor, passion. 3. entrar en c.: to get warm.// calorie (f.).
calorífero, ra. 1. a. heating. 2. m. heater.
calumnia. f. calumny, slander.
calumniar. tr. to calumniate, to slander.// **calumniador, ra.** a. slanderer.// **calumnioso, sa.** a. slanderous.
caluroso, sa. a. warm, hot.
calvario. m. calvary.
calvicie. f. baldness.// **calvo, va.** 1. a. bald. 2. m./f. bald person. 3. f. bald spot.
calza. f. 1. wedge (cuña). 2. pl. breeches
calzado, da. 1. a. shod. 2. m. footwear. 3. f. road, way.
calzador. m. shoehorn
calzar. tr. 1. to wedge (poner calzas). 2. to wear shoes (usar zapatos). 3. i. fig. to fit (ir bien). 4. ref. to put on (zapatos o prendas).
calzón. m. pl. breeches, panties.
calzoncillo. m. pl. drawers, underpants.
cama. f. 1. bed. 2. bedstide (armazón). 3. floor (piso, base).
camada. f. litter (animales), brood (pájaros).
camafeo. m. cameo.
camaleón. m. chameleon.
cámara. f. 1. chamber (junta, sala). 2. hall (sala). 3. camera (cine, TV, foto). 4. house (legislativa). 5. inner tube (auto). 6. en c. lenta: in slow motion.
camarada. m./f. comrade.// camaraderie (f.).
camarero, ra. 1. m. waiter, f. waitress (restaurant). 2. m. steward, f. stewardess (hotel, barco).
camarilla. f. clique.
camarín. tr. dressing room.
camarón. m. shrimp.
camarote. m. cabin. stateroom.
cambalache. m. 1. barter (trueque). 2. Arg. secondhand store.// **cambalachear.** tr. to bart.
cambiante. a. changeable.

cantón

cambiar. 1. i./tr. to change. 2. tr. to exchange (intercambiar). 3. tr. to replace (reemplazar). 4. ref. to change.
cambio. m. 1. change (acción). 2. exchange (intercambio). 3. rate of exchange (cotización). 4. switch (cambiavía). 5. gearshift (auto). 6. en c.: on the other hand. 7. libre c.: free trade.// **cambista.** m./f. 1. money changer (dinero). 2. switchman (ferrocarril).
camelia. a. camelia.
camello. m. camel.
camilla. f. stretcher.// **camillero, ra.** m./f. stretcher-bearer.
caminante. m. wayfare, hiker.
caminar. 1. i./tr. to walk. 2. fig. to work.
caminata. f. walk, hike.
camino. m. 1. road. 2. path, way (senda). 3. fig. way. 4. abrirse c.: to make way. 5. a medio c.: halfway. 6. c. a: towards. 7. por buen c.: on the right track.
camión. m. truck.// **camionero.** m. truck driver.// **camioneta.** f. light truck, van.
camisa. f. 1. shirt. 2. Mech. jacket, casing (envoltura). 3. mantle (de un farol a gas).// **camisería.** f. shirt shop.// **camiseta.** f. T-shirt, undershirt.// **camisón.** m. longshirt, night shirt (de dormir).
camorra. m. quarrel, squabble.// **camorrista.** m./f. quarrelsome person.
camote. m. sweet potato.
campal. a. field.
campamento. m. camp, camping.
campana. f. 1. bell. 2. Arg. fig. lookout.// **campanada.** f. stroke of a bell.// **campanario.** m. bell tower.// **campanear.** i. 1. to ring the bells. 2. Arg. fig. to be the lookout.// **campanero.** m. bell ringer.
campanilla. f. 1. doorbell (timbre). 2. hand bell. 3. Anat. uvula. 4. Bot. bellflower.
campante. a. buoyant, satisfied.
campaña. f. 1. campaign. 2. countryside (campiña).
campechano, na. a. good-natured.
campeón, na. m./f. champion.// **campeonato.** m. championship.
campero, ra. a. rural. 2. f. Arg. jacket.
campesino, na. 1. a. rural, rustic. 2. peasant, farmer.
campestre. a. rural, rustic.
campiña. f. countryside.
campo. m. 1. country, countriside. 2. field (plantío, deportes). 3. scope, range (ámbito). 4. room, space (espacio). 5. a c. raso: in the open. 6. a c. traviesa: cross-country. 7. c. magnético: magnetic field. 8. c. operatorio: surgical area.
canadiense. a./m./f. Canadian.
canal. m. 1. canal. 2. channel (naveg., TV). 3. strait, inlet (estrecho). 4. Anat. duct. 5. roof gutter (de riego, desagüe).
canalizar. tr. 1. to canalize (abrir canales). 2. to channel (dar cauce). 3. to pipe (por tuberías).
canalla. m./f. scoundrel.// **canallada.** f. dirty trick.
canapé. m. 1. sofa. 2. canapé (bocadillo).

canario. 1. a./m./f. Canarian. 2. m. canary.
canasto, ta. 1. m./f. basket. 2. f. canasta (juego).
cancelación. f. 1. cancelation. 2. payment (pago).
cancelar. tr. 1. to cancel. 2. to pay off (pagar).
cáncer. m. cancer.// cancerology (f).// cancerous (a.).
cancha. f. 1. Sp. field, court (tenis), link (golf). 2. tener c.: to be experienced.// **canchero, ra.** 1. a. Arg. expert, skilled. 2. m./f. fieldkeeper (cuidador).
canciller. m. chancellor.// chancellery (f.).
canción. f. 1. song. 2. c. de cuna: lullaby.
candado. m. padlok.
candeal. a. white (trigo y pan).
candela. f. candle.// **candelabro.** m. candelabrum.// **candelero.** m. 1. candlestick. 2. estar en el c.: to be on the top.
candente. a. 1. very hot, burning 2. fig. important.
candidato, ta. m./f. candidate.// candidacy (f.).
candidez. f. candor.// candid (a.).
candil. m. oil lamp.
candor. m. candor, naiveté.// **candoroso, sa.** a. innocent, naive.
canela. m. cinnamon.// **canelo.** m. cinnamon tree.
cangrejo. m. crab.
canguro. m. kangaroo.
caníbal. a./m./f. cannibal.
canícula. f. dogdays.
canilla. f. 1. tap. 2. shinbone (hueso).
canillita. m. Arg. newspaper boy.
canino, na. a./m. canine
canje. m. barter, exchange.
canjear. tr. to barter, to exchange.
cano, na. 1. a. white-haired. 2. f. gray hair. 3. f. fig. Arg. police; jail (estar preso).
canoa. f. canoe, rowboat.
canon. m. 1. canon. 2. tax, rent (tasa).
canónico, ca. a. canonical
canonizar. tr. to canonize.
cansado, da. a. 1. tired. 2. boring (aburrido).
cansancio. m. fatigue, tiredness.
cansar. tr. 1. to tire. 2. to bore (aburrir). 3. fig. to annoy.
cantante. 1. a. singing. 2. m./f. singer.
cantar. m. 1. folk-song. 2. otro c.: another story.
cantar. i./tr. 1. to sing. 2. fig. to confess (confesar).
cántaro. m. 1. jug. 2. llover a c.: to rain cats and dogs.
cantera. f. quarry.
cantero. m. 1. stonecutter. 2. Amer. flowerbed.
cántico. m. canticle.
cantidad. f. quantity, sum.
cantimplora. f. canteen, water bottle.
cantina. f. 1. wine shop. 2. Amér. tavern, saloon.// **cantinero, ra.** m. bartender, f. barmaid.
canto. m. 1. song (canción). 2. singing (arte). 3. epic poem (poema). 4. edge, border (extremo, borde). 5. pebble (guijarro). 6. c. rodado: boulder.
cantón. m. canton, district.

cantor, ra. 1. a. singing. **2.** m./f. singer.
caña. f. **1.** cane, reed. **2.** stalk *(tallo).* **3.** leg *(de una bota).* **4.** *Archit.* shaft. **5.** *Anat.* long bone. **6.** c. de azúcar: sugar cane. **7.** c. de pescar: fishing rod.
cañada. f. **1.** ravine. **2.** *Amer.* stream.// **cañadón.** m. ravine.
cáñamo. m. hemp.
cañaveral. f. sugar cane plantation.
caño. m. **1.** pipe *(tubo).* **2.** drainpipe *(desagüe).*// **cañería.** f. pipeline.
cañon. m. **1.** cannon. **2.** barrel *(de un arma).* **3.** *Geog.* canyon.// **cañonazo.** m. cannon shot.
cañonear. tr. to cannonade, to bombard.// **cañoneo.** m. cannonade.// **cañonero, ra.** m. cannon shooter, f. gunboat.
caoba. f. mahogany.
caos. f. chaos.// chaotic (a.).
capa. f. **1.** cape *(manto).* **2.** coat *(pintur).* **3.** covering *(cobertura).* **4.** *Geol.* layer. **5.** de c. caída: crestfallen. **6.** de c. y espada: cloak and dagger.
capacidad. f. **1.** capacity. **2.** room *(espacio).*
capacitar. tr. **1.** to train *(instruir).* **2.** to qualify *(calificar).* **3.** to authorize *(autorizar).*
capar. tr. to castrate.
caparazón. f. shell, caparison.
capataz. m. foreman.
capaz. a. capable, competent.
capcioso, sa. a. captious, tricky.
capear. tr. **1.** to dodge. **2.** to weather the storm.
capellán. m. chaplain.
capilar. a.m. capillary.// capillarity (f.).
capilla. f. chapel.
capital. 1. a. capital, vital. **2.** f. capital city. **3.** m. capital, assets.
capitalismo. m. capitalism.// capitalist (a./m./f.).
capitalizar. tr. to capitalize.// capitalization (f.).
capitán, na. m. captain, f. woman captain.// **capitanía.** f. **1.** captainship *(cargo).* **2.** captaincy *(territorio).*
capitel. m. capital *(columna),* spire *(iglesia).*
capitolio. m. capitol.
capitular. 1. a. capitular. **2.** i. to capitulate, to surrender.// capitulation (f.).
capítulo. m. **1.** chapter. **2.** *Bot.* capitulum.
capón. 1. a. castrated **2.** m. capon.
caporal. m. foreman.
capota. f. **1.** automobile top. **2.** bonnet *(sombrero).*
capote. m. **1.** cape, greatcoat. **2.** hacer c.: to triumph.
capricho. m. whim, fancy.// **caprichoso, sa.** a. capricious, whimsical.
cápsula. f. capsule.
captar. tr. **1.** to grasp *(aprehender).* **2.** to attract *(atraer).* **3.** to understand *(comprender).*// **captación.** f. grasping, attraction, understanding.
captura. f. capture, apprehension.
capturar. tr. to capture, to apprehend.
capucha. f. hood.// **capuchón.** m. hooded cloak.
capullo. m. **1.** bud *(brote).* **2.** cocoon *(larva).*
cara. f. **1.** face. **2.** look *(semblante).* **3.** surface *(superficie).* **4.** facade, front *(fachada).* **5.** appearance *(aspecto).* **6.** *Geom.* plane. **7.** dar la c.: to face. **8.** dar la c. por: to stick up for. **9.** de cara a: facing. **10.** de dos c.: two faced. **11.** echar en c.: to reproach.
carabela. f. carabel.
carabina. f. carabine.// carabineer (m.).
caracol. m. **1.** snail. **2.** snail shell *(concha).* **3.** spiral *(espiral).* **4.** *Anat.* cochlea.// **caracola.** f. conch.
carácter. m. **1.** character. **2.** nature *(índole).* **3.** capacity *(capacidad).* **4.** type *(tipo).* **5.** letter *(letra).*// characteristic (a./f.).
caracterizar. 1. tr. to characterize. **2.** ref. to be characterized.// characterization (f.).
caracú. m. bone marrow.
caradura. a./m./f. shameless.
¡caramba!. interj. **1.** good heavens! *(asombro).* **2.** damn it! *(enojo).*
carambola. f. **1.** carom. **2.** de c.: by chance.
caramelo. m. **1.** caramel. **2.** candy *(dulce).*
carátula. f. title page, cover of a book or magazine.
caravana. f. caravan.
carbohidrato. m. carbohydrate.
carbón. m. coal, charcoal *(de leña).*
carbonada. *L.A.* meat stew.
carbonato. m. carbonate.// carbonated (a.).
carbonería. f. coal shop.// **carbonero, ra. 1.** a. charcoal. **2.** m. coal supplier. **3.** f. coal ship or engine.
carbónico, ca. a. carbonic.
carbonizar. tr. to carbonize, to char, to burn.
carbono. m. carbon.
carburador. m. carburator.// **carburante.** m. fuel.
carburo. m. carbide.
carcajada. f. loud laughter.
cárcel. f. jail.// **carcelero, ra.** m./f. jailer, warden.
carcoma. f. wood borer.
carcomer. tr. to gnaw.
cardar. tr. to card.// **cardador, ra.** m./f. carder.
cardenal. m. cardinal.
cardíaco, ca. a. cardiac.
cardinal. a. cardinal.
cardiología. f. cardiology.// cardiologist (m./f.).
cardo. m. thistle.
cardumen. m. school of fish.
carear. tr. to bring face to face.
carecer. tr. to lack.// **carencia.** f. **1.** lack. **2.** *Med.* deficiency.// **carente.** a. lacking.
careo. m. confrontation.
carero, ra. a. expensive shopkeeper.
carestía. f. **1.** high prices *(precios altos).* **2.** high cost of living *(costo de vida).*
careta. f. mask.
carey. m. tortoiseshell.
carga. f. **1.** loading *(acción).* **2.** load. **3.** freight *(flete).* **4.** burden *(peso).* **5.** duty *(obligación).* **6.** attack *(ofensiva).* **7.** charge *(de armas, eléctrica).*// **cargado, da.** a. **1.** loaded. **2.** strong *(sabor).* **3.** heavy *(cielo).* **4.** c. de años: old. **5.** f. fig. *Arg.* joke.// **cargador, ra. 1.** m. loader. **2.** shipper, porter *(operario).* **3.** battery charger *(para baterías).* **4.** charger *(de armas).*// **cargamento.** m. cargo.

cargar. tr. **1.** to load. **2.** to charge *(armas, elect.)*. **3.** to burden *(con peso)*. **4.** to duty *(con obligaciones)*. **5.** to debit *(debitar)*. **6.** to attack *(atacar)*. **7.** to carry *(acarrear)*. **8.** *Arg. fig.* to joke.
cargo. m. **1.** position *(posición)*. **2.** charge *(acusación)*. **3.** burden *(peso)*. **4.** debit *(debit)*. **5.** *a c. de:* in charge. **6.** *hacer c. de:* to make responsible for. **7.** *hacerse c.:* to take charge of.
cargosear. tr. to pester, to bother.// **cargoso, sa.** a. bothersome, tiresome.
carguero. m. carrier, freighter.
cariarse. ref. to decay.
caribe. a./m./f. Caribbean.
caricatura. f. **1.** caricature. **2.** cartoon *(animados)*.
caricia. f. caress.
caridad. f. charity.// **caritativo, va.** a. charitable.
caries. f. caries, decay.
cariño. m. love, affection.// **cariñoso, sa.** a. affectionate.
carisma. m. charisma.// charismatic (a.)
cariz. m. look, aspect.
carmesí. m. crimson.
carmín. m. carmine.
carnada. m. **1.** bait *(cebo)*. **2.** trap *(trampa)*.
carnal. a. **1.** carnal. **2.** sensual, lustful *(sensual)*.
carnaval. m. carnival.
carne. m. **1.** flesh. **2.** meat *(comida)*. **3.** *en c. viva:* raw.
carné. a. identification card.
carnear. tr. *Amer.* to slaughter.
carnero. m. **1.** sheep, ram. **2.** *Arg. fig.* scab.
carnicería. f. **1.** butcher shop. **2.** *fig.* carnage.// **carnicero, ra.** m./f. butcher.
carnívoro, ra. **1.** a. carnivorous. **2.** m. carnivore.
carnoso, sa. a. fleshy.
caro, ra. a. **1.** expensive. **2.** dear *(querido)*.
carótida. f. carotid.
carozo. m. stone or pit of a fruit.
carpa. f. **1.** carp *(pez)*. **2.** *L.A.* tent *(tienda)*.
carpeta. f. **1.** table cover. **2.** file folder *(de archivo)*.
carpintería. f. **1.** carpentry *(arte)*. **2.** carpenter's shop.// carpenter (m.).
carpo. m. carpus.
carrera. f. **1.** race *(acción, competencia)*. **2.** run *(espacio recorrido)*. **3.** career *(profesión)*. **4.** *a la c.:* running.
carreta. f. wagon, cart.
carrete. m. **1.** reel *(de caña)*. **2.** bobbin, spool *(de hilo)*.
carretel. m. spool.
carretera. f. highway.
carretero. m. wagoner, carter.
carretilla. f. wheelbarrow.
carril. m. **1.** lane *(de tránsito)*. **2.** rail *(vía)*. **3.** track *(pista)*.
carro. m. cart, wagon.
carrocería. f. body (of a car).
carroña. f. carrion.// carronier (a./m./f.).
carroza. f. **1.** carriage. **2.** hearse *(fúnebre)*.
carruaje. m. coach, carriage.
carrusel. m. merry-go-rounds.
carta. f. **1.** letter. **2.** card *(naipe)*. **3.** charter *(declaración)*. **4.** map *(mapa)*. **5.** *a c. cabal:* thoroughly.

6. *c. blanca:* carte blanche. **7.** *tomar c.:* to intervene in.
cartaginés. a./m./f. Carthaginian.
cartearse. ref. to exchange letter.
cartel. m. **1.** poster. **2.** show bill *(aviso)*. **3.** cartel, trust *(de empresas)*.// **cartelera.** f. billboard.
cárter. m. casing, crank case *(del cigüeñal)*.
cartera. f. **1.** handbag, pocketbook. **2.** portfolio *(de documentos)*. **3.** cabinet post *(ministerio)*.
cartero. m. mailman, postman.
cartílago. m. cartilage.// cartilaginous *(a.)*.
cartilla. f. booklet.
cartografía. f. cartography.// cartographier (m./f.).
cartón. m. **1.** cardboard. **2.** carton *(de cigarrillos)*. **3.** *c. piedra:* papier-maché.
cartuchera. f. cartridge box or belt.
cartucho. m. **1.** cartridge. **2.** cassette.
cartulina. f. pastboard, fine cardboard.
casa. f. **1.** house. **2.** home *(hogar)*. **3.** firm *(empresa)*. **4.** *c. de cambios.:* money exchange office. **5.** *c. matriz:* headquarters, main office. **6.** *ser de la c.:* to be like one of the family. **7.** *ser de su c.:* to be a home-loving.
casaca. f. dress coat.
casado, da. a. **1.** married. **1.** *recién c.:* newlywed.
casamiento. m. marriage.
casar. **1.** i./tr. to marry. **2.** ref. to get married.
cascabel. m. **1.** jingle bell. **2.** *víbora de c.:* rattlesnake.
cascada. f. waterfall.
cascar. **1.** tr./ref. to crack. **2.** *fig.* to beat.
cáscara. f. **1.** shell. **2.** skin *(de fruta)*. **3.** rind *(de queso)*.// **cascarón.** m. eggshell.
casco. m. **1.** helmet. **2.** hull *(barco)*. **3.** *Zool.* hoof. **4.** *Mech.* casing. **5.** pl. *ligera de c.:* easy woman.
caserío. m. **1.** hamlet *(pueblo)*. **2.** country house.
casero, ra. **1.** a. home-loving *(hogareño)*; homemade *(hecho en casa)*. **2.** m./f. landlord, landlady.
casi. adv. **1.** almost, nearly. **2.** *c. nada:* next to nothing.
casilla. f. **1.** cabin. **2.** hut *(caseta)*. **3.** post office box *(postal)*. **4.** square *(ajedrez)*. **5.** booth *(telefónica)*. **6.** *sacar de las c.:* to infuriate.// **casillero.** m. filling cabinet.
casino. m. casino.
caso. m. **1.** case. **2.** event *(suceso)*. **3.** *c. perdido:* lost cause. **4.** *en c. de:* in the event of. **5.** *en el mejor/peor de los c.:* at best/at worst. **6.** *en todo c.:* in any event. **7.** *hacer c.:* to pay attention. **8.** *venir al c.:* to be pertinent.
caspa. f. dandruff.
casquete. m. **1.** helmet. **2.** cap *(mecánico, polar)*.
casete. m. cassette.// cassetter (f.).
casta. f. **1.** breed *(animales)*. **2.** lineage *(personas)*. **3.** caste *(sector social)*.
castaño, ña. **1.** a. brown. **2.** m. chestnut tree. **3.** f. chestnut.
castañuela. f. castanet.
castellano, na. **1.** a./m./f. Castillian. **2.** m./f. lord or lady of a castle. **3.** m. Spanish *(idioma)*.
castidad. f. chastity.
castigar. tr. **1.** to punish. **2.** to mortify the flesh *(flagelar)*. **3.** *Sp.* to penalize.

castigo

castigo. m. 1. punishment. 2. selfdenial *(flagelación)*. 3. *Sp.* penalty.
castillo. m. 1. castle. 2. *c. de proa:* forecastle. 3. *c. de naipes:* house of cards.
castizo, za. a. 1. genuine. 2. *Lit.* pure style. 3. *Arg.* fig. in good Spanish language.
casto, ta. a. chaste.
castor. m. beaver.
castrar. tr. to castrate.// castration (f.).// castrated (m.).
castrense. a. military.
casual. a. casual.// **casualidad.** f. 1. chance, hazard. 2. coincidence. 3. *por c.:* by chance.
casucha. f. hovel.
cataclismo. m. cataclysm.
catacumbas. f. pl. catacombs.
catador, ra. a. taster, sampler.
catadura. f. 1. sampling. 2. appearance *(apariencia)*.
catalejo. m. spyglass.
catálisis. f. catalysis.// catalytic (a.).// catalyst (m.).
catalogar. tr. to catalogue.// catalogue (m.).
cataplasma. f. poultice.
catapulta. f. catapult.
catar. tr. 1. to sample, to taste. 2. to examine.
catarata. f. 1. waterfall. 2. *Med.* cataract.
catarro. f. cold, catarrh.
catastro. m real estate register.
catástrofe. f. catastrophe.// catastrophic/al (a.).
catecismo. m. cathecism.// cathequist (m./f.).
cátedra. f. 1. professorship *(rango)*. 2. classroom *(aula)*. 3. subject *(asignatura)*.
catedral. f. cathedral.
catedrático, ca. m./f. university professor.
categoría. f. 1. category. 2. type *(clase)*. 3. fig. standing. 4. *de c.:* important. 5. *primera c.:* first-rate.// categorical (a.).
cateto. m. side of a right triangle.
catéter. m. catheter.
cátodo. m. cathode.
catolicismo. m. Catholicism.// Catholic (a./m./f.).
catorce. a./m. forteen(th).
catre. m. cot, camp bed.
cauce. m. 1. riverbed. 2. ditch *(acequia)*.
caucho. m. 1. rubber *(goma)*. 2. rubber tree *(árbol)*.
caución. f. 1. caution *(cautela)*. 2. bail, bond *(fianza)*.
caudal. 1. a. *Zool.* caudal. 2. m. volume *(de agua)*. 3. m. wealth *(riqueza)*.// **caudaloso, sa.** a. deep.
caudillo. m. 1. leader, chief. 2. *Amer.* political boss.// **caudillismo.** f. caciquismo.
causa. f. 1. cause. 2. *Law.* trial, lawsuit. 3. *a c. de.:* because of.// **causante.** a. causative.
causar. tr. 1. to cause. 2. to provoke *(ira, enojo)*.
cautela. f. caution.// cautious (a.).
cauterizar. tr. to cauterize.// cauterization (f.).
cautivar. tr 1. to capture. 2. fig. to captivate.// **cautiverio.** m. captivity.// **cautivo, va.** a./m./f. captive.
cauto, ta. a. cautious.
cava. f. 1. excavation. 2. wine cellar *(bódega)*. 3. *Anat.* vena cava.

cavar. tr. to dig, to excavate.
caverna. f. cavern, cave.// **cavernícola.** a. 1. cave-dwelling. 2. fig. backward. 3. m. cave man, f. cave woman.// **cavernoso, sa.** a. cavernous.
cavidad. f. cavity.
cavilar. tr. to ponder, to meditate.// **cavilación.** f. pondering.
cayado. m. staff, crosier.
cayo. m. key, islet.
caza. f. 1. hunting, chase. 2. wild game *(deporte)*. 3. fighter plane *(avión)*.// **cazador, ra.** 1. a. hunting. 2. m./f. hunter.
cazar. tr. 1. to hunt. 2. to catch *(agarrar)*.
cazón. m. dogfish.
cazuela. f. 1. casserole. 2. stew *(guisado)*.
cebada. f. barley.
cebar. tr. 1. to fatten *(engordar)*. 2. to bait *(un anzuelo)*. 3. to start up *(un motor)*. 4. *Arg.* to brew *(mate)*. 5. ref. to become excited.
cebo. m. 1. feed *(alimento)*. 2. charge *(detonador)*. 3. bait *(del anzuelo)*. 4. enticement *(aliciente)*.
cebolla. f. onion.// **cebollín.** m. onion seed.
cebra. f. zebra.
cebú. m. zebu.
ceca. f. 1. royal mint. 2. *de la c. a la Meca:* from milliard to post.
cecear. i. to lisp.// **ceceo.** m. lisp.
cedazo. m. sieve.
ceder. tr. 1. to cede. 2. to transfer *(transferir)*. 3. to give in *(rendirse)*. 4. *Sp.* to pass.
cedro. m. cedar.
cédula. f. 1. certificate, document. 2. *c. de identidad:* identification card.
cegar. tr. 1. to blind. 2. to close up *(tapar)*. 3. ref. to become blinded.// **ceguera.** f. blindness.
ceja. f. 1. eyebrow. 2. edge, border *(borde, saliente)*.
cejar. i. 1. to back up *(retroceder)*. 2. to give in *(ceder)*.
celada. f. ambush.
celador, ra. m./f. 1. monitor *(escuela)*. 2. guard *(cárcel)*.
celar. tr. 1. to be jealous. 2. to watch out *(cuidar)*.
celda. f. 1. cell *(célula)*. 2. jail *(prisión)*.
celebración. f. celebration.
celebrar. tr. 1. to celebrate. 2. to hold *(una reunión)*. 3. ref. to fall on *(cumplir años)*; to take place *(una reunión)*.
célebre. a. famous, well-known.// **celebridad.** f. 1. celebrity *(persona)*. 2. renown, fama *(renombre, fama)*.
celenterado, da. a./m./f. coelenterate.
celeridad. f. celerity, speed.
celeste. a./m. 1. sky-blue. 2. celestial *(del cielo)*.// **celestial.** a. celestial, heavenly.
celestina. f. procuress, madam.
celibato. m. celibacy.// **célibe.** a./m./f. celibate.
celo. m. 1. zeal *(entusiasmo, cuidado)*. 2. pl. jealousy. 3. heat *(deseo sexual)*. 4. pl. *dar c.:* to make jealous. 5. *en c.:* in heat. 6. *tener c.:* to be jealous.
celofán. m. celophane.
celoso, sa. a. jealous *(con celos)*; zealous *(cuidadoso)*.

celta. a./m./f. Celtic.
célula. f. cell.// cellular (a.).
celuloide. m. celluloid.
celulosa. f. cellulosa.
cementar. tr. to cement.
cementerio. m. cemetery, graveyard.
cemento. m. 1. cement. 2. concret *(concreto)*.
cena. f. dinner, supper.
cenagoso, sa. a. miry, muddy.
cenar. 1. i. to have dinner. 2. tr. to have for dinner.
cencerro. m. cowbell.
cenicero. m. ashtray.
ceniciento, ta. a. ashen, ash-gray.
cenit. m. zenith.
ceniza. f. ash, cinder.
censar. tr. to take a census.// **censo.** m. census.
censor. m. censor.// **censura.** f. censure, censorship.
censurar. tr. to censure.
centauro. m. centaur.
centavo. m. cent.
centella. f. flash *(rayo)*, spark *(chispa)*.
centellear. i. to flash, to sparkle.// **centelleante.** a. sparkling.// **centelleo.** m. sparkle.
centena. f. hundred.// **centenar.** m. one hundred.
centenario, ria. 1. a. centenarian. 2. m. centennial.
centeno. m. rye.
centésimo, ma. a. hundredth.
centígrado, da. a. centigrade.
centímetro. m. centimeter.
céntimo, ma. 1. a. hundredth. 2. m. cent, centime.
centinela. m./f. sentry, guard.
centolla. f. spider crab.
central. a. central.// f. 1. head office, headquarters *(oficina)*. 2. telephone exchange *(telefónica)*.
centralismo. m. centralism.// centralist (m./f.).
centralizar. tr. to centralize.
centrar. tr. to center.
céntrico, ca. a. central, centric.
centrifugar. tr. to centrifuge.
centrífugo, ga. 1. a. centrifugal. 2. m./f. centrifuge.
centrípeto, ta. a. centripetal.
centro. m. 1. center. 2. middle *(medio)*. 3. core *(núcleo)*. 4. downtown *(de ciudad)*.
centroamericano, na. a./m./f. Central American.
centuplicar. tr. to centuple.// **céntuplo.** m. hundredfold.
centuria. f. century.// centurion (m.).
ceñir. tr. 1. to bind *(atar)*. 2. to be tight *(ropa)*. 3. ref. to limit oneself, to adjust.
ceño. m. frown.// **ceñudo, da.** a. frowning.
cepa. f. 1. grapevine stock *(vid)*. 2. stump *(tronco)*. 3. *de buena c.:* of good stock. 4. *de pura c.:* genuine.
cepillar. tr. 1. to brush. 2. to plane *(madera)*.
cepillo. f. 1. brush. 2. plane *(para madera)*.
cepo. m. 1. pillory. 2. trap *(trampa para animales)*.
cera. f. 1. wax. 2. earwax *(del oído)*. 3. polish *(pomada)*.
cerámico, ca. 1. a. ceramic. 2. f. ceramics, pottery.
cerbatana. f. blowgun.
cerca. 1. adv. near, close. 2. f. fence.
cercanía. f. 1. nearness. 2. pl. outskirts.// **cercano, na.** a. 1. close, near. 2. neighboring *(vecino)*.
cercar. tr. 1. to fence in (con cerca). 2. to sorround *(rodear)*. 3. to besiege *(sitiar)*.
cerciorarse. ref. to make sure.
cerco. m. 1. fence *(cerca)*. 2. enclosure *(cercado)*. 3. siege *(sitio)*.
cerda. f. 1. bristle. 2. Zool. sow.
cerdo. m. pig, hog.
cereal. a./m. 1. cereal. 2. pl. cereals, grain.// **cerealero, ra** a. cereal.
cerebro. m. 1. brain. 2. fig. brains.// cerebral (a.).
ceremonia. f. ceremony.// ceremonial (a./m.).
cereza. f. cherry.// **cerezo.** m. cherry tree.
cerilla. f. 1. match *(fósforo)*. 2. earwax *(del oído)*.
cerner. 1. tr. to sift, to sieve. 2. ref. fig. to be inminent.
cernidor. m. sieve.
cero. m. 1. zero. 2. *un c. a la izquierda:* useless.
cerrado, da. a. 1. closed. 2. overcast *(nublado)*. 3. fig. obstinate, stubborn *(testarudo)*.
cerradura. f. lock.
cerrajería. f. locksmith shop.// **cerrajero.** m. locksmith.
cerrar. tr. 1. to close (up). 2. to lock *(con llave)*. 3. to turn off *(canilla, válvula)*. 4. to close down *(un comercio)*. 5. to block off *(bloquear)*.// ref. 1. to close. 2. fig. to remain stubborn. 3. to cloud over *(nublarse)*.
cerrazón. m. 1. overcast sky *(cielo)*. 2. fig. obstinacy.
cerril. a. rough.
cerro. m. hill.
cerrojo. m. bolt, latch.
certamen. m. contest, competition.
certero, ra. a. 1. accurate *(tiro)*. 2. skilfull *(persona)*.
certeza o **certidumbre.** f. certainty.
certificado, da. 1. a. certified; registered *(carta)*. 2. m. certificate.
certificar. tr. 1. to certifiy *(verificar)*. 2. to register *(cartas)*.
cervecería. f. 1. brewery *(fábrica)*. 2. bar, pub *(taberna)*.// **cervecero, ra.** m./f. brewer.
cerveza. f. beer, ale.
cervical. a. cervical.// **cerviz.** f. cervix.
cesación. f. cessation, ceasing.
cesante. a./m./f. unemployed.// **cesantía.** f. unemployment.
cesar. i. to cease, to end, to stop.
cese. m. 1. stoppage. 2. cessation *(cesación)*. 3. *c. de fuego:* ceasefire.
cesio. m. cesium.
cesión. f. cession.
césped. m. 1. lawn, grass. 2. *Sp.* field.
cesta. f. o **cesto.** m. basket.
cetáceo, a. a./m. cetacean.
cetrino, na. a. salow, olive.
cetro. m. scepter.

chabacano, na. a. tasteless, vulgar.
chacal. m. jackal.
chacarero, ra. 1. m./f. peasant, farmer. 2. f. *Arg.* peasant dance.
chacota. f. 1. joking. 2. *tomar a la c.:* to take as a joke.
chacotear. i. to kid.
chacra. f. small farm.
chajá. m. chaja, crested screamer.
chal. m. shawl.
chalé. m. chalet.
chaleco. m. 1. vest. 2. jacket
chalina. f. scarf.
chalupa. f. sloop.
chambergo. m. broad-brimmed soft hat.
chambón, na. 1. a. bungling. 2. m./f. bungler.
champaña. m. champagne.
champiñón. m. champignon, mushroom.
champú. m. shampoo.
chamullar. i. fig. to talk, to speak.
chamullo. m. talking, chat.
chamuscar. 1. tr to scorch. 2. ref. to get scorched.
chamusquina. f. singe, scorch.
chance. f. chance.
chancear. i./ref. to joke.
chancleta. f. 1. slipper. 2. *fig.* baby girl. 3. *tirar la c.:* to let one's hair down.
chancro. m. chancre.
chancho, cha. 1. a. fig. dirty, filthy. 2. m. pig.
chanchullo. m. swindle, crocked deal.
changador. m. porter, carrier.
changar o **changuear.** i. *Arg.* to do odd jobs.
chango, ga. 1. m./f. *Arg.* child. 2. f. odd job.
chantaje. m. blackmail.// **chantajista.** m./f. blackmailer.
chantar. tr. 1. to put on *(ropa).* 2. to drive in *(clavar).* 3. to say something straight *(decir en la cara).*
chanza. f. joke.
chapa. f. 1. sheet *(metal, madera).* 2. plate *(patente).*
chapado, da. 1. a. plated. 2. *c. a la antigua:* old-fashioned.
chapalear. i. to splash.
chapaleo. m. splashing.
chaperón, na. m./f. chaperone.
chapista. m./f. sheet-metal worker or repairman.
chapotear. i. to splash.
chapoteo. m. splashing.
chapucear. tr. to bungle.
chapucería. f. sloppy job.
chapucero, ra. 1. a. sloppy. 2. m./f. careless worker.
chaqueta. f. jacket.
charada. f. charade.
charanga. f. brass band.
charango. m. Andean guitar.
charco, ca. m./f. pool, pond.
charla. f. 1. chat *(diálogo).* 2. talk *(conferencia).*
charlar. tr. to chat, to talk.
charlatán, na. a. 1. talkative *(hablador).* 2. gossipy *(chismoso).*// **charlatanería.** f. 1. talkativeness *(hablar mucho).* 2. gossip *(chisme).*

charol. m. patent leather.
charretera. f. epaulet.
charqui. m. jerky.
charro, rra. 1. m./f. *Mex.* peasant. 2. m. horseman.
chascarrillo. m. joke, spicy tale.
chasco. m. 1. trick *(broma).* 2. disappointment *(decepción).*
chasis. m. chassis.
chasquear. tr. 1. to play a joke *(bromear).* 2. to crack *(el látigo).* 3. ref. to disappont *(decepcionarse).*
chasqui. m. Indian messenger, Indian mail.
chasquido. m. crackle.
chatarra. f. scap iron.
chatarrería. f. junk yard.
chato, ta. 1. a. flat, blunt. 2. f. barge *(barcaza).* 3. f. flatcar *(carro).*// **chatura.** f. flatness.
¡chau! interj. goodbye!
chaucha. f. 1. *Arg.* string beam. 2. pl. fig. small money.
chaval, la. m. boy, f. young girl.
chaveta. f. 1. key. 2. *perder la ch.:* to go crazy.
¡che! interj. hey!.
checoslovaco, ca. a./m./f. Czechoslovakian.
chelo. m. cello.
cheque. m. check.
chequear. tr. 1. to check. 2. *Med.* to checkup.
chequeo. m. 1. check. 2. *Med.* checkup.
chequera. f. checkbook.
chicano, na. a./m./f. Chicano.
chicha. f. chicha.
chicharra. f. 1. cicade. 2. doorbell *(timbre).*
chicharrón. m. crisp pork rind.
chiche. 1. a. well-decorated *(lugar).* 2. m. toy *(juguete).*
chichón. m. bump.
chichonear. i. fig. to make jokes.
chicle. m. 1. chicle *(resina).* 2. chewing gum *(goma de mascar).*
chico, ca. 1. a. small, little. 2. m. boy, f. young girl.
chicote. m. 1. whip. 2. end of a lace.
chicotazo. m. whiplash.
chiflado, da. a. crazy.
chifladura. f. craziness.
chiflar. 1. tr. to whistle. 2. ref. to go crazy.
chifildo. m. whistle.
chile. m. chile, pepper.
chileno, na. a./m./f. Chilean.
chillar. tr. 1. to scream. 2. to squeak *(ruedas).*// **chillido.** m. 1. scream. 2. squeak *(de ruedas).*// **chillón, na.** a. 1. screaming. 2. fig. strident, flashy.
chiflado, da. a. crazy.
chifladura. f. craziness.
chimenea. f. 1. chimney. 2. smokestack *(industrial).*
chimpancé. m. chimpanzee.
chinche. f. 1. bedbug *(insecto).* 2. thumbtack *(clavo).*
chinchilla. f. chinchilla.
chinela. f. slipper.
chino, na. a./m./f. Chinese.

chiquero. m. pigsty.
chiquillín, na. m./f. child.// **chiquillinada.** f. childish act.
chirimbolo. m. 1. gadget. 2. pl. gear.
chiripa (de). adv. by a fluck.
chiripá. m. 1. gaucho's trousers. 2. baby's trousers.
chirona. f. fig. jail.
chirriar. tr. to squeak.// **chirrido.** m. squeak.
chiflado, da. a. crazy.// **chifladura.** f. craziness.
chipá. m. corn cake.
chisme. m. gossip.
chismear. i. to gossip.// **chismerío.** m. gossip.// **chismoso, sa.** a. gossipy.
chispa. f. 1. spark. 2. wit (viveza). 3. pl. echar c.: to flure up. 4. tener c.: to be witty.// **chispazo.** m. 1. spark. 2. witticism (agudeza).// **chispeante.** a. 1. sparkling. 2. fig. brilliant.
chispear. i. 1. to spark. 2. to drizzle (lloviznar).
chisporrotear. i. to crackle.// **chisporroteo.** m. crackling.
chistar. i. 1. to speak. 2. sin c.: without a word.
chiste. m. joke.
chistido. m. whistle.
chistoso, sa. a. funny, humorous.
chivar. 1. tr. fig. to annoy. 2. ref. fig. to get annoyed.
chivo, va. 1. m./f. goat. 2. f. goatee (barba). 3. c. expiatorio: scapegoat.
chocante. a. shocking, offensive.
chocar. tr. 1. to collide, crash. 2. to clash (pelear). 3. to shock (ser chocante).
chochear. i. 1. to dote. 2. fig. to dote on.// **chochera.** f. 1. dotage (senilidad). 2. fig. doting.// **chocho, cha.** a. 1. senile. 2. doting.
choclo. m. ear of corn.
chocolate. m. 1. chocolate. 2. cocoa (bebida).
chofer. m. driver.
cholo, la. a./m./f. half-breed, mestizo.
chompa. f. jumper, pullover, jersey.
chopo. m. black poplar.
choque. m. 1. crash, collision. 2. clash (pelea). 3. shock.
chorizo. m. sausage.
chorlito. m. 1. golden plover. 2. cabeza de c.: scatterbrain.
chorrear. i. 1. to gush (fluir). 2. to trickle (gotear). 3. tr./ref. Arg. fig. to steal.// **chorrera.** f. fig. string.// **chorro.** m. 1. spout (líquido). 2. flood (luz). 3. Arg. fig. thief. 4. pl. a c.: abundantly. 5. avión a c.: jet.
choza. f. hut, cabin.
chozno, na. m./f. great-great-great grandchild.
chubasco. m. downpour.
chúcaro, ra. a. 1. wild (salvaje). 2. shy (huraño).
chuchería. f. trinket.
chucho. m. 1. shivers (escalofrío). 2. fright (susto).
chueco, ca. a. 1. bowlegged. 2. crocked (torcido).
chuleta. f. cutlet.
chupado, da. a. 1. emaciated (flaco). 2. drunk (bebido). 3. f. sucking.// **chupador, ra.** 1. a. sucking. 2. m./f. sucker.// **chupadura.** f. sucking.
chupar. 1. i./tr. to suck. 2. tr. to absorb. 3. fig. to drink. 4. ref. fig. to become drunked.
chupete. m. 1. pacifier. 2. nipple (de mamadera).// **chupetín.** m. lollypop.
churrasco. m. grilled steak.
churrero. m. fritter maker or seller.
churro, rra. 1. a. fig. handsome. 2. m. fritter.
chusco, ca. a. unrefined.
chusma. f. rabble.
chuza. f. lance, pike.// **chuzazo.** m. pike blow.
cianuro. m. cyanide.
cibernética. f. cybernetics.// **cybernetic (a.).
cicatriz. f. scar.
cicatrizar. i./tr. to heal.
cíclico, ca. a. cyclical.
ciclismo. m. cycling.// **ciclista.** m. (m./f.).
ciclo. m. 1. cycle. 2. c. primario o universitario: elementary or universitary studies. 3. c. de conferencias: series of comferences.
ciclón. m. cyclone.
cíclope. m. cyclops.// cyclopean (a.).
cicuta. f. hemlock.
ciego, ga. a./m./f. 1. blind. 2. blocked up (conducto).
cielo. m. 1. sky, firmament. 2. heaven (paraíso). 3. fig. darling. 4. a c. abierto: in the open air. 5. c. raso: ceiling.
clempiés. m. centipede.
cien. a. one hundred.
ciénaga. f. swamp, marsh.
ciencia. f. 1. science. 2. a c. cierta: for certain. 3. c. ficción: science fiction.
científico, ca. 1. a. scientific. 2. m./f. scientist.
ciento. a. one hundred. 2. por c.: percent.
ciernes (en). m. pl. 1. in blossom. 2. fig. in the offing.
cierre. m. 1. closing. 2. shut down (clausura). 3. zipper(cremallera).
cierto, ta. a. 1. true, trueth (verdadero). 2. some, certain (alguno).
ciervo, va. m. deer; f. doe.
cifra. f. 1. digit. 2. quantity (cantidad). 3. cipher, code (clave, código).// **cifrada, do.** a. coded, in cipher.
cifrar. tr. 1. to encode. 2. c. esperanzas. to place hopes.
cigarra. f. cicada.
cigarrería. f. tobacco shop.// **cigarrero, ra.** 1. m. tobacconist. 2. f. cigar box.// **cigarrillo.** m. cigarette.// **cigarro.** m. cigar.
cigoto. m. zygote.
cigüena. f. stork.
cigüeñal. f. crankshaft (de motor).
cilia. f. cilium.// **ciliado, da.** 1. a. ciliate. 2. m. pl. Ciliata.
cilindrada. f. Mech. cylinder capacity.
cilindro. m. cylinder, roller.// cylindric (a.).
cima. f. summit.
cimarrón, na. a. L.A. runaway, wild.
cimbrar. i./tr. to swing, to vibrate.// **cimbreante.** a. swaying, swinging.
cimbronazo. m. violent shake.
cimentar. tr. to lay the foundation. // **cimiento.** m. 1. foundation. 2. fig. basis.
cinc. m. zinc.

cincel

cincel. m. chisel.// **cincelar.** tr. to chisel.
cincha. f. cinch, girth.// **cinchar.** tr. to cinch, to girth.
cincho. m. **1.** belt *(faja).* **2.** iron hoop *(zuncho).*
cinco. a./m. five.
cincuenta. a./m. fifty.
cine. m. **1.** cinema *(local).* **2.** movies *(arte).*// cinematography (f.).// cinematographic (a.).
cinético, ca. 1. a. kinetic. **2.** f. kinetics.
cínico, ca. 1. a. cynical. **2.** m./f. cynic.
cinismo. m. cynicism.
cinta. f. **1.** ribbon. **2.** film *(película).* **3.** tape *(tira).* **4.** band *(banda).*
cinto. m. belt.
cintura. f. waist, waistline.// **cinturón.** m. belt.
ciprés. m. cypress.
circo. m. circus.
circonio. m. zirconium.
circuito. m. circuit.
circulación. f. **1.** circulation. **2.** traffic *(tráfico).*// **circulante. 1.** a. circulating. **2.** m. currency.
circular. 1. a./f. circular. **2.** i./tr. to circulate.
circulatorio, ria. a. circulatory.
círculo. m. **1.** circle. **2.** club, group *(grupo).*
circuncidar. to circumcise.// circumcision (f.).// circumcised (a.).
circundante. a. sourronding, encircling.
circundar. tr. to sourrond, to encircle.
circunferencia. f. circumference.
circunflejo, ja. a. circumflex.
circunloquio. m. circumlocution.
circunscribir. tr. to circumscribe.
circunscripción. f. district.
circunspección. f. cirscumpection.// circumspect (a.).
circunstancia. f. circumstance.// circumstantial (a.).
circunvalación. f. circumvallation.
circunvolar. tr. to fly around.
cirio. m. wax candle.
cirro. m. cirrus.
ciruela. f. plum.// **ciruelo.** m. plum tree.
cirugía. f. surgery.// **cirujano, na.** m./f. surgeon.
cisma. f. schism.// **cismático, ca.** a. schismatic.
cisne. m. swan.
cisterna. f. cistern.
cita. f. **1.** appointment, date. **2.** quote *(referencia).*
citar. tr. **1.** to make an appointment or date. **2.** to quote *(referirse).* **3.** *Law.* to summon.
citatorio. m. *Arg.* summons.
cítrico, ca. 1. a. citric. **2.** m. pl. citrus fruit.
ciudad. f. city, town.
ciudadanía. f. **1.** citizenship *(derecho).* **2.** citizenry *(población).*// **ciudadano, da. 1.** a. civic, urban. **2.** m./f. citizen.
ciudadela. f. citadel.
cívico, ca. a. civic.
civil. 1. a. civil. **2.** m./f. civilian.// civility (a.).
civilización. f. civilization.// civilized (a.).
civilizar. tr. to civilize.
civismo. m. civic spirit.
cizaña. f. **1.** weed. **2.** fig. *meter c.:* to cause trouble.
clamar. tr. **1.** to cry out. **2.** fig. to demand.

clamor. m. outcry, clamor.// clamorous (a.).
clan. m. clan.
clandestinidad. f. clandestinity.// clandestine (a.).
clara. f. egg white.
claraboya. f. skylight.
clarear. i./tr. to dawn.
claridad. f. **1.** clarity. **2.** clearness *(nitidez).* **3.** lightness *(luz).*
clarificar. tr. to clarify.// clarification (f.).
clarín. m. bugle.
clarinete. m. clarinet.// clarinetist (m./f.).
clarividencia. f. clairvoyance.// **clarividente.** a./m./f. clairvoyant.
claro, ra. a. **1.** clear. **2.** bright *(luminoso).* **3.** light *(color).* **4.** intelligible *(entendible).* **5.** evident *(evidente).* **6.** adv. clearly. **7.** m. clearing *(espacio);* gap *(abertura).* **8.** ¡claro!: of course!
clase. f. **1.** class. **2.** lesson *(lección).* **3.** classroom *(aula).* **4.** *de c.:* of distinction.
clásico, ca. a./m./f. classic.
clasificar. 1. tr. to classify. **2.** i./ref. to qualify.// classification (f.).// classificatory (a.).
claudicación. f. claudication, back down.
claudicar. i. to back down.
claustro. m. **1.** cloister. **2.** faculty *(cuerpo docente).*
cláusula. f. clause.
clausura. f. **1.** closing *(cierre).* **2.** monastic life.
clausurar. tr. **1.** to close. **2.** to bring a close *(un acto).*
clavar. tr. **1.** to nail. **2.** to fix *(la vista).* **3.** fig. to cheat *(engañar).*
clave. f. **1.** code *(cifra).* **2.** key *(de un tema).* **3.** *Mus.* clef. **4.** m. clavichord.
clavel. m. carnation.
clavicordio. m. clavichord.
clavícula. f. collar bone.
clavija. f. **1.** peg, pin. **2.** *apretar las c.:* to put the screws on.
clavo. m. **1.** nail. **2.** *Bot.* clove. **3.** *dar en el c.:* to hit the nail on the head.
clemencia. f. mercy.// **clemente.** a. merciful.
cleptomanía. f. kleptomania.// kleptomaniac (a.).
clerecía. f. clergy.// clerical. a. clerical.
clérigo. m. clergyman.// **clero.** m. clergy.
cliente. m./f. client, customer.// **clientela.** f. clientele, customers.
clima. m. climate.// climatic (a.).
climatizar. tr. to air-condition.
climax. m. climax.
clínico, ca. 1. a. clinical. **2.** m. clinical, physician. **3.** f. clinic.
clisé. m. cliché.
cloaca. f. sewer.
clon. m. clone.
cloro. m. chlorine.
clorofila. f. chlorophyll.
cloroformo. m. chloroform.
club. m. club.
coacción. f. coercion.// **coaccionar.** tr. to force, to coerce.
coagular. tr./ref. to coagulate, to curdle *(leche).*
coágulo. m. clot.

coalición. f. coalition.
coartada. f. alibi.
coartar. tr. to limit, to restrict.
cobalto. m. cobalt.
cobarde. 1. a. cowardly. **2.** m./f. coward.// **cobardía.** f. cowardice.
cobayo. m. Guinea pig.
cobertizo. m. **1.** shed *(barraca).* **2.** garage.
cobertor. m. bedspread, blanket.
cobertura. f. **1.** covering *(cubierta).* **2.** coverage *(TV).*
cobija. f. **1.** *L.A.* blanket. **2.** pl. bedclothes.
cobijar. tr. **1.** to cover. **2.** to shelter *(proteger).*
cobra. f. cobra.
cobrador, ra. m./f. bill or tax collector.
cobranza. f. collection, cashing.
cobrar. tr. **1.** to collect. **2.** to cash *(un cheque).* **3.** to get *(fama).* **4.** to take *(ánimo o corage).*
cobre. m. **1.** copper. **2.** pl. *Mus.* brass.
cocaína. f. cocaine.
cocción. f. cooking, baking *(en horno).*
cóccis. m. coccyx.
cocer. tr. **1.** to cook. **2.** to bake *(en horno).*
coche. m. **1.** carriage *(carruaje).* **2.** car *(auto, vagón).*// **cochera.** f. garage.// **cochero.** m. coach man.
cochinada. f. dirt or filth trick.
cochino, na. a. **1.** filthy *(sucio).* **2.** rotten *(ruin).* **3.** m./f. pig.
cociente. m. quotient.
cocimiento. f. **1.** cooking. **2.** baking (en horno).
cocina. f. **1.** kitchen *(cuarto).* **2.** stove *(aparato).* **3.** cooking *(acción).*
cocinar. i./tr. to cook.// **cocinero, ra.** m./f. cook.
coco. m. coconut.
cocodrilo. m. crocodile.
cocotero. m. coconut palm.
cóctel. m. cocktail.// **coctelera.** f. cocktail shaker.
codazo. m. jab, poke.
codear. 1. i. to elbow. **2.** ref. to rub elbows with.
codicia. f. greed.
codiciar. tr. to covet, to desire.// **codicioso, sa.** a./m./f. covetous, greedy.
codificar. tr. **1.** to encode. **2.** *Law.* to codify.// codification (f.).// codifying (a.).
código. m. code.
codo. m. **1.** elbow. **2.** *Mech.* angle.
codorniz. f. quail.
coeficiente. m. coefficient.
coerción. f. coercion.// **coercitivo, va.** a. coercive.
coexistencia. f. coexistence.// coexistent (a.).
coexistir. i. to coexist.
cofia. f. coif, bonnet.
cófrade. m./f. member.// **cofradía.** f. brotherhood *(de hombres);* sisterhood *(de mujeres).*
cofre. m. chest, coffer, box *(caja).*
coger. tr. **1.** to grab, to grasp *(agarrar).* **2.** to gather up *(recoger).* **3.** to pick *(fruta).* **4.** *Arg.* fig. to fuck.
cogote. f. nape.// **cogotudo, da.** a. **1.** bull-necked. **2.** wealthy or influential person.
cohabitar. i. to cohabit.// cohabitation (f.).
cohecho. m. bribery.

coherencia. f. coherence.// coherent (a.).
cohesión. f. cohesion.// cohesive (a.).
cohete. m. rocket.// **cohetería.** f. rocketry.
cohibir. 1. tr. to inhibit. **2.** ref. to be inhibited.
cohorte. f. cohort.
coima. f. *Amer.* bribe, payola.
coincidencia. f. coincidence.// coincident (a.).
coincidir. i. **1.** to coincide. **2.** to agree *(acordar).*
cojear. i. to limp.
cojera. f. limp, lameness.
cojín. m. cushion.
cojinete. m. *Mech.* bearing.
cojo, ja. a. lame, crippled.
cojones. m. pl. fig. balls, testicles.
col. f. cabbage.
cola. f. **1.** tail *(de animal, vehículo).* **2.** queue *(fila).* **3.** glue *(pegamento).* **4.** *a la c.:* last. **5.** *hacer c.:* to line up. **6.** *traer c.:* to bring consequences.
colaboración. f. **1.** collaboration. **2.** contribution *(con un diario).*// **colaborador, ra. 1.** a. collaborating. **2.** m./f. collaborator; contributor *(con un diario).*
colaborar. i. **1.** to collaborate. **2.** to contribute *(con un diario).*
colado, da. 1. a. cast. **2.** m./f. *Arg.* fig. slipped. **3.** f. wash *(lavado).* **4.** f. *Metal.* tap.
colador. m. strainer.
colapaso. m. collapse.
colar. tr. **1.** to strain. **2.** *Metal.* to cast iron. **3.** ref. fig. to slip in, to sneak in.
colateral. a. collateral.
colcha. f. bedspread.
colchón. m. mattres.// **colchoneta.** f. light mattres.
colección. f. collection.
coleccionar. tr. to collect.// **coleccionista.** m./f. collector.
colecta. f. **1.** collection. **2.** charity drive *(de caridad).*
colectividad. f. community.
colectivismo. m collectivism // collectivist (m./f.).
colectivo, va. 1. a. collective. **2.** m. bus *(transporte).*
colector, ra. 1. a. collector. **2.** m. main sewer.
colega. m./f. colleague.
colegial. 1. a. school. **2.** m./f. pupil.
colegio. m. **1.** college. **2.** high-school *(secundaria).*
colegir. tr. to infer.
cólera. 1. f. anger. **2.** m. cholera.// **colérico, ca.** a. angry.
colgante. 1. a. hanging. **2.** *puente c.:* suspension bridge. **3.** m. pendant *(pendiente).*
colgar. 1. i./tr. to hang. **2.** i. to be suspended.
colibrí. m. hummingbird.
cólico. m. colic.
coliflor. f. cauliflower.
colina. f. hill.
colindante. a. adjacent, adjoining.
colirio. m. eye drops, eyewash.
coliseo. m. coliseum.
colisión. f. collision.
collar. m. **1.** necklace. **2.** collar *(para animales).*

colmar. tr. 1. to fill up *(llenar)*. **2.** to fulfill *(satisfacer)*.
colmena. f. beehive.
colmillo. m. eyetooth.
colmo. m. 1. overflow. **2.** ¡es el c.!: it's the limit! **3.** *para c. de males:* to make things worse.
colocación. f. 1. placing *(acción)*. **2.** place *(lugar)*. **3.** job, position *(empleo)*. **4.** investment *(inversión)*.
colocar. tr. 1. to place. **2.** to invest *(invertir)*.
colofón. m. colophon.
colombiano, na. a./m./f. Colombian.
colon. m. colon.
colonia. f. 1. colony. **2.** cologne (perfume).// colonial (a.).// colonialism (m.).
colonizar. tr. to colonize, to settle.// colonization (f.).
colono. m. 1. settler. **2.** tenant farmer *(agricultor)*.
color. m. color.// **coloración. f.** coloring.
colorado, da. 1. a. colored, red. **2.** m. red.
colorante. 1. a. coloring. **2.** m. colorant.
colorear. tr. to color.// **colorido, da.** (a.). coloring.
colosal. a. colossal.// **coloso.** m. colossus.
columna. f. column.// columnist (m./f.).
columpiar. i./ref. to swing.// **columpio. m.** swing.
coma. f. 1. comma *(signo)*. **2.** Med. coma.
comadre. f. 1. midwife *(partera)*. **2.** godmother.
comandancia. f. 1. command *(grado)*. **2.** headquarters *(edificio)*.// **comandante.** m. commander, commandant.
comandar. tr. to command, to lead.// **comando.** m. **1.** command *(mando)*. **2.** commando *(soldado)*. **3.** control *(de un aparato)*.
comarca. f. region, district.
comba. f. bend, curve.
combar. tr./ref. to bend, to curve.
combate. m. combat, battle.// **combatiente. 1.** a. fighting. **2.** m./f. combatant, fighter.
combatir. 1. i. to battle. **2.** tr./ref. to fight, to struggle.
combinar. tr./ref. to combine.// combination (f.).
combustible. 1. a. combustible. **2.** m. fuel.
combustión. f. combustion.
comedia. f. comedy.// **comediante.** m. actor, f. actress.
comedor. m. dining room.
comensal. m./f. dinner guest.
comentar. tr. to comment.// **comentario.** m. commentary.// **comentarista.** m./f. commentator.
comenzar. i./tr. to begin, to start.
comer. tr. **1.** to eat. **2.** to corrode *(corroer)*. **3.** to take *(en un juego)*. **4.** *dar de c.:* to feed.
comercial. 1. a. commercial. **2.** *centro c.:* shopping center. **3.** m. advertisement *(propaganda)*.
comerciante. m./f. **1.** merchant, trader, shopkeeper. **2.** businessman.
comerciar. i. to trade, to deal.
comercio. m. **1.** business *(negocios)*. **2.** trade *(intercambio)*. **3.** store, shop *(tienda)*. **4.** *c. exterior:* foreign trade.
comestible. 1. a. edible. **2.** m. food *(alimentos)*.
3. m. pl. provision *(provisiones)*.
cometa. m. **1.** comet. **2.** kite *(barrilete)*.
cometer. tr. **1.** to commit *(crimen)*. **2.** to make *(error)*.
cometido. m. assignment.
comezón. f. itch, itching.
comicidad. f. comicalness, funniness.
comicio. m. elections.
cómico, ca. 1. a. comical, funny. **2.** m./f. comic actor or actress.
comida. f. 1. food. **2.** lunch, dinner.
comidilla. f. common talk.
comienzo. m. **1.** begin, start. **2.** *al c.:* at first.
comilón, na. 1. m./f. glutton. **2.** f. big meal, feast.
comillas. f. pl. **1.** quotation marks. **2.** *entre c.:* in quotes.
comino. m. **1.** cumin. **2.** *no importar un c.:* not to give a damn. **2.** *no valer un c.:* to be worthless.
comisaría. f. 1. commissariat *(cargo)*. **2.** police station *(edificio)*.// **comisario. 1.** commissioner. **2.** police chief *(jefe de policía)*.
comisión. f. **1.** commission. **2.** committee *(comité)*.
comisionar. tr. to commission.
comisionista. m./f. commission agent.
comité. m. committee.
comitiva. f. retinue.
como. adv. **1.** as *(lo mismo que)*. **2.** like *(similar a)*. **3.** how *(¿cómo?)*. **4.** why *(¿por qué?)*. **5.** conj. as, since *(puesto que)*. **6.** conj. if *(si)*. **7.** *c. quien dice:* so to speak. **8.** *c. quiera que:* however. **9.** *c. sea:* one way or the other. **10.** *c. si:* as if. **11.** *¡c. no!:* of course!
comodidad. f. 1. comfort. **2.** convenience.
comodín. m. joker, wild card.
cómodo, da. a. **1.** comfortable, convenient. **2.** f. chest of drawers.
comodoro. m. commodore.
compactar. tr. **1.** to compact.// compact (a.).
compadecer. tr./ref. to feel sorry for.
compadre. m. **1.** godfather *(padrino)*. **2.** fig. pal.
compañero, ra. m./f. **1.** companion. **2.** comrade *(camarada)*. **3.** mate *(pareja)*. **4.** classmate *(de clase)*.
compañía. f. company.
comparar. tr. to compare.// comparision (f.).// comparative (a.).
comparecer. i. to appear.
comparsa. f. masquerade.
compartimiento. m. compartment.
compartir. tr. **1.** to divide up. **2.** to share *(participar)*.
compás. m. **1.** compass. **2.** Mus. rhythm, time.
compasión. f. compassion.// compassionate (a.).
compatible. a. compatible.
compatriota. m./f. compatriot, fellow-citizen.
compendiar. tr. to summarize, to abridge.// **compendio.** m. summary, abridgment.
compensar. tr. to compensate.// compensation (f.).
competencia. f. 1. competition. **2.** competence *(aptitud)*. **3.** Law. jurisdiction.// **competente.** a. competent.// **competición.** f. competition.// **competidor, ra. 1.** a. competing. **2.** m./f. competitor.

competir. i. **1.** to compete (*contender*). **2.** to be on a par (*igualar*).// **competitive** (a.).
compinche. m./f. **1.** pal (*amigo*). **2.** accomplice.
complacer. **1.** tr. to please, to satisfy. **2.** ref. to delight in.// **complaciente.** a. **1.** complasiant (*obsequioso*). **2.** satisfied (*satisfecho*).
complejidad. f. complexity.// **complejo, ja. 1.** a. complicated. **2.** m. complex.
complementar. tr./ref. to complement.// complementary (a.).// complement (m.).
completar. tr. **1.** to complete. **2.** to finish (*terminar*).// **completo, ta. 1.** a. complete. **2.** finished (*terminado*). **3.** por c.: entirely.
complexión. f. complexion, constitution.
complicar. tr. to complicate.// complication (f.).
cómplice. m./f. accomplice.// complicity (f.).
complot. m. plot, conspiracy.
componente. a./m. component.
componer. tr. **1.** to compose (*ser parte*). **2.** to fix (*reparar*). **3.** to reconcile (*reconciliar*). **4.** to create (*música*). **5.** ref. to be composed.
comportamiento. m. behavior, conduct.
comportar. **1.** tr. to cause. **2.** ref. to behave.
composición. f. composition.
compositor, ra. m./f. composer.
compostura. f. **1.** repair (*reparación*). **2.** neatness (*aseo*). **3.** composure (*calma*).
compota. f. compote, stewed fruit..
compra. f. **1.** purchasing (*acción*). **2.** purchasing (*objetos*). **3.** pl. shopping. **4.** hacer c.: to shop.
comprador, ra. 1. a. purchasing. **2.** m./f. purchaser.
comprar. tr. to buy, to purchase.
comprender. tr. **1.** to understand (*entender*). **2.** to include (*incluir*).// **comprensible.** a. understandable.// **comprensión.** f. understanding.
compresa. f. compress.
compresión. f. compression.// **compresor, ra. 1.** a. compressing. **2.** m. compressor.
comprimido, da. 1. a. compressed. **2.** f. tablet.
comprimir. tr. to compress.
comprobación. f. verification, proof.// **comprobante.** m. **1.** proof (*prueba*). **2.** voucher (*boleta*).
comprobar. tr. **1.** to check. **2.** to prove (*probar*).
comprometer. tr. **1.** to compromise. **2.** to implicate (*implicar*). **3.** to endanger (*arriesgar*). **4.** ref. to commit oneself (*prometer*); to get engaged (*novios*).
compromiso. m. **1.** commitment (*promesa*). **2.** obligation (*obligación*). **3.** engagement (*novios*). **4.** appointment, date (*cita*).
compuerta. f. **1.** flood gate (*exclusa*). **2.** hatch (*puerta*).
compuesto, ta. 1. a./m. compound (*múltiple*). **2.** a. repaired (*reparado*). **3.** a. calm (*calmo*).
compulsión. f. compulsion.// compulsive (a.).
compungir. ref. to feel compunction.
computación. f. computation, calculation.// **computador, ra.** m./f. computer.
computar. tr. to compute, to calculate.// **cómputo.** m. calculation, count.
común. a. **1.** common. **2.** usual (*usual*). **3.** shared (*compartido*). **4.** m. general public.
comuna. f. commune.// communal (a.).

comunicación. f. communication.// **comunicado.** m. **1.** communiqué. **2.** press release (*de prensa*).
comunicar. **1.** i. to join (*unir*). **2.** i./tr./ref. to communicate.// communicative (a.).
comunidad. f. community.
comunión. f. communion.
comunismo. m. communism.// communist (m./f.).
con. prep. **1.** with. **2.** c. que: so that. **3.** c. tal que: provided that. **4.** c. todo: nevertheless.
concavidad. f. **1.** hollowness (*cualidad*). **2.** hollow (*hueco*).// **cóncavo, va.** a. concave, hollow.
concebir. **1.** i./tr. to conceive (*engendrar*). **2.** tr. to imagine (*imaginar*).// conceivable (a.).
conceder. tr. **1.** to grant (*conceder*). **2.** to concede (*admitir*).
concejal. m./f. town councillor.
concejo. m. municipal council.
concentrar. tr./ref. to concentrate.// concentrated (a.).// concentration (f.).// concentric (a.).
concepción. f. conception.
concepto. m. **1.** concept. **2.** opinion (*opinión*).
concernir. tr. to concerne.// concerning (a.).
concertar. tr. **1.** to arrange, to coordinate. **2.** i. to agree.
concertista. m./f. concert, performer, soloist.
concesión. f. concession.// concessionaire (m./f.).
concha. f. **1.** shell. **2.** L.A. fig. cunt.
conciencia. f. **1.** conscience. **2.** awareness (*conocimiento*).// conscientous (a.).
concierto. m. **1.** concert. **2.** agreement (*acuerdo*).
conciliar. tr. **1.** to conciliate. **2.** c. el sueño: to get sleep.// conciliation (f.).// conciliatory (a.).
conclave. m. conclave.
concluir. tr. **1.** to conclude. **2.** to deduce (*deducir*). **3.** c. por: to end up.// **conclusión.** f. **1.** conclusion, end (*final*). **2.** deduction (*deducción*).// conclusive (a.).
concordancia, f, **1.** concordance, **2.** agreement.
concordar. tr. **1.** to be in agreement. **2.** i. to agree.// **concordato.** m. concordat.// **concordia.** f. **1.** concord. **2.** agreement (*acuerdo*).
concretar. tr. **1.** to specify (*precisar*). **2.** to summarize (*resumir*). **3.** ref. to confine oneself to (*remitirse*). **4.** ref. to take shape (*tomar forma*).// **concreto, ta.** a. **1.** concret, specific. **2.** en c.: in short.
concubina. f. concubine.// **concubinato.** m. common-law marriage.
concurrencia. f. **1.** concurrence (*coincidencia*). **2.** audience (*audiencia*).// **concurrente. 1.** a. coinciding (*coincidente*). **2.** m./f. person attending.
concurrir. i. **1.** to coincide (*coincidir*). **2.** to attend (*asistir*). **3.** to converge (*converger*).
concurso. m. **1.** competition, contest. **2.** fuera de c.: out of running.// **concursante.** m./f. contestant, competitor.
condado. m. county.
conde. m. count, earl.
condecorar. tr. to decorate with medal.
condena. f. **1.** sentence. **2.** conviction (*fallo*). **3.** censure (*censura*).

condenar

condenar. tr **1.** to convict. **2.** to censure *(censurar).*
condensación. f. condensation.// condenser (m.).
condensar. tr. to condense.
condesa. f. countess.
condescender. tr. to acquiesce.// **condescendencia.** f. acquiescence.// **condescendiente.** a. complaisant, obliging.
condición. f. **1.** condition. **2.** state *(estado).* **3.** stipulation *(requisito).* **4.** pl. talent. // conditional (a.).
condimentar. tr. to season.// **condimento.** m. condiment, seasoning.
condiscípulo, la. a. classmate, fellow student.
condolencia. f. condolence.
condolerse. fig. to sympathize with, to condole.
condonar. tr. to pardon.
condón. m. condom.
cóndor. m. condor.
conducción. f. **1.** transportation *(transporte).* **2.** driving *(auto).* **3.** leading *(liderazgo).*
conducir. i./tr. **1.** to lead *(guiar).* **2.** to manage *(dirigir).* **3.** to drive *(auto).* **4.** ref. to behave *(comportarse).*
conducta. f. behavior.
conducto. m. **1.** conduit, pipe. **2.** Anat. duct, tract. **3.** *por c. de:* through, by mean of.
conductor, ra. **1.** a. conducting, conductive. **2.** m./f. driver *(de auto);* conductor *(de electricidad).*
conectar. tr. **1.** to connect. **2.** to plug in *(enchufar).*
conejo, ja. m. rabbit, f. doe rabbit.
conexión. f. connection.// connected (a.).
confabulación. f. plot.// plotter (m./f.).
confabular. tr./ref. to plot.
confección. f. **1.** manufacture *(fabricación).* **2.** dress making *(de ropa).* **3.** ready-made dress *(ropa hecha).*
confeccionar. tr. to make, to manufacture.
confederación. f. confederation.// confederated (a.).
confederar. tr./ref. to confederate.
conferencia. f. **1.** conference. **2.** lecture *(discurso).*// **conferenciante.** m./f. lecturer, speaker.
conferenciar. i. to confer.
confesar. tr./ref. to confess// **confesión.** f. confession.// **confesionario.** m. confession box.// **confeso, sa.** a. self-confessed.// **confesor.** m. confessor.
confiabilidad. f. reliability.// **confiable.** a. reliable.
confiado, da. a. **1.** confident *(en sí mismo).* **2.** trusting *(en otros).* **3.** gullible *(crédulo).*
confianza. f. **1.** confidence. **2.** self-reliance *(en sí mismo).* **3.** closeness *(familiaridad).* **4.** *de c.:* reliable *(confiable).* **5.** *en c.:* confidentially.
confiar. i./ tr. **1.** to trust *(creer).* **2.** to entrust *(encargar).* **3.** to confide *(un secreto).*
confidencia. f. confidence.// confidential (a.).// confidant (m./f.).
configurar. tr. to form, to shape.
confín. m. border, boundary.
confinar. **1.** i. to border. **2.** tr. to confine *(encarcelar).* **3.** tr. to exile *(desterrar).*// confinement (m.).
confirmar. tr. to confirm.// confirmation (f.).
confiscar. tr. to confiscate.// confiscation (f.).
confite. m. candy, sweet.// **confitería.** f. **1.** candy shop. **2.** Amer. tearoom.// **confitura.** f. confiture.
conflagración. f. conflagration.
conflicto. m. conflict.// conflictive (a.).
confluencia. f. confluence.
confluir. i. to converge.
conformar. tr. **1.** to shape *(dar forma).* **2.** to adjust. **3.** i. to agree *(aprobar).* **4.** ref. to resign oneself.
conforme. a. **1.** in agreement *(satisfecho).* **2.** resigned *(resignado).* **3.** adv. in accordance with *(de acuerdo a).* **4.** m. approval. **5.** *¡c.!:* O.K.// **conformidad.** f. **1.** agreement *(acuerdo).* **2.** resignation.
confort. m. comfort.// comfortable (a.).
confortar. f. **1.** to comfort. **2.** to console *(consolar).*
confraternizar. tr. to fraternize.// confraternity (f.).
confrontar. tr. **1.** to confront. **2.** to compare *(comparar).*// confrontation (f.).
confundir. tr. **1.** to confuse. **2.** to mix up *(desordenar).* **3.** to mistake *(equivocarse).*// confusion (f.).// confused (a.).
congelador, ra. m./f. freezer.// **congelamiento.** m. freezing.
congelar. tr. to freeze.
congeniar. i. to get along.
congénito, ta. a. congenital.
conglomerar. tr. to conglomerate.// conglomerate (a./m.).// conglomeration (f.).
congoja. f. anguish.
congraciarse. ref. to ingratiate.
congratular. tr. to congratulate.// congratulation (f.).
congregar. tr./ref. to congregate.// congregation (f.).
congresal. m. congressman, f. congresswoman.
congreso. m. congress.
congruencia. f. congruence.// congruent (a.).
cónico, ca. a. conical, conic.
coníferas. f. pl. Coniferae.
conjetura. f. conjecture, guess.
conjeturar. tr. to conjecture, to guess.
conjugar. tr. to conjugate.// conjugation (f.).
conjunción. f. conjunction.
conjunto, ta. a. **1.** joint. **2.** *de c.:* general. **3.** *en c.:* as a whole.// m. **1.** whole *(totalidad).* **2.** Math. set. **3.** Mech. unit. **4.** Mus. band. **5.** outfit *(ropa).*
conjurar. **1.** i./ref. to conspire. **2.** tr. to exorcise.
conjuro. m. incantation, exorcism.
conmemorar. tr. to commemorate.// commemoration (f.).
conmigo. pron. **1.** with me. **2.** *c. mismo:* with myself.
conminar. tr. to menace.
conmoción. f. **1.** commotion. **2.** upheaval *(tumulto).*
conmovedor, ra. a. moving, touching.
conmover. tr. **1.** to move, to touch. **2.** to shake *(sacudir).* **3.** ref. to be moved or touched.

conmutador, ra. 1. a. commuting. 2. m. switch.
conmutar. tr. 1. to exchange. 2. Law. to commute.
connivencia. f. connivance.
connotar. tr. to connote.// connotation (f.).
cono. m. cone.
conocedor, ra. 1. a. knowing. 2. m./f. connoiseur.
conocer. tr. 1. to know (saber). 2. to meet (personas).// **conocido, da.** 1. a. well-known. 2. m./f. acquaintance.
conocimiento. m. 1. knowledge. 2. Med. consciousness.
conque. conj. so, then.
conquista. f. 1. conquest.// **conquistador, ra.** 1. a. conquering. 2. m./f. conqueror.
conquistar. tr. 1. to conquer.
consabido, da. a. usual.
consagrar. 1. Rel. tr. to consecrate. 2. ref. to devote (dedicarse). 3. ref. fig. to become famous.// consecration (f.).
consanguíneo, a. a. consanguineous.// **consanguinidad.** f. blood relationship.
consciente. a. 1. Med. conscious. 2. conscientious.
conscripción. m. conscription.// conscript (m.)
consecuencia. f. 1. consequence. 2. deduction.// consequent (a./m./f.).// consecutive (a.).
conseguir. tr. to obtain, to get.
consejero, ra. m./f. counselor.
consejo. m. advice.
consenso. m. consensus.
consentido, da. a. spoiled, pampered.
consentimiento. m. consent.
consentir. tr. 1. to consent (autorizar). 2. to spoil (mimar). 3. to allow (permitir).
conserje. m. concierge, porter.
conserva. f. preserve, preserved food.
conservación. f. conservation.
conservador, ra. a. 1. conserving. 2. Pol. conservative. 3. m. conservator (oficio). 4. m. Pol. conservative.
conservar. tr. 1. to conserve. 2. to keep (mantener).
conservatorio. m. conservatory.
considerar. tr. to consider.// considerable (a.).// consideration (f.).// considerate (a).
considerando. Law. whereas.
consigna. f. password, orders.
consignar. tr. to consigne.// **consignación.** f. consignment.// **consignatario.** m. consignee.
consigo. pron. with him (m.), her (f.), them (pl.).
consiguiente. a. 1. consequent. 2. por c.: consequently.
consistencia. f. consistency.// consistent (a.).
consistir. i. to consist.
consola. f. console.
consolar. tr./ref. to console.// consolation (f.).
consolidar. tr./ref. to consolidate.// consolidation (f.).
consonancia. f. consonance.// consonant (a./m./f.).
consorcio. m. consortium.
consorte. m./f. consort.

conspiración. f. conspiracy.// conspirator (m./f.)
conspirar. i. to conspire.
constancia. tr. 1. perseverance. 2. record (registro). 3. proof (prueba).// **constante.** 1. a./m./f. constant. 2. a. persevering (perseverante).
constar. i. 1. to be clear (ser claro). 2. to be on record (registrar). 3. to consist (consistir). 4. c. que: let it be clearly known that.
constatar. tr. to verify.// **constatación.** f. verification.
constelación. f. constellation.
consternar. tr. to consternate.// consternation (f.).
constitución. f. constitution.// constitutional (a.).
constituir. tr. 1. to constitute. 2. to establish (fundar). 3. ref. to be established.// **constitutivo, va.** a. component.
construcción. f. 1. construction. 2. building (edificio).
constructivo, va. a. constructive.
constructor, ra. 1. a. construction. 2. m./f. constructor.
construir. tr. to construct, to build.
consuelo. m. consolation.
cónsul. m. consul.// consulate (m.).
consulta. f. consultation, advice.
consultar. i./tr. 1. to consult. 2. to get advice. 3. to look up (diccionario). 4. c. con la almohada: to sleep on it.// **consultivo, va.** a. consultative, advisory.// **consultor, ra.** 1. a. advisory. 2. m./f. advisor, counselor.
consultorio. m. doctor's office.
consumación. f. 1. consummation. 2. end (fin).
consumado, da. 1. a. consummate. 2. hecho c.: accomplished fact.
consumar. tr. to consummate.
consumición. f. consumption.// **consumidor, ra.** 1. a. consuming. 2. m. consumer.
consumir. tr. 1. to consume. 2. to use up (desgastar). 3. ref. to be consumed.// **consumo.** m. 1. consumption. 2. bienes de c.: consumer goods.
contabilidad. f. 1. accounting (acción). 2. accountancy (profesión).
contabilizar. tr. to enter, to record.// **contable.** 1. a. countable. 2. m./f. acountant, bookkeeper.
contacto. m. 1. contact. 2. en c.: in touch.
contado. 1. a. rare. 2. a. pl. numbered. 3. al c.: cash.
contador, ra. 1. m./f. accountant. 3. m. counting device, meter.// **contaduría.** f. accounting office.
contagiar. tr. 1. to give a disease. 2. ref. to get a disease. 2. fig. to transmit.// contagion (m.).// contagious (a.).
contaminación. f. 1. contamination. 2. pollution.
contaminar. tr. 1. to contaminate. 2. to pollute.
contante. a. 1. ready. 2. dinero c. y s.: ready cash.
contar. i./tr. 1. to count. 2. to tell (referir). 3. c. con: to rely on (confiar).
contemplar. i./tr. to contemplate.// contemplation (f.).// contemplative (a.).
contempóraneo, a. a./m./f. contemporary.
contención. f. 1. containment. 2. Law. dispute.
contencioso, sa. a. contentious.

contender

contender. 1. 1. to contend. 2. to dispute.// **contendiente.** 1. a. contending. 2. m./f. contender (en juicio), competitor (en deporte).
contener. 1. tr./ref. to contain. 2. to restrain (restringir).// **contenido, da.** 1. a. contained. 2. m. contents.
contentar. 1. tr. to content. 2. ref. to be content.
contento, ta. a. 1. happy (feliz).2. satisfied (satisfecho).
contestación. f. answer.// **contestar.** i./tr. to answer.
contexto. m. context.
contextura. f. 1. composition, estructure. 2. fig. build.
contienda. f. 1. battle. 2. Law. dispute.
contigo. pron. 1. with you. 2. c. mismo: with yourself.
contiguo, gua. a. adjacent.
continente. a./m. continent.// continental (a.).
contingencia. f. contingency.// contingent (a.).
continuación. f. continuation.// **continuar.** i./tr. to continue.// continuity (f.).// **continuo, nua.** 1. a. continuous. 2. de c.: continually. 3. m. continuum.
contorno. m. 1. outline. 2. perimeter. 3. pl. environs.
contorsión. f. contortion.// contortionist (m./f.).
contra. 1. prep. against. 2. f. L.A. opposition.
contraatacar. 1. to counterattack.// counterattack (m.).
contrabajo. m. double bass.
contrabandear. i. to smuggle.// **contrabandista.** m./f. smuggler.// **contrabando.** m. 1. contraband (mercancía). 2. smuggling (acción).
contracción. f. contraction.
contractual. a. contractual.
contradanza. f. country dance.
contradecir. tr./ref. to contradict.// contradiction (f.).// contradictory (a.).
contraer. tr. 1. to contract. 2. to incur (deudas). 3. to catch (enfermedades). 4. to get married (matrimonio).
contrafuerte. m. 1. reinforcement (refuerzo). 2. mountain ridge (de montaña).
contragolpe. m. counterblow.
contrahecho, cha. m./f. deformed, humpbacked.
contraindicar. tr. to contraindicate.// contraindicated (a.).// contraindication (f.).
contralor. m. comptroller.// comptrollership (f.).
contramaestre. m. 1. foreman. 2. Mar. boatswain.
contramano (a). adv. the wrong way.
contramarcha. f. 1. countermarch. 2. Mech. reverse gear.
contraorden. f. countermand.
contraparte. f. counterpart.
contrapelo (a). adv. against the grain.
contrapesar. tr. to counterbalance.// **contrapeso.** m. counterbalance, counterweight.
contraponer. tr. 1. to oppose. 2. to contrast (comparar).// **contraposición.** f. opposition, contrast.
contraproducente. a. counterproductive.
contrapunto. m. counterpoint.

contrariar. tr. 1. to oppose. 2. to contradict (contradecir). 3. to vex (enfadar).
contrariedad. f. 1. setback (contratiempo). 2. vexation (enojo).
contrario, ria. 1. a. opposite,, adverse. 2. adv. contrary. 3. m. opponent, adversary.
contrarrestar. tr. to counteract.
contrarrevolución. f. counterrevolution.
contrasentido. m. nonsense.
contraseña. f. 1. password (palabra). 2. control ticket.
contrastar. 1. i. to contrast. 2. tr. to verify.// **contraste.** m. 1. contrast. 2. opposition.
contratar. tr. 1. to contract for. 2. to hire (emplear).// contract (m.).// contractor (m./f.).
contratiempo. m. setback.
contravención. f. contravention, violation.// **contraventor, ra.** 1. a. violating. 2. m./f. violator.
contravenir. i. to contravene, to violate a law.
contrayente. 1. a. contracting. 2. m./f. contracting party (de matrimonio).
contribución. f. 1. contribution. 2. tax (impuesto).
contribuir. i./tr. to contribute.// **contribuyente.** 1. a. contributing. 2. m./f. taxpayer.
contrición. f. contrition.// contrite (a.).
contrincante. m./f. rival, opponent.
control. m. 1. control. 2. check (comprobación). 3. checkpoint (lugar).
controlar. tr. to control, to check.
controversia. f. controversy.// controvertible (a.).
controvertir. i. to controvert, to argue.
contumacia. f. obduracy.// **contumaz.** a. obdurate.
contundente. a. 1. bruising. 2. fig. conclusive.
contusión. f. bruise.// **contuso, sa.** a. bruised.
convalecer. i. to convalesce.// convalescence (f.).// convalescent (a./m./f.).
convalidar. tr. to confirm, to ratify.
convección. f. convection.
convencer. 1. tr. to convince. 2. ref. to be convinced.// **convencimiento.** m. conviction.
convención. f. convention.// conventional (a.).
conveniencia. f. convenience.// convenient.
convenio. f. agreement, pact.
convenir. i. 1. to agree (pactar). 2. to be fiting (venir bien). 3. to be advisable (ser aconsejable).
conventillo. m. Arg. tenement house.
convento. m. convent, monastery.
converger, convergir. i. to converge.// convergence (f.).// convergent (a.).
conversación. f. conversation, talk.// **conversador, ra.** a. talkative.
conversar. i. to converse, to talk.
conversión. f. conversion.// convert (m./f.).
convertir. tr. 1. to convert (convencer). 2. to change (cambiar).// convertible (a./m./f.).
convexo, xa. a. convex.
convicción. m. convicction.
convicto, ta. 1. a. convicted. 2. m. convict.
convidado, da. m./f. guest.
convidar. tr. 1. to invite (invitar). 2. to offer (ofrecer).

convincente. a. convincing.
convivencia. f. living together, cohabitation.
convivir. tr. to live together, to cohabit.
convocar. tr. to convoke, to summon.// **convocatoria.** f. summons.
convoy. m. convoy.
convulsión. f. convulsion.// convulsive (a.).
conyugal. a. conjugal.
cónyuge. m./f. spouse, consort.
cooperar. i. to cooperate.// cooperation (f.).// cooperative (a./f.).
coordenada. f. coordenate.
copa. f. **1.** glass. **2.** glasfull *(contenido)*. **3.** drink *(trago)*. **4.** tree top *(de árbol)*. **5.** *Sp.* cup.
copar. tr. **1.** to cover *(la banca)*. **2.** fig. to sweep *(barrer, ganar todo)*.
copartícipe. m./f. copartner.
copete. m. **1.** tuft *(mechón)*. **2.** crest *(cresta)*. **3.** top *(parte alta)*. **4.** *tener mucho c.*: to be arrogant.
copia. f. copy, duplicate.
copiar. tr. **1.** to copy. **2.** to make a copy *(hacer una c.)*.
copiloto. m. copilot.
copioso, sa. a. abundant.
copista. m./f. copyst.
copla. f. **1.** ballad *(canción)*. **2.** verse *(poema)*.
cópula. f. **1.** coupling *(unión)*. **2.** copulation *(coito)*. **3.** *Gram.* copula.// copulative (a.).
coquetear. i. to flirt.// **coqueteo.** flirtation.// **coquetería.** f. **1.** flirting *(romance)*. **2.** coquetry *(arreglo)*.// **coqueto, ta.** a. charming.
coraje. m. courage.
coral. 1. a. choral. **2.** m. coral.
coraza. f. **1.** cuirass. **2.** armor plate *(de un barco)*.
corazón. m. **1.** heart *(órgano)*. **2.** core *(centro)*.
corazonada. f. hunch.
corbata. f. tie, cravat.
corbeta. f. corvette.
corcel. m. steed.
corchea. f. eight note.
corchete. m. bracket.
corcho. m. cork.
cordel. m. cord, thin rope.
cordero. m. lamb.
cordial. a. cordial.// cordiality (f.).
cordillera. f. cordillera, chain of mountains.
cordón. m. **1.** cord *(cuerda)*. **2.** cordon *(policial)*. **3.** *Arg.* curb *(de vereda)*. **4.** shoe laces *(de zapato)*.
cordura. f. wisdom.
coreografía. f. choreography// choreographer (m./f.).
corista. f. **1.** chorus singer *(canto)*. **2.** chorus girl *(baile)*.
cornada. f. **1.** butt *(golpe)*. **2.** goring *(herida)*.
cornamenta. f. **1.** horns **2.** antlers *(de ciervo)*.
córnea. f. cornea.
cornear. tr. **1.** to gore. **2.** fig. to cuckold *(ser infiel)*.
córneo, a. a. horny.
corneta. f. bugle, cornet, horn.
cornisa. f. cornice.
cornudo, da. 1. a. horned. **2.** m./f. fig. cuckold.
coro. m. **1.** chorus. **2.** *a c.*: in unison.

corola. f. corolla.
corolario. m. corollary.
corona. f. **1.** crown. **2.** wreath *(de funeral)*. **3.** *Astron.* corona. **4.** *Geom.* annulus. **5.** crawn wheel *(dentada)*.
coronación. f. coronation, crowning.
coronar. tr. to crown.
coronario, ria. a. coronary.
coronel. m. colonel.
coronilla. f. **1.** crown. **2.** *estar hasta la c.*: to be fed up.
corpiño. m. brassiere.
corporación. f. corporation.// corporative (a.).
corporal. a. corporal.// **córporeo, a.** a. corporeal.
corpulencia. f. corpulence.// corpulent (a.).
corral. m. yard, corral.
correa. tr. **1.** belt, strap. **2.** dog leash *(de perro)*.
corrección. f. **1.** correction *(ajuste)*. **2.** correctness *(urbanidad)*. **3.** proofreading *(de textos)*.// correct (a.).// **corrector, ra. 1.** a. correcting, corrective. **2.** m./f. corrector; proofreader *(de textos)*.
corredera. f. runner, groove.
corredizo, za. a. sliding, slip *(nudo)*.
corredor, ra. m./f. **1.** runner *(que corre)*. **2.** corridor *(pasillo)*. **3.** agent, broker *(de ventas)*.
corregir. tr. **1.** to correct. **2.** to proofread *(textos)*.
correlación. f. correlation.// correlative (a.).
correligionario, ria. a. correligionist.
correo. m. **1.** mail, post. **2.** post office *(oficina)*. **3.** courier *(persona)*.
correr. i. **1.** to run. **2.** to race *(carreras)*. **3.** to flow *(las aguas)*. **4.** to stretch *(calles)*. **5.** to pass *(el tiempo)*. **6.** to persecute *(perseguir)*. **7.** to slide *(muebles)*. **8.** to draw *(cortinas)*. **9.** to be valid *(ser válido)*. **10.** ref. to get away, to go far. **11.** *c. la voz:* to pass the word. **12.** *c. mundo:* to see the world. **13.** *c. peligro:* to be in danger. **14.** *c. por cuenta:* to be responsible for.
correspondencia. f. **1.** relationship *(relación)*. **2.** correspondence *(cartas)*.
corresponder. tr. **1.** to correspond. **2.** to fit *(ir bien)*. **3.** to return *(reciprocidad)*. **4.** to fall *(incumbir)*.// **correspondiente.** a. corresponding.
corretaje. m. brokerage.
corretear. tr. **1.** to run around. **2.** to do brokerage.
corrido, da. 1. a. fig. experienced. **2.** f. run.
corriente. a. **1.** running *(agua)*. **2.** current *(actual)*. **3.** common, usual *(usual)*. **4.** *al c.*: up-to-date.// f. **1.** current. **2.** fig. trend *(tendencia)*.
corroborar. tr. to corroborate.// corroboration (f.).
corroer. tr. to corrode.
corromper. tr. **1.** to corrupt. **2.** to pervert *(pervertir)*.
corrosión. f. corrosion.
corrupción. f. corruption.// corrupt (a.).// corrupter (m./f.).
corsé. m. corset.
cortador, ra. 1. a. cutting. **2.** m./f. cutter.// **cortadura.** f. **1.** cutting *(acción)*. **2.** cut *(corte)*.// **cortante. 1.** a. cutting, sharp. **2.** m. cutter.
cortaplumas. m. penknife.

cortar

cortar. tr. **1.** to cut, to shorten *(acortar).* **2.** to cut off *(la luz, separar, interrumpir).* **3.** to cut out *(un vestido).* **4.** to cut down *(árboles).* **5.** to cut short *(acortar).* **6.** to discountinue *(discontinuar).* **7.** ref. to curdle *(la leche).* **8.** c. *camino:* to cut through. **9.** c. *por lo sano:* to take decisive action.
corte. m. **1.** cutting. **2.** edge *(filo).* **3.** fit *(de ropa).* **4.** piece *(de tela)* **4.** c. *de pelo:* haircut. **5.** f. court.
cortejar. tr. to woo, to court.
cortejo. m. **1.** courting *(galanteo).* **2.** entourage *(séquito).* **3.** cortege *(fúnebre).*
cortés. a. corteous.// courtesy (f.).
cortesano, na. **1.** a. court. **2.** m./f. courtier.
corteza. f **1.** bark *(de árbol).* **2.** crust *(de pan).*
cortina. f. **1.** curtain. **2.** fig. screen *(pantalla).*
corto, ta. a. **1.** short. **2.** scarce *(escaso).*
cosa. f. **1.** thing, something *(algo),* anything, nothing *(en negación y pregunta).* **2.** matter, business *(asunto).* **3.** *como c. tuya:* as if it came from you. **4.** *como quien no quiere la c.:* offhandedly. **5.** *como si tal c.:* as if nothing had happened. **6.** *c. seria:* serious matter.
cosecha. f. **1.** harvest. **2.** harvest time *(temporada).*
cosechar. i./tr. to harvest.
coseno. m. cosine.
coser. tr. to sew.
cosmético, ca. a./m. cosmetic.
cósmico, ca. a. cosmic.
cosmografía f. cosmography.// cosmographic (a.).
cosmonauta. m./f. cosmonaut.// cosmonautics (f.).
cosmopolita. a. cosmopolitan.
cosmos. m. cosmos.
cosquillas. f. pl. tickling.
cosquillear. tr. to tickle.// **cosquilleo.** m. tickling.
costa. f. **1.** coast. **2.** cost *(costo).*
costado. m. side, flanck.
costal. **1.** a. costal. **2.** m. sack, bag.
costanero, ra. a. coastal.
costar. i. **1.** to cost. **2.** to be difficult. **3.** *c. barato o caro:* to be cheap or expensive. **4.** *c. un ojo de la cara:* to cost a fortune. **5.** *c. creerlo:* to be hard to believe it.
costarricense. a./m./f. Costa Rican.
costear. tr. **1.** to pay for. **2.** to hug *(bordear la costa).*
costero, ra. a. coastal.
costilla. f. **1.** rib. **2.** cutlet *(chuleta).* **3.** a *c. de:* at the expense of.
costo. m. cost.// **costoso, sa.** a. expensive.
costra. tr. **1.** crust. **2.** scab *(de una herida).*
costumbre. f. custom.
costura. f. **1.** sewing *(acción).* **2.** needlework *(trabajo).*
costurero, ra. **1.** a. sewing basket. **2.** f. sewstress.
cota. f. coat.
cotejar. tr. to comparate.// **cotejo.** m. comparision.
cotidiano, na. a. daily, everyday.
cotiledón. m. cotyledon.
cotizar. tr. to quote.// **cotización.** f. quotation.
coto. m. **1.** landmark *(terreno cerrado).* **2.** preserve *(de caza).* **3.** *poner c.:* to put stop.
cotorra. f. parrot.
covacha. f. **1.** small cave *(cueva).* **2.** shack *(vivienda).*
coyote. m. coyote.
coyuntura. f. **1.** Anat. joint. **2.** circumstance.
coz. f. kick.
cráneo. m. cranium, skull.// cranial (a.).
craso, sa. a. crass, gross.
cráter. m. crater.
creación. f. creation.// creator (m./f.).
crear. tr. **1.** to create. **2.** to found *(fundar).* **3.** to invent *(inventar).*// creative (a.).
crecer. i. **1.** to grow. **2.** to increase *(incrementar).*
creces (con). f. pl. abundantly.
creciente. a. f. **1.** growing *(crece).* **2.** increasing *(aumenta).* **3.** *cuarto c.:* crescent moon. **4.** f. flood tide.
crecimiento. m. **1.** growth. **2.** increase *(aumento).*
credencial. f. credential, carnet.
credibilidad. f. credibility.
crédito. m. **1.** credit. **2.** reputation.
credo. m. creed, credo.
credulidad. f. gullibility.// **crédulo, la.** a. gullible.
creencia. f. **1.** faith *(fe).* **2.** belief *(convicción).*
creer. tr. **1.** to believe. **2.** to trust *(confiar).* **3.** to think *(pensar).* **4.** *¡ya lo creo!:* of course!
creíble. a. believable.
crema. f. **1.** cream. **2.** cold cream *(cosmética).*
cremación. f. cremation.// crematory (m.).
cremallera. f. **1.** Mech. rack. **2.** zipper *(cierre).*
crepúsculo. m. twilight.
crespo, pa. a. curly.
cresta. f. **1.** crest. **2.** summit *(cima).* **3.** comb *(de animal).*
cretino, na. m./f. cretin.// cretinism (m.).
creyente. **1.** a. believing. **2.** m./f. believer.
cría. f. **1.** breeding *(acción).* **2.** offspring *(animal).* **3.** litter *(lechada).*// **criadero.** m. breeding place.
criado, da. m. servant, f. maid.
criador, ra. m./f. breeder.
crianza. f. **1.** breeding *(animales).* **2.** bringing up *(niños),* manners *(educación).*
criar. tr.1. to breed *(animales).* **2.** to bring up *(niños).*
criatura. f. **1.** creature *(creación).* **2.** infant *(niño).*
crimen. m. crime.// criminal (a./m./f.).
crin. f. horsehair.
crío. m. **1.** infant *(lactante).* **2.** kid *(niño).*
criollo, lla. a./m./f. creole.
cripta. f. crypt.
crisálida. f. chrysalis.
crisantemo. f. chrysanthemum.
crisis. f. **1.** crisis. **2.** shortage *(escasez).* **3.** nervous breakdown *(nerviosa).*
crisma. f. head.
crisol. m. crucible.
crispar. tr. **1.** to contract. **2.** fig. to irritate.
cristal. m. **1.** crystal *(material).* **2.** glass *(vidrio).*// **cristalería.** f. **1.** glassware *(objetos).* **2.** glassware factory or shop *(fábrica o comercio).*// **cristalino, na.** **1.** a. crystaline *(de cristal).* **2.** a. crystal clear *(diáfano).* **3.** m. crystaline lens.

cristalizar. i./tr./ref. to crystallize.
cristiandad. f. Christendom.// **cristianismo.** m. Christianity.// **cristiano, na.** a./m./f. Christian.
criterio. m. 1. criterion. 2. judgment (*juicio*). 3. opinion.
criticar. tr. to criticize.// **crítico, ca.** 1. a. carping (*persona*). 2. a. critical (*situación*). 3. m. critic, reviewer. 4. f. criticism (*análisis*); review (*reseña*).
croar. i. to croak.
cromático, ca. a. chromatic.// chromatism (m.).
cromo. m. chromium.
cromosoma. m. chromosome.// chromosomatic (a.).
crónico, ca. 1. a. chronic 2. f. chronicle (*historia*). 3. f. article (*artículo*).// chronicity (f.).
cronista. m./f. 1. chronicler (*historiador*). 2. reporter.
cronógrafo. m. chronograph.
cronología. f. chronology.// chronologic (a.).
cronometrar. tr. to chronometer.// chronometer (m.).
croqueta. f. croquette.
croquis. m. sketch.
cruce. f. 1. crossing (*acción*). 2. crossroad (*vial*). 3. cross, hybrid (*cruza*).
crucero. m. 1. cruiser. 2. cruising speed (*velocidad*).
crucificar. tr. to crucify.// crucified (a.).// crucifix (m.).// crucifixion (f.).
crucigrama. f. crossword puzzle.
crudeza. f. 1. rawness (*estado*). 2. roughness (*rudeza*).// **crudo, da.** a. 1. raw (*comida*). 2. green (*fruta*). 3. rough (*rudo*). 4. m. crude oil (*petróleo*).
cruel. a. cruel.// cruelty (f.).
cruento, ta. a. bloody.
crujido. m. creak.
crujir. tr. to creak, to crack.
crustáceo, a. a./m. crustacean.
cruz. f. 1. cross. 2. crucifix. 3. *en c.:* cross-shaped.
cruza. f. crossbreeding (*de animales*).
cruzado, da. a. 1. crossed. 2. hybrid.// m. crusader.// f. crosade.
cruzar. tr. 1. to cross. 2. to pass (*pasarse*). 3. *c. palabras:* to have words. 3. *c. de brazos:* to do nothing.
cuaderno. m. notebook.
cuadra. f. 1. stable (*establo*). 2. block (*de ciudad*).
cuadrado. a./m. square.
cuadragésimo, ma. a. fortieth.
cuadrangular. a. quadrangular.// quadrangle (m.).
cuadrante. m. 1. quadrant. 2. dial (*de reloj*).
cuadrar. 1. i. to fit (*calzar*). 2. tr. to square. 3. ref. to stand firm.
cuadrícula. f. grid.// **cuadricular.** 1. a. squared. 2. tr. to square paper.
cuadrilátero. 1. a./m. quadrilateral. 2. m. box ring.
cuadrilla. f. crew of workers.
cuadro. m. 1. square (*cuadrado*). 2. painting (*pintura*). 3. scene (*teatro*). 4. description (*descripción*). 5. frame (*bastidor*). 6. table (*tabla*). 7. *a c.:* checkered.

cuadrúpedo. 1. a. quadrupedal. 2. m. quadruped.
cuadruplicar. tr. to quadruple.// quadruple (a./m.).// quadriplicate (a./m.).
cuajada. f. curd.
cuajar. tr./ref. 1. to coagulate. 2. to curdle (*leche*). 3. i. fig. to turn out well (*tener éxito*).
cuajo. m. 1. rennet. 2. *de c.:* by the roots.
cual. 1. rel. pron./int. pron. which. 2. *c. cual:* each one. 3. *el c.:* who. 4. *por lo c.:* whereby. 5. *tal c.:* just as. 5. adv. like.
cualidad. f. 1. quality.// qualitative (a.).
cualquier, ra (pl. **cuales-**). 1. a. any. 2. ind. pron. anyone, anybody. 2. rel. pron. whoever (*persona*); whatever (*cosa*). 3. a./m./f. nobody.
cuan. adv. 1. how (*cuanto*). 2. as (*tan*).
cuando. 1. adv. when. 2. conj. if, since (*si*). 3. *aun c.:* altough, even if. 4. *c. menos:* at least. 5. *c. mucho:* at the most. 6. *de vez en c.:* sometimes.
cuandoquiera. adv. whenever.
cuantía. f. 1. amount (*cantidad*). 2. importance (*valor*).
cuantitativo, va. a. quantitative.
cuanto, ta. 1. a./rel. pron. sing. how much; pl. how many (*cantidades*), how long (*duración*). 2. adv. how (*enfático*). 3. adv. as much as, all (*todo lo que*); as long as (*todo el tiempo que*). 4. adv. the more, the less (*c. más/c. menos, en comparaciones*). 5. *c. antes:* as soon as possible. 6. *en c.:* as soon as. 7. *en c. a:* as to. 8. *por c.:* insofar as. 9. *unos c.:* a few, some. 10. ind. pron. pl. all those who (*personas*), all that (*cosas*). 11. m. quantum.
cuarenta. a./m. forty.// **cuarentavo, va.** fortieth.
cuarentena. f. 1. group of fourty (*grupo*). 2. Med. quarantine.
cuartear. tr. 1. to crack (*quebrar*). 2. to quarter (*dividir*).
cuartel. m. 1. barrack (*militar*). 2. quarter (*distrito*). 3. firehouse (*bomberos*). 4. *sin c.:* mercyless.
cuarteto, ta. 1. m. quartet. 2. m./f. quatrain (*versos*).
cuarto, ta. 1. a./m./f. fourth. 2. m. room.
cuarzo. m. quartz.
cuatro. a./m. four.
cuatrocientos. a./m. four hundred.
cuba. f. 1. vat (*tina*). 2. cask (*tonel*).
cubano, na. a./m./f. Cuban.
cúbico, ca. a. 1. cubic. 2. *raíz c.:* cube root.
cubierto, ta. 1. a. covered. 2. m. tableware (*utensilios*), fixed price meal (*menú fijo*). 3. f. cover (*cobertura*); deck (*de barco*); tire (*neumático*). 4. *a c.:* under cover.
cubil. m. lair, den.
cubilete. f. dice cup.
cubismo. f. cubism.// cubist (a./m./f.).
cubo. m. 1. bucket (*balde*). 2. Math. cube.
cubrecama. m. bedspread.
cubrir. tr. 1. to cover. 2. to protect (*proteger*). 3. ref. to cover or protect oneself
cucaracha. f. cockroach.
cuchara. f. 1. spoon. 2. trowel (*de albañil*). 3. *meter la c.:* to meddle.// **cucharada.** f. spoonful.// **cucharilla.** f. teaspoon.// **cucharón.** m. ladle, serving spoon.

cucheta

cucheta. f. cabin, berth.
cuchichear. i. to whisper.// **cuchicheo.** m. whisper.
cuchilla. f. 1. knife. 2. blade (hoja). 3. ragged mountain (montaña).
cuchillada. f. slash, stab.
cuchillo. m. 1. knife. 2. pasar a c.: to kill.
cuchitril. m. den, hole.
cuclillas (en). adv. 1. squatting. 2. ponerse en c.: to squate.
cuco. m. 1. ghost (fantasma). 2. cuckoo (pájaro).
cucurucho. m. cone.
cuello. m. 1. neck. 2. collar (de ropa).
cuenca. f. 1. valley (valle). 2. eye socket (del ojo). 3. c. hidrográfica: watershed.
cuenta. f. 1. counting (acción). 2. count (cáculo). 3. account (comercial). 4. check, bill (adición). 5. c. corriente: current account, bank account. 6. dar c.: to report. 7. darse c.: to realize. 8. por mi c.: in my opinion (opinión); on my charge (cargo). 9. tener en c.: to bear in mind.
cuantagotas. m. 1. dropper. 2. a c.: little by little.
cuentakilómetros. m. odometer.
cuentista. m./f. 1. short-story writer. 2. short teller.
cuento. m. 1. story, tale. 2. Lit. short story. 3. gossip (chisme). 4. lie (mentira). 5. c. de nunca acabar: endless story. 6. venir a c.: to be relevant.
cuerda. m. 1. cord. 2. spring (de reloj). 3. string (de guitarra). 4. bajo c.: underhandedly. 5. c. floja: tightrope. 6. dar c.: to wind (a un reloj).
cuerdo, da. a. sane.
cuerno. m. 1. horn. 2. fig. pl. poner los c: to cuckold
cuero. m. 1. leather. 2. skin (piel). 3. c. cabelludo: scalp. 4. pl. en c.: naked. 5. sacar el c.: to censure.
cuerpo. m. 1. body. 2. figure (figura). 3. thickness (densidad). 4. corps (militar, de baile). 5. a c. de rey: like a king. 6. c. a c.: hand to hand. 7. de c. entero: full-lenght. 8. de c. y alma: entirely. 9. ir de c.: to relieve oneself. 10. tomar c.: to take shape.
cuervo. m. raven.
cuesta. f. 1. slope, hill. 2. pl. a c.: on shoulders. 3. c. abajo: downhill. 4. c. arriba: uphill.
cuestión. f. question, matter.// questionable (a.).
cuestionar. f. to debate, to discuss.
cuestionario. m. questionnaire.
cuidado. m. 1. care, caution. 2. con c.: carefully. 3. ¡cuidado!: careful! 4. c. con: beware of. 5. perder c.: not to worry. 6. poner c.: to take care. 7. tener c.: to be careful.// **cuidador, ra.** m./f. caretaker.// **cuidadoso, sa.** a. careful.
cuidar. 1. tr. to take care of. 2. ref. to take care of oneself. 3. ref. c. de: to be careful about (estar alerta).
culata. f. 1. butt (arma). 2. breech (cañón). 3. salir el tiro por la c.: to backfire.
culebra. f. snake.
culinario, ria. a. culinary.
culminar. i. to culminate.// culmination (f.).// culminating (a.).
culo. m. 1. ass. 2. bottom (fondo).

culpa. f. 1. blame, guilt. 2. fault (falta).
culpabilidad. f. guilt.// **culpable.** 1. a. guilty. 2. m./f. culprit.
culpar. tr. to blame, to accusse.
cultivable. a. cultivatable, arable.
cultivar. tr. 1. to cultivate. 2. Biol. to culture.
cultivo. m. 1. cultivation (labor). 2. cosecha (crop). 3. Biol. culture. 4. pl. plantation (plantación).
culto, ta. 1. a. cultured, learned (con estudios); refined (refinado). 2. m. cult, religion (religión); ritual (rito).
cultura. f. culture.// cultural (f.).
cumbre. m. 1. summit. 2. fig. pinnacle.
cumpleaños. m birthday.
cumplido, da. 1. a. complete. 2. m. compliment.
cumplidor, ra. a./m./f. reliable.
cumplimentar. tr. to carry out, to fulfill.// **cumplimiento.** m. fulfillment.
cumplir. tr. 1. to carry out. 2. tr. to serve (condena). 3. to fall due (con deudas). 4. i. to fulfill, to keep. 5. ref. to come true. 6. c. años: to have one's birthday. 7. por c.: as a formality.
cúmulo. m. 1. heap. 2. cumulus (nube).
cuna. f. 1. cradle (cama). 2. birthplace, origin (orígenes).
cundir. i. 1. to spread (extenderse). 2. to increase (incrementarse).
cuneta. f. gutter.
cuña. f. 1. wedge. 2. tener c.: to have influence.
cuñado, da. m. brother-in-law, f. sister-in-law.
cuño. m. 1. die, mold. 2. de nuevo c.: new.
cuota. f. 1. quota, share (parte). 2. payment (pago).
cupo. m. 1. quota (cuota). 2. place, room (lugar).
cupón. m. coupon.
cúpula. f. dome, cupola.
cura. 1. m. priest. 2. f. cure.// curable (a.).
curandero, ra. m./f. quack.
curar. tr. 1. to cure (sanar). 2. to treat (tratar). 3. to salt (carne); 4. to tan (cuero). 5. to dress (heridas). 6. ref. to heal.// curative (a.).
curiosear. i. to snoop.// **curiosidad.** f. 1. curiosity. 2. curio (rareza).// **curioso, sa.** 1. a. curious; odd (raro). 2. busybody (metido).
cursar. tr. 1. to study (estudiar). 2. to process (dar curso).
cursivo, va. 1. a. cursive. 2. f. cursive script, italics.
curso. m. 1. course. 2. direction. 3. en c.: under way.
curtidor. m. tanner.// **curtiduría** o **curtiembre.** f. 1. tanning (proceso). 2. tannery (fábrica).
curtir. 1. tr. to tan. 2. ref. to become sun-tanned (tostarse). 3. ref. to hard (endurecerse).
curvar. tr. to curve, to bend.// curvature (f.).//
curvo, va. 1. a. curved. 2. f. curve, bend.
cúspide. f. 1. summit. 2. fig. pinnacle.
custodiar. tr. 1. to watch over (vigilar). 2. to protect (proteger).// **custodio, dia.** m. guardian; f. custody.
cutáneo. a. cutaneous, skin.
cutícula. f. cuticle.
cutis. m. skin, cutis.
cuyo, ya. rel. pron. 1. whose. 2. of whom (personas), of which (cosas).

d. f. fourth letter of Spanish alphabet.
dactilografía. f. typing.// **dactilógrafo, fa.** m./f. typist.
dádiva. f. gift.// **dadivosidad.** f. generosity.// **dadivoso, sa.** a. generous.
dado, a. 1. a. given. **2.** d. que: provided that **3.** m. die, pl. dice.
dador, ra. m./f. donor.
daga. f. dagger.
daltónico, ca. a. color blind.// **daltonismo.** m. color blindess.
dama. f. **1.** lady. **2.** pl. checkers.
damajuana. f. demijohn.
damasco. m. damson, apricot.
damnificado, da. 1. a. damaged. **2.** m./f. victim.
damnificar. tr. to injure, to damage.
danés, sa. a./m./f. Danish.
danza. f. dance.
danzar. i./tr. to dance.// **danzarín.** m./f. dancer.
dañar. tr. **1.** to damage. **2.** ref. to spoil (averiarse).// **dañino, na.** a. damaging, destructive.//
daño. m. damage, injury.
dar. tr. **1.** to give. **2.** to deal (repartir). **3.** to grant (otorgar). **4.** to offer (ofrecer). **5.** to strike (la hora). **6.** to grow (crecer). **7.** to hit (acertarle). **8.** ref. to happen (suceder). **9.** ref. to give oneself (entregarse). **10.** d. a conocer: to make known. **11.** d. a luz: to give birth. **12.** d. con: to find. **13.** d. cuenta.: to report on. **14.** d. cuerda: to wind. **15.** d. de comer: to feed. **16.** d. el sí: to assent. **17.** d. fe: to certify. **18.** d. fin a: to finish. **19.** d. ganas de: to long for. **20.** d. gusto: to please. **21.** d. la bienvenida: to welcome. **22.** d. la lata: to pester. **23.** d. la razón: to agree with. **24.** d. muerte: to kill. **25.** d. que hacer: to cause trouble. **26.** d. igual: to be all the same. **27.** ref. d. cuenta: to realize. **28.** d. la mano: to shake hands. **29.** dárselas de: to pose as. **30.** d. prisa: to hurry. **31.** dársele bien: to be lucky. **32.** d. por vencido: to sourrender.
dardo. m. **1.** dard, arrow. **2.** fig. cutting remark.
dársena. f. dockyard.
data. f. **1.** data. **2.** de larga d.: of long ago.
datar. tr. **1.** to date. **2.** d. de: to date from.
dátil. m. date.
dato. m. **1.** fact. datum. **2.** pl. data, information.
de. prep. **1.** of (indica posesión, asunto, contenido, materia, cualidad). **2.** -'s (propiedad). **3.** from (origen, causa). **4.** in, on, as (manera). **5.** to (antes de infinitivos). **6.** than (en comparaciones). **7.** about (acerca de) **8.** d. día: by day. **9.** d. noche: at nigh.
deambular. i. to roam around.

debajo. adv. underneath, below.
debate. m. debate.
debatir. tr. to debate.
debe. m. debit.
deber. m. **1.** duty, obligation. **2.** pl. homework.
deber. tr. **1.** to owe. **2.** d. de: to ought to (obligación moral). **3.** d. de: to have to (tener que). **4.** d. de: to must (conjetura). **5.** ref. d. a: to be due to.
debidamente. adv. properly, duly.// **debido, da. 1.** a. proper, **2.** como es d.: as it should be. **3.** d. a: due to, because of
débil. 1. a. weak. **2.** m./f. weakling.// **debilidad.** f. weakness.// **debilitamiento.** m. weakening.
debilitar. tr./ref. to weaken.
debitar. tr. to debit.// **debit** (m.).
debut. m. debut,/f./ debutant (a./m./f.).
debutar. i. to make's debut.
década. f. decade.
decadencia. f. decadence.// decadent (a./m./f.).
decaer. i. to decay, to decline.
decaimiento. m. **1.** decadence (decadencia). **2.** weakness (debilidad). **3.** discouragement (desaliento).
decálogo. m. decalogue.
decámetro. m. decameter.
decano. m. **1.** dean. **2.** fig. doyen.
decantación. f. decanting, pouring off.
decantar. tr. to decant, to pour off.
decapitar. tr. to decapitate.// decapitation (f.).
decena. f. group of ten units.// decennial (a.).
decencia. f. decency, honesty.// decent (a.).
decenio. m. decade.
decepción. f. **1.** deception. **2.** disappointment (desengaño).
decepcionar. tr. to disappoint, to desenchant.
dechado. m. model, sampler.
decidido, da. a. determined.
decidir. tr./ ref. to decide, to determine.
decigramo. m. decigram.// deciliter (m.).
decimal. a./m. decimal.
decímetro. m. decimeter.
décimo, ma. a./m./f. tenth.// **decimoctavo, va.** a. eighteenth.// **decimocuarto, ta.** a. fourteenth.// **decimonoveno, na.** a. nineteenth.// **decimoquinto, ta.** a. fifteenth.// **decimoséptimo, ma.** a. seventeenth.// **decimosexto, ta.** a. sixteenth.// **decimotercero, ra.** a. thirteenth.
decir. tr. **1.** to say. **2.** to tell (relatar). **3.** como quien d.: so to say. **4.** querer d.: to mean.
decisión. f. **1.** decision. **2.** determination (firmeza).// **decisivo, va.** a. decisive.

declamar

declamar. tr. to declame, to recite.// declamation (f.).// declamatory (a.).
declaración. f. **1.** declaration. **2.** *Law.* deposition.
declarar. tr. **1.** to declare. **2.** *Law.* to depose.
declinación. f. declinación, decay.
declinar. **1.** i./tr. to decline. **2.** i. to decay.
declive. m. **1.** slope. **2.** *en d.:* sloping.
decomisar. tr. to confiscate, to seize.// **decomiso.** m. confiscation, seizure.
decoración. m. decoration.// **decorado.** m. scenery *(teatro).*// decorator (m./f.).
decorar. tr. to decorate.// decorative (a.).
decoro. m. decorum.// decorous (a.).
decrecer. i. to decrease.// **decreciente.** a. decreasing.// **decrecimiento.** m. decrease.
decrépito. ta. a. decrepit.// decrepitude (f.).
decretar. tr. to decree.// **decreto.** m. decree.
decuplicar. tr. to decuple.// decuple (m./f.).
dedal. m. thimble.
dedicación. f. dedication, consecration.
dedicar. tr./ref. to dedicate.// dedicatory (f.).
dedillo (al). adv. by heart.
dedo. m. finger; toe *(del pie).*
deducir. tr. **1.** to deduce *(razonar).* **2.** to deduct *(descontar).*// deduction (f.).// deductible (a.).
defecar. tr. to defecate.// defecation (f.).
defección. f. defection, desertion.
defecto. m. **1.** defect. **2.** absence *(carencia).*// **defectuoso, sa.** a. defective, imperfect.
defender. **1.** i./tr. to defend. **2.** ref. fig. to manage.// **defendido,** da. m./f. defendant.// **defensa.** f. **1.** defense *(acción).* **2.** fender *(valla).* **3.** *Sp.* back.// defensive (a./f.).// **defensor, ra.** m./f. **1.** defender. **2.** *Sp.* back.
deferencia. f. deference.// deferential (a.).
deficiencia. f. deficiency.// deficient (a.).
déficit. m. **1.** deficit. **2.** lack *(carencia).*
definición. f. **1.** definition. **2.** decision.
definir. tr. **1.** to define. **2.** to decide.// definitive (a.).
deflación. f. deflation.// deflationary (a.).
deformar. tr. to deforme.// deformation (f.).// deformed (a.).// deformity (a.).
defraudar. tr. **1.** to defraud. **2.** to disappoint *(decepcionar).*// defrauding (a.).// defrauder (m./f.).
defunción. f. death.
degenerar. i. to degenerate.// degeneration (f.).// degenerate (a.).
deglutir. tr. to swallow.// deglutition (f.).
degollar. tr. **1.** to cut the throat. **2.** to behead *(decapitar).*
degradar. tr./ref. to degrade.// degradation (f.).
degüello. m. **1.** throat-cutting. **2.** beheading *(decapitación).* **3.** slaughter *(matanza).*
degustar. tr. to taste.// **degustación.** f. tasting.
deidad. f. deity.
deificar. tr. to deify.// deism (m.).// deist (a./m./f.).
dejadez. f. **1.** neglect. **2.** slovenliness *(desaliño).*// **dejado, da.** a. **1.** negligent. **2.** slovenly *(desaliñado).*
dejar. tr. **1.** to leave *(partir).* **2.** to let *(permitir).* **3.** to lend *(prestar).* **4.** ref. to become slovenly *(abandonarse).* **5.** *d. caer:* to drop. **6.** *d. de:* to stop, to cease. **7.** *d. de existir:* to die. **8.** *d. dicho:* to leave word. **9.** *d. pasar:* to let pass. **10.** *d. plantado:* to leave in the larch. **11.** ref. *d. llevar por:* to get carried away with. **12.** *d. ver:* to show.
dejo. m. **1.** aftertaste *(gusto).* **2.** accent *(acento).*
del. contract. of the.
delación. f. denunciation.
delantal. m. apron.
delante. adv. **1.** before, ahead *(antes).* **2.** in front of *(enfrente de).* **3.** in presence of *(en presencia de).*
delantero, ra. 1. a. fore, front. **2.** m. *Sp.* forward. **3.** f. front part *(frente);* lead *(primera posición).*
delatar. tr. **1.** to denounce. **2.** to reveal.// **delator, ra. 1.** a. informing. **2.** m./f. informer.
delegación. f. **1.** delegation. **2.** branch *(sucursal).*
delegar. tr. to delegate.// delegate (a./m./f.).
deleitar. **1.** tr. to delight. **2.** ref. to delight in.// **deleite.** m. delight.
deletrear. tr. to spell.// **deletreo.** m. spelling.
delfín. m. **1.** dolphin. **2.** dauphin *(príncipe).*
delgadez. f. **1.** thinness *(espesor).* **2.** slimness *(esbeltez).*// **delgado, da.** a. thin; slim.
deliberar. i./ref. to deliberate.// deliberation (f.).// deliberate (a.).
delicadeza. f. **1.** delicacy. **2.** tact *(tacto).* **3.** weakness *(debilidad).*// **delicado, da.** a. **1.** delicate. **2.** sensitive. **3.** fragile. **4.** frail *(enfermizo).*
delicia. f. delight.// **delicioso, sa.** a. delightful.
delimitar. tr. to delimit.// delimitation (f.).
delincuencia. f. delinquency.// delinquent (m./f.).
delineador, ra. m./f. **1.** delineator. **2.** designer.
delinear. tr. to delineate, to draw.
delinquir. i. to break the law.
delirante. m./f. delirous.
delirar. i. **1.** to be delirous. **2.** to rave *(decir disparates).*// **delirio.** m. **1.** delirium. **2.** raving *(disparate).*
delito. m. crime, felony.
delta. f. delta.
demacrado, da. a. emaciated.
demagogia. f. demagoguery.// demagogic (a.).// demagogue (m./f.).
demanda. f. **1.** demand. **2.** request *(petición).* **3.** *Law.* lawsuit.// **demandado, da.** m./f. defendant.// **demandante.** m./f. plaintiff.
demandar. tr. **1.** to demand. **2.** to request *(pedir).* **3.** *Law.* to sue.
demarcar. tr. to demarcate.// demarcation (f.).
demás. a. **1.** other. **2.** *lo/la d.:* the rest of. **3.** *por d.:* excessively. **4.** *por lo d.:* otherwise. **5.** *todo lo d.:* everything else. **6.** adv. moreover.
demasía. f. **1.** excess. **2.** *en d.:* excessively.
demasiado. a./adv. too much.
demencia. f. **1.** madness, insanity.// **demente. 1.** a. mad, insane. **2.** m. madman, f. madwoman.
democracia. f. democracy.// democrat (m./f.).// democratic (a.).
democratizar. tr. to make democratic.
demoler. tr. to demolish.// demolisher (m./f.).// demolishing (a.).// demolition (f.).
demonio. m. demon, devil.
demora. f. delay, wait.

demorar. 1. i. to stay. 2. tr./ref. to delay.
demostración. f. 1. demonstration. 2. proof *(prueba)*.
demostrar. tr. 1. to demonstrate, to show *(mostrar)*. 2. to prove *(probar)*.// demonstrative (a.).
denegar. tr. 1. to deny *(negar)*. 2. to refuse *(rechazar)*.// **denegación.** f. denial.
denigrar. tr. 1. to denigrate. 2. to defame *(difamar)*.// denigration (f.).// denigratory (a.).
denodado, da. a. bold.
denominar. tr. to denominate, to name.// denomination (f.).// denominative (a.).// denominator (m.).
denostar. tr. to abuse, to insult.
denotar. tr. to denote.// denotation (f.).
densidad. f. density.// dense (a.).
dentado, da. a. dentate, toothed.// **dentadura.** f. 1. set of teeth. 2. d. postiza: denture.// dental (a.).
dentar. 1. tr. to tooth. 2. i. to cut teeth.
dentellada. f. 1. bite *(mordisco)*. 2. jaws snap *(mordedura)*.
dentición. f. teething period.// **dentífrico.** m. tooth past.// dentist (m./f.).
dentro. adv. 1. inside, within. 2. d. de poco: soon.
denuedo. m. courage.
denuesto. m. abuse, insult.
denuncia. m. 1. accusation, denounciation. 2. declaration, report *(declaración)*.// denouncing (a.).// denouncer (m./f.).
denunciar. tr. 1. to accuse to denounce. 2. to report *(reportar)*.
departamento. m. 1. apartment *(vivienda)*. 2. departament *(división)*. 3. district *(distrito)*.
departir. i. to talk, to chat.
dependencia. f. 1. dependence *(relación)*. 2. agency, branch *(sucursal)*. 3. pl. accesories.
depender. i. to depend (on).// **dependiente.** 1. a. dependent. 2. m. employee, clerk *(empleado)*.
depilar. tr/ref. to depilate.// depilation (f.).// depilatory (a.).
deplorar. tr. to deplore.// deplorable (a.).
deponer. tr. 1. to put aside. 2. to depose, to bring down *(sacar)*. 3. Law. to testify.
deportar. tr. to deport, to exile.// deportation (f.).
deporte. m. sport.// **deportista.** m. sportsman, f. sportswoman.// **deportivo, va.** a. sporting.
deposición. f. 1. deposition. 2. defecation.
depositante. a./m./f. depositor.
depositar. tr. 1. to deposit. 2. ref. to settle.// depositary (a./m./f.).// **depósito.** m. 1. deposit. 2. warehouse *(almacén)*. 3. sediment. 4. cistern.
depravación. f. depravity.// depraved (a.).
depravar. tr. to deprave, to corrupt.
depreciar. tr. to depreciate.// depreciation (f.).
depredación. f. 1. depredation *(animales)*. 2. plundering *(pillaje)*.// **depredador, ra.** m./f. 1. predator *(animal)*. 2. plunderer.
depredar. tr. 1. to depredate *(animales)*. 2. to plunder *(pillaje)*.
depresión. f. depression.// depressive (a./m./f.).// **deprimente.** a. depressing.// depressed (a.).

deprimir. 1. tr. to depress. 2. ref. to get depressed.
depurar. tr. to depurate.// depuration (f.).
derecho, cha. 1. a. right. 2. adv. straight *(dirección)*. 3. m. right. 4. law *(ley)*. 5. f. right-hand *(mano)*; right-side *(lado)*; right-wing *(política)*.// **derechista.** m./f. rightist.// **derechura.** f. rightness.
deriva. f. drift.
derivar. 1. i./tr. to derive. 2. i. to drift *(navegación)*. 3. ref. to be derived.// derivative (a./m./f.).
dermatología. f. dermatology.// dermatologist (m./f.).
derogar. tr. to derogate.// derogation (f.).
derramamiento. m. 1. spilling. 2. d. de sangre: bloodshed.
derramar. 1. tr. to spill. 2. ref. to overflow.// **derrame.** m. 1. spilling. 2. hemorrhage *(hemorragia)*.
derredor. 1. contour. 2. en d.: around.
derretir. 1. tr. to melt. 2. ref. fig. to fall madly in love.
derribar. tr. 1. to throw down. 2. to demolish.
derrocamiento. m. overthrow.
derrocar. tr. to overthrow.
derrochador, ra. m./f. spendthrift, squanderer.
derrochar. tr. squander.// **derroche.** m. squandering.
derrota. f. defeat.
derrotar. tr. to defeat, to beat.
derrotero. m. course, direction.
derrotismo. m. defeatism// defeatist (m./f.).
derruir. tr. to demolish.
derrumbamiento. m. 1. demolition. 2. landslide *(de tierra)*. 3. collapse, fall *(caída, ruina)*.
derrumbar. 1. tr. to throw down, to demolish. 2. ref. to fall down.// **derrumbe.** m. 1. demolition. 2. landslide *(de tierra)*. 3. collapse, fall *(caída)*.
desabotonar. tr. to unbutton.
desabrido, da. a. tasteless, insipid.
desabrigar. tr. 1. to undress *(ropa)*. 2. to uncover.
desabrochar. tr. 1. to unfasten. 2. to unbutton *(la ropa)*.
desacatar. tr. to disrespect.// **desacato.** m. disrespect.
desacertado, da. a. mistaken, misguided.// **desacierto.** m. error, mistake.
desaconsejado, da. a. imprudent
desaconsejar. tr. to advise against.
desacoplar. tr. to uncouple.
desacorde. a. discordant.
desacostumbrado, da. a. 1. unusual *(inusual)*. 2. estar d.: to be disaccostumed.
desacostumbrar. tr./ref. to disaccostume, to lose the custom of.
desacuerdo. m. disagreement.
desafecto, ta. 1. a. opposed. 2. m. ill-will.
desafiar. tr. to challenge, to defy.// **desafiante.** 1. a. defiant. 2. m./f. challenger.// **desafío.** m. challenge.
desafilar. 1. tr. to blunt. 2. ref. to become blunt.
desafinar. tr. to be or sing out of tune.
desaforado, da. a. 1. lawless *(sin ley)*. 2. wild *(salvaje)*.
desafortunado, da. a. unfortunate.

desafuero

desafuero. m. 1. lawlessness. 2. privation of privileges (*pérdida de fueros*).
desagradable. a. disagreeable.
desagradar. tr. to displease.
desagradecer. tr. to be ungrateful.// **desagradecido, da.** a. ungrateful.
desagrado. m. displeasure.
desagravio. m. amends, satisfaction.
desaguadero. m. drain.
desaguar. tr. to drain.// **desagüe.** m. drainage.
desahogado, da. a. 1. well-to-do (*próspero*). 2. roomy (*espacioso*). 3. relieved (*liberado*).
desahogar. tr. 1. to alleviate (*aliviar*). 2. to vent (*dar rienda suelta*). 3. ref. to confide (*confenciar*). 4. to vent (*sentimientos*).// **desahogo.** m. 1. relief (*alivio*). 2. vent (*sentimientos*). 3. confidence (*confidencia*).
desahuciado, da. a. hopeless.
desahuciar. to loss hope for.// **desahucio.** m. eviction.
desairado, da. a. 1. ungraceful (*sin gracia*). 2. to unsuccessful (*sin éxito*).
desairar. tr. to reject, to rebuff.// **desaire.** m. 1. rebuff (*rechazo*). 2. slight (*desprecio*).
desajustar. tr. 1. to disturb. 2. to upset (*estropear*). 2. ref. to go wrong.// **desajuste.** m. breakdown.
desalentador, ra. a. discouraging.
desalentar. 1. tr. to discourage. 2. ref. to become discouraged.// **desaliento.** m. discouragement.
desaliñado, da. a. slovenly, untidy.
desaliñar. 1. tr. to disarrange. 2. ref. to become untidy.// **desaliño.** m. untidiness, dirtiness.
desalmado, da. a. heartless, ruthless.
desalojar. tr. 1. to displace (*desplazar*). 2. to evict (*inquilino*).// **desalojo.** m. displacement; eviction.
desamarrar. tr. to untie.
desamor. m. lack of love.// **desamorado, da.** a. loveless.
desamparado, da. a. abandoned, forsaked.
desamparar. tr. to forsake, to abandon.// **desamparo.** m. abandonment.
desandar. tr. to go back.
desangrar. tr./ref. to bleed.
desanimado, da. a. discouraged.
desanimar. 1. tr. to discourage. 2. ref. to become discouraged.// **desánimo.** m. discouragement.
desanudar. tr. to untie, to unknot.
desapacible. a. 1. unpleasent. 2. raw (*clima*).
desaparecer. 1. i./ref. to disappear. 2. ref. to make disappear.// **desaparición.** f. disappearance.
desapasionado, da. a. dispassionate.
desapego. m. 1. indifference. 2. lack of affection.
desapercibido, da. a. 1. unprepared. 2. unseen.
desaplicación. f. carelessness.// **desaplicado, da.** a. indolent, lazy.
desaprobar. tr. to disapprove.// disapproval (f.).
desaprovechamiento. m. waste, missue.
desaprovechar. tr. to waste, to missue.
desarmado, da. a. 1. unarmed. 2. dismantled.
desarmar. tr. 1. i./tr./ref. to disarm. 2. to dismantle.// **desarme.** m. disarment.
desarraigar. tr. to uproot.// **desarraigo.** m. uprooting.
desarreglado, da. a. 1. disorderly (*desordenado*). 2. out of order (*roto*). 3. untidy (*desaliñado*).
desarreglar. 1. tr. to disarrange. 2. ref. to get untidy.// **desarreglo.** m. 1. disorder. 2. untidiness.
desarrollar. tr. 1. to develop. 2. to explain (ideas).// **desarrollo.** m. 1. development. 2. exposition.
desarticular. tr. to dislocate; to disjoint.
desaseado, da. a. dirty.
desasosegar. 1. i. to make uneasy. 2. ref. to become uneasy.// **desasosiego.** m. uneasiness.
desastre. m. disaster.// disastrous (a.).
desatar. 1. tr. to untie. 2. ref. to break loose.
desatención. f. 1. inattention. 2. discourtesy.
desatender. tr. 1. to disregard. 2. to neglect (*descuidar*).// **desatento, ta.** a. 1. inattentive. 2. discourteous.
desatinado, da. a. 1. foolish (*tonto*). 2. rash (*imprudente*).// **desatino.** m. nonsense, foolish act.
desautorizar. tr. 1. to deprive of authority. 2. to deny (*desmentir*).
desavenencia. f. discord.
desavenirse. ref. to disagree.
desayunar. i./tr./ref. to breakfast.// **desayuno.** m. breakfast.
desazón. m. uneasinesss, anxiety.// **desazonado, da.** a. uneasy, restless.
desbancar. tr. 1. to break the bank. 2. to supplant.
desbandada. f. 1. disbandment. 2. *a la d.*: in disorder.
desbandarse. ref. to disband and to disperse.
desbarajuste. f. confusion, disorder.
desbaratar. 1. tr. to ruin. 2. ref. to break down.
desbocado, da. a. runaway.
desbocarse. ref. to runaway, to bolt out.
desbordar. i./tr./ref. to overflow.// **desbordante.** a. overflowing.// **desborde.** m. overflowing.
desbrozar. tr. to clear of brushwood.
descabellado, da. a. absurd, crazy.
descabezado, da. a. headless.
descabezar. tr. 1. to behead (*decapitar*). 2. to cut the top of. 3. *d. un sueño:* to take a nap.
descalabrar. 1. tr. fig. to ruin. 2. ref. to break down.// **descalabro.** m. setback, misfortune.
descalificar. tr. to disqualify.// disqualification (f.).
descalzar. tr./ref. to take off shoes.// **descalzo, za.** a. barefoot.
descampado. m. open field.
descansado, da. a. 1. restful. 2. *oficio d.*: easy job.
descansar. i. 1. to rest . 2. to lean on (*apoyarse*). 3. *d. en:* to rely on.// **descanso.** m. 1. rest. 2. leave (*licencia*). 3. landing (*de escalera*). 4. Sp. half-time.
descapotable. a./m. convertible.
descarado, da. a./m./f. shameless.
descarga. f. 1. unloading. 2. discharge (*arma, eléctrica*).
descargar. tr. 1. to unload. 2. to discharge (*arma*).

descargo. f. 1. release *(dispensa)*. 2. *Law.* plea.
descarnado, da. a. 1. bare *(relato)*. 2. thin *(flaco)*.
descaro. m. shamelessness.
descarriarse. ref. to stray, to get lost.
descarrilamiento. m. derailment.
descarrilar. i./ref. 1. to get derailed. 2. fig. to go astray.
descartar. tr. 1. tr./ref. to discard. 2. tr. to put aside.// **descarte.** m. discard.
descascarar. tr./ref. to peel.
descendencia. f. descendants.
descendente. a. descending.
descender. i. 1. to go down, to descend. 2. *d. de:* to descend from.// descendant (m./f.).// **descenso.** m. descent, fall.
descentralizar. tr. to descentralize.// descentralized (a.).// descentralization (f.).
descentrar. 1. tr. to put off center. 2. ref. to become off center.
descifrar. tr. to decipher.
descocado, da. a. brazen.
descocarse. ref. to become brazen.
descolgar. tr. 1. to take down. 2. to let down *(bajar)*. 3. to pick up *(teléfono)*. 4. ref. to come down. 5. fig. *d. con:* to blurt out.
descollar. i. to stand out.// **descollante.** a. prominent.
descolorar. tr. 1. to discolor. 2. to fade *(desteñir)*.// **descolorido, da.** a. 1. colorless. 2. faded *(desteñido)*.
descomponer. tr. 1. to decompouse *(pudrir)*. 2. to mess up *(desordenar)*. 3. *Math.* to break.// ref. 1. to rot *(pudrirse)*. 2. *Mech.* to break down. 3. to feel sick *(indisponerse)*. 4. to change for the worse *(clima)*.// decomposition (f.).// **descompostura.** f. 1. *Mech.* break down. 2. indisposition.
descomprimir. tr. to decompress.// decompression (f.).
descompuesto, ta. a. 1. decomposed *(podrido)*. 2. *Math./Mech.* broken. 3. indiposed. 4. out of order *(fuera de uso)*.
desconcertar. fig. 1. tr. to perplex. 2. ref. to be perplexed.// **desconcertado, da.** a. perplexed.// **desconcertante.** a. perplexing.// **desconcierto.** f. perplexity.
desconectar. tr. 1. to disconnect. 2. to unplug *(corriente)*. 3. ref. to become disconnected.
desconfiado, da. a. distrustful, suspicious.// **desconfianza.** f. distrust, suspicion.
desconfiar. i. 1. to distrust. 2. to suspect *(sospechar)*.
descongelar. tr. to defrost.
descongestionar. tr. to relieve the congestion.
desconocer. tr. 1. not to know, to be ignorant. 2. to deny *(negar)*. 3. not to recognize *(no reconocer)*.// **desconocido, da.** 1. a. unknown. 2. a./m./f. extranger.// **desconocimiento.** m. ignorance.
desconsideración. f. inconsiderateness.// **desconsiderado, da.** a./m./f. thoughtless.
desconsolado, da. a. disconsolate, sad.// **desconsuelo.** m. grief, distress.
descontar. tr. 1. to discount. 2. to deduct. 3. *dar por d.:* to take for granted.

descontento, ta. 1. a. dissatisfied. 2. m. discontent.
descorazonar. 1. tr. to dishearten. 2. ref. to lose heart.
descorchar. tr. to uncork.
descorrer. tr. to draw, to unveil.
descortés. a./m./f. dicourteous,; rude *(persona)*.// discourtesy (f.).
descoser. 1. tr. to unstitch. 2. ref. to come unstitched. 3. *como un d.:* inmoderately.
descoyuntar. 1. tr. to dislocate. 2. ref. to become dislocate.
descrédito. m. discredit.
descreer. tr. to disbelieve,// **descreído, da.** 1. a. unbelieving. 2. m./f. disbeliever.// **descreimiento.** m. disbelief; lack of faith.
describir. tr. to describe.// description (f.).// descriptive (a.).// described (a.).
descuartizar. a. to quarter, to cut up.
descubierto, ta. a. 1. uncovered. 2. discovered *(recién conocido)*. 3. *girar en d:* to overdrawn. 4. *a la d.:* openly. 5. m. overdraft *(en cuenta corriente)*.
descubridor, ra. m./f. discoverer.// **descubrimiento.** m. discovery.
descubrir. tr. 1. to discover. 2. to uncover *(sacar la cubierta)*. 3. to reveal *(revelar)*. 4. ref. to remove *(el sombrero)*. 5. ref. to show oneself *(mostrase)*.
descuento. m. discount.
descuidado, da. a. 1. careless *(negligente)*. 2. neglected *(abandonado)*. 3. unprepared *(desprevenido)*.
descuidar. 1. tr. to neglect *(no cuidar)*. 2. i./ref. to be careless. 3. to neglect oneself *(uno mismo)*.// **descuido.** m. 1. carelessness. 2. untidiness *(desaliño)*.
desde. prep. 1. from *(lugar)*. 2. since *(tiempo, d. que)*. 3. *d. luego:* of course.
desdecir. i. 1. to contradict *(contradecir)*. 2. ref. to contradict oneself . 3. ref. to retract *(retractarse)*.
desdén. m. disdain.
desdentado, da. a. toothless.
desdeñar. tr. to disdain.
desdicha. f. misfortune.// **desdichado, da.** 1. a. unfortunate; unhappy *(infeliz)*. 2. m./f. wretch.
desdoblamiento. m. unfolding; split *(división)*.
desdoblar. tr. 1. to unfold. 2. to split *(dividir)*.
desear. tr. to wish, to desire.// desirable (a.).
desechar. tr. 1. to reject *(rechazar)*. 2. to exclude *(excluir)*. 3. to discard *(descartar)*.
desecho. m. waste, residue.
desembalar. tr. to unpack.
desembarazado, da. a. free, clear.
desembarazar. 1. tr. to free. 2. ref. to free oneself.// **desembarazo.** m. ease, naturalness.
desembarcar. i./tr. to land, to disembark.// **desembarco.** m. landing, disembark
desembocadura. f. 1. outlet. 2. mouth of a river.
desembocar. i. 1. to flow *(río)*. 2. to end *(calle)*.
desembolsar. tr. to disburse.// **desembolso.** m. disbursement, payment.
desembragar. tr. to disengage.
desemejante. a. dissimilar.// dissimilarity (f.).

desempacar. tr. to unpack.// unpacking (m.).
desempatar. tr. to break a tie.// tie-break (m.).
desempeñar. tr. 1. to perform, to fulfill. 2. to play *(un rol)*.// **desempeño.** m. performance.
desempleado, da. a./m./f. unemployed.// **desempleo.** m. unemployment.
desempolvar. tr. to remove the dust.
desencadenar. tr. 1. to unchain. 2. to free *(liberar)*. 3. to start *(iniciar)*. 4. ref. to unfold *(los hechos)*. 5. to break *(tormenta)*.
desencajar. 1. tr. to disjoint, to dislocate. 2. ref. fig. to become distorted.
desencaminar. tr. to led astray.
desencantar. tr. to disenchant, to disillusion.// **desencanto.** m. disenchantment.
desenchufar. tr. to unplug, to disconnect.
desenfadado, da. a. self-assured.// **desenfado.** m. self-assurance, boldness.
desengañar. 1. tr. to disillusion. 2. ref. to become disillusioned.// **desengaño.** m. disillusionment.
desenlace. m. end, outcome.
desenmarañar. tr. to uravel.
desenmascarar. tr. 1. to unmask. 2. to reveal.
desenredar. tr. 1. to disentangle. 2. to put in order.
desenrollar. tr. to unroll, to unwind.
desenroscar. tr. unscrew.
desensillar. tr. to unsaddle.
desentenderse. ref. to take no part in, to have nothing to do.
desenterrar. tr. to unearth, to dig up.
desentonar. i. 1. to be out of tone. 2. fig. to clash.
desentrañar. tr. to get to the bottom of *(un asunto)*.
desenvainar. tr. to draw.
desenvoltura. f. 1. naturalness 2. eloquence.
desenvolver. 1. tr. to unroll. 2. ref. to conduct oneself.
desenvuelto, ta. a. 1. natural. 2. eloquent.
deseo. m. 1. wish, desire. 2. sexual urge.// desirous (a.).
desequilibrar. 1. tr. to unbalance. 2. ref. to become mentally unbalanced.// unbalanced (a.).// **desequilibrio.** m. 1. unbalance 2. derangement *(mental)*.
desertar. i. to desert.// desertion (f.).// deserter (m./f.).
desesperación. f. desperation.// desperated (a.).
desesperante. a. 1. exasperating *(que impacienta)*. 2. hope less *(situación)*.
desesperar. 1. tr. to exasperate. 2. ref. to hope less, to despair.
desestimar. tr. to hold in low esteem.
desfachatado, da. a. shameless.// **desfachatez.** f. shamelessness.
desfalcar. tr. to defalcate.// defalcation (f.).
desfallecer. i/tr. 1. to weaken. 2. to faint *(desmayarse)*.// **desfallecimiento.** m. fainting.
desfavorable. a. unfavorable.
desfigurar. 1. tr. to disfigure, to deform. 2. ref. to become desfigured or deformed.
desfiladero. m. defile, narrow pass.
desfilar. i. 1. to defile, to parade. 2. fig. to file in.
desfile. m. parade.

desfondar. tr. to break the bottom of.
desgajar. 1. tr. to rip off. 2. ref. to break off.
desganado, da. a. 1. unwilling. 2. not hungry *(inapetente)*.// **desgano.** m. reluctance, unwillingness.
desgarbado, da. a. ungainly, unkward.
desgarrador, ra o desgarrante. a. heartbreaking.
desgarrar. i./ref. to rip, to tear.// **desgarro.** m. ripping.
desgastar. 1. tr./ref. to wear away. 2. ref. to become weak *(debilitarse)*.// **desgaste.** m. wear, wearing off.
desgobierno. m. misgovernment.
desgracia. f. 1. misfortune *(adversidad)*. 2. mishap *(accidente)*. 3. caer en d.: to fall into disgrace. 4. por d.: unfortunately.// **desgraciado, da.** a. 1. unfortunate *(hecho)*. 2. unluck *(persona)*. 3. unhappy *(infeliz)*. 4. wretched, despicable *(despreciable)*.
desgranar. 1. tr. to shell. 2. ref. to break off.
deshabitado, da. a. uninhabited.
deshacer. tr. 1. to undo. 2. to destroy *(destruir)*. 3. to take apart *(desarmar)*.// ref. 1. to melt *(disolverse)*. 2. d. de: to get rid of. 3. d. en: to dissolve into.
deshecho, cha. a. 1. undone. 2. exhausted *(cansado)*.
desheredar. tr. to disinherit.// disinherited (a.).
deshidratar. 1. tr. to dehydrate. 1. ref. to become dehydrated.// dehydratation (f.).// dehydratated (a.).
deshielo. a. thaw, thawing.
deshilachar. 1. tr. to ravel. 2. ref. to tray.
deshilvanado, da. a. fig. disjointed, disconected.
deshinchar. 1. tr. to deflate *(desinflar)*. 2. ref. to become deflated. 3. tr./ref. to relieve swelling of.
deshojar. tr. to defoliate.
deshonestidad. f. dishonesty.// dishonest (a.).
deshonor. m. o **deshonra.** f. dishonor.
deshonrar. tr. to dishonor.// dishonorable (a.).
deshora. f. inconvenient time.
deshuesar. tr. to bone.
desidia. f. indolence.// **desidioso, sa.** a. lazy.
desierto, ta. 1. a. deserted. 2. m. desert.
designar. tr. to designate.// designation (f.).// design (m.).
desigual. a. 1. unequal *(no igual)*. 2. inequitable *(injusto)*.// **desigualdad.** f. inequality.
desilusionar. 1. tr. to dissilusion. 2. ref. to become dissilusioned.// dissilusion (f.).
desinfectar. tr. to disinfect.// disinfection (f.).// disinfectant (a./m.).
desinflar. 1. tr. to deflate. 2. ref. to become deflated.
desintegrar. tr. to disintegrate.// disintegration (f.).
desinterés. m. 1. selfessness. 2. indifference *(desgano)*.
desinteresarse. ref. to lose interest.
desistir. i. to desist.
desleal. a. disloyal.// disloyalty (f.).
desligar. 1. tr. to untie. 2. ref to break away.
deslindar. tr 1. to delimit. 2. to clarify.// **deslinde.** m. demarcation.

despoblar

desliz. m. slip.// **deslizamiento.** m. 1. slipping (de objetos). 2. landslide (de tierra).
deslizar. 1. tr./ref. to slip, to slide. 2. ref. fig. to let slip.
deslucir. tr. 1. to spoil (estropear). 2. to tarnish (quitar el brillo). 3. ref. to become tarnished.
deslumbrante. a. dazzling, brilliant.
deslumbrar. tr. to dazzle.
desmán. m. outrage, excess.
desmantelar. tr. to dismantle.// dismantling (m.).
desmayado, da. a. unconscious.
desmayar. 1. tr. to dismay. 2. ref. to faint.// **desmayo.** m. 1. faint. 2. sin d.: without dismay.
desmedido, da. a. excessive.
desmejorar. tr. to damage.// i./ref. to get worse.
desmembrar. tr. to dismember.
desmemoriado, da. a. forgetful, absent mind.
desmentida. f. denial, contradiction.
desmentir. tr. 1. to contadict. 2. to refute (refutar). 3. to go against (actuar contra). 4. ref. to contradict oneself.
desmenuzar. tr. 1. to crumble. 2. to examine closely.
desmerecer. tr. to be unworthy of.
desmesurado, da. a. excessive.
desmilitarizar. tr. to demilitarize.
desmonetizar. tr. to demonetize.
desmontar. 1. i./tr./ref. to dismount. 2. tr. to dismantle (desmantelar). 3. to cut down (bosque o terreno).
desmoralizar. 1. tr. to demoralize. 2. ref. to become demoralized.// demoralization (f.).// demoralizating (a.).
desmoronar. tr./ ref. to crumble.
desmovilizar. tr. to demobilize.// demobilization (f.).
desnaturalizar. tr. 1. to denaturalize. 2. to pervert (corromper). 3. ref. to become denaturalized.// denaturalization (f.).// denaturalized (a.).
desnivel. m. 1. uneveness. 2. difference.
desnivelar. tr. 1. to make uneven. 2. to unbalance (desequilibrar). 3. ref. to become tilted.
desnucar. 1. tr. to break the neck of. 2. ref. to break one's neck.
desnudar. tr./ ref. 1. to undress. 2. fig. to denude.// **desnudez.** f. nudity, nakedness.// **desnudismo.** m. nudism.// nudist (m./f.).// **desnudo.** 1. a. naked; fig. bare. 2. m. nude.
desnutrición. f. malnutrition.// **desnutrido, da.** a. undernourished.
desobedecer. i. to disobey.// disobedience (f.).// disobedient (a.).
desocupación. f. unemployment.// **desocupado, da.** 1. a. vacant. 2. a./m./f. unemployed
desocupar. tr. 1. to empty (envase). 2. to vacate (casa, cuarto). 3. to clear (espacio). 4. ref. to finish.
desodorante. a./m. deodorant.
desoír. tr. to ignore, to pay no attention to.
desolación. f. desolation.// **desolado, da.** a. 1. desolate. 2. disconsolate.// **desolador, ra.** a. desolating.
desollar. tr. to skin.
desorbitado, da. a. 1. out of proportion (desproporcionado). 2. beside oneself (fuera de sí).

desorden. m. 1. disorder. 2. disturbance// **desordenado, da.** a. disorderly.
desordenar. tr. to disarrange, to disorder.
desorganizar. tr. to desorganize.// desorganization (f.).
desorientación. f. disorientation, confusion.
desorientar. tr. 1. to disorient. 2. to confuse. 3. ref. to become disoriented or confused.
desovar. tr. to spawn (peces); to oviposit (insectos).
despabilado, da. a. alert, smart.
despabilar. 1. tr. to liven up 2. ref. to wake up.
despachar. tr. 1. to dispatch (enviar). 2. to resolve (resolver). 3. to kill (matar). 4. to sale (vender). 5. ref. to speak one's mind (hablar).// **despacho.** m. 1. dispatch (envío, comunicación). 2. office (oficina). 3. official writting (escrito). 4. sale (venta).
despacio. adv. 1. slow (lento). 2. in a low voice (bajo). 3. ¡d.!: easy! // **despacioso, sa.** a. slow.
desparejo, ja. a. 1. uneven. 2. odd (dispar).
desparpajo. m. 1. ease. 2. pertness (descaro).
desparramar. tr. to scatter.
despavorido, da. a. terrified.
despecho. m. 1. spite, rancor. 2. ill-will (mala voluntad). 3. a d. de: in spite of. 4. por d.: out of spite.
despectivo, va. a. disparaging, pejorative.
despedido, da. 1. a. discharged. 2. f. farewell.
despedir. tr. 1. to throw (arrojar). 2. to emit (emitir). 3. to dismiss (echar). 4. tr./ref. to say goodbye to (decir adiós).
despegar. 1. i. to take-off (avión). 2. tr. to unstick. 3. to detach (separar). 3. ref. to become unstuck or detached.// **despegue.** m. take-off.
despeinar. tr. to disarrange the hair of.
despejado, da. a. clear (cielo, espacio, mente).
despejar. 1. tr. to clear (lugar). 2. tr./ref. to clear up (clima). 3. ref. to enjoy oneself (divertirse).
despensa. f. 1. larder. 2. grocery store (almacén).
desperdiciar. tr. 1. to waste. 2. to miss (oportunidades) // **desperdicio.** 1. m. waste. 2. pl. garbage.
desperdigar. tr. to scatter, to disperse.
desperezarse. ref. to stretch oneself.
desperfecto. m. blemish, imperfection.
despertador. m alarm clock.
despertar. 1. i./tr./ref. to wake up. 2. tr. to awaken (sopechas, emociones). 3. tr. to whet (apetito).// **despierto, ta.** a. 1. awaken. 2. clever (listo).
despido. m. dismissal.
despilfarrar. tr. to waste.// **despilfarro.** m. waste.
despistado, da. a. disoriented, lost.
despistar. tr. 1. to lead astray. 2. to desorient.
desplazar. tr. 1. to diplace. 2. to move (mover).// displacement (m.).
desplegar. tr./ref. 1. to unfold. 2. to display (mostrar) // **despliegue.** m. unfolding, deployment.
desplomar. 1. tr. to knock down. 2. ref. fall down (derrumbarse); to faint (desmayarse).
desplumar. tr. 1. to pluck. 2. fig. to fleece.
despoblado. m. desert, wilderness.
despoblar. tr./ref. to depopulate.// depopulation (f.).

despojar

despojar. tr. **1.** to strip (quitar). **2.** to rob (robar).// **despojo.** m. **1.** stripping, robbing (acción). **2.** pl. offal (animal); mortal remains (persona).
desposar. tr./ref. to marry, to wed.
déspota. m./f. despot.// despotic (a.).// despotism (m.).
despotricar. i. to rant, to rave.
despreciable. a. **1.** despicable. **2.** worthless (sin valor).
despreciar. tr. **1.** to despise. **2.** to disdain (desdeñar).// **desprecio.** m. contempt, disdain.
desprender. tr. **1.** to detach. **2.** to emit (emitir). **3.** ref. to give away (despojarse). **4.** ref. d. de: to be inferred (inferirse).// **desprendido, da.** a. generous, disinterested.// **desprendimiento.** f. **1.** detachment. **2.** generosity. **3.** landslide (de tierra).
despreocupado, da. a. carefree.
despreocuparse. ref. **1.** to stop worrying (dejar de afligirse). **2.** to become careless (descuidarse). **3.** d. de: to forget (olvidarse).
desprestigiar. **1.** tr. to discredit. **2.** ref. to loss one's prestige.// **desprestigio.** m. loss of prestige.
desprevenido, da. a. unprepared, off guard.
desproporción. f. disproportion.// disproportioned (a.).
despropósito. m. absurdity, nonsense.
desprovisto, ta. a. lacking.
después. adv. **1.** later (más tarde). **2.** after (d. de).
despuntar. tr. **1.** to begin (comenzar). **2.** d. el día: to dawn. **3.** para d. el vicio: for hobby.
desquitarse. ref. **1.** to get even with, to win back (resarcirse). **2.** to take revenge (vengarse).// **desquite.** m. **1.** revenge (venganza). **2.** Sp. return match.
destacado, da. a. outstanding, prominent.
destacamento. m. detachment; station (policial).
destacar. tr. **1.** to underline. **2.** Mil. to detail. **3.** i./ref. to stand out.
destajo (a). m. piecework.
destapar. tr. **1.** to uncover. **2.** to uncork (botellas). **3.** to reveal (revelar). **4.** ref. to take off the covers.
destellar. tr. to flash.// **destello.** m. flash.
destemplado, da. **1.** Mus. off tune. **2.** intemperate (clima, ánimo). **3.** feverish (febril).// **destemplanza.** f. **1.** intemperance (trato). **2.** inclemency (tiempo).
desteñir. i. to fade, to discolor.
desterrar. **1.** tr. to exile. **2.** ref. to go into exile.
destetar. tr. to wean.// **destete.** m. weaning.
destiempo (a). adv. inopportunely, out of time.
destierro. m. exile.
destilar. tr. to distil.// distillation (f.)// distillery (f.).
destinar. tr. **1.** to destin. **2.** to assign (asignar). **3.** to send (enviar).// **destinatario, ria.** a. addressee.// **destino.** m. **1.** destiny (fortuna). **2.** destination. **3.** job (trabajo). **4.** use (uso). **5.** con d. a: bound for.
destornillador. m. screwdriver.
destornillar. **1.** tr. to unscrew. **2.** ref. fig. to go crazy.
destrabar. tr. to unbind, to untie.
destreza. f. **1.** skill (habilidad). **2.** dexterity.
destripar. tr. **1.** to gut. **2.** fig. to crush.
destronar. f. **1.** to dethrone. **2.** fig. to overthrow.

destrozar. **1.** tr./ref. to smash. **2.** tr. to destroy.// **destrozo.** m. **1.** damage (daño). **2.** destruction.
destrucción. f. destruction.// destructive (a.).// destroyer (m.).
destruir. tr. to destroy.
desunir. tr. **1.** to disunite, to separate. **2.** to cause discord (enemistar).// disunion (f.).
desusado, do. a. **1.** obsolete. **2.** non common.// **desuso.** m. disuse, obsolescence.
desvalido, da. a./m./f. needy, helpless.
desvalijar. tr. to rob, to plunder.
desvalorizar. tr. to devalue.// devaluation (f.).
desván. m. attic, garret.
desvanecer. **1.** tr./ref to vanish, to disappear (desaparecer). **2.** to dispel (disiparse). **3.** ref. to faint (desmayarse).// **desvanecimiento.** m. faint.
desvariar. i. **1.** to be delirious. **2.** to rave (decir disparates).// **desvarío.** m. delirium; raving.
desvelar. tr. **1.** to keep awake. **2.** ref. to stay awake (no dormir). **3.** d. por: to be watchful for.// **desvelo.** m. sleeplessness (insomnio); devotion (devoción).
desventaja. f. disadvantage.
desventura. f. misfortune.// unfortunate (a.).
desvergonzado, da. a. shameless.// **desvergüenza.** f. shamelessness.
desvestir. tr./ref. to undress.
desviación. f. **1.** deviation (de normas). **2.** deflection (de una onda). **3.** detour (desvío).
desviar. **1.** tr. to divert. **2.** ref. to deviate (de normas); to take a detour (de una ruta).// **desvío.** m. **1.** detour (rodeo). **2.** deviation (desviación).
desvirtuar. tr./ref. to spoil.
desvivirse. ref. to be eager.
detallar. tr. to detail, to specify.// **detalle.** m. **1.** detail. **2.** gesture (gesto).
detectar. tr. to detect.// detector (m./f.).
detective. m./f. detective.
detención. f. **1.** stopping (acción); stoppage (tiempo). **2.** arrest. **3.** delay (demora).
detener. **1.** tr./ref. to stop (parar). **2.** tr. to delay (demorar). **3.** tr. to arrest.// **detenido, da.** **1.** a. thorough (cuidadoso). **2.** m./f. person under arrest.
detenimiento. m. thoroughness.
detergente. m. detergent.
deteriorar. tr. to deteriorate.// deterioration (m.).
determinación. f. determination.// **determinado, da.** a. determined; specific (preciso).// determinant (a.).
determinar. **1.** tr. to determine. **2.** tr./ref. to convince, to decide (decidir).
detestable. a. hateful.
detestar. tr. to hate.
detonar. tr. to detonate.// detonation (f.).
detractar. tr. to detract.// detractor (m./f.).
detrás. a. **1.** behind. **2.** por d: behind one's back.
detrimento. m. detriment.
deudo, da. **1.** m./f. relative. **2.** f. debt.// **deudor, ra.** **1.** a. indebted; debit (cuenta). **2.** m./f. debtor.
devaluar. tr. to devaluate.// devaluation (f.).
devanado. m. winding.
devanar. **1.** tr. to wind, to reel. **2.** ref. d. los sesos: to rack one's brains.

desvastar. tr. to desvastate.// **desvastation** (f.).
devengar. tr. to earn.
devenir. i. **1.** to happen (suceder). **2.** to become (llegar a ser). **3.** m. destiny.
devoción. f. devotion.
devolución. f. **1.** return. **2.** Com. refund.
devolver. 1. tr. to return, to send back. **2.** tr. fig. to throw up (vomitar).
devorar. tr. **1.** to devour. **2.** to consume.
devoto, ta. a. devout (religioso); devoted (aficionado).
día. m. **1.** day. **2.** daytime (claridad). **3.** al d.: up to date (actual). **4.** al otro d.: the next day. **5.** ¡buen d.!: good morning! **6.** de d.: by day. **7.** d. de semana: weekday. **8.** d. feriado: holiday. **9.** hoy en d.: nowadays. **10.** todo el santo d.: all day long. **11.** todos los d.: daily. **12.** vivir al d.: to live from hand to mouth.
diabetes. f. diabetes.// diabetic (a./m./f.).
diablo. m. devil.// deviltry (f.).// diabolical (a.).
diácono. m. deacon.
diadema. f. diadem.
diáfano, na. a. clear, diaphanous.
diafragma. m. diaphragm.
diagnosticar. tr. to diagnose.// diagnosis (m.).
diagonal. a.,/f. diagonal.
diagramar. tr. to diagram.// diagram (m.).
dialéctico, ca. i. **1.** a. dialectic. **2.** f. dialectics.
dialecto. m. dialect.
dialogar. tr. to dialogue.// dialogue (m.).
diamante. m. diamond.
diámetro. m. diameter.// diametrical (a.).
diana. f. reveille.
diapasón. m. diapason.
diapositiva. f. slide.
diario, ria. a./adv. **1.** daily. **2.** a d.: every day.// m. **1.** diary (libro personal). **2.** newspaper (periódico). **3.** journal (libro comercial).
diarrea. f. diarrhea.
diatriba. f. diatribe.
dibujante. m./f. **1.** drawer. **2.** draftsman (técnico).
dibujar. tr. **1.** to draw, to sketch. **2.** to describe. **3.** ref. to be outlined (delinearse); to appear (aparecer).
dibujo. f. **1.** drawing. **2.** description. **3.** pl. d. animados: cartoons.
dicción. f. diction.// **diccionario.** m. dictionary.
dicho, cha. a. **1.** said. **2.** mejor d.: rather. **3.** m. saying, proverb **4.** f. happiness.// **dichoso, sa.** a. **1.** happy (feliz). **2.** lucky (con suerte).**diciembre.** December.
dicotomía. f. dichotomy.
dictado. m. **1.** dictation (acción). **2.** title. **3.** pl. dictates.
dictador. m. dictator.// **dictadura.** f. dictatorship.
dictamen. m. **1.** judgement (juicio). **2.** sentence.
dictaminar. tr. Law. to pronounce sentence.
dictar. tr. **1.** to dictate. **2.** Law. to pronounce sentence. **3.** to give (cursos).
diecinueve. a./m. nineteen; nineteenth (en fechas).// **diecinueveavo, va.** a./m. nineteenth (en fechas).
dieciochavo, va. a./m. eighteenth.// **dieciocho.** a./m. eighteen, eighteenth (en fechas).//
dieciséis. a./m. sixteen.// **dieciseisavo, va.** a./m.

sixteenth.// **diecisiete.** a./m. seventeen; seventeenth (en fechas).// **diecisieteavo, va.** a./m. seventeenth.
diente. m. **1.** tooth. **2.** Mech. cog.
diéresis. f. dieresis.
diestro, tra. a. **1.** right. **2.** skilful (hábil).// f. **1.** right hand. **2.** a d. y siniestra: right and left.
dieta. f. diet.// dietetic (a.).// dietetics (f.).
diez. a./m. ten; tenth (en fechas).
diezmar. tr. to decimate.// **diezmo.** m. tithe.
difamar. tr. to defamate.// defamation (f.).// defamer (m./f.).// defamatory (a.).
diferencia. f. **1.** difference. **2.** a d. de: unlike, in contrast to.// differential (a./f.).// differentiation (f.).
diferenciar. 1. tr. to differentiate. **2.** ref. to differ.
diferente. 1. a. different. **2.** pl several. **3.** adv. differently.
diferir. 1. i. to differ. **2.** tr. to defer, to postpone.
difícil. a. difficult.// difficulty (f.).
dificultar. tr. **1.** to make difficult. **2.** to consider difficult (considerar difícil).
difteria. f. diphtheria.// diphteric (a.).
difundir. tr. **1.** to diffuse. **2.** to broadcast (transmitir). **3.** to disseminate. **4.** ref. to spread.
difunto, ta. a./m./f. deceased.
difusión. f. **1.** diffusion. **2.** broadcasting (por radio).
difuso, sa. a. **1.** diffuse. **2.** hazy (vago).
digerir. tr. **1.** to digest. **2.** fig. to suffer.// digestible (a.).// digestion (f.).// digestive (a.).
dígito. m. digit.// digital (a.).
dignarse. tr. to deigh, to conscend.
dignatario. m. dignatary.
dignidad. f. **1.** dignity. **2.** rank (rango).
dignificar. tr. to dignify.
digno, na. a. **1.** worthy (merecedor). **2.** honorable.
dije. m. pendant, charm.
dilación. f. delay.
dilapidar. tr. to waste, to squander.
dilatación. f. dilation, expansion.// **dilatado, da.** a. **1.** vast, extended. **2.** delayed (demorado).
dilatar. tr./ref. **1.** to dilate, to expand. **2.** to postpone, to delay (demorar).// dilatory (a.).
dilecto, ta. a. beloved.
dilema. f. dilemma.
diligencia. f. **1.** diligence. **2.** stage coach (carruaje). **3.** Law. proceeding.
diligenciar. tr. to deal with, to process.// **diligente.** a. diligent, speedy.
dilucidar. tr. to elucidate.
diluir. tr. to dilute, to dissolve.
diluviar. i. to pour down.// **diluvio.** m. flood.
dimensión. f. dimension.
diminutivo, va. a. diminutive.
diminuto, ta. a. small, little, tiny.
dimitir. i. to resign.// resignation (f.).
dinamarqués, sa. 1. a. Danish. **2.** m./f. Dane.
dinámico, ca. 1. a. dynamic. **2.** f. dynamics.// dynamism (m.).// dynamic (a.).
dinamitar. tr. to dynamite.// dynamite (f.).
dinastía. f. dynasty.// dynastic (a.).
dineral. m. fortune.
dinero. m. **1.** money. **2.** d. efectivo: ready cash.
dinosaurio. m. dinosaur.

diócesis

diócesis. f. diocese.
dios, sa. 1. m. god, God. 2. f. goddess.
dióxido. m. dioxide.
diploma. m. diploma.
diplomacia. f. diplomacy.
diplomado, da. a. graduated.
diplomar. tr./ref. to graduate.
diplomático, ca. 1. a. diplomatic. 2. m. diplomat.
diptongo. m. diphtong.
diputación. f. deputation.// **diputado, da.** m./f. deputy, representative.
dique. m. 1. dike. 2. dam *(de contención).* 3. *d. seco:* dry dock.
dirección. f. 1. direction. 2. directorship *(cargo).* 3. director's office *(oficina).* 4. managment *(administración).* 5. address *(señas).* 6. Mech. steering.// **directivo, va.** 1. a. directing. 2. m./f. director. 3. f. directive *(orden);* board of directors.
directo, ta. a. 1. direct. 2. straight *(derecho).* 3. *tren d.:* trough train.
director, ra. m./f. 1. director. 2. principal *(escuela).* 3. editor *(diario),* 4. conductor *(orquesta).*// **directorio.** m. 1. directory *(agenda).* 2. directorate *(junta).*
dirigente. m. 1. director *(directivo).* 2. leader.
dirigible. a./m. dirigible.
dirigir. tr. 1. to direct. 2. to lead *(liderar).* 3. to manage *(empresa).* 4. to conduct *(orquesta).* 5. tr./ref. adress *(carta, la palabra).* 6. ref. to go *(ir).*
discernir. tr. to discern.// discernment (m.).
disciplinar. tr. to discipline.// discipline (f.).
discípulo, la. m./f. 1. disciple. 2. pupil *(alumno).*
disco. m. 1. disk. 2. record *(fonográfico).* 3. dial *(teléfono).* 4. Comp. diskette. 5. Sp. discus.
discordia. f. discord.// discordant (a.).
discoteca. f. 1. discotheque. 2. record collection.
discreción. f. 1. discretion. 2. tact. 3. *a d.:* at one's discretion.// discretionary (a.).
discrepar. i. to differ.// discrepancy (f.).
discreto, ta. a. 1. discreet. 2. passable.
discriminar. tr. to discriminate.// discrimination (f.).
disculpa. f. 1. excuse. 2. apology *(por una ofensa).*
disculpar. 1. tr. to excuse. 2. ref. to apologize.
discurso. m. speech.
discusión. f. discussion.
discutible. a. debatable, disputable.
discutir. 1. i./tr. to discuss. 2. tr. to argue *(disputar).*
disecar. tr. 1. to dissect. 2. to stuff *(animales).*// dissection (f.).
diseminar. tr. to disseminate.// dissemination (f.).
disensión. f. disension.
disentir. i. to dissent, to disagree.
diseñar. tr. to design.// **diseño.** m. design.// **diseñador, ra.** m./f. designer.
disertar. i. to discourse.// dissertation (f.).
disfraz. m. 1. disguise. 2. mask *(máscara).*
disfrazar. tr./ref. to disguise.
disfrutar. i./tr. to enjoy.// **disfrute.** m. enjoyment.
disgregar. tr./ref. to disintegrate.
disgustar. 1. tr. to annoy. 2. ref. to be annoyed.
disgusto. m. 1. annoyance. 2. *a d.:* unwillingly.

disidencia. f. dissidence.// dissident (a,/m./f.).
disímil. a. unlike.// **disimilitud.** f. unlikeness.
disimulado, da. a. 1. dissembling. 2. hidden *(encubierto).*
disimular. tr. 1. to dissemble. 2. to hide, to mask *(enmascarar).*// dissimulation (f.).
disipación. f. dissipation// **disipado, da.** a. dissolute.
disipar. 1. tr. to dissipate. 2. to dispel *(una duda).* 3. ref. to vanish *(devanecerse).*
dislocar. tr./ref. to dislocate.// dislocation (f.).
disminuir. i./tr./ref. to diminish.// diminution (f.).
disociar. tr./ref. to dissociate.// dissociation (f.).
disoluble. a. soluble.// **disolución.** f. 1. solution *(química).* 2. breakup *(ruptura).* 3. liquidation *(empresa).*
disolver. 1. tr./ref. to dissolve. 2. tr. to break up *(dispersar).* 3. tr. to annule. 4. to liquidate *(empresa).*
disonancia. f. dissonance.// dissonant (a.).
dispar. a. unequal.
disparada. f. flight, race.
disparador. m. trigger.
disparar. 1. i./tr. to fire, to shoot. 2. tr. to hurl *(arrojar).* 3. ref. to dash off *(irse corriendo).*
disparatado, da. a. absurd, crazy.// **disparate.** m. absurdity, nonsense.
desparejo, ja. a. uneven.
disparidad. f. disparity.
dispensar. tr. 1. to dispense. 2. to excuse.// dispensation (f.).// dispensary (m.).
dispepsia. f. dyspepsia.// dyspeptic (a.).
dispersar. tr./ref. to disperse.// dispersion (f.).
displicencia. f. coolness, indifference.// **displicente.** a. indifferent.
disponer. tr. 1. to arrange *(ubicar).* 2. to order *(ordenar).* 3. *d. de:* to have. 4. tr./ref. to prepare *(preparar, disponerse a).*
disponibilidad. f. availability.// **disponible.** a. available.
disposición. f. 1. disposition. 2. talent *(aptitud, talento).* 3. decree, order *(decreto).* 4. pl. measures. 5. *estar en d:* to be ready to.
dispositivo. m. mechanism.
dispuesto, ta. a. 1. *estar d. a:* to be ready to. 2. *estar bien o mal d.:* to be well or ill disposed.
disputar. tr./ref. to dispute.// dispute (f.).
distancia. f. 1. distance. 2. difference.
distanciar. tr. to separate. 2. ref. to be separated.
distante. a. distant.
distar. tr. 1. to be a certain distance. 2. to differ.
distensión. f. 1. Med. distention. 2. Pol. detente.
distinción. f. 1. distinction. 2. deference *(trato).* 3. distinctness *(análisis).*
distinguir. 1. tr./ref. to distinguish *(diferenciar/se).* 2. to pay tribute *(honrar).*
distinto, ta. a. 1. distinct. 2. different.
distorsión. f. distortion.
distracción. f. 1. distraction. 2. innatention.
distraer. tr. 1. to distract. 2. to entertain. 2. ref. to be distracted or entertained.
distraído, da. a. absent-minded.
distribuir. tr. to distribute.// distribution (f.).// distributor (a.).// distributive (a.).

distrito. m. district.
disturbio. a. disturbance.
disuadir. tr. to dissuade.// dissuasion (f.).// dissuasive (a.).
diurno, na. a. diurnal.
diván. m. couch, divan.
divergir. i. to diverge.// divergence (f.).// divergent (a.).
diversidad. f. diversity.
diversión. f. 1. diversion. 2. entertainment, amusement.
diverso, sa. a. 1. diverse. 2. pl. several.
divertir. 1. tr. to divert. 2. tr./ref. to amuse, to entertain.
dividendo. m. dividend.
dividir. 1. tr./ref. to divide. 2. ref. to separate.
divino, na. a. divine.// divinity (f.).
divisa. f. 1. emblem. 2. pl. currency.
divisar. tr. to descry.
división. f. division.// divisible (a.).// divider (m.).// *Math.* divisor (m.).// **divisorio, ria.** a. dividing.
divorciar. tr./ref. to divorce.// divorce (m.).
divulgar. tr. 1. to reveal. 2. to popularize.
doblar. tr. 1. to double. 2. to bend *(curvar).* 3. to dub *(cine).* 2. tr./ref. to fold *(plegar/se).*// **doble.** 1. a. double; two-faced *(de dos caras).* 2. m./f. double; copy. 3. adv. doubly. 4. *al d.:* doubly.
doblez. m. 1. fold *(pliegue).* 2. duplicity.
doce. a./m. twelve.// **docena.** f. dozen.
docente. 1. a. teaching. 2. m./f. teacher.
dócil. a. docile; ductile.// docility (f.).
doctor, ra. m./f. doctor.// doctorate (m.).
doctrina. f. doctrine.// doctrinarian (a.).
documentacion. f. documentation.// **documental.** 1. a. documental. 2. m. documentary.// document (m.).
dodecaedro. m. dodecahedron.
dogma. f. dogma.// dogmatic (a.).// dogmatism (m.).
dólar. m. 1. dollar. 2. *EE,UU.* fig. buck.
dolencia. f. illness.
doler. 1. i. to hurt; to pain. 2. ref. to complain *(quejarse).* 2. to be sorry for *(compadecerse).*// **doliente.** 1. a. ailing. 2. m./f. mourner *(enlutado).*
dolo. m. fraud.// **doloso, sa.** a. fraudulent.
dolor. m. 1. pain. 2. sorrow *(congoja).*// **dolorido, da.** a. pained.// **doloroso, sa.** a. painful.
doma. f. taming.// **domador, ra.** m./f. tamer.
domar. tr. to tame.
domesticar. tr. 1. to domesticate.// domestic (a./m./f.).
domiciliarse. ref. to domicile.// **domicilio.** m. 1. domicile. 2. address *(dirección).* 2. *a d.:* home delivery.
dominación. f. domination.// dominant (a.).
dominar. 1. i./tr. to dominate. 2. tr. to subdue *(someter).* 3. to master *(pasiones, ciencias).* 4. ref. to control oneself *(controlarse).*
domingo. m. sunday.// dominical (a.).
dominicano, na. a./m./f. Dominican.
dominio. m. 1. domination. 2. dominion *(territorios).*
don. m. 1. gift *(regalo).* 2. talent.

donar. tr. to donate.// donation (f.).// donor (m./f.).
doncella. f. maid.
donde. adv. 1. where. 2. *¿de d.?:* from where?
dondequiera. adv. anywhere.
doquier, ra. adv. 1. wherever. 2. *por d.:* everywhere.
dorado, da. 1. a. golden. 2. m. gilt, gilding.
dorar. 1. tr. to gild. 2. ref. to become golded or gilded.
dormilón, na. m./f. sleepyhead.
dormir. 1. tr. to sleep. 2. ref. to fall asleep.
dormitorio. m. bedroom *(cuarto);* dormitory *(casa).*
dorso. m. back.// dorsal (a.).
dos. a./m. 1. two. 2. *d. por tres:* frequently.
doscientos. a./m. two hundred.
dosificar. tr. to dose.// **dosis.** m. dose.
dotación. f. 1. crew, personnel. 2. equipment.
dotar. tr. 1. to equip. 2. to staff *(personal).* 3. to endow *(dones).*// **dote.** f. 1. dowry. 2. pl. gifts.
dragar. tr. to dredge.// **draga.** f. dredge.
dragón. m. dragon.
drama. f. drama.// dramatic (a.).
drástico, ca. a. drastic.
drenar. tr. to drain.// drainage (m.).
drogar. tr./ref. to drug, to dope.// drug (f.).// drugaddict (m./f.).// **droguería.** f. drugstore.
dromedario. m. dromedary.
dual. a. dual.// duality (f.).
ducado. m. dukedom.// ducal (a.).
dúctil. a. ductile, malleable.// ductility (f.).
duchar. tr./ref. to shower.
ducho, cha. 1. a. skilled. 2. f. shower.
dudar. tr. to doubt.// **duda.** f. doubt.// **dudoso, sa.** a. 1. doubtful *(hechos).* 2. hesitant *(persona).*
duelo. m. 1. duel. 2. mourning *(luto).*// duelist (m./f.).
duende. m. elf.
dueño, ña. 1. m./f. owner. 2. m. master, f. lady *(de una casa).* 3. *ser d. de sí mismo:* to have self-control.
dulce. 1. a. sweet; fresh *(agua).* 2. m. candy, sweet. 3. adv. sweetly, gently.
dulzura. f. sweetness.
duna. f. dune.
dúo. m. duet, duo.
duodécimo. adj. twelfth.
duodeno. m. duodenum.// duodenal (a.).
duplicar. tr. to duplicate.// duplicate (m.).
duplicidad. f. duplicity.
duplo. m. double.
duque. m. duke.
duquesa. f. duchess.
durabilidad. f. durability.// durable (a.).// duration (f.).
durante. prep. during.
durar. i. 1. to last, to endure. 2. to remain *(permanecer).*
duraznero. m. peach tree.// **durazno.** m. peach.
dureza. f. 1. hardness. 2. thoughness *(rudeza).*
durmiente. 1. a. sleeping. 2. m. sleeper.
duro, ra. a. 1. hard. 2. strong *(fuerte).* 3. harsh *(cruel).*

e. 1. f. fifth letter of Spanish alphabet. **2.** conj. and.
ebanista. m. cabinetmaker.// **ébano.** m. ebony.
ebrio, bria. a./m./f. drunk.
ebullición. f. boiling; ebuliance (*efervescencia*).
echar. tr. **1.** to throw (*arrojar*). **2.** to throw out (*expulsar*). **3.** to emit (*emitir*). **4.** to dismiss (*del empleo*). **5.** to put (*poner*). **6.** ref. to lied down. **7.** *e. a perder*: to spoil; to waste. **8.** *e. abajo*: to demolish. **9.** *e. de menos*: to miss. **10.** *e. llave*: to turn. **11.** *e. mano*: to grab. **12.** *e. tierra*: to cover up. **13.** *e. una siesta*: to take a nap.
eclesiástico, ca. a./m. ecclesiastic.
eclipsar. tr. to eclipse.// eclipse (m.).// ecliptic (a.).
eclosión. f. **1.** budding. **2.** appearance.
eco. m. echo.
ecología. f. ecology.// ecologic (a.).// ecologist (m./f.).
economía. f. **1.** economy. **2.** savings (*ahorro*). **3.** economics (*ciencia*).// economic; economical (*ahorrador*) (a.).// economist (m./f.).
economizar. tr. to economize on, to save.
ecosistema. m. ecosystem.
ecuación. f. equation.
ecuador. m. equator.// equatorial (a.).
ecuánime. a. impartial.// equanimity (f.).
ecuatoriano, na. a./m./f. Equadorean.
ecuestre. a. equestrian.
edad. f. **1.** age. **2.** Age (*era*). **3.** *d. e. avanzada*: elderly. **4.** *e. adulta*: middle age. **5.** *mayor de e.*: legal age. **6.** *menor de e.*: minor. **7.** *temprana e.*: youth. **8.** *¿qué e. tienes?*: how old are you?
edén. m. Eden.// edenic (a.).
edición. f. **1.** edition. **2.** issue (*número*).
edicto. m. edict.
edificación. f. **1.** edification. **2.** building (*edificio*).
edificante. a. edifying.
edificar. tr. to build.// **edificio.** m. building.
editar. tr. to publish.// **editor, ra. 1.** a. publishing. **2.** m./f. publisher, editor.// **editorial. 1.** a. editorial. **2.** f. editorial (*nota*); publishing house (*casa*).// **editorialista.** m./f. editorial writer.
educación. f. **1.** education. **2.** good manners.// **educado, da.** a. educated; well-mannered.// educator (m./f.).// **educando.** m. pupil.
educar. tr. **1.** to educate. **2.** to raise (*criar*). **3.** to train (*entrenar*).// educational (a.).// educative (a.).
efectivamente. adv. **1.** really (*realmente*). **2.** certainly (*ciertamente*).

efectivo, va. 1. a. effective (*con efecto*); real. **2.** m. cash (*dinero*). **3.** pl. forces.// effectiveness (f.).
efecto. a. **1.** effect. **2.** end, purpose (*propósito*). **3.** impact. **4.** spin (*rotación*). **5.** pl. goods. **6.** *a e. de*: for the purpose of. **7.** *en e.*: in fact. **8.** *hacer e.*: to have an effect. **9.** *tener e.*: to have effect.
efectuar. 1. tr. to effect. **2.** ref. to take place.
efervescencia. f. effervescence.// effervescent (a.).
eficacia. f. efficacy.// **eficaz.** a. effective.
eficiencia. f. efficiency,// efficient (a.).
efigie. f. effigy.
efímero, ra. a. ephemeral.
efusión. f. effusion.// effusive (a.).
egipcio, cia. a./m./f. Egyptian.
egoísmo. m. selfishness.// **egoísta.** a. selfish.
egresado, da. a./m./f. graduate.
egresar. tr. **1.** to go out. **2.** to graduate.// **egreso.** m. **1.** departure (*partida*). **2.** expense (*gasto*).
eje. m. **1.** axis. **2.** Mech. axle.
ejecución. f. **1.** execution. **2.** Mus. performance.
ejecutar. tr. **1.** to execute. **2.** Mus. to performe.// executive (a./m.).// executor (a./m./f.).
ejemplar. 1. a. exemplary. **2.** m. copy (*libro*); issue (*revista*).
ejemplificar. tr. to exemplify.// example (m.).
ejercicio. m. exercise; practice (*desempeño*).
ejercitar. tr. to exercise.
el. m. art. the.
él. m. pron. he, him (*objeto indirecto*), it (*cosas y animales*), his (*de él*).
elaboración. f. manufacture.// **elaborar.** tr. **1.** to manufacture (*fabricar*). **2.** to make (*crear*).
elástico, ca. a./m./f. elastic.// elasticity (f.).
elección. f. election.// elect (a.).// elective (a.).// electoral (a.).// electorate (m.).
electricidad. f. electricity.// electric (a.).// electrician (m./f.).// **electrificar.** tr. to electrify.// **electrizante.** a. electrifying.
electrocardiograma. m. electrocardiogram.
electrocutar. tr. to electrocute.// electrocution (f.).
electrodo. m. electrode.
electrólisis. f. electrolysis.// electrolytic (a.).
electromagnético, ca. a. electromagnetic.
electrón. m. electron.// **electrónico, ca. 1.** a. electronic. **2.** f. electronics.
elefante. m. elephant.
elegancia. f. elegance.// elegant (a.).

elegía. f. elegy.
elegir. tr. 1. to chose (optar). 2. to elect (elecciones).
elemento. m. element.// **elementary** (a.).
elenco. m. cast.
elevación. f. elevation.// **elevado, da.** a. 1. high, tall (alto). 2. lofty, elevated (noble).// elevator (m.).
elevar. tr. 1. to elevate. 2. to exalt. 3. Math. to raise. 4. ref. to rise.
eliminar. tr. to eliminate.// elimination (f.).// **eliminatorio, ria.** 1. a. eliminatory. 2. f. pl. preliminary.
elipse. f. ellipse.// ellipsis (f.).// eliptical (a.).
ella. f. pron. she, her (dativo, posesivo).// **ello.** ind. pron. it.// **ellos, llas.** m./f. pron. pl. they, them.
elocuencia. f. eloquence.// eloquent (a).
elogiar. tr. to praise.// **elogio.** m. praise
eludir. tr. 1. to elude. 2. to avoid (evitar).
emanar. i. to emanate.// emanation (f.).
emancipar. 1. tr. to emancipate. 2. ref. to become emancipated.// emancipation (f.).
embajada. f. embassy.// ambassador (m.); ambassadress (f.).
embalaje. m. packing.// **embalar.** tr to pack.
embalsamar. tr. to embalsam.
embalse. m. damming; reservoir (artificial).
embarazada. a. pregnant.// **embarazar.** tr. 1. to make pregnant. 2. to embarrass (molestar).// **embarazo.** m. 1. pregnancy. 2. embarrassment (timidez).// **embarazoso, sa.** a. embarrassing.
embarcación. f. boat, ship.// **embarcar.** 1. tr./ref. to embark. 2. tr. to load (cargar). 3. ref. fig. to get involved in (enredarse).
embargar. tr. 1. Law. to embargo. 2. fig. to overcome.// embargo (m.).
embarque. m. loading, shipment.
embarrar. tr. to splash with mud.
embate. m. sudden attack.
embaucador, ra. m./f. swindler.// **embaucar.** tr. to swindle.
embeber. tr. 1. to absorb. 2. to soak (empapar).
embelesar. 1. tr. to enthrall. 2. ref. to be enthralled.// **embeleso.** m. enchantment.
embellecer. tr. to beautify.// **embellecimiento.** m. beautification (f.).
embestida. f. attack.// **embestir.** i./tr. to attack.
emblema. f. emblem.
embobar. 1. tr. to amaze. 2. ref. to be amazed.
embocar. 1. to hole. 3. fig. to hit.
émbolo. m. piston.
embolsar. tr./ref. to pocket.
emborrachar. 1. tr. to intoxicate. 2. ref. to get drunk.
emboscada. f. ambush.// **emboscar.** tr. to ambush.
embotellamiento. f. traffic jam.// **embotellar.** 1. tr. to bottle. 2. ref. to paralyze (tráfico).
embragar. tr. to engage.// **embrague.** m. clutch.
embravecer. 1. tr. to irritate. 2. ref. to become rough.
embriagar. 1. tr. to intoxicate. 2. ref. to get drunk.// **embriaguez.** f. intoxication.
embrión. m. embryo.// embryonic (a.).
embrollar. tr. to mix up.// **embrollo.** m. mess.

embromar. tr. to cheat (engañar); to annoy (fastidiar).
embrujar. tr. to bewitch.// **embrujo.** m. charm.
embrutecer. tr. to brutalize.// brutalization (m.).
embudo. m. funnel.
embuste. m. 1. lie. 2. trick (ardid).// **embustero, ra.** m./f. lier.
embutido. m. 1. sausage (salchicha). 2. inlay (aplique).// **embutir.** tr. to inlay; to stuff (rellenar).
emergencia. f. emergency.
emerger. i. to emerge.
emigración. f. emigration.// emigrant (m./f.).// **emigrar.** i. to emigrate.
eminencia. f. eminencia.// eminent (a.).
emisario, ria. m./f. emissary.
emisión. f. 1. emission. 2. broadcast (radio). 3. issue (dinero).// **emisor, ra.** 1. a. emitting; broadcasting; issuing. 2. f. broadcasting station.
emitir. tr. 1. to emit. 2. to broadcast (radio). 3. to issue (moneda, acciones).
emoción. f. emotion, feeling, thrill.// emotional (a.).// **emocionante.** a. moving, thrilling.// **emocionar.** 1. tr. to move, to thrill. 2. ref. to be moved.
empacar. tr. to pack.
empachar. 1. tr. to cause indigestion. 2. ref. to get indigestion.// **empacho.** m. 1. indigestion. 2. embarrasment (timidez).
empadronar. tr. to take a census.// **empadronamiento.** m. census.
empalagar. tr. to cloy.// **empalago.** m. cloying.// **empalagoso, sa.** a. 1. oversweet. 2. fig. annoying.
empalmar. tr. to connect, to join.// **empalme.** m. 1. joint (unión). 2. junction (vías, caminos).
empanada. f. turnover.
empantanarse. ref. to become swamped.
empañar. 1. tr. to blur. 2. ref. to become blurred.
empapar. 1. tr. to soak. 2. ref. fig. to know completely.
empapelado. m. papering.// **empapelar.** tr. to paper.
empaque. m. packing.// **empaquetar.** tr. to pack.
emparedado. m. sandwich.
emparejar. tr. 1. to match (igualar). 2. to level (nivelar).
emparentarse. ref. to be relative of.
empastar. tr. to cover with past.
empatar. i./tr. to tie.// **empate.** m. tie.
empecinado, da. a. stubborn.// **empecinarse.** ref. to become stubborn.
empedrado. m. stone pavement.// **empedrar.** tr. to pave with stones.
empeine. m. instep.
empeñar. 1. tr. to pawn. 2. ref. to get into debt (endeudarse). 3. ref. to insist.
empeño. m. 1. pawn. 2. casa de e,: pawnshop. 3. determination. 4. con e.: eagerly. 5. tener e.: to be eagerly.
empeorar. 1. tr. to make worsen. 2. i./tr. to worsen.
empequeñecer. tr. 1. to diminish. 2. to belittle (desprestigiar).
emperador. m. emperor.// **emperatriz.** f. emperess.

empero. conj. however.
emperrarse. ref. to become obstinate.
empezar. i./tr. 1. to begin. 2. *para e.:* to begin with.
empinado. a. very high.// **empinar.** tr. 1. to raise. 2. *e. el codo:* to drink heavily.
empírico, ca. a. empirical.// empiricism (m.).
emplazamiento. f. 1. location. 2. *Law.* summons.
emplazar. tr. 1. *Law.* to summon. 2. to place.
empleado, da. m./f. employee.// **empleador, ra.** m./f. employer.// **emplear.** tr. 1. to employ. 2. to use *(usar)*. 3. ref. to get a job. **empleo.** m. employment, job.
empobrecer. tr. to impoverish.// impoverishment (m.).
empolvar. tr./ref. to powder.
empollar. tr. to hatch.
emporio. m. 1. emporium. 2. fig. capital, center.
empotrar. tr. to embed.
emprendedor, ra. a. enterprising.// **emprender.** tr. to begin, to set about.
empresa. m. 1. enterprise. 2. company.// **empresario, ria.** m. businessman, f. businesswoman.
empréstito. m. loan.
empujar. tr. to push.// **empuje.** push; energy.// **empujón.** m. shove.
empuñadura. f. hilt, handle.// **empuñar.** tr. to grasp.
emular. tr. to emulate.// emulation (f.).// emulator (m./f.).
en. prep. in, into, at, on, upon, by.
enagua(s). f. underskirt(s).
enajenación. f. 1. alienation. 2. transferring *(propiedades).*// **enajenar.** 1. tr. to transfer. 2. ref. to become alienated.
enamorado, da. 1. a. in love. 2. m./f. lover.
enamorar. 1. tr. to inspire love. 2. ref. to fall in love.
enano, na. 1. a. small. 2. m./f. dwarf.
enarbolar. tr. to hoist.
enardecer. tr. to inflame.// ref. to become excited.
encabezamiento. m. headline *(titular)*; heading *(carta).*// **encabezar.** tr. to head.
encadenamiento. m. sequence.// **encadenar.** tr. 1. to chain. 2. to link *(ligar).*
encajar. tr. 1. to put in. 2. to deal *(golpes).* 3. i./tr. to fit *(calzar bien).* 2. ref. to squeeze in.
encaje. m. 1. lace. 2. cash reserve *(bancario).*
encallar. i. to run aground.
encallecer. i./ref. 1. to develop corns. 2. fig. to harden.
encaminar. 1. tr. to direct. 2. ref. to make for.
encandilar. 1. tr. to dazzle. 2. ref. to light up.
encanecer. i./tr. to go gray.// **encanecido, da.** a. gray haired.
encantado, da. a. delighted; haunted *(casa).*// **encantador, ra.** a. charming.// **encantamiento.** m. charm, sorcery.// **encantar.** tr. to enchant; to bewitch *(hechizar).*// **encanto.** m. 1. enchantment. 2. pl. charms.
encapricharse. ref. 1. to become stubborn. 2.

encapricharse con: to take a fancy to.
encaramarse. ref. to climb.
encarar. 1. i./tr./ref. to face 2. tr. to aim, to point.
encarcelar. tr. to imprison.
encarecer. tr. 1. to increase *(precios).* 2. to recommend.// **encarecidamente.** adv. earnestly.
encargado, da. 1. a. in charge. 2. m./f. person in charge.// **encargar.** tr. 1. to recommend. 2. to request, to order *(requerir).* 3. ref. to take charge.// **encargo.** m. 1. assignment *(trabajo).* 2. order *(pedido).*
encarnación. f. incarnation.// **encarnado, do.** a. 1. flesh-colored *(color).* 2. incarnated *(personificado).*// **encarnar.** tr. to embody *(personificar).*
encarnizado, da. a. bloody, cruel.// **encarnizarse.** ref. to be cruel.
encarrilar. tr. to put on (the well) tracks.
encasillar. tr. to pigeonhole.
encausar. tr. to prosecute, to sue.
encauzar. tr. 1. to channel. 2. fig. to guide.
encéfalo. m. encephalon.// encephalic (a.).// encephalogram (m.).
encendedor. m. lighter.// **encender.** tr. 1. to light *(fuego).* 2. to turn on *(luz).*// **encendido.** m. ignition.
encerar. tr. to wax.
encerrar. tr. 1. to lock up *(cerrar).* 2. to enclose. 3. ref. to shut oneself; to go into seclusion.
enchapado. m. veneer, overlay; veneering, overlaying *(acción).*// **enchapar.** tr. to veneer, to overlay.
enchufar. tr. to plug in.// **enchufe.** m. plug.
encía. m. gum, gingiva.
encíclica. f. encyclical.
enciclopedia. f. encyclopedia.// encyclopedic (a.).
encierro. m. 1. enclosure *(en recinto).* 2. shutting *(acción).* 3. retirement *(retiro).*
encima. adv. 1. on top *(sobre).* 2. *e. de:* above. 3. in addition to *(además).*
encinta. a. pregnant.
encintar. tr. 1. to beribbon. 2. to adorn with ribbon.
enclaustrar. tr. to cloister.
enclavar. tr. 1. to nail. 2. to locate *(ubicar).*// enclave (m.).
encoger. 1. to shrink. ref. *e. de hombros:* to shrug.// **encogimiento.** m. shrinking.
encolar. tr. to glue.
encolerizar. 1. tr. to anger. 2. ref. to become angry.
encomendar. 1. tr. to entrust, to commend. 2. ref. to entrust oneself.// **encomienda.** f. postal package.
encomio. m. encomium.
encono. m. rancor, ill-will.
encontrado, da. a. contrary, opposite.
encontrar. 1. i./tr./ref. to meet *(personas).* 2. tr. to find *(cosas, lugares).* 3. ref. to be *(en un lugar)*; to feel *(sentirse).*
encordar. tr. to put string.
encorvar. 1. tr to bend, to curve. 2. ref. to bend down.
encrucijada. f. crossroads.

encuadernación. m. bookbinding.// **encuadernador, ra.** 1. m./f. bookbinder. 2. f. bindery.//
encuadernar. tr. to bind.
encuadrar. tr. 1. to frame. 2. to fit (encajar). 3. fig. to fit in; to focus (enfocar).// **encuadre.** m. fig. focus.
encubierto, ta. a. hidden.// **encubridor, ra.** m./f. concealer; harborer (de un criminal).// **encubrir.** tr. 1. to conceal, to hide. 2. to harbor (a un criminal).
encuentro. m. 1. meeting. 2. find (hallazgo). 3. Sp. match. 4. salir al e.: to go out to meet.
encuesta. f. survey, poll.// **encuestar.** tr. to take a poll.
encumbrar. tr. 1. to raise. 2. fig. to exalt. 3. ref. to rise.
endeble. a. weak, feeble.
endemia. f. endemic.// endemic (a.).
endemoniado, da. a. devilish.
enderezar. tr. 1. to straighten. 2. to set right (poner vertical). 3. to direct (encaminar). 4. to correct (corregir). 4. ref. to become straight.
endeudarse. ref. to go into debt.
endilgar. tr. to palm off, to foist.
endiosar. tr. to deify.
endocrino, na. a. endocrine.
endosante. m./f. endorser.// **endosar.** tr. 1. to endorse. 2. fig. to palm off.// **endoso.** m. endorsement.
endulzar. tr. 1. to sweeten. 2. to soften (suavizar).
endurecer. tr./ref. to harden.
enemigo, ga. a./m./f. enemy.// **enemistad.** f. enemity.
enemistar. 1. tr. to antagonize. 2. ref. to fall out.
energía. f. energy; vitality.// energetic (a.).
enero. m. January.
enervar. tr. to enervate// enervation (f.).
enfadar. tr. to anger, to annoy.// **enfado.** m. anger, annoyance.
enfardar. tr. to bale, to pack into bale.
énfasis. m emphasis // emphatic (a)
enfermar. 1. tr. to make ill. 2. i./ref. to get sick, to fall ill.// **enfermedad.** f. illness, sickness.// **enfermería.** f. hospital.// **enfermero, ra.** m./f. nurse.// **enfermo, ma.** a./m./f. sick, ill.
enfilar. tr. 1. to line up. 2. to follow (encaminarse).
enflaquecer. i. to lose weight.
enfocar. tr. to focus.// **enfoque.** m. focus
enfrascar. 1. tr. to bottle. 2. ref. to become absorbed.
enfrentamiento. m. confrontation.// **enfrentar.** 1. i./tr./ref. to face. 2. tr./ref. to confront.// **enfrente.** adv. in front, opposite, in opposition.
enfriamiento. f. 1. cooling. 2. chill, cold (resfrío).// **enfriar.** 1. i./tr. to cool. 2. ref. to catch a cold (resfriarse).
enfurecer. 1. tr. to infuriate. 2. ref. to become furious.
engalanar. 1. tr. to adorn. 2. ref. to adorn oneself.
enganchar. tr. 1. to hook. 2. to couple (unir). 3. tr./ref. to enlist (reclutar).// **enganche.** m. 1. hooking. 2. coupling (unión). 3. enlistment (reclutamiento).

engañar. tr. 1. to deceive. 2. to cuckold (ser infiel).// **engaño.** m. 1. deceit. 2. error. 3. fraud.// **engañoso, sa.** a. deceitful; misleading (mentiroso).
engarce. m. linking (collar); setting (piedra).// **engarzar.** tr. to link (encadenar); to set (piedras).
engatusar. tr. to inveigle.
engendrar. tr. 1. to engender. 2. to create.// **engendro.** m. fetus; monster; botch (mal hecho).
englobar. tr. to include everything.
engolosinar. 1. tr. to entice. 2. ref. to take a liking to.
engomar. tr. to glue, to gum.
engordar. 1. i. to fat. 2. tr. to fatten. 3. fig. to get rich.
engorroso, sa. a. troublesome.
engranaje. m. 1. gear. 2. fig. link.// **engranar.** tr. 1. to engage. 2. ref. to interlock (trabarse).
engrandecer. tr. 1. to enlarge. 2. to magnify (exagerar). 3. fig. to exalt.// **engrandecimiento.** m. enlargement.
engrasar. tr. 1. to grease, to oil. 2. to blot with grease.// **engrase.** m. oiling, lubrication.
engreído, da. a. arrogant, conceited.// **engreírse.** ref. to become conceited.//**engreimiento.** m. conceit.
engrosar. tr. 1. to make thick. 2. to increase (aumentar).
engrudo. m. paste.
engullir. tr. to gulp down.
enhebrar. tr. 1. to thread. 2. fig. to link.
enhiesto, ta. a. upright.
enigma. f. enigma.// enigmatic (a.).
enjabonar. 1. tr. to soap. 2. ref. to soap oneself.
enjambre. m. 1. swarm. 2. fig. crowd.
enjaular. tr. 1. to cage. 2. to jail (meter preso).
enjuagar. tr./ref. to rinse.// **enjuague.** m. 1. rinse, rinsing. 2. fig. scheme, plot.
enjuiciar. 1. Law. to prosecute. 2. to judge.
enjuto, ta. a. 1. dry (seco). 2. lean (delgado).
enlace. m 1 link 2 wedding (boda). 3. bond (químico).
enlatar. tr. to can.
enlazar. tr. 1. to lace. 2. to link (ligar). 3. to marry (casarse).
enlodar. tr. 1. to muddy. 2. fig. to defame.
enloquecer. 1. i./ref. to go crazy or insane. 2. tr. to make crazy.
enlutar. tr. 1. to put in mourning. 2. fig. to darken.
enmarañar. tr. to entangle; to muddle.
enmarcar. tr. to frame.
enmascarar. 1. tr. to mask. 2. ref. to put on a mask.
enmendar. tr. 1. to correct, to amend.// **enmienda.** f. amendment, correction.
enmudecer. 1. i, to be silent. 2. tr, to silence.
ennegrecer. i./tr. to blacken. 2. ref. to become blacken.
ennoblecer. tr. to ennoble.// ennoblement (f.).
enojar. 1. tr. to angry. 2. ref. to become angry.// **enojo.** m. 1. anger (ira). 2. annoyance (fastidio).
enorgullecer. tr. to make proud.
enorme. a. enormous, huge.// **enormidad.** f. enormity, hugeness.

enraizar

enraizar. i. to take root.
enrarecer. tr. to rarefy.// **enrarecimiento.** f. rarefying.
enredadera. f. creeper, climbing plant.
enredar. tr. 1. to entangle (enmarañar). 2. to involve (comprometer). 3. to confuse (confundir). 4. ref. to get entangled; to get involved (en compromiso o amoríos).
enredo. m. 1. tangle (maraña). 2. mess (lío). 3. affair (amorío).
enrejado. m. railing; trellis.// **enrejar.** tr. to put railings.
enriquecer. 1. tr. to enrich. 2. i./ref. to get rich.// **enriquecimiento.** m. enrichment.
enrojecer. 1. tr. to make red. 2. ref. to turn red.// **enrojecimiento.** m. reddening.
enrrollar. tr. to roll up.
enronquecer. 1. tr. to make hoarse. 2. ref. to become hoarse.// **enronquecimiento.** m. hoarseness.
ensalada. f. salad.// **ensaladera.** f. salad bowl.
ensalzar. tr. to exalt.
ensamblar. tr. 1. to join (unir). 2. to assemble (armar).// **ensamble.** m. joint, connection.
ensanchamiento. f. widening.// **ensanchar.** tr. 1. to widen. 2. to extend.// **ensanche.** m. widening, extension.
ensagrentar. tr. to cover with blood.
ensañarse. ref. to be cruel.
ensartar. tr. to string, to thread.
ensayar. tr. 1. to test, to try. 2. to rehearse (una obra).// **ensayista.** m./f. essayist.// **ensayo.** m. 1. trial, test. 2. rehearsal (obra). 3. essay (escrito).
ensenada. f. cove, inlet.
enseña. f. insignia, flag.
enseñanza. f. teaching.// **enseñar.** tr. 1. to teach. 2. to show (mostrar). 3. to point (apuntar).
enseres. m. pl. goods, equipment.
ensillar. tr. to saddle.
ensimismarse. ref. to become absorbed in thought.
ensoberbecerse. ref. to become arrogant.
ensombrecer. tr. to darken.
ensordecedor, ra. a. deafening.// **ensordecer.** tr. to deafen.// **ensordecimiento.** m. deafening.
ensortijar. tr. to curl.
ensuciar. 1. tr. to dirty, to soil. 2. ref. to become dirty.
ensueño. m. 1. dream. 2. fantasy.
entablar. tr. 1. to board. 2. to file (juicio). 3. i. to tie (ajedrez). 4. e. amistad: to become friends.
entabillar. tr. to splint.
ente. m. 1. being. 2. company.
entenado, da. m./f. stepchild.
entendedor, ra. a./m./f. expert.
entender. tr. 1. to undersand. 2. to believe (creer). 3. to know (saber de). 4. ref. to be meant (interpretarse). 5. to agree (acordar); to get along (llevarse bien); to have an affair (tener amoríos). 5. m. thinking.// **entendido, da.** a. experienced, expert.// **entendimiento.** m. understanding (comprensión); agree (acuerdo).
enterado, da. a. 1. informed. 2. darse por e.: to be well aware of. 3. ¡e.!: OK!

enterar. 1. tr. to inform, to make aware. 2. ref. to find out, to become aware; to hear (escuchar).
entereza. f. 1. integrity. 2. fortitude.
enterizo, za. a. one-piece
enternecedor, ra. a. touching.// **enternecer.** 1. tr. to move, to touch. 2. ref. to be touched.
entero, ra. a. 1. entire, whole. 2. honest. 3. Math. whole. 4. por e.: entirely. 5. m. integer, whole number.
enterrador. m. gravedigger.
enterrar. 1. tr. to bury. 1. ref. to bury oneself.
entibiar. tr. 1. to make warm. 2. to temper.
entidad. f. 1. entity. 2. importance. 3. company, firm.
entierro. m. burial; funeral.
entintar. tr. to ink.
entonar. i/.tr. 1. to intone. 2. to sing in tone.// intonation (f.).
entonces. adv. 1. then. 2. por. e.: at that time. 3. desde e.: since then. 4. hasta e.: untill then.
entornar. tr. to half-close.
entorpecer. tr. 1. to make dull. 2. to hamper (obstaculizar). 3. ref. to became dull.// **entorpecimiento.** m. dulling.
entrado, da. 1. advanced. 2. f. entrance, entry (lugar de ingreso); ticket (boleto); entry, income (ingreso). 3. de e.: right away, from the start.
entrampar. tr. 1. to trap. 2. to trick (trampear).
entrante. a. 1. coming, incoming. 2. next (próximo).
entraña. f. 1. center. 2. escence. 3. pl. entrails.// **entrañable.** a. dear, beloved.
entrar. i. 1. to enter, to come in. 2. to join (ingresar). 3. to fit (calzar). 4. to take part (tomar parte). 5. to penetrate (penetrar). 6. e. a: to start to. 7. e. en calor: to warm up. 8. e. en sospecha: to become suspicious. 9. e. en vigencia: to come into force. 10. no entrarle a uno: to be unable to learn or to understand.
entre. prep. 1. between. 2. among (cifras). 3. in (signos de ortografía).
entreabierto, ta. a. half-opened.// **entreabrir.** 1. to open halfway. 2. ref. to be open halfway.
entreacto. m. intermission.
entrecejo. m. frown.
entrecortado, da. a. broken.// **entrecortar.** tr. to cut into (pelo); to cut partially.
entrecruzar. tr. to intercross, to interweave.
entredicho. m. interdict, interdiction.
entrega. f. 1. delivery (mercaderías). 2. surrender (rendición). 3. abandon. 4. heart (corazón).// **entregar.** tr. 1. to deliver (dar). 2. to hand over (en la mano). 3. to betray (traicionar). 4. ref. to surrender (rendirse); to abandon oneself to (abandonarse); to devote oneself to (a una causa).
entrelazar. tr. to interlace.
entrenador, ra. m./f. trainer, coach.// **entrenamiento.** m. training.// **entrenar.** tr/ref. to train.
entreoír. tr. to half hear.
entrepiernas. f. crotch.
entrepiso. m. mezzanine.
entresacar. tr. to pick out.
entretanto. adv. meanwhile.
entretejer. tr. to interweave.

esbozar

entretener. tr. 1. to entertain, to amuse. 2. to delay *(demorar)*. 3. ref. to be entertained; to dally *(demorarse)*// **entretenimiento.** m. entertaiment, amusement.
entrever. tr. 1. to half-see. 2. to guess *(adivinar)*.
entreverar. tr. to intermingle.
entrevista. f. meeting *(reunión)*; interview *(reportaje)*.
entrevistar. tr. to interview.
entristecer. 1. tr. to sadden. 2. ref. to become sadden.
entrometer. 1. tr. to put between. 2. ref. to meddle.// **entrometido, da.** 1. a. meddlesome.
entroncar. tr. to link up.// **entronque.** m. junction.
entubamiento. f. tubing.// **entubar.** tr. to tub; to insert a tube in.
entuerto. m. wrong, injustice.
entumecerse. ref. to go numb.// **entumecido, da.** numb.// **entumecimiento.** f. numbness.
enturbiar. 1. tr. to muddy. 2. to become muddy.
entusiasmo. m. enthusiasm.// **entusiastic** (a.).
enumerar. tr. to enumerate.// enumeration (f.).
enunciado. m. enunciation, statement.// **enunciar.** tr. to enunciate.// enunciation (f.).
envalentonar. 1. tr. to embolden. 2. ref. to become bold.
envanecerse. ref. to become conceited or vain.// **envanecimiento.** m. conceit, vanity.
envasado. m. packing, packaging.// **envasador, ra.** m./f. packer, bottler *(embotelladora)*.// **envasar.** tr. to pack, to bottle *(botellas)*, to can *(latas)*.// **envase.** m. container, package *(paquete)*.
envejecer. 1. i./tr./ref. to age. 2. i./ref. to grow old.// **envejecimiento.** aging, age.
envenenar. tr. to poison.
envergadura. f. 1. wingspread. 2. fig. importance.
enviado, da. m./f. envoy.
enviar. tr. 1. to send. 2. to dispatch *(despachar)*. 3. to convey *(transmitir)*.
enviciar. 1. tr. to corrupt. 2. ref. to become addicted *(adicción)*; to acquire a bad habit *(malos hábitos)*.
envidia. f. envy.// **envidiable.** a. enviable.// **envidiar.** tr. to envy.// **envidioso, sa.** a. envious.
envilecer. tr./ref. to degrade.// **envilecimiento.** m. degradation.
envío. m. 1. sending. 2. shipment *(productos)*. 3. remittance *(dinero)*.// **envión.** m. push, shove.
enviudar. i. to become a widow(er).
envoltorio. m. bundle.// **envoltura.** f. wrapper, cover.// **envolvente.** a. enveloping.
envolver. tr. 1. to envelop *(cubrir)*. 2. to pack *(empaquetar)*. 3. fig. to involve. 4. ref. to be covered *(cubrirse)*; to become involved *(involucrarse)*.// **envuelto, ta.** irreg. p.p. de envolver.
enyesar. tr. 1. to plaster. 2. Med. to set in plaster.
enzima. f. enzyme.// enzymatic (a.).
epicentro. m. epicenter.
épico, ca. 1. a. epic. 2. f. epic poetry.
epidemia. f. epidemic.// epidemic (a.).
epidermis. f. epidermis.// epidermal (a.).
epifanía. f. Epiphany.
epígrafe. m. epigraph.

epilepsia. f. epilepsy.// epileptic (a.).
episcopado. m. episcopate.// episcopal (a.).
episodio. f. episode.// episodic (a.).
epistemología. f. epistemology.// epistemologic (a.).// epistemologist (m./f.).
epístola. f. epistle.
epitafio. m. epitaph.
epítome. m. epitome.
época. f. 1. epoch, age. 2. time *(tiempo)*.
epopeya. f. epic poem.
equidad. f. equity, fairness.
equidistancia. f. equidistance.// equidistant (a.)
equilátero. a. equilateral.
equilibrado, da. a. 1. well-ballanced. 2. sensible *(sensato)*.// **equilibrar.** tr./ref. to balance.// equilibrium (m.).// **equilibrista.** m./f. acrobat, tightrope walker.
equino, na. a. equine.
equinoccio. m. equinox.
equipaje. m. baggage.
equipar. tr. to equip, to outfit.// equipment (m.).
equiparable. a. comparable.// **equiparación.** f. comparing.// **equiparar.** tr. to compar, to equal.
equipo. m. 1. equipment *(equipamiento)*. 2. outfit *(de ropa)*. 3. crew *(trabajadores)*. 4. Sp. team.
equitación. f. riding, equitation.
equitativo, va. a. equitable, fair.
equivalencia. f. equivalence.// equivalent (a.).// **equivaler.** tr. to be equivalent to.
equivocación. f. error, mistake.// **equivocado, da.** wrong, mistaken.// **equivocar.** 1. tr. to mistake. 2. ref. to be mistaken or wrong.// **equívoco.** m. ambiguity.
era. f. era, age, epoch.
erario. m. public treasury.
erección. f. erection.// erect (a.).
erguido, da. a. erect.// **erguir.** 1. tr. to raise. 2. ref. to straighten up.
erigir. tr. 1. to erect, to build *(levantar)*. 2. to raise *(elevar)*. 3. ref. to set up.
erizar. tr. 1. to bristle. 2. to make stand on end *(pelo)*.// ref. to stand on end.
erizo. m. 1. hedgehog. 2. e. de mar: sea urchin.
ermita. f. hermitage.// **ermitaño, ña.** m./f. hermit.
erogación. f. disbursment.// **erogar.** tr. to pay.
erosionar. tr. to erode.// erosion (f.).// erosive (a.).
erotismo. m. erotism.// erotic (a.).
erradicar. tr. to erradicate.// eradication (f.).
errante. a. 1. errant 2. *caballero e.*: knight errant.
errar. tr. 1. to miss *(no acertar)*. 2. to make a mistake *(equivocarse)*. 3. to wander *(vagar)*.
errata. f. erratum.
errático, ca. a. erratic; wandering *(errabundo)*.
erróneo, a. a. wrong, mistaken.
error. m. error, mistake.
eructar. i. to burp, to belch.// **eructo.** m. burp, belch.
erudición. f. erudition.// erudite (a./m./f.).
erupción. f. eruption.// eruptive (a.).
esa, esas. 1. a. that. 2. pron. that one. 3. pl. those.
esbeltez. f. slenderness.// **esbelto, ta.** a. slender.
esbozar. tr. to sketch.// **esbozo.** m. sketch, outline.

escabeche (al)

escabeche (al). m. marinated.
escabroso, sa. a. rough; dangerous.
escabullirse. ref. to escape.
escala. f. **1.** scale. **2.** ladder (e. de mano). **3.** port of call, stopping place. **4.** range (gama). **5.** pl. sin e.: non-stop.
escalafón. m. list, roll.
escalamiento. m. scaling.
escalar. 1. tr. to scale, to climb. **2.** i. fig. to rise to climb.
escaldar. tr. to scald.// **escaldadura.** f. scald.
escalera. f. **1.** stairs. **2.** ladder (escalerilla). **3.** straight (póker).// **escalinata.** f. front steps.
escalofrío. m. shiver, chill.
escalón. m. step (escalera); rung (escalerilla).// **escalonar.** tr. **1.** to space out (espacio). **2.** to stagger (tiempo).
escalpelo. m. scalpel.
escama. f. scale.// **escamoso, sa.** a. scamy.
escamotear. tr. **1.** to make dissapear. **2.** fig. to filch.
escampar. i. to stop raining.
escandalizar. tr. to scandalize.// scandal (m.).// scandalous (a.).
escandinavo, va. a./m./f. Scandinavian.
escaño. m. seat, bench.
escapada. f. **1.** escape (huida); escapade (aventura).// **escapar.** i./ref. to escape.// **escapatoria.** f. escape; subterfuge.// **escape.** m. **1.** escape. **2.** leak (pérdida). **3.** caño de e.: exhaust pipe.
escapulario. m. scapular.
escarabajo. m. beetle.
escaramuza. f. skirmish.
escarapela. f. cockade.
escarbadientes. m. toothpick.
escarbar. tr. **1.** to dig (tierra). **2.** to pick (dientes). **3.** fig. to dig up.
escarcha. f. frost.// **escarchar. 1.** tr. to frost. **2.** ref. to become frost.
escarlata. a. scarlet.
escarlatina. f. scarlet fever.
escarmentar. 1. tr. to chastise. **2.** i. to learn one's lesson.// **escarmiento.** m. **1.** chastisement. **2.** lesson.
escarnio. m. derision.
escarpa. f. rough slope.// **escarpado, da.** a. steep.
escasear. tr. to be scarce.// **escasez.** f. scarcity.// **escaso, sa.** a. scarce.
escatimar. tr. to skimp.
escena. f. **1.** scene. **2.** poner en e.: to stage.// **escenario.** m. stage, set.// **escénico, ca.** a. **1.** scenic. **2.** arte e.: dramatic art. // **escenificación.** f. dramatización.(f.).// **escenografía.** f. scenery.// **escenógrafo, fa.** a. set designer.
escepticismo. f. skepticism.// skeptical (a.).// skeptic (m./f.).
esclarecer. tr. **1.** to clarify (clarificar). **2.** to light up (iluminar).// **esclarecimiento.** m. clearing up.// **esclarecido, da.** a. illustrous.
esclavismo. m. pro-slaverism.// **esclavista.** a./m./f. pro-slavery.// **esclavitud.** f. slavery.// **esclavizar.** tr. to enslave.// **esclavo, va. 1.** a. slaved. **2.** m./f. slave.
esclusa. f. lock; floodgate (compuerta).
escoba. a. broom.// **escobilla.** f. small broom, brush.
escocés, sa. 1. a. Scottish. **2.** m./f. Scot, Scotch.
escofina. f. rasp.
escoger. tr. to choose, to select.
escolar. m. pupil, student.
escolástico, ca. 1. a. scholastic. **2.** f. Scholastic.
escolta. f. escort.// **escoltar.** tr. to escort.
escollera. f. breakwater.
escollo. m. **1.** reef. **2.** fig. obstacle.
escombro. m. rubble.
esconder. tr./ref. to hide.// **escondidas.** f. pl. hide-and-seek.// **escondite.** m. hiding place.
escopeta. f. shotgun.// **escopetazo.** m. gunshot.
escorbuto. m. scurvy.
escoria. f. **1.** scoria, slag. **2.** fig. trash, scum.
escorpión. f. scorpion.
escote. m. neck, neckline.
escozor. m. smarting.
escribanía. f. notary office.// **escribano, na.** m./f. notary.
escribiente. m./f. clerk, secretary.
escribir. 1. i./tr. to write. **2.** ref. to write to. **3.** e. a máquina: to type. **4.** máquina de e.: typewriter.
escrito, ta. 1. a. written. **2.** m. writing. **3.** m. pl. writings. **4.** e. a mano: manuscript. **5.** e. a máquina: type. **6.** por e.: in writing.// **escritor, ra.** m./f. writer.// **escritorio.** m. desk (mueble); office, study (despacho).// **escritura.** f. writing (acción); script (sistema); deed, contract (documento); Scripture (biblia).
escroto. m. scrotum.
escrúpulo. m. **1.** scruple. **2.** pl. scrupulousness.// **escrupuloso, sa.** a. scrupulous.
escrutar. tr. **1.** to examine. **2.** to count votes.// **escrutinio.** m. scrutiny.
escuadra. f. **1.** squad (escuadrilla). **2.** fleet (barcos). **3.** angle iron (grapa). **4.** drawing triangle (para dibujo).// squadron (m.).
escualidez. f. squalor.// squalid (a.).
escualo. m. shark.
escucha. f. listening.// **escuchar.** i./tr. to listen.
escudar. 1. tr./ref. to shield. **2.** ref. toshield oneself (protegerse).// **escudería.** f. fleet.// **escudero.** m. squire, page.// **escudo.** m. **1.** shield. **2.** e. de armas: coat-of-arms.
escudriñar. tr. to scrutinize.
escuela. f. school.
escuerzo. m. toad.
escueto, ta. a. plain, unadorned.
esculpir. tr. to sculpture.// **escultor, ra.** m. sculptor, f. sculptress.// **escultórico, ca.** a. sculptural.// **escultura.** f. sculpture, statue.
escupidera. f. spitoon.// **escupida.** f. spit.// **escupir.** i./tr. to spit.
escurridizo, za. a. slippery.
escurridor. m. draining rack.
escurrir. 1. tr./ref. to drain. **2.** i. to drip. **3.** ref. fig. to slip out.
ese. a. that.// **ése.** pron. that one.
esencia. f. essence.// essential (a.).
esfera. f. esphere; dial (de reloj).// espheric (a.).

esferográfica. f. ball-point pen.
esfinge. f. sphinx.
esforzado, da. a. brave, courageous.// **esforzarse.** ref. to strive.// **esfuerzo.** m. effort; heart *(ánimo)*.
esfumar. 1. tr. to tone down. 2. ref. to dissapear.
esgrima. f. fencing.
esgrimir. tr. 1. to wield *(armas)*. 2. to use *(argumentos)*. 3. i. to fence.// **esgrimista.** m./f. fencer.
esguince. m. sprain, twist.
eslabón. m. link.
eslavo, va. a./m/f. Slav.
esmaltar. tr. to enamel.
esmalte. m. enamel.
esmerado, da. a. careful.
esmeralda. f. esmerald.
esmerarse. ref. to take pains, to take great care.
esmeril. m. emery.
esmero. m. extreme care.
eso, esos. neut. pron. that, pl. those.
esófago. m. esophagus.
espacial. a. 1. spacial. 2. *viaje e.*: space travel.
espaciar. tr. to space out.// **espacio.** m. space.// spacious (a.).
espada. f. 1. sword. 2. pl. spades *(naipes)*.
espalda. f. 1. back, back part. 2. *dar la e.*: to turn one's back. 3. *a e.*: behind one's back.// **espaldar.** f. 1. back *(silla)*. 2. trellis *(cama)*.// **espaldarazo.** m. support, backing.
espantadizo, za. a. scary, timid.
espantapájaros. m. 1. scarecrow. 2. fig. sight.
espantar. tr. to frighten, to scare away.// **espanto.** m. 1. fright, panic. 2. fig. ghost *(fantasma)*.//
espantoso, sa. a. frightening, terrifying.
español, la. a./m./f. Spanish.
esparadrapo. m. adhesive tape.
esparcimiento. m. 1. scattering. 2. recreation.//
esparcir. tr. 1. to scatter. 2. to relax, to entertain.
espárrago. f. asparragus.
espartano, na. a./m./f. Spartan.
espasmo. m. spasm.// spasmodic (a.).
espátula. f. spatula, palette knife.
especia. f. spice.
especial. a. special.// specialty (a.).// specialist (m./f.).// **especializar.** tr. to specialize.// specially (adv.).
especie. f. 1. class, kind *(clase)*. 2. news *(noticia)*. 3. pl. species.
especificar. tr. to specify.// specific (a./m.).// specification (f.).// specifity (f.).
espécimen. m. specimen.
espectacular. a. spectacular.// **espectáculo.** m. spectacle; show.
espectador, ra. m./f. 1. spectator. 2. pl. audience.
espectro. m. 1. spectrum *(colores)*. 2. ghost *(fantasma)*.// spectral (a.).
especular. tr. 1. to speculate. 2. to trade *(comerciar)*. 3. a. specular. // speculation (f.).// speculative (a.).// speculator (m./f.).
espejismo. m. mirage, illusion.
espejo. m. 1. mirror. 2. fig. model, example.
espeluznante. a. hair-raising.
espera. f. 1. wait. 2. *en e. de*: awaiting.

esperanza. f. hope.// **esperanzado, da.** a. hopeful.// **esperanzar.** 1. to give hope. 2. ref. to become hopeful.
esperma. m. sperm.// spermatic (a.).
espesar. tr. to thicken.// **espeso, sa.** a. thick *(grosor)*; dense.// **espesor.** m. thickness.
espía. m./f. spy.// **espiar.** 1. i. to spy. 2 tr. to spy on.
espiga. f. spike.// **espigado, da.** a. tall, slender.
espigón. m. breakwater.
espina. f. 1. thorn *(de rosa)*. 2. fishbone *(de pez)*. 3. *e. dorsal*: spine. 4. *dar mala e.*: to cause suspicion.
espinaca. f. spinach.
espinazo. m. backbone.
espino. m. hawthorn.
espinoso, sa. a. thorny.
espionaje. m. espionage.
espiral. a./f. spiral.
espiración. f. exhalation.
espirar. i./tr. to exhale.
espiritismo. m. spiritualism.// spiritualist (m./f.).
espíritu. m. 1. spirit. 2. ghost *(fantasma)*.// spiritual (a.).// spirituallity (f.).
espita. f. tap, spigot.
espléndido, da. a. 1. splendid. 2. generous.// splendor (m.).// splendorous (a.).
espolear. tr. to spur.
espoleta. f. 1. fuse *(bomba)*. 2. wishbone *(hueso)*.
espolón. m. 1. spur *(espuela)*. 2. cutwater *(barco)*.
espolvorear. tr. to sprinkle.
esponja. f. sponge.// **esponjar.** 1. tr. to make spongy. 2. ref. to become spongy.// **esponjoso, sa.** a. spongy, fluffy.
esponsales. m. pl. betrothal, engagement.
espontaneidad. f. spontaneity.// spontaneous (a.).
espora. f. spore.
esporádico, ca. a. sporadic.
esposar. tr. to handcuff.
esposo, sa. 1. m. husband, f. wife. 2. f. pl. handcuff.
espuela. f. spur.
espulgar. tr. to remove fleas.
espuma. f. foam, froth.// **espumadera.** f. skimmer.// **espumante.** a. sparkling *(vino)*.// **espumoso, sa.** a. foaming, frothing.
espurio, ria. a. spurious.
esputar. tr. to spit.// **esputo.** m. spittle.
esquela. f. 1. short letter. 2. note, notice *(nota)*.
esquelético, ca. a. 1. skeletal. 2. emaciated *(demacrado)*.// **esqueleto.** m. skeleton.
esquema. f. 1. outline *(bosquejo)*. 2. diagram. 3. scheme *(plan)*.// schematic (a.).// **esquematizar.** tr. to schematize.
esquí. m. ski.// skier (m./f.).// **esquiar.** tr. to ski.
esquila. m. shearing.// **esquilar.** tr. to shear.
esquilmar. tr. 1. to harvest. 2. fig. to exhaust.
esquimal. a./m./f. Eskimo.
esquina. f. corner.
esquirol. m./f. strike breaker.
esquivar. tr. to avoid, to evade.// **esquivo, va.** a. unsociable, distant.

esquizofrenia

esquizofrenia. f. schizophrenia.// schizophrenic (a.).
esta, estas. a. that, pl. those.// **ésta, éstas.** pron. that one, pl. those.
estabilidad. f. stability.// stable (a.).
establecer. tr. 1. to establish *(fundar).* 2. to decree *(decretar).* 3. ref. to set up residence *(residencia)* or in business *(negocios).*// establishment (m.).
establo. m. stable.
estaca. f. stack; stick.// **estacada.** f. 1. stockade. 2. *dejar en la e.:* to leave in the lurch.
estación. f. 1. station. 2. season *(del año).*
estacionamiento. m. 1. stationing. 2. parking *(de autos).* 3. ripening *(comida).*// **estacionar.** tr. 1. to station. 2. to park *(autos).* 3. to ripe *(comida).*// stationary (a.).
estadía. f. stay, stop.
estadio. m. 1. stadium. 2. phase *(etapa).*
estadista. m. statesman.
estadístico, ca. 1. a. statistical. 2. f. statistics.
estado. m. 1. state *(nación, condición).* 2. status, rank *(ubicación social).* 3. statement *(resumen).* 4. *e. civil:* legal state. 5. *e. de sitio:* martial law. 6. *e. mayor:* headquarter, staff. 7. *en buen e.:* in good condition.
estadounidense. a./m./f. american.
estafa. f. swindle.// **estafador, ra.** a. swindler.// **estafar.** tr. to swindle.
estafeta. f. post office.
estalactita. f. stalagtite.
estalagmita. f. stalagmite.
estallar. tr. 1. to explode. 2. to break out *(epidemia, revolución).*// **estallido.** m. 1. explosion. 2. fig. outbreak.
estambre. m. stamen.
estampa. f. 1. print *(imagen).* 2. looks *(aspecto).*// **estampado, da.** 1. a. stamped. 2. m. printing.// **estampar.** tr. 1. to stamp *(tela).* 2. to print *(imprimir).* 3. fig. to throw *(arrojar).*
estampida. f. stampede.
estampido. m. crash, explosion, bang *(de bala).*
estampilla. f. stamp, postage stamp *(de correo).*// **estampillar.** tr. to stamp.// **estampillado.** m. stamping.
estancar. 1. tr. to dam up. 2. ref. to become standstill.
estancia. f. 1. stay *(estadía).* 2. room *(cuarto).* 2. cattle ranch *(rancho).*// **estanciero, ra.** m./f. ranch owner.
estándar. a./m. standard.// **estandarizar.** to standardize.
estandarte. f. standard, banner.
estanque. m. pound, pool.
estante. m. shelf.// **estantería.** f. set of shelves, bookcase.
estaño. m. tin.
estar. tr. 1. to be *(en lugar, condición, tiempo).* 2. to stay *(permanecer, quedarse).* 3. to cost *(valer un precio).* 4. *e. bien:* to be all right *(correcto).* to be feeling good *(sentirse bien).* 5. *e. con:* to have *(tener hambre, sed).* 6. *e. de más:* to be superflous. 7. *e. mal:* to be wrong *(errado);* to be ill *(enfermo).*// ref. to be.
estatal. a. state, of state.
estático, ca. 1. static. 2. statics.

estatua. f. statue.
estatuir. tr. to establish.
estatura. f. heigh, stature.
estatuto. f. statute, rules.
este. m. east.
este. a. that.// **éste.** pron. this one.
estela. f. trail *(cometa);* wake *(barco).*
estelar. a. stellar.
estenografía. a. stenography.// stenographer (m./f.).
estepa. f. steppe.// **estepario, ria.** a. steppen.
estera. f. straw mat.
estéreo. a./m. stereo.// stereophony (f.).// stereophonic (a.).
estereotipo. m. stereotype.
estéril. a. sterile; barren *(árido).*// sterility (f.).// **esterilizar.** tr. to sterilize.// sterilization (f.).
esterlina. a. sterling.
esternón. m. breastbone.
estero. m. tideland; marsh *(pantano).*
estertor. m. stertor, death rattle.
estético, ca. 1. a. aesthetic. 2. f. aesthetics.
estetoscopio. m. stethoscope.
estiba. f. stowage.// **estibador.** m. stevedore.// **estibar.** tr. to stow, to load.
estiércol. m. dung, manure.
estigma. m. stigma.// stigmatic (a.).// **estigmatizar.** tr. to stigmatize.
estilar. i./ref. 1. to be customary *(usar).* 2. to be in fashion *(estar de moda).*
estilete. m. dagger.
estilo. m. 1. style. 2. *por el e.:* like that.
estilográfica. f. fountain pen.
estima. f. esteem, respect.// **estimable.** a. 1. estimable *(querible).* 2. computable.// **estimación.** f. appraisal.// **estimar.** tr. 1. to esteem *(querer).* 2. to estimate *(calcular).* 3. to considere.
estimulación. f. stimulation.// **estimulante.** 1. a. stimulating. 2. m. stimulant.// **estimular.** tr. to stimulate.// **estímulo.** m. stimulus, incentive.
estío. m. summer.
estipendio. m. stipend.
estipular. tr. to stipulate.// stipulation (f.).
estirado, da. a. fig. haughty.
estirar. tr. 1. to stretch. 2. to extend. 3. ref. to stretch oneself; to grow rapidly *(crecer).*
estirpe. f. ancestry, lineage.
estival. a. summer, estival.
esto. pron. this.
estocada. m. stab; stab wound *(herida).*
estofado, da. 1. a. stewed. 2. m. stew.// **estofar.** tr. to stew.
estoicismo. m. stoicism.// stoic (a./m./f.).
estómago. m. stomach.// stomachic (a.).
estopa. f. 1. tow. 2. burlap *(tela).*
estornudar. i. to sneeze.// **estornudo.** m. sneeze.
estrafalario. a. outlandish, eccentric.
estrago. m. devastation, havoc.
estrangulador, ra. m./f. strangler.// **estrangular.** tr. to strangle.// strangulation (f.).
estratagema. f. stratagem.
estratega. m./f. strategist.// **estrategia.** f. strategy.// strategic (a.).

estrato. m. 1. layer, stratum. 2. stratus *(nube).*
estratosfera. f. stratosphere.// stratospheric (a.).
estrechamente. adv. tightly *(firme);* closely *(cercano).*// **estrechar.** tr. 1. to tighten *(apretar).* 2. to narrow *(reducir).* 3. to hug *(abrazar).* 4. *e. las manos:* to shake hands.// **estrechez.** f. 1. narrowness *(angostura).* 2. poverty, need *(necesidad).* 3. jam *(aprieto).*// **estrecho, cha.** 1. a. narrow *(angosto);* close *(cercano).* 2. m. strait.
estrella. f. 1. star. 2. *e. de mar:* starfish.// **estrellado, da.** a. 1. starry *(cielo).* 2. star-shapped *(forma).*// **estrellar.** 1. tr. to smash against. 2. ref. to crash *(chocar);* to starry *(el cielo).*
estremecer. 1. tr. to shake 2. ref. to tremble.// **estremecimiento.** m. shake; shiver *(de frío).*
estrenar. 1. tr. to use or wear for first time. 2. ref. to premiere, to open.// **estreno.** m. debut, premiere.
estreñimiento. m. constipation.// **estreñir.** 1. tr. to constipate. 2. ref. to become constipated.
estrépito. m. great noise.// **estrepitoso, sa.** a. very noisy.
estría. f. groove, stria.
estribación. m. mountain spur.
estribar. tr. to rest on, to lie on.
estribillo. m. refrain.
estribo. m. 1. stirrup *(de montura).* 2. footboard *(de carruaje).* 3. *perder los estribos:* to loose one's head.
estribor. m. starboard.
estricto, ta. a. strict.
estridencia. f. stridence, shrill.// strident (a.).
estrofa. f. strophe, stanza.
estrógeno. m. estrogen.
estropajo. m. dishcloth; sparto brush.
estropear. tr. to spoil, to ruin.
estructura. f. structure.// structural (a.).// **estructurar.** tr. to construct; to organize.
estruendo. m. uproar.// **estruendoso, sa.** a. clamorous, very noisy.
estrujar. tr. to squeeze, to crush.
estuario. m. estuary.
estuco. m. stucco.
estuche. m. case, box.
estudiantado. m. student body.// **estudiante.** m./f. student.// **estudiantil.** a. student.
estudiar. tr. to study.// study (m.).// studious (a.).
estufa. f. stove, heater.
estupefaciente. m. narcotic.
estupefacto, ta. a. astonished.
estupendo, da. a. wonderful.
estupidez. f. stupidity.// **estúpido, da.** 1. a. stupid. 2. m./f. idiot, fool.
estupor. m. stupefaction, astonishment.
etapa. f. stage, step, phase.
éter. m. ether.// **etéreo, a.** a. ethereal.
eternidad. f. eternity.// **eternizar.** 1. tr. to perpetuate. 2. ref. to be eternal.// **eterno, na.** a. eternal.
ético, ca. 1. a. ethic. 2. f. ethics.
etimología. f. etymology.// etymologic (a.).
etíope. a./m./f. Ethiopian.
etiqueta. f. 1. tag, label *(rótulo).* 2. etiquette.// **etiquetar.** tr. to label.

etnia. f. ethnia.// ethnic (a.).
eucalipto. m. eucalyptus.
eucaristía. f. Eucharist.
eufemismo. m. euphemism.// euphemistic (a.).
eufonía. f. euphony.// euphonic (a.).
euforia. f. euphoria.// euphoric (a.).
europeo, a. a./m./f. European.
evacuar. tr. to evacuate.// evacuation (f.).
evadir. 1. to evade, to avoid. 2. ref. to get away.
evaluar. tr. to evaluate.// evaluation (f.).
evangélico, ca. a. evangelical.// **evangelio.** m. gospel.// evangelism (m.).// evangelist (m./f.).// **evangelizador, ra.** 1. a. evangilizing. 2. m./f. evangelizer.// **evangelizar.** tr. to evangelize.
evaporar. 1. tr. to evaporate. 2. ref. to vanish.// evaporation (f.).
evasión. f. evasion *(evasiva);* escape.// evasive (a.).// evader (m./f.).
evento. m. 1. contingency. 2. *Sp.* event.// **eventual.** a. contingent.// **eventualidad.** f. contingency.// **eventualmente.** adv. by chance *(casualmente);* possibly *(posiblemente).*
evidencia. f. 1. certainty *(certeza).* 2. proof *(prueba).*// **evidenciar.** tr. 1. to make evident *(mostrar).* 2. to prove *(demostrar).*// evident (a.).
evitar. tr. 1. to avoid *(eludir).* 2. to prevent *(prevenir).*
evocar. tr. to evoke.// evocation (f.).// evocative (a.).
evolucionar. i. to evolve.// evolution (f.).
exacerbar. tr. exacerbate.
exactitud. f. exactitude, exactness.// exact (a.).
exagerar. tr. to exaggerate.// exaggeration (f.).
exaltación. f. exaltation *(enaltecimiento);* overexcitement *(excitación).*// **exaltado, da.** 1. a. exalted *(enaltecido);* over-excited. 2. m./f. hothead.// **exaltar.** 1. tr. to exalt. 2. ref. to get excited.
examen. m. examination, test.// **examinador, ra.** m./f. examiner.// **examinar.** 1. tr. to examine. 2. ref. to take an examination.
exasperar. tr. to exasperate.// exasperation (f.).
excavar. tr. to excavate, to dig.// excavation (f.).
excedente. a./m. surplus.// **exceder.** 1. tr. to exceed, to surpass. 2. ref. to go too far.
excelencia. f. excellence.// excellent (a.).
excentricidad. f. eccentricity.// eccentric (a./m./f.).
excepción. f. 1. exception. 2. *a e. de:* except for.// exceptional (a.).
excepto. adv. except, excepting.
exceptuar. tr. to except.
exceso. m. excess.// excessive (a.).
excitable. a. excitable.// **excitación.** f. excitement.// **excitante.** a. exciting.// **excitar.** 1. tr. to excite. 2. ref. to become excited.
exclamación. f. 1. exclamation. 2. *signo de e.:* exclamation point.// **exclamar.** i./tr. to exclaim.
excluir. tr. to exclude.// exclusion (f.).// **exclusive.** adv. not included.// **exclusivo, va.** 1. a. exclusive. 2. f. exclusive right.
excomulgar. tr. to excommunicate.// **excomunión.** f. excommunication.
excretar. tr. to excret.// excrement (m.).// excretion (f.).

excursión

excursión. f. excursion, tour.// excursionist (m./f.).
excusa. f. excuse.
excusado. m. 1. private (privado). 2. toilet.
excusar. tr./ref. to excuse.
exención. f. exemption.// **exento, ta.** a. exempt.
exhalar. tr. to exhale.// exhalation (f.).
exhausto, ta. a. exhausted.
exhibir. tr. to exhibit.// exhibition (f.).// exhibitionist (a.).
exhortar. tr. to exhort.// exhortation (f.).
exhumar. tr. to exhume.// exhumation (f.).
exigencia. f. exigency, demand.// **exigente.** a./m./f. demanding, exigent.// **exigir.** tr. 1. to exact (dinero). 2. to demand (requerir).
exiliado, da. m./f. exile.// **exiliar.** 1. tr. to exile. 2. ref.: to be exiled.// **exilio.** m. exile.
eximio, mia. a. most excellent.
existencia. f. 1. existence. 2. stock (de bienes). 3. en e.: in stock.
éxodo. m. exodus.
exonerar. tr. to exonerate.// exoneration (f.).
exótico, ca. a. exotic.// exotism (m.).
expandir. tr. to expand.// expansion (f.).
expatriar. 1. tr. to expatriate. 2. ref. to go to exile.// expatriation (f.).
expectativo, va. 1. a. expectant. 1. f. expectation.
expectorar. tr. to expectorate.// expectoration (f.).
expedición. f. 1. expedition. 2. dispatch (despacho).// expeditionary (a./m./f.).
expediente. m. 1. file (legajo). 2. Law. proceedings.
expedir. tr. 1. to issue (emitir). 2. to dispatch.
expendedor, ra. 1. m. salesman (vendedor). 2. f. spender (máquina).// **expendio.** m. sale (venta); store (comercio).// **expender.** tr. to expend, to spend.
expensas. f. pl. expenses.
experiencia. f. 1. experience. 2. experiment.
experimentar. tr. 1. to experiment (hacer). 2. to experience (sentir).// experienced (a.).// experimental (a.).// experiment (m.).
experto, ta. a. expert.
expiar. tr. to expiate.// expiation (f.).
expirar. tr. to expire.// expiration (f.).
explayar. 1. tr. to spread out. 2. ref. to expatiate.
explicación. f. explanation.// **explicar.** 1. tr. to explain. 2. ref. to understand (comprender).
explícito, ta. a. explicit.
exploración. f. exploration.// **explorador, ra.** m./f. 1. explorer. 2. niños e.: boy scouts.// **explorar.** tr. to explore.// exploratory (a.).
explosión. f. explosive.// explosive (a./m./f.).
explotación. f. 1. exploitation. 2. running, operation (negocios). 3. cultivation (campos).// **explotador, ra.** m./f. exploiter.// **explotar.** tr. 1. to explode (bombas). 2. to exploit (trabajadores). 3. to operate (negocios). 4. to cultivate (campos). 5. to work (minas).
exponente. m. 1. exponent. 2. example (ejemplar).
exponer. tr. 1. to expose. 2. to exhibit (exhibir). 3. to explain (explicar). 4. ref. to expose oneself.
exportar. i./tr. to export.// exportation (f.).// exporter (m./f.).

exposición. f. 1. exposition (de ideas). 2. exhibition, fair (feria). 3. exposure (al peligro, sol, luz).
expresar. tr./ref. to express.// expression (f.).// expressive (a.).// **expreso, sa.** a./m. express.
exprimido, da. a. squeeze.// **exprimidor.** m. squeezer, juicer.// **exprimir.** tr. to squeeze.
expropiar. tr. to expropiate.// expropiation (f.).
expuesto, ta. a. 1. exposed. 2. on display (exhibido). 3. in danger (en peligro).
expulsar. tr. 1. to expel. 2. to eject (objetos).// expulsión. f. expulsion, ejection.
exquisitez. f. 1. exquisiteness (gusto). 2. excellence.// **exquisito, ta.** a. exquisite; delicious.
extasiar. 1. tr. to enrapture. 2. ref. to go into rapture.// **éxtasis.** m. ecstasy.
extemporáneo, a. a. untimely, inopportune.
extender. tr. 1. to spread (epidemia, doctrina, sábanas). 2. to extend (expandir, alargar). 3. to draw up (documentos). 4. ref. to last (durar). 5. to speak at lenght (en el uso de la palabra).// **extensión.** f. 1. extension (tamaño, expansión). 2. duration (tiempo). 3. additional line (teléfono). 4. en toda la e.: in every sense (de una palabra).// extensive (a.).// **extenso, sa.** a. 1. extended, vast (espacio). 2. extensive (tiempo).
extenuación. f. exhaustion, weakening.// **extenuar.** tr. to exhaust, to weaken.
exterior. a. 1. exterior, external. 2. foreign (extranjero). 3. m. exterior, outside. 4. foreign countries (extranjero).
exterminar. tr. to exterminate.// extermination (f.).
externo, na. 1. a. external, outward. 2. m./f. day pupil.
extinguir. 1. tr. to extinguish. 2. to become extinguished.// extinct (m./f.).// extinction (f.).// **extintor.** m. fire extinguisher.
extirpar. tr. to extirpate.// extirpation (f.).
extorsión. f. extortion, blackmail.// **extorsionar.** tr. to blackmail.// **extorsionista.** m./f. blackmailer.
extra. 1. a. extra. 2. m./f. extra (cine). 3. f. tip (yapa).
extracción. f. extraction.
extractar. tr. to summarize.// **extracto.** m. 1. extract. 2. summary (resumen).
extradición. f. extradition.
extraer. tr. to extract.
extralimitarse. ref. 1. to abuse authority. 2. to go to far.
extranjero, ra. 1. a. foreign 2. m./f. foreigner. 3. m. foreign countries, abroad.
extrañar. tr. 1. to miss. 2. to find extrange.// **extraño,** · **ña.** a. 1. extrange (raro). 2. alien (extranjero).
extraordinario, ria. a. extraordinary.
extravagancia. f. extravagance.// extravagant (a.).
extraviar. 1. tr. to misplace (perder). 2. ref. to get lost.
extravío. m. misplacement (pérdida); going astray.
extremidad. f. extremity.// **extremo, ma.** a./m. extreme.
exhuberancia. f. exuberance.// exuberant (m./f.).
eyacular. i. to eyaculate.// eyaculation (f.).
eyectar. tr. to eject.// ejector (m.).

f. f. sixth letter of the Spanish alphabet.
fábrica. f. factory.// **fabricación.** f. manufacturing.// **fabricante.** m./f. manufacturer.// **fabricar.** tr. to manufacture, to make.// **fabril.** a. manufacturing.
fábula. f. fable.// fabulous (a.).
facción. f. **1.** faction. **2.** pl. features.
faceta. f. facet.// a. faceted.
facha. f. looks, apearance.
fachada. f. facada, front.
fácil. a. easy.// **facilidad.** f. **1.** facility. **2.** f. *de pago:* easy terms. **3.** *tener f. para:* to be apt to.// **facilitar.** tr. **1.** to facilitate, to make easy. **2.** to supply *(dar).*
facineroso, sa. a. criminal.
facón. m. big knife.
factible. a. feasible, practicable.
factor. m. factor.
factoría. f. factory.
factura. f. **1.** build *(hechura).* **2.** invoice, bill *(boleta).*// **facturación.** f. billing.// **facturar.** to bill, to invoice.
facultad. f. faculty.// **facultativo, va. 1.** a. optional. **2.** m. physician.
faena. f. **1.** task, job. **2.** *Arg.* slaughter.// **faenar.** tr. to slaughter
faisán. m. pheasant.
faja. f. **1.** strip. **2.** girdle *(corsé).* **3.** belt *(cinturón).*// **fajar.** tr. **1.** to to band, to belt. **2.** fig. to give blows.
fajo. m. bundle; roll *(billetes).*
falacia. f. deceit, fraud
falange. f. phalanx.
falaz. f. deceitful.
falda. f. **1.** skirt *(prenda).* **2.** mountain side.
falible. a. fallible.// fallibility (f.).
falla. f. **1.** failure *(acción).* **2.** defect. **3.** *Geol.* fault.// **fallar.** i./tr. **1.** to fail. **2.** *Law.* to pass sentence.
fallecer. i. to die.// **fallecimiento.** m. death.
fallo. m. **1.** fault. **2.** sentence, veredict.
falsear. tr. **1.** to falsify. **2.** ref. to pick *(cerradura);* to bend *(torcerse).*// **falsedad.** f. falsehood.
falsificar. tr. **1.** to falsify *(falsear).* **2.** to counterfait *(dinero).*// falsification (f.).// falsifier (m./f.).
falso, sa. a. **1.** false. **2.** counteifeit *(falsificado).*
falta. f. **1.** fault *(culpa).* **2.** lack *(carencia).* **3.** error. **4.** absence. **5.** *a f. de:* for lack of. **6.** *hacer f.:* to be lacking. **7.** *sin f.:* without fail// **faltar.** i. **1.** to be lacking *(hacer falta).* **2.** to be missing *(estar ausente).* **3.** *f. a una cita:* to break an appointment. **4.** *f. el respeto:* to insult. **5.** *f. mucho/poco:* to be a long/short way *(distancia);* to be long/short time *(tiempo).*// **falto, ta.** a. short, lacking.
fama. f. fame.
famélico, ca. a. famished, starving.

familia. f. family.// **familiar. 1.** a. familiar. **2.** m./f. relative.// familiarity (f.)// **familiarizar.** tr./ref. to familiarize.
famoso, sa. a. famous.
fanático, ca. 1. a./m./f. fanatic. **2.** m./f. fan *(simpatizante).*// fanaticism (m.).// **fanatizar.** tr. to fanaticize.
fanfarrón, na. 1. a. bragging. **2.** m./f. braggart.// **fanfarronear.** i. to brag.// **fanfarronería.** f. bragging.
fango. m. mud.// **fangoso, sa.** a. muddy.
fantasear. tr. to fancy, to dream.// **fantasía.** f. **1.** fantasy *(irrealidad);* fancy *(imaginación).* **2.** *de f.:* imitation.
fantasma. m. phantom, ghost.// phantasmagoric (a.).
fantástico, ca. a. fantastic, stammer.
fantoche. m. **1.** puppet. **2.** fig. popinjay.
farallón. m. cliff.
farándula. f. show business.
faraón. m. Pharaon.
fardo. m. bale, bundle.
faringe. f. pharinx.
farmacéutico, ca. 1. a. pharmaceutical. **2.** m./f. pharmacist.// **farmacia.** f. drugstore; pharmacy.
faro. m. **1.** lighthouse. **2.** headlight *(de auto).*// **farol. 1.** lantern. **2.** street lamp *(público).*// **farolero. 1.** a. fig. bragging. **2.** m. lamplighter.
farra. f. spree, party.
fárrago. m. hodgepodge.
farsa. f. farce.// **farsante.** a. fraud, fake.
fascículo. m. fascicle.
fascinar. tr. to fascinate.// fascination (f.).// fascinating (a.).
fascimo. m. fascism.// fascist (a./m./f.).
fase. f. phase.
fastidiar. tr. to annoy.// **fastidio.** m. annoyance.// **fastidioso, sa.** a. annoying.
fasto. m. pomp.// **fastuosidad.** f. splendor.// **fastuoso, sa.** a. splendid.
fatal. a. **1.** fatal. **2.** deadly *(mortal).*// **fatalidad.** f. **1.** fate *(destino).* **2.** calamity *(desgracia).*// fatalism (m.).// fatalist (m./f.).
fatiga. f. **1.** fatigue. **2.** shortness of breath *(falta de aliento).*// **fatigar.** tr. to tire.// **fatigoso, sa.** a. tiring.
fauna. f. fauna.
fauno. m. faun.
favor. m. **1.** favor; help. **2.** *por f.:* please.// favorable (a.).// **favorecer.** tr. to favor.// favoritism (m.).// favorite (a./m./f.).
faz. f. **1.** face. **2.** obverse *(de una moneda).*
fe. f. **1.** faith. **2.** credence *(creencia).* **3.** trust *(confianza).* **4.** *buena/mala f.:* honesty/dishonesty. **5.** *dar f.:* to attest. **6.** *f. de erratas:* errata.
fealdad. f. ugliness.
febrero. m. February.
febril. a. feverish.

fecha. f. 1. date. 2. day. 3. *a la f.:* at present.// **fechar.** tr. to date.
fechoría. f. villainy, misdeed.
fécula. f. starch.
fecundar. tr. 1. to impregnate *(preñar).* 2. to fecundate.// fecundation (f.).// fecundity (f.).// **fecundo, da.** a. fecund; fruitful.
federación. f. federation.// federal (a.).
fehaciente. a. authentic, reliable.
felicidad. f. 1. happiness. 2. pl. *¡f.!:* congratulations.
felicitar. tr. to congratulate.// **felicitación.** f. 1. congratulation. 2. pl. *¡f.!:* congratulations!
feligrés, sa. m./f. parishioner.// **feligresía.** f. parish.
feliz. a. 1. happy. 2. successful *(exitoso).*
felonía. f. perfidy.
felpa. f. plush.
felpudo. m. mat, rug.
femenino, na. a./m./f. feminine.// feminism (m.).// feminist (a./m./f.).
fémur. m. femur, tighbone.
fenecer. i. 1. to die. 2. to finish.
fenicio, cia. a./m./f. Phoenician.
fenómeno. m. phenomenon.// phenomenal (a.).
feo, a. 1. a. ugly. 2. adv. bad *(mal);* awful *(atroz).*
féretro. m. coffin.
feria. f. 1. fair. 2. market *(mercado).*
feriado. a./m. holiday.
fermentar. i./tr. to ferment.// fermentation (f.).// ferment (m.).
feroz. a. ferocious, fierce.// ferocity (f.).
férreo, a. a. 1. iron. 2. *vía f.:* rail road.
ferretería. f. hardware; hardware store *(comercio).*
ferrocarril. m. railroad, railway.// **ferroviario, ria.** 1. a. railroad. 2. m./f. railroad employee.
fértil. a. 1. fertile. 2. *f. en:* rich in.// fertility (f.).// **fertilizar.** tr. to fertilize.// fertilizer (m.).
ferviente. a. 1. fervent. 2. earnest *(muy devoto).*
fervor. m. fervor.// **fervoroso, sa.** a. fervent, fervid.
festejar. tr. 1. to celebrate. 2. to feast *(fiesta religiosa).* 3. to court *(cortejar).*// **festejo.** m. 1. celebration. 2. feast. 3. courting *(galanteo).* 4. pl. festivities.
festival. f. festival.
festividad. f. festivity; holiday *(día).*// **festivo, va.** a. 1. festive, joyful. 2. *día f.:* holiday.
fetal. a. fetal.
fetiche. m. fetish.// fetishism (m.).// fetishist (m./f.).
fetidez. f. fetidness.// **fétido, da.** a. fetid, stinking.
feudo. m. feud.// feudal (a.).// feudalism (m.).
fiado (al). adv. on credit.
fiador, ra. m./f. guarantor.
fiambre. m. cold-cuts.// **fiambrería.** f. cold-cuts store.
fianza. f. 1. guaranty, bond. 2. *bajo f.:* on bail.
fiar. tr. 1. to sell on credit. 2. ref. to trust *(confiar).*
fiasco. m. failure.
fibra. f. fiber.// fibrous (a.).
ficción. f. fiction.// **ficticio, cia.** a. fictitious.
ficha. f. 1. chip *(de juego).* 2. data card. 3. token *(cóspel).* 4. plug *(enchufe).*// **fichar.** tr. 1. to make a dossier on *(confeccionar).* 2. to punch in or out *(entrada/salida).*// **fichero.** m. filling cabinet, card catalogue.
fidedigno, na. a. trustworthy.
fidelidad. f. fidelity.
fideo. m. noodle.
fiebre. a. fever.

fiel. a. 1. loyal *(leal).* 2. exact, accurate *(exacto).*
fieltro. m. felt.
fiera. f. 1. wild beast. 2. fig. hothead *(muy irritado).*
fiereza. f. fierceness, ferocity.// **fiero, ra.** a. 1. fierce. 2. fig. ugly *(feo).*
fierro. m. 1. iron. 2. pl. tools *(herramientas).*
fiesta. f. 1. holiday *(día).* 2. party *(reunión).*
figura. f. figure.// **figurar.** 1. i. to figure, to appear *(en una lista).* 2. tr. to feign *(fingir).* 3. ref. to imagine.// figuration (f.).// figurative (a.).
fijar. tr. 1. to fix *(asegurar, dejar fijo).* 2. to establish *(establecer).* 3. ref. to pay attention *(mirar, prestar atención).*// **fijeza.** f. 1. firmness, fixedness. 2. *mirar con f.:* to stare at.// **fijo, ja.** a. 1. firm, fixed *(firme).* 2. permanent. 3. fast *(colores).* 4. f. sure thing.
fila. f. 1. file *(hilera).* 2. line *(cola).* 3. pl. ranks.
filamento. m filament.
filantropía. f. philanthropy.// philanthropist (m./f.).
filarmónico, ca. a./m./f. philharmonic.
filatelia. f. philately.// philatelic (a.).// philatelist (m./f.).
filete. m. fillete.// **filetear.** tr. to fillete.
filiación. f. filiation, personal data.
filial. 1. a. filial. 2. f. branch.
filigrana. f. filigree.
filisteo, a. a./m./f. Philistine.
filmar. tr. to film.// film (m.).// filmation (f.).
filo. f. 1. cutting edge. 2. dividing line.
filón. m. vein, seam.
filoso, sa. a. sharp, sharp-edged.
filosofía. f. philosophy.// philosopher (m./f.).
filtrar. i./tr./ref. to filter.// filter (m.).// filtration (f.).
fin. m. 1. end. 2. aim *(objetivo).* 3. *a. f. de:* in order to. 4. *a f. de que:* so that. 5. *a fines de:* at the end of. 6. *al f. y al cabo:* after all. 7. *f. de semana:* weekend. 8. *por f.:* at last.
finado, da. 1. a. late. 2. m./f. deceased.
final. 1. a./f. final. 2. m. end.// **finalidad.** f. purpose, aim.
finalista. a./m./f. finalist.
finalizar. 1. i. to end. 2. tr. to finish.
financiación. f. financing.// **financiar.** tr. to finance.// financial (a.).// financier (m./f.).// **finanzas.** f. pl. finance.
finca. f. 1. property. 2. farm *(granja).*
fineza. f. 1. courtesy. 2. gift *(regalo).*
fingido, da. a. feigned, false.// **fingir.** tr. to feign.
finlandés, sa. 1. a. Finish. m. 1. m./f. Finn.
fino, na. a. 1. fine *(de calidad).* 2. refined. 3. thin *(delgado).*// **finura.** f. 1. fineness. 2. refinement. 3. sublety *(sutileza).*
fiordo. f. fiord.
firma. f. 1. signature. 2. firm *(empresa).*
firmamento. m. firmament, sky.
firmante. a. m./f. signer.// **firmar.** i./tr. to sign.
firme. 1. a. firm, steady; fast *(color).* 2. adv. firmly. 3. *en f.:* final. 4. pl. *¡f!:* attention!.// **firmeza.** f. firmness
fiscal. 1. a. fiscal. 2. m./f. *Law.* prosecutor.// **fiscalizar.** tr. 1. to supervise. 3. to investigate.
fisco. m. public treasury.
fisgón, na. a. snooper.// **fisgonear.** tr. to snoop.
físico, ca. 1. a. physical. 2. m./f. physicist. 3. m. physique. 4. f. physics.
fisiología. f. physiology.// physiological (a.).// physiologist (m./f.).
fisión. f. fission.

fisonomía. f. looks, face.
fisura. f. fissure.// **fisurar.** tr./ref. to fissure.
flacidez. f. flaccidity.// flaccid (a.).
flaco, ca. a. thin, lean.// **flacura.** f. thinness, leanness.
flagelar. tr. to flagellate.// flagellation (f.).// **flagelo.** m. 1. whip (látigo). 2. calamity. 3. Zool. flagellum.
flagrante. a. flagrant, in the act.
flamante. a. 1. new. 2. bright (brilloso).
flamear. 1. to flame (llamear). 2. to flap (ondear).
flamenco, ca. 1. a. Fleming. 2. m. flamingo.
flan. a. flan, custard.
flanco. m. flank.// **flanquear.** tr. to flank.
flaquear. i. to weaken.
flaqueza. f. 1. thinness (delgadez). 2. weakness.
flato. m. flatus.// flatulence (f.).// flatulent (a.).
flauta. f. flute.// **flautín.** m. piccolo// flutist (m./f.).
fleco. m. 1. fringe (adorno). 2. bangs (flequillo).
flecha. f. arrow.// **flechar.** tr. 1. to strike with an arrow. 2. fig. to make a hit with.// **flechazo.** m. 1. arrow shot. 2. fig. sudden love.
fleje. m. iron hoop.
flema. f. phlegm.// phlegmatic (a.).
fletar. tr. to charter.// **flete.** m. freight; charter (acción).
flexibilidad. f. flexibility.// flexible (a.).
flexión. f. 1. flection. 2. inflection (de las palabras).
flojear. i./ref. to weaken.// **flojedad.** f. weakness.
flojo, ja. a. 1. loose (suelto). 2. weak (débil). 3. flaccid.
flor. f. 1. flower. 2. a f. de: on the surface of. 3. la f. de la vida: prime of life. 4. f. y nata: the cream.// **flora.** f, flora.// **florecer.** 1. i. to flower; to flourish (prosperar). 2. ref. to become moldy.// **floreciente.** a. flourishing.// **florecimiento.** m. 1. flowering. 2. flourishing.// **florería.** f. flower shop.// florist (m./f.).// **florero.** m. flower vase.// **floresta.** f. forest.// floriculture (f.).// floriculturist (m./f.).// **florido, da.** a. 1. flowery. 2. choice, select (selecto).
flota. f. fleet.
flotación. f. 1. flotation. 2. línea de f.: waterline.// **flotador, ra** o **flotante.** 1. a. floating. 2. m. float.// **flotar.** tr. to float.// **flote.** m. a f.: afloat.
flotilla. f. flotilla.
fluctuar. i. to fluctuate.// fluctuation (f.).
fluir. i. 1. to flow. 2. to stream (brotar).// fluid (a./m.).// fluidity (f.).// **flujo.** m. flow; flood.
flúor. m. fluorine.// fluorescence (f.).// fluorescent (a.).
fluvial. a. fluvial, river.
fobia. f. phobia.
foca. f. seal.
foco. m. 1. focus. 2. fig. center, source.
fofo, fa. a. soft; flabby.
fogata. f. bonfire.
fogón. m. 1. stove (hornalla). 2. bonfire.// **fogonazo.** m. powder flash.// **fogonero.** m. stoker, fireman.
fogosidad. f. fire; impetuosity.// **fogoso, sa.** a. fiery.
foja. f. leaf, sheet.
foliar. tr. to foliate.// **follo.** m. page.
follaje. f. foliage.
folletín. m. serial.// **folleto.** m. pamphlet.
fomentar. tr. to foment.// **fomento.** m. promotion.
fonda. f. inn, eating house.
fondear. 1. i. to anchor (andar). 2. tr. to sound (sondear).
fondista. m./f. long-distance runner.
fondo. m. 1. bottom (base). 2. depth (profundidad). 3. background (de un cuadro). 4. back (parte trasera). 5. essence. 6. fund (fundación). 7. pl funds (dinero). 8. a f.: thoroughly. 9. bajos f.: the underworld. 10. en el f.: at heart. 11. f. disponibles: ready cash.
fonema. f. phonema.// **fonético, ca.** 1. a. phonetic. 2. f. phonetics.
fonógrafo. m. phonograph, record player.
fonología. f. phonology.
forajido, da. m./f. outlaw, fugitive.
forastero, ra. m./f. stranger, newcomer.
forcejear. i. to struggle.// **forcejeo.** m. strruggle.
forense. a. forensic.
foresta. f. forest.// forestation (f.).
forja. f. 1. forge. 2. foundry (actividad).// **forjar.** tr. 1. to forge. 2. to make (hacer).// **forjador.** m. smith.
forma. f. 1. form, shape. 2. format. 3. way (manera). 4. de f. que: so that. 5. en debida f.: in due form. 6. en f.; in good form. 7. guardar las f.: to keep the appearence.// **formación.** f. 1. formation. 2. upbringing (educación).
formal. a. formal.// formality (f.).// formalism (m.).
formalizar. tr. to formalize.
formar. tr. 1. to form. 2. to shape (dar forma). 3. to bring up (criar). 4. i. to fall in. 2. ref. to take form.
formato. m. format.
formidable. a. formidable.
formón. m. chisel.
fórmula. f. 1. formula. 2. recipe (receta). 3. method.// **formular.** tr. 1. to formulate. 2. to prescribe (recetar). 3. to ask (preguntas).// **formulario.** m. form.
fornido, da. a. strong.
foro. m. forum.
forraje. m. forage.
forrar. tr. 1. to line (un vestido). 2. to cover (cubrir). 3. ref. fig. to get rich.// **forro.** m. 1. lining (ropa). 2. cover (cubierta). 3. fig. condom.
fortalecer. tr. to fortify; to strengthen.// **fortalecimiento.** m. strenghtening.// **fortaleza.** f. 1. strenghten (fuerza). 2. fortress (fortín).
fortificar. tr. to fortify; to strengten.// fortification (f.).
fortín. m. small fort.
fortuna. f. 1. fortune. 2. luck (suerte).
forúnculo. m. furuncle, boil.
forzar. tr. 1. to force. 2. to break (una puerta).// **forzoso, sa.** a. unavoidable.// **forzudo, da.** a. strong.
fosa. f. 1. grave (tumba). 2. pit, fosse (foso). 3. f. nasales: nostrils.
fosfato. m. phosphate.
fósforo. m. 1. phosphorus. 2. match (cerilla).// phosphorescence (f.).// phosphorescent (a.).
fósil. a./m. fossil.
foso. m. 1. pit. 2. service pit (de un garaje).
foto. f. photo.// photocopy (f.).// **photoelectric** (a.).// photogenic (a.).// **fotograbado.** m. photoengraving.
fotografía. f. 1. photography (arte). 2. photograph, picture (foto).// **fotografiar.** tr. to photograph.// photographer (m./f.).
fotón. m. photon.
fotosíntesis. f. photosynthesis.
fracasar. i. to fáil.// **fracaso.** m. failure.
fracción. f. fraction.// **fraccionar.** tr. to break up.
fractura. f. fracture.// **fracturar.** i./tr. to fracture.
fragancia. f. fragrance.// fragrant (a.).
fragata. f. frigate.
frágil. a. fragile.// fragility (f.).

fragmentar. tr. to fragment.// fragment m.
fragor. m. din, uproar.// **fragoroso, sa.** a. thunderous.
fragua. f. forge.// **fraguar. 1.** i. to set *(cemento).* **2.** tr. to forge.
fraile. f. friar, brother.
frambuesa. f. raspberry.
francés. a./m./f. French.
franciscano. a./m. franciscan.
franco. a. m. **1.** frank *(sincero).* **2.** free *(libre).* **3.** m. franc.
franela. f. flannel.
franja. f. **1.** band, strip. **2.** fringe, border *(margen, zona).*
franquear. tr. **1.** to free *(liberar).* **2.** to exempt *(eximir).* **3.** to cross *(cruzar).* **4.** ref. to confide. **5.** to frank *(pagar).*// **franqueo.** m. postage.// **franqueza.** f. **1.** frankness.// **franquicia.** f. **1.** franchise. **2.** exemption.
frasco. m. flask, bottle.
frase. m. phrase; sentence.// phraseology (f.).
fraternal o **fraterno, na.** a. fraternal.// **fraternidad.** f. **1.** brotherhood *(grupo).* **2.** fraternity *(camaradería).*
fraude. m. fraud.// fraudulent (a.).
frazada. f. blanket.
frecuentar. tr. to frecuent.// frecuency (f.).// **frecuente.** a. **1.** frecuent. **2.** habitual.
fregadero. m. sink.// **fregado. 1.** a. fig. annoyed. **2.** m. scrubbing.// **fregar.** tr. **1.** to scrub. **2.** fig. to annoy.
freír. tr. to fry.
frenar. 1. i./tr. to brake. **2.** to restrain *(restringir).*
frenesí. m. frenzy.// **frenético, ca.** a. frantic.
freno. m. **1.** brake. **2.** restrint *(restricción).*
frente. 1. adv. in front of. **2.** m. front. **3.** f. forehead. **4.** *f. a f.:* face to face.
fresa. f. **1.** strawberry. **2.** drill *(herramienta)*
fresco, ca. a. **1.** fresh *(nuevo).* **2.** cool *(frío).* **3.** m. coolness; fresco *(pintura).* **4.** m./f. cool or fresh air.// **frescura.** f. **1.** freshness. **2.** coolness. **3.** impertinence.
fresno. m. ashtree.
frialdad. f. coldness, coolness.
fricción. f. friction; massage.// **friccionar.** tr. to massage.
friega. f. rubbing.
frigidez. f. frigidity.// frigid (a.).
frigorífico, ca. 1. a. refrigerating. **2.** m. cold storage plant.
frío. a./m. cold.// **friolento, ta.** a. sensitive to the cold.
frito. 1. a. fried. **2.** m. fry. **3.** *estar f.:* to be sunk.// **fritura.** f. **1.** fry *(acción).* **2.** pl. fritters.
frivolidad. f. frivolity.// frivolous (a.).
fronda. f. frond.// **frondoso, sa.** a. frondose.
frontal. a. frontal.
frontera. f. border, frontier.
frontón. m. jai-alai court; front wall.
frotación. f. rubbing.// **frotar.** tr. to rub.
fructificar. i. to be fruitful.// **fructífero, ra.** a. fruitful.
frugal. a. frugal.// frugality (f.).
fruncir. tr. **1.** to frown *(frente).* **2.** to purse *(labios).* **3.** to shirr *(costura).*
frustrar. tr. to frustrate.// frustration (f.).
fruta. f. fruit.// **frutal. 1.** a. fruit. **2.** m. fruit tree.// **frutero, ra. 1.** a. fruit. **2.** m. fruit seller. **3.** f. fruit bowl.
frutilla. f. strawberry.
fruto. m. fruit.
fuego. m. **1.** fire. **2.** light *(para encender).* **3.** heat, passion *(pasión).* **4.** *f. artificiales:* fireworks. **5.** *hacer f.:* to shoot. **6.** *prender f.:* to set fire. **7.** *romper el f.:* to open fire. **8.** *¡f.!:* fire.

fuelle. m. bellows.
fuente. f. **1.** fountain *(aparato).* **2.** spring *(manantial).* **3.** source *(origen).* **4.** font *(pila).* **5.** dish, platter *(plato).* **6.** *f. bien informadas:* well-informed source.
fuera. adv. **1.** outside, out. **2.** *¡f!:* get out!. **3.** *f. de sí:* besides oneself. **4.** *por f. de;* besides *(además).*
fuero. m. **1.** jurisdiction. **2.** privilege. **3.** *f. interno:* conscience.
fuerte. a. **1.** strong. **2.** loud *(sonido).* **3.** powerful *(intenso).* **4.** m. fort, fortress *(fortaleza);* forte *(punto fuerte).* **5.** adv. hard, strongly *(duro);* loudly *(voz).*
fuerza. f. **1.** strenght *(fortaleza).* **2.** force *(violencia, cuerpo armado).* **3.** *a f. de:* by dint of. **4.** *a la f.:* by force *(forzado);* of necessity *(por necesidad).* **5.** *f. mayor:* force majeure.
fuga. f. **1.** flight. **2.** *Mus.* fugue. **3.** leak *(pérdida).*
fugacidad. f. fugacity.
fugarse. ref. to flee, to run away.
fugaz. a. **1.** fleeting, brief. **2.** *estrella f.:* shooting star.
fugitivo, va. a./m./f. fugitive.
fulano, na. m./f. so-and-so.
fulgor. m. brilliance, brightness.// **fulgurante.** a. shining.// **fulgurar.** i. to flash.
fulminante. 1. a. sudden *(repentino);* fatal. **2.** m. fulminate; percussion cap *(de una bomba).*
fullería. f. trickery.// **fullero, ra.** a. trickster.
fumada. f. puff.// **fumadero.** m. smoking-room.// **fumador, ra.** m./f. smoker.// **fumar.** tr. to smoke.
fumigar. tr. to fumigate.// fumigation (f.).// fumigator (m./f.).// fumigatory (a.).
función. f. **1.** function. **2.** position *(cargo).* **3.** show *(cine, teatro).* **4.** pl. *entrar en f.:* to take office.// functional (a.).// functionality (f.).// **funcionamiento.** f. working.// **funcionar.** i. to function, to work, to run.
funcionario, ria. m./f. official.
funda. f. cover, case.
fundación. f. **1.** foundation. **2.** fund *(organismo).*// **fundador, ra. 1.** a. founding. **2.** m./f. founder.
fundamental. a. fundamental.// **fundamentar.** tr. to base.// **fundamento.** f. **1.** basis *(base).* **2.** reason, grounds.
fundar. tr. **1.** to found, to establish. **2.** to base *(basar).*
fundición. f. **1.** melting, casting. **2.** foundry *(fábrica).*// **fundir.** tr. **1.** to melt. **2.** to cast *(moldear).* **3.** ref. to merge *(fusionarse);* to burn out *(quemarse);* to go bankrupt *(quebar).*
fúnebre. a. funeral.// funeral (m.).
funesto, ta. a. ill-fated, fatal.
fungicida. 1. a. funguicidal. **2.** m. funguicide.
furgón. m. **1.** wagon. **2.** box car.
furia. f. fury.// **furioso, sa.** a. furious, enraged.
furor. m. rage, furor, fury.
furtivo, va. a. furtive.
fuselaje. m. fuselage.
fusible. 1. a. fusible. **2.** m. fuse.
fusil. m. rifle.
fusilamiento. m. shooting, execution.// **fusilar.** tr. to shoot, to execute.
fusión. f. **1.** fusion, melting. **2.** merging *(empresas).*// **fusionar.** tr. to merge.
fusta. f. horsewhip.
fútbol. m. football; soccer *(E.E.U.U.).*// **futbolista.** m./f. soccer, player.
futuro, ra. a./m. future.// futurism (m.).// futurist (m.).

g. f. seventh letter of the Spanish alphabet.
gabán. m. overcoat.
gabardina. f. 1. gabardine. 2. raincoat *(prenda)*.
gabinete. m. 1. study; laboratory. 2. cabinet *(de ministros)*.
gacela. f. gazelle.
gaceta. f. gazette.// **gacetilla.** f. shorts news item.
gacho, cha. a. curve dawn..
gafas. f. pl. spectacles, glasses.
gaita. f. bagpipe.
gaje. m. 1. wages. 2. pl. *g. del oficio:* ocupacional hazards.
gajo. m. 1. branch *(rama)*. 2. slice *(de fruta)*.
gala. f. 1. *función de g.:* gala perfomance, 2. *hacer g. de:* to take pride of. 3. *vestido de g.:* full dress.
galán. m. 1. hansome men. 2. leading man *(cine, TV)*. 3. suitor *(pretendiete)*.
galante. a. galant, courteous.// **galantear.** to woo, to flirt.// **galanteo.** m. wooing, flirting.// **galantería.** f. 1. courtesy. 2. elegance.
galápago. m. sea turtle.
galardón. m. prize, reward.
galaxia. f. galaxy.// galactic (a.).
galeón. m. galleon.
galeote. m. galley slave.
galera. f. 1. galley *(barco)*. 2. top hat *(sombrero)*.
galería. f. gallery.
galés, sa. a /m f Welch
galgo. m. greyhound.// **galguear.** i. fig. to be starved.
galimatías. m. rigmarole.
gallardía. f. 1. elegance. 2. gallantry *(valor)*.// **gallardo, da.** a. 1. elegant. 2. brave.
gallego, ga. a./m./f. Galician.
gallera. f. cockpit.
galleta. f. biscuit; cracker.
gallina. f. 1. hen. 2. fig. coward.// **gallinero.** m. chicken coop.// **gallo.** f. 1. cock, rooster. 2. false note *(en canto)*. 3. *peso g.:* bantam weight.
galo, la. a. Gallic.
galón. m. 1. gallon *(envase)*. 2. stripe *(tira)*.
galopar. i. to gallop.// gallop (m.).
galpón. f. large shed.
galvanizar. tr. to galvanize.// galvanization (f.).
gama. f. 1. gamut *(música)*. 2. range *(colores)*.
gamba. f. 1. prawn. 2. fig. leg.
gameto. m. gamete.
gamo, ma. m./f. buck, deer; f. doe.
gamuza. f. chamois, shammy leather.
gana. f. 1. desire. 2. *de buena/mala g.:* willingly, unwillingly. 3. pl. *con g.:* heartily. 4. pl. *tener g.:* to want to, to feel like.

ganadería. m. cattle rasing.// **ganadero, ra.** 1. a. cattle 2. m./f. cattle rancher.// **ganado.** m. cattle.
ganador, ra. a./m./f. winner.
ganancia. f. profit, gain.// **gananciooso, sa.** a. profitable *(ganancias)*; winning *(ganador)*.
ganar. i./tr. 1. to win *(triunfar)*. 2. to profit *(tener ganancias)*. 3. to earn *(intereses)*. 4. to beat *(derrotar)*. 5. ref. to earn.
gancho. m. 1. hook. 2. charm *(atractivo)*.
ganga. f. bargain.
gangoso, sa. a. nasal, twangy.
gansada. f. fig. nonsense.// **ganso, sa.** 1. m. gander, f. goose. 2. fig. m./f. silly person, dummy.
ganzúa. f. picklock.
garabatear. tr. to scribble.// **garabato.** f. 1. hook, grappel. 2. fig. scribble.
garaje. m. garage.
garante. m./f. guarantor.// **garantía.** f. guarantee, guaranty.// **garantizar.** tr. to guarantee.
garbanzo. m. chickpea.
garbo. m. grace, elegance.// **garboso, sa.** a. graceful.
garfio. m. grapple, hook.
garganta. f. 1. throat. 2. gorge *(desfiladero)*.// **gargantilla.** f. necklace.
gárgara. f. 1. gargle. 2. pl. *hacer g.:* to gargle.
garita. f. 1. sentry box *(centinela)*. 2. porter's office.
garito. m. gambling house.
garlopa. f. jack plane.
garra. f. 1. claw. 2. fig. heart.
garrafa. f. carafe, decanter.
garrafal. a. fig. huge.
garrapata. f. tick.
garrapatear. tr. to scribble.
garrocha. f. vaulting pole.
garrotazo. blow.// **garrote.** m. club, stick.
garúa. f. drizzle.// **garuar.** i. to drizzle.
garza. f. heron.
gas. m. gas.// **gasista.** m. gas fitter.
gasa. m. gauze.
gaseoso, sa. 1. a. gaseous. 2. f. fizzy drink.
gasóleo. m. gasoil.// gasoline (f.).// gasoline station (f.).
gastado, da. a. warn out.// **gastador, ra.** a. spendthrift.
gastar. tr. 1. to spend *(dinero)*. 2. to use up, to consume *(consumir)*. 3. to waste *(malgastar)*. 4. ref. to be used up *(terminarse)*; to wear up *(desgastarse)*.
gasto. m. 1. expense. 2. use *(consumo)*.
gastronomía. f. gastronomy.// gastronome (m./f.).
gata. f. 1. female cat. 2. pl. *a g.:* with difficulty.
gatear. i. to crawl.
gatillo. m. hammer, firing pin.
gato. m. 1. cat. 2. jack *(cric)*.// **gatuno, na.** a. catlike.

gauchada

gauchada. f. favor.// **gaucho** (m.).
gaveta. f. drawer.
gavilán. m. sparrow hawk.
gavilla. f. band, gang.
gaviota. f. seagull.
gaznate. m. throat.
géiser. m. geyser.
gelatina. f. gelatine, jelly.// **gelatinoso, sa.** a. jelly-like.
gema. f. gem.
gemelo, la. a./m./f. twin.
gemido. m. moan, wail.// **gemir.** i. to moan, to wail.
gendarme. m. gendarme.
gen. m. gen.// genealogy (f.).// genealogic (a.).
generación. f. generation.// generational (a.).// generating (a.).// generator (m./f.).
general. a./m. general.// **generalidad.** f. 1. generality. 2. majority (mayoría).// **generalizar.** tr. to generalize.// generalization (f.).
generar. tr. to generate.
genérico, ca. a. generic.
género. m. 1. type, kind (clase). 2. way, manner (manera). 3. Biol. genus. 4. fabric (tela). 5. gender (gramática). 6. genre (arte). 7. g. humano: humankind.
generosidad. f. generosity.// generous (a.).
génesis. 1. f. origin. 2. m. Genesis.
genético, ca. 1. a. genetic. 2. f. genetics.
genial. a. 1. brilliant. 2. fig. genial.// **genialidad.** f. 1. peculiarity. 2. brilliant words or deed.// **genio.** m. 1. genius (persona, deidad). 2. temper (carácter).
genocidio. m. genocide.
genovés. a./m./f. Genoese.
gente. f. 1. people. 2. nation. 3. family. 4. como la g.: decent. 5. g. baja: common people. 6. g. bien: upper class. 7. g. de bien: respectable folk. 8. ser g.: to be decent.
gentil. 1. a. kind, gallant. 2. m./f. gentile.// **gentileza.** f. 1. gallantry (acción). 2. kindness (cualidad).
gentilicio. m. gentilic noun.
gentío. m. crowd.
gentuza. f. rabble.
genuflexión. f. genuflection.// genuflect (a.).
genuino, na. a. genuine.
geofísico, ca. 1. a. geophysic. 2. f. geophysics.
geografía. f. geography.// geographic (a.).// geographer (m./f.).
geología. f. geology.// geologic (a.).// geologist (m./f.).
geometría. f. geometry.// geometric (a.).
geranio. m. geranium.
gerencia. f. management (gestión); managership (cargo); manager's office (oficina).// **gerente.** m. manager.
germano, na. a./m./f. German.
germen. m. 1. germ. 2. origin, source (origen).
germinar. i. to germinate.// germination (f.).
gerundio. m. gerund.
gestar. tr. to gestate.// gestation (f.).
gesticular. i. to gesticulate.// gesticulation (f.).
gestión f. 1. administration. 2. step (trámite).// **gestionar.** tr. to take steps to.
gesto. f. 1. gesture (ademan). 2. face (expresión).
gestor, ra. m./f. negociator.
giba. f. hump.
gibón. m. gibbon.
gigante. a./m. giant.// gigantic (a.).
gimnasia. f. gymnastics.// **gimnasio.** m. gymnasium.// gymnast. (m./f.).// gimnastic (a.).
gimotear. i. to whine.// **gimoteo.** m. whining.
ginebra. f. gin.
ginecología. f. gynecology.// gynecologist (m.).
gira. f. tour.
girado, da. m./f. drawee.// **girador, ra.** m./f. drawer.
girar. i. 1. to rotate (dar vueltas). 2. to girate (rotar). 3. to turn (doblar). 4. i./tr. to draw (una cuenta).
girasol. m. sunflower.
giratorio, ria. a. rotating, revolving.
giro. m. 1. turn (desvío, cambio). 2. rotation. 3. draft (documento). 4. g. a la vista: sight draft. 5. g. en descubierto: overdraft. 6. g. postal: money order.
gitano, na. a./m./f. gypsy.
glacial. a. glacial.// **glaciar.** m. glacier.
gladiador. m. gladiator.
glándula. f. gland.// glandular (a.).
gleba. f. glebe.
glicerina. f. glycerine.
globo. m. 1. globe. 2. baloon.// global (a.).
glóbulo. m. corpuscle; globule.// globular (a.).
gloria. f. 1. glory. 2. paradise.
glorieta. f. garden arbor.
glorificar. tr. to glorify.// glorification (f.).
glorioso, sa. a. glorious.
glosa. f. gloss.// **glosar.** tr. to gloss.// glossary (m.).
glotón, na. m./f. glutton.// **glotonería.** f. gluttony.
glucosa. f. glucose.
gnomo. m. gnome.
gobernación. f. government (gobierno); governor's office or house (lugar).// **gobernador.** m. governor.// **gobernante.** 1. a. ruling. 2. m./f. ruler.// **gobierno.** m. 1. government. 2. management (dirección).
goce. m. enjoyment, pleasure.
gol. m. goal.
goleta. f. schooner.
golf. m. golf.// **golfista.** m./f. golfer.
golfo. m. gulf.
golondrina. f. swallow.
golosina. f. delicacy, tidbit.
goloso, sa. a. sweet-tooothed.
golpe. m. 1. blow, strike. 2. hit (acierto). 3. de g.: suddenly. 4. g. de estado: coup d'etate. 5. g. de gracia: coup de grace. 6. g. de vista: glance.// **golpear.** i./tr. to strike, to hit, to beat.
goma. f. 1. gum. 2. glue (cola). 3. rubber (de borrar).// **gomoso, sa.** a. gummy.
gónada. f. gonad.
góndola. f. gondola.// gondolier (m.).
gordinflón, na. m./f. fatty.
gordo, da. 1. a. fat (obeso); fatty (graso); thick (grueso). 2. m./f. fat persons; first prize (premio).// **gordura.** f. 1. fatness. 2. grease (grasa).
gorgojo. m. weevil.
gorila. m. gorilla.
gorjear. i. to warble.// **gorjeo.** m. warble.
gorra. f. cap.
gorrión. m. sparrow.
gorro. m. cap, bonnet.
gota. f. 1. drop. 2. Med. gout.// **gotear.** i. to drip.// **goteo.** m. dripping.// **gotera.** f. leak.// **gotero.** m. dropper.
gótico, ca. a. Ghotic.
gozar. 1. i./tr. to enjoy. 2. tr. to take plesure in.

gozne. m. hinge.
gozo. m. joy, pleasure.// **gozoso, sa.** a. joyful.
grabación. f. recording.// **grabado.** m. **1.** engraving *(arte).* **2.** print *(ilustración).*// **grabador, ra.** m./f. **1.** engraver *(artista).* **2.** recorder *(aparato).*// **grabar.** tr. **1.** to engrave *(arte).* **2.** to record *(cinta, disco).*
gracia. f. **1.** grace. **2.** charm *(atractivo).* **3.** witticism *(agudeza).* **4.** favor. **5.** *caer en g.:* to please. **6.** pl. *¡g.¡:* thanks; *dar las g.:* to thank. **7.** *tener g.:* to be funny.// **gracioso, sa.** a. **1.** funny *(divertido).* **2.** free *(gratuito).*
grada. f. **1.** step *(peldaño).* **2.** pl. tiers.// **gradería.** f. tier.
grado. f. **1.** degree *(nivel).* **2.** grade *(calidad).* **3.** stage *(fase).* **4.** class. **5.** rank *(militar).* **6.** *de buen/mal g.:* willingly/unwillingly. **7.** *en alto g.:* to a high degree.
graduación. f. **1.** graduation. **2.** gradation *(grado).* **3.** rank *(militar).*// **graduado** (a.).// **graduate** (m./f.).// **gradual** (a.).// **graduar.** **1.** tr. to grade *(medir);* to regulate *(regular).* **3.** ref. to graduate.
gráfico, ca. **1.** a. graphic. **2.** m./f. graph, diagram.
grafito. m. graphite.
gragea. f. sugar-coated pill.
grama. f. grass.
gramática. f. grammar.// grammatical (a.).
gramo. m. gram.
gran. a. great; big *(tamaño).*
granada. f. **1.** pomegranate *(fruta).* **2.** grenade *(arma).*// **granadero.** m. grenadier.
granado, da. a. choice, select.
granate. m. garnet.
grande. a. **1.** big *(tamaño).* **2.** great *(notable).*// **grandeza.** f. greatness; size *(tamaño).*// **grandiosidad.** f. magnificence.// **grandioso,sa.** a. magnificent, grand.
granel (a). m. **1.** in bulk *(suelto).* **2.** in abundance.
granero. m. granary, barn.
granito. m. **1.** granite. **2.** blackhead *(barrito).*
granizada. f. hailstorm.// **granizar.** i. to hail.// **granizo.** m. hail.
granja. f. farm.
granjero, ra. m./f. farmer.
grano. m. **1.** grain. **2.** blackhead *(facial).* **3.** *al g.:* to the point.// **granular** (a.).
grapa. f. staple *(para papel);* clip *(para madera).*
grasa. f. grease.// **grasiento, ta.** a. greasy.// **graso, sa.** a. fatty.// **grasoso, sa.** a. greasy.
gratificación. f. **1.** gratification. **2.** bonus *(salarial).*// **gratificar.** tr. **1.** to gratify. **2.** to reward *(recompensar).*
gratis. adv. gratis, free.
grato, ta. a. pleasant.// **gratitud.** f. gratitude.
gratuito, ta. a. **1.** free *(gratis).* **2.** arbitrary.
gravamen. m. **1.** burden *(carga).* **2.** tax *(impuesto).*// **gravar.** tr. **1.** to burden *(cargar).* **2.** to tax, to impose.
grave. a. **1.** grave *(rostro, acento).* **2.** serious *(enfermo).* **3.** important *(asunto).* **4.** deep, low *(sonido).*// **gravedad.** f. **1.** seriousnnes. **2.** gravity *(ley).*
gravitar. i. to gravitate.// gravitation (f.).
gravoso, sa. a. **1.** onerous. **2.** expensive *(costoso).*
graznar. i. to croak.// **graznido.** m. croak.
gregario, ria. a. gregarious.
gremio. m. **1.** guild. **2.** trade union *(sindicato).*// **gremial.** a. guild; union.
gresca. f. brawl.
grey. a. flock, congregation.
griego, ga. a./m./f. Greek, Grecian.
grieta. f. crack, crevice.

gripe. f. influenza.
gris. a./m. grey, gray.
gritar. i. to shout, to cry.// **griterío.** f. din, uproar.// **grito.** m. shout, cry.
grosería. f. **1.** roughness *(tosquedad).* **2.** vulgarity *(indecencia).* **3.** rudeness *(descortesía).*// **grosero, ra.** coarse *(tosco);* rude *(descortés);* vulgar.
grosor. m. thickness.
grotesco, ca. a./m. grotesque.
grúa. f. **1.** crane *(máquina).* **2.** tow truck *(camión).*
grueso, sa. a. **1.** thick. **2.** fat *(gordo).* **3.** m. bulk *(parte principal);* thickness *(grosor).*
grumete. m. cabin boy.
grumo. m. lump.// **grumoso, sa.** a. lumpy.
gruñido. m. grumble.// **gruñir.** i. to grumble.// **gruñon, na.** a. grumpy.
grupo. group.// groupal (a.).
gruta. m. grotto, cave.
guadaña. f. **1.** scythe. **2.** fig. death *(la muerte).*
guanaco. m. huanaco.
guano. m. bird manure.
guante. m. **1.** glove. **2.** *echar el g.:* to capture.
guapo, pa. **1.** a. good-looking *(atractivo);* brave *(valiente).* **2.** m. bully.
guarda. m./f. **1.** guard *(guardián).* **2.** rib *(cinta).* **3.** *¡g!:* watch out!// **guardabarros.** m. mudward.// **guardabarreras.** gatekeeper.// **guardabosques.** m. forest ranger.// **guardacostas.** m. coastguard.// **guardaespaldas.** m. bodyguard.// **guardameta.** m. goalkeeper.
guardar. tr. **1.** to keep *(mantener, cumplir).* **2.** to guard *(proteger).* **3.** to save *(almacenar).*
guardarropa. m. **1.** wardrobe *(ropa).* **2.** pl. cloakroom.
guardería. f. day nursery.
guardia. m./f. guard.// **guardián.** m. guardian, watchman.
guarecer. tr. to shelter.// **guarida.** f. **1.** lair, den *(de animales).* **2.** shelter *(refugio).* **3.** hideout *(escondite).*
guarismo. m. figure, number.
guarnición. f. **1.** garrison *(militar).* **2.** setting *(joyería).* **3.** garnish *(comida).* **4.** fitting *(de una máquina).*
guasón. m. joker.
guatemalteco, ca. a./m./f. Guatemalan.
gubernamental. a. governmental.
guerra. f. war.// **guerrear.** i. to war.// **guerrero, ra.** **1.** a. warring. **2.** m./f. warrior.// **guerrilla.** f. guerrilla.// **guerrillero, ra.** m./f. guerrilla.
guía. **1.** m./f. guide. **2.** f. guide; directory *(libro).*// **guiar.** tr. **1.** to guide, to lead. **2.** to drive *(auto).*
guijarro. m. pebble.
guillotinar. tr. to guillotine.// guillotine (f.).
guineano, na. a./m./f. Guinean.
guiñar. tr. to wink.// **guiño.** m. wink.
guión. m. **1.** hyphen *(signo).* **2.** script *(escrito).*
guirnalda. f. garland.
guisado. m. stew.// **guisante.** m. pea.// **guisar.** tr. to stew.// **gulso.** m. stew.
guitarra. f. guitar.// guitarist (m./f.).
gula. f. gluttony.
gusano. f. caterpillar, warm.
gustar. **1.** i. to like, to please. **2.** tr. to taste *(saborear).*// **gusto.** m. **1.** taste *(sentido).* **2.** flavor *(sabor).* **3.** pleasure *(placer).* **4.** whim *(antojo).*// **gustoso, sa.** a. tasty *(sabroso);* pleased *(con placer).*
gutural. a. guttural.

h. f. eighth letter of the Spanish alphabet.
haba. f. bean.
havano. m. Havan cigar.
haber. m. **1.** credit. **2.** assets *(activos)*; wage *(salario)*. **3.** *tener uno en su h.:* to have to one's credit.
haber. 1. aux. v. to have. **2.** imp. v. to must, to have to *(h. de).* **3.** *hay:* there is *(sing.),* there are *(pl.).* **4.** *hay que:* it's necessary. **5.** *no hay de qué:* don't mention it. **6.** *¿qué hay?:* what's up? **7.** *¿qué hay de nuevo?:* what's new?. **8.** *todo lo habido y por h.:* everything imaginable.
hábil. a. **1.** capable *(capaz).* **2.** skillful *(diestro).* **2.** *día h.:* work day.// **habilidad.** f. capablity *(capacidad)*; skill *(destreza).*// **habilidoso, sa.** a. skillful.
habilitación. f. **1.** qualification. **2.** authorization.
habilitar. tr. **1.** to enable *(permitir).* **2.** to authorizate.
habitación. f. room.
habitante. m./f. inhabitant.// **habitar.** tr. to inhabit, to live, to reside.
hábito. m. **1.** habit. **2.** pl. vestments.// **habitual** (a.).// **habituar. 1.** tr. to accustom. **2.** ref. to become accustomed.
habla. f. **1.** speech. **2.** *perder el h.:* to be speechless.// **hablador, ra.** a. **1.** talkative. **2.** m./f. gossip.// **habladuría.** f. gossip, rumor.// **hablar. 1.** i. to talk. **2.** tr. to speak *(una lengua).* **3.** *¡ni h.!:* out of the questions!
hacedor, ra. m. maker.
hacendado, da. m./f. landowner, rancher.
hacendoso, sa. a. industrious.
hacer. tr. **1.** to make. **2.** to do *(efectuar).* **3.** to prepare *(preparar).* **4.** to cause *(causar).* **5.** to think *(creer, suponer).* **6.** ref. to become *(volverse).* **7.** *h. agua:* to leak. **8.** *h. caso:* to obey, to pay attention. **9.** *h. cola:* to queue up. **10.** *h. falta:* to be needed. **11.** *h. frente:* to face. **12.** *h. frío/calor:* to be cold/hot. **13.** *h. pedazos:* to smash. **14.** *h. presente:* to notify. **15.** *h. saber:* to let know. **16.** *h. sombra:* to cast a shadow. **17.** *h. un milagro:* to work a miracle. **18.** *h. una maleta:* to pack a suitcase. **19.** *h. una pregunta:* to ask a question. **20.** *h. una visita:* to pay a visit. **21.** *h. un viaje:* to take a strip. **22.** *hace mucho/poco:* long ago, a little while ago. **23.** ref. *h. tarde.:* to get late.
hacha. f. **1.** ax; battle-ax *(arma).*// **hachazo.** m. ax blow.// **hachero.** m. wood cutter.
hacia. prep. **1.** toward(s). **2.** about *(tiempo).*
hacienda. f. **1.** ranch. **2.** livestock *(ganado).* **3.** finance.

hacinamiento. f. stacking.// **hacinar.** tr. to stack.
hada. f. fairy.
haitiano, na. a./m./f. Haitian.
halagar. tr. **1.** to flatter. **2.** to please *(deleitar).* **halago.** m. flattery.// **halagüeño, ña.** a. flattering; attractive.
halar. tr. to pull.
halcón. m. falcon.
hálito. m. breath.
hallar. 1. tr. to find *(encontrar);* to note *(notar).* **2.** ref. to be.// **hallazgo.** m. discovery *(hecho);* find *(objeto).*
hamaca. f. hammock.
hambre. m. hunger *(apetito);* famine *(social).*// **hambriento, ta.** a. hungry; starved *(famélico).*// **hambruna.** f. famine, starvation.
hampa. m. underworld.// **hampón.** m. gangster.
haragán, na. m./f. loafer.// **haraganear.** i. to loaf.
harapiento, ta. a. ragged.// **harapo.** m. rag.
harén. m. harem.
harina. f. flour *(de trigo);* meal *(de otro cereal).*
hartar. tr. **1.** to satiate *(saciar).* **2.** to annoy *(cansar).* **3.** ref. to overeat *(comida);* to be fed up *(aburrirse).*// **hartazgo.** m. fill off, society.// **harto, ta.** a. full, fed up.
hasta prep. **1.** until, till, up to, as far as. **2.** *h. luego:* so long. **3.** adv. even *(incluso, aun).*
hastiar. tr. to bore.// **hastío.** m. boredom.
haz. m. pencil, beam.
hazaña. f. heroic feat.
hazmerreír. m. laughingstock.
hebilla. f. buckle.
hebra. f. **1.** thread *(hilo).* **2.** fiber *(fibra).*
hebreo, a. a./m./f. Hebrew.
hectárea. f. hectare.
hechicería. f. witchcraft.// **hechicero, ra. 1.** a. bewitching. **2.** m. sorcerer; f. sorceress.// **hechizar.** tr. **1.** to bewitch. **2.** fig. to charm.// **hechizo.** m. spell; charm.
hecho, cha. a. **1.** finished *(terminado).* **2.** used to *(acostumbrado).* **3.** done *(cocido).* **4.** like *(como).* **5.** m. fact, deed, event. **6.** *de h.:* really.
hechura. f. **1.** make. **2.** workmanship *(confección).*
heder. i. to stink.// **hediondez.** f. stink.// **hediondo, da.** a. stinking.// **hedor.** m. stench, stink.
heladera. f. refrigerator, freezer.// **heladería.** f. icecream parlor.// **helado, da. 1.** a. freezing. **2.** m. icecream. **3.** f. frost.// **helar.** tr./ref. to freeze.
helecho. m. fern.
helénico, ca. a. Hellenic.
hélice. f. **1.** helix *(figura).* **2.** propeller *(de avión).*

helicóptero. m. helicopter.
hello. m. hellium.
hembra. f. **1.** female *(animal).* **2.** woman *(mujer).*
hemisferio. m. hemisphere.// hemispheric (a.).
hemofilia. f. hemophilia.// hemophiliac (m./f.).
hemorragia. f. hemorrhage.// hemorrhagic (a.).
hendidura. f. crack, fissure.
heno. m. hay.
hepático, ca. a. hepatic.
heráldico, ca. 1. a. heraldic. **2.** f. heraldry.// herald (m.).
herbívoro, ra. 1. a. herbivorous. **2.** m. herbivore.
heredar. tr. to inherite.// **heredero, ra.** m./f. heir, inheritor.// hereditary (a.).
hereje. m./f. heretic.// **herejía.** f. heresy.
herencia. f. **1.** inheritance *(bienes).* **2.** heritage *(tradiciones).* **3.** heredity *(biólogica).*
herido, da. 1. m./f. wounded person. **2.** f. wound, injury.// **herir.** tr. to wound, to injure, to hurt.
hermandad. f. brotherhood; sisterhood.// **hermano, na.** m. brother, f. sister. m. pl. brethren.
hermético, ca. a. **1.** airtight *(cerrado).* **2.** impenetrable *(incomprensible).*// **hermetismo.** m. secrecy.
hermoso, sa. a. beatiful.// **hermosura.** f. beauty.
hernia. a. hernia.
héroe. m. hero.// **heroína.** f. **1.** heroine. **2.** heroin *(droga).*// heroic (a.).// heroism (m.).
herradura. f. horseshoe.
herraje. m. iron fitting, iron-work.
herramienta. f. tool.
herrar. f. to shoe horses.// **herrería.** f. blacksmith's shop.// **herrero.** m. blacksmith.
herrumbre. f. rust.
hervidero. m. fig. swarm.// **hervir.** i. to boil.// **hervor.** m. boil.
hesitar. i. to hesitate.// hesitation (f.).
hexágono. m. hexagon.// hexagonal (a.).
hez. f. **1.** dregs. **2.** pl. feces.
hibridez. f. hybridity.// hybrid (a.).
hidalgo, ga. a./m./f. noble.// **hidalguía.** f. nobility.
hidratar. tr. to hydrate.// hydratation (f.).
hidráulico, ca. 1. a. hydraulic. **2.** f. hydraulics.
hidroavión. m. hydroplane.
hidrocarburo. m. hydrocarbon.
hidroeléctrico, ca. m./f. hydroelectric.
hidrofobia. f. hydrophobia.
hidrógeno. m. hydrogen.
hiedra. f. ivy.
hiel. f. **1.** bile. **2.** fig. bitterness.
hielo. m. ice.
hiena. f. hyena.
hierba. f. **1.** grass *(pasto).* **2.** herb.
hierro. m. **1.** iron. **2.** *h. dulce:* soft iron.
hígado. m. liver.
higiene. f. hygiene.// hygienic (a.).
higo. m. fig.// **higuera.** f. fig tree.
hijastro, tra. m. stepson, f. stepdaughter.
hijo, ja. m. son, f. daughter, pl. children.
hilacha. f. thread.
hilado. m. **1.** spinning *(acción).* **2.** thread *(hilo).*// **hilandería.** f. spinning mill.// **hilandero, ra.** a. spinning.// **hilar.** tr. **1.** to spin. **2.** *h. fino:* to split hairs.
hilera. f. row, file.
hilo. m. **1.** thread. **2.** filament. **3.** trickle *(líquido).*

hilván. m. basting.// **hilvanar.** tr. **1.** to baste. **2.** fig. to cordinate.
himno. m. **1.** hymn. **2.** *h. nacional:* national anthem.
hincapié. m. *hacer h.:* to insist on, to stress.
hincar. 1. tr. to drive in. **2.** ref. to kneel down.
hincha. m./f. fan; fig. annoying.
hinchado, da. a. **1.** Med. swollen. **2.** fig. annoyed.// **hinchar.** tr. **1.** to swell. **2.** fig. to annoy *(fastidiar);* to be fan *(de un club).*// **hinchazón.** f. swelling.
hindú. a./m./f. Hindu.
hinojo. m. fennel.
hipar. i. to have the hiccups.
hipérbola. f. hiperbola.// **hiperbole.** f. hiperbole.// hiperbolic (a.).
hipersensible. a. hypersensitive.
hipertensión. f. hypertension.
hípico, ca. 1. a. horseback. **2.** f. horseback riding.
hipnotismo. m. hypnotism.// **hipnotizar.** tr. to hypnotize.// hypnotist (m./f.).
hipo. m. hiccup.
hipocondría. f. hypochondria.// hypochondriac (m./f.).
hipocresía. f. hypocrisy.// hypocrite (m./f.).
hipodérmico, ca. a. hypodermic.
hipódromo. m. race track.
hipopótamo. m. hippopotamus.
hipoteca. f. mortgage.// **hipotecar.** tr. to mortgage.// hypothecary (a.).
hipotensión. f. hypotension.// hypotensive (a.).
hipotenusa. f. hypotenuse.
hipótesis. f. hypothesis.// hypothetic (a.).
hirviente. a. boiling.
hispano, na. a./m./f. Hispanic.// **hispanoamericano, na.** a./m./f. Spanish American.
histeria. f. hysteria.// hysterical (a.).
historia. f. **1.** history *(materia).* **2.** story.// **historiador, ra.** m./f. historian.// **historial.** m. record, dossier.// historical (a.).// **historieta.** f. **1.** short story. **2.** comic.
hito. m. **1.** milestone *(señal).* **2.** landmark *(punto).*
hocico. f. snout.
hogar. m. **1.** home *(casa).* **2.** hearth.// **hogareño, ña.** a. **1.** home-loving *(casero).* **2.** domestic.
hoguera. f. bonfire.
hoja. f. **1.** leaf *(árbol).* **2.** sheet *(papel).* **3.** blade *(cuchilla).* **4.** record *(foja).*
hojalata. f. tinplate.// **hojalatería.** tinsmith's shop.// **hojalatero.** m. tinsmith.
hojaldre. m. puff pastry.
hojarasca. f. dead leaves.
hojear. tr. to leaf through.
¡hola!. interj. hello!
holandés, sa. a./m./f. Dutch.
holgado, da. a. **1.** loose *(grande).* **2.** well-off *(bienestar).*
holganza. f. **1.** idleness *(ociosidad).* **2.** recreation.// **holgar.** i. to be idle.
holgazán, na. m./f. loafer.// **holgazanear.** i. to loaf.// **holgazanería.** f. idleness.
holgura. f. **1.** roominess *(espacio).* **2.** comfort.
hollar. tr. to tread on.
hollejo. m. skin.
hollín. m. soot.

holocausto

holocausto. m. holocaust.
holografía. f. holography.// holograph (m.).// holographic (a.).
hombre. m. man.// **hombría.** f. manliness; honesty.
hombro. m. **1.** shoulder. **2.** *poner el h.:* to lend a hand.
homenaje. m. homage.// **homenajear.** tr. to pay homage.
homicida. 1. a. murderous, homicidal. **2.** m./f. murderer, homicide.// **homicidio.** m. homicide
homogeneidad. f. homogeneity.// homogeneous (a.).
homónimo, ma. 1. m. homonym. **2.** m./f. namesake.
homosexual. a./m./f. homosexual.// homosexuality (f.).
hondo, da. 1. a. deep. **2.** m. bottom. **3.** f. sling.// **hondonada.** f. ravine.// **hondura.** f. depth.
hondureño, ña. a./m./f. Honduran.
honestidad. f. **1.** honesty *(honradez).* **2.** decency.// **honesto, ta.** a. **1.** honest. **2.** decent.
hongo. m. **1.** mushroom. **2.** fungus *(microscópico).*
honor. m. honor.// honorable (a.).// **honorario, ria. 1.** a. honorary. **2.** m. pl. fees.
honra. f. **1.** honor. **2.** virtue *(virtud).* **3.** pl. honors.
honradez. f. honesty; decency.// **honrado, da.** a. honest; decent.// **honrar. 1.** tr. to honor. **2.** ref. to be honored.// **honroso, sa.** a. honorable; decent.
hora. f. **1.** hour. **2.** time *(tiempo).* **3.** *¿a qué h.?:* at what time? **4.** *pedir h.:* to request an appointment. **5.** *poner en h.:* to set. **6.** *¿qué h. es?:* what time is it?
horadar. tr. to perforate.
horario, ria. 1. a. hourly. **2.** m. timetable.
horca. f. gallows.
horcajadas (a). adv. astride.
horda. f. horde.
horizonte. m. horizon.// horizontal (a./f.).
horma. f. **1.** mold, form. **2.** shoetree *(de zapatero).*
hormiga. f. ant.
hormigón. f. concrete.
hormiguero. m. **1.** antill. **2.** fig. hub of activity.
hormona. f. hormone.// hormonal (a.).
hornada. f. oven batch.// **hornear.** tr. to bake.// **hornero.** m. **1.** baker. **2.** baker bird *(pájaro).*
horno. m. **1.** oven *(cocina).* **2.** furnace *(industrial).*
horrendo, da. a. horrid.// horrible (a.).// **horripilante.** a. hair-raising.// **horror.** m. horror.// **horrorizar.** tr. to horrify.// **horroroso, sa.** a. **1.** horrible. **2.** terrible.
hortaliza. f. vegetable.// **hortelano, na.** m./f. truck farmer.// horticulture (f.).// horticulturist (m./f.).
hosco, ca. a. gruff.
hospedaje. m. **1.** lodging *(acción).* **2.** inn, hostel *(hostería).*// **hospedar.** to lodge.
hospicio. m. **1.** poorhouse *(para pobres).* **2.** asylum.
hospital. m. hospital.// **hospitalario, ria.** a. **1.** hospital *(de los hospitales).* **2.** hospitable.// **hospitalizar.** tr. to hospitalize.// hospitalization (f.).
hostería. f. inn, hostel.
hostigar. tr. to harass.// **hostigamiento.** m. harassment.
hostil. a. hostile.// hostility (f.).// **hostilizar.** tr. to harass.

hotel. m. hotel.// **hotelería.** f. hotel administration.// **hotelero, ra.** m./f. hotel keeper.
hoy. adv. **1.** today *(día).* **2.** nowadays *(presente).*
hoyo. m. **1.** hole. **2.** grave *(tumba).*
hoyuelo. m. dimple.
hoz. f. sickle.
hueco, ca. 1. a./m. hollow. **2.** m. hole.
huelga. f. **1.** strike. **2.** *ir a la h.:* to go on strike.// **huelguista.** m./f. striker.
huella. f. **1.** footprint *(de pie).* **2.** track *(de animal).* **3.** sign *(señal).* **4.** trail *(senda).* **5.** *h. dactilar:* fingerprint.
huérfano, na. a./m./f. orphan.
huerta. f. vegetable garden.// **huerto.** m. orchard.
hueso. m. **1.** bone. **2.** stone, pit *(carozo).*
huésped. m./f. guest.
hueste. f. host.
huesudo, da. a. bony.
huevo. f. **1.** egg. **2.** *h. duro:* hard-boiled egg. **3.** *h. frito:* fried egg. **4.** *h. pasado por agua:* soft-boiled egg.
huída. f. flight, escape.// **huir.** i. to flee, to escape.
hule. m. oilcloth.
hulla. f. coal.// **hullera.** f. coal mine.
humanidad. f. **1.** mankind *(género humano).* **2.** humanity *(calidad de hombre).* **3.** humaneness.// humanism (m.).// humanist (m./f.).// humanitarian (a.).// **humanizar.** tr. to humanize.// **humano, na. 1.** a./m. human *(hombre).* **2.** humane *(bueno).*
humareda. f. cloud of smoke.// **humeante.** a. smoking, fuming// **humear.** i. **1.** to smoke. **2.** to stream *(emitir vapor).*
humedad. f. **1.** humidity *(clima).* **2.** moisture.// **humectar.** tr. to humidify.// **humedecer.** tr. to moisten, to dampen.// **húmedo, da.** a. **1.** dump, moist. **2.** humid *(clima).*
humildad. f. humbleness, humility.// **humilde.** a. humble.
humillante. a. humiliating.// **humillar.** tr. to humiliate.// humiliation (f.).
humo. m. **1.** smoke. **2.** stream *(vapor).* **3.** pl. airs, conceite, pride.
humor. m. humor, mood *(ánimo).*// **humorada.** f. joke.// **humorismo.** m. humor.// humorist (m./f.).// **humorístico, ca.** a. humorous.
humoso, sa. a. smoky.
hundimiento. m. **1.** sinking *(naufragio).* **2.** cave-in *(derrumbe).*// **hundir.** tr. **1.** to sink *(sumergir).* **2.** to ruin *(arruinar).* **3.** to press in *(un botón).* **4.** to plunge *(cuchillo).* **5.** ref. to sink; to fall dawn *(caer).*
húngaro, ra. a./m./f. Hungarian.
huracán. m. hurrican.// **huracanado, da.** a. hurrican-like.
huraño, ña. a. unsociable.
hurgar, hurguetear. tr. to poke.
hurón, na. m./f. ferret.
hurtadillas (a). adv. secretly, furtively.
hurtar. tr. to steal.
hurto. m. theft, robbery.
húsar. m. hussar.
husmear. tr. **1.** to sniff, to smell out. **2.** fig. to snoop.// **husmeo.** m. **1.** smelling *(olfateo).* **2.** snooping *(curioseo).*
huso. m. **1.** spindle *(textil).* **2.** drum *(mecánico).* **3.** *h. horario:* time zone.

i. f. ninth letter of the Spanish alphabet.
Ibérico, ca. a./m.f. Iberian.// Ibero-American (a./m./f.).
ícono. m. icon.// iconography (f.).
ida. f. **1.** going, departure. **2.** *i. y vuelta:* round trip. **3.** pl. *i. y vueltas:* coming and goings.
idea. f. **1.** idea. **2.** mind.// ideal (a./m.).// idealism (m.).// idealist (a./m./f.).// **idealizar.** tr. to idealize.// **idear.** tr. **1.** to invent. **2.** to think up *(concebir).*
ídem. pron. idem, ditto.
idéntico, ca. a. identical.// **identidad.** f. identity.// identifiable (a.).// identification (f.).// **identificar. 1.** tr. to identify. **2.** ref. to identify oneself.
ideología. f. ideology.// ideological (a.).// ideologist (m./f.).
idilio. m. idyl.// idylic (a.).
idioma. m. language, tonge.// idiomatic (a.).
idiosincrasia. f. idiosyncrasy.
idiota. a./m./f. idiot.// **idiotez.** f. idiocy.
ido, da. a. **1.** distracted *(distraído).* **2.** crazy *(loco).*
idólatra. m./f. idolater.// **idolatrar.** tr. to idolize.// idolatry (f.).// **ídolo.** m. **1.** idol. **2.** star *(estrella).*
idoneidad. f. **1.** aptitude. **2.** fitness *(conveniencia).*// **idóneo, a.** a. **1.** capable *(capaz).* **2.** fit.
iglesia. f. church.
iglú. m. igloo.
ígneo, a. a. igneous.// ignition (f.).
ignominia. f. ignominy.// ignominious (a.).
ignorancia. f. ignorance.// **ignorante. 1.** a. ignorant *(no educado);* uninformed *(no informado).*// **ignorar.** tr. to be ignorant of.
ignoto, ta. a. unknown.
igual. a. **1.** equal. **2.** similar. **3.** even *(parejos).* **4.** the same *(lo mismo).* **5.** *al i. que:* just like. **6.** m./f. equal.// **igualar.** tr. **1.** to make equal *(hacer i.).* **2.** to level *(allanar).* **3.** to equate *(juzgar i.).* **4.** to tie *(empatar).* **5.** ref. to be equal.// **igualdad.** f. **1.** equality. **2.** similiraty. **3.** tie *(empate).* **4.** *en i:* on equal basis.// **igualitario, ria.** a./m./f. egalitarian.// **igualmente.** adv. also *(también);* the same *(de la misma manera).*
iguana. f. iguana.
ilegal. a. illegal.// illegality (a.).
ilegitimidad. f. illegitimacy.// illegitimate (a.).
ileso, sa. a. unhurt.
ilícito, ta. a. illicit, unlawful.
ilimitado, da. a. unlimited.
ilógico, ca. a. illogical.
iluminación. f. illumination; fig. enlightening.// **iluminar.** tr. to illuminate; fig. to enlighten.
ilusión. f. illusion; hope *(esperanza).*// **ilusionar. 1.** tr. to build up hopes. **2.** ref. to have hopes.// **ilusionista.** m./f. illusionist, magician.// illusory (a.).
ilustración. f. **1.** illustration. **2.** picture *(grabado).*
ilustrado, da. a. **1.** learned *(educado).* **2.** illustrated *(libro).*// illustrator (m./f.).// **ilustrar.** tr. to illustrate.// illustrative (a.).
ilustre. a. distinguished.
imagen. f. image.
imaginar. tr. to imagine.// imaginary (a.).// imagination (f.).// imaginative (a.).
imán. m. magnet.// **imantar.** tr. to magnetize.
imbécil. m./f. imbecile.// imbecility (f.).
imberbe. a. beardless.
imborrable. a. indelible.
imbuir. tr. to imbue.
imitar. tr. to imitate.// imitation (f.).// imitator (m./f.).
impaciencia. f. impatience.// **impacientar.** tr. to make lose patience.// impatient (a.).
impactar. tr. to impact, to hit.
impacto. m. impact.
impar. a. **1.** odd. **2.** uneven *(números).*
imparcial. a. impartial.// impartiality (a.).
impartir. tr. to impart.
impasible. a. impassible.
impávido, da. a. fearless.// **impavidez.** f. fearlessness.
impecable. a. impeccable.
impedido, da. a./m./f. disabled.
impedir. tr. to prevent, to obstruct.// impediment (m.).
impeler. tr. to impel.
impenetrable. a. impenetrable.
impensado, da. a. unexpected.
imperante. a. ruling.// **imperar.** tr. to rule, to reign.
imperativo, va. a./m. imperative.
imperceptible. a. imperceptible.
imperdible. m. safety pin.
imperdonable. a. unpardonable, inexcusable.
imperfección. f. imperfection.// imperfect (a.).
imperial. a. imperial.// imperialism (m.).
impericia. f. unskilfullness.
imperio. m. **1.** empire. **1.** rule *(gobierno).*
imperioso, sa. a. imperative, imperious.
impermeable. 1. a. waterproof. **2.** m. watercoat.
impersonal. a. impersonal.
impertérito, ta. a. dauntless
impertinencia. f. impertinence.// impertinent (a.).
ímpetu. m. impetus.// impetuosity (f.).// impetuous (a.).
impiedad. f. impiety.// impious (a.).
implacable. a. implacable.

implantar

implantar. tr. to implant.// implantation (f.).
implemento. m. tool.
implicar. tr. 1. to implicate. 2. to imply (significar).
implícito, ta. a. implicit.
implorar. tr. to implore.
imponderable. a./m. imponderable.
imponente. a. imposing.// **imponer.** tr. 1. to impose. 2. to inform. 3. ref. to be necessary; to beat (derrotar).
importación. f. 1. importation. 2. pl. importer goods.
importancia. f. importance.// important (a.).
importar. 1. i. to be important. 2. tr. to import. 3. tr. to cost (valer). 4. no importa: no matter; never mind.
importe. m. amount.
importunar. tr. to importune.
imposibilidad. f. impossibility.// impossible (a.).
imposición. f. 1. imposition. 2. tax (impuesto).
impostor, ra. m./f. impostor.// imposture (f.).
impotencia. f. impotence.// impotent (a.).
impracticable. a. impracticable.
imprecisión. f. lack of precision.// **impreciso, sa.** a. vague, indefinite.
impregnar. tr. to impregnate.
imprenta. f. 1. printing. 2. printing shop (comercio).
imprescindible. a. indispensable.
impresión. f. 1. impression. 2. printing (imprenta).// **impresionante.** a. impressive.// **impresionar.** tr. 1. to impress. 2. fig. to move. 3. ref. to be moved.// impressionism (m.).// impressionist (a./m./f.).
impreso. m. printed matter.// **impresor, ra.** m./f. printer.
imprevisión. f. lack of foresight.// **imprevisto, ta.** 1. a. unforeseen. 2. m. unforeseen event or expense.
imprimir. tr. 1. to print. 2. to imprint (dejar huella).
improbable. a. improbable.// improbability (f.).
ímprobo, ba. a. dishonest, corrupt.
improcedente. a. inappropriate; contrary to law.
improductivo, va. a. unproductive.
impropio, pia. a. 1. improper. 2. inappropriate.
improvisar. tr. to improvisate.// improvisation (f.).// **improviso (de).** adv. unexpectedly.
imprudencia. f. imprudence.// imprudent (a.).
impúdico, ca. a. shameless.// impudicity (f.).
impuesto. m. tax.
impugnar. tr. to impugn.// impugnation (f.).
impulsar. tr. to impel.// impulsive (a.).// impulse (m.).
impune. a. unpunished.// impunity (f.).
impureza. f. impurity.// impure (a.).
imputación. f. 1. imputation. 2. charge (contable).// **imputar.** tr. 1. to impute. 2. to assign.
inacabable. a. endless.
inaccesible. a. inaccesible.
inacción. f. inaction.
inaceptable. a. unacceptable.
inactividad. f. inactivity.// inactive (a.).
inadecuado, da. a. inadequate.
inadvertido, da. a. unnoticed.
inagotable. a. inexhaustible.
inaguantable. a. unbearable, insufferable.
inalámbrico, ca. a. wireless.
inalterable. a. unalterable.
inamovible. a. immovable.
inanición. f. starvation.
inanimado, da. a. lifeless.
inapetencia. f. inappetence.// inappetent (a.).
inaplazable. a. unpostponable.
inaplicable. a. inapplicable.
inaudito, ta. a. unheard-of.
inaugurar. tr. to inaugurate.// inauguration (f.).
inca. m. Inca.// **incaico, ca.** a. Incan.
incalculable. a. incalculable.
incandescente. a. incandescent.// incandescence.
incansable. a. tireless.
incapacitar. tr. to incapacitate.// incapacity (f.).
incapaz. a. incapable; incompetent.
incautar. tr./ref. to seize, to confiscate.
incauto, ta. a. unwary.
incendiar. 1. tr. to set fire to. 2. ref. to catch fire.// incendiary (a./m./f.).// **incendio.** m. fire.
incentivar. tr. to incentive.// incentive (m.).
incertidumbre. a. uncertainly.
incesante. a. incessant.
incidencia. incidence.// incidental (a.).// incident (a.).
incidir. tr. 1. to fault (en errores). 2. i. sobre: to influence.
incienso. m. incense.
incierto, ta. a. uncertain.
incinerar. tr. to incinerate.// incineration (f.).
incipiente. a. incipient.
incisión. f. incision.// **incisivo, va.** 1. a. incisive. 2. m. incisor.
inciso. m. clause, paragraph.
incitar. tr. to incite.// incitation (f.).// inciting (a.).
inclemencia. f. inclemency.// inclement (a.).
inclinación. f. inclination.// **inclinar.** 1. tr. to incline. 2. tr./ref. to bow (la cabeza). 3. tr./ref. to lean (ladear). 4. ref. to feel or be inclined.
incluir. tr. to include; to contain.// **inclusión.** f. inclusion.// **inclusive.** a. included.// **incluso.** adv. 1. inclusive. 2. even (aún más).
incobrable. a. uncollectible.
incógnito, ta. 1. m. incognito. 2. f. unknown quantity. 3. de i.: on incognito.
incoherencia. f. incoherence.// incoherent (a.).
incoloro, ra. a. colorless.
incomodar. tr. to inconvenience.// **incomodidad.** f. discomfort.// **incómodo, da.** a. 1. uncomfortable. 2. inconvenient (incomodado).
incomparable. a. incomparable.
incompatible. a. incompatible.// incompatibility (f.).
incompetencia. a. incompetence.// incompetent (a.).
incompleto, ta. a. incomplete.
incomprensible. a. incomprehensible.
incomunicado. a. isolated.
inconcebible. a. inconceivable.
inconcluso, sa. a. unfinished.
incondicional. a. unconditional.
inconexo, xa. a. unconnected.
inconfundible. a. unmistakable.
incongruencia. f. incongruence.// incongruent (a.).
inconsciencia. f. 1. unconsciousness (desmayo, psiquis). 2. unawareness (decuido).// **inconsciente.** a./m. unconscious.
inconsistencia. f. inconsistency.// inconsistent (a.).
inconstancia. f. fickleness.// **inconstante.** a. fickle.

inconstitucional. a. unconstitutional.// **Inconstitucionalidad.** f. unconstitutionality.
incontable. a. countless.
incontinencia. f. incontinence.// incontinent (a.).
inconveniente. 1. a. inconvenient. 2. m. obstacle; objetion.// inconvenience (f.).
incorporar. 1. tr. to incorporate. 2. ref. to join (unirse); to sit up (levantarse).// incorporation (f.).
incorrección. f. incorrection.// incorrect (a.).// incorregible (a.).
incorruptible. a. incorruptible.
incredulidad. f. incredulity.// incredulous (a.).
increíble. a. incredible, unbeliable.
incrementar. tr. to increase.// increment (m.).
incruento, ta. a. bloodless.
incrustar. tr. 1. to enlay (joyas). 2. to encrust.// **incrustación.** f. incrustation; enlaying.
incubar. i./tr. to incubate.// incubation (f.).// incubator (f.).
inculcar. tr. to inculcate.
inculpar. tr. to blame.
inculto, ta. a. 1. uncultured. 2. unrefined.
incumbencia. f. incumbency.
incumplimiento. m. breach.
incurable. a. incurable.
incurrir. tr. 1. to incur. 2. to commit (cometer).// incursion (f.).
indagación. f. investigation.// **indagar.** tr. to inquire.
indecencia. f. indecency.// indecent (a.).
indecisión. f. indecision.// **indeciso, sa.** a. undecided.
indefenso, sa. a. defenseless.
indefinido, da. a. indefinite.
indemnizar. tr. to indemnify.// indemnification (f.).
independencia. f. independence.// independent (a.).
indeseable. a. indesirable.
indicar. tr. to indicate.// indication (f.).// indicative (a.).
índice. m. 1. index. 2. forefinger (dedo).
indicio. m. 1. sign, indication. 2. pl. clues.
indiferencia. f. indifference.// indifferent (a.).
indígena. a./m./f. native.
indigencia. f. indigence.// indigent (a.).
indigesto, ta. a. indigestible.// indigestion (f.).
indignado, da. a. indignant.// indignation.
indigno, na. a. 1. unworthy (sin mérito). 2. despicable (vil).// indignity (f.).
indio. a./m. Indian.
indirecto, ta. 1. a. indirect. 2. f. insinuation.
indiscreción. f. indiscretion.// indiscreet (a.).
indiscutible. a. inquestionable.
indisponer. 1. tr. to set against. 2. ref. to fall ill.// indisposition (f.).// indisposed (a.).
indistinto, ta. a. indistinct.
individuo. m. individual (a.).// individuality (f.).
índole. f. 1. nature. 2. type.
indolencia. f. indolence.// indolent (a.).
indomable. a. indomitable.
indonesio, sia. a./m./f. Indonesian.
inducir. tr. to induce.// induction (f.).
indudable. a. indubitable.

indulgencia. f. indulgency.// indulgent (a.).
indultar. tr. to pardon.// **indulto.** m. pardon, remission.
indumentaria. f. dress, clothing.
industria. f. industry.// **industrial.** 1. a. industrial. 2. m./f. indutrialist.// **industrializar.** tr. to industrialize.
inédito, ta. a. unpublished.
ineficiencia. f. inefficience.// inefficient (a.).
ineludible. a. unavoidable.
ineptitud. f. ineptitude.// inept (a.).
inequívoco, ca. a. unequivocal.
inercia. f. inertia.// inert (a.).
inesperado, da. a. unexpected.
inestable. a. unstable.
inestimable. a. invaluable.
inevitable. a. inevitable.
inexactitud. f. inaccuracy.// **inexacto, ta.** a. inaccurate (a.).
inexorable. a. inexorable.
inexperto, ta. a. inexperienced.// inexperience (f.).
inexplicable. a. inexplicable.
infalible. a. infallible.// infallibility (a.)
infame. a. infamous.// infamy (f.).
infancia. f. infancy.// **infante.** m. infant; infantryman (soldado).// infantile (a.).
infantería. f. infantry.
infatigable. a. indefatigable.
infectar. tr. to infect.// infection (f.).// infectious (a.).
infelicidad. f. unhappiness.// **infeliz.** 1. a. unhappy. 2. m./f. poor devil.
inferior. 1. a. lower, inferior. 2. m./f. subordinate.// inferiority (f.).
infernal. a. infernal.
infestar. tr. to infest.// infestation (f.).
infiel. 1. a. disloyal (desleal). 2. m./f. infidel.// infidelity (f.).
infierno. m. hell.
infiltrar. tr. to infiltrate.// infiltration (f.).
ínfimo, ma. a. lowest; least.
infinidad. f. 1. infinity (calidad). 2. countless (incontables).// infinitive (a./m.).// **infinito, ta.** 1. a./m. infinite. 2. m. Math. infinity. 3. adv. ad infinitum.
inflación. f. inflation.// inflationary (a.).
inflamar. tr. to inflame.// inflammable (a.).// inflammation (f.).
inflar. tr. to inflate. 2. fig. to exaggerate (a.).
inflexibilidad. f. inflexibility.// inflexible (a.).
inflexión. f. inflection.
influir. tr. to influence.// influence (f.).// influential (a.).
información. f. information; data (datos).// **informar.** 1. tr. to inform; to report on (por escrito). 2. ref. to inquire (buscar i.); to find out (lograr i.).// informative (a.).// **informe.** m. report.// informer (m./f.).
infortunio. m. misfortune.
infracción. f. infraction, transgression.// **infractor, ra.** transgressor, violator.
infraestructura. f. infraestructure.// infraestructural (a.).
in fraganti. adv. in the act.
infrarrojo, ja. a./m. infrared.
infringir. tr. to violate, to transgress.
infructuoso, sa. a. fruitless.

infundado, da

infundado, da. a. groundless.
infundir. tr. to instill.
infusión. f. infusion.
ingeniería. f. engineering.// engineer (m./f.).
ingenio. m. 1. ingenuity *(habilidad)*. 2. wit *(agudeza)*. 3. sugar mill *(de azúcar)*.// ingenuos (a.).
ingenuidad. f. naïveté.// **ingenuo, nua.** a./m./f. naïve.
ingle. f. gloin.
inglés, sa. 1. a./m. English. 2. m. Englishman, f. Englishwoman.
ingrato, ta. a. 1. ungrateful *(desagradecido)*. 2. disagreeable *(desagradable)*.// ingratitude (f.).
ingrediente. m. ingredient.
ingresar. 1. i./tr. to enter. 2. tr. to deposit.// **ingreso.** m. 1. entrance *(acción, lugar)*. 2. income *(dinero, bienes)*. 3. pl. earnings.
inhabilitar. tr. 1. to disqualify. 2. to incapacitate.
inhabitable. a. uninhabitable.
inhalar. tr. to inhale.// inhalation (f.).
inherencia. f. inherence.// inherent (a.).
inhibir. tr. to inhibit.// inhibition (f.).// inhibitory (a.).
inhumano, na. a. inhuman.
iniciar. tr. 1. to initiate *(en una actividad)*. 2. to begin *(comenzar)*.// initial (a.).// initiate (m./f.).// initiation (f.).// initiative (f.).// **inicio.** m. beginning.
iniquidad. f. iniquity.
injertar. tr. to graft, to implant.// **injerto.** m. grafting.
injuria. f. insult.// **injuriar.** tr. to insult. // **injurioso, sa.** a. insulting.
injusticia. f. injustice.
injustificable. a. unjustifiable.// **injustificado, da.** a. unjustified.
injusto, ta. a. unjust.
inmaduro, ra. a. 1. inmature *(persona)*. 2. green *(fruta)*.// inmaturity (f.).
inmediación. f. 1. inmediacy. 2. pl. outskirts.
inmediato, ta. 1. a. inmediate; next. 2. de i.: inmediately.
inmejorable. a. perfect, excellent.
inmensidad. f. inmensity.// inmense (a.).
inmerecido, da. a. undeserved.
inmersión. f. immersion.
inmigrar. i. to immigrate.// immigrant (a./m./f.).// immigration (f.).
inminencia. f. imminence.// imminent (a.).
inmiscuirse. ref. to meddle, to interfere.
inmoralidad. f. immorality.// immoral (a.).
inmortalizar. to immortalize.// immortal (a.).// immortality (f.).
inmovilizar. tr. to immovilize.// inmobile (a.).
inmueble. 1. m. building. 2. pl. *bienes i.*: real state.
inmundicia. f. filth, dirt.// **inmundo, da.** a. filth.
inmunizar. i. to immunize.// immune (a.).// immunity (f.).
inmutarse. ref. to become agitated or worried.// immutable (a.).
innato, ta. a. innate.
innecesario, ria. a. unnecessary.
innegable. a. undeniable.
innovar. tr. to innovate.// innovation (f.).// innovator (m./f.).
inocencia. f. innocence.// innocent (a./m./f.).
inocular. tr. to innoculate.// innoculation (f.).

inocuo, cua. a. innocuous, harmless.
inodoro, ra. 1. a. odoriess. 2. m. toilet.
inofensivo, va. a. harmless.
inolvidable. a. unforgettable.
inoperante. a. inoperative.
inoportuno, na. a. inopportune, untimely.
inoxidable. a. stainless.
inquebrantable. a. unbreakeable.
inquietar. 1. tr. to disturb. 2. tr./ref. to worry.// **inquieto, ta.** a. restless *(intranquilo)*; worried *(preocupado)*.// **inquietud.** f. restlessness; worry.
inquilinato. m. tenancy.// **inquilino, na.** m./f. tenant.
inquisición. f. inquisition.// inquisitor (m./f.).
insaciable. a. insatiable.
insalubre. a. unhealthy.
insatisfacción. f. dissatisfaction.// **insatisfactorio, ria.** a. unsatisfactory.// **insatisfecho, cha.** a. unsatisfied *(no satisfecho)*; dissatisfied *(desilusionado)*.
inscribir. 1. tr. to inscribe *(grabar)*. 2. tr./ref. to register.// **inscripción.** f. 1. inscription. 2. enrollment.
insecto. m. insect.// insecticide (m.).
inseguridad. f. 1. insecurity. 2. uncertainty *(indecisión)*.// **inseguro, ra.** a. 1. insecure; uncertain.
insensatez. f. foolishness.// **insensato, ta.** a. foolish.
insensibilidad. f. insensibility *(sin sensación)*; insensitivity *(sin sentimiento)*.// **insensible.** a. 1. insensible *(sin sensación)*. 2. insensitive *(sin sentimiento)*. 3. imperceptible.
inseparable. a. inseparable.
insertar. tr. to insert.// inserted (a.).// insertion (f.).
inservible. a. useless.
insidia. f. malice.// insidious (a.).
insigne. a. famous, distinguished.
insignia. f. badge, emblem.
insignificancia. f. insignificance.// insignificant (a.).
insinceridad. f. insincerity.// insincere (a.).
insinuar. tr. to insinuate, to suggest.// insinuation (f.).
insípido, da. a. insipidit, tasteless.// insipidity (f.).
insistir. i. to insist.// insistence (f.).// insistent (a.).
insociable. a. unsociable.
insolación. f. sunstroke.// **insolarse.** ref. to get sunstroke.
insolencia. f. insolence.// insolent (a.).
insólito, ta. a. unusual, uncommon.
insoluble. a. insoluble.
insolvencia. f. insolvency.// insolvent (a.).
insomne. a. sleepless.// **insomnio.** m. sleeplessness.
insoportable. a. unbereable, intolerable.
insospechado, da. a. unsuspected.
inspeccionar. tr. to inspect.// inspection (f.).// inspector (m./f.).
inspiración. f. 1. inspiration. 2. inhalation *(aire)*.// **inspirar.** 1. tr. to inhale *(aire)*; to inspire *(sentimientos)*. 2. ref. to be inspired.
instalación. f. 1. installation *(acción)*. 2. equipment *(equipo)*. 3. pl. plant. 4. *i. sanitaria*: plumbing.// **instalar.** 1. tr. to install. 2. ref. to establish oneself.
instancia. f. 1. instance. 2. *en última i.*: as a final resort.
instantáneo, a. 1. a. instantaneous. 2. f. snapshot.

inundación

instante. m. 1. instant. 2. *a cada i.:* constantly. 3. *al i:* inmediately.
instar. tr. to urge, to press.
instigar. tr. to incite.
instinto. m. instinct.// instinctive (a.).
institución. f. institution.// institutional (a.).
instituir. tr. to insititute.// institution (f.).// institutional (a.).// institute (m.).
institutriz. f. governess.
instrucción. f. 1. instruction. 2. education, teaching. 3. pl. directions.// instructive (a.).// instructor (m./f.).// **instruido, da.** a. well-educated.// **instruir.** tr. 1. to instruct. 2. to teach *(enseñar).* 3. ref. to learn *(aprender);* to be informed *(informarse).*
instrumental. 1. a. instrumental. 1. f. instruments.// instrument (m.).
insuficiencia. f. insufficiency.// insufficient (a.).
insufrible. a. intolerable.
insular. a. insular.
insulso, sa. a. 1. tasteless *(sin sabor).* 2. dull *(soso).*
insultar. tr. to insult.// insult (m.).
insuperable. a. insuperable.
insurrección. f. insurrection.
insurrecto, ta. 1. a. insurgent. 2. m. rebel.
intacto, ta. a. intact.
intachable. a. irreproachable.
intangible. a. intangible.
integrar. 1. tr. to integrate. 2. ref. to join *(unirse).*// integral (a.).// integrant (a./m./f.).// integration (f.).// integrity (f.).// **íntegro, gra.** a. 1. whole, complete. 2. honest, honorable.
intelecto. m. intellect.// intellectual (a./m./f.).
inteligencia. f. intelligence.// intelligent (a.).
intemperancia. f. intemperance.// intemperant (a.).
intemperie. f. 1. bad weather. 2. *a la i.:* in the open.
intención. f. intention; wish *(voluntad).*// intentional (a).
intendencia. f. *Arg.* mayoralty.// **intendente.** m. *Arg.* mayor.
intensificar. tr. to intesify.// intense (a.).// intensive (a.).// intensivity (f.).
intentar. tr. to try, to attemp.// **intento.** m. attempt.
interamericano, na. a. inter-American.
intercalar. tr. to insert, to intercalate.
intercambiar. i. to exchange.// **intercambio.** m. exchange, trade.
interceder. i. to intercede.
interceptar. tr. to intercept.// interception (f.).// interceptor (m.).
interdicción. f. interdiction.// interdict (a./m.).
interés. m. interest.// **interesante.** a. interesting.// **interesar.** tr. 1. to interest. 2. *Med.* to affect *(afectar).*
interferir. tr. to interfere.// interference (f.).
ínterin (en el). adv. meanwhile.
interino, na. a. 1. temporary. 2. acting *(suplente).*
interior. a. 1. interior, inner *(interno).* 2. *ropa i.:* underclothes. 3. m. interior; heart *(alma).*
interjección. f. intejection.
interlocutor, ra. a./m./f. interlocutor.
intermediario. a./m./f. intermediary.
intermedio, día. 1. a. intermediate. 2. m. intermission.
interminable. a. interminable.

intermitencia. f. intermitence.// intermitent (a.).
internacional. a./f. international.// internationalism (m.).// internationalist (a./m./f.).
internado. m. boarding school.
internar. tr. 1. to hospitalize. 2. to confine *(encerrar).* 3. ref. to penetrate *(adentrarse).*// **interno, na.** 1. a. internal *(de adentro);* interior. 3. m./f. boarding student *(alumno);* internist *(médico).*
interpelar. tr. to interpellate.// interpellation (f.).
interpolar. tr. to interpolate.// interpolation (f.).
interponer. tr. 1. to interpose. 2. *Law.* to present *(un recurso).* 2. ref. to put oneself between.
interpretación. f. 1. interpretation. 2. performance *(músico, actor).*// **interpetar.** tr. 1. to interpret. 2. to play *(actuar).* 3. to perform *(música).*// **intérprete.** m./f. 1. interpreter. 2. actor. 3. performer *(músico).*
interrogación. f. 1. question. 2. *signo d I.:* question mark.// m./f. interrogator.// **interrogante.** 1. a. interrogating. 2. m. question; fig. uncertainty.// **interrogar.** tr. to interrogate, to question.// interrogative, (a.).// **interrogatorio.** m. interrogation.
interrumpir. tr. 1. to interrupt. 2. to block *(obstruir).*// interruption (f.).// **interruptor.** m. switch, circuit breaker.
intersectar. tr. 1. to intersect. 2. to cross *(dos calles).*// **intersección.** m. intersection; cross *(de calles).*
intervalo. m. interval.
intervención. f. 1. intervention *(mediación).* 2. participation. 3. auditing *(auditoría).* 4. operation.// **intervenir.** i./tr. 1. to intervene *(mediar).* 2. to participate. 3. tr. to audit *(auditar);* to operate on.// **interventor, ra.** m./f. inspector, auditor.
intestino, na. a. 1. internal. 2. m. intestine.
intimación. f. 1. ultimatum. 2. *Law.* notice.
intimar. 1. i. to become intimate. 2. tr. to notify.//**intimidad.** f. 1. intimacy *(cercanía).* 2. privacy.// **íntimo, ma.** a. 1. intimate. 2. private. 3. m./f. close friend.
intolerable. a. intolerable.
intolerancia. f. intolerance.// intolerant (a.)
intoxicar. tr. to intoxicate.// intoxication (f.).
intranquilidad. f. restlessness, uneasiness.// **intranquilo, la.** a. restless, uneasy.
intransigencia. f. intransigence.// intransigent (a.).
intransitable. a. impassable.
intransitivo, va. a. intransitive.
intratable. a. unsociable.
intravenoso, sa. a. intravenous.
intrepidez. f. intrepidity.// intrepid (a.).
intriga. f. intrigue.// **intrigante.** 1. a. intriguing. 2. m./f. intriguer.// **intrigar.** i./tr. to intrigue.
intrincado, da. a. intricate.
intrínseco, ca. a. intrinsic.
introducción. f. 1. introduction. 2. insertion. 3. preface. 4. *Mus.* overture.// **introducir.** tr. 1. to introduce. 2. to put into *(meter).* 3. to show in *(dar entrada).* 4. to insert. 5. ref. to enter.
introvertido, da. 1. a. introverted. 2. m./f. introvert.// introversion (f.).
intruso, sa. 1. a. intrusive. 2. m./f. intruder.
intuir. tr. to sense, to intuit.// intuition (f.).// intuitive (a.).
inundación. f. flood.// **inundar.** tr. to flood.

inusual

inusual. a. unusual.
inútil. a. useless.// **inutilidad.** f. uselessness.
inutilizar. tr. **1.** to make useless. **2.** to destroy.
inútilmente. adv. in vain.
invadir. tr. to invade.
invalidar. tr. to invalidate.// invalidation (f.).
invalidez. f. invalidity *(nulidad)*; disability *(incapacidad)*.// **inválido, da.** **1.** a. invalid. **2.** m./f. disabled person.
invariable. a. invariable.
invasión. f. invasión.// **invasor, ra. 1.** a. invading. **1.** m./f. invader.
invencible. a. invincible.
invención. f. invention.// **inventar.** tr. **1.** to invent. **2.** to imagine. **3.** to fabricate *(mentiras)*.
inventariar. tr. to inventory, to make an inventory.// **inventario.** m. inventory.
inventivo, va. 1. a. inventive. **2.** f. inventiveness.
invento. m. invention.// inventor (m./f.).
invernadero. m. greenhouse.// **invernal.** a. wintry.// **invernar.** i. **1.** to winter. **2.** to hibernate *(hibernar)*.
inverosímil. a. **1.** unlikely *(improbable)*. **2.** unbeliable *(increíble)*.
inversión. f. **1.** inversion. **2.** investment *(financiera)*.// **inversionista.** m./f. investor.
inverso, sa. 1. a. inverse, inverted. **2.** *a la i.:* on the contrary. **3.** *en sentido i.:* in the opposite direction.
invertebrado, da. a./m./f. invertebrate.
investidura. f. investiture.
investigación. f. **1.** investigation. **2.** research *(científica)*.// **investigador, ra. 1.** a. investigative; researching *(que experimenta)*. **2.** m./f. investigator; researcher *(científico)*.// **investigar.** tr. **1.** to investigate. **2.** to research *(experimentar)*.
investir. tr. to invest, to confer on.
invicto, ta. a. unbeaten.
invierno. m. winter.
inviolable. a. inviolable.
invisible. a. invisible.
invitación. f. invitation.// **invitado, da.** m./f. guest.// **invitar.** tr. to invite.
invocar. tr. to invoke.// invocation (f.).
involucrar. tr. to involve, to implicate.
involuntario, ria. a. involuntary.
invulnerable. a. invulnerable.
inyección. f. injection.// **inyectable.** a. injectable.// **inyectar.** tr. to inject.// **inyector.** m. injector.
ion. m. ion.
ionósfera. f. ionosphere.
ir. i. **1.** to go. **2.** to move *(moverse)*. **3.** to walk *(caminar)*. **4.** to travel *(viajar)*. **5.** to proceed *(proceder)*. **6.** to suit, to fit *(quedar bien)*. **7.** to lead *(dirigirse)*. **8.** to be going to *(acciones que se van a realizar de inmediato; p.ej: voy a leer/* I am going to read). **9.** to be doing well/bad *(ir bien/mal en una actividad)*. **10.** *¿cómo le va?:* how are you? **11.** *¿cómo va el asunto?:* how is the matter going? **12.** *i. adelante:* to progress *(adelantar)*. **13.** *i. a caballo:* to ride. **14.** *i. a pie:* to walk. **15.** *i. de compras:* to go shopping. **16.** *i. de mal en peor:* to go from bad to worse. **17.** *i. del brazo:* to walk arm in arm **18.** *i. de paseo:* to go for a walk. **19.** *i. de viaje:* to go on strip. **20.** *i. en coche:* to go by car. **21.** *i. tirando:* to manage. **22.** *¡qué va!:* I don't believe it! **23.** *¡vámonos!:* let's go. **24.** *¡vaya usted a saber!:* who knows! **25.** ref. to go away, to leave *(partir)*. **26.** to die *(morir)*.
ira. f. **1.** angry *(cólera)*. **2.** fury *(fury)*.// **iracundo, da.** a. irate, angry.
irascible. a. irascible.
iraní. a./m./f. Iranian.
iridiscente. a. iridiscent.
iris. m. **1.** iris. **2.** *arco i.:* rainbow.
irlandés, sa. a./m./f. Irish.
ironía. f. irony.// **irónico, ca.** a. ironic.// **ironizar.** tr. **1.** to ironize. **2.** to make fun of.
irracional. a. irrational.
irradiar. tr. to radiate.
irrazonable. a. unreasonable.
irreal. a. unreal.// **irrealidad.** f. unreallity (f.).
irrealizable. a. unrealizable.
irreconciliable. a. unreconciliable.
irrecuperable. a. irrecoverable.
irreemplazable. a. unreplaceable.
irrefutable. a. irrefutable.
irreflexión. f. impetuosity.// **irreflexivo, va.** a. impetuous, thoughless.
irregular. a. irregular.// irregularity.
irrelevancia. f. irrelevance.// irrelevant (a.).
irremediable. a. irremediable.
irreparable. a. irreparable.
irreprochable. a. irreproachable.
irresistible. a. irresistible.
irresoluble. a. unsolvable.// **irresolución.** f. irresolution, insecurity.// **irresoluto, ta.** a. irresolute.
irrespetuoso, sa. a. **1.** coarse, vulgar. **2.** disrespectful.
irresponsabilidad. f. irresponsibility.// **irresponsable.** a. irresponsible.
irreverencia. a. irreverence.// irreverent (a.).
irrevocable. a. irrevocable.
irrigar. tr. to irrigate.// irrigation (f.).
irrisión. f. ridicule.// **irrisorio, ria.** a. **1.** laughable *(risible)*. **2.** ridiculously low *(precios)*.
irritar. tr. to irritate.// irritable (a.).// irritant (a.)// irritation (f.).
irrompible. a. unbreakable.
irrupción. f. bursting in, irruption.// **irrumpir.** i. to burst in, to invade.
isla. f. island.
islamismo. m. islamism.// islamic (a.).
islandés, sa. 1. a. Icelandic. **2.** m./f. Icelander.
isleño, ña. a./m./f. islander.
islote. m. islet.
israelí. a./m./f. Israelite.
israelita. a./m./f. Israelite.
isobara. f. isobar.
isótopo. m. isotope.
istmo. m. isthmus.
italiano, na. a./m./f. italian.// **itálico, ca.** a. **1.** italic. **2.** *letra i.:* italics.
ítem. m. item, article.
itinerario. m. **1.** itinerary. **2.** time table *(horario)*.
izar. tr. to hoist.
izquierda. f. **1.** left hand *(mano)*. **2.** left side *(lado)*. **3.** left *(política)*.// **izquierdista.** a./m./f. leftist.// **izquierdo, da.** a. left.

j. f. tenth letter of the Spanish alphabet.
jabalí. m. wild boar.
jabalina. m. javelin.
jabón. m. **1.** soap. **2.** Arg. fig. *tener un j.*: to be afraid.// **jabonadura.** f. soaping.// **jabonar.** tr. to wash.// **jabonera.** f. soap dish.// **jabonoso, sa.** a. soapy.
jaca. m. small horse.
jacinto. m. hyacinth.
jacobino, na. a./m./f. Jacobin.// jacobinism (m.).
jactancia. f. **1.** boast *(alarde)*. **2.** arrogance.// **jactancioso, sa.** a. boastful; arrogant.// **jactarse.** ref. to boast.
jade. m. jade.
jadeante. a. panting, out of breath.// **jadear.** i. to pant.// **jadeo.** m. pant.
jaguar. m. jaguar.
jalar. tr. to pull.
jalea. f. jelly.
jaleo. m. **1.** cheering on. **2.** fig. uproar.
jalón. m. range pole, milestone *(hito)*.// **jalonar.** tr. to stake on, to mark.
jamás. adv. never.
jamelgo. m. nag, hack.
jamón. m. ham.
jangada. f. **1.** float. **2.** logjam *(de troncos)*.
japonés, sa. a./m./f. Japanese.
jaque. m. **1.** check. **2.** *dar j.*: to check. **3.** *j. mate*: checkmate.// **jaquear.** tr. **1.** to check. **2.** to harass *(a un enemigo).*
jaqueca. f. migraine, headache.
jaquetón. m. long jacket.
jarabe. m. syrup.
jarana. f. **1.** uproar *(alboroto)*. **2.** party *(diversión)*. **3.** *andar de j.*: to be having a party.// **jaranear.** i. to be having a party time.
jardín. m. **1.** garden. **2.** *j. de infantes*: kindergarden.// **jardinería.** gardening.// **jardinero, ra.** m./f. gardener.
jarro, ra. m./f. **1.** pitcher, jug. **2.** *a boca de j.*: at pointblank. **3.** *con los brazos en j.*: with arms akimbo.// **jarrón.** m. urn, vase.
jaspe. m. jasper.// **jaspeado, da.** a. marbled.
jaula. f. **1.** cage. **2.** crate *(para transporte)*.
jauría. f. pack of hounds.
jazmín. m. jasmine.
jefatura. f. **1.** leadership *(dirección)*. **2.** headquarters *(cuartel central)*. **3.** police station *(de policía)*.//
jefe, fa. m./f. **1.** chief. **2.** boss *(patrón, capataz)*. **3.** leader *(líder)*. **4.** head *(cabeza, cabecilla)*. **5.** master *(de estación)*. **6.** foreman *(j. de taller)*.

jengibre. m. ginger.
jerarca. f. hierarch.// hierarchy (f.).// hierarchic (a).
jerez. m. sherry.
jerga. f. jargon, slang.
jergón. m. straw mattress.
jerigonza. f. jargon *(jerga)*; gibberish *(galimatías)*.
jeringa. f. syringe.// **jeringuilla.** f. hipodermic syringe.
jeroglífico, ca. a./m. hieroglyphic.
jesuita. a./m. Jesuit.
jeta. f. **1.** snout *(hocico)*. **2.** mug *(cara)*. **3.** *poner la j.*: to make a face.
jíbaro, ra. a./m./f. Jibaran.
jilguero. m. goldfinch.
jinete. m. (horseback) rider.// **jinetear.** tr. to ride.
jirafa. f. giraffe.
jirón. m. shred.
jocosidad. f. humor, fun.// **jocoso, sa.** a. amusing, funny, jocular.
joder. tr. vulg. **1.** to annoy *(fastidiar)*. **2.** to fuck.
jolgorio. m. frolic, fun.
jónico, ca. a./m./f. Ionic, Ionian.
jordano, na. a./m./f. Jordanian.
jornada. f. **1.** journey *(travesía)*. **2.** workday *(de trabajo)*. **3.** *de media j.*: part time.
jornal. m. day's wages.// **jornalero, ra.** m./f. day laborer.
joroba. f. hump.// **jorobado, da.** a./m./f. hunchback.
jorobar. tr. fig. to bother, to pester.
joven. n. a. young. **2.** m. youngman; f. young woman.
jovial. a. jovial.// joviality (f.).
joya. f. jewel.// **joyería.** f. jewelry, jewelry store *(comercio)*.// **joyero, ra.** m./f. jeweler.
juanete. m. bunion.
jubilación. f. retirement; pension *(renta)*.// **jubilado, da.** m./f. retired.// **jubilar.** tr./ref. to retire.
jubileo. m. jubilee.// **júbilo.** m. joy, rejoicing.// **jubiloso, sa.** a. joyful.
judaico, ca. a. Jewish.// Judaism. (m.).
judicial. a. judicial.
judío, a. **1.** a. Jewish. **2.** m. Jew, f. Jewess
juego. m. **1.** game. **2.** sport. **3.** gambling *(vicio)*. **4.** Mech. play. **5.** jest *(broma)*. **6.** *casa de j.*: gambling house. **7.** *hacer doble j.*: to be two faced. **8.** *hacer j.*: to match. **9.** *j. de azar*: game of chance. **10.** *j. de ingenio*: guessing game. **11.** *j. de palabras*: play of words. **12.** *j. limpio*: fair play. **13.** *j. sucio*: foul play. **14.** *poner en j.*: to put into play.
juerga. f. spree.// **juerguista.** m./f. carouser.
jueves. m. Thursday.
juez. m./f. **1.** judge. **2.** Sp. referee.

jugada

jugada. f. play, move.// **jugador, ra.** m./f. **1.** player. **2.** gambler *(apostador)*.// **jugar.** tr. **1.** to play. **2.** to gamble *(apostar)*. **3.** to make a move *(mover)*.// **jugarreta.** f. dirty trick.
juglar. m. minstrel.
jugo. m. juice.// **jugoso, sa.** a. juicy.
juguete. m. toy.// **juguetear.** i. to play around.// **juguetería.** f. toy shop.// **juguetón, na.** a. playful.
juicio. m. **1.** judgement. **2.** reason, mind *(razonamiento)*. **3.** good sense *(cordura)*. **4.** *Law.* trial, suit. **5.** *estar en su sano j.*: to be of sound mind. **6.** *estar fuera de j.*: to be out of one's mind. **7.** *perder el j.*: to lose one's mind. **8.** *poner en tela de j.*: to call into question.// **juicioso, sa.** a. judicious.
julepe. m. fig. scare, fright.
julio. m. **1.** July. **2.** joule *(medida)*.
juncal. f. clump of rushes.
junco. m. rush.
jungla. f. jungle.
junio. m. June.
junta. f. **1.** junction *(unión)*. **2.** joint, washer *(pieza)*. **3.** board, council *(comité)*.
juntar. tr. **1.** to join *(unir)*. **2.** to assemble *(reunir)*. **3.** to collect *(dinero)*. **3.** ref. to gather *(reunirse)*; to live together *(vivir juntos)*.// **junto, ta. 1.** a. together. **2.** adv. *j. a:* next, near.
juntura. f. **1.** joint *(unión)*. **2.** coupling *(acople)*.
jura. f. **1.** oath. **2.** swearing in *(ceremonia)*.
jurado. m. jury.

juramentar. 1. tr. to swear in. **2.** ref. to take an oath.// **juramento.** m. oath.
jurar. tr. **1.** to swear. **2.** *jurársela a alguien:* to threaten with revenge.
jurásico, ca. a. Jurassic.
jurídico, ca. a. juridical.// **jurisconsulto, ta.** m./f. jurist, legal expert.// **jurista.** m./f. jurist.
jurisdicción. f. jurisdiction.
jurisperito, ta. m./f. jurist, legal expert.
jurisprudencia. f. **1.** jurisprudence. **2.** case law *(precedentes)*.
justa. f. joust.
justamente. adv. **1.** justly *(con justicia)*. **2.** exactly *(exactamente)*. **3.** precisely *(precisamente)*. **4.** *j. ahí:* in that very place.
justicia. f. **1.** justice. **2.** fairness *(equidad)*. **3.** law *(ley)*.
justiciero, ra. m./f. just person.
justificar. tr. to justify.// justification (f.).// **justificativo, va.** a. justifying
justipreciar. tr. to value, to appraise.
justo, ta. a. **1.** just; fair. **2.** justified *(justificado)*. **3.** righteous *(honrado)*. **4.** exact. **5.** tight *(ajustado)*. **6.** m./f. just person. **6.** adv. justly *(justamente)*; exactly *(exactamente)*; tightly *(ajustado)*.
juvenil. a. young, youthful.
juventud. f. youth; the youngs.
juzgado. m. court, tribunal.
juzgar. tr. **1.** to judge. **2.** to consider. **3.** to assess *(estimar)*.

k. f. eleventh letter of Spanish alphabet.
káiser. m. kaiser.
kaki. m. khaki.
kan. m. khan.
karate. m. karate.
káyak. m. kayak.
kéfir. m. kefir.
keniano, na. a./m./f. Kenian.
kepis. m. kepi.
keratina. f. keratin.
kermese. f. fair, fete.
kerosén. m. kerosene.
kilo. m. kilo.
kiloamperio. m. kiloampere.
kilocaloría. f. kilocalorie.
kilociclo. m. kilocycle.
kilogramo. m. kilogram.

kilojulio. m. kilojoule.
kilometraje. m. distance or speed in kilometer.
kilométrico, ca. a. kilometric.
kilómetro. m. kilometer.
kilovatio. m. kilowatt.
kimono. m. kimono.
kinesiología. f. kinesitherapy.
kinesiólogo, ga. m. masseur, f. maseuse.
kinesioterapia. f. kinesiotherapy.
kinesioterapeuta. m. masseur, f. maseuse.
kirie. m. Kirie.
kiwi. m. kiwi.
koala. m. koala.
kopek. m. kopek.
kulak. m. kulak.
kurdo, da. 1. a. Kurdish. **2.** m./f. Kurd.
kuwaití. a./m./f. Kuwaitian.

l. f. twelfth letter of the Spanish alphabet.
la. art. **1.** the. **2.** *l. que:* the one that, the one who. **3.** pron. her. **4.** f. *Mus.* la.
laberinto. m. labyrinth, maze.
labia. f. loquacity; eloquence.
labial. a. labial.// **labio.** m. lip
labor. m. **1.** work, labor. **2.** job *(tarea).* **3.** needlework *(costura).* **4.** farm work *(labranza).*// **laborable.** a. work.// **laboral.** a. laboral, work.// **laborar.** tr. to work, to labor.
laboratorio. m. laboratory.
laboriosidad. f. laboriousness.// **laborioso, sa.** a. **1.** industrious. **2.** difficult *(dificultoso).*
labrado. m. **1.** tilling land *(tierra).* **2.** carving *(piedra).* **3.** working *(metal).*// **labrador, ra.** m./f. peasant.// **labranza.** f. tilling.// **labrar.** tr. **1.** to work *(metal).* **2.** to carve *(piedra).* **3.** to cultivate *(tierra).*
laca. f. **1.** lac *(resina).* **2.** lacquer *(pintura).*
lacayo, ya. a. lackey.
lacerar. tr. **1.** to lacerate. **2.** to injure *(dañar).*// laceration (f.).
lacio, cia. a. **1.** flaccid. **2.** straight *(cabello).*
lacónico, ca. a. laconic.
lacra. m. blemish.
lacrar. tr. to seal with wax.// **lacre.** m. sealing wax.
lactancia. f. lactation.// **lactante.** m./f. nursing infant.// **lactar.** i./tr. to nurse, to suckle.
lácteo, a. a. milky.
lacustre. a. lacustrine.
ladear. i./tr./ref. to tilt.// **ladera.** f. slope, hillside.
ladilla. f. crab louse.
ladino, na. a. astute.
lado. m. **1.** side *(costado).* **2.** place *(lugar).* **3.** way *(camino).* **4.** *al l.:* beside, aside *(al costado);* next, near *(cercano).* **5.** *l. débil:* weak spot. **6.** *por el l. de:* toward. **7.** *por un/otro l.:* on the one/other hand.
ladrar. i./tr. to bark.// **ladrido.** m. bark.
ladrillo. m. brick.
ladrón. m. thief.
lagartija. f. small lizard.// **lagarto.** m. lizard.
lago. m. lake.
lágrima. f. tear.// **lagrimear.** tr. to cry; to water *(ojos).*
laguna. f. **1.** lagoon. **2.** lacuna *(texto, memoria).*
laico, ca. a. lay, laical.
laja. f. flagstone.
lama. m. Lama.
lamentar. tr. to lament.// lament (m.).// lamentable (a.).// lamentation (f.).
lamer. tr. to lick.
lámina. a. **1.** plate, sheet. **2.** print, picture.// **laminar.** tr. to laminate.// lamination (f.).

lámpara. f. **1.** lamp. **2.** valve *(válvula).* **3.** light *(lamparilla).*
lampiño, ña. a. beardless *(barba),* hairless *(pelo).*
lana. f. wool.// **lanar.** a. **1.** wool. **2.** *ganado l.:* sheep.
lance. m. **1.** event. **2.** move *(jugada).* **3.** throw *(lanzamiento).* **4.** predicament *(trance).*
lancear. tr. to lance.// **lancero.** m. lancer.
lancha. f. boat, launch.// **lanchón.** m. barge.
langosta. f. **1.** locust *(insecto).* **2.** lobster *(marina).*// **langostino.** m. crawfish.
languidecer. i. to languish.// **languidez.** f. weakness.// **lánguido** (a.).
lanudo, da. a. woolly.
lanza. f. lance.
lanzadera. f. shuttle.
lanzallamas. f. flamethrower.
lanzamiento. f. throw.// **lanzar.** tr. **1.** to throw *(arrojar).* **2.** to shoot *(flechas).* **3.** to launch *(proyectiles, noticias).* **4.** fig. to vomit.
lanzazo. m. lance thrust *(golpe);* lance wound *(herida).*
lapicero, ra. m./f. pen, penholder.
lápida. m. **1.** gravestone. **2.** stone tablet.// lapidary (a.).
lápiz. m. pencil.
lapón, na. a./m./f. Lapp.
lapso. m. lapse.
largada. f. *Arg.* start.
largamente. adv. **1.** at length. **2.** fig. generously.
largar. tr. **1.** to throw *(arrojar).* **2.** to slacken *(aflojar).* **3.** to let go *(soltar).* **4.** l. to start *(partir).* **5.** ref. to go away *(irse);* to begin to *(empezar).*
largo, ga. a. **1.** long. **2.** lengthy *(extenso).* **3.** tall *(alto).* **4.** *a la l.:* in the long run. **5.** *a lo l.:* lengthwise *(en su extensión);* through *(a través).* **6.** *¡l.!:* get out! **7.** *l. y tendido:* at length. **8.** *pasar de l.:* to pass by.
largor. m. length.
largueza. f. generosity.
largura. f. length.
laringe. f. larynx.// laryngitis (f.).
larva. f. larva.
las. **1.** f. art. pl. the. **2.** pron. them.
lasaña. f. lasagna.
lascivia. f. lasciviousness.// lascivious (a.).
láser. m.laser.
lástima. f. **1.** pity, shame. **2.** *dar l.:* to inspire pity. **3.** *¡qué l.!* what a shame!. **4.** *tener l. de:* to feel sorry for.
lastimadura. f. injury; wound *(herida).*// **lastimar.** tr. **1.** to injure. **2.** fig. to hurt.// **lastimero, ra** o **lastimoso, sa.** a. pitful, sad.

lastre

lastre. m. ballast.
lata. f. 1. tin plate (hoja). 2. tin can (envase). 3. fig. dar la l.: to bore. 4. ¡qué l.!: what a bore!
latente. a. latent.
lateral. a. lateral.
latido. m. 1. beat. 2. throb (de dolor).
latigazo. m. whiplash (golpe); whip-cracking (sonido).// **látigo.** m. whip; horsewhip (de montar).
latino, na. a./m./f. Latin.// Latin-American (a./m./f.).
latir. i. 1. to beat (corazón). 2. to throb (herida).
latitud. f. 1. width (ancho). 1. Geog. latitude.
latón. m. brass.
latoso, sa. a. boring, tiresome.
laucha. f. mouse.
laúd. m. lute.
laurear. tr. fig. to honor, to reward.
laurel. m. laurel.
lauro. m. fig. honor, glory.
lava. m. lava.
lavable. a. washable.// **lavabo.** m. washroom, lavatory.// **lavadero.** m. washroom, laundry.// **lavado.** m. washing.// **lavadora.** f. washing machine.// **lavamanos.** m. wash stand.// **lavandería.** f. laundry.// **lavandero, ra.** m. laundryman, f. laundress.// **lavaplatos.** m. dishwasher.// **lavar.** tr. to wash.// **lavarropas.** f. washing machine.
lavativa. f. enema.
laxante. a./m. laxative.
laya. f. kind, nature.
lazar. tr. to lasso.
lazarillo. m. blindman's guide.
lazo. m. 1. knot (nudo). 2. lasso (para enlazar). 3. tie, bond (vínculo). 4. trap, snare (trampa).
le. pron. m. him, f. her, it (objeto, animal), you (usted).
leal. a. loyal.// **lealtad.** f. loyalty.
lección. f. 1. lesson. 2. chapter (capítulo).
leche. f. 1. milk. 2. fig. luck (suerte).// **lechería.** f. dairy store.// **lechero, ra.** 1. a. dairy, milk. 2. m. milkman, f. milkwoman; milk jug (jarra).
lecho. m. 1. bed (cama). 2. bottom (fondo).
lechón. m. suckling pig.
lechoso, sa. a. milky.
lechuga. f. lettuce.
lechuza. f. owl.
lectivo, va. a. school.
lector, ra. m./f. reader.// **lectura.** f. reading.
leer. i./tr. to read.
legación. f. legation.
legado. m. legacy.
legajo. m. file, dossier.
legal. a. legal.// legality (f.).// **legalizar.** tr. to legalize.
legar. tr. to bequeath.
legendario, ria. a. legendary.
legible. a. legible.
legión. f. legion.// legionary (a./m./f.).
legislar. tr. i. to legislate (f.).// legislative (a.).// legislator (m./f.).// legislature (f.).
legítimo, ma. a. legitimate; lawful (legal).// legitimity (f.).
lego, ga. a. 1. lay (laico). 2. ignorant.
legua. f. 1. league. 2. a la l.: far away, miles away.
legumbre. f. legume.
leído, da. a. well-read.
lejanía. f. distance, remoteness.// **lejano, na.** a. distant, remote.// **lejos.** adv. 1. far away 2. a lo l.: in the distance. 3. desde l.: from afar. 4. l. de: far from.
lelo, la. a. foolish.
lema. f. slogan.
lencería. f. 1. underwear. 2. linen store (comercio).
lengua. f. 1. tongue. 2. language (idioma).
lenguado. m. flounder.
lenguaje. m. language.
lengüeta. f. tongue of shoes; small tongue.
lente. 1. f. lens. 2. m. pl. eyeglass.
lenteja. f. lentil.
lentejuela. f. spangle.
lentitud. f. slowness.// **lento, ta.** a. slow.
leña. f. firewood.// **leñador, ra.** m./f. woodcutter.// **leño.** m. log, wood.// **leñoso, sa.** a. woody.
león. m. lion.// **leona.** f. lioness.
leonino, na. a. leonine.
leopardo. m. leopard.
lepra. f. leprosy.// leprous (a.).// leper (m./f.)
lerdo, da. a. 1. slow. 2. fig. dull.
les. pron. them.
lesión. f. lesion, injury.// **lesionar.** tr. to injure.
letanía. f. litany.
letargo. m. lethargy.// lethargic.
letra. f. 1. letter. 2. handwriting (escritura). 3. words (canción). 4. bill of exchange (documento). 5. pl. literature. 6. al pie de la l.: literally.
letrado, da. m./f. lawyer.
letrero. m. 1. sign. 2. label (etiqueta).
letrina. f. letrine.
leucemia. f. leukemia.
leucocito. m. leukocyte.
leva. f. 1. levy (de soldados). 2. Mech. cam.
levadura. f. yeast.
levantamiento. m. 1. raising (acción). 2. uprising (motín).// **levantar.** tr. 1. to raise (alzar, construir, la voz, el ánimo). 2. to straighten up (enderezar). 3. to set up (un imperio). 4. to break (campamento, reunión). 5. to incite (incitar). 6. ref. to stand up (ponerse de pie); to rebel (rebelarse); to get up (de la cama).
levante. m. East, Orient.
levar. m. to weigh (el ancla).
leve. a. 1. light (ligero). 2. slight (sin importancia).// **levedad.** f. lightness.
léxico. m. lexicon.
ley. f. 1. law. 2. rule (regla). 3. standard (norma). 4. precept. 5. fineness (metales).
leyenda. f. 1. legend. 2. inscription.
lezna. f. awl.
liar. tr. 1. to tie (atar). 2. to roll (cigarrillos). 3. ref. to be mixed up in (mezclarse).
libanés, sa. a./m./f. Lebanese.
libélula. f. dragonfly.
liberar. tr. to liberate; to release (de una carga).// liberation (f.).
liberal. a./m./f. liberal.// liberality (f.).// liberalism (m.).
libertad. f. freedom, liberty.// **libertador, ra.** a./m./f. liberator.// **libertar.** tr. to liberate.
libertinaje. f. licentiousness.// libertine (a.).
libido. f. libido.// libidinous (a.).
libio, bia. a./m./f. Libian.
libra. f. pound.

librar. tr. 1. to free (salvar). 2. to draw (cheques, letras). 3. to release (eximir). 4. to wage (guerra). 5. ref. to avoid.
libre. a. 1. free. 2. vacant. 3. independent.
librería. f. bookshop.// **librero, ra.** m./f. bookseller.
libreta. f. notebook.
libro. m. 1. book. 2. register.
licencia. f. 1. license. 2. permission.
licenciado, da. m./f. university graduate.
licenciar. tr. to license.
licenciatura. f. master's degree.
licencioso, sa. a. licentious.
liceo. m. high school.
licitación. f. bid.// **licitar.** tr. to bid on.
lícito, ta. a. licit, lawful.
licor. m. liquor.
licuado. m. milkshake.// **licuadora.** m. mixer.// **licuar.** tr. to liquefy.
lid. f. struggle.
líder. m. leader.// **liderazgo.** m. leadership.
lidia. f. fight.// **lidiar.** tr. to fight.
liebre. f. hare.
lienzo. m. 1. linen. 2. canvas (pintura).
liga. f. 1. garter (prenda). 2. league (alianza).
ligadura. f. 1. tie (atadura). 2. ligature.
ligamento. m. ligament.
ligar. tr. 1. to tie (atar). 2. to join (unir). 3. to alloy (metales). 4. i. to be lucky (tener suerte).// **ligazón.** f. bond.
ligereza. f. 1. lightness (levedad). 2. frivolity. 3. swiftness (rapidez).// **ligero, ra.** a. 1. light (leve). 2. quick, swift (rápido). 3. agile. 4. frivolous.
lija. f. sandpaper.// **lijar.** tr. to sandpaper.
lima. f. 1. lime (fruta). 2. file (herramienta).// **limar.** tr. 1. to file. 2. fig. to polish.
limeño, ña. a./m./f. Limean.
limitar. tr. 1. to limit (poner límites). 2. to reduce (reducir). 3. i. l. con: to be bounded by.// limitation (f.).// limited (a.).// **límite.** m. 1. limit. 2. boundary (geográfico).// **limítrofe.** a. bordering.
limón. m. lemon.// lemonade (f.).// lemon tree (m.)
limosna. f. alms.// **limosnero, ra.** m./f. beggar.
limpiador, ra. a./m./f. cleaner.
limpiaparabrisas. m. windshield wiper.
limpiar. tr. 1. to clean. 2. to clear (depurar, clarificar). 3. fig. to steal (robar).// limpid (a.).// **limpieza.** f. cleaning (acción); cleanliness (cualidad).// **limpio, pia.** a. 1. clean. 2. clear (claro, puro). 3. honest. 4. en l.: net (neto); clear up (en claro).
linaje. m. lineage.
linaza. f. linseed.
lince. m. lynx.
linchamiento. m. lynching.// **linchar.** tr. to lynch.
lindante. a. boundary.// **lindar.** i. to border.
lindo, da. a. 1. pretty. 2. nice (day). 3. de lo l: much, a lot. 4. adv. prettily, nicely.
línea. f. 1. line. 2. figure (silueta). 3. estar en l.: to be slim. 4. l. ferroviaria: railway.// lineal (a.).// lineament (m.).
linfa. f. lympha.// lymphatic (a.).
lingote. m. ingot.
lingüista. m./f. linguist.// linguistic (a.).
linimento. m. liniment.
lino. m. 1. flax (planta). 2. linen (tela).// linoleum (m.).

linotipia. f. linotype.// linotypist (m./f.).
linterna. f. 1. lantern. 2. flashlight (manual).
lío. m. 1. bundle (bulto). 2. mess (embrollo).
liquidación. f. 1. liquidation. 2. clearance sale (venta de saldos).// **liquidar.** tr. 1. liquefy (hacer líquido). 2. to pay off (una deuda). 3. to sell off (vender). 4. to put end to (poner fin). 5. fig. to kill (matar).
liquidez. f. liquidity.// **líquido.** a. 1. liquid. 2. net. 3. m. liquid, fluid. 4. net amount (monto neto).
lira. f. 1. lyre (instrumento). 2. lire (moneda).
lírico, ca. 1. a. lyric. 2. f. lyric poetry or music.
lirio. m. lily; iris.
lirismo. m. lyricism.
lisiado, da. a./m./f. crippled.// **lisiar.** tr. to cripple.
liso, sa. a. 1. plain (plano). 2. smooth (alisado).
lisonja. f. flattery.// **lisonjear.** tr. to flatter.// **lisonjero, ra.** a. flattering.
listo, ta. 1. a. ready (dispuesto); smart (avispado). 2. f. list (enumeración); roll (listado).
listón. m. 1. ribbon (franja). 2. trip of woods (madero).
litera. f. 1. litter (vehículo). 2. berth (camastro).
literal. a. literal.// literary (a.).// **literato, ra.** man or woman of letters.// **literatura.** literature, letters.
litigar. tr. to litigate.// litigant (a./m./f.).// **litigio.** m. 1. lawsuit (judicial). 2. dispute.
litio. m. lithium.
litografía. f. lithography (arte); lithograph (imagen).
litoral. a./m. littoral, coast.
litosfera. f. lithosphere.
litro. m. liter.
liturgia. f. liturgy.// liturgic (a.).
liviano, na. a. 1. light (ligero). 2. fickle (inconstante).
lividez. f. lividity.// livid (a.).
llaga. f. 1. wound (herida). 2. ulcer.// **llagar.** tr. to ulcer.
llama. f. 1. flame . 2. llama (animal).
llamada. f. 1. call. 2. footnote (nota). 3. knock, ring (a la puerta).// **llamador.** knocker; doorbell.// **llamamiento.** f. summons; appeal.
llamar. tr. 1. to call. 2. to appeal (apelar). 3. to knock, to ring (a la puerta).
llamarada. f. flare; flush.
llamativo, va. a. 1. attractive. 2. showy.
llano, na. a. 1. flat (liso); natural. 2. m. plain.
llanta. f. 1. rim. 2. tire (neumático).
llanto. m. crying, weeping.
llanura. f. 1. plain. 2. prairie (pradera).
llave. f. 1. key. 2. switch (eléctrica). 3. faucet (canilla). 4. wrench (herramienta). 5. bracket (signo). 6. lock (de lucha).// **llavero.** m. key ring.
llegada. f. 1. arrival. 2. Sp. finish.
llegar. i. 1. to arrive, to come (venir). 2. to reach, to get (alcanzar). 3. to amount (ascender). 4. l. a ser: to become. 5. ref. to approach.
llenar. tr 1. to fill, to fill up. 2. to fulfill, to satisfy (satisfacer). 3. ref. to be filled up (colmarse); to be fed up (de comida, hartarse).// **lleno, na.** 1. a. full, filled. 2. m. full house.// **llenura.** f. fullness.
llevadero, ra. a. bearable.
llevar. tr. 1. to carry, to take (transportar, traer). 2. to wear (usar). 3. to lead (conducir). 4. to manage, to run (las cuentas). 5. to have spent (pasar cierto tiempo). 6. l. a cabo: to carry out. 7. l. adelante: to go ahead with. 8. l. puesto: to be wearing. 9. ref. to take with me. 10. l. bien/mal: to get along well/ not to get along well.

llorar

llorar. i. to cry, to weep.// **lloriquear.** i. to whimper.
llorón, na. a. crying, weeping.// **lloroso, sa.** a. tearful.
llover. i. to rain.// **llovizna.** f. drizzle.// **lloviznar.** i. to drizzle.// **lluvia.** f. rain.// **lluvioso, sa.** a. rainy.
lo. 1. art. the; what *(lo que).* **2.** pron. him *(para personas)*, it *(para animales y cosas).*
loa. f. praise.// **loable.** a. praiseworthy.// **loar.** tr. to praise.
lobato. m. wolf cub.// **lobo, ba. 1.** m. wolf, f. female wolf. **2.** *l. marino:* sea wolf.
lóbrego, ga. a. **1.** dark *(oscuro).* **2.** gloomy *(triste).*
lóbulo. m. lobe. lobule.
local. 1. a. local. **2.** m. locale. **3.** m. pl. premises.
localidadad. f. **1.** town *(pueblo).* **2.** seat *(butaca).*
localizar. tr. **1.** to localize *(limitar).* **2.** to locate *(ubicar).*// localization (f.).
locatario, ria. m./f. tenant.
loción. f. lotion.
loco, ca. 1. a. mad, crazy. **2.** m. madman, f. mad woman. **4.** *como l.:* like crazy. **5.** *estar l. por:* to be crazy about. **6.** *estar l. de contento:* to be wild of joy. **7.** *hacerse el l.:* to play dumb. **8.** *l. de remate:* raving lunatic.
locomoción. f. locomotion.// **locomotor, ra. 1.** a. locomotor. **2.** f. locomotive, engine.// **locomotriz.** a. locomotor.
locuacidad. f. loquacity.// **locuaz.** a. loquacious.
locución. f. **1.** locution. **2.** *Gram.* phrase.
locura. f. **1.** madness. **2.** fig. folly, absurdity. **3.** pl. *hacer l.:* to commit follies.
locutor, ra. m./f. speaker, announcer.
lodazal. f. mudhole.// **lodo.** m. mud.
logaritmo. m. logarithm.// logarithmic (a.).
logia. f. lodge.
lógico, ca. 1. a. logical. **2.** f. logic.
lograr. tr. **1.** to get *(obtener).* **2.** to achieve *(realizar).*// **logro.** m. achievement.
loma. f. hillock.
lombriz. f. worm; earthworm *(de tierra);* tapeworm *(solitaria).*
lomo. m. **1.** loin. **2.** back *(espalda, de libros).* **3.** *doblar el l.:* to work very hard. **4.** *sobar el l:* to pat on the back.
lona. f. canvas.
londinense. m./f. Londoner.
longaniza. f. pork sausage.
longevidad. f. longevity.// **longevo, va.** a. long-lived.
longitud. f. **1.** lenght. **2.** *Geog.* longitude.// longitudinal (a.).
lonja. f. slice.
lontananza. f. far horizon.
loro, ra. m. parrot, f. female parrot.
los. 1. art. the. **2.** pron. them.
losa. 1. flagstone. **2.** *l. sepulcral:* gravestone, tombstone.
lote. m. **1.** share, part *(parte).* **2.** lot *(grupo de objetos).* **3.** lot, plot *(de tierra).*
lotear. tr. to divide into lots.
lotería. f. **1.** lottery. **2.** bingo. **3.** *ser una l.:* to be a gamble.
loto. m. lotus.
loza. f. crockery, porcelain.
lozanía. f. **1.** luxuriance *(exhuberancia).* **2.** vigor, vitality.// **lozano, na.** a. **1.** luxuriant *(exhuberante).* **2.** vigorous.
lubricante. 1. a. lubricating. **2.** m. lubricant.// **lubricación.** f. lubrication.// **lubricar.** tr. to lubricate.
lucero. m. **1.** bright star. **2.** *l. del alba:* morning star.
lucha. f. **1.** struggle, fight. **2.** *Sp.* wrestling. **3.** *l. de clases:* class struggle.// **luchador, ra.** m./f. **1.** fighter. **2.** *Sp.* wrestler.// **luchar.** tr. **1.** to fight. **2.** *Sp.* to wrestle.
lucidez. f. lucidity.// **lúcido, da.** a. **1.** brilliant *(brillante).* **2.** intelligent.
lucido, da. a. **1.** splendid. **2.** brilliant.
luciérnaga. f. firefly.
lucimiento. m. **1.** brilliance *(brillo).* **2.** success, triumph *(éxito).*
lucir. i. **1.** to look *(tener apariencia).* **2.** to shine *(brillar, destacar).* **3.** tr. to show *(mostrar).* **4.** ref. to be successful *(tener gran éxito).*
lucrar. to profit.// **lucrativo, va.** a. profitable.// **lucro.** m. profit.
luctuoso, sa. a. sorrowful, mournful.
luego. adv. **1.** then, afterward *(después).* **2.** later *(más tarde).* **3.** conj. therefore, then *(entonces).* **4.** *desde l.:* of course. **5.** *hasta l.:* so long.
lugar. m. **1.** place *(sitio).* **2.** room *(espacio).* **3.** town *(pueblo).* **4.** position *(puesto).* **5.** opportunity *(oportunidad).* **6.** *dar l.:* to give cause for. **7.** *en l. de:* instead of *(en cambio).* **8.** *en primer l.:* in the first place. **9.** *l. común:* common place. **10.** *Law. no ha l.:* petition denied. **11.** *tener l.:* to take place *(suceder).*
lugareño, ña. m./f. villager.
lugarteniente. m. lieutenant.
lúgubre. a. lugubrious.
lujo. m. **1.** luxury. **2.** *de l.:* de luxe.// **lujoso, sa.** a. luxurious.
lujuria. lust.// **lujurioso, sa.** a. lustful.
lumbago. m. lumbago.// lumbar (a.).
lumbre. f. **1.** fire *(fuego).* **2.** light *(luz, encendedor).* **3.** *dar l.:* to give a light.// **lumbrera.** f. **1.** light. **2.** *Mech.* port, vent. **3.** fig. genius, luminary.
luminaria. f. **1.** altar light. **2.** pl. lights. **3.** fig. luminary *(genio).*
luminosidad. f. luminosity.// **luminoso, sa.** a. luminous.
luna. f. **1.** moon. **2.** moonlight *(brillo de luna).* **3.** mirror *(espejo).* **4.** *estar en la l.:* to be daydreaming. **5.** *l. de miel:* honeymoon. **6.** *media l.:* half moon *(figura);* croissant *(factura).*// **lunar. 1.** a. lunar. **2.** m. mole *(de la piel);* blot, dot *(de una tela).*
lunático, ca. a. lunatic.
lunes. m. Monday.
lunfardo. m. slang.
lupa. f. magnifying glass.
lúpulo. m. hops.
lustrar. tr. to polish, to shine.// **lustre.** m. **1.** luster, shine *(brillo).* **2.** shoe polish *(pomada).*
lustro. m. five-years period.
lustroso, sa. a. shiny.
luterano, na. a./m./f. Lutheran.
luto. m. mourning.
luz. f. **1.** light. **2.** lamp *(lámpara).* **3.** daylight *(luz de día).* **4.** guiding *(guía).* **5.** *dar a l.:* to publish *(publicar);* to give birth to *(parir).* **6.** *sacar a la l.:* to bring to light. **7.** *ver la l.:* to be born.

Mm

m. f. thirteenth letter of Spanish alphabet.
macabro, bra. a. macabre.
macanudo, da. a. *Arg.* wonderful, great.
macerar. tr. to macerate.// maceration (f.).
maceta. f. flowerpot.// **macetero.** m. flowerpot stand.
machacante. a. fig. insistent.// **machacar.** tr. 1. to crush. 2. fig. to insist on.
machete. m. machete.
macho. 1. a. male; manly, virile. **2.** m. male; male part *(pieza)*.
machucar. tr. to bruise.// **machucón.** m. bruise.
macilento, ta. a. emaciated.
macizo, za. 1. a. solid. **2.** m. *Geog.* massif.
macro. macro *(prefijo que indica de gran tamaño)*.
mácula. f. spot, blemish.
madeja. f. 1. skein. 2. *enredarse la m.:* to confuse.
madera. f. 1. wood. 2. lumber *(de construcción)*. 3. fig. talent, gift.// **maderamen.** m. woodwork.// **maderería.** f. lumberyard.// **madero.** m. log.
madrastra. f. stepmother.
madre. f. 1. mother. 2. riverbed *(cauce)*.
madriguera. f. 1. burrow. 2. den *(cubil)*.
madrileño, ña. m./f. Madrilenian.
madrina. f. 1. godmother. 2. bridesmaid *(de bodas)*.
madrugada. f. 1. dawn. 2. *de m.:* at daybreak. 3. *tal hora de la m.:* in the morning.// **madrugador, ra. 1.** a. early-rising. **2.** m./f. early-riser.// **madrugar.** i. to get up early; fig. to be ahead.
madurar. 1. i./tr to ripen *(fruta)*. **2.** i. to mature *(personas)*.// **madurez.** f. 1. ripeness. 2. maturity.// **maduro, ra.** a. ripe; mature.
maestría. f. 1. mastery *(habilidad)*. 2. master's degree *(título)*.// **maestro, tra. 1.** a. master; main *(principal)*. **2.** m./f. master *(experto)*; teacher *(profesor)*.
magia. f. magic.// **mágico, ca.** a. magic, magical.
magisterio. m. teaching *(profesión)*; teachers.
magistrado. m. magistrate.
magistral. a. masterly, masterful.
magma. f. magma.
magnanimidad. f. magnanimity.// magnanimous (a.).
magnate. m. magnate.
magnesia. f. magnesia.// **magnesio.** m. magnesium.
magnetizar. tr. to magnetize.// magnetic (a.).// magnetism (m.).// magneto (m.).
magnetofónico, ca. a. recording.
magnificar. tr. to magnify.// magnification (f.).
magnificencia. f. 1. splendor. 2. generosity.// magnificent (a.).
magnífico, ca. a. 1. excellent. 2. wonderful.
magnitud. f. 1. magnitude *(tamaño)*. 2. importance. 3. *Math.* quantity.
magno, na. a. great, grand.
mago, ga. m./f. magician.
magro, gra. a. lean, thin.
magulladura. f. bruise.// **magullar.** tr. to bruise.
mahometano, na. m./f. Muslim.
maíz. m. corn.// **maizal.** m. cornfield.
majada. f. 1. sheepfold. 2. flock of sheep *(rebaño)*.
majestad. m./f. majesty.// **majestuoso, sa.** a. majestic.
mal. m. 1. evil. 2. damage *(daño)*. 3. illness *(enfermedad)*. 4. misfortune *(desgracia)*.// adv. 1. badly *(pobremente)*. 2. wrongly *(incorrectamente)*. 3. hardly *(difícilmente)*. 4. *estar m.:* to be ill *(enfermo)*. 5. *estar m. con:* to be on bad terms with. 6. *estar m. de:* to suffer from. 7. *hacer m.:* to hurt *(dañar)*. 8. *menos m.:* just as well. 9. *tomar a m.:* to take offense.// a. Ver **malo**.
malabares. m. *hacer m.:* to juggle.// **malabarista.** m./f. juggler.
malacate. m. winch.
malagradecido, da. a. ungrateful.
malcriado, da. a. ill-bred.
maldad. m. 1. evil. 2. evil act *(acción)*.
maldecir. i./ tr. to curse, to damn.// **maldición. 1.** f. damnation, imprecation.// **maldito, ta.** a. damned.
maleante. m./f. hoodlum, criminal.
malecón. m. dike, sea wall.
maledicencia. f. slander.
maleducado, da. a. bad-mannered.
maleficio. f. curse, spell.// **maléfico, ca.** a. evil, maleficent.
malentendido. m. misunderstanding.
malestar. m. 1. malaise. 2. unease *(del ánimo)*.
maleta. f. suitcase.// **maletero.** m. porter.// **maletín.** m. attache case; traveling bag.
malevolencia f. malevolence.// malevolent (a.).
maleza. f. 1. weeds *(hierbas)*. 2. underbrush.
malgastar. tr. to squander, to waste.
malhechor. m. 1. evildoer. 2. criminal.
malhumor. m. bad-temper.// bad-tempered (a.).
malicia. f. 1. malice. 2. fig. suspicion.// **maliciar.** tr. to supect.// malicious (a.).
maligno, na. a. malignant.

malintencionado, da

malintencionado, da. a. ill-intentionated.
malla. f. **1.** net *(red)*. **2.** swimsuit *(prenda)*.
malo, la. a. **1.** bad. **2.** ill *(enfermo)*. **3.** incorrect. **4.** perverse. **5.** harmful *(dañino)*. **6.** unpleasent *(desagradable)*. **7.** defective *(defectuoso)*. **8.** *a las m.:* by force. **9.** *lo m. es:* the trouble is. **10.** *m. pata:* bad luck. **11.** *hacerse m. sangre:* to worry.
malograr. **1.** tr. to spoil *(arruinar)* **2.** ref. to fail.
maloliente. a. smelly.
malón. m. Indian attack.
malpensado, da. a. evil-minded, malicious.
malquerer. tr. to dislike.
malsano, na. a. pernicious, harmful.
malta. f. **1.** malt. **2.** toasted grain.
maltratar. tr. to mistreat.// **maltrato.** m. mistreatment.
maltrecho, cha. a. damaged, battered.
malvado, da. **1.** a. evil. **2.** m./f. evildoer.
malversación. f. emblezzement, misapropiation.
mama. f. mamma.// **mamá.** f. mother, mommy.
mamada. f. sucking.// **mamadera.** f. baby bottle.
mamar. **1.** tr. to suckle. **2.** ref. fig. to get drunk.
mamarracho. m. grotesque figure.
mameluco. m. overall.
mamífero, ra. **1.** a. mammalian. **2.** m. mammal.
mampara. f. screen.
mampostería. f. masonry.
manada. f. herd, flock.
manantial. f. **1.** spring *(surgente)*. **2.** source *(origen)*.
manar. i./ tr. **1.** to spring. **2.** to flow from *(fluir de)*.
mancebo. m. youg man.
mancha. f. **1.** stain, spot. **2.** blot *(borrón)*.// **manchar.** **1.** tr. to spot *(hacer manchas)*; to soil *(ensuciar)*. **2.** ref. to become soiled.
mancillar. tr. to stain, to blemish.
manco, ca. a. one-handed; one-armed.
mancomunar. tr. to unite, to join.
mandado. m. **1.** task *(tarea)*. **2.** errand *(recado)*.
mandamás. m./f. boss.
mandamiento. m. command, commandment.
mandarina. f. tangerine.
mandatario, ta. m. **1.** mandatary. **2.** *primer m.:* the president.// **mandato.** m. **1.** order. **2.** precept. **3.** *Law.* mandate.
mandíbula. f. jaw.
mando. m. **1.** command. **2.** authority. **3.** control.
mandón. na. a. bossy.
manecilla. f. hand.
manejar. tr. **1.** to handle *(objetos, situaciones)*. **2.** to manage *(empresas)*. **3.** to drive *(autos)*.// **manejo.** m. handling; management; driving.
manera. f. **1.** manner, way. **2.** pl. manners. **3.** *de alguna m.:* in some way. **4.** *de m. que:* so that. **5.** *de ninguna m.:* in no way. **5.** *m. de ser:* personality.
manga. f. **1.** sleeve. **2.** *sin m.:* sleeveless.
mango. m. **1.** mango *(fruta)*. **2.** handle *(asa)*. **3.** *Arg.* fig. buck *(un dólar)*.
manguera. f. hose.
maní. m. peanut.
manía. f. **1.** manía. **2.** habit.// maniac (a.).
manlatar. tr. to manacle, to hand off.
manicomio. m. madhouse.
manicuro, ra. **1.** m./f. manicurist. **2.** f. manicure.
manifestación. f. **1.** manifestation. **2.** demonstration *(reunión)*.// **manifestante.** m./f. demonstrator.// **manifestar.** **1.** tr. to manifest. **2.** i. to demonstrate.// **manifiesto.** a./m. manifest.
manija. f. handle.
maniobra. f. maneuver.// **maniobrar.** tr. to maneuver.
manipular. tr. **1.** to manipulate. **2.** to handle *(manejar)*.// manipulation (f.).
manjar. m. delicacy; dish *(plato)*.
mano. f. **1.** hand. **2.** forefoot *(pata delantera)*. **3.** coat *(capa)*. **4.** side *(lado)*. **5.** *a m.:* on hand *(cerca)*; by hand *(escritura)*. **6.** *a m. llenas:* openly. **7.** *buena m.:* skill. **8.** *dar la m.:* to shake hands. **9.** *dar una m.:* to lend a hand. **10.** *echar m. de:* to resort. **11.** *hecho a m.:* hand-made. **12.** pl. *irse a las m.:* to come to blows. **13.** *irse la m.:* to overdo it *(excederse)*. **14.** pl. *¡m. a la obra!:* let's go to work!. **15.** *tener algo entre m.:* to be working on something. **16.** *traer algo entre m.:* to be involved in.
manojo. m. bunch, bundle.
manómetro. m. pressure gauge.
manosear. tr. to handle.
mansalva (a). adv. without risk.
mansedumbre. f. **1.** tameness *(animal)*. **2.** gentleness *(suavidad)*.// **manso, sa.** a. **1.** tame *(animal)*. **2.** gentle, mild *(suave)*.
manta. f. blanket.
manteca. m. butter.// **mantecoso, sa.** a. buttery.
mantel. m. tablecloth.
mantener. tr. **1.** to maintain *(sustentar)*. **2.** to keep *(conservar)*. **3.** to fed *(alimentar)*. **4.** ref. to keep oneself in good shape *(mantenerse bien)*.// **mantenimiento.** m. **1.** maintenance *(tiempo, estado)*. **2.** sustenance *(sustento)*.
manto. m. **1.** mantle *(capa)*. **2.** robe *(prenda)*. **3.** layer, stratum *(geológico)*. **4.** fig. cover.
manual. **1.** a. manual. **2.** m. handbook.
manubrio. m. handle.
manufactura. f. **1.** manufacture. **2.** factory *(fábrica)*. **3.** pl. manufacture goods.// **manufacturar.** tr. to manufacture.
manuscrito, ta. **1.** a. hand-written. **2.** m. manuscript.
manzana. f. **1.** apple. **2.** block *(de casas)*.
maña. a. **1.** skill. **2.** bad habit *(hábito)*. **3.** *darse m. para:* to manage for.// **mañero, ra.** a. hard to manage.
mañana. **1.** m. the future. **2.** f. morning. **3.** adv. tomorrow. **4.** *hasta m.:* see you tomorrow.
mapa. m. map.// **mapamundi.** m. map of the world.
maqueta. f. model.
maquillaje. m. **1.** makeup *(cosméticos)*. **2.** making up *(acción)*.// **maquillar.** tr. to make up.
máquina. f. **1.** machine. **2.** engine *(motor)*. **3.** *m. de escribir:* typewriter.// machination (f.).// **maquinar.** tr. to plot.// **maquinaria.** f. **1.** machinery *(conjunto)*. **2.** mechanism.// **maquinista.** m./f. **1.** machinist. **2.** engineer *(ferroviario)*.
mar. m. **1.** sea. **2.** *la m. de:* very *(muy)*; a lot of *(muchos)*.
maraña. a. tangle.
maratón. f. marathon.
maravilla. f. marvel, wonder.// **maravilloso, sa.** a. marvelous, wonderful.
marca. tr. **1.** mark. **2.** trademark *(comercial)*.

medicamento

marcar. tr. **1.** to mark. **2.** to dial *(teléfono).*
marcha. f. **1.** march. **3.** speed *(velocidad).* **4.** function, work *(funcionamiento).* **5.** *m. atrás:* reverse.// **marchar.** tr. **1.** to march. **2.** to go *(ir).* **3.** to work *(funcionar).* **4.** ref. to leave, to go away.
marchitar. 1. tr./ref. to wilt. **2.** ref. fig. to languish.// **marchito, ta.** a. wilted.
marco. m. **1.** frame; framework. **2.** mark *(moneda).*
marea. f. tide.
marear. tr. **1.** tr. to make dizzy. **2.** ref. to become nauseate or dizzy.
marejada. f. swell.
mareo. m. dizziness.
marfil. m. ivory.
margarita. f. daisy.
margen. m. **1.** margin. **2.** *al m.:* in the margin *(del papel);* on the fringe *(por fuera).* **3.** *dar m.:* to give cause.// marginal (a.).
maricón. a./m. gay.
marido. m. husband.
marinero. m. sailor.// **marino, na. 1.** a. marine, sea. **2.** m. sailor. **3.** f. navy *(militar);* marine *(mercante).*
mariposa. f. **1.** butterfly. **2.** wing nut *(pieza).*
mariscal. m. marshal.
marisco. m. shellfish.
marítimo, ma. a. maritime, sea.
marmita. m. boiler, kettle.
mármol. m. marble.// marmoreal (a.).
marmota. f. **1.** groundhog. **2.** fig. sleepyhead.
marqués, sa. m. marquis, f. marquise.
marrano. m. pig.
marrón. a./m. brown.
marroquí a./m./f. Morroccan.
martes. m. Tuesday.
martillar. tr. to hammer.// **martillo.** m. hammer.
mártir. m. martyr.// **martirio.** m. martyrdom.// **martirizar.** tr. to martyrize; to torment.
marxismo. m. Marxism.// marxist (a./m./f.).
marzo. m. March.
mas. conj. but.
más. adv. **1.** more *(mayor o mejor).* **2.** most *(en comparaciones).* **3.** longer *(más tiempo).* **4.** rather *(más bien).* **5.** *a lo m.:* at most. **6.** *de m.:* too much. **7.** *estar de m.:* to be superflous. **8.** *m. allá:* further. **8.** *m. de/ m. que:* more than. **9.** *no m.:* only. **10.** *por m. que:* no matter how much. **11.** *¿qué m. da?:* what difference does it make? **12.** prep. plus *(suma).*
masa. f. **1.** mass. **2.** people *(pueblo).* **3.** *Electr.* ground. **4.** *con las manos en la m.:* red-handed.
masaje. m. massage.// **masajear.** tr. to massage.// **masajista.** m. masseur; f. masseuse.
mascar. tr. to chew.
máscara. f. mask.
masculino, na. a. masculine.
masticar. tr. **1.** to chew. **2.** fig. to ponder.
mástil. m. mast.
mastín. m. mastiff.
mata. f. **1.** shrub. **2.** head of hair *(de pelo).*
matafuego. m. fire extinguisher.
matamoscas. m. flyswatter.
matanza. f. slaughtering *(animales);* killing *(personas).*// **matar.** tr. **1.** to kill. **2.** to slaughter *(animales).*
matasellos. m. cancelling stamp.
mate. 1. a. matte. **2.** m. mate *(ajedrez);* maté *(bebida).*

matemático, a. 1. a. mathematical. **2.** m./f. mathematician. **3.** f./f. pl. mathematics.
materia. f. **1.** matter. **2.** subject *(tema; asignatura).* **3.** *m. prima:* raw material.// material (a./m.).
materialismo. m. materialist.// materialistic (a.).
maternal. a. maternal.// maternity (f.).// maternity hospital.// **materno, na.** a. maternal.
matinal. a. morning, matinal.
matiz. m. shade.// **matizar.** tr. to shade; fig. to vary.
matón. m. bully.
matorral. m. underbrush.
matrícula. f. registration, enrollment.// **matricular.** tr./ref. to register, to matriculate.
matrimonio. m. **1.** marriage. **2.** married couple *(pareja).* **3.** contraer *m.:* to marry.
matriz. f. **1.** womb *(útero).* **2.** mold *(molde).* **3.** *Math.* matrix. **4.** *casa m.:* main office.
maullar. tr. to mew.// **maullido.** m. miaowing.
mausoleo. m. mausoleum.
maxilar. m. jaw.
máximo, ma. 1. a. maximum, greatest. **2.** m. maximum. **3.** f. maxim. **4.** *como m.:* at the most.
maya. a./m./f. Mayan.
mayo. m. May.
mayonesa. f. mayonnaise.
mayor. a. **1.** bigger, larger *(más grande);* biggest, largest *(el más grande).* **3.** greater *(más importante);* greatest *(el más importante).* **4.** older *(más viejo);* oldest *(el más viejo).* **5.** m. major *(rango).* **6.** *m. de edad:* of age, adult. **7.** *venta al por m.:* wholesale.
mayordomo. m. steward.
mayoría. f. **1.** majority. **2.** legal age *(de edad).*
mayorista. a./m./f. wholesaler.
mayúsculo, la. 1. a. great, major. **2.** f. capital letter.
maza. f. mace, mallet.
mazo. m. mallet.
mazorca. f. ear of corn.
me. pron. **1.** me. **2.** to me, for me *(para mí).* **3.** from me. **4.** myself *(verbos ref.).*
mecánico, ca. 1. a. mechanical. **2.** m. mechanic. **3.** f. mechanics *(materia);* mechanism *(m.).*// **mecanizar.** tr. to mechanize.
mecanografía. f. typing.// **mecanografiar.** to type.// **mecanógrafo, fa.** m./f. typist.
mecedora. f. rocking chair.// **mecer.** tr. **1.** to rock *(acunar).* **2.** to sway *(balancear).*
mecha. f. **1.** wick *(lámpara).* **2.** fuse *(bomba).* **3.** lock *(mechón).* **4.** drill bit *(taladro).*
mechero. m. gas burner.
mechón. m. lock.
medalla. f. medal.
médano. m. sand dune.
media. f. **1.** stock, stocking. **2.** *Math.* mean.
mediación. f. mediation.// **mediado, da.** a. **1.** half-full. **2.** pl. *a m. de:* in the middle of.
mediador, ra. 1. a. mediating. **2.** m./f. mediator.
medianera. f. joining wall.
mediano, na. a. **1.** medium. **2.** mediocre.
medianoche. f. midnight.
mediante. adv. by mean of; through.
mediar. i. **1.** to be in the middle *(estar en la mitad).* **2.** to intercede *(interponerse).*
medicamento. m. medicine, drug.// **medicar.** tr. to medicate.// **medicina.** f. medicine.

medición

medición. f. measurement.
médico, ca. 1. a. medical. 2. m./f. doctor.
medida. f. 1. measuring (*acción*). 2. measure. 3. standard (*patrón*). 4. *a m. que:* as, while.// **medidor, ra.** 1. a. measuring. 2. m. meter.
medieval. a. medieval.
medio, día. a. 1. half. 2. medium (*mediano*). 3. mid, midway (*mitad de camino*).// m. 1. Math. half. 2. center. 3. measure (*medida*). 4. pl. means, way (*forma, camino*); fund, cash (*recursos*). 5. *m. ambiente:* environment. 6. *m. de transporte:* mean of transportation.
mediocre. a. mediocre.// mediocrity (f.).
mediodía. m. midday, noon.
medir. 1. tr. to measure. 2. ref. to be moderate.
meditar. tr. to meditate.// meditation (f.).
mediterráneo, a. a. mediterranean.
médula. f. 1. marrow. 2. *m. espinal:* spinal cord.
megáfono. m. megaphone.
mejicano, na. a./m./f. Mexican.
mejilla. a. cheek.
mejillón. m. mussel.
mejor. adj. 1. better (*superior*). 2. best (*en comparaciones*).// adv. rather (*antes bien, m. dicho*).
mejora. f. improvement.// **mejorar.** 1. i./tr./ref. to improve. 2. i./ref. to clear (*clima*). 3. tr. to recover (*salud*).// **mejoría.** f. improvement.
melancolía. f. melancholy.// melancholic (a.).
melena. m. 1. mane (*león*). 2. long hair.
melodía. f. melody.// melodic (a.).// melodious (a.).
melón. m. melon.
mella. f. 1. nick. 2. *hacer m.:* to have an effect on.
mellizo, za. a./m./f. twin.
membrana. m. membrane.
membrete. m. letterhead.
memorable. a. memorable.// **memoria.** f. 1. memory. 2. report (*informe*). 3. pl. memoirs. 4. *hacer m.:* to remember, to recall.
mención. f. mention.// **mencionar.** tr. to mention.
mendicidad. f. mendicancy.// **mendigar.** i./tr. to beg.// **mendigo, ga.** m./f. beggar.
mendrugo. m. crust.
menear. tr./ref. 1. to move. 2. to sway (*oscilar*).// **meneo.** m. movement; sway, swing.
menester. m. 1. occupation (*actividad*). 2. *ser m.:* to be necessary.// **menesteroso, sa.** a. needy.
menguante. a. 1. diminishing. 2. *cuarto m.:* last quarter.// **menguar.** i./tr. 1. to diminish (*diminuir*). 2. to decline (*declinar*). 3. to reduce.
menor. a 1. lesser (*menos*); lest (*el menor*). 2. small (*más chico*); smallest (*el más chico*). 3. younger (*más joven*); youngest (*el más joven*).// m./f. 1. minor. 2. *m. de edad:* under age.
menos. adv. 1. less; lest (*el que menos*). 2. fewer (*menos de*). 3. *al m.:* at least. 4. *a m. que:* unless. 5. *de m.:* short. 6. *echar de m.:* to miss. 7. *más o m.:* more or less. 8. *venirse a m.:* to decline.// conj. 1. Math. minus (*resta*). 2. but (*excepto*).
menoscabar. tr. 1. to impair. 2. to discredit.// **menoscabo.** m. 1. damage. 2. detriment.
menospreciar. tr. 1. to underestimate. 2. to despise (*despreciar*).// **menosprecio.** m. 1. underestimation. 2. contemp (*desprecio*).
mensaje. m. message.// messenger (a./m./f.).

menstruar. i. to menstruate.// menstrual (a.).// menstruation (f.).
mensual. a. monthly.// **mensualidad.** f. monthly wage (*salario*); monthly payment (*pago*).
menta. f. mint.
mente. m. mind.// mental (a.).// mentality (f.).
mentir. i./tr. to lay; to tell lies.// **mentira.** f. lie.// **mentiroso, sa.** 1. a. lying. 2. m./f. lier.
mentol. m. menthol.
mentón. m. chin.
mentor, ra. m./m. mentor.
menudencia. f. 1. minuteness; triffle. 2. pl. giblets.
menudo, da. a. 1. small (*pequeño*). 2. tiffling (*poco importante*). 3. pl. giblets. 4. *a menudo:* frequently.
meñique. m. little finger.
meollo. m. 1. marrow. 2. fig. essence.
mercader. m./f. merchant.// **mercadería.** f. merchandise, goods.// **mercado.** m. 1. market. 2. *estudio de m.:* marketing.// **mercancía.** f. merchandise.// merchant (a./m./f.).// **mercantil.** a. mercantile, commercial, trading.// **mercar.** tr. to buy.
merced. f. 1. gift, favor. 2. mercy, grace (*título*).
mercenario, ria. a./m. mercenary.
mercería. f. 1. notions. 2. notions store.
mercurio. m. mercury.
merecer. tr. 1. to deserve; to be worthy of. 2. to earn (*lograr*).// **merecido, da.** 1. a. deserved. 2. m. just desert.// **merecimiento.** m. merit.
merendar. 1. i. to have a snack. 2. ref. to snack on.
meridiano, na. 1. a. fig. very clear. 2. m. meridian.
meridional. a. southern.
merienda. f. snack, lunch.
mérito. m. 1. merit. 2. worth (*valor*). 3. *hacer m.:* to try to deserve something.// meritorious (a.).
merluza. f. hake.
mermar. i./tr. to decrease, to diminish.
mermelada. f. jam, marmalade.
mero, ra. 1. a. mere. 2. m. jewfish.
merodear. i. to maraud.
mes. m. month.
mesa. f. 1. table. 2. board (*junta*). 3. food (*comida*). 4. *poner la m.:* to set the table.// **mesero, ra.** m. waiter, f. waitress.
meseta. f. plateau.
mesón. m. 1. inn (*fonda*). 2. meson (*partícula*).
mesozoico, ca. a./m. Mesozoic.
mestizo, za. 1. a. hybrid; half-breed. 2. m./f. mestizo.
mesura. f. 1. compusture. 2. moderation.// **mesurado, da.** a. moderate, prudent.
meta. f. 1. goal (*objetivo*). 2. finish (*llegada*).
metabolismo. m. metabolism.// metabolic (a.).
metafísico, ca. 1. a. metaphysic. 2. f. metaphysics.
metáfora. f. metaphore.// metaphoric (a.).
metal. m. metal.// **metálico, ca.** 1. a. metallic. 2. m. cash.// metallurgy (f.).
metamorfosis. f. metamorphosis.
metano. m. methane.
meteorito. m. meteorite.// **meteoro.** m. meteor.// meteorology (f.).// meteorologic (a.).// metereologist (m./f.).
meter. tr. 1. to put in. 2. to involve (*involucrar*). 3. ref. to get in (*entrar*); to intervene (*entrometerse*); *m. con:* to provoke.; *m. de:* to become.

meticuloso, sa. a. meticulous.
metido, da. a. 1. involved *(involucrado)*. 2. fig. meddlesome.
método. m. method.// methodical (a.).
metraje. m. 1. lenght. 2. *corto/largo m.:* short film/ feature film.
metralleta. f. submachine gun.
métrico, ca. 1. a. metric. 2. f. metrics.
metro. m. meter.
metrópoli. f. metropolis.// metropolitan (a.).
mezcla. f. 1. mixing *(acción)*. 2. mixture. 3. mortar *(construcción)*.// **mezclar.** tr. 1. to mix. 2. to mix up *(desordenar)*. 3. ref. fig. to be mixed up.// **mezcolanza.** f. hodgepodge.
mezquindad. f. 1. stinginess *(avaricia)*. 2. ill turn *(acción)*.// **mezquino, na.** a. 1. stingy *(avaro)*. 2. poor *(pobre)*. 3. small *(pequeño)*.
mezquita. f. mosque.
mi, mis. pos. adj. my.
mí. pron. me; myself *(reflexivo)*.
mico. m. monkey.
micro. m. *Arg.* microbus.
microbio. m. microbe.// microbiology (f.).
micrófono. m. microphone.
microeconomía. f. microeconomics.
microonda. f. microwave.
microscopio. m. microscope.// microscopic (a.).
miedo. m. 1. fear. 2. aprehension. 3. *dar o meter m.:* to frighten. 4. *tener m.:* to be afraid.// **miedoso, sa.** m./f. cowardly.
miel. f. honey.
miembro. m. 1. member. 2. limb *(extremidad)*. 3. penis *(pene)*.
mientras. adv. 1. *m. más:* the more. 2. *m. tanto:* meanwhile. 3. conj. while *(durante)*; whereas *(pero)*.
miércoles. m. Wednesday.
miga. f. 1. bit; crumb *(del pan)*. 2. fig. sustance. 3. *hacer buenas m.:* to get along well.
migración. f. migration.// migratory (a.).
mil. a./m. thousand.
milagro. m. miracle.// miraculous (a.).
milenio. m. millenium.// millenary (a.).
milicia. f. 1. militia. 2. military service.// **miliciano.** m. militiaman, partisan.
militar.// 1. a. military. 2. m. soldier; pl. the militaries.// i. to militate. 3. militarism (m.)// militarist (m./f.).// **militarizar.** tr. to militarize.
milla. f. mile.
millar. m. one thousand.
millón. m. million.// millionaire (a./m./f.).
mimar. tr. 1. to caress. 2. to pamper *(consentir)*.
mimbre. m. wicker.
mimeógrafo. m. mimeograph.
mímica. f. mimicry.
mimo. m. 1. mime. 2. caress *(caricia)*.// **mimoso, sa.** a. pampered.
mina. f. 1. mine. 2. pencil lead *(de lápiz)*. 3. *Arg.* woman *(mujer)*; concubine *(concubina)*.
mineral. a./m. mineral.// **minería.** mining (f.).// **minero, ra.** 1. a. mining. 2. m. miner.
miniatura. f. miniature.
mínimo, ma. 1. a. minimum, least; *Math.* lowest; low *(temperatura)*. 2. m. minimum.
ministerio. m. ministry.// minister (m.).

modo

minoría. f. minory.// **minoritatio, ria.** a. minority.
minorista. 1. a. retail. 2. m./f. retailer.
minucia. f. trifle.// **minucioso, sa.** a. detailed; meticulous.
minúsculo, la. 1. a. minuscule. 2. f. lower case letter.
minuta. f. 1. draft *(borrador)*. 2. record *(registro)*.
minuto. m. minute.// minute hand *(minutero)*.
mío, a, íos, ías. pos. pron. mine.
miope. a./m./f. near-sighted.// **miopía.** f. near-sightedness.
mira. f. 1. sight. 2. aim *(intención)*.
mirada. f. look, glance.// **mirador.** m. balcony.
miramiento. m. 1. regard. 2. prudence.
mirar. tr. 1. to look at. 2. to watch *(televisión)*. 3. to considere. 4. to face *(orientación)*.// i. to look.
mirilla. f. peephole.
mirlo. m. blackbird.
misa. f. mass.
misceláneo, a. 1. a. miscellaneous. 2. miscellany.
miserable. a. 1. miserable. 2. stingy *(avaro)*.// m./f. 1. miserable. 2. despicable *(despreciable)*.
miseria. f. 1. misery; poverty. 3. pittance *(pequeñez)*.
misericordia. f. mercy.// **misericordioso, sa.** a. mercyful.
mísero, ra. a. 1. miserable. 2. miserly *(avaro)*.
misión. m. mission.// missionary (a./m./f.).
mismo. adj. 1. same *(idéntico)*. 2. very *(exacto)*. 3. *ahora m.:* right now. 4. *así m.:* in that way *(manera)*; also *(también)*. 5. *lo m.:* the same thing. 6. *dar lo m.:* to be all the same. 7. *yo/mí m.:* myself.
misterio. m. mystery.// mysterious (a.).
místico, ca. 1. a./m./f. mysticism. 2. mysticism.
mitad. f. 1. half. 2. center, middle *(medio)*.
mitigar. tr. to mitigate.
mitin. m. meeting, rally.
mito. m. myth.// mythology (f.).
mitra. f. miter.
mixto, ta. a. mixed.
mobiliario, ria. 1. a. movable. 2. m. furniture.
mocasín. m. moccasin.
mocedad. f. youth.
mochila. f. pack, knacksap.
moción. f. motion.// **mocionar.** i./tr. to propose.
moco. m. 1. mucus. 2. fig. snot.// **mocoso, sa.** 1. a. snoty. 2. snoty kid.
moda. f. 1. fashion, style. 2. *de m.:* in fashion. 3. *fuera de m.:* out of fashion.
modal. 1. a. modal. 2. m. pl. manners.
modalidad. f. 1. modality. 2. way *(forma)*.
modelar. tr. to model.// model (a./m./f.).
moderar. tr. to moderate; to restrain *(restringir)*.// moderate (a./m./f.).// moderation (f.).
modernizar. tr. to modernize.//modern (a./m./f.).// modernism (m.).// modernist (a./m./f.).
modestia. f. modesty.// modest (a./m./f.).
módico, ca. a. moderate; inexpensive *(precios)*.
modificar. tr. to modify.// modification (f.).
modismo. m. idiom.
modista. f. dressmaker, modist.
modo. m. 1. mode. 2. way *(forma)*. 3. *Gram.* mood. 4. pl. manners. 5. *del mismo m.:* likewise. 6. *de m. que:* so that. 7. *de ningún m.:* by no means. 8. *de todos m.:* in anyway. 9. *en cierto m.:* in a way.

modorra

modorra. f. drowsiness.
modular. i/tr. to modulate.// **módulo.** m. **1.** module. **2.** Math. modulus.// modulation (f.).
mofa. f. mockery.// **mofar.** i./ref. to mock.
moho. m. **1.** mold (hongo). **2.** rust (herrumbre).// **mohoso, sa.** a. moldy; rusty.
mojadura. f. wetting.// **mojar. 1.** tr. to wet. **2.** ref. to get wet.
mojón. m. landmark; road marker (hito).
molde. m. **1.** mold, cast. **2.** pattern (patrón).// **moldear.** tr. to mold, to cast.
molécula. f. molecule.// molecular (a.).
moler. tr. **1.** to grind, to mill. **2.** m. a palos: to beat up.
molestar. tr. **1.** to annoy (fastidiar). **2.** to disturb (interrumpir). **3.** ref. to get annoyed (fastidiarse); to take the trouble to (tomarse la molestia).// **molestia.** f. **1.** bother (fastidio). **2.** discomfort (malestar).// **molesto, ta.** a. **1.** annoying (fastidioso). **2.** annoyed (fastidiado). **3.** umcomfortable.
mollenda. f. milling (acción); mill (molino); milling season (época).// **molinero, ra.** m./f. miller
molinete. m. **1.** pinwheel (juego). **2.** current meter (aparato).
molinillo. m. hand miller.// **molino.** m. mill.
mollera. f. **1.** crown. **2.** fig. brains.
molusco. m. mollusk.
momentáneo, a. a. momentary.// **momento.** m. **1.** moment. **2.** al m.: inmediatelly. **3.** ¡m!: just a moment!. **4.** en. cualquier m.: any moment.
momia. f. mummy.
monaguillo. m. altar boy.
monarca. m./f. monarch.// monarchy (f.).// monarchical (a.).// monarchist (m./f.).
monasterio. m. monastery.
mondongo. m. tripe.
moneda. f. **1.** coin. **2.** Econ. currency. **3.** pagar con la misma m.: to give tit for tat.// **monedero.** m. coin purse.// monetary (a.).
monigote. m. silly figure.
monitor. m. monitor.
monje, ja. m. monk; f. nun.
mono, na. 1. a. cute. **2.** m. monkey; f. female monkey. **3.** m. overall. **4.** f. fig. drunkeness.
monocultivo. m. monoculture.
monogamia. m. monogamy.// monogamous (a.).// monogamist (m./f.).
monograma. m. monogram.
monologar. i. to monologue.// monologue (m.).
monopolizar. tr. to monopolize.// monopoly (m.).
monorriel. m. monorail.
monosílabo, ba. 1. a. monosyllabic. **2.** m. monosyllable.
monotonía. f. monotony.// monotonous (a.).
monstruo. m. monster.// monstruous (a.).
monta. f. **1.** mounting (acción). **2.** horse (caballo). **3.** de poca m.: insignificant.
montacargas. m. freight elevator.
montaje. m. **1.** assembling (ensamblado). **2.** mounting. **3.** montage (cine).
montaña. f. **1.** mountain. **2.** m. rusa: rollercoaster.// **montañés, sa. 1.** a. highland. **2.** m./f. higlander.// montainous (a.).

montar. 1. i./tr. to mount (subir). **2.** tr. to ride (caballo, bicicleta). **3.** to assemble (ensamblar). **4.** to edit (cine). **5.** to set (joyas).
monte. m. **1.** mont. **2.** forest (bosque).
montevideano, na. a./m./f. Montevidean.
montículo. m. mond, hillock.
monto. m. amount, total.// **montón.** m. **1.** pile. **2.** lots (mucho). **3.** del m.: ordinary.
montonera. f. troop of mounted rebels; guerrilla.
montura. f. **1.** harness (arnés). **2.** mounting support (soporte). **3.** setting (joyería).
monumento. m. monument.// monumental (a.).
moño. m. **1.** bow (lazo). **2.** bun (de pelo).
mora. f. **1.** blackberry (fruta). **2.** delay (demora).
morado, da. 1. a./m. purple. **2.** f. house.// **morador, ra.** m./f. resident.
moral. 1. a. moral. **2.** f. morale (ánimo); morals (ética).// morality (f.).// moralist (m./f.).
moraleja. f. moral of a story.
morar. tr. to dwell, to reside.
moratoria. f. moratorium.
morbo. m. disease.// **morbosidad.** f. morbidity.// morbid (a.).
morcilla. f. blood sausage.
mordaz. a. corrosive, mordant.// moradacity (f.).
mordaza. f. **1.** gag. **2.** Mech. clamp.
mordedura. f. bite.// **morder.** i./tr. **1.** to bite. **2.** to grasp (agarrar).// **mordisco.** m. bite.// **mordisquear.** tr. to nibble.
moreno, na. 1. a. brown (pardo); mulatto. **2.** m./f. Black (negro); brunet (castaño); mulatto.
morfina. f. morphine.
moribundo, da. a. moribund; dying.// **morir. 1.** to die. **2.** m. de ganas por: to be dying to. **3.** m. por alguien: to be crazy about.
moro, ra. 1. a. Moorish. **2.** m./f. Moor.
morocho, cha. a./m./f. brunet.
morosidad. f. **1.** slowness (lentitud). **2.** delay (mora).// **moroso, sa.** a. slow (lento); in delay.
morro. m. hill, knoll.
morsa. f. walrus (animal).
mortadela. f. mortadella, bologna sausage.
mortaja. f. shroud.
mortal. a./m. mortal.// mortality (f.).// **mortandad.** f. mass death.// **mortecino, na.** a. **1.** dying. **2.** pale (pálido).
mortero. m. mortar.
mortífero, ra. a. fatal, letal.
mortificar. tr. **1.** to mortify. **2.** to annoy (fastidiar).
mortuorio, ria. a. mortuary.
mosaico. m. mosaic.
mosca. f. **1.** fly. **2.** fig. money, dough (plata).// **moscardón.** m. botfly.
moscovita. a./m./f. Muscovite.
mosquetero. m. musketeer.
mosquitero. m. mosquito net.// mosquito (m.).
mostacho. m. mustache.
mostaza. f. mustard.
mosto. m. must.
mostrador. m. counter, table top.
mostrar. tr. **1.** to show. **2.** to demonstrate. **3.** to express. **4.** to show oneself.
mota. f. mote, burl.

mote. m. nickname.
motín. f. uprising, riot.
motivar. tr. to motivate.// motivation (f.).// **motivo.** m. 1. motive, causa, reason. 2. motif (arte).
moto. f. motorcycle.// **motocicleta.** f. motorcycle.// motocyclist (m./f.).// **motoneta.** f. scooter.
motonáutico, ca. 1. a. motorboat. 2. f. motorboating.
motor. 1. a. motor. 1. m. motor, engine.// **motorista.** m. 1. motorist. 2. motorman.// **motorizar.** tr. to motorize.
motriz. a. motive, motor.
movedizo, za. a. moving, shifting.
mover. i./tr. to move.// **movible.** a. movable.// **móvil.** 1. a. mobile. 2. m. motive; moving body (objeto físico); mobile (escultura).
movilizar. tr. to mobilize, to move.// movilization (f.).
movimiento. m. 1. movement. 2. Mech. motion. 3. poner en m.: to put in motion.
mozo, za. 1. a. young. 2. m./f. young person. 3. m. waiter. 4. buen, na m.: good-looking.
mucamo, ma. m./f. servant.
muchachada. f. group of youngsters.// **muchacho, cha.** m. boy, f. girl.
muchedumbre. f. crowd, multitude.
mucho, cha. a. 1. much. 2. pl. many.// adv. 1. much, very much. 2. too much (demasiado). 3. a long time (para tiempo). 4. ni m. menos: by means. 5. por m.: by far. 6. por m. que: however much.// pron. pl. many.
muda. f. 1. change (ropa). 2. molt (del pelo).
mudanza. f. 1. change (cambio). 2. moving (traslado).// **mudar.** tr. 1. to change (cambiar). 2. to move (mover). 3. to molt (pelo). 5. ref. to be moving.
mudez. f. dumbness, muteness.// **mudo, da.** a. 1. mute (sin voz). 2. silent (silencioso). 3. m./f. mute person, dumb.
mueble. 1. a. movable. 2. m. furniture.
mueca. f. grimace.
muela. f. 1. molar. 2. millstone (mecánica).
muelle. m. dock.
muerte. f. 1. death. 2. murder (homicidio).// **muerto, ta.** a. 1. dead. 2. exhausted (cansado). 3. lifeless (sin vida). 3. m./f. dead person.
muestra. f. 1. sample, specimen. 2. sign, indication. 3. model. 4. show (exhibición). 5. dar m. de: to show signs of.// **muestrario.** m. sample book; sample collection.// **muestrear.** tr. to sample.// **muestreo.** m. survey.
mugido. m. moo.// **mugir.** i. to moo.
mugre. filth, grime.// **mugriento, ta.** a. filthy, grimmy.
mujer. f. 1. woman. 2. wife (esposa).
mujeriego. a. philandring, donjuanish.
mula. f. 1. mule. 2. fig. brute, beast. 2. hacer m.: to trick, to cheat.
mulato, ta. m./f. mulatto.
muleta. f. crutch.
muletilla. f. pet expression.
mulo. m. mule.
multa. f. 1. fine. 2. traffic ticket (de tránsito).// **multar.** tr. to fine, to mulct.

multicolor. a. multicolor.
multimillonario, ria. a./m./f. multimillonaire.
multinacional. a./f. multinational.
múltiple. a. multiple.// multiplicity (f.).
multiplicar. tr./ref. to multiply.// multipication (f.).
múltiplo. m. multiple.
multiprocesador, ra. a./m./f. multiprocessor.
multitud. f. 1. multitude. 2. crowd (gente).// **multitudinario, ria.** a. multitudinous.
mullido, da. a. soft, fluffy.// **mullir.** to fluff.
mundanal. a. mundane.// mundane (a.).
mundial. a. 1. world (del mundo). 2. worlwide (de alcance mundial). 3. m. world cup.
mundo. m. 1. world. 2. Earth (Tierra). 3. bajo mundo, submundo: underworld. 4. correr m.: to see the world. 5. de otro m.: wonderful (maravilloso). 6. desde que el m. es m.: since time began. 7. echar al m.: to bring into the world. 8. irse al otro m.: to pass away. 9. gran m.: high society. 10. tener m.: to be experienced. 11. todo el m.: everybody.
munición. m. munition.
municipal. a. municipal.// **municipalidad.** f. town council, municipality.// **municipio.** m. township, district, municipality.
muñeca. f. 1. doll (juguete). 2. Anat. wrist.
muñeco. m. 1. puppet (marioneta). 2. doll (juguete).
muñón. m. stump.
mural. a./m. mural.
muralla. f. wall, rampart.
murciélago. m. bat.
murmullo. m. murmur.
murmuración. f. gossip.// **murmurar.** tr. 1. to murmur (hablar en voz baja). 2. to gossip (chismear). 3. to gramble (quejarse en voz baja).
muro. m. wall.
musa. f. Muse.
músculo. m. muscle.// muscular (a.).// **musculoso, sa.** a. muscular, brawny.// musculature (f.).
muselina. f. muslin.
museo. m. museum.
musgo. m. moss.
músico, ca. 1. m./f. musician. 2. f. music.// musical (a.).
musitar. tr. to mutter.
muslo. m. 1. thigh. 2. leg (de pollo).
mustio, tia. a. 1. withered (seco). 2. gloomy (triste).
musulmán, na. a./m./f. Moslem.
mutabilidad. f. mutability.// mutation (f.).
mutilar. tr. to mutilate.// mutilated (a.).// mutilation (f.).
mutismo. m. mutism, silence.
mutual. 1. a. mutual. 2. f. mutual benefit society.// **mutualidad.** f. 1. mutuality (acción). 2. mutual benefit society.
mutuamente. adv. mutually.
mutuo, tua. a. mutual.
muy. adv. 1. very. 2. too (demasiado). 3. m. de madrugada: very earling in the morning. 4. m. de noche: very late at night. 5. m. de prisa: very quickly. 6. m. señor mío: my dear sir. 7. m. tarde: too late.

n. f. fourteenth letter of the Spánish alphabet.
nabo. m. turnip.
nácar. m. nacre, mother of pearl.// nacarine (a.).
nacer. i. **1.** to be born. **2.** to be hatched *(salir del huevo)*. **3.** to sprout *(germinar)*. **4.** to bud *(un pimpollo)*. **5.** to rise *(brotar; salir los astros)*. **6.** to stem from *(originarse en)*. **7.** *al n.:* at birth. **8.** *n. parado:* to born lucky. **9.** *volver a n.:* to have a narrow escape.// **nacido, da. 1.** a. born. **2.** *bien n.:* well-born. **3.** *mal n.:* ill-bred. **4.** *recién n.:* newborn.
naciente. 1. a. incipient; growing. **2.** f. source.// **nacimiento.** m. **1.** birth. **2.** source *(origen)*.
nación. f. nation.// national (a.).// nationality (f.).
nacionalizar. 1. tr. to nationalize. **2.** ref. to become naturalized.// nationalization (f.).
nada. 1. pron. nothing. **2.** adv. not at all. **3.** f. nothingness *(la nada)*; insignificant thing *(nadería)*. **4.** *antes que n.:* before anything else. **5.** *de n.:* you are welcome. **6.** *n. de:* no, none. **7.** *n. de eso:* not at all. **8.** *n. más:* nothing else. **9.** *n. menos:* no less. **10.** *no es n.:* it's nothing.
nadador, ra. m./f. swimmer.// **nadar.** i. to swim.
nadie. 1. pron. nobody, no one. **2.** m. nobody.
nafta. f. **1.** *Arg.* gasoline. **2.** naphta.
naftalina. f. **1.** naphtalene. **2.** monthballs *(antipolilla)*.
naipe. m. card, playing card.
nalga. f. **1.** buttock. **2.** pl. bottom.
nana. f. nanny, nurse.
naranja. m./f. orange.//**naranjada.** f. orangeade.// **naranjal.** f. orange grove.// **naranjo.** m. orange tree.
narciso. m. narcissus.// narcissism (m.).
narcótico, ca. a./m. narcotic.// **narcotizar.** to narcotize, to drug.// **narcotraficante.** m./f. drug dealer.// **narcotráfico.** m. drug trade.
nardo. m. spike nard.
narigón, na. a. long-nosed.
nariz. f. **1.** nose, nostril. **2.** sense of smell *(olfato)*. **3.** *en las propias n.:* under one's nose. **4.** *meter la n.:* to stick one's nose.
narración. f. **1.** account *(cuento)*. **2.** narration.// **narrador, ra.** m./f. narrator.// **narrar.** tr. to narrate, to relate.// **narrativo, va.** a./f. narrative.
nasal. a. nasal.
nata. f. **1.** cream. **2.** skim *(capa)*. **3.** fig. the cream.
natación. f. swimming.
natal. a. **1.** natal *(de nacer)*. **2.** native *(del lugar)*.// **natalicio.** a./m. birthday.// **natalidad.** f. birth rate.
natividad. f. nativity.

nativo, va. a./m./f. native.
nato, ta. a. born.
natural. a. **1.** natural. **2.** native. **3.** innate. **4.** m./f. native. **5.** *al n.:* naturally.// **naturaleza.** f. **1.** nature. **2.** type. **3.** temperament. **4.** *n. muerta:* still life.// **naturalidad.** f. naturalness.// naturalization (f.).// **naturalizar. 1.** tr. to nationalize. **2.** ref. to become nationalized.
naufragar. i. **1.** to be wrecked. **2.** fig. to fail.// **naufragio.** m. shipwreck.// **náufrago, ga.** m./f. shipwrecked.
náusea. f. **1.** nausea. **2.** fig. disgust. **3.** *dar n.:* to disgust, to nauseate. **4.** *tener n.:* to feel sick.// **nauseabundo, da.** a. nauseating, sickening.
náutico, ca. 1. a. nautical. **2.** f. navigation.
navaja. f. **1.** jack knife. **2.** razor *(de afeitar)*.
naval. a. naval.// **nave.** f. **1.** ship. **2.** nave *(iglesia)*.
navegar. i./tr. to navigate, to sail.// navigable (a.).// navigation (f.).// navigator (m./f.).
Navidad. f. **1.** Christmas. **2.** *¡Feliz N.!:* Merry Christmas!// **navideño, ña.** a. Christmas.
naviero, ra. a. shipping.// **navío.** m. ship.
nazareno, na. a./m./f. Nazarene.
nazi. a./m./f. Nazi.// Nazism (m.).
neblina. f. fog.
nebuloso, sa. a. **1.** foggy *(con neblina)*. **2.** nebulous, haze *(poco claro)*.// f. nebula.
necedad. f. foolishness, nonsense.
necesario, ria. a. necessary.// **necesidad.** f. **1.** necessity, need. **2.** need *(pobreza)*.// **necesitado, da.** a. needy.// **necesitar. 1.** i/tr. to need. **2.** tr. to have, to need to *(tener que)*.
necio, cia. 1. a. foolish. **2.** m./f. fool.
néctar. m. nectar.
nefasto, ta. a. ominous; unlucky *(infortunado)*.
negación. f. **1.** denial, negation. **2.** refusal *(denegación)*. **3.** *Gram.* negative.// **negar. 1.** tr. to deny. **2.** ref. to refuse *(rehusarse)*. **3.** ref. to deny oneself *(privarse)*.// **negativo, va.** a./m./f. negative.
negligencia. f. negligence.// negligent (a.).
negociación. f. negotiation.// negotiable (a.).
negociado. m. **1.** transaction. **2.** fig. shady deal.
negociador, ra. 1. a. negotiating. **2.** m./f. negotiator.// **negociante. 1.** m. merchant *(comerciante)*. **2.** m. businessman; f. businesswoman *(hombre/mujer de negocios)*.
negociar. i./tr. to negotiate. **2.** to do business *(hacer negocios)*.// **negocio.** m. **1.** transaction. **2.** pl. business. **3.** shop, store *(local, tienda)*.
negrero, ra. m./f. slave trader; fig. slave-driver.
negrilla. f. bold *(tipografía)*.

negro, gra. 1. a./m./f. black. 2. f. quarter note.// **negrura.** f. blackness.// **negruzco, ca.** a. blackish.
nene, na. m./f. baby, infant.
neoyorquino, na. m./f. New Yorker.
nervio. m. 1. nerve. 2. vein (nervadura). 3. rib (de metal).// **nerviosidad** o **nerviosismo.** f. nervousnnes, agitation.// **nervioso, sa.** a. 1. nervous. 2. nerve (célula, sistema). 3. ponerse n.: to get nervous.
neto, ta. a. net.
neumático, ca. 1. a. pneumatic. 2. m. tire.
neumonía. f. pneumonia.
neuralgia. f. neuralgia.// neuralgic (a.).
neurastenia. f. neurasthenia.// neurasthenic (a.).
neurosis. f. neurosis.// neurotic (a.).
neutral. a. neutral.// neutrality (f.).// **neutralizar.** tr. to neutralize.// **neutro, tra.** a. 1. neutral. 2. Biol./Gram. neuter.
neutrón. m. neutron.
nevado, da. 1. a. snowy, snow-covered. 2. m. snow-capped mountain. 3. f. snowfall.// **nevar.** i. to snow.
nevera. f. refrigerator, icebox.
nexo. m. nexus, link.
ni. conj. 1. neither, nor (I neither drink nor smoke: ni bebo ni fumo). 2. n. siquiera: not even. 3. n. siquiera que: not even if.
nicaragüense. a./m./f. Nicaraguan.
nicho. m. 1. nich. 2. tomb (tumba).
nicotina. f. nicotine.
nido. m. 1. nest. 2. home (hogar).
niebla. f. fog.
nieto, ta. m. grandson, f. granddaughter.
nieve. f. snow.
nilón. m. nylon.
nimbo. m. nimbus.
ninfa. f. nymph.
ningún, ninguno, na. 1. a. none, no. 2. pron. nobody (nadie), not any.
niñería. f. childish act.// **niñera.** f. babysitter, nursemaid.// **niñez.** a. 1. childhood (infancia). 2. infancy (época).// **niño, ña.** m. child, boy, f. girl, pl. children.
níquel. m. nickel.
nitidez. f. clarity; sharpness (de fotos).// **nítido, da.** a. clear; sharp (foto).
nitrato. m. nitrate.// **nitrógeno.** m. nitrogen.
nivel. m. 1. level. 2. n. de vida: living standard.// **nivelar.** tr. 1. to level. 2. to grade (graduar).
no. adv. 1. no. 2. not (en frases negativas). 3. non (para formar opuestos). 4. n. bien: as soon as. 5. n. sea que: lest.// m. no.
noble. a./m./f. noble.// **nobleza.** f. 1. nobility (aristocracia). 2. nobleness (cualidad).
noche. f. night.// **Nochebuena.** f. Christmas eve.
noción. f. 1. notion. 2. pl. rudiments.
nocivo, va. a. noxious, harmful.
nocturno, na. 1. a. nocturnal, nightly. 2. m. nocturne.
nodriza. f. wetnurse.
nogal. m. walnut.
nómada. 1. a. nomadic. 2. m./f. nomad.
nombramiento. m. appointment.
nombrar. tr. 1. to name. 2. to appoint.
nombre. m. 1. name. 2. Gram. noun (sustantivo). 3. no tener n.: to be unspeakable.
nómina. f. list; payroll (de personal).
nominar. tr. to nominate.// nomination (f.).
nominal. a. nominal.
nordeste. m. northeast.
nórdico, ca. a./m./f. Nordic.
noria. f. water wheel.
norma. f. norm; standard.// normal (a.).// normality (f.).// **normalizar.** tr. 1. to make normal. 2. to standardize.// normalization (f.).
noroeste. m. northwest.
norte. m. 1. north. 2. fig. guide.
norteamericano, na. a./m./f. North American.
norteño, ña. 1. a. northern. 2. m./f. northerner.
noruego, ga. a./m./f. Norwegian.
nos. pron. us (dativo).// **nosotros, tras.** pron. 1. we. 2. us (dativo).
nostalgia. f. nostalgia, homesickness.// nostalgic (a.).
nota. f. 1. note. 2. grade (calificación).// notation (f.).
notable. a./m. notable.
notar. 1. tr. to note (indicar). 2. tr./ref. to notice (observar).
notario. m. notary.
noticia. f. news.// **noticiario.** m. newscast.// **noticiero.** m. news report.
notificar. tr. to notify.// notification (f.).
notoriedad. f. renown.// **notorio, ria.** a. notorious; well-known.
novato, ta. a. begginer, fig. roockie.
novedad. m. 1. newness (calidad). 2. news.
novela. f. novel.// novelist (m./f.).
noveno, na. a. ninth.
noventa. a./m. ninety.
noviazgo. m. courtship, bethroyal.
noviembre. m. November.
novillo. m. young bull.
novio, via. 1. m. boyfriend, f. girlfriend. 2. m. fiancé; f. fiancée (prometidos). 3. m. groom, f. bride (boda).
nube. f. cloud.// **nublado, da.** a. cloudy, overcast.// **nublar.** 1. tr. to cloud. 2. ref. to become cloudy.
nuca. f. nape.
núcleo. m. 1. nucleus. 2. core.// nuclear (a.).
nudillo. m. knuckle.
nudo. m. 1. knot. 2. tie.// **nudoso, sa.** a. knotty.
nuera. f. daughter-in-law.
nuestro, tra. 1. a. our. 2. pron. ours.
nuevo, va. 1. a. new. 2. f. pl. news.
nueve. a./m. nine; ninth (en fecha).
nuez. f. nut.
nulidad. f. nullity.// **nulo, la.** a. null.
numerar. tr. to number.// numeral (a.).// numerary (f.).// numeral (m.).// numerary (f.).// **número.** m. 1. number. 2. numeral (signo). 3. issue (ejemplar). 4. size (medida).// numerous (a.).
nunca. adv. never, not ever.
nupcias. f. pl. wedding.
nutria. f. otter.
nutrido, da. a. full, abundant.
nutrir. tr. to nourish.// nutrition (f.).// nutritive (a.).

ñ. f. fifteenth letter of the Spanish alphabet.
ñandú. m. nandu, American ostrich.
ñandubay. m. nandubay.
ñanduty. m. nanduty.
ñato, ta. a. pug-nosed.
ño, ña. m. mister, f. mistress.
ñapa. f. tip, bonus.
ñoñería. f. timidity, shyness.
ñoñez. f. timidity, shyness.// **ñoño, ña.** a. timid, shy.
ñu. m. gnu.
ñudo. m. knot.
ñudoso, sa. a. knotty.

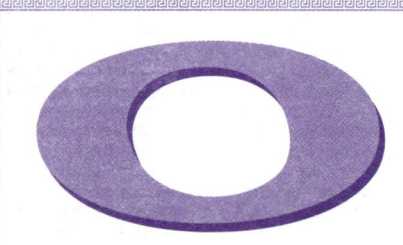

o. f. sixteenth letter of the Spanish alphabet.// conj. **1.** or, either (por las buenas o por las malas: either willingly or unwillingly). **2.** o sea: that is; that is to say.
oasis. m. oasis.
obedecer. tr. **1.** i./tr. to obey. **2.** to be due to (deberse a).// obedience.// obedient (a.).
obelisco. m. obelisk.
obesidad. f. obesity.// obese (a.).
obispo. m. bishop.
obituario. m. obituary.
objetar. tr. to object.// objection (f.).
objetividad. f. objectivity.// objective (a./m.).
objeto. m. **1.** object (cosa). **2.** subject (tema). **3.** aim (fin).
oblicuo, cua. a. oblique.
obligación. f. **1.** obligation. **2.** duty (deber).// **obligar.** tr. **1.** to oblige. **2.** to compel (forzar).// obligatory (a.).
oboe. m. oboe.
obra. f. **1.** work. **2.** product. **3.** construction. **4.** Mus. opus. **5.** play (teatro).
obrar. **1.** tr. to work. **2.** i. to act (actuar). **3.** o. en: to be in (estar en).
obrero, ra. m./f. worker, laborer.// obrerism (m.).// obrerist (a.).
obscenidad. f. obscenity.// obscene (a.).
obsequiar. tr. **1.** to give (regalar). **2.** to entertain (agasajar).// **obsequio.** m. gift.// obsequioso, sa. a. obliging, attentive.
observación. f. **1.** observation. **2.** objetion. **3.** remark (nota aclaratoria).// **observador, ra. 1.** a. observant. **2.** m./f. observer.
observar. tr. **1.** to observe. **2.** to object (objetar). **3.** to watch (espiar). **4.** to obey (obedecer).// observatory (m.).
obsesión. f. obsession.// obsessive (a./m./f.).
obstaculizar. tr. to obstruct.// obstacle (m.).
obstante (no). adv. however.
obstetricia. f. obstetrics.
obstinarse. ref. to be or become obstinate.// obstinacy (f.).// obstinate (a).
obstruir. tr. to obstruct.// obstruction (f.).
obtener. tr. to obtain, to get.// obtaining (f.).
obturador. m. plug; shutter (fotog.).// **obturar.** tr. to shut, to plug up.
obtuso, sa. a. obtuse.
obviar. tr. to obviate.// obvious (a.).
oca. f. goose.
ocasión. f. **1.** occasion. **2.** opportunity. **3.** time (vez). **4.** de o.: bargain.// occasional (a.).
ocasionar. tr. **1.** to cause. **2.** to provoke.
ocaso. m. **1.** sunset (atardecer). **2.** decline (declinación).
occidental. a. western, occidental.// **occidente.** m. western, occident.

opulencia

océano. m. ocean.// oceanic (a.).
ochenta. m./f. eighty.
ocho. a./m. eight; eighth *(en fechas)*.
ochocientos. a./m. eight hundred.
ocio. m. 1. idleness *(inactividad)*. 2. free time *(tiempo libre)*.// **ocioso, sa.** a. idle.
octavo, va. 1. a./m. eighth. 2. f. *Mus.* octave.// **octeto.** m. octet.
octógono. m. octogon.// octogonal (a.).
ocular. a. 1. ocular. 2. eye.// oculist (m./f.).
ocultar. tr. 1. to hide *(esconder)*. 2. to hush *(callar)*.// **oculto, ta.** a. 1. hidden *(escondido)*; occult *(sobrenatural)*.
ocupación. f. 1. occupation. 2. job, profession *(trabajo)*.// **ocupado, da.** a. 1. engaged *(línea)*. 2. busy *(persona)*. 3. occuppied *(territorio)*. 4. taken *(asiento)*.
ocupar. tr. 1. to occupy. 2. ref. *o. en:* to work at; *o. de:* to pay attention to.// occupant (m./f.).
ocurrencia. f. 1. occurence. 2. witticism *(ingenio)*. 3. pl. *tener o.:* to be witty.// **ocurrente.** a. witty.
ocurrir. 1. i. to happen. 2. ref. to occur. 3. *¿qué ocurre?:* what's the matter?
oda. f. ode.
odiar. tr. to hate, to loathe.// **odio.** m. hatred, hate.// odious (a.).
odisea. f. odyssey.
oeste. m. west.
ofender. 1. tr. to offend. 2. ref. to take offense.// offense (f.).// offensive (a./f.).
oferta. f. 1. offer *(propuesta)*. 2. *Econ.* supply.// **ofertar.** tr. to offer.
oficial. 1. a. official. 2. m. officer; skilled worker.
oficiar. 1. tr. to celebrate. 2. i. to act as *(actuar de)*.
oficina. f. office.// **oficinista.** m./f. clerk, office worker.
oficio. m. 1. profession, job. 2. craft, trade *(artesanía)*. 3. office *(misa)*. 4. official notice *(comunicado)*.
ofrecer. tr. to offer.// **ofrecimiento.** m. offer.
ofrenda. f. offering, gift.// **ofrendar.** tr. to offer, to give.
oftalmología. f. ophtalmology.// ophtalmologist (m./f.).
ofuscar. tr. to dazzle.
ogro. m. ogre.
oído. m. 1. hearing *(sentido)*. 2. ear *(órgano)*.
oír. tr. 1. to hear. 2. to listen *(escuchar)*.
ojal. m. buttonhole.
¡ojalá!. interj. would to God!
ojeada. f. glance.// **ojear.** tr. 1. to eye. 2. to cast the evil eye on *(hacer un mal)*.
ojera. f. dark circle (under the eyes).
ojo. m. 1. eye. 2. hole *(agujero)*. 3. attention. 4. *abrir bien los o.:* to be on the alert. 5. *a o.:* approximately. 6. *clavar los o. en:* to stare at. 7. *con los o. cerrados:* blindly. 8. *con mucho o.:* very carefully. 9. *costar un o. de la cara:* to cost an arm and a leg. 10. *echar el o.:* to covet. 11. *¡o.!:* take care! 12. pl. *tener entre o.:* to loathe.
ojota. f. Indian sandal.
ola. f. wave.// **oleada.** f. wave.// **oleaje.** m. surf.
oleaginoso, sa. a. oily, oleaginous.

óleo. m. 1. oil. 2. oil painting *(pintura)*.// **oleoducto.** f. oil pipeline.
oler. tr. 1. to smell. 2. *o. mal:* to smell fishy.
olfatear. tr. to sniff, to smell.// **olfato.** m. 1. sense of smell. 2. intuition. 3. *buen o.:* good nose.
oligarquía. f. oligarchy.// oligarchic (a.).
olimpiada. f. Olympic game.// Olympic (a.).
oliva. f. olive.// **olivar.** f. olive grove.// **olivo.** m. olive tree.
olla. f. 1. pot, kettle. 2. stew *(estofado)*. 3. *o. a presión:* pressure cooker.
olmo. m. elm.
olor. m. smell, odor.// **oloroso, sa.** a. fragrant, perfumed.
olvidadizo, za. a. forgetful.// **olvidar.** 1. tr./ref. to forget. 2. ref. to leave behind *(dejarse)*; to leave off *(omitir)*.// **olvido.** m. 1. forgetfulness *(desmemoria)*. 2. oblivion *(estado)*.
ombligo. m. navel.
ombú. m. umbra tree, ombu.
omisión. f. omission.// **omiso, sa.** a. *hacer caso o.:* to ignore.// **omitir.** tr. to omit.
ómnibus. m. omnibus, bus.
omnipotencia. f. omnipotence// omnipotent (a.).
omnívoro, ra. m./f. omnivorous.
omóplato. m. shoulder blade.
once. a./m. eleven.
onda. f. 1. wave. 2. fig. *buena o.:* good feeling.// **ondeado, da.** a. wavy.// **ondear.** i. to wave; to undulate.
ondulación. f. 1. undulation *(movimiento)*. 2. wave *(del pelo)*.// **ondulado, da.** a. wavy.// **ondular.** 1. tr. to wave. 2. i. to undulate.
oneroso, sa. a. onerous; expensive.
onza. f. 1. ounce *(medida)*. 2. *Anat.* leopard.
opaco, ca. a. opaque.// opacity (f.).
ópalo. m. opal.
opción. f. option, choice.// optional (a.).
ópera. f. opera.
operar. 1. i. to operate. 2. tr. to operate on. 3. ref. to be operate on.// operation (f.).// operator (m./f.).// **operario, ria.** m./f. worker.
opinar. i. to think *(pensar)*. 2. to express an opinion.// opinion (f.).
opio. m. opium.
oponer. 1. tr. to offer *(resistencia)*. 2. ref. to oppose; to object.// opponent (m./f.).
oporto. m. port wine.
oportunidad. f. opportunity.// opportune (a.).
oposición. f. opposition.// **opositor, ra.** m./f. opponent.
opresión. f. oppression.// oppressive (a.).// oppressor (m./f.).
oprimir. tr. to oppress.// oppressed (a.).
oprobio. m. ignominy.
optar. tr. to choose.
óptico, ca. 1. optical. 2. m./f. optician. 3. f. optics.
optimismo. m. optimism.// optimist (a./m./f.).
óptimo, ma. a. optimal, best.
opuesto, ta. a. 1. opposite *(enfrente)*. 2. opposing *(contrario)*.
opulencia. f. opulence.// opulent (a.).

oración

oración. f. **1.** oration. **2.** *Gram.* sentence. **3.** prayer *(religiosa).*
oráculo. m. oracle.
orador, ra. m./f. orator.
oral. a. oral.
orangután. m. orangutan.
orar. i. **1.** to pray.// **oratorio, ria. 1.** a./m./f. oratory. **2.** *Mus.* oratorio.
orbe. m. **1.** globe. **2.** world *(mundo).*
órbita. f. **1.** orbit. **2.** field *(campo).*// orbital (a.).
orbitar. tr. to orbit.
orden. m./f. **1.** order. **2.** *de primer o.:* first rate. **3.** *a sus o.:* at your service.
ordenada. f. ordinate.
ordenador, ra. a. ordering.// m. computer.
ordenamiento. m. arrangement, ordering.
ordenanza. 1. m. clerk. **2.** f. ordinance.
ordenar. tr. **1.** to arrange *(poner o.).* **2.** to order *(poner o dar órdenes).* **3.** ref. to be ordained *(tomar los hábitos).*
ordeñar. tr. to milk.
ordinal. a. ordinal.
ordinario, ria. a. **1.** ordinary *(común).* **2.** vulgar, coarse *(vulgar, inculto).*
oreja. f. ear.
orfanato. m. orphanate.// **orfandad.** f. orphanhood.
orfebre. m. goldsmith *(de oro)*; silversmith *(platero).*// **orfebrería.** f. **1.** gold or silver work *(trabajo).* **2.** gold or silver workshop *(taller).*
orgánico, ca. a. organic.
organismo. m. **1.** organism, body. **2.** organization.
organizador, ra. 1. a. organizing. **2.** m./f. organizer.
organizar. tr. to organize.// organization (f.).
órgano. m. organ.// organist (m./f.).
orgía. f. orgy.
orgullo. m. **1.** pride *(legítimo).* **2.** arrogance, conceit *(arrogancia).*// **orgulloso, sa.** a. **1.** proud. **2.** conceited, arrogant.
orientación. f. **1.** orientation. **2.** guidance *(guía).* **3.** bearing *(dirección).*
oriental. 1. a. eastern, oriental. **2.** m./f. Oriental.
orientar. tr. **1.** to orient, to position. **2.** to guide *(guiar).* **3.** ref. to find one's bearings *(encontrar la dirección).*
oriente. m. east, East, orient.
orificio. m. orifice.
origen. a. **1.** origin. **2.** source *(fuente).* **3.** birth *(nacimiento).*
original. a. **1.** original. **2.** first *(primero).* **3.** new *(nuevo).* **4.** authentic.// original (m.).// **originalidad.** f. originality.
originar. tr./ref. to originate, to cause.// **originario, ria.** a. coming from *(objetos)*; native of *(personas).*
orilla. f. **1.** border. **2.** shore *(costa).* **3.** pl. *a o. de:* beside. **4.** pl. *a o. del camino:* wayside.
orín. m. rust.// **oríin.** m. u **orina.** f. urine.// **orinar. 1.** i. to urinate. **2.** ref. to wet oneself.
oriundo, da. a. native of.
ornamentar. tr. to ornament.// ornament (m.).// ornamental (a.).// ornamentation (f.).

ornitología. f. ornithology.// ornithologist (m./f.).
oro. m. gold.
orondo, da. a. self-satisfied.
orquesta. f. orchestra.// **orquestar.** tr. to orchestrate.// orchestration (f.).
orquídea. f. orchid.
ortiga. f. nettle.
ortodoxia. f. orthodoxy.// orthodox (a.).
ortografía. f. orthography.// orthographical (a.).
ortopedia. f. orthopedics.// orthopedic (a.).
oruga. f. caterpillar.
orzuelo. m. sty.
os. pron. you, to you.
osadía. f. boldness.// **osado, da.** a. bold.
osamenta. f. bones; skeleton.
osar. i. to dare.
oscilar. i. to oscillate.// oscillation (f.).
oscurecer. 1. tr./ref. to darken, to obscure. **1.** i. to get dark *(el día).*// **oscuridad.** f. darkness.// **oscuro, ra.** a. **1.** dark *(sin luz).* **2.** obscure *(desconocido).* **3.** pl. *a o.:* in the dark. **4.** *quedarse a oscuras:* to be left in the dark
óseo, a. a. osseous; bony *(huesudo).*
oso, sa. m. bear; f. she bear.
ostentar. tr. **1.** to show *(mostrar).* **2.** to make a show of *(hacer gala de).*// ostentation (f.).// ostentatious (a.).
ostra. f. oyster.
ostracismo. m. ostracism.
otitis. f. otitis.
otomano, na. a./m./f. Ottoman.
otoño. m. autumn, fall.// autumnal (a.).
otorgar. tr. to grant.
otorrinolaringología. f. otorhinolaryngology.// otorhinolaryngologist (m./f.).
otro, tra. adj. **1.** other, another. **2.** *o. cosa:* something else. **3.** *o. vez:* again.// pron. another one; each other.
otrora. adv. formerly.
ovacionar. tr. to give an ovation to.// ovation (f.).
óvalo. m. oval.// oval (a.).
ovario. m. ovary.// ovarian (a).
oveja. f. **1.** ewe, female sheep. **2.** *o. descarriada:* lost sheep.// **ovejero, ra. 1.** m. shepherd; f. shepherdess. **2.** *perro o.:* sheepdog.
overo; ra. a. peach-colored.
ovillo. m. **1.** ball *(hilo, lana).* **2.** tangle *(enredo).*
ovino, na. **1.** a./m. ovine. **2.** pl. ovinae.
ovíparo, ra. **1** a. oviparous. **2.** m./f. oviparous animal.
ovni. m. UFO.
ovular. i. to ovulate.// ovular (a.).// ovulation (f.).// ovule (m.).
oxidar. tr. **1.** to oxidize *(química).* **2.** to rust *(metales).*// oxidation (f.).// **óxido.** m. **1.** óxide. **2.** rust *(orín).*
oxigenado, da. a. **1.** oxygenated. **2.** *agua o.:* hydrogen peroxide.// **oxigenar. 1.** tr. to oxygenate. **2.** ref. to take some fresh air *(tomar aire fresco).*// **oxígeno.** m. oxygen.
oyente. 1. a. hearing, listening. **2.** m./f. hearer, listener; *Educ.* auditor *(alumno).* **3.** pl. *los o.:* the audience.
ozono. m. ozone.

p. f. seventeenth letter of Spanish alphabet.
pabellón. m. **1.** flag, banner. **2.** pavilion (edificio). **2.** outer ear (del oído).
pacer. i. to graze.
paciencia. f. patience.// **paciente.** a./m./f. patient.
pacificar. tr. to pacify.// pacification (f.).// **pacífico, ca.** a. pacific, peaceful.
pactar. 1. i. to make a pact. **2.** tr. to agree to.// **pacto.** m. pact, agreement.
padecer. i./tr. to suffer.// **padecimiento.** m. suffering; ailment (enfermedad).
padrastro. m. stepfather.
padre. 1. m. father. **2.** pl. parents.
padrenuestro. m. Lord's Prayer.
padrillo. a. stallion.
padrino. m. **1.** godfather. **2.** best man (de boda). **3.** fig. sponsor. **4.** pl. godparents.
padrón. m. census, register.
paga. f. **1.** payment (pago). **2.** wages (sueldo).
pagadero, ra. a. payable.// **pagador, ra.** m./f.**1.** paymaster (empleado). **2.** payer (que paga). **3.** banco p.: bank teller.
pagano, na. a./m./f. pagan.// paganism (m.).
pagar. tr. **1.** to pay. **2.** to repay (un favor). **3.** p. con la misma moneda: to pay in the same coin. **4.** p. los platos rotos: to pay the piper.
pagaré. m. promissory note.
página. f. page.
pago. m. **1.** payment. **2.** recompense, repayment. **3.** region, native region (zona, lugar natal). **4.** p. contra entrega: cash on delivery.
pagoda. f. pagode.
país. m. **1.** country, nation (nación). **2.** region, territory (región).
paisaje. m. landscape.
paisano, na. m./f. **1.** peasant (campesino). **2.** compatriot, fellow countryman/countrywoman. **3.** vestido de p.: in civilian clothes.
paja. f. **1.** straw. **2.** rubbish (insignificancia).// **pajar.** m. barn, straw loft.
pajarera. f. bird cage.
pájaro. m. **1.** bird. **2.** p. carpintero: woodpecker. **3.** p. mosca: humming bird.
paje. m. page.
pajizo, za. a. **1.** of straw. **2.** straw-colored (color).
pala. f. **1.** shovel (herramienta). **2.** shovelful (contenido). **3.** blade (remo). **4.** p. mecánica: power shovel.
palabra. f. **1.** word. **2.** speech (facultad). **3.** promise (promesa). **4.** dar la p.: to give the floor to. **5.** de p.: orally. **6.** dirigir la p.: to address. **7.** pedir la p.: to ask for the floor. **8.** tener p.: to keep one's promise.// **palabrerío.** m. empty talk.
palabrota. f. **1.** swearword, dirty word. **2.** decir p.: to swear.
palaciego, ga. a. courtier.// **palacio.** m. palace.
paladar. m. **1.** palate. **2.** taste (gusto).
paladear. tr. to savor, to relish.
paladín. m. champion.
palanca. f. **1.** lever. **2.** crowbar (pieza). **3.** fig. influence. **4.** p. de cambios: gear lever.
palangana. f. washbowl, washbasin.
palco. m. **1.** stage (tribuna). **2.** box (teatro).
palenque. m. hitching post.
paleta. f. **1.** palette (de pintor). **2.** paddle, blade (aspa). **3.** Anat. shoulder blade. **4.** front tooth (diente). **5.** jai-alai (deporte). **6.** paddle, racket.
palidecer. i. to grow pale.// **palidez.** f. paleness.// **pálido, da.** a. pale, pallid.
palillo. m. toothpick (escarbadientes).
paliza. f. beating.
palma. f. **1.** palm. **2.** pl. applause.// **palmada.** f. slap.
palmear. 1. i. to clap. **2.** tr. fig. to slap.
palmera. f. palm tree.
palmo. m. **1.** span (medida). **2.** un p.: a little.
palo. m. **1.** stick, pole (vara). **2.** mast (mástil). **3.** post (poste). **4.** hit, whack (golpe). **5.** suit (de la baraja).
paloma. m. dove, pigeon.// **palomar.** f. dovecote.// **palomo.** m. cock pigeon.
palpar. tr. **1.** to touch (tocar). **2.** to feel (sentir).// palpable (a.).
palpitación. f. **1.** throbing. **2.** Med. palpitation.// **palpitar.** i. **1.** to throb (temblar). **2.** to beat (latir).
paludismo. m. malaria.
pampa. f. pampa, great plain.
pan. m. **1.** bread. **2.** loaf of bread (pieza).// **panadería.** f. bakery.// **panadero, ra.** m./f. baker.
panal. m. honeycomb.
panameño, ña. a./m./f. Panamanian.
panamericano, na. a./m./f. Pan-American.
pancho. m. fig. hot dog.
páncreas. f. pancreas.
pandilla. f. gang.
panel. m. panel.
panfleto. m. pamphlet.
pánico. m. panic.
panorama. m. panorama.// panoramic (a.).
pantalla. f. **1.** screen. **2.** shade (de lámpara).
pantalón, nes. m. (pl.), pants, trousers.

pantano. m. swamp.
pantera. f. panther.
pantorrilla. f. calf.
pantufla. f. slipper.
panza. f. belly, paunch.// **panzón, na.** m./f. paunchy.
pañal. m. cloth, diaper.
pañuelo. m. handkerchief.
papa. 1. m. Pope. **2.** f. potato.
papá. m. father; daddy *(papito).*
papal. a. papal.
papanatas. m./f. fool.
papel. m. **1.** paper. **2.** piece of paper *(pedazo).* **3.** role *(rol).* **4.** *hacer el p. de:* to act as. **5.** *hacer un buen/mal p.:* to do well/poorly.// **papeleo.** m. red tape.// **papelera.** f. **1.** waste-paper basket *(cesto).* **2.** paper mill *(fábrica).*// **papelería.** f. stationary.
papelón. m. *hacer un p.:* to make a fool of oneself.
paperas. f. pl. mumps.
papiro. m. papyrus.
paquete. m. **1.** package *(bulto).* **2.** pack *(caja).*
par. a. **1.** equal. **2.** *Math.* even. **3.** couple, pair. **4.** *a la p.:* on a par *(altura);* at the same time *(tiempo).* **5.** *de p. en p.:* wide open. **6.** *sin p.:* peerless.
para. prep. **1.** for. **2.** toward *(hacia).* **3.** *p. que:* so that. **4.** *¿p. qué?:* why? *(¿por qué?);* what for?
parábola. f. **1.** parable. **2.** *Math.* parabole.
parabrisas. m. windshield.
paracaídas. m. parachute.
paragolpes. m. bumper, fender.
parada. f. **1.** stop. **2.** bus stop *(lugar).* **3.** parade *(militar).*// **paradero.** m. **1.** stopping place *(parada).* **2.** whereabouts *(ubicación).*
paradoja. f. paradox.
paraguas. m. umbrella.
paraguayo, ya. a./m./f. Paraguayan.
paraíso. m. paradise.
paraje. m. place, spot.
paralelo, la. 1. a./m. parallel. **2.** f. parallel line. **3.** f. pl. parallel bars.
parálisis. m. paralysis.// paralytic (a./m./f.).// **paralizar.** tr. to paralyze.
páramo. m. moor.
parangón. m. comparison.
parar. 1. i./tr./ref. to stop *(detener).* **2.** to lodge *(alojarse).* **3.** ref. to stand up *(ponerse de pie).* **4.** *ir a p.:* to end up.
pararrayos. m. lightning rod.
parásito, ta. 1. a. parasitic. **2.** n. parasite.
parcela. f. parcel, plot.
parche. m. **1.** patch *(remiendo).* **2.** plaster *(engomado).* **3.** drumhead *(de tambor).*
parcial. 1. a. partial. **2.** m. follower *(seguidor);* periodic exam *(examen).*// parciality (f.).
parco, ca. a. sparing.
pardo, da. a./m. brown.
parecer. 1. i. to seem *(dar la impresión);* to like *(querer).* **2.** ref. to seem or look like// m. opinion.
parecido, da. a. **1.** similar, like. **2.** *bien p.:* good-looking. **3.** m. similarity.
pared. f. wall.// **paredón.** m. large thick wall.
parejo, ja. 1. a. level, equal. **2.** f. pair; couple *(hombre y mujer);* partner *(en baile y juego).*
parentela. f. relatives.// **parentesco.** m. kindship.

paréntesis. f. parenthesis.
paria. m./f. pariah.
paridad. f. parity.
pariente. ta. m./f. relative.
parir. i./tr. to give birth.
parisiense. a./m./f. Parisian.
parlamentario, ria. 1. a. parliamentary. **2.** m./f. member of parliament.// parliament (m.).
parlante. 1. a. speaking. **2.** m. loudspeaker.
paro. m. **1.** work stoppage. **2.** strike *(huelga).*
parodia. f. parody.// **parodiar.** tr. to parody.
parpadear. i. to blink.// **parpadeo.** m. blink.// **párpado.** m. eyelid.
parque. m. park.
parra. f. grapevine.
párrafo. m. paragraph.
parranda. f. spree.
parrilla. f. **1.** grill. **2.** steak house *(restaurante).*
párroco. m. parish priest.// **parroquia.** f. parish.
parte. f. **1.** part. **2.** portion. **3.** share *(proporción).* **4.** *Law.* party. **5.** side *(lado).* **6.** place *(lugar).* **7.** *de mi p.:* from me. **8.** *¿de p. de quién?:* who is calling? **9.** *en alguna p.:* somewhere. **10.** *en cualquier p.:* anywhere. **11.** *en ninguna p.:* nowhere. **12.** *en todas p.:* everywhere. **13.** *por otra p.:* on the other hand. **14.** *tener p.;* to take part.// **1.** report, dispatch. **2.** *dar p.:* to report.
partera. f. midwife.
partición. f. partition.
participación. f. **1.** participation. **2.** share *(parte).*// participant (a.).// **participar. 1.** i. to take part *(tomar parte);* to share *(compartir).* **2.** ref. to inform, to notify.// **partícipe.** m./f. participant.
participio. m. participle.
partícula. f. particle.
particular. a. **1.** particular. **2.** private. **3.** personal.// m. **1.** private person. **2.** matter *(tema).*
partido, da. a. **1.** a. divided. **2.** m. party *(político);* profit *(ganancia); Sp.* game, match; district, country *(distrito).* **3.** f. departure *(salida);* certificate; party *(expedición); Com.* entry *(anotación en libros).*
partir. 1. i. to leave, to depart. **2.** tr. to divide, to split. **3.** *a p. de:* starting from. **4.** *a p. de ahora:* from now on.
partitura. f. score.
parto. m. childbirth.// parturient (a.).
pasado, da. a. **1.** past. **2.** last *(anterior).* **3.** spoiled *(comida).* **4.** m. past. **5.** f. pass. **6.** *p. de moda:* out of fashion. **7.** *pasado mañana:* day after tomorrow. **8.** *de pasada:* in passing.
pasaje. m. **1.** passage. **2.** ticket *(boleto).* **3.** passengers *(pasajeros).*// **pasajero, ra. 1.** a. passing; not permanent. **2.** m./f. passenger.
pasamano. m. handrail.
pasaporte. m. passport.
pasar. tr. **1.** to pass *(alcanzar, aprobar).* **2.** to cross *(cruzar).* **3.** to go beyond *(ir más allá).* **4.** to transfer *(transferir).* **5.** to spend *(vacaciones).* **6.** to suffer *(sufrir).* **7.** to run *(el peine, la mano, una película).* **8.** i. to go by *(transitar, transcurrir).* **9.** i. to happen *(suceder).* **10.** ref. to pass by *(pasar de largo).* **11.** ref. to exceed *(excederse).* **12.** *p. en limpio:* to make a clear copy. **13.** *p. lista.:* to call roll. **14.** *pasarla bien/mal:* to have a good/bad time. **15.** *p. por alto:*

pelea

to omit. 16. *p. a ser:* to become. **17.** *p. por:* to stop by *(detenerse);* to suffer *(sufrir).* **18.** *¡pase!:* come in! **19.** *¿qué pasa?:* what's the matter? **20.** *¿qué te pasa?:* what's the matter with you?
pasatiempo. m. pastime, hobby.
pascuas. m. pl. Easter.
pase. m. pass.
pasear. 1. i. to go for a walk, for a ride *(caminata, en coche).* **2.** tr. to take for a walk.// *paseo.* m. **1.** walk *(caminata).* **2.** ride *(en coche, bicicleta).* **3.** excursion. **4.** avenue.
pasillo. m. corridor.
pasión. f. passion.// passional (a.).
pasivo, va. 1. a. passive. **2.** m. *Com.* liabilities.
paso. m. **1.** step. **2.** pace *(distancia).* **3.** *Geog.* pass. **4.** passing *(acción).* **5.** *abrir p.:* to make way. **6.** *a cada p.:* at every turn. **7.** *a ese p.:* at that rate. **8.** *cerrar el p.:* to block the way. **9.** *de p.:* in passing. **10.** *salir al p.:* to intercept; to confront.
pasta. f. **1.** paste. **2.** pl. pasta.
pastar. i. to graze.
pastel. m. **1.** cake *(dulce).* **2.** pie *(salado).* **3.** pastel *(pintura).* **4.** pl. pastry.// **pastelería.** f. pastry, pastry shop.// **pastelero, ra.** m./f. pastry cook.
pasteurizar. tr. to pasteurize.
pastilla. f. **1.** tablet *(medicinal).* **2.** mint *(caramelo).*
pastizal. f. pasture.// **pasto.** m. **1.** grass *(hierba).* **2.** pasture *(sitio).*
pastor, ra. 1. m./f. shepherd. **2.** pastor *(religioso).* **3.** *p.* ovejero: dogsheep.
pastoso, sa. a. softy *(blando);* coated *(lengua).*
pata. f. **1.** foot *(pie).* **2.** leg *(pierna, base).* **3.** *a p.:* on foot. **4.** *estirar la p.:* to kick the bucket. **5.** *meter la p.:* to put one's foot in it. **6.** *p. arriba:* upside down.
patada. f. kick.
patalear. i. to kick.
patatús. m. fainting; swoon.
patear. tr. to kick.
patentar. tr. to patent.// **patente. 1.** a. evident. **2.** f. patent; license; registration *(de auto).*
paternal. a. fatherly.// **paternidad.** f. **1.** paternity. **2.** fig. authorship.// **paterno, na.** a. paternal.
patetismo. m. pathos.// pathetic (a.).
patilla. f. sideburn.
patín. m. **1.** skate. **2.** shoe *(zapata).*// **patinada.** f. skid.// **patinaje.** m. skating.// **patinar.** i. **1.** to skate. **2.** to skid *(auto);* to slip *(resbalar).*
patio. m. yard, court.
pato. m. **1.** duck; drake *(pato macho).* **2.** *pagar el p.:* to take the rap.
patraña. f. humbug, lie.
patriarca. m. patriarch.// patriarchal (a.).
patrimonio. m. patrimony; heritage *(herencia).*
patrio, tria. 1. a. native. **2.** f. homeland; fatherland; *madre p.:* motherland; *p. potestad:* parental authority.// patriot (m./f.).// patriotic (a.).
patrocinar. tr. to sponsor.
patrón, na. 1. m./f. patron saint. **2.** m. master, owner *(propietario);* pattern, standard *(medida).* **3.** f. owner, landlady.// **patronal. 1.** a. patronal *(santos patronos).* **2.** employer *(empleadores).*
patrulla. f. squad, patrol.// **patrullar.** i./tr. to patrol.// **patrullero.** m. patrol car.

paulatino, na. a. gradual.
pausa. f. **1.** pause. **2.** calm. **3.** *Mus.* rest.// **pausado, da.** a. slow.
pauta. f. **1.** rule *(regla).* **2.** guideline *(líneas).*
pava. f. teakettle *(tetera).*
pavada. f. foolishness.
pavimentar. tr. to pave.// **pavimento.** m. pavement.
pavo, va. 1. m. turkey, f. turkey hen; *p. real:* peacock. **2.** m./f. fig. foolish, dull.
pavor. m. panic, fright.// **pavoroso, sa.** a. frightful.
payar. i. to improvise songs.
payasada. f. clownish act.// **payaso.** m. clown.
paz. f. peace.
peaje. m. toll.
peatón. m. pedestrian.
pebete, ta. m./f. *Arg.* kid, child.
peca. f. freckle.
pecado. m. sin.// **pecador, ra.** m./f. sinner.// **pecaminoso, sa.** a. sinful.// **pecar.** i. to sin.
pecarí. m. peccary.
pecera. f. fish bowl.
pechera. f. **1.** shirt front. **2.** chest protector.
pecho. m. **1.** chest. **2.** breast *(busto).* **3.** bosom *(seno).* **4.** *dar el p.:* to breast-feed a child. **4.** *poner el p.:* to face. **5.** *tomar a p.:* to take to heart.// **pechuga.** f. breast.
pecoso, sa. a. freckled.
pectoral. a./m. pectoral.
peculiar. a. peculiar.// peculiarity (f.).
peculio. m. founds, money.
pedagogía. f. pedagogy.// pedagogue (m./f.).
pedal. m. pedal.// **pedalear.** i. to pedal.
pedante. a. pedantic. **2.** m./f. pedant.// **pedantería.** f. pedantry.
pedazo. m. piece; fragment.
pedestal. m. pedestal.
pedestre. a. pedestrian.
pediatría. f. pediatrics.// pediatrician (f.).
pedicuro, ra. m./f. podiatrist.
pedido. m. **1.** order *(orden).* **2.** request *(petición).*
pedir. tr. **1.** to ask, to request *(requerir).* **2.** to order *(ordenar).* **3.** to beg *(mendigar).* **4.** *p. la palabra:* to ask for the floor. **5.** *p. prestado:* to borrow.
pedrada. a. blow with a stone.// **pedrea.** f. stonefight.
pedregoso, sa. a. rocky, stony.
pegajoso, sa. a. **1.** sticky. **2.** catching *(contagioso).* **3.** cloying *(meloso).*
pegamento. m. sticking, gluing.
pegar. 1. tr. to glue, to paste *(engomar).* **2.** i./tr. to hit, to beat *(golpear).* **3.** i./ref. to adhere. **4.** *p. un grito:* to shout. **5.** *p. un salto;* to jump. **6.** *p. un susto:* to frighten. **7.** *p. un tiro:* to shoot.
peinado. m. hairdo, hair style.// **peinador, ra.** m./f. hairdresser.// **peinar.** tr. to comb.// **peine.** m. comb.// **peineta.** f. ornamental comb.
pelado, da. a. **1.** bald *(calvo).* **2.** bare, barren *(desnudo).* **3.** m. baldy man. **4.** f. bald head.
pelagatos. m. poor devil.
pelaje. m. hair *(pelo);* fur *(piel).*
pelar. tr. **1.** to peel *(fruta).* **2.** to cut *(pelo).* **3.** to pluck *(desplumar).* **4.** fig. to clean out.
peldaño. m. step.
pelea. f. fight.// **pelear.** i. to fight; to quarrel *(disputar).*

peletería

peletería. f. fur trade *(actividad)*; fur shop *(negocio).// **peletero, ra.** m./f. fur maker; furrier.
pellagudo, da. a. very difficult.
pelícano. m. pelican.
película. f. 1. film. 2. picture *(de cine)*.
peligrar. i. to be in danger.// **peligro.** m. danger.// **peligroso, sa.** a. dangerous.
pelirrojo, ja. 1. a. red-haired. 2. m./f. redhead.
pellejo. m. 1. skin. 2. hide *(animal)*. 3. peel *(fruta)*.
pellizcar. tr. 1. to pinch. 2. to nibble *(comer algo).// **pellizco.** m. pinch.
pelmazo, za. a. bore; dull.
pelo. m. 1. hair. 2. whisker *(de la barba)*. 3. fur *(piel de animal)*. 4. nap *(de tejido)*. 5. *al p.:* perfectly. 6. *de p. en pecho:* brave. 7. *no tener p. en la lengua:* to be outspoken. 8. *p. y señales:* details. 9. *ponerse los p. de punta:* to stand on end the hair. 10. *tomar el p. a:* to pull someone's leg.
pelota. f. 1. ball. 2. fig. *en p.:* naked *(desnudo).// **pelotazo.** m. hit of a ball.// **pelotear.** tr. 1. to kick a ball around. 2. fig. to quarrel *(disputar)*.
pelotera. f. fam. browl.
pelotón. m. squad, platoon.
peluca. f. wig.
peluche. m. plush.
peludo, da. 1. a. hairy, shaggy. 2. m. armadillo.
peluquería. f. barber shop *(hombres)*; beauty shop *(mujeres).// **peluquero, ra.** m./f. barber; hairdresser *(peinador).// **peluquín.** m. toupee.
pelusa. f. down *(de fruta)*; fuzz *(de tela)*.
pena. f. 1. punishment, penalty *(castigo)*. 2. sorrow, grief *(aflicción)*. 3. pain *(dolor)*. 4. *a duras p.:* hardly.// **penado, da.** m./f. convict.
penacho. m. crest, panache.
penal. 1. a. penal. 2. m. prison; *Sp.* penalty.// **penalidad.** f. hardship; penalty.
penar. 1. tr. to punish. 2. i. to suffer.
pendencia. f. quarrel.// **pendenciero, ra.** a. quarrelsome.
pender. i. 1. to hang *(colgar)*. 2. to be pending *(estar pendiente).// **pendiente.** 1. a. hanging *(colgante)*; pending *(irresuelto)*. 3. m. earing; f. slope.
péndulo. m. pendulum.
penetrante. a. 1. penetrating. 2. acute *(inteligente)*. 3. piercing *(mirada, voz)*. 4. biting *(frío).// **penetrar.** i./tr. to penetrate; to permeate *(empapar).// penetration (f.).
penicilina. f. penicillin.
península. f. peninsula.// peninsular (a.).
penique. m. penny.
penitencia. f. penitence.// **penitenciaria.** f. prison.// penitent (a./m./f.).
penoso, sa. a. 1. difficult. 2. sad *(triste)*.
pensador, ra. m./f. thinker.// **pensamiento.** m. thought *(idea)*; thinking *(facultad)*; maxim *(frase).// **pensar.** tr. 1. to think; to think about. 2. to intend *(planear).// **pensativo, va.** a. pensive.
pensión. f. 1. pension. 2. boarding house *(casa).// **pensionado, da.** m./f. 1. pensioner. 2. boarder *(pensionista)*. 3. m. boarding school.
pentágono. m. pentagon.// pentagonal (a.).
pentagrama. m. staff.
penúltimo, ma. a./m./f. penultimate.
penumbra. f. semidarkness; penumbra.

penuria. f. penury; poverty.
peña. f. 1. rock. 2. circle *(círculo).// **peñasco.** m. crag; cliff.// **peñón.** m. craggy rock.
peón. m. 1. day laborer. 2. pawn *(ajedrez)*.
peor. a./adv./m./f. worse.
pepino. m. cucumber.
pepita. f. 1. seed *(semilla)*. 2. gold nugget *(oro)*.
pequeñez. f. 1. smallness *(cualidad)*. 2. trifle *(menudencia).// **pequeño, ña.** 1. a. small; short *(corto)*. 2. m./f. child; *de p.:* as a child.
pequinés. m. Pekinese.
pera. f. 1. pear. 2. goatee *(barbilla)*. 3. *pedir p. al olmo:* to ask for the moon.// **peral.** m. pear tree.
percance. m. mishap.
percha. f. hanger.// **perchero.** m. clothes rack.
percibir. tr. 1. to perceive. 2. to collect *(cobrar).// perception (f.).// perceptive (a.).
percudir. tr. to stain, to soil.
percusión. f. percussion.
perdedor, ra. 1. a. losing. 2. m./f. loser.
perder. 1. i./tr./ref. to lose *(extraviar, ser derrotado)*. 2. tr. to miss *(desaprovechar, no alcanzar)*. 3. ref. to get lost *(extraviarse)*. 4. *echar a p.:* to spoil. 5. ref. *p. de vista:* to disappear.
perdición. f. 1. ruin. 2. damnation *(cristiana)*.
pérdida. f. 1. loss. 2. damage *(daño)*.
perdidamente. adv. madly.// **perdido, da.** a. 1. lost *(extraviado)*. 2. inveterate *(rematado)*. 3. m. dissolute person; f. loose woman.
perdiz. f. partridge.
perdón. m. 1. pardon. 2. *¡p!:* excuse me!.// **perdonar.** tr. to pardon, to forgive.
perdurable. a. durable, long-lasting.// **perdurar.** i. to last.
perecedero, ra. a. perishable.// **perecer.** i. 1. to perish. 2. to die.
peregrinación. f. pilgrimage.// **peregrinar.** i. to make a pilgrimage.// **peregrino, na.** m./f. pilgrim.
perejil. f. parsil.
pereza. f. laziness.// **perezoso, za.** a. lazy.
perfeccionar. tr. 1. to make perfect. 2. to improve *(mejorar).// perfect (a.).// perfection (f.).
perfidia. f. perfidy.// **pérfido, da.** a. perifidious.
perfil. m. 1. profile. 2. outline *(contorno).// **perfilar.** tr. 1. to outiline 2. to polish *(pulir)*. 3. ref. to take shape *(tomar forma)*.
perforador, ra. m./f. 1. pinch *(papeles)*. 2. driller *(taladro).// **perforar.** tr. to perforate; to drill *(taladrar).// perforation (f.).
perfumar. tr. to perfume.// **perfume.** m. perfume; fragrance.// perfumery (f.).
pergamino. m. 1. parchment. 2. pl. fig. titles.
pericia. f. skill, expertness.
perico. m. parakeet.
perilla. f. 1. knob. 2. goatee *(barbilla)*.
perímetro. m. perimeter.
periódico, ca. 1. a. periodical. 2. m. newspaper.// **periodismo.** m. journalism.// **periodista.** m./f. journalist.
período. m. 1. period. 2. age *(era)*.
peripecia. f. vicissitude.
periscopio. m. periscope.
perito, ta. a./m./f. expert.
peritoneo. m. peritoneum.

perjudicar. tr. 1. to harm. 2. to damage (dañar).// **perjudicial.** a. harmful, detrimental.// **perjuicio.** m. damage, detriment.
perjurar. i. to comit perjury.// perjurer (m./f.).// perjury (m.).
perla. f. 1. pearl. 2. pl. de p.: just right.
permanecer. tr. to stay, to remain.// **permanencia.** f. 1. permanence. 2. stay (estadía).// **permanente.** 1. a. permanent. 2. f. permanent wave.
permeable. a. permeable.
permiso. m. 1. permission. 2. permit (documento). 3. con p.: excuse me.
permitir. tr. 1. to permit (autorizar). 2. to allow (tolerar). 3. ref. to take the liberty to.
permuta. f. exchange.// **permutar.** tr. to exchange; Mat. to permute.// permutation (f.).
pernicioso, sa. a. pernicious.
perno. m. bolt.
pero. 1. conj. but, yet. 2. m. objection, buts.
perogrullada. f. trite remark, truism.
perpendicular. a. perpendicular.
perpetrar. tr. to perpetrate.
perpetuar. tr. to perpetuate.// perpetuity (f.).// **perpetuo, tua.** a. perpetual; cadena p.: life imprisonment.
perplejo, ja. a. perplexed.// perplexity (f.).
perrera. f. kennel (casilla); dogcatcher
perro, rra. 1. m. dog, f. she-dog. 2. a. hard, rotten.
persa. a./m./f. Persian.
pesecución. f. pursuit (seguimiento); persecution (manía).// **perseguidor, ra.** m./f. pursuer.// **perseguir.** tr. to pursue (seguir); to persecute (atormentar).
perseverar. i. to persevere.// perseverance (f.).// perseverant (a.).
persiana. f. blind.
persignarse. ref. to cross oneself.
persistir. i. to persist.// persistence (f.).// persistent (a.).
persona. f. 1. person. 2. pl. people.// **personal.** 1. a. personal. 2. m. personnel; crew (dotación).// **personaje.** m. 1. Lit. character. 2. celebrity.
personalidad. f. personality; public figure.
personificar. tr. to personify.// personification (f.).
perspectiva. f. 1. perspective. 2. panorama.
perspicacia. f. perspicacity.// **perspicaz.** a. sharp.
persuadir. tr. to persuade.// persuasive (a.).
pertenecer. tr. 1. to belong (ser de, ser parte de). 2. to pertain (concernir).// **perteneciente.** a. belonging.
pertinencia. f. pertinence.// pertinent (a.).
pertrechos. m. pl. supplies; equipment.
perturbar. tr. to perturb, to disturb.
peruano, na. a./m./f. Peruvian.
perversidad. f. perversity.// perverse (a.).
pervertir. tr. to pervert.// pervert (m./f.).
pesa. f. 1. weight. 2. pl. weightlifting (deporte).
pesadez. f. 1. heaviness (cualidad). 2. oppressiveness (del clima).
pesadilla. f. nightmare.
pesado, da. a. 1. heavy (peso). 2. oppresive (clima). 3. tiresome (cargoso).

pésame. m. condolence.
pesar. m. 1. sorrow (pena); regret (arrepentimiento). 2. a p. de: in spite of.
pesar. 1. i./tr. to weight (tener peso, determinar el peso); to be heavy (ser pesado). 2. tr. to grieve (tener pena).// **pesaroso, sa.** a. sorrowful.
pesca. f. fishing (acción); catch (lo pescado).// **pescadería.** f. fish market.// **pescado.** m. fish.// **pescador.** m. fisherman.// **pescar.** tr. 1. to fish. 2. fig. to get, to catch.
pescuezo. m. neck.
pesebre. m. manger.
pesimismo. m. pesimism.// pesimist (a./m./f.).
pésimo, ma. a. very bad, terrible.
peso. m. 1. weight. 2. burden (carga). 3. importance. 4. peso (moneda). 5. levantar en p.: to lift up. 6. p. bruto: gross weight. 7. p. específico: density. 8. quitar un p.: to load off.
pesquero, ra. a. fishing.
pesquisa. f. investigation.
pestaña. f. 1. eyelash. 2. Mech. flange.// **pestañear.** i. to blink, to wink.
peste. m. 1. plague. 2. stench (olor). 3. pl. curses.// **pestilencia.** f. pestilence; stench.
pestillo. m. lock bolt.
pétalo. m. petal.
petardo. m. petard; firecracker.
petate. m. bundle.
petición. f. petition, request.
petirrojo. m. redbreast.
petiso, sa. 1. a. short, stubby. 2. m. small horse.
pétreo, a. a. rocky.// **petrificar.** tr. to petrify.
petróleo. m. oil, petroleum.// **petrolero, ra.** 1. a. oil. 2. m. oil man; oil tanker. 3. oil company.// **petrolífero, ra.** a. oil-bearing.
petroquímico, ca. 1. a. petrochemical. 2. f. petrochemistry.
petulancia. f. arrogance.
pez. m. 1. fish. 2. p. gordo: ringleader.
pezón. m. nipple.
pezuña. f. hoof.
piadoso, sa. a. 1. pious (pío). 2. merciful.
piano. m. piano.// pianist (m./f.).
piar. i. to chirp.
pibe, ba. m./f. child, kid.
pica. f. 1. pick. 2. spade (cartas).
picadero. m. riding school.
picadillo. m. chopped meat.
picadura. f. 1. sting, bite. 3. caries.
picaflor. f. 1. humming bird. 2. fig. fickle lover.
picante. 1. a. spicy, hot. 2. m. piquancy
picaporte. m. latch.
picar. tr. 1. to sting (picadura). 2. to pierce (punzar). 3. to punch (boletos). 4. to peck (un ave). 5. to chop (cortar). 6. to spur (azuzar). 7. to nibble (comer). 8. i. to itch (escocer); to be hot (estar picante). 9. ref. to become choppy (el mar).
picardía. f. 1. mischievousness (cualidad). 2. mischief (travesura). 3. trick (ardid).
picaresco, ca. 1. a. mischievous. 2. f. picaresque.
pícaro, ra. 1. a. sly (astuto); impish (cariñosamente). 2. m./f. sly person (astuto); scoundrel (bribón); rascal (cariñosamente).
picazón. f. itch.

pichón, na. m./f. young pigeon.
pico. m. **1.** beak *(aves).* **2.** tip *(punta).* **3.** spout *(botellas).* **4.** peack *(cima).* **5.** pick *(herramienta).* **6.** *y p.:* odd *(cifras);* a little after *(hora).//* **picotazo.** m. peck.// **picotear.** tr. to peck.
pictórico, ca. a. pictorical.
pie. m. **1.** foot, pl feet; footing *(paso).* **2.** base, basis. **3.** *a p.:* on foot. **4.** *al p. de la letra:* literally. **5.** *a p. firme:* standing fast. **6.** *con p. de plomo:* cautiously. **7.** *dar p.:* to give cause. **8.** *en p. de guerra:* ready for war. **9.** *hacer p.:* to touch bottom *(pisar).* **10.** *no dar p. con bola:* to do nothing right. **11.** *sin p. ni cabeza:* neither head nor tail.
piedad. f. piety; compassion.
piedra. f. **1.** stone. **2.** *p. angular:* cornerstone. **3.** *p. caliza:* limestone. **4.** *p. fundamental:* keystone. **5.** *p. pómez:* pumice stone.
piel. f. **1.** skin. **2.** fur *(de animal).* **3.** leather *(cuero).* **4.** peel *(cáscara).* **5.** *p. de gallina:* goose pimples.
pierna. f. leg.
pieza. f. **1.** piece. **2.** Mech. part. **3.** room *(cuarto).* **4.** play *(teatro).* **5.** bolt *(tela).* **6.** *de una p.:* honest.
pigmento. m. pigment.
pigmeo, a. a./m./f. pigmy.
pijama. m. pijamas, piyamas.
pila. f. **1.** pile. **2.** battery, cell. **3.** *nombre de p.:* Christian name.
pilar. f. **1.** basin. **2.** pillar, column.
píldora. f. pill.
pileta. f. **1.** sink. **2.** swimming pool *(piscina).*
pillaje. m. pillage.
pillar. **1.** tr. to catch. **2.** i. fig. to urinate.
pillo, lla. **1.** a. mischievous. **2.** m./f. thief *(ladrón);* rascal *(travieso).*
pilote. m. stoke.
pilotear. m. to pilot *(avión);* to drive *(auto).//* pilot (a./m./f.).
pimiento, ta. m./f. pepper.
pimpollo. m. **1.** flower bud. **2.** fig. pretty girl.
pinacoteca. f. painting gallery or collection.
pináculo. m. pinnacle.
pinar. m. pine grove.
pincel. m. paint brush.// **pincelada.** f. brush stroke.
pinchar. tr. **1.** to puncture. **2.** to get a flat tire *(neumático).//* **pinchazo.** m. prick, puncture.
ping-pong. m. table tennis.
pingo. m. *Arg.* horse.
pingüe. a. greasy; juice *(ganacias).*
pingüino. m. penguin.
pino. m. pine.
pinta. f. **1.** spot *(mancha).* **2.** fig. look *(apariencia).*
pintar. tr. **1.** to paint. **2.** to depict *(describir).* **3.** ref. to put on make-up.
pintón, na. a. good-looking.
pintor, ra. m./f. painter; housepainter *(de casas).*
pintoresco, ca. a. picturesque.
pintura. f. **1.** painting *(arte, cuadro).* **2.** picture *(cuadro).* **3.** paint *(color).* **4.** make-up *(maquillaje).*
pinza. f. **1.** *Zool.* claw **2.** tuck *(en ropa).* **3.** tweezer *(tenaza);* clamp *(abrazadera, cirugía).*
piña. f. **1.** pine cone; pineapple *(ananá).* **2.** blow *(golpe).* **3.** pl. *darse p.:* to came to blows.
piñón. m. pinion.
pío, a. **1.** m./f. pious. **2.** m. chirp.

piojo. m. louse.// **piojoso, sa.** a. **1.** lousy. **2.** fig. dirty *(sucio);* stingy *(miserable).*
piola. f. string *(cuerda).*
pionero, ra. a./m./f. pioneer.
pipa. f. pipe.
pique. m. **1.** catch *(pesca).* **2.** *echar o irse a p.:* to sink.
piquete. m. picket.
piragua. f. light canoe.
pirámide. f. pyramid.
pirata. m./f. **1.** pirate. **2.** hijacker *(secuestrador).//* **piratería.** f. **1.** piracy. **2.** hijacking.
piropo. m. flattering remarks, compliments.
pirotecnia. f. fireworks.
pisada. f. step *(acción);* footprint *(huella).*
pisapapeles. m. paperweight.
pisar. tr. **1.** to tread on. **2.** to press *(uvas).* **3.** to pack down *(tierra).* **4.** to copulate *(aves).*
piscina. f. pool.
piso. m. **1.** floor. **2.** ground *(suelo).* **3.** apartament.
pisotear. tr. **1.** to trample. **2.** fig. to humiliate.// **pisotón.** m. step on someone's foot.
pista. f. **1.** trail, track *(huella, camino).* **2.** clue. **3.** racetrack *(de carrera).* **4.** dance floor *(de baile).* **5.** landing strip, runway *(de aterrizaje).*
pistilo. m. pistil.
pistola. f. **1.** pistol. **2.** paint sprayer *(de pintura).//* **pistolero.** m. gunman.
pistón. m. piston.
pitar. **1.** i. to whistle. **2.** i./tr. to smoke *(fumar).*
pitillo. cigarette.
pito. m. **1.** whistle. **2.** *no importar un p.:* not to give a damn. **3.** *no valer un p.:* to be worthless.
pizarra. f. slate.// **pizarrón.** m. blackboard.
pizca. f. bit, pinch.
pizpireta. a. vivacious.
placa. f. **1.** plaque. **2.** plate *(chapa, electr., foto).* **3.** badge *(insignia).* **4.** license plate *(patente).*
placenta. f. placenta.
placentero, ra. a. pleasant.// **placer.** m. pleasure.
placidez. f. placidity.// placid (a.).
plaga. f. **1.** plague. **2.** pest.// **plagar.** tr. to plague.
plagiar. tr. to plagiarize.// **plagio.** m. plagiarism.
plaguicida. f. plaguicide.
plan. m. **1.** plan. **2.** project. **3.** program. **4.** *p. de estudio:* curriculum.
plana. f. *primera p.:* front page; *p. mayor:* staff.
plancha. m. **1.** metal plate. **2.** iron *(de planchar).* **3.** sheet *(lámina).//* **planchado.** m. ironing.// **planchar.** tr. to iron.
planeador. m. glider.
planear. **1.** tr. to plan. **2.** i. to glide *(volar).*
planeta. m. planet.// **planetario.** **1.** a. planetary. **2.** m. planetarium.
planicie. f. plain.
planificación. f. planning.// **planificar.** tr. to plan.
plano, na. **1.** a. flat. **2.** m. plane; diagram, map; ground *(cine).*
planta. f. **1.** plant. **2.** sole *(del pie).* **3.** floor *(piso).*
plantar. tr. **1.** to plant. **2.** to put *(poner).* **3.** to leave *(dejar).* **4.** ref. to stand firm.// plantation (f.).
plantear. tr. **1.** to expound *(exponer).* **2.** to propose *(proponer).*
plantel. m. group.
planteo. m. exposition; proposal; focus.

plantilla. f. **1.** insole *(suela).* **2.** pattern *(molde).* **3.** roll of employees *(lista de empleados).*
plantón. m. *de p.:* to be standing a long time.
plaqueta. f. plaquette, platelet.
plasma. m. plasma.
plasmar. tr. to create, to form.
plástico, ca. 1. a./m. plastic. **2.** f. plastic arts.
plastificar. tr. to shellac.
plata. f. **1.** silver. **2.** money *(dinero).*
plataforma. f. **1.** platform. **2.** *p. continental:* continental shelf.
plátano. m. **1.** banana. **2.** plane tree *(árbol).*
platea. f. **1.** orchestra floor. **2.** seat *(asiento).*
plateado, da. a. silvery; silver plated.// **platear.** tr. to silver; to silver plate.// **platero.** m. silversmith.
plática. f. chat.// **platicar.** i. to chat.
platillo. m. **1.** saucer. **2.** dish *(comida).* **3.** pan *(balanza).* **4.** pl. cymbals.
platino. m. platinum.
plato. m. **1.** plate. **2.** dish *(comida).* **3.** pan *(balanza).* **4.** *p. fuerte:* main course.
platónico, ca. a. Platonic.
playa. f. beach, shore.// **playero, ra.** a. beach.
plaza. f. **1.** plaza, square *(lugar público).* **2.** market. **3.** place *(lugar).*
plazo. f. **1.** term, period, time. **2.** pl. *a p.:* on credit. **3.** *corto/largo p.:* short/long term.
pleamar. f. high tide.
plebe. f. masses, common people.// **plebeyo, ya.** a./m./f. plebeian.
plebiscito. m. plebiscite, referendum.
plegadizo, za. a. folding.// **plegamiento.** m. fold.// **plegar. 1.** tr. to fold *(doblar);* to pleat *(hacer pliegues).* **3.** ref. to join *(unirse).*
plegaria. f. prayer.
pleito. m. dispute; lawsuit *(juicio).*
plenipotenciario, ria. a. plenipotentiary.
plenitud. f. fullness.// **pleno, na. 1.** a. full, complete. **2.** m. plenum. **3.** *en p.:* in the middle of.
plexo. m. plexus.
pliego. m. **1.** sheet of paper. **2.** document.// **pliegue.** m. fold; pleat *(plisado).*
plomada. f. plumb.// **plomería.** f. plumbing.// **plomero.** m. lead worker; plumber.// **plomizo, za.** a. leaden.// **plomo.** m. **1.** lead. **2.** bullet *(bala).* **3.** *a p.:* vertically.
pluma. f. **1.** feather. **2.** pen *(lapicera).*// **plumaje.** m. **1.** feather *(plumas).* **2.** plumage *(color).*// **plumero.** feather duster.// **plumón.** m. down.
plural. a./m. plural.// **pluralidad.** f. plurality (f.).
plusvalía. f. surplus value.
plutonio. m. plutonium.
pluvial. a. pluvial, rain.
población. f. **1.** population. **2.** town *(pueblo).*// **poblado, da. 1.** a. populated. **2.** m. town.// **poblador, ra.** m./f. inhabitant.// **poblar. 1.** to populate. **2.** ref. to become populated *(de gente);* to become full of *(llenarse).*
pobre. 1. a. poor; needy *(necesitado);* humble *(humilde);* fig unfortunate. **2.** m. poor person; pl. the poors.// **pobreza.** f. poverty; indigence.
pocilga. f. pigsty.
pocillo. m. cup.
poco, ca. 1. a. little; short *(tiempo);* pl. few *(p.*

veces: not very often. **2.** m. little; pl. few. **3.** adv. little, not much *(con escasez);* not long *(corta duración);* not very *(no muy).* **4.** *p. a p.:* little by little. **5.** *p. poco:* almost.
poda. f. pruning.// **podar.** tr. to prune.
poder. m. **1.** power. **2.** force. **3.** capacity. **4.** might *(vigor).* **5.** hands *(posesión),* **6.** goverment. **7.** *p. ejecutivo/judicial/legislativo:* the executive/the judiciary/the legislative branch.
poder. 1. i. can. **2.** i./tr. to be able *(ser capaz, lograr).* **3.** *p. ser:* to may, to be possible. **4.** *no p. más:* to be exhausted *(fatiga);* to be fed up *(hartarse).* **5.** *no puede ser:* it's impossible. **6.** *puede ser:* maybe. **7.** *¿puedo?/¿se puede?:* may I?
poderío. m. **1.** power. **2.** wealth *(riquezas).*// **poderoso, sa.** a. **1.** powerful. **2.** wealthy.
podredumbre. f. **1.** putrefaction. **2.** fig. corruption.// **podrido, da.** a. **1.** rotten. **2.** fig. annoyed.
poema. m. poem.// **poesía.** f. poetry *(arte).*// **poeta.** m. poet.// poetic (a.).// **poetisa.** f. poetess.
polaco, ca. 1. a. Polish. **2.** m./f. Pole.
polar. a. polar.// polarity (f.).// **polarizar. 1.** tr. to polarize. **2.** ref. to become polarized.
polémico, ca. a./f. polemic.// **polemizar.** i. to argue.
polen. m. pollen.
policía. 1. f. police. **2.** m. policeman, f. policewoman. **3.** *perro de p.:* police dog.// **policial. 1.** a. police. **2.** f. detective story.
poliedro. m. polyhedron.
poligamia. f. polygamy.
polígloto, ta. a./m./f. polyglot.
polígono. m. polygon.// polygonal (a.).
polilla. f. moth.
polinizar. tr. to pollinate.// pollination (f.).
polinomio. m. polynomial.
pólipo. m. polyp, polypus.
politécnico, ca. a. polytechnic.
político, ca. 1. a. political; -in-law *(parentesco).* **2.** m./f. politician. **3.** f. politics; policy *(acción).*
póliza. f. **1.** contract. **2.** insurance policy *(seguros).*
pollo, lla. 1. m. chick; chicken *(cocido).* **2.** m. fig. spit *(escupitajo).* **3.** f. fig. gambling pool *(apuesta).*
polo. m. **1.** pole. **2.** *Sp.* polo.
polución. m. pollution.
polvareda. f. cloud of dust.
polvo. m. **1.** dust *(tierra).* **2.** powder *(sustancia).* **3.** *en p.:* powdered. **4.** *hacer p.:* to smash. // **pólvora.** f. gunpowder.// **polvoriento, ta.** a. dusty// **polvorín.** m. powder magazine; fig. powder keg.
pomada. f. **1.** pomade. **2.** shoe polish *(betún).*
pomelo. m. grapefruit; grapefruit tree *(árbol).*
pomo. m. **1.** pome. **2.** perfume bottle.
pompa. f. **1.** pomp. **2.** bubble *(burbuja).* **3.** *p. fúnebre:* funeral.// **pomposo, sa.** a. pompous.
ponche. m. punch.
poncho. m. poncho; cape.
ponderar. tr. **1.** to ponder. **2.** to praise *(alabar).*
poner. tr. **1.** to put *(colocar).* **2.** to set up *(instalar).* **3.** to write *(escribir).* **4.** to suppose *(suponer).* **5.** to give *(nombrar).* **6.** to leave *(dejar).* **7.** to contribute. **8.** to lay *(huevos).* **9.** *p. precio:* to price. **10.** ref. to turn *(volverse);* to set *(sol, luna);* *p. a:* to begin; to put on *(ropa).*

poniente. m. west.
pontífice. m. 1. pontiff. 2. *Sumo P.*: the Pope.
ponzoña. f. poison, venom.// poisonous (a.).
popa. f. 1. stern. 2. *viento en p.*: well.
populacho. m. rabble.
popular. a. popular.// popularity (f.).// **popularizar.** tr. to popularize.
populoso, sa. a. heavily populated.
por. prep. 1. for *(causa, tiempo, cambio)*. 2. by *(causa, medio)*. 3. through *(a través, por medio de)*. 4. around, about *(aproximación de tiempo o lugar)*. 5. over *(por la superficie)*. 6. Math. times. 7. *dar p.*: to consider. 8. *estar p.*: to be about. 9. *p. acá/ahí*: about here/there. 10. *p. ahora*: for the time being. 11. *p. causa de*: because of. 12. *p. cierto*: indeed. 13. *p. completo*: completely. 14. *p. eso/lo tanto*: therefore. 15. *p. favor*: please. 16. *p. fin*: at last 17. *¿por qué?*: why? 18. *p. si acaso*: in case. 19. *p. supuesto*: of course.
porcelana. f. porcelain.
porcentaje. m. percentage; per cent (por ciento).
porción. f. portion.
porche. m. porch.
porcino, na. 1. a. porcine. 2. m. pig.
pordiosero, ra. m./f. beggar.
porfía. f. 1. quarrel *(disputa)*. 2. stubborness *(calidad)*.// **porfiado, da.** a./m./f. stubborn.// **porfiar.** i. to argue *(polemizar)*; to persist *(persistir)*.
pormenor. m. detail.
poro. m. pore.// porosity (f.).// porous (a.).
poroto. m. bean.
¿por qué? why?
porque. conj. 1. because *(por causa)*. 2. so that.
porqué. m. reason, cause.
porquería. f. 1. filth. 2. dirty trick *(mala acción)*. 3. junk *(chatarra)*.
porra. f. 1. club. 2. long hair.// **porrazo.** m. fall blow.
porrón. m. carafe; bottle.
portaaviones. m. aircraft carrier.
portada. f. 1. title page *(diario)*. 2. cover *(tapa)*.
portador, ra. 1. a. bearing. 2. m./f. carrier.
portaequipajes. m. luggage rack.
portafolio. m. portfolio, attaché case.
portal. m. 1. vestibule. 2. city gate.
portar. 1. tr. to carry. 2. ref. to behave.
portarretrato. m. picture frame.
portátil. a. portable.
portavoz. m. spokesman.
portazo. m. slam.
porte. m. 1. transporting. 2. size *(tamaño)*.
portento. m. prodigy, portent.
portería. f. 1. doorman's office. 2. *Sp.* goal.// **portero.** m. 1. doorman. 2. *Sp.* goalkeeper.
pórtico. m. portico.
portón. m. large front door.
portugués, sa. a./m./f. Portuguese.
porvenir. m. future.
pos (en). adv. after, in pursuit of.
posada. f. inn *(mesón)*; lodging *(albergue)*.
posaderas. f. pl. buttocks.
posar. 1. i. to pose. 2. ref. to perch.
postdata. f. postscript.
pose. f. pose.
poseedor, ra. m./f. owner *(propietario)*; holder *(acciones, títulos)*.// **poseer.** tr. 1. to possess. 2. to have *(tener)*. 3. to hold *(acciones, títulos)*.
poseído, da. 1. a. possessed. 2. m./f. possessed person.// **posesión.** m. 1. possesion. 2. property.
posesionar. 1. tr. to give possesion. 2. ref. to size *(apoderarse)*.// possessive (a./m.).
posguerra. f. postwar.
posibilidad. f. possibility.// **posibilitar.** tr. to make possible.// possible (a.).
posición. f. 1. position. 2. *p. social*: status.
positivo, va. 1. a./m. positive; affirmative.
posponer. tr. to postpone.
posta. f. 1. relay *(de caballos)*. 2. staging post.
postal. 1. a. postal. 2. f. postcard.
poste. m. post, pole.
postergación. f. postponement.// **postergar.** tr. 1. to postpone. 2. to pass over *(a una persona)*.
posteridad. f. posterity.
posterior. a. 1. posterior. 2. back *(trasero)*.// **posterioridad.** f. 1. posteriority. 2. *con p.*: after.
postigo. m. shutter; postern.
postizo, za. a. artificial, false.
postor, ra. m./f. bidder.
postrar. tr. 1. to humiliate. 2. to weaken *(debilitar)*. 3. ref. to kneel.
postre. 1. m. dessert. 2. *a la p.*: in the end, at last.
postrero, ra. a. last.
postrimería. f. last years *(época)*, final stages *(hechos)*.
postulado. m. postulate.// **postulante.** m./f. applicant.// **postular.** tr. to apply for *(empleo)*; to stand as candidat *(candidatura)*.
póstumo, ma. a. posthumous.
postura. f. 1. posture. 2. position. 3. attitude. 4. stand *(opinión)*. 5. bet *(apuesta)*. 6. putting on *(ropa)*. 7. laying *(aves)*.
potable. a. potable; *agua p.*: drinking water.
potaje. m. stew *(guiso)*; bew *(bebida)*.
potasa. f. potash.// **potasio.** m. potassium.
pote. m. pot.
potencia. f. 1. power. 2. potency *(fuerza)*.// potencial (a./m.).// **potentado, da.** m./f. potentate.// **potente.** a. potent; powerful.
potestad. f. 1. authority. 2. *patria p.*: parental authority.
potranca. f. filly.// **potrero.** m. 1. pasture. 2. playground *(campo)*.// **potrillo.** m. colt.// **potro.** m. 1. colt. 2. torture rack *(tormento)*
pozo. m. 1. well *(agua, petróleo)*. 2. deep pool *(en un río)*. 3. pit *(hoyo)*. 4. mine *(mina)*.
practicante. 1. a. practicing. 2. m./f. intern.
practicar. 1. tr. to practice; to perform *(realizar)*. 2. i. to train *(entrenar)*.// practicable (a.).// **práctico, ca.** 1. a. practical. 2. m./f. useful *(útil)*; experienced. 3. f. practice; experience; training.
pradera. f. meadow.
prado. m. meadow *(pradera)*; promenade *(paseo)*.
pragmatismo. m. pragmatism.// pragmatist (a./m./f.).
preámbulo. m. 1. prologue. 2. disgression.
precario, ria. a. precarious.
precaver. 1. tr. to prevent, to forestall. 2. ref. to take precautions.// **precavido, da.** a. cautious.// precaution (f.).

precedente. 1. a. preceding. 2. m. precedent.// precedence (f.).// **preceder.** tr. to precede.
precepto. m. precept.// **preceptor, ra.** m./f. preceptor, tutor.
preciar. 1. tr. to value. 2. ref. to boast.// **preciado, da.** a. prizzed.
precio. m. 1. price. 2. cost *(costo, sacrificio)*.
preciosidad. f. 1. preciousness *(cualidad)*. 2. beauty.// **precioso, sa.** precious; lovely *(lindo)*.
precipicio. m. precipice, cliff.
precipitación. f. precipitation.// precipitate (a./m./f.).// **precipitar.** 1. i./tr./ref. to precipitate. 2. ref. to hurry *(apurarse)*.
precisar. tr. 1. to especify *(especificar)*. 2. to need *(necesitar)*.// precision (f.).// **preciso, sa.** a. 1. exact. 2. necessary.
precolombino, na. a. pre-Columbian.
precoz. a. precocious.// precocity (f.).
precursor, ra. 1. a. precursory. 2. m./f. precursor.
predecesor, ra. m./f. predecessor.
predecir. tr. to predict; to foretall *(adivinar)*.
predestinar. tr. to predestinate.
prédica. f. 1. sermon. 2. fig. harangue.
predicado. m. predicate.
predicador. m. preacher.// **predicar.** tr. to preach.
predicción. f. prediction.
predilecto, ta. a. favorite.// predilection (f.).
predio. m. property, state, land.
predisponer. tr. to predispose; to prejudice.
predominar. i. to predominate.// predominant (a.).// **predominio.** m. predominance.
prefabricado, da. a. prefabricate.
prefacio. m. preface.
preferir. tr. to prefer.// preferable (a.).// preference (f.).// preferential (a.).
prefijo. m. prefix.
pregón. m. announcement.// **pregonar.** tr. 1. to proclaim. 2. to hawk *(mercancía)*.
pregunta. f. question.// **preguntar.** 1. tr. to ask; to question. 2. ref. to wonder.
prehistoria. f. prehistory.
prejuicio. m. prejudice.// **prejuzgar.** tr. to prejudge.
preliminar. a. preliminary.
preludio. m. prelude.
prematuro, ra. a. premature.
premeditar. tr. premeditate.// premeditation (f.).
premiar. tr. 1. to reward *(recompensa)*. 2. to award a prize *(en un certamen)*.// **premio.** m. reward *(recompensa)*; prize *(lauro)*.
premisa. f. premise.
premura. f. urgency, haste.
prenda. f. 1. guaranty. 2. garment *(ropa)*. 3. token *(señal)*.// **prendar.** 1. tr. to pawn. 2. ref. to fall in love.
prendedor. m. clasp; pin *(adorno)*.
prender. tr. 1. to grasp *(asir)*. 2. to turn on *(aparatos)*. 3. to fasten *(asegurar)*. 4. to light *(con fuego)*. 5. i. to take root *(plantas)*. 6. to catch fire *(el fuego)*. 7. to take *(vacuna)*.
prensa. f. press.// **prensar.** tr. to press.
preñado, da. 1. m./f. full. 2. f. pregnant.// **preñar.** tr. to impregnate.// **preñez.** f. pregnancy.
preocupación. f. preoccupation; anxiety.
preocupar. 1. tr./ref. to worry. 2. ref. to take care.
preparar. tr. to prepare.// preparation (f.).// **preparado, da.** 1. a. learned, capable. 2. m. medicine, preparation.// **preparativo, va.** 1. a. preparatory. 2. m. pl. preparations.// preparatory (a.).
preponderancia. f. preponderance.
preposición. f. preposition.
prepotencia. f. arrogance.// **prepotente.** a. arrogant, overbearing.
prerrogativa. f. prerrogative.
presa. f. 1. prey, catch *(de caza)*. 2. piece *(de comida)*. 3. dam *(represa)*. 4. ave de p.: bird of prey. 5. ser p. de: to be seized with.
presagiar. tr. to presage.// **presagio.** m. presage.
prescindencia. f. leaving aside.// **prescindible.** a. dispensable.// **prescindir.** tr. 1. to do without. 2. to leave out.
prescribir. i./tr. to prescribe.// prescription (f.).
presencia. f. 1. presence. 2. appearance.
presenciar. tr. to witness.
presentable. a. presentable.
presentar. tr. 1. to present. 2. to show *(mostrar)*. 3. ref. to appear *(aparecer)*; to present oneself.
presente. 1. a./m. present. 2. tener p.: to keep in mind. 3. interj. present!, here!
presentimiento. m. presentiment.// **presentir.** tr. to have a presentiment.
preservar. tr. to preserve, to keep.// preservation (f.).// **preservativo.** 1. a./m. preservative. 2. condom, prophylactic.
presidencia. f. presidency; chairmanship *(de una junta)*.// **presidente.** m. president; chairman
presidiario, ria. m./f. convict.// **presidio.** m. prison, penitentiary.
presidir. tr. to preside.
presilla. f. loop.
presión. f. pressure.// **presionar.** tr. to press.
preso, sa. 1. a. imprisoned. 2. m./f. convict.
prestación. f. services, rendering.
préstamo. m. 1. lending *(acción)*. 2. borrow *(recibir)*. 3. loan *(empréstito)*.// **prestar.** tr. 1. to lend. 2. to give *(ayuda, atención)*. 3. ref. to consent; to be suitable *(ser apto)*.
presteza. f. speed, diligence.
prestidigitación. f. prestidigitation.// prestidigitator (m./f.).
prestigio. m. prestige.// prestigious (a.).
presto, ta. a. 1. quick *(rápido)*. 2. ready *(listo)*.
presumido, da. a. presumptuos.// **presumir.** 1. tr. to presume. 2. i. to boast.
presunción. f. 1. presumption. 2. conceit *(vanidad)*.// **presunto, ta.** a. presumptive.// **presuntuoso, sa.** a. presumptuous.
presupuesto. m. budget.
presuroso, sa. a. quick, hasty.
pretender. tr. 1. to pretend. 2. to seek after *(buscar)*. 3. to try *(intentar)*. 4. to court *(a una mujer)*. 5. to claim *(reclamar)*.// **pretendiente.** 1. m./f. candidate, pretender. 2. m. suitor *(novio)*.
pretensión. f. 1. aspiration. 2. claim *(reclamo)*. 3. pretentiousness *(vanidad)*.// 2. pretentious (a.).
pretérito, ta. a./m. past.
pretexto. m. pretext.
prevalecer. i. to prevail.

prevención

prevención. f. **1.** prevention. **2.** warning *(advertencia).*// **prevenir.** tr. **1.** to prevent. **2.** to warn. **3.** ref. to take precautions.// preventive (a.).
prever. tr. to foresee.
previo, via. **1.** a. previous. **2.** adv. upon.
previsión. f. **1.** prevision, precaution. **2.** *p.* social: social security.// **previsor, ra.** a./m./f. cautious, prudent.// **previsto, ta.** a. foreseen; provided.
prima. f. premium; insurance premium *(seguro).*
primacía. f. supremacy.
primario, ria. a. **1.** primary. **2.** basic. **3.** *escuela p.:* elementary scholl.
primavera. f. spring, springtime.
primero, ra. a. **1.** first. **2.** front *(página).* **3.** best *(el mejor).* **4.** former *(anterior).*// **1.** m./f. first. **2.** first gear *(cambio).*// adv. first.
primicia. f. exclusive news.
primitivo, va. a./m./f. primitive.
primo, ma. **1.** a. first; *Math.* prime; *materia p.:* raw material. **2.** m./f. cousin.
primogénito, ta. m./f. first-born.
primor. m. delicacy, exquisite thing.
primordial. a. primordial.
princesa. f. princess.
principal. a. principal; main *(lo más importante).*
príncipe. m. prince.
principiante. m./f. beginner.
principio. m. **1.** beginning *(comienzo).* **2.** principle *(fundamento).* **3.** source *(origen).*
prioridad. f. priority.
prisa. f. **1.** hurry, hasty. **2.** speed *(velocidad).* **3.** *dar p.:* to hurry. **4.** *tener p.:* to be in a hurry.
prisión. f. prison.// prisoner (m./f.).
prisma. f. prism.
prismáticos. m. pl. binoculars.
privación. f. lack; deprivation.
privado, da. a. **1.** private; personal. **2.** *p. de:* without. **3.** *vida p.:* privacy.
privar. tr. **1.** to deprive *(quitar).* **2.** to forbid *(prohibir).* **3.** ref. *p. de:* to abstain from.
privilegiar. tr. to privilege.// privilege (m.).
pro. m. **1.** pro. **2.** *en p. de:* in favor of.
proa. f. prow, bow.
probabilidad. f. probability.// probable (f.).
probar. tr. **1.** to test *(ensayar).* **2.** to try *(intentar).* **3.** to taste *(comida).* **4.** to prove *(demostrar).* **5.** ref. to try on *(ropa).*
problema. m. **1.** problem. **2.** pl. *estar en p:* to be in troubles.
procedencia. f. origin, point of origin.// **procedente.** a. **1.** coming from. **2.** *Law.* lawful, rightful.
proceder. i. **1.** to come from *(venir de).* **2.** to proceed *(ejecutar).* **3.** to behave *(comportarse).* **4.** m. behavior// **procedimiento.** m. **1.** procedure. **2.** *Law.* proceedings.
prócer. m. national hero, founding father.
procesar. tr. **1.** to process. **2.** to prosecute *(juicio).*
procesión. f. procession.
proceso. m. **1.** process. **2.** *Law.* trial.
proclama. f. **1.** proclamation. **2.** speech *(arenga).*
proclamar. tr./ref. to proclaim.
procrear. tr. to procreate// procreation (f.).
procurar. tr. **1.** to procure. **2.** to try *(intentar).* **3.** ref. to obtain.

prodigio. m. prodigy *(persona);* miracle *(hecho).*// **prodigioso, sa.** a. marvelous.
pródigo, ga. a. prodigal, generous.
producir. tr. **1.** to produce. **2.** to manufacture *(fabricar).* **3.** to cause. **4.** ref. to take place.// production (f.).// productive (a.).// productivity (f.).// **producto.** m. **1.** product. **2.** profit *(ganancia).*// **productor, ra.** a./m./f. producer.
proeza. f. feat.
profanar. tr. to profane.// profanation (f.).
profano, na. a./m./f. profane.
profecía. f. prophecy.
proferir. tr. to utter.
profesar. tr. to profess.
profesión. f. profession.// professional (a./m./f.).
profesor, ra. m./f. professor; teacher.
profesorado. m. faculty *(cuerpo de profesores).*
profeta. m. prophet.// prophetess (f.).// prophetic (a.).// **profetizar.** tr. to prophesy.
prófugo, ga. a./m./f. fugitive.
profundidad. f. **1.** profundity. **2.** depth.// **profundizar.** tr. **1.** to deepen. **2.** fig. to delve deeply into *(un tema).*// **profundo, da.** a. **1.** deep *(hondo, penetrante).* **2.** profound *(intenso).*
profusión. f. profusion.// profuse (a.).
progenitor, ra. **1.** progenitor. **2.** pl. parents.
programa. m. **1.** program. **2.** curriculum. **3.** platform *(político).* **4.** show *(TV).*// **programación.** f. programming.// **programador, ra.** m./f. programmer.// **programar.** tr. **1.** to plan. **3.** to progam *(computación).*
progresar. i. to progress.// progression (f.).// progresive (a.).// progress (m.).
prohibir. tr. **1.** to prohibit, to forbid. **2.** *prohibido fumar:* no smoking.// prohibition (f.).
prójimo. m. fellow-man; mankind *(humanidad).*
prole. f. progeny.
proletariado. m. proletariat.// proleterian (a./m.).
proliferar. i. to proliferate.// proliferation (f.).
prolijo, ja. a. clean; detailed.
prólogo. m. prologue.
prolongación. f. prolongation; continuation.// **prolongar.** tr. **1.** to prolong *(continuar).* **2.** to lengthen *(alargar).* **3.** ref. to last longer *(durar más).*
promediar. **1.** tr. to average *(sacar el promedio).* **2.** i. to be half-way through *(día, mes).*// **promedio.** m. average
promesa. f. promise.// **prometedor, ra.** a. promising.// **prometer.** tr. **1.** to promise. **2.** ref. to become engaged *(comprometerse).*// **prometido, da.** **1.** m. fiancé. f. fiancée. **2.** m. promise.
prominencia. f. prominence.// prominent (a.).
promisorio, ria. a. promissory.
promoción. f. **1.** promotion. **2.** graduating class.
promotor, ra. m./f. **1.** promoter. **2.** instigator.
promulgar. tr. to promulgate.// promulgation (f.).
pronombre. m. pronoun.// pronominal (a.).
pronosticar. tr. to forecast.// **pronóstico.** m. forecast.
prontitud. f. **1.** speed. **2.** promptness *(diligencia).* **3.** sharpness *(agudeza).*// **pronto, ta.** **1.** a. quick *(rápido);* willing *(dispuesto);* prompt *(diligente).* **2.** adv. promptly. **3.** *de p.:* suddenly. **4.** *tan p. como:* as soon as.

prontuario. m. 1. dossier. 2. record *(criminal)*.
pronunciamiento. m. 1. military coup *(golpe militar)*. 2. sentence *(sentencia)*.
pronunciar. tr. 1. to pronounce. 2. to deliver *(un discurso)*. 3. ref. to pass *(sentencia)*. 4. to declare oneself.// pronunciation (f.).
propaganda. f. 1. propaganda. 2. advertising *(publicidad)*. 3. *hacer p.*: to advertise.
propagar. tr./ref. 1. to propagate 2. fig. to spread.// propagation (f.).
propalar. tr. to divulge.
propasarse. ref. to go too far.
propenso, sa. a. prone.// propensity (f.).
propiamente. adv. properly *(apropiado)*; exactly *(exacto)*.
propiciar. tr. 1. to propitiate. 2. to sponsor.// **propicio, cia.** a. favorable, propitious.
propiedad. f. 1. property *(cualidad)*. 2. ownership *(posesión)*. 3. pl. real estate *(inmueble)*. 4. *p. intelectual*: copyright.// **propietario, ria.** m./f. owner.
propina. f. tip.
propio, pia. a. 1. own. 2. proper *(conveniente)*. 3. typical. 4. -self . 5. *nombre p.*: proper noun.
proponer. tr. to propose.
proporción. f. 1. proportion. 2. size *(tamaño)*.// proportional (a.).
proporcionar. 1. tr. to provide. 2. ref. to get.
propósito. m. 1. purpose; intention. 2. *a p.*: on purpose. 3. *a p. de*: apropos of.
propuesta. f. proposal.
propulsión. f. propulsion.// propeller (m./f.).
prorratear. tr. to prorate.
prórroga. f. extension.
prosa. f. prose.
prosaico, ca. a. prosaic.
proscribir. tr. to proscribe.// proscription (f.).
prosecución. f. continuation.
proseguir. i./tr. to continue.
prospecto. m. prospectus.
prosperar. i. to prosper.// prosperity (f.).// prosperous (a.).
próstata. f. prostate.
prostituir. tr. to prostitute.// prostitute (f.).
protagonista. 1. m./f. protagonist. 2. *Lit.* m. hero, f. heroine.// **protagonizar.** tr. to be the protagonist.
protección. f. protection.// protectionism (m.).// protectionist (a./m./f.).// protector (m./f.).
proteger. tr. to protect.// protegée (m./f.).
proteína. f. protein.
prótesis. f. prosthesis.
protesta. f. protest; *Law.* protestation.
protestante. a./m./f. Protestant.
protestar. i./tr. to protest.
protocolo. m. protocol.
protón. m. proton.
prototipo. m. prototype.
protuberancia. f. bulge.
provecho. m. 1. benefit; profit. 2. *¡buen p.!*: enjoy your meal!// **provechoso, sa.** a. profitable, good.
proveedor, ra. m./f. supplier.// **proveer.** tr. to provide; to supply.
provenir. i. to come from.
proverbio. m. proverb.// proverbial (a.).
providencia. f. providence.// providential (f.).

provincia. m. province.// provincial (a.).
provisión. f. 1. provision. 2. pl. supplies.// **provisional.** a. temporary.
provocar. tr. 1. to provoke. 2. to cause.// provocation (f.).// provocative (a.).
próximamente adv. soon.// **próximo, ma.** a. 1. close, near *(cercano)*. 2. next *(siguiente)*.
proyección. f. 1. projection. 2. forecast *(pronóstico)*. 3. screening *(cine)*.// **proyectar.** tr. 1. to project *(cine, geom.)*. 3. to plan. 2. to design *(diseñar)*.
proyectil. m. projectile; missile.
proyecto. m. 1. project. 2. plan. 3. design *(diseño)*.
proyector. m. projector.
prudencia. f. prudence.// prudent (a.).
prueba. f. 1. test *(examen, ensayo)*. 2. proof *(evidencia; comprobación)*. 3. ordeal *(dificultad)*. 4. *Sp.* competition. 5. *a p. de:* -proof.
psicología. f. psychology.// psychological (a.).// psychologist (m./f.).
psicópata. m./f. psychopath.
psiquiatría. f. psyquiatry.// psyquiatrist (m./f.).
psiquis. f. psyche.
púa. f. 1. barb. 2. *Bot.* thorn. 3. *Zool.* quill. 4. *alambre de p.*: barbed wire.
púber. a. pubescent.// **pubertad.** f. puberty.
pubis. m. pubis.// pubic (a.).
publicar. tr. to publish.// publication (f.).
publicidad. f. 1. publicity. 2. advertising.
público, ca. a.ˆ 1. public. 2. common *(del pueblo)*. 3. m. public; audience *(auditorio)*; readers *(lectores)*; viewers *(TV)*.
puchero. m. 1. stew. 2. daily bread *(comida diaria)*.
pucho. f. 1. end *(resto)*. 2. cigarette.
púdico, ca. a. chast, modest.
pudiente. a. wealthy.// **pudoroso, sa.** a. modest.
pudor. m. chastity.
pueblo. m. 1. people *(gente)*. 2. town *(lugar)*.
puente. m. bridge.
puerco. m. 1. hog. 2. fig. filthy.
puerta. f. door.
puerto. m. 1. port. 2. harbor.
pues. conj. 1. because *(porque)*. 2. then *(entonces)*. 3. since *(ya que)*. 4. adv. well.
puesto, ta. 1. a. dressed; ready, 2. m. place *(lugar)*; post *(militar)*; stand *(de venta)*; position, job *(trabajo)*. 3. *p. del sol; p. en marcha*: start-up. 4. *p. que:* since.
púgil. m. boxer.// **pugilato.** m. boxing.
pugna. f. struggle.// **pugnar.** i. to struggle.
puja. f. struggle.// **pujante.** a. strong.// **pujanza.** f. vigor.// **pujar.** i. to struggle.
pulcritud. f. cleanliness.// **pulcro, cra.** a. clean.
pulga. f. flea.
pulgada. f. inch.
pulgar. m. thumb.
pulir. tr. to polish.
pulmón. m. lung.// pulmonary (a.).// **pulmonía.** f. pneumonia.
pulpa. f. pulp.
púlpito. m. pulpit.
pulpo. m. octopus.
pulsación. f. pulsation, beat *(latido)*.
pulsar. tr. 1. to play *(tocar)*. 2. to push *(apretar)*.
pulso. m. pulse.

pulverizar. ** tr. **1. to pulverize. **2.** to spray.
puma. m. puma.
puna. f. puna, plateau.
punta. f. **1.** point. **2.** tip *(extremidad)*. **3.** top *(cima)*. **4.** *a p. de:* by dint of. **5.** *sacar p.:* to sharpen.
puntada. f. **1.** stitch. **2.** sharp pain *(dolor)*.
puntal. m. foundation.
puntapié. m. kick.
puntería. f. aim.
puntero, ra. 1. a. front, leading. **2.** m. pointier
puntiagudo, da. a. sharp, pointed.
puntilla. f. lace trim.
punto. m. **1.** point. **2.** dot *(sobre i o j)*. **3.** stitch *(puntada)*. **4.** matter *(asunto)*. **5.** *a p.:* just in time. **6.** *a p. de:* about to. **7.** *dos p.:* colon. **8.** *p. final:* period. **9.** *p. muerto:* neutral. **10.** *p. suspensivos:* suspension points. **11.** *p. y aparte:* new paragraph. **12.** *p. y coma:* semicolon.
puntuación. f. **1.** punctuation. **2.** grade *(nota)*.
puntual. a. punctual.// punctuality (f.).
puntualizar. tr. to refer in detail.

punzada. f. stabbing pain.// **punzante.** a. piercing, stabbing.// **punzar.** tr. to stab.
punzón. m. punch.
puñado. m. handful.
puñal. m. dagger.// **puñalada.** f. stab; knife wound.
puñetazo. m. punch.
puño. m. fist.
pupila. f. pupil.
pupitre. m. school desk.
puré. m. purée.
pureza. f. purity.
purga. f. laxative; purge.// **purgar.** tr. to purge.
purgatorio. m. Purgatory.
purificar. tr. to purify.
puritano, na. a./m./f. Puritan.
puro, ra. a. **1.** pure. **2.** chast. **3.** m. cigar.
púrpura. a./m. purple.
pus. m. pus.
puta. f. prostitute, whare; *hijo de p.* son of a bitch.// **puto.** m. gay, sodomite.
putrefacción. f. rotting.// **putrefacto, ta.** a. rotten.

q. f. eighteenth letter of the Spanish alphapeth.
que. rel. pron. **1.** that. **2.** who *(el que, la que)*. **3.** whom *(los que)*. **4.** which *(lo cual)*. **5.** what *(lo que)*.// conj. **1.** that. **2.** than *(en comparaciones)*. **3.** *haber q., hay q., tener q.:* queda implícito en el prefijo to de la acción *(verbo)* a realizar.
qué. a. **1.** what. **2.** how *(cuando significa cuán)*.// pron. **1.** what. **2.** which *(cuál)*. **3.** *¿para q.?:* what for? **4.** *¿por q.?:* why?. **5.** *¿q. pasa?:* what's the matter? **6.** *¿q. te pasa?:* what's the matter with you? **7.** *¿q. tal?:* how are you? **8.** *no hay de q.:* don't mention it. **9.** *¿y q.?:* so what?
quebracho. m. quebracho.
quebradizo, za. a. brittle, fragile.// **quebrado, da.** a. **1.** broken *(roto)*. **2.** bankrupt *(en quiebra)*. **3.** rough *(terreno)*.// **1.** m. fraction. **2.** f. ravine. **3.** m./f. bankrupt person.// **quebradura.** f. **1.** crack *(grieta)*. **2.** fracture.
quebrantar. 1. tr. to break. **2.** ref. to break down *(la salud)*.// **quebranto.** m. **1.** weakness *(salud)*. **2.** loss *(pérdida)*.
quebrar. 1. tr. to break. **2.** i. *Com.* to go bankrup. **3.** ref. to get a rupture.
quechua. a./m./f. Quechua.
quedar. i. **1.** to stay, to remain *(permanecer)*. **2.** to be *(estar situado, quedar en un estado o condición)*.
3. *q. bien/mal:* to look good/badly *(ropa, arreglo)*. **4.** *q. en:* to agree *(acordar)*. **5.** *q. por:* to remains to be *(pendiente)*. **6.** ref. to stay *(permanecer)*; to become *(en un estado o condición)*; *q. con:* to keep.
quehacer. m. task, chore.
queja. f. complaint *(reclamo)*; moan *(quejido)*.// **quejarse.** ref. to complaint; to moan.
quemador. m. burner.
quemadura. f. burn.// **quemar. 1.** i./tr./ref. to burn *(arder, consumir con el fuego)*. **2.** i. to be burning hot *(estar muy caliente)*. **3.** ref. to feel hot *(sentir calor)*; to get a tan *(broncearse)*; to blow *(un fusible)*.
quemarropa (a). adv. at pointblank range.
quena. f. Indian reed flute.
querella. f. **1.** quarrel *(disputa)*. **2.** lawsuit *(juicio)*.// **querellar.** ref. to bring suit against.
querer. tr. **1.** to want *(desear)*. **2.** to require *(requerir)*. **3.** to love *(amar)*. **4.** *como quiera que:* however.// m. love.
querido, da. a. dear, darling.
querosén. m. kerosene.
queso. m. cheese.
quetzal. m. quetzal.
quicio. m. **1.** frame jamb. **2.** *sacar de q.:* to exasperate.

quiebra. f. 1. break, fissure. 2. bankrupt. 3. *ir a la q.:* to go bankrupt.
quien, es. rel. pron. 1. who. 2. whom, he who, she who *(el que, la que)*. 3. they who, those *(los que, aquellos que)*. 4. whoever *(quienquiera)*. 5. whomever *(quienesquiera)*.
quién, nes. int./exc. pron. 1. who. 2. whom *(de quién)*. 3. whose *(de quién, de quiénes; indica pertenencia)*.
quienquiera. ind. pron. sing. anyone, whoever; pl. anybody, whomever.
quieto, ta. a. 1. quiet *(tranquilo)*. 2. still *(inmóvil)*.//
quietud. f. 1. quiet *(de una persona)*. 2. calm, rest *(sosiego, tranquilidad)*.
quijada. f. jaw.
quijotada. f. quixotic act.// **quijote.** m. quixotic person.// **quijotesco, ca.** a. quixotic.
quilate. m. carat.
quilla. f. keel.
quimera. f. chimera.// **quimérico, ca.** a. chimerical.
químico, ca. 1. a. chemical. 2. m./f. chemist. 3. f. chemistry.
quina. f. chinchona bark.
quincallería. f. small hardware.
quince. a./m. fifteen.// **quinceavo, va.** m. fifteenth.
quincena. f. 1. fifteen days, two weeks. 2. half-month's pay *(salario)*.// **quincenal.** a. semi-monthly, fortnightly.
quinientos. a./m. five hundred.
quinina. f. quinine.
quinqué. m. kerosene lamp.
quinquenal. a. five-years.// **quinquenio.** m. five-years.
quinta. f. 1. country house. 2. vegetable garden *(huerta)*.
quintacolumnista. a./m/f. quintacolumnist.
quintal. m. quintal.
quinteto. m. 1. quintet *(conjunto)*. 2. five lines stanza *(versos)*.
quinto, ta. a./m. fifth.
quiosco. m. kiosk, stand.
quirófano. m. operating room.
quiromancia. f. chiromancy, palmistry.// chiromantic (a.).// chiromancer (m./f).
quirúrgico, ca. a. surgical.
quisquilloso, sa. a. touchy.
quiste. m. cyst.
quitamanchas. m. spot-remover.
quita. f. acquittance, release *(de una condena o deuda)*.
quitaesmalte. m. nail polish remover.
quitar. tr. 1. to remove, to take away *(sacar)*. 2. to substract *(restar)*. 3. to take off *(la ropa)*. 4. to rob of *(robar)*. 5. to forbid *(prohibir)*. 6. to deprive of *(privar de)*. 7. ref. to take off *(la ropa)*. 8. *q. de encima:* to get rid of. 9. *q. del medio;* to get out of the way.
quite. m. dodge.
quizá, quizás. adv. maybe, perhaps.
quórum. m. quorum.

r. f. nineteenth letter of the Spanish alphabet.
rabadilla. f. 1. tailbone. 2. fig. rump.
rábano. m. 1. radish. 2. *me importa un r.:* I couldn't care less.
rabia. f. 1. rabies. 2. fig. angry, fury. 3. *dar r.:* to infuriate. 4. *tener r. a alguien:* to loathe someone.
rabiar. i. to rave, to get furious.// **rabieta.** f. tantrum.// **rabioso, sa.** a. 1. rabid. 2. fig. furious.
rabino. m. rabbi.
rabo. m. 1. tail. 2. flower stalk *(de las flores)*.
racha. f. fig. run of luck; series of events.
racimo. m. 1. raceme. 2. fig. cluster, bunch.
raciocinio. m. 1. reason *(razón)*. 2. reasoning *(razonamiento)*.
ración. f. ration.
racional. a. rational.// **racionalidad.** f. reason.// rationalism (m.).// rationalist (a./m./f.).
racionamiento. m. rationing.// **racionar.** tr. to ration.
racismo. m. racism.// racist (a./m./f.).
rada. f. bay, inlet.
radar. m. radar.
radiación. f. radiation.
radiactividad. f. radioactivity.// radioactive (a.).
radiador. m. radiator.
radiante. a. radiant, beaming.
radial. a. 1. radial *(del radio)*. 2. radio *(de la radio)*.
radiar. i. 1. radiate. 2. to broadcast *(transmitir)*.
radicación. f. 1. taking root *(arraigo)*. 2. Math. finding root.// **radical.** a./m./f. radical.
radicar. 1. tr. to be *(estar)*. 2. ref. to locate, to settle.

radio

radio. m. 1. radium (metal). 2. radius.// f. radio broadcasting (emisora); radio set (aparato).
radioaficionado, da. m./f. ham radio operator.
radiodifusión. f. broadcasting.// **radioemisora.** f. radio broadcasting station.// **radioescucha.** m./f. radio listener.// **radiofonía.** f. radiophony.// radiophonic (a.).
radiografía. f. x-ray, radiograph.// **radiografiar.** tr. to x-ray, to radiograph.
ráfaga. f. gust (de viento).
raído, da. a. frayed, worn out.
raíz. f. 1. root. 2. a r. de: because of. 3. bienes r.: real state. 4. pl. echar r.: to take root.
rajadura. f. crack, split, fissure.
rajar. 1. tr/ref. to split, to crack. 2. ref. fig. to back down; to rush off (huir).
rajatabla (a.). adv. at any cost.
ralea. f. kind, ilk.
ralladura. f. gratings.// **rallar.** tr. to grate.
ralo, la. a. sparse, thin.
rama. f. 1. branch. 2. irse por las r.: to digress.// **ramaje.** m. branches.// **ramal.** m. branch.
rambla. f. boulevard.
ramera. f. prostitute.
ramificarse. ref. 1. to ramify. 2. to branch off.// ramification (f.).
ramillete. m. 1. cluster. 2. bouquet (de flores).
ramo. m. 1. bouquet (de flores). 2. branch, field (de actividad).
rampa. f. ramp.
rampante. a. rampant.
rana. f. frog.
rancherío. m. hamlet, settlement.// **rancho.** m. 1. mess (comida). 2. hut (casilla). 3. farm (granja). 4. straw hat (sombrero).
rancio, cia. a. 1. old (antiguo). 2. rancid (comida).
rango. m. rank, class.
ranura. f. slot, groove.
rapar. tr. to crop.
rapaz. a. 1. of prey, predatory (animales). 2. thievish (personas).// rapacity (f.).
rapé. f. snuff.
rapidez. f. speed, rapidity.// **rápido, da.** 1. a. rapid, quick, speedy. 2. m. rapids (de un río); express train.
rapiña. f. 1. pillage. 2. ave de r.: bird of prey.
rapsodia. f. rhapsody.
raptar. tr. to abduct; to kidnap.// **rapto.** m. 1. kidnapping (delito). 2. rapture (éxtasis). 3. burst (arrebato).
raqueta. f. 1. racket. 2. snowshoe (para nieve).
raquitismo. m. rickets// rachitic (a.).
rareza. f. 1. eccentricity. 2. rarity (objeto).
raro, ra. a. 1. rare (poco común, escaso). 2. odd (extraño). 3. r. vez; seldom, infrequently.
ras. m. 1. evenness. 2. al r.: level.
rascacielos. m. skyscraper.
rascar. tr. 1. to scratch. 2. to scrape (raspar).
rasgadura. f. tear.// **rasgar.** tr. 1. to tear. 2. to strum (cuerdas).
rasgo. f. 1. stroke (trazo). 2. trait, feature (caracter) 3. pl. features (del rostro).
rasguñar. tr. to scratch.// **rasguño.** m. scratch.
raso, sa. a. 1. flat (liso). 2. private (soldado). 3. al r.: in the open air. 4. cielo r.: ceiling.// m. satin.
raspador. m. scraper.// **raspadura.** f. 1. scrapping; scratch. 2. pl. scrapings.// **raspar.** tr. to scrape.// **raspón.** m. scratch.
rastra. f. 1. track (rastro). 2. string of fruit (ristra). 3. a la r.: dragging. 4. traer a la r.: to drag.
rastreador, ra. m./f. tracker.// **rastrear.** tr. 1. to track, to trail (seguir el rastro). 2. to inquire into (indagar). **rastrero, ra.** a. 1. dragging. 2. fig. low, vile. 3. tracker (perro).
rastrillar. tr. to rake.// **rastrillo.** m. rake.
rastro. m. 1. trail (senda). 2. trace, vestige .(señal).// **rastrojo.** m. stubble, stubble field.
rasurar. tr. to shave
rata. f. rat, female rat.
ratería. f. petty thievery.// **ratero, ra.** m./f. petty thief.
ratificar. tr. to ratify.// ratification (f.).
rato. m. 1. while. 2. a cada r.: all the time. 3. al poco r.: shortly after. 4. pl. a r.: from time to time. 5. pasar el r.: to spend the time.
ratón, na. m. mouse, f. female mouse.
raudal. m. 1. torrent. 2. pl. a r.: abundantly.
raudo, da. a. 1. swift. 2. impetuous.
raya. f. 1. line, stripe. 2. part (del pelo). 3. limit. 4. dash (signo). 5. ray (pez). 6. a r.: at bay. 7. pl. a r.: stripped. 8. hacerse la r.: to part. 9. pasarse de la r.: to go too far.
rayar. tr. 1. to draw lines on (trazar líneas). 2. to scratch (arañar). 3. to be next to (estar próximo a). 4. r. a gran altura: to excel.
rayo. m. 1. ray. 2. spoke (de rueda). 3. thunderbolt (descarga).
rayón. m. 1. scratch (arañazo). 2. rayon (fibra).
raza. f. 1. race (humana). 2. breed (animales).
razón. f. 1. reason. 2. rate (cómputo). 3. Math. ratio. 4. a r. de: in the rate of. 5. ¡con r.!: no wonder! 6. dar la r. a: to agree with. 7. perder la r.: to lose one's mind. 8. tener r/no tener r.: to be right/wrong. 9. r. social: business name.
razonable. a. reasonable.// **razonamiento.** m. reasoning.// **razonar.** tr./tr. 1. to reason. 2. to give reasons (exponer razones).
re. m. Mus. re, D.
reabrir. tr. to reopen.
reaccionar. i. to react.// reaction(f.).// reactionary (a./m./f.).
reacio, cia. a. reluctant.
reactivar. tr. to reactivate.// reactivation (f.).// **reactivo, va.** 1. a. reactive. 2. m. reagent.// reactor (m.).
reafirmar. tr. to reaffirm, to reassert.
reajustar. tr. to readjust.// readjust (m.).
real. a. 1. real, actual. 2. royal (de reyes).
realce. m. luster, splendor.
realeza. f. royalty.
realidad. f. 1. reality. 2. en r.: actually.
realismo. m. realism; royalism.// **realista.** 1. a./m. realist. 2. royalist.
realización. f. 1. execution. 2. fulfillment (cumplimiento). 3. production (cine).// **realizar.** tr. 1. to carry out (llevar a cabo). 2. to sell out (vender). 3. ref. to come true.
realzar. tr. to enhance.

reanimar. tr. 1. to revive. 2. to encourage. 3. ref. to recover.
reaparecer. i. reappear.// **reaparición.** f. reappearance.
rebaja. f. 1. reduction. 2. discount.// **rebajar.** tr. 1. to reduce. 2. to low (bajar). 3. to humiliate. 4. ref. to degrade oneself.
rebanada. f. slice.// **rebanar.** tr. to slice.
rebaño. m. flock, herd.
rebasar. 1. tr. to surpass. 2. i. to overflow.
rebatir. tr. 1. to refute. 2. to drive back.
rebato (a). m. call to arms.
rebelarse. ref. to rebel.// **rebelde.** 1. a. rebelious; Med. resistant. 2. m./f. rebel.// **rebeldía.** f. rebeliousness.// **rebelión.** f. rebellion.
rebenque. m. whip.
reblandecer. 1. tr. to soften. 2. ref. to become soften.// **reblandecido, da.** a. soften.
reborde. m. border, flange.
rebosante. a. full.// **rebosar.** i./ref. to overflow.
rebuscado, da. a. affected, unnatural.
rebuznar. i. to bray.// **rebuzno.** m. braying.
recabar. tr. to request.
recado. m. 1. message. 2. equipment. 3. r. de montar: riding outfit.
recaer. i. 1. to relapse. 2. r. en: to fall to.// **recaída.** f. relapse.
recalar. tr. to arrive.
recalcar. 1. tr. to stress. 2. ref. to sprain.
recalentar. 1. tr. to reheat. 2. i. to overheat.
recámara. f. 1. bedroom. 2. chamber (arma).
recapacitar. tr. to reconsider, to reflect upon.
recapitular. tr. to recapitulate.// recapitulation (f.).
recargar. tr. 1. to reload. 2. to overload (sobrecargar). 3. to overcharge (cobrar más). 4. to overburden (abrumar).// **recargo.** m. surcharge.
recatado, da. a. 1. chast. 2. cautious.// **recato.** m. chastity; caution.
recauchar o **recauchutar.** tr. to recap.
recaudación. f. collection (acción); receipts (monto).// **recaudador, ra.** m./f. 1. collector. 2. caja r.: cash register.// **recaudar.** tr. to collect.// **recaudo.** m. caution; a buen r.: in safety.
recelar. tr. to suspect.// **recelo.** m. suspicion.// **receloso, sa.** a. suspicious.
recepción. f. 1. reception. 2. admission. 3. front desk (de un hotel).// receptionist (m./f.)
receptáculo. m. receptacle.
receptor, ra. m./f. receiver.// receptive (a.).
recesión. f. recession.// **receso.** m. recess; Sp. half-time.
receta. f. recipe (cocina); prescription (medicinal).// **recetar.** tr. to prescribe.
rechazar. tr. 1. to reject. 2. to repel. 3. to refuse. 4. to deny (negar).// **rechazo.** f. rejection.
rechifla. f. hissing.// **rechiflar.** i. to hiss.
rechinar. tr. to grate; to grind (los dientes).
rechoncho, cha. a. chubby.
rechupete (de). adv. delicious.
recibimiento. m. reception; welcome.
recibir. 1. i./tr. to receive. 2. to welcome. 3. ref. r. de: to graduate.// **recibo.** m. receipt.
reciclar. tr. to recycle.
reciedumbre. f. strength, vigor.

recién. 1. adv. newly, recently. 2. a. new.// **reciente.** a. recent.// **recientemente.** adv. recently.
recinto. m. place; enclosure.
recio, cia. a. 1. strong (vigoroso). 2. hard (duro). 3. adv. strongly.
recipiente. m. container.
recíproco, ca. a. reciprocal.// reciprocity (f.).
recitado. m. recitative.// **recitador, ra.** m./f. reciter.// recital (m.).// **recitar.** tr. to recite.
reclamar. tr. 1. to claim (pedir). 2. to demand (exigir). 3. i. to protest.// **reclamo.** m. complaint.
reclinar. tr. to recline.
recluir. tr. 1. to seclude. 2. to imprison. 3. ref. to go into seclusion.// **reclusión.** m. imprisonment.// **recluso, sa.** a. prisoner, convict.
recluta. m. recruit, conscript.// **reclutamiento.** m. recruitment.// **reclutar.** tr. to recruit.
recobrar. tr./ref. to recover.
recodo. m. bend, twist.
recoger. tr. 1. to pick up. 2. to collect (juntar); to harvest (cosechar).// **recogimiento.** m. withdrawal.
recolección. f. 1. summary. 2. harvest (cosecha). 3. collection (acción).// **recolectar.** tr. to collect; to harvest (cosecha).// **recolector, ra.** m./f. collector; harvester (de cosecha).
recomendar. tr. to recommend.// recommendation (f.)
recompensa. f. recompense; reward (premio).// **recompensar.** tr. to compensate; to reward (premiar).
recomponer. tr. to repair (reparar); to recompose.
reconciliar. tr. to reconcile.// reconciliation (f.).
reconocer. tr. 1. to recognize. 2. to admit. 3. to examine. 4. ref. to be clear.// **reconocimiento.** m. 1. recognition. 2. acknoledgement (confesión). 3. gratitude. 4. inspection.
reconquistar. tr. to reconquer.// reconquest (f.).
reconstrucción. f. reconstruction; rebuilding.// **reconstruir.** tr. to reconstruct, to rebuild.
recontar. tr. to re-count.
recopilar. tr. to compile.// compilation (f.).
récord. m. record.
recordar. 1. i./tr. to remember. 2. to remind (avisar). 3. to remind of (evocar).// **recordatorio.** m. reminder.
recorrer. tr. 1. to travel; to go through (viajar; ir por). 2. to look over (mirar).// **recorrido.** m. journey (viaje); path (camino); route (ruta).
recortar. tr. to cut (cortar); to reduce (reducir).// **recorte.** m. cutting (acción); reduction; clipping (objeto recortado).
recostar. 1. tr./ref. to lean on. 2. ref. to lie down.
recrear. 1. tr. to entertain. 2. ref. to enjoy.// recreation (f.).// **recreativo, va.** a. entertaining.// **recreo.** m. recess (en la escuela); recreation place.
recriminar. i./ref. to recriminate.// recrimination (f.).
rectángulo. m. rectangle.// rectangular (a.).
rectificar. tr. 1. to rectify. 2. Mech. to resurface.// rectification (f.).
rectitud. f. 1. straightness. 2. fig. honesty.// **recto, ta.** a. 1. straight. 2. fig. honest. 3. Geom. right. 4. m. rectum. 5. f. straight line.
rector, ra. 1. a. ruling. 2. m./f. principal.
recuento. m. 1. re-count. 2. inventory.

recuadro

recuadro. m. box.
recubrir. tr. to cover.
recuerdo. m. 1. memory. 2. keepsake, souvenir *(objeto)*. 3. pl. regards.
recuperación. f. recovery.// **recuperar.** 1. tr./ref. to recover. 2. tr. to regain *(fuerza, ánimo)*.
recurrir. i. to appeal,// **recurso.** m. 1. recourse *(acción)*, mean *(medio)*. 2. Law. appeal. 3. pl. means. 4. r. *naturales:* natural resources.
recusación. f. Law. challenge.// **recusar.** tr. Law. to challenge.
red. f. 1. net. 2. mesh *(malla)*. 3. network *(cadena)*. 4. *caer en la r.:* to fall into trap.// **redada.** f. catch.
redacción. f. 1. writing. 2. editorial office *(lugar)*. 3. editorial staff *(personal)*.// **redactar.** tr. 1. to write. 2. to edit.// **redactor, ra.** m./f. writer; editor.
redención. f. redemption.// **redentor, ra.** 1. a. redeeming. 2. m./f. redeemer. 3. m. the Savior.
redil. f. sheepfold.
redimir. tr. 1. to redeem. 2. to free *(liberar)*.
rédito. m. income, profit.// **redituar.** tr. to yield.
redoblar. tr. to double, to intensify.// **redoble.** m. roll *(de un tambor)*.
redondear. tr. 1. to make round. 2. *Math.* to round off.// **redondel.** m. circle.// **redondez.** f. roundess.// **redondo, da.** 1. a. round. 2. *a la r.:* around. 3. f. *Mus.* semibreve.
reducir. tr. 1. to reduce. 2. to subjugate *(sujetar)*. 3. ref. to boil down.// reduction (f.).
reducto. m. redoubt.
reductor, ra. 1. a. reducing. 2. m./f. reducer.
redundar. i. 1. to result in. 2. to be superfluous *(sobrar)*.// redundancy (f.).// redundant (a.).
reelegir. tr. to reelect.// reelection (f.).
reembolsar. tr. to reimburse.// **reembolso.** m. reimbursement; *entrega contra r.:* cash on delivery.
reemplazante. m./f. replacement.// **reemplazar.** tr. to replace.// **reemplazo.** m. replacement.
refacción. f. renovation, repair.
referencia. f. reference.// **referente.** a. referring.// **referir.** 1. i./ref. to refer. 2. tr. to tell.
refilón (de). adv. obliquely.
refinamiento. f. 1. refinement. 2. refining *(industrial)*.// **refinar.** tr. to refine.// refinery (f.).
reflector, ra. 1. a. reflecting. 2. m. reflector.// **reflejar.** tr. to reflect.// **reflejo, ja.** 1. a. reflected. 2. m. reflection *(en física)*; gleam *(brillo)*; reflex *(físico, mental)*.
reflexionar. tr. to reflect.// reflection (f.).// **reflexivo, va.** a. 1. reflective. 2. *Gram.* reflexive.
reflujo. m. ebb tide.
reforma. f. 1. reform. 2. renovation.// **reformar.** tr. 1. to reform. 2. to renovate.// reformatory (a./m./f.).// reformism (m.).// reformist (a.).
reforzar. tr. to reinforce.
refractar. tr. to refract.// refraction (f.).// refractory (a.).
refrán. f. proverb, adage.
refrescante. a. refreshing; cooling.// **refrescar.** 1. tr. to refresh. 2. tr. to become fresh or cool.// **refresco.** m. cold drink.
refrigerar. tr. to refrigerate.// refrigeration (f.).// refrigerator (m./f.).
refrigerio. m. light snack.

refuerzo. m. 1. reinforcement. 2. help *(ayuda)*.
refugiado, da. m./f. refugee.// **refugiar.** 1. tr. to shelter. 2. ref. to take refuge.// **refugio.** m. refuge, shelter.
refundir. tr. to recast.
refunfuñar. tr. to grumble.
refutar. tr. to refute.// refutation (f.).
regadera. f. watering can.
regadío. m. irrigated land.
regalar. tr. to give as a gift.// **regalía.** f. royalty.// **regalo.** m. gift.// **regalón. na.** a. pampered.
regañadientes (a). adv. reluctantly.
regañar. tr. to scold.// **regaño.** m. scolding.// **regañón. na.** a. grumbler, scolder.
regar. tr. 1. to water, to irrigate. 2. to strew *(esparcir)*.
regata. f. regatta.
regatear. tr. to bargain.// **regateo.** m. haggling.
regazo. m. lap.
regencia. f. regency.
regenerar. tr. to regenerate.// regeneration (f.).
regente. 1. a. ruling. 2. m./f. regent.
regidor, ra. 1. a. ruling. 2. m. councilman.
régimen. m. 1. regime *(gobierno)*. 2. system. 3. rules *(reglas)*. 4. diet.// regimentation (f.).
regimiento. m. regiment.
regio, gia. a. royal; fig. magnificent.
región. f. region.// regional (a.).// regionalism (m.).
registrador, ra. a. 1. registering. 2. *caja r.:* cash register.// **registrar.** tr. 1. to examine. 2. to register *(anotar)*.// **registro.** m. 1. registration *(acción)*. 2. register, record book *(libro)*. 3. registry *(oficina)*. 4. entry *(asiento)*.
regla. f. 1. rule *(norma)*. 2. ruler *(útil)*. 3. menstruation. 4. *en r.:* in order. 5. *por r. general:* as a rule.
reglamentar. tr. to regulate by rules.// **reglamentario, ria.** a. prescribed.// **reglamento.** m. rules.
regocijar. tr. to delight,// **regocijo.** m. rejoicing.
regordete, ta. a. chubby
regresar. i./tr./ref. to return, to came back.// **regreso.** m. return; *estar de r.:* to be back.
reguero. m. trail; trickle *(de sangre)*.
regulador, ra. 1. a. regulating. 2. m. regulator; control.// regulation (f.).
regular. a. 1. regular. 2. fairly good *(aceptable)*.
regular. tr. 1. to regulate. 2. to adjust.// regularity (f.).// **regularmente.** adv. 1. ordinary. 2. fairly *(aceptablemente)*.
rehabilitar. tr. to rehabilitate.// rehabilitation (f.).
rehacer. tr. 1. to redo *(una acción)*. 2. to remake *(reelaborar)*.
rehén. m. hostage.
rehuir. tr. to avoid.
rehusar. tr. to refuse.
reina. f. queen.// **reinado.** m. reign.// **reinante.** a. ruling.// **reinar.** tr. to reign.
reincidencia. f. recidivism, relapse.// **reincidente.** a. recidivous, relapsing.// **reincidir.** i. to relapse.
reino. m. kingdom.
reintegrar. 1. to reintegrate *(restablecer)*; to refund *(dinero)*. 2. ref. to rejoin *(volver)*.// **reintegro.** m. reintegration; reimbursment *(dinero)*.
reír. i. 1. to laugh. 2. *r. a carcajadas:* to laugh loudly. 3. *r. de:* to laugh at.

reiterar. tr. to reiterate.// reiteration (f.).
reivindicar. tr. **1.** to vindicate. **2.** to claim.
reja. f. grille (ventana); plowshard (arado); pl. bars.
rejilla. f. grille; grid.
rejuvenecer. 1. tr. to rejuvenate. **2.** i./ref. to beome rejuvenated.// **rejuvenecimiento.** m. rejuvenation.
relación. f. **1.** relation. **2.** Math. ratio. **3.** pl. acquaintances (conocidos); connections.// **relacionar. 1.** tr. to connect. **2.** to make connections or friends.
relajamiento. m. relaxaton; laxity (moral).// **relajar.** tr. **1.** to relax. **2.** to slacken (disciplina).
relamerse tr. to lick one's lip; fig. to relish.
relámpago. m. flash.// **relampaguear.** i. to flash.
relatar. tr. to relate, to narrate.
relatividad. f. relativity.// relative (a.).
relato. m. narration; story (cuento).// **relator, ra.** m./f. narrator, relator.
relé. m. rele.
relegar. tr. to relegate; to cast (al olvido).
relevante. a. outstandig; important.
relevar. tr. to relieve.// **relevo.** m. relief; Sp. relay.
relicario. m. reliquary.
relieve. m. **1.** Geog. relief. **2.** prominence. **3.** p. de r.: to emphasize.
religión. f. religion. // **religioso, sa. 1.** a. religious. **2.** m. monk, f. nun.
relinchar. i. to neigh.// **relincho.** m. neigh.
reliquia. f. **1.** relic. **2.** vestige (del pasado).
reloj. m. **1.** watch (pulsera). **2.** clock (de pared). **3.** alarm clock (despertador).// **relojería.** f. watchmaker's shop.// **relojero, ra.** m./f. watchmaker.
reluciente. a. shining.// **relucir. 1.** i. to shine. **2.** sacar a r.: to bring up.
relumbrante. a. dazzling.// **relumbrar.** tr. to dazzling.
rellano. m. stair landing.
remachar. tr. **1.** to rivet; to clinch. **2.** to stress (insistir).// **remache.** m. rivet, clincher.
remanente. m. remnant; Com. surplus.
remar. i. to row, to paddle.
rematar. tr. **1.** to finish, to end. **2.** to auction (subastar). **3.** Sp. to shoot.// **remate.** m. end (terminación); auction (subasta); Sp. shot; loco de r.: stark mad.
rembolsar, rembolso. Ver reembolsar.
remedar. tr. to imitate; to mimic.// **remedo.** m. imitation.
remediar. tr. to correct, to remedy.// **remedio.** m. **1.** remedy. **2.** medicine, drug (medicamento). **3.** no haber más r.: to be unavoidable. **4.** no tener más r.: to have no alternative.
rememorar. tr. to recall.
remendar. tr. to mend.// **remendón, na.** m./f. mender; cobbler (zapatero).
remero, ra. 1. m./f. rower, paddler. **2.** f. T-shirt.
remesa. f. shipment (mercadería); remittance (dinero).
remiendo. m. patch, mend.
remilgado, da. a. affected.
reminiscencia. f. reminiscence.
remisión. f. remission.// **remitente.** m./f. sender.
remitir. tr. **1.** to send. **2.** to remit (dinero). **3.** to refer (referir). **4.** Com. to ship. **5.** i. to diminish (ceder). **6.** ref. to refer to.
remo. m. oar, paddle.
remojar. tr. to soak.
remolacha. f. beet.
remolcador. m. to tugboat.// **remolcar.** tr. to tow.
remolino. m. whirlpool (agua); whirlwind (viento).
remolón, na. m./f. loafer.
remolque. m. **1.** towing (acción). **2.** tow truck (camión). **3.** trailer (vehículo remolcado).
remontar. 1. tr. fig. to raise. **2.** ref. to soar (levantar vuelo); to go back (retroceder).
rémora. f. remora.
remorder. tr. to sting one's conscience.// **remordimiento.** m. remorse.
remoto, ta. a. remote.
remover. tr. **1.** to remove. **2.** to stir (mezclar).
remplazar, remplazo. Ver reemplazar.
remunerar. tr. to remunerate.// remuneration (f.).// remunerative (a.).
renacer. i. **1.** to be reborn. **2.** to spring up (plantas).// **renacimiento.** m. rebirth; Renaissance.
renacuajo. m. tadpole.
rencilla. f. quarrel.
rencor. m. rancor.// rancorous (a.).
rendición. f. surrender.// **rendido, da.** fig. exhausted (cansado); submissive (sumiso).
rendimiento. m. **1.** yield (producto). **2.** performance (acción).// **rendir.** tr. **1.** to yield (producir). **2.** to pay (homenaje, culto). **3.** to take (un examen). **4.** to give (cuentas). **5.** ref. to surrender; to give up.
renegar. tr. **1.** to renege. **2.** fig. to grumble. **3.** r. de: to renounce to// renegade (a./m./f.).
renglón. m. **1.** line. **2.** a r. seguido: right after.
reno. m. reindeer.
renombre. m. renown.// renowned (a.).
renovación. f. renovation; renewal (extensión).// **renovar.** tr. to renew (extender); to renovate; to replace (reemplazar).
renquear. i. to limp.
renta. f. **1.** income (ingresos). **2.** profit (ganancia). **3.** rent (alquiler). **4.** interest. **5.** r. nacional: national income. **6.** r. bruta.: gross rent.// **rentabilidad.** f. profitability.
renuncia. f. renunciation; resignation (al empleo).// **renunciar.** tr. to renounce; to resign (al empleo).
reñido, da. a. **1.** hard-fought. **2.** r. con: contrary to,// **reñir.** tr. to quarrel (pelear); to reprimand.
reo, a. m./f. defendant
reorganizar. tr. to reorganize.
reparación. f. repair; indemnity (indemnización).// **reparar.** tr. to repair; to notice (notar).// **reparo.** m. objection.
repartición. f. division; branch.
repartir. tr. **1.** to divide. **2.** to distribute. **3.** to deliver (entregar). **reparto.** m. **1.** distribution. **2.** delivery (entrega). **3.** cast (cine, TV).
repasar. tr. **1.** to review (rever). **2.** to pass again.// **repaso.** m. review.
repente (de). adv. suddenly.// **repentino, na.** a. sudden.
repercutir. i./tr. **1.** to resound (resonar). **2.** to have repercussion on.// repercussion (f.).

repertorio

repertorio. m. repertory.
repetición. f. **1.** repetition. **2.** de r.: repeater (mecanismo).// **repetir.** tr. to repeat.
repicar. tr. to peal.// **repique.** pealing.
repisa. f. shelf, console.
replegar. 1. tr. to fold. **2.** ref. to fall back.
repleto, ta. a. full.
réplica. f. **1.** reply (respuesta). **2.** replica (obra).
repliegue. m. **1.** double fold. **2.** retreat.
repollo. m. cabbage.
reponer. tr. **1.** to replace. **2.** to reply (responder). **3.** ref. to recover.
reportaje. m. report; interview (entrevista).
reportar. tr. **1.** to inform. **2.** to produce. **3.** ref. to present oneself.// **reporte.** news, report.// **reportero, ra.** m./f. reporter.
reposar. i. **1.** to rest (descansar). **2.** to settle (sustancias). **3.** to lie (yacer).
reposición. f. replacement; reset; revival (cine).
reposo. m. rest, repose.
repostería. f. confectionery; pastry shop.// **repostero, ra.** m./f. confectioner.
reprender. tr. to scold.
represa. f. dam.
represalia. f. retaliation.
representación. f. representation; performance (función).// **representante.** a./m./f. representative (a.).// **representar.** tr. **1.** to represent. **2.** to appear to be (aparentar). **3.** to perform (teatro).// representative (a.).
represión. f. repression.// repressive (a.).
reprimenda. f. reprimand.
reprimir. tr. to repress.
reprobar. tr. to disapproval; to fail (un examen).
reprochar. tr. to reproach.// **reproche.** m. reproach.
reproducir. tr./ref. to reproduce.// reproduction (f.).// **reproductor, ra. 1.** a. reproducing, reproducer (que copia). **2.** Zool. breeding; breeder.// reproductive (a.).
reptil. m. reptile.
república. f. republic.// a./m./f. republican.
repudiar. tr. to repudiate.
repuesto. 1. a. recovered. **2.** m, spare part (reemplazo); supply (reserva).
repugnancia. f. repugnance.// repugnant (a.).
repugnar. tr. to disgust; to cause repugnance.
repulsivo, va. a. repulsive.// repulsion (f.).
reputación. f. reputation.
repuntar. i. to begin to improve.
requerimiento. f. requirement; request.// **requerir.** tr. to require (necesitar); to request (solicitar); to woo (de amores).
requisar. tr. **1.** to inspect. **2.** to confiscate.
requisito. m. requisite, requirement.
res. f. head of cattle.
resabio. m. aftertaste (sabor); bad habit (costumbre).
resaca. f. undertow (marea); fig. hangover.
resaltar. i. **1.** to jut out; to stand out. **2.** hacer r.: to stress.
resbaladizo, za. a. slippery.// **resbalar.** i. to slip, to slide.// **resbalón.** m. **1.** slip. **2.** fig. blunder.
rescatar. tr. **1.** to ransom (cautivos). **2.** to recover (recobrar).// **rescate.** m. ransom.
rescindir. tr. to rescind.// rescission,
resecar. tr. to dry up.// **reseco, ca.** a. dried up.
resentido, a. a. resentful.// **resentirse.** ref. to become resentful; r. por: to take offense.// **resentimiento.** m. resentment.
reseña. f. outline; review.// **reseñar.** tr. to outline; to review.
reserva. f. **1.** reserve. **2.** stock (provision). **3.** reservation. **4.** discretion.// reservation (f.).// **reservar.** tr. **1.** to reserve. **2.** to save (guardar). **3.** to conceal.
resfriarse. ref. to catch a cold.// **resfrío.** m. cold.
resguardar. tr. to protect, to shelter.// **resguardo.** m. protection; safeguard (documento).
residencia. f. residence.// residencial (a.).// resident (a./m./f.).
residir. tr. **1.** to reside. **2.** to lie (consistir).
residuo. m. **1.** residue. **2.** Math. remainder. **3.** pl. waste.// residual (a.).
resignar. tr. to resign.// resignation (f.).
resina. f. resin.
resistir. 1. i./tr./ref. to resist. **2.** i. to endure (durar). **3.** i. to bear (aguantar). **4.** ref. r. a: to refuse to.// resistance (f.).
resolución. f. resolution; solution.// **resolver.** tr. **1.** to resolve (decidir). **2.** to solve (un problema).
resonar. i. to resound.// resonance (f.).
resoplar. i. to puff.// **resoplido.** m. puffing.
resorte. m. **1.** spring. **2.** fig. means.
respaldar. 1. tr. to back, to support. **2.** ref. to back oneself.// **respaldo.** m. backing (garantía); back (de un mueble); support (apoyo).
respecto (a). adv. **1.** about the matter. **2.** r. a; with regard to.// respective (a.).
respetar. tr. to respect.// **respeto.** m. respect.// respectable (a.).// **respetuoso, sa.** a. respectful.
respiración. f. respiration, breathing.// **respirar.** i./tr. to breathe.// **respiro.** m. rest, respite.
resplandecer. i. to shine.// **resplandeciente.** a. resplendent.// **resplandor.** m. brightness; shine.
responder. tr. **1.** i./tr. to answer. **2.** to respond (reaccionar, funcionar).
responsable. a. responsible.// responsibility (f.).
respuesta. f. **1.** answer. **2.** response (reacción).
resquebrajar. tr. to crack.
resquicio. m. **1.** chink. **2.** fig. chance.
resta. f. substraction; remainder (resultado).// **restar. 1.** tr. to substract; to reduce (reducir). **2.** i. to remain (quedar).
restante. a. remaining.
restaurante. m. restaurant.
restaurar. tr. to restore.// restoration (f.).
restituir. tr. to return.// restitution (f.).
resto. m. **1.** remainder. **2.** rest. **3.** pl. left over; r. mortales: mortal remains.
restringir. tr. to restrict.// restriction (f.).// restrictive (a.).
resucitar. i./tr. to resurrect.
resuelto, ta. a. **1.** resolute. **2.** decided.
resultado. m. result; effect.
resultar. i. **1.** to result from (ser resultado de). **2.** to turn out (salir). **3.** to work out (funcionar). **4.** to find (opinar de algo o alguien).
resumen. m. summary.// **resumir.** tr. to summarize.

resurgir. i. to resurge.
resurrección. f. resurrection.
retaguardia. f. rear, rear guard.
retar. tr. 1. to challenge. 2. to scold *(dar retos)*.
retardar. 1. tr. to detain. 2. ref. to be late.// **retardo.** m. delay; retardation.
retazo. m. 1. scrap. 2. fig. fragment.
retén. m. *Mech.* catch.
retención. f. 1. retention. 2. amount withheld *(deducción)*.// **retener.** tr. 1. to retain, to keep. 2. to arrest. 3. to withhold *(deducir)*.
retina. f. retina.
retirada. f. retreat.
retirar. tr. 1. to remove *(remover)*. 2. to take away *(quitar)*. 3. to withdraw *(sacar)*. 4. ref. to retire.
retiro. m. 1. retreat *(lugar)*. 2. retirement *(acción, jubilación)*. 3. withdrawal *(de fondos)*.
reto. m. 1. challenge *(desafío)*. 2. reprimand.
retocar. tr. to retouch.
retomar. tr. to take back.
retoño. m. sprout, shoot.
retoque. m. retouching.
retorcer. tr. to twist.// **retorcido, da.** a. evil-minded.
retórico, ca. 1. a. rhetorical. 2. f. rhetoric; fig. subtleties.
retornar. 1. tr. to return, to give back *(devolver)*. 2. i. to return, to go back.// **retorno.** m. return.
retozar. i. to romp.
retractarse. ref. to retract.// retractation (f.).
retraerse. ref. to withdraw.// **retraído, da.** a. withdrawn.// **retraimiento.** m. withdrawn.
retrasado, da. a. 1. late *(demorado)*. 2. retarded *(persona)*.// **retrasar.** tr. 1. to delay *(demorar)*. 2. to postpone *(posponer)*. 3. ref. to be late.// **retraso.** m. 1. delay. 2. con r.: late.
retratar. tr. 1. to paint *(pintar)*. 2. to depict *(describir)*. 3. to photograph.// **retrato.** m. portrait; description; photograph.
retrete. m. toilet.
retribuir. tr. 1. to pay *(pagar)*. 2. to reward *(recompensar)*. 3. to reciprocate.// retribution (f.).
retroactividad. f. retroactivity.// retroactive (a.).
retroceder. i. 1. to go back. 2. to worsen *(empeorar)*. 3. tr. to move back.// **retroceso.** m. 1. retrocession. 2. backward movement.
retrógrado, da. a. retrograde; retrogresive.
retumbar. i. to resound.
reumatismo. m. rheumatism.// rheumatic (a.).
reunión. f. 1. reuniqn. 2. meeting *(de negocios, política)*.
reunir. tr. 1. to collect *(fondos)*. 2. to gather *(juntar, agrupar)*. 3. to fulfill *(satisfacer)*. 4. tr./ref. to meet *(en una reunión)*.
revalidar. tr. to revalidate.// revalidation (f.).
revancha. f. 1. revenge. 2. *Sp.* return game.
revelado. m. development *(de fotos)*.// **revelador, ra.** a. revealing// **revelar.** tr. 1. to reveal. 2. to develop *(fotos)*.// revelation (f.).
revendedor, ra. m./f. reseller, retailer.// **revender.** tr. to resell.// **reventa.** f. resale; retail.
reventar. 1. i./tr./ref. to burst *(un globo)*. 2. i. to blow *(neumático)*. 3. i. fig. to die *(morir)*. 4. tr. to smash *(aplastar)*. 5. r. de cansancio: to be exhausted.// **reventón.** m. blowout.

rever. tr. to review; to retray.
reverdecer. 1. i. to grow green again. 2. tr. to give new vigor.
reverencia. f. reverence.// **reverenciar.** tr. to reverence, to reverenciate.
reverendo, da. a./m. reverend.
reverso. m. reverse.// reversion (f.).
revertir. tr. to revert.
revés. m. 1. back, reverse *(reverso)*. 2. setback *(derrota)*. 3. al r.: upside down *(cabeza abajo)*; inside out *(ropa)*.
revestimiento. m. covering.// **revestir.** tr. to cover.
revisación. f. examination; inspection; checking *(médica)*.// **revisar.** tr. to revise; to check.// **revisión.** f. 1. examination, inspection. 2. review *(repaso)*.// **revisor, ra.** 1. a. examining. 2. m./f. auditor.
revista. f. 1. review *(revisión, revista especializada)*. 2. magazine *(publicación)*. 3. pasar r.: to review.
revivir. i. to revive.
revocación. f. revocation, annulment.// **revocar.** tr. 1. to revoke, to repeal *(cancelar)*. 2. to plaster *(una pared)*.// revocatory (a.).
revolcar. 1. tr. to tumble. 2. ref. to roll about.
revolotear. i. to fly around.
revoltijo. fig. jumble, mess.
revoltoso, sa. m./f. troublemaker.
revolución. f. revolution.// **revolucionar.** tr. to revolutionize.// revolutionary (a./m./f.).
revólver. m. revolver, gun.
revolver. tr. 1. to stir, to mix *(mezclar)*. 2. to mix up *(desordenar)*. 5. ref. to turn around *(dar vueltas)*.
revuelo. m. commotion.
revuelto, ta. a. 1. mixed *(mezclado)*. 2. mixed up *(desordenado)*. 3. f. revolt, revolution.
rey. m. king.
reyerta. f. fight, row.
rezagar. 1. tr. to leave behind. 2. ref. to remain behind.// **rezago.** m. remainder; left-over.
rezar. 1. i. to pray. 2. tr. to say *(oraciones, la misa)*.// **rezo.** m. prayer.
rezongar. i. to grumble.// **rezongo.** m. grumbling.// **rezongón, na.** m./f. grumbler.
rezumar. i./tr. to ooze.
ría. f. estuary.// **riachuelo.** m. rivulet.
ribera. f. river bank, shore.// **ribereño, ña.** 1. a. riverside. 2. m./f. riverside dweller.
ribete. m. 1. trimming. 2. pl. streaks.// **ribetear.** tr. to trim.
ricino. m. castor-oil plant.
rico, ca. a. 1. rich. 2. fertile. 3. abundant. 4. delicious. 5. fig. adorable. 6. m./f. rich person; pl. the rich. 7. hacerse r.: to get rich.
ridiculez. f. ridiculousness.// **ridiculizar.** tr. to ridicule.// **ridículo, la.** 1. a. ridiculous. 2. m. ridiculous situation. 3. poner en r./hacer el r.: to make a fool of (oneself).
riego. m. irrigation.
riel. m. rail.
rienda. f. rein.
riesgo. m. risk.

rifa

rifa. f. raffle.// **rifar.** tr. to raffle.
rifle. m. rifle.
rigidez. f. 1. rigidity. 2. *r. cadavérica:* rigor mortis.// **rígido, da.** a. 1. rigid. 2. strict.
rigor. m. 1. rigor. 2. *de r.:* obligatory. 3. *en r.:* strictly.// **riguroso, sa.** a. 1. rigurous. 2. estrict. 3. exact.
rima. f. rhyme; pl. poems.// **rimar.** i./tr. to rhyme.
rincón. m. corner.// **rinconera.** f. corner furniture.
rinoceronte. m. rhinoceros.
riña. m. dispute, quarrel.
riñón. m. kidney.
río. m. 1. river. 2. fig. flood. 3. *r. abajo:* downstream. 4. *r. arriba:* upstream.
riqueza. f. 1. wealth. 2. opulence. 3. richness *(fecundidad).* 4. pl. riches. 5. *r. naturales:* natural resources.
risa. f. laughter, laught.
risco. m. cliff.
risible. a. laughable.
risotada. f. guffaw.
ristra. f. string, row.
risueño. a. smiling.
ritmo. m. rhytm.// rhythmic (a.).
rito. m. rite; ceremony.// ritual (a./m.).
rival. a./m./f. rival.// **rivalidad.** f. rivalry.// **rivalizar.** i. to rival, to compete.
rizado, da. a. curling.// **rizar.** tr./ref. to curl.// **rizo.** m. curl.
robar. tr. 1. to steal. 2. to burgle *(saquear).*
roble. m. 1. oak. 2. *ser un r.:* to be very strong.// **robledal.** f. oak forest.
robo. m. robbery, theft.
robustecer. tr. to strengthen, to fortify.// **robusto, ta.** a. robust.
roca. f. rock.
roce. m. 1. friction. 2. fig. frequent contact.
rociada. f. sprinkling.// **rociador.** m. sprayer.// **rociar.** tr. 1. to sprinkle. 2. to spray.
rocío. f. 1. dew *(humedad).* 2. sprinkle *(llovizna).*
rocoso, sa. a. rocky.
rodado. m. vehicle.
rodaja. f. slice.
rodaje. m. 1. set of wheels *(conjunto de ruedas).* 2. filming *(de una película).*
rodamiento. m. bearing.
rodar. i. 1. to roll *(girar).* 2. to run on wheels *(andar sobre ruedas).* 3. to fall down *(caer).* 4. i./tr. to shoot *(filmar).*
rodear. tr. 1. to surround, to encircle. 2. to go around *(dar la vuelta).* 3. ref. *r. de:* to surround oneself.
rodeo. m. 1. rodeo *(jineteada).* 2. roundabout way *(desvío).* 3. circumlocution *(circunloquio).*
rodilla. f. 1. knee. 2. *de r.:* on one's knees. 3. *ponerse de r.:* to kneel.// **rodillera.** m. knee ward; knee patch.
rodillo. m. 1. roller. 2. roller pin *(de cocina).*
roedor. m. rodent.
roer. tr. 1. to gnaw. 2. to corrode *(corroer).*
rogar. 1. i. to pray. 2. tr. to beg, to entreat. 3. *hacerse r.:* to want to be coaxed.
rogativa. f. public prayer.
rojizo, za. a. reddish.

rojo, ja. 1. a. red. 2. ruddy *(mejillas).* 3. m. red. 4. *ponerse r.:* to blush. 5. *estar al r. vivo:* to be heated.
rol. m. role.
roldana. f. pulley wheel.
rollizo, za. a. chubby, plump.
rollo. m. 1. roll. 2. roller *(rodillo).* 3. fig. long boring speech *(charla aburrida).* 4. *soltar el r.:* to talk a lot.
romance. 1. a. Romance *(lenguas).* 2. m. romance. 3. ballad, romance *(poema).* 4. *en buen r.:* in plain or clear language.// **romancero.** m. collection of romances.
romano, na. 1. a./m./f. Roman. 2. f. Roman balance.
romanticismo. m. romanticism.// **romántico, ca.** a. romantic.
rombo. m. rhombus, rhomb.// **romboide.** m. rhomboid.
romeo. m. fig. lover.
romería. f. 1. pilgrimage. 2. fig. crowd.
romero, ra. 1. m./f. pilgrim. 2. m. rosemary *(planta, condimento).*
romo, ma. a. blunt, stubby.
rompecabezas. m. puzzle.
rompehielos. m. ice breaker.
rompeolas. m. breakwater.
romper. 1. i./tr./ref. to break. 2. tr. to break off *(cancelar).* 3. *r. con:* to break with. 4. *r. en:* to burst into. 5. ref. *r. el alma:* to brak one's neck. 6. ref. *r. la cabeza:* to rack one's brains *(pensar).*
romplente. f. reef, shoal.
rompimiento. m. 1. breaking; breaking off *(ruptura).*
ron. m. rum.
roncar. i. to snore.
roncha. f. rash; bruise.
ronco, ca. a. hoarse.
ronda. f. 1. night patrol *(patrulla).* 2. round *(vuelta de copas, cigarrillos).* 3. street serenade *(serenata).* 4. circle *(círculo).*
rondar. i. 1. to patrol *(patrullar).* 2. to serenade *(dar serenatas).* 3. to prawl around *(dar vueltas).* 4. tr. to pursue *(perseguir).*
rondó. m. rondo.
rondón (de). adv. abruptly.
ronquido. m. snore.
ronronear. i. to purr.// **ronroneo.** m. purring.
roña. f. 1. filth. 2. fig. stinginess *(tacañería).*
roñoso, sa. a. 1. filthy. 2. fig. stingy *(tacaño).*
ropa. 1. clothes, clothing. 2. *r. blanca:* linen, sheets. 3. *r. interior:* underwear. 4. *r. usada:* seond-hand clothes. 5. *r. vieja:* shredded beef *(comida).*
ropaje. m. 1. wardrobe, clothes. 2. fig. style, form of expression.
ropero. m. clothes closet.
rosa. 1. a. rose, pink. 2. f. rose. 3. *r. de los vientos:* mariner's compass.
rosáceo, a. a. rosaceous.
rosado, da. a. pink, rosy.
rosal. m. 1. rosebush *(arbusto).* 2. rose garden *(jardín de rosas).*
rosario. m. rosary.
rosbif. m. roast beef.

rosca. f. **1.** ring-shaped pastry *(pastel)*. **2.** thread *(de un tornillo)*. **3.** spiral, coin. **4.** *pasarse de r.:* to go too far, to take too many liberties. **5.** *r. hembra:* female thread.
roscar. tr. **1.** to thread *(enroscar)*. **2.** to make or cut a screw thread on *(matrizar una rosca)*.
roséola. f. roseola.
roseta. f. rosette.
rosquilla. f. ring-shaped pastry.
rostro. m. **1.** face, countenance. **2.** *torcer el r.:* to show displeasure.
rotación. f. **1.** rotation. **2.** *r. de cultivos:* rotation of crops.
rotante. a. rotating, revolving.
rotar. i./tr. to rotate.
rotario, ria. a./m./f. Rotarian.
rotativo, va. **1.** a. revolving; rotary. **2.** m. newspaper *(diario, periódico)*. **3.** f. rotary printing press.
rotatorio, ria. a. **1.** rotary, rotating. **2.** *movimiento r.:* rotary motion.
roto, ta. a. **1.** broken. **2.** cracked. **3.** worn out *(gastado)*.
rotonda. f. rotunda, round building.
rotor. m. rotor.
rotoso, sa. a. tattered.
rótula. f. **1.** *Anat.* rotula, kneepan, patella kneecap. **2.** *Mech.* rounded joint, universal joint, ball and socket joint.
rotulación. f. labeling, lettering.
rotulador, ra. **1.** m./f. labeler, sign maker. **2.** a. labeling, lettering.
rotular. tr. **1.** to label. **2.** to design or make a sign, an inscription, etc.
rótulo. m. **1.** label *(etiqueta)*. **2.** sign, poster.
rotundamente. adv. categorically, flatly, peremptorily.
rotundo, da. a. **1.** categorical, peremptory. **2.** sonorous *(sonoro)*.
rotura. f. **1.** breaking, breakage. **2.** tear *(en papel o tela)*.
roturación. f. breaking up new ground; newly broken up ground.
roturador, ra. a. breaking up.// m. **1.** plow. **2.** harrow.
roturar. tr. to break up.
round. m. round.
rozadura. f. **1.** rubbing *(acción)*. **2.** rubbed spot *(señal)*.
rozagante. f. **1.** splendid-looking. **2.** flowing, sweeping.
rozamiento. m. **1.** rubbing, friction. **2.** fig. friction, disagreement.
rozar. tr. **1.** to rub *(frotar)*. **2.** to border on *(estar cerca de ser)*. **3.** i. to touch lightly. **4.** ref. *r. con:* to rub against.
ruana. f. square poncho.
ruano, na. a. roan *(caballo)*.
rubéola. f. rubella.
rubí. m. ruby.
rubicundo, da. a. rubby.
rubidio. m. rubidium.
rubio, bia. **1.** a./m. blond. **2.** a./f. blonde. **3.** a. golden *(dorado)*.
rubor. m. **1.** blush *(arrebol)*. **2.** embarrassment *(vergüenza)*.
ruborizar. tr./ref. to blush.
rúbrica. f. **1.** flourish *(de una firma)*. **2.** rubric *(terminación)*.
rubricar. tr. **1.** to sign *(firmar)*. **2.** fig. to attest *(atestiguar)*.
rubro. m. **1.** title *(título)*. **2.** item *(contabilidad, comercio)*.
ruda. f. rue.
rudeza. **1.** roughness. **2.** harshness, severity *(del clima)*.
rudimentario, ria. a. rudimentary, primitive.
rudimento. m. rudiment.
rudo, da. a. **1.** rough. **2.** severe, harsh *(clima)*.
rueda. f. **1.** wheel. **2.** roller *(de muebles)*. **3.** ring, circle *(de gente)*. **4.** turn, time, successive order. **5.** pl. *ir sobre r.:* to go smoothly. **6.** *r. de auxilio:* spare tire. **7.** *r. dentada:* cogwheel. **8.** *r. de prensa:* press conference. **9.** *r. de presos:* line-up. **10.** *r. de timón:* steering wheel.
ruedo. f. **1.** hem *(dobladillo)*. **2.** bullring *(de una plaza de toros)*.
ruego. m. request, entreaty.
rufián. m. ruffian.
rugido. m. roar.
rugir. i. **1.** to roar. **2.** fig. to howl.
rugoso, sa. a. wrinkled.
ruido. m. **1.** noise. **2.** fig. *hacer mucho r.:* to create a stir. **3.** *mucho r. y pocas nueces:* much ado about nothing.
ruidoso, sa. a. noisy.
ruin. m. base, despicable.
ruina. f. **1.** ruin *(restos)*. **2.** bankrupt *(bancarrota)*. **3.** *estar hecho una r.:* to be a wreck.
ruindad. f. baseness, meanness.
ruinoso, sa. a. ruinous.
ruiseñor. m. nightingale.
ruleta. f. roulette.
rulo. m. curl, lock of hair.
rumano, na. a./m./f. Rumanian.
rumba. f. rumba.
rumbear. i. to take a course or direction.
rumbo. m. **1.** direction, course. **2.** *r. a:* toward, on the way to.
rumboso, sa. a. lavish.
rumiante. a./m./f. ruminat.
rumiar. tr. to ruminate.
rumor. m. **1.** murmur *(sonido quedo)*. **2.** rumor, gossip.
rumoroso, sa. a. murmurous.
rumorear. tr./ref. to be rumored.
ruptura. f. **1.** rupture, breaking. **2.** fracture *(fractura)*.
rural. **1.** a. rural. **2.** m./f. peasant.
ruso. a./m./f. Russian.
rústicamente. adv. rustically, rudely.
rústico, ca. **1.** a. rustic, rural. **2.** f. *en r.:* paperbound.
ruta. f. **1.** route, way. **2.** highway *(carretera)*. **3.** *r. aérea:* air lane.
rutenio. m. ruthenium.
rutina. f. routine.
rutinario, ria. a. routine.

s. f. twentieth letter of Spanish alphabet.
sábado. m. **1.** Saturday. **2.** Sabbath *(religioso)*.
sabalo. m. shad.// **sabalero.** m. shad fisherman.
sabana. f. savanna.
sábana. f. bed sheet.
sabandija. f. **1.** bug, insect. **2.** fig. vermin.
sabañón. m. chilblain.
sabático, ca. a. sabbatical.// **sabatino, na.** a. Saturday.
sabelotodo. m./f. know-it-all.
saber. m. learning, knowledge.
saber. 1. i./tr. to know. **2.** tr. to know how *(saber hacer)*. **3.** tr. to learn *(enterarse)*. **4.** *hacer s.:* to inform. **5.** *¿qué se yo?:* how should I know? **6.** *que yo sepa:* as far as I know. **7.** *¿quién sabe?:* who knows? **8.** ref. to be known. **9.** to taste *(tener cierto sabor).*// **sabiduría.** f. **1.** wisdom *(cualidad)*. **2.** knowledge *(conocimiento)*.
sabiendas (a). adv. knowingly.
sabio, bia. a. **1.** wise *(prudente)*.// m./f. **1.** wise person *(prudente)*. **2.** learned person *(instruido)*. **3.** sage *(persona de gran conocimiento)*.
sablazo. m. **1.** saber blow *(golpe)* or wound *(herida)*. **2.** fig. sponging *(mangazo).*// **sable.** m. saber.
sabor. m. taste, flavor.// **saborear.** tr. to taste.
sabotaje. m. to sabotage.// **saboteador, ra.** m./f. saboteur.// **sabotear.** tr. to sabotage.
sabroso, sa. a. **1.** tasty *(con sabor)*. **2.** delightful *(delicioso)*.
sabueso. m. bloodhound.
sacabocados. m. punch.
sacacorchos. m. corkscrew.
sacapuntas. m. pencil sharpener.
sacar. tr. **1.** to take out. **2.** to remove *(quitar)*. **3.** to pull out *(arrancar)*. **4.** to get *(lograr)*. **5.** to solve *(resolver)*. **6.** to publish *(publicar)*. **7.** to extract *(extraer)*. **8.** to take *(fotos, apuntes)*. **9.** *s. adelante:* to carry out. **10.** *s. a relucir:* to bring up. **11.** *s. la cara por:* to stand for. **12.** *s. ventaja:* to take advantage. **13.** ref. to take off *(ropa)*; to win *(un premio)*.
sacarina. f. saccharine.
sacerdocio. m. priesthood.// **sacerdote.** m. **1.** priest, clergyman. **2.** *sumo s.:* high priest.// **sacerdotisa.** f. priestess.
saciar. tr. to satiate.// *saciedad.*/ society (f.).
saco. m. **1.** sack, bag *(bolsa)*. **2.** jacket *(chaqueta)*. **3.** *Anat.* sac.
sacramento. m. sacrament.

sacrificar. tr. **1.** to sacrifice. **2.** to slaughter *(animales).*// **sacrificio.** m. **1.** sacrifice. **2.** slaughter *(de animales)*.
sacrilegio. m. sacrilege.// sacrilegious (a./m./f.).
sacristán. m. sacristan, sexton.// sacristy (f.).
sacro, cra. 1. a. sacred. **2.** m. *Anat.* sacrum.
sacrosanto, ta. a. sacrosant.
sacudida. f. **1.** shake *(acción)*. **2.** tremor *(sismo)*. **3.** jolt *(emoción).*// **sacudir.** tr. **1.** to shake *(agitar)*. **2.** to dust off *(el polvo)*. **3.** to beat *(golpear)*. **4.** to flat *(aletear)*. **5.** to jolt *(emocionar)*. **6.** ref. to shake *(agitarse)*; to brush off *(la ropa)*.
sádico, ca. a. **1.** a. sadistic. **2.** m./f. sadist.// **sadismo.** m. sadism.
saeta. f. dart, arrow.
sagaz. a. sagacious, wise.// sagacity (f.).
sagrado, da. a. sacred.// **sagrario.** m. sanctuary.
sahumar. tr. to burn incense.// **sahumerio.** m. incense; aromatic smoke *(humo)*.
sainete. m. one-fact-farce.
sajón. a./m./f. Saxon.
sal. f. **1.** salt. **2.** charm *(gracia)*. **3.** wit *(ingenio)*. **4.** *s. aromáticas:* smelling salts.
sala. f. **1.** living room *(casa)* **2.** auditorium. **3.** house *(teatro)*. **4.** courtroom *(juzgado)*.
salado, da. a. salty.// **salar.** tr. to salt.
salamandra. f. salamander.
salario. m. wage, salary.// **salarial.** a. wage.
salazón. m. salted meats.
salchicha. f. sausage, frankfurter.// **salchichón.** m. large sausage; salami.
saldar. tr. **1.** to pay off *(cuentas)*. **2.** to remainder *(vender).*// **saldo.** m. **1.** balance *(cifra)*. **2.** remnant *(mercancía)*.
salero. m. **1.** saltshaker. **2.** charme, grace *(gracia)*.
salida. f. **1.** exit *(de un lugar)*. **2.** departure *(partida)*. **3.** outlet *(de un circuito)*. **4.** sale *(venta)*. **5.** way out *(escapatoria)*. **6.** expenditure *(gasto)*. **7.** sally, witty remark *(ocurrencia)*. **8.** *s. del sol:* sunrise.
saliente. f. projection.
salino, na. a. **1.** a. saline. **2.** f. salt mine.
salir. i. **1.** to leave *(de un lugar, partir)*. **2.** to go out *(a caminar o pasear)*. **3.** to come out *(aparecer)*. **4.** to rise *(sol, luna)*. **5.** to emerge *(una idea)*. **6.** to lead *(cartas, números, una calle)*. **7.** to result, to turn out *(resultar)*. **8.** to be elected *(ser elegido)*. **9.** *s. adelante:* to get ahead. **10.** *s. con alguien:* to go out whit someone. **11.** *s. con la suya:* to get one's own way. **12.** *s. del paso:* to get out of a jam.
salitral. f. saltpeter bed.// **salitre.** m. saltpeter.// **salitroso, sa.** a. saltpetrous.

saliva. f. saliva.
salmo. m. psalm.
salmodiar. tr. to chant.
salmón. m. salmon.
salmuera. f. brine, pickle.
salobre. a. brackish.
salón. m. 1. hall (*sala grande*). 2. exposition. 3. gallery. 4. *s. de baile*: ballroom. 5. *s. de té*: tearoom. 6. *s. de belleza*: beauty parlor.
salpicadura. m. spattering.// **salpicar.** tr. to spatter, to sprinkle.
salpicón. m. mincemeat.
salpullido. m. rash.
salsa. f. sauce, gravy.
saltamonte. m. grasshopper.
saltar. i. 1. to jump (*brincar*). 2. to jump up (*levantarse*). 3. to hop (*dar saltitos*). 4. to bound (*rebotar, salir con ímpetu*). 5. tr. to skip over (*omitir*). 6. *s. a la vista*: to be obvious.
salteador, ra. m./f. bandit, highway robber.// **saltear.** tr. 1. to hold up (*robar*). 2. to skip (*omitir*). 3. to sauté (*cocinar*).
salto. m. 1. jump. 2. waterfall (*de agua*). 3. pl. *a s.*: by leaps and bounds. 4. *s. de cama*: negligée.
salubre. a. healthfull.// **salubridad.** f. 1. healthfullness. 2. public health (*salud pública*).
salud. f. 1. health. 2. *s. pública*: public health. 3. ¡s.!: Good bless you! (*estornudo*); cheers! (*brindis*).// **saludable.** a. 1. healthfull (*que da salud*). 2. wholesome (*de buen aspecto*).
saludar. tr. 1. to greet (*mostrar cortesía*). 2. to salute (*honrar*). 3. to say good-by (*decir adiós*). 4. *Le saluda atentamente*: yours truly.// **saludo.** m. 1. greeting (*cortesía*). 2. salute (*honra*). 3. *saludos a*: greetings to.// salutation (f.).
salva. f. 1. salvo. 2. *s. de aplausos*: round of applause.
salvación. f. salvation.// **salvada.** f. good fortune, good luck.// **salvador, ra.** 1. a. saving. 2. m./f. savior. 3. m. Savior (*Jesucristo*).
salvado. m. bran (*fibra*).
salvadoreño, ña. a./m./f. Salvadoran.
salvaguardar. tr. to safeguard.// **salvaguardia.** f. safeguard.
salvaje. 1. a. wild (*silvestre, no domesticado*); savage (*bárbaro*). 2. m./f. savage.// **salvajada.** f. savagery.// **salvajismo.** m. savageness.
salvamento. m. saving, rescue.
salvar. tr. 1. to save. 2. to rescue (*rescatar*). 3. to certify (*errores*). 4. ref. to escape (*escapar*).// **salvataje.** m. saving, rescue.// **salvavidas.** 1. m. life preserver (*aparato*); life belt (*cinturón*); life jacket (*chaleco*); safeboat (*bote*). 2. m./f. lifeward (*persona*).
¡salve!. interj. hail!
salvedad. f. exception, reservation.
salvo, va. 1. a. saved. 2. adv. except, save. 3. *a s.*: safe. 4. *s. que*: unless.
salvoconducto. m. safe-conduct.
sambenito. m. stigma.
san. a. Saint.
sanar. 1. i. to recover (*de una enfemedad*); to heal (*una herida*). 2. tr. to cure (*curar*).
sanatorio. m. hospital; sanatorium.

sanción. f. 1. punishment (*castigo*). 2. sanction (*aprobación*).// **sancionar.** tr. 1. to punish (*castigar*). 2. to sanction (*aprobar*).
sancocho. m. stew.
sandalia. f. sandal.
sándalo. m. sandalwood.
sandez. f. foolishness; nonsense.
sandía. f. watermelon.
saneamiento. m. 1. sanitation (*limpieza*). 2. improvement (*mejora*).// **sanear.** tr. 1. to sanitize (*limpiar*). 2. to improve (*mejorar*).
sangrante. a. bleeding.// **sangrar.** i./tr. to bleed.// **sangre.** f. 1. blood. 2. lineage (*linaje*). 3. *a s. fría*: in cold blood. 4. *de s. caliente*: warm-blooded. 5. *de s. fría*: cold-blooded.
sangría. f. 1. bleeding (*sangrado*). 2. wine and fruits drink (*bebida*). 3. indentation (*de un texto*). 4. fig. draining (*de dinero*).
sangriento, ta. a. bloody.
sanguijuela. f. leech.
sanguinario, ria. a. bloodthirsty, cruel.// **sanguíneo, a.** a. 1. blood (*de la sangre*). 2. sanguine (*temperamento*).
sanidad. f. 1. health, healthness. 2. *s. pública*: public health.
sanitario, ria. 1. a. sanitary. 2. pl. water closet, toilet.
sano, na. a. 1. healthy (*de salud*). 2. unharmed (*sin daño*). 3. wholesome (*sin vicios, provechoso*). 4. whole (*entero*). 5. *cortar por lo s.*: to take drastic measures. 6. *s. y salvo*: safe and sound.
¡sanseacabó! interj. that's the end of it!
santabárbara. f. powder magazine.
santiamén (en un). adv. in a jiffy.
santidad. f. 1. sanctity. 2. *Su S.*: His Holiness.
santificar. tr. 1. to sanctify (*hacer santo*). 2. to make holy (*consagrar*).
santiguarse. ref. to cross oneself.
santísimo, ma. a. 1. most holy. 2. *S. Sacramento*: Holy Sacrament.
santo, ta. a. 1. holy, Holy. 2. fig. *todo el s. día*: the whole blessed day. 3. m./f. Saint. 4. m. saint's image (*imagen*); saint's day (*día*). 5. *s. y seña*: password.// **santuario.** m. sanctuary.// **santurrón, na.** 1. a. affecting piety. 2. m./f. sanctimonius.
saña. f. fury, cruelty.
sapiencia. f. sapience.// sapient (a.).
sapo. m. toad.
saque. m. Sp. serve, service (*tenis*); *s. de meta*: goal kick.
saquear. tr. to plunder.// **saqueo.** m. plundering.
sarampión. m. measles.
sarcasmo. m. sarcasm.// **sarcástico.** a. sarcastic (a.).
sarcófago. m. sarcophagus.
sardina. f. sardine.
sargento. m. sergeant.
sarmiento. m. shoot of grapevine.
sarna. f. mange, scabies.// **sarnoso, sa.** a. mangy.
sarro. m. 1. crust. 2. tartar (*dental*).
sarta. f. string, row.
sartén. f. frying pan.
sastre. m. taylor.// **sastrería.** f. taylor's shop.
satánico, ca. satanic.
satélite. f. satellite.// satellital (a.).

satén. m. satin.// **satinado, da.** a. 1. satiny. 2. *papel s.*: glossy or coated paper.
sátira. f. satire.// satiric (a.).// **satirizar.** tr. to satirize.
sátiro. f. satyr.
satisfacer. tr. 1. to satisfy. 2. to fulfill *(requisitos).*// satisfaction (f.).// satisfactory (a.).// **satisfecho, cha.** a. 1. satisfied. 2. *estar o quedar s.*: to be full, to be sated.
saturar. tr. to saturate.// saturation (f.).
sauce. m. willow; *s. llorón*: weeping willow.
savia. f. sap.
saxofón. m. saxophone.// saxophonist (m./f.)
sayo. m. smock.
sazón. f. 1. seasoning *(condimento).* 2. season *(maduración).* 3. fig. *a la s.*: at that time.// **sazonar.** tr. 1. to season *(condimentar).* 2. to ripen *(madurar).*
se. ref. pron. 1. oneself, yourself, himself, herself, itself, etc. *(en verbos reflexivos; p. ej. mirarse*: to look oneself). 2. to oneself, to yourself, etc. *(en ciertos verbos reflexivos con el significado de "sí mismo"; p. ej. hablarse a sí mismo*: to talk to oneself). 3. each other, one another *(indica acción recíproca de un sujeto en plural; p. ej. ellos se aman*: they love each other). 4. to each other, to one another *(acciones recíprocas que incluyen intercambio: p. ej. se mandaron regalos*: they sent presents to one another). 5. his, her, it, etc. *(para indicar posesión del objeto directo; p. ej. ella se tiñe el pelo*: she dyes her hair.). 6. to him, to her, etc. *(cuando indica el objeto indirecto; p.ej. Ana se lo dijo a él*: Ann said it to him). 7. *no se traduce en los casos de verbos no reflexivos en castellano que tomen forma reflexiva; p.ej. la silla se rompió.* 8. *tampoco se traduce en las formas reflexivas de los verbos impersonales; p. ej. se dice, se entiende, etc.*
sebo. m. 1. tallow *(para velas).* 2. grease *(grasa).*
secador, ra. m./f. 1. dryer. 2. *s. de pelo*: hair dryer.
secante. 1. a. drying. 2. m. blotter *(papel secante).* 3. f. Math. secant.
secar. 1. tr. to dry. 2. ref. to dry out. 3. ref. to wither *(plantas).*
secarropas. m. clothes dryer.
sección. f. 1. section. 2. department.// **seccionar.** tr. to section.
secesión. f. secession.// secessionist (a./m./f.).
seco, ca. a. 1. dry. 2. withered *(plantas).* 3. sharp *(golpe).* 4. laconic *(de pocas palabras).*
secretar. tr. to secrete.// secretion (f.).
secretaría. f. secretaryship *(cargo)*; secretary's office *(oficina).*// **secretariado.** m. secretariat.// **secretario, ria.** m./f. secretary.
secretear. i. to whisper.
secreto, ta. a./m. 1. secret; hidden *(oculto).* 2. *s. a voces*: open secret.
secta. f. sect.// **sectario, ria.** a. sectarian.
sector. m. sector.// sectorial (f.).
secuaz. m./f. henchman; accomplice.
secuela. f. 1. sequel, consequence. 2. Med. sequela.
secuencia. f. sequence.
secuestrador, ra. m./f. 1. kidnaper *(de personas).* 2. hijacker.// **secuestrar.** tr. 1. to kidnap *(personas).* 2. to hijack *(vehículos).*// **secuestro.** m. 1. kidnapping *(personas).* 2. hijacking *(vehículos).*
secular. a. secular.
secundar. tr. to second.
secundario, ria. 1. a./m.f. secundary. 2. *escuela s.*: high school.
sed. f. thirsty.
seda. f. silk.
sedal. f. fishline.
sedante. a./m. sedative.
sedar. tr. to sedate.
sede. m. 1. seat *(gobierno).* 2. headquarters *(empresa).* 3. *Santa S.*: Holy See.
sedentario, ria. a. sedentary.
sedición. f. sedition.// **sedicioso, sa.** a. seditious.
sediento, ta. a. 1. thirsty. 2. fig. eager.
sedimento. m. sediment.// sedimentary (a.).
sedoso, sa. a. silky.
seducción. f. 1. seduction. 2. temptation. 3. charme *(atractivo).*// **seducir.** tr. 1. to seduce. 2. to captivate *(cautivar).*// **seductor, ra.** 1. a. seductive. 2. m./f. seducer.
segadora. f. harvester.// **segar.** tr. 1. to reap. 2. to cut off *(cortar al ras).*
segmento. m. segment.
segregar. tr. to segregate.// segregation (f.).
seguida (en). adv. inmediately.
seguidilla. f. sequence.
seguido, da. a. 1. continuous. 2. consecutive. 3. adv. often.// **seguidor, ra.** m./f. follower.
seguimiento. m. 1. pursuit. 2. chase *(persecución).*
seguir. tr. 1. to follow. 2. to pursue *(perseguir).* 3. to continue *(continuar).* 4. to watch *(observar).* 5. to study *(estudiar).* 6. i. to feel *(sentirse).*
según. prep./adv. according to.
segundero. m. second hand.
segundo, da. 1. a. second. 2. m. second. 3. f. second gear *(auto).*
seguramente. adv. 1. surely. 2. probably *(probablemente).*
seguridad. f. 1. security. 2. certainty *(certeza).* 3. safety *(protección).*
seguro, ra. a. 1. safe *(protegido).* 2. certain *(cierto).* 3. sure *(convencido).* 4. steady *(firme).* 5. trustworthy *(confiable).*// m. 1. insurance *(poliza).* 2. safety catch *(dispositivo).*
seis. a./m. six; sixth *(en fechas).*
seiscientos. a./m. six hundred.
selección. f. selection; choice *(elección).*// **seleccionar.** tr. to choice, to select.// select (a.).// selective (a.).
sellar. tr. 1. to seal *(cerrar).* 2. to stamp *(estampar).*// **sello.** m. stamp.
selva. f. 1. woods *(bosque).* 2. jungle *(jungla).*// **selvático, ca.** a. forest, jungle-like.
semáforo. m. semaphore.
semana. f. 1. week. 2. *fin de s.*: weekend.// **semanal.** a. weekly.// **semanario.** m. weekly.
semblante. m. 1. face. 2. *tener mal s.*: to look ill.
semblanza. f. biographical sketch.
sembrado. m. cultivate land.// **sembrar.** m. to sow; to plant *(plantar),*

semejante. a. **1.** similar. **2.** such, like that *(tal, como ese)*. **3.** m./f. fellow man.// **semejanza.** f. similarity.// **semejar.** **1.** i./ref. to resemble. **2.** s. a: to look like.
semen. m. semen, sperm.// **semental.** m. breeder.
semestral. a. semi-annual.// **semestre.** m. semester, six month.
semiautomático, ca. a. semiautomatic.
semicírculo. m. semicircle.// **semicircular** (f.).
semidesnudo, da. a. half-naked.
semifinal. a./f. semifinal.// **semifinalist** (a./m./f.).
semilla. f. seed.// **semillero.** m. seedbed.
seminal. a. seminal.
seminario. m. seminary; seminar *(reunión sobre un tema)*.// **seminarista.** m./f. seminarian
semita. a./m./f. semite.
sempiterno, na. a. everlasting, eternal.
senado. m. senate.// senator (m./f.).
sencillez. f. **1.** simplicity. **2.** easiness *(facilidad)*.// **sencillo, lla.** a. **1.** simple *(natural, fácil, simple)*. **2.** easy *(fácil)*. **3.** m. change *(cambio)*.
senda. f. path, way.// **sendero.** f. footpath.
sendos, das. adj. pl. each, one each.
senectud. f. old age.
senil. a. senile.
seno. m. **1.** breast *(pecho)*. **2.** cavity *(cavidad)*. **3.** Math. sine.
sensación. f. sensation.// sensational (f.).
sensatez. f. good sense.// **sensato, ta.** a. sensible.
sensibilidad. f. **1.** sensibility *(facultad)*. **2.** sensitivity *(emotividad, susceptibilidad)*.// **sensibilizar.** tr. to sensitize.// **sensible.** a. **1.** sensitive. **2.** sentient *(que percibe)*.// **sensitivo, va.** a. **1.** sensitive *(sensible)*. **2.** sentient *(que percibe)*. **3.** sense *(sensorial)*.
sensual. a. sensual.// sensuality (f.).
sentar. tr. **1.** to sit. **2.** to set *(establecer)*. **3.** i. to fit *(la ropa)*, to agree *(la comida)*. **3.** ref. to sit down.
sentencia. f. **1.** sentece. **2.** maxim *(refrán)*.// **sentenciar.** tr. to sentence.
sentido, da. a. **1.** heart-felt *(de corazón)*. **2.** hurt *(herido)*.// m. **1.** sense *(físico)*. **2.** meaning *(significado)*. **3.** way, direction *(dirección)*. **4.** consciousness *(conciencia)*.
sentimiento. m. **1.** sentiment, feeling. **2.** sorrow *(pena)*.// sentimental (a.).
sentir. i./tr./ref. to feel.// tr. **1.** to hear *(escuchar)*. **2.** to be sorrow *(lamentar)*. **3.** to think *(opinar)*.// ref. to hurt.// m. feeling
seña. f. **1.** sign *(indicio)*. **2.** signal *(señal)*.// **señal.** f. **1.** sign *(indicio)*. **2.** signal *(aviso, cartel)*. **3.** landmark *(hito)*. **4.** sympton *(síntoma)*.// **señalar.** tr. **1.** to point at *(apuntar)*. **2.** to mark *(marcar)*. **3.** to determine *(determinar)*.
señor. m. **1.** Míster, Sir *(tratamiento)*. **2.** master *(dueño)*. **3.** the Lord *(el Señor)*. **4.** gentleman *(caballero)*.// **señora.** f. **1.** mistress. **2.** lady. **3.** wife *(esposa)*.// **señorío.** m. **1.** lord's domain *(dominio)*. **2.** gentlemanliness *(caballerosidad)*.
señorita. f. **1.** miss *(tratamiento)*. **2.** young lady.
señuelo. m. bait, lure.
separación. f. separation.// **separado, da.** a. **1.** separated. **2.** divorced.

separar. **1.** tr./ref. to separate. **2.** to divide. **3.** to set aside *(poner aparte)*. **4.** ref. to divorce.
separata. f. reprint.
separatismo. m. separatism.// separatist (a./m./f.).
sepelio. m. burial.
septentrional. a. northern.
septiembre. m. September.
séptimo, ma. a./m.f. seventh.
sepulcro. m. grave, tomb.// sepulchral (a.).
sepultar. tr. to bury.// **sepultura.** f. grave.// **sepulturero, ra.** m./f. grave-digger.
sequedad. f. **1.** dryness. **2.** fig. brusqueness.
sequía. f. dry season.
séquito. m. retinue, court.
ser. m. being.
ser. **1.** i./tr./aux. to be. **2.** to belong *(ser de, pertenecer)*. **3.** to be made *(ser de, estar hecho de)*. **4.** *a no ser q.:* unless. **5.** *érase una vez:* once upon time. **6.** *no sea que:* lest. **7.** *o sea, esto es:* that is to say. **8.** *sea como sea:* one way or the other. **9.** *sea lo que sea:* be that as it may.
serafín. m. seraph.
serenar. tr./ref. to calm, to calm down.
serenata. f. serenade.
serenidad. f. calm, tranquility.
sereno, na. **1.** a. serene, calm. **2.** m. night air *(noche)*; night watchman *(cuidador)*.
serie. f. **1.** series. **2.** *en s.:* mass-. **3.** *fuera de s.:* out of sight.
seriedad. f. **1.** seriousness *(carácter)*. **2.** responsability.// **serio, ria.** a. **1.** serious *(carácter)*. **2.** stern *(gesto)*. **3.** grave, important. **4.** reliable *(confiable)*.
sermón. m. sermon.
serpentina. f. **1.** paper streamer *(papel)*. **2.** serpentine *(cañería)*.
serpiente. f. snake.
serranía. f. mountains.// **serrano, na.** a. **1.** mountain *(de las sierras)*. **2.** m./f. highlander
serrar. tr. to saw.
serrucho. m. saw.
servible. a. useful.
servicial. a. obliging.// **servicio.** m. **1.** service. **2.** domestic service. **3.** pl. closet, toilet. **4.** estación de s.: gas station. **5.** *prestar un s.:* to perform a service.
servidor, ra. **1.** m./f. servant. **2.** m./f. worker *(trabajador)*. **3.** *s. de usted:* at your service. **4.** *Su seguro s.:* yours truly.
servidumbre. f. **1.** servitude *(estado)*. **2.** servants *(conjunto de sirvientes)*.
servil. a. servile .// **servilismo.** m. servility.
servilleta. f. napkin.
servir. i./tr. **1.** to serve. **2.** to be useful, to be good *(ser útil, dar resultado)*. **3.** to serve as *(s. como, s. de)*. **4.** *no s.:* to be useless, to be no good. **5.** ref. to make use of *(usar)*; to serve oneself. **6.** *sírvase:* please.
sesenta. a./m. sixty.
sesión. f. session.
seso. m. **1.** brain. **2.** *devanarse los s.:* to rack one's brain.// **sesudo, da.** a. wise.
seta. m. mushroom.
setecientos. a./m. seven hundred.
setenta. a./m. seventy.
setiembre. m. September.

**seto. **m. fence, hedge.
seudo. pref. pseudo-.
seudónimo. m. pseudonym, penname.
severidad. f. severity; rigor.// **severo, ra.** a. **1.** severe. **2.** rigorous.
sevillano, na. a./m./f. Sevillian.
sexagenario, ria. a./m./f. sexagenarian.
sexo. m. **1.** sex. **2.** genitals.
sexteto. a. sextet.
sexto, ta. a./m./f. sixth.
sexuado, da. a. sexed.// **sexual** (a.).
si. 1. conj. if; wether *(en oposiciones); si bien:* although. **2.** m. *Mus.* ti, B.
sí. 1. adv. yes *(en afirmación);* so *(que sí).* **2.** m. yes. **3.** ref. pron. oneself, himself, herself, itself, etc.; *antecedidos por* to *en la forma para sí.*
siciliano, na. a./m./f. Sicilian.
sicología. f. psychology.// psichologic (a.).// psychologist (m./f.).
sicópata. m./f. psychopath.
sida. m. aids.
sideral. a. astral.
siderurgia. f. iron and steel industry.
sidra. f. cider.
siega. f. harvest.
siembra. f. **1.** sowing *(acción).* **2.** sowing season *(época).*
siempre. adv. **1.** always. **2.** *para s.:* forever. **3.** *s. que:* everytime *(cada vez); provided that (s. y cuando).*
sien. m. temple.
sierra. f. **1.** mountain range. **2.** saw *(herramienta).*
siervo. va. m./f. serf, servant.
siesta. a. f. nap.
siete. a./m. seven.
sifón. m. siphon.
sigilo. m. secrecy.// **sigiloso, sa.** a. secretive.
sigla. tr. acronym, initial.
siglo. m. **1.** century. **2.** age *(época).* **3.** *por los s. de los s.:* forever and ever.
signatario, ria. a./m./f. signatory.
significación. f. **1.** significance *(importancia).* **2.** meaning *(significado).*// **significado.** m. meaning.// significant (a./m.).// **significar.** tr. **1.** to signify *(representar).* **2.** to mean *(querer decir).*// **significativo, va.** a. significant.
signo. m. **1.** sign. **2.** symbol. **3.** mark, point *(de puntuación).*
siguiente. a. following, next.
sílaba. f. syllabe.// **silabear.** tr. to syllabe.// **silabeo.** m. syllabication.
silbar. i. **1.** to whistle. **2.** to whizz *(una bala).* **3.** to boo *(chiflar).*// **silbatina.** f. booing.// **silbato.** m. whistle.// **silbido.** whistle; *Med.* wheeze
silenciador. m. silencer; muffler *(auto),*
silenciar. tr. **1.** to silence *(hacer callar).* **2.** to hush up *(ocultar).*// **silencio.** m. **1.** silence. **2.** *guardar s.:* to keep silence.// **silencioso, sa.** a. silent, quiet.
sílfide. f. sylph.
silicio. m. silicon.// **silicona.** f. silicone.
silla. f. **1.** chair. **2.** saddle *(montura).*// **sillón.** m. armchair, easychair.
silo. m. silo.
silueta. f. silhoutte. outline.

silvestre. a. wild.
silvicultor. m. forester.// **silvicultura.** f. forestry.
sima. f. chasm.
simbiosis. f. symbiosis.// symbiotic (a.).
simbolizar. tr. to symbolize.// **símbolo.** m. symbol.// symbolic (a.).// symbolism (m.).
simetría. f. symmetry.// symmetric (a.).
simiente. f. seed.
símil. 1. a. similar. **2.** m. similarity, simile.// similar (a.).// **similitud.** f. similarity.
simio, mia. m./f. simian, ape.
simpatía. f. **1.** affection. **2.** affinity. **3.** empathy.// **simpático, ca.** a. **1.** friendly *(amistoso);* pleasent *(agradable).* **2.** m. sympathetic nervous system.
simpatizante. m./f. sympathizer, follower.// **simpatizar.** i. **1.** to get along *(llevarse bien).* **2.** to like *(gustar).* **3.** to sympathize with *(un partido, club).*
simple. a. **1.** simple. **2.** easy *(fácil).* **3.** plain *(sin adornos).* **4.** naive *(ingenuo).*// **simpleza.** f. simpleness.// **simplicidad.** f. simplicity.
simplificar. tr. to simplify.// simplification (f.).
simplón. na. m./f. simpleton.
simposio. m. symposium.
simulación. f. pretense.// **simulacro.** m. **1.** pretense. **2.** sham battle, war game *(ensayo).*
simulador, ra. 1. a. pretending. **2.** m./f. simulator, pretender.// **simular.** tr. to simulate; to pretend.
simultaneidad. f. simultaneity.// **simultáneo, a.** a. simultaneous.
sin. prep. **1.** without. **2.** un- *(prefijo).* **3.** -less *(sufijo).* **4.** *s. embargo:* howewer.
sinagoga. f. synagogue.
sincerar. tr./ref. to confide; to tell all.// **sinceridad.** f. sincerity.// sincere (a.).
síncopa. f. syncope.
síncope. m. **1.** syncope, fainting spell. **2.** *s. cardíaco:* heart attack.
sincronizar. tr. to synchronize.// synchrony (f.)// synchronization (f.).
sindical. a. trade-union.// **sindicalismo.** m. tradeunionism.// **sindicalista.** m./f. tradeunionist.// **sindicalizar.** tr. to unionize; ref. to join a labor union.
sindicar. tr. to accuse.
sindicato. m. labor union, trade-union.
síndico. m. syndic.
síndrome. m. syndrome.
sinecura. f. sinecure.
sinfonía. f. symphony.// symphonic (a.)
singular. a. singular; unique *(excepcional).*// **singularidad.** f. **1.** singularity. **2.** uniqueness.// **singularizar. 1.** tr. to singularize. **2.** ref. to distinguish oneself.
siniestro, tra. a. **1.** left, left-hand. **2.** evil, sinister *(malvado).* **3.** sinister, unlucky *(desafortunado).* **4.** m. disaster, accident.
sinnúmero. m. countless number.
sino. conj. **1.** but. **2.** except *(excepto, salvo).* **3.** but also *(en frases iniciadas con "no solo es").*// m. fate, destiny.
sinónimo. m. synonym.
sinopsis. f. synopsis.// synoptic (a.).
sinrazón. f. injustice.
sinsabor. m. **1.** trouble *(problemas).* **2.** sorrow, grief *(pena).*

sintaxis. f. syntax.// syntactic (a.).
síntesis. f. **1.** synthesis. **2.** summary *(resumen).*// synthetic (a.).// **sintetizar.** tr. to synthesize.
síntoma. m. symptom.// symptomatic (a.).
sintonía. f. tuning.// **sintonizador.** m. tuner.// **sintonizar.** tr. to tune in.
sinuoso, sa. a. sinuous.// sinuosity (f.).
sinvergüenza. a. shameless.
siquiatra. m./f. psychiatrist.// psychiatry (f.).
siquiera. adv. **1.** at least, even. **2.** *ni s.:* not even.
sirena. f. **1.** siren. **2.** mermaid *(mitología).*
sirviente. ta. m. servant; f. maid.
sisa. f. armhole.
sisal. m. hemp.
sísmico, ca. a. seismic.// **sismo.** m. earthquake.// seismograph (m.).
sistema. m. system.// systematic (a.).// **sistematizar.** tr. to systematize.
sitiar. tr. to lay siege.
sitio. m. **1.** site *(localidad).* **2.** place *(lugar, espacio).* **3.** siege *(acoso).*
situación. f. **1.** situation *(lugar, circunstancia).* **2.** condition.// **situar.** tr. to place, to situate.
so. prep. under.
sobaco. m. armpit.
sobar. tr. **1.** to knead *(amasar).* **2.** to flatter *(adular).*
soberanía. f. sovereignty.// sovereign (a./m./f.).
soberbio, bia. a. **1.** arrogant. **2.** fig. superb. **3.** f. arrogance.
sobornar. tr. to bribe.// **soborno.** m. bribery.
sobra. f. **1.** excess. **2.** pl. left-overs. **3.** *de s.:* amply; superfluous.// **sobrante.** a./m. surplus.// **sobrar.** **1. i.** to be too much *(ser demasiado);* to remain *(quedar);* to be superfluous *(ser superfluo).* **2.** tr. to surpass.
sobre. m. envelope.// adv. **1.** above, over *(por encima, superior).* **2.** on, upon, on top of *(encima, tras).* **3.** about *(acerca).* **4.** on, against *(contra).* **5.** in addition to *(además).* **6.** in, out *(dividido).*
sobreabundancia. f. superabundance.
sobrealimentar. tr. to overfeed.
sobrecarga. f. overload.// **sobrecargar.** tr. **1.** to overload. **2.** to overburden.
sobrecoger. **1.** to scare. **2.** ref. to be scared.
sobreentender. tr. to understand.// **sobreentendido.** m. understood.
sobreexitación. f. overexcitement.// **sobreexcitar.** tr. to overexcite.
sobregirar. tr. to overdraw.
sobrehueso. m. bony tumor.
sobrehumano, na. a. superhuman.
sobrellevar. tr. to bear.
sobremanera. adv. exceedingly.
sobremesa. f. after-dinner.
sobrenatural. a. supranatural.
sobrenombre. m. nickname.
sobrentender. *Ver* **sobreentender.**
sobrepasar. **1. i.** to surpass. **2.** ref. to go too far.
sobrepeso. m. overload.
sobreponer. **1.** tr. to superimpose *(superponer).* **2.** ref. to overcome.
sobreprecio. m. surcharge.
sobresaliente. **1.** a. outstanding. **2.** m. highest mark. // **sobresalir.** i. to stand out.

sobresaltar. tr. to startle.// **sobresalto.** m. sudden fright; start.
sobresueldo. m. over pay.
sobretodo. m. overcoat.
sobrevenir. i. to befall, to come upon.
sobreviviente. m./f. survivor.// **sobrevivir.** i. to survive.
sobrevolar. tr. to fly over.
sobriedad. f. sobriety; moderation.// **sobrio, bria.** a. **1.** moderate. **2.** sober *(sin beber).*
socarrón, na. a./m./f. sarcastic.
socavar. tr. to undermine.// **socavón.** m. cave-in.
sociable. a. sociable.
social. a. social.// socialism (m.).// socialist (a./m./f.).
socializar. tr. to socialize.// socialization (f.).
sociedad. f. **1.** society. **2.** company, corporation, partnership. **3.** *s. anónima:* stock company.
socio, cia. m./f. **1.** member *(asociado).* **2.** partner *(en los negocios).*
sociología. f. sociology.// sociologic (a.).// sociologist (a.).
socorrer. tr. to aid, to help.// **socorro.** m. help, aid; *¡s.!:* help!
soda. f. **1.** soda *(química).* **2.** carbonated water *(bebida).*// **sodio.** m. sodium.
soez. a. vulgar.
sofá. m. sofa.
sofisma. f. sophism.// sophist (a./m./f.).
sofocante. a. suffocating.// **sofocar.** tr. **1.** to suffocate. **2.** to put out *(fuego).* **3.** to supress *(una rebelión).*// **sofoco.** m. suffocation.
soga. f. rope.
soja. f. soya, soybean.
sojuzgar. tr. to subjugate.// subjugation (f.).
sol. m. **1.** sun; sunlight *(luz);* tomar s.: to sunbathe. **2.** Mus. sol, G.
solamente. adv. only.
solapa. f. **1.** lapel *(ropa).* **2.** flap.// **solapado, da.** a. fig. underhanded.
solar. **1.** a. solar. **2.** m. lot, land // **solariego, ga.** a **1.** ancestral. **2.** *casa s.:* homestead.// solarium (m.).
solaz. m. solace, rest.
soldado. m. soldier.
soldador. m. **1.** solderer *(operario).* **2.** blow torch *(soplete).*// **soldadura.** f. soldering; wedding *(autógena);* arc wedding *(de arco).*// **soldar.** i./tr./ref. **1.** to solder. **2.** to knit *(huesos).*
soleado, da. a. sunny.
soledad. f. **1.** solitude *(aislamiento).* **2.** loneliness *(sentirse solo).*
solemnidad. f. solemnity.// solemn (a.).
soler. tr. **1.** to be in the habit *(tener el hábito).* **2.** to be usual *(ser usual).* **3.** usually, often *(reemplazan la función del verbo).*
solfear. tr. to sing sol-fa.// **solfeo.** m. solfeggio.
solicitante. **1.** a. petitioning. **2.** m./f. petitioner; applicant.// **solicitar.** tr. **1.** to request *(pedir).* **2.** to apply for *(gestionar).*// solicitous (a.).// **solicitud.** f. **1.** solicitude *(cuidado).* **2.** request *(pedido).* **3.** applicaton *(gestión).*
solidario, ria. a. **1.** joint *(conjunto).* **2.** solidary. **3.** jointly responsible *(comercio).*// solidarity (f.). // **solidarizarse.** ref. to make common cause.

solidez

solidez. f. solidity.// **solidificar.** tr. to solidify.// solid (a./m./f.).
solitario, ra. a. 1. lone (solo). 2. solitary (desierto). 3. m. solitaire (juego).
sollozar. i. to sob.// **sollozo.** m. sob.
solo. 1. a. lonely (aislado); alone (sin compañía). 2. m. Mus. solo.
sólo. adv. 1. only. 2. just.
soltar. tr. 1. to loosen (aflojar). 2. to let go of (desasir). 3. to let run (abrir, dejar correr). 4. ref. to loosen up.
soltero, ra. 1. a. unmarried. 2. m./f. unmarried person, single person.// **solterón, na.** m. old man unmarried, f. old maid.
soltura. f. confidence; agility; fluency (fluidez).
soluble. a. soluble.
solución. f. 1. solution. 2. ending (desenlace).// **solucionar.** tr. to solve.
solvencia. f. solvency.// **solventar.** tr. to settle.// solvent (a./m.).
sombra. f. 1. shade (zona, penumbra). 2. shadow (imagen). 3. pl. darkness. 4. dar s.: to cast a shadow.// **sombrear.** tr. to shade.
sombrero. m. 1. hat. 2. Bot., Mech. cap.
sombrilla. f. parasol.
sombrío, a. a. somber (lugar); gloomy (person).
somero, ra. a. superficial; brief (breve).
someter. tr. 1. to subjugate (subyugar). 2. to subordinate (subordinar). 3. to subject (a tratamiento). 4. ref. to surrender; to subject oneself.// **sometimiento.** m. subjugation.
somnolencia. f. somnolence.// **somnoliento, ta.** a. sleepy.
son. m. sound, tune.
sonado, da. a. 1. talking-about (conocido). 2. fig. crazy.
sonajero. m. baby's rattle.
sonambulismo. m. sleepwalking.// **sonámbulo, la.** m./f. sleepwalker.
sonar. i. 1. to sound (producir sonido). 2. ring (timbre, teléfono). 3. to ring a bell (recordar). 4. to be pronounced (pronunciarse). 5. s. como: to sound like. 6. tr./ref. to blow (la nariz).
sonata. f. sonata.
sonda. f. sounding line; Med. probe.// **sondear.** tr. 1. to sound. 2. Med. to probe. 3. to sound out (averiguar).// **sondeo.** m. sounding; Med. probing; poll (encuesta).
soneto. m. sonnet.
sónico, ca. a. sonic.// **sonido.** m. sound; noise (ruido).// **sonoro, ra.** a. sound,; sonorous.
sonreír. i. to smile.// **sonriente.** a. smiling.// **sonrisa.** m. smile.// **sonrojarse.** ref. to blush.// **sonrojo.** m. blush.
sonrosado, da. a. rosy pink.
sonsacar. tr. to wheedle.
soñador, ra. 1. a. dreaming. 2. m./f. dreamer.//
soñar. i./tr. to dream.
sopa. f. soup.
sopapo. m. slap, blow.
sopetón (de). adv. unexpectedly.
soplete. m. blowtorch.
soplón, na. m./f. stool pigeon.
sopor. m. sopor; fig. sleepiness.// soporific (a.).

soportar. tr. 1. to support (sostener). 2. to bear (sufrir).// **soporte.** m. support.
soprano. f. soprano.
sor. f. sister.
sorber. tr. 1. to sip. 2. to absorb (absorver).// **sorbo.** m. sip, swallow.
sordera. f. deafness.
sórdido, da. a. sordid.
sordina. f. mute.
sordo, da. a. 1. deaf. 2. muffled (apagado). 3. m./f. deaf.// **sordomudo, da.** m./f. deaf-mute.
sorgo. m. sorghum.
sorna. f. sarcasm.
sorprender. tr. to surprise.// **sorpresa.** f. surprise.// **sorpresivo, va.** a. unexpected.
sortear. tr. 1. to raffle. 2. to avoid (un obstáculo).// **sorteo.** m. drawing (acción); raffle (rifa).
sortija. f. ring; ringlet (para el pelo).
sosegado, da. a. quiet, peaceful.// **sosegar.** tr./ref. to calm down.// **sosiego.** m. tranquility, peace.
soslayar. tr. to sidestep, to avoid.// **soslayo (de).** adv. obliquely; in passing (de pasada).
soso, sa. a. 1. tasteless (sin sabor). 2. dull (tonto).
sospecha. m. suspicion.// **sospechar.** 1. tr. to suspect. 2. i. to be suspicious.// **sospechoso, sa.** a./m./f. suspicious.
sostén. m. 1. support. 2. brassiere (prenda).// **sostener.** tr. 1. to support (sustentar, apoyar). 2. to keep out (mantener). 3. to hold up (sujetar). 4. ref. to support oneself.// **sostenimiento.** m. support (respaldo); sustenance (sustento).// **sostenido.** a./m. Mus. sharp.
sotana. f. cassock.
sótano. m. basement, cellar.
sóviet. m. soviet.// **soviético, ca.** a./m./f. Soviet.
soya. f. soya, soybean.
su, sus. pron. his, her, its, their.
suave. a. 1. soft. 2. smooth (liso). 3. sweet (dulce). 4. gentle (tranquilo).// **suavidad.** f. 1. softness. 2. smoothness. 3. sweetness. 4. gentleness.// **suavizar.** 1. tr./ref, to soften. 2. tr. to temper (moderar); ref. to be tempered (moderarse).
suba. f. raise.
subalterno, na. a./m. subordinate.
subasta. f. auction.// **subastar.** tr. to auction.
subcomisión. f. o **subcomité.** m. subcommittee.
subconciente. m. subconscious mind.
subdesarrollo. m. underdevelopment.
subdirector, ra. m./f. assistant manager.
súbdito, ta. m./f. subject; citizen (ciudadano).
subida. f. rise (acción); slope (declive).
subir. i./tr. 1. to go up. 2. to raise.
subito, ta. a. sudden.
subjetivo, va. a. subjective.// subjectivity (f.).
subjuntivo. a./m. subjunctive.
sublevación. f. uprising, rebellion.// **sublevar.** tr. to incite to rebellion; ref. to revolt.
sublimar. tr. to sublimate.// sublimation (f.).// sublime (a.).
submarino, na. a./m. submarine.
suboficial. m./f. sergeant major.
subordinar. tr. to subordinate.// subordinate (a./m./f.).// subordination (f.).

subproducto. m. by-product.
subrayar. tr. 1. to underline. 2. to emphasize.
subsanar. tr. to remedy, to correct.
subsecretario, ria. m./f. undersecretary.
subsecuente. a. subsequent.
subsidiar. tr. to subsidize.// subsidiary (a./m.).// **subsidio.** m. subsidy; help.
subsiguiente. a. subsequent.
subsistencia. f. subsistence *(vida)*; sustenance *(sustento)*.// **subsistir.** i. to subsist; to remain.
subsuelo. m. subsoil.
subteniente. m. second lieutenant.
subterfugio. m. subterfuge.
subterráneo, a. 1. a. undeground. 2. m. subway.
suburbano, na. a. suburban.// **suburbio.** m. suburb, pl. outskirts.
subvención. f. subsidy. // **subvencionar.** tr. to subsidize.
subvertir. tr. to subvert.// subvertion (f.).
subyugar. tr. to subjugate.
succión. f. suction.// **succionar.** tr. to suck.
sucedáneo, a. a. substitute.
suceder. i. 1. to succeed *(continuar)*. 2. to happen *(ocurrir)*. 3. *¿qué sucede?*: what's the matter?
sucesión. f. 1. succession *(serie, herencia)*. 2. issue *(descendencia)*.// **sucesivo , va.** a. following; *en lo s.:* from now on.// **suceso.** m. 1. event. 2. success *(éxito)*.// **sucesor, ra.** m./f. successor.
suciedad. f. 1. dirtiness, filth. 2. fig. obscenity.// **sucio, cia.** a. 1. dirty. 2. dishonest. 3. foul *(juego)*.
suculento, ta. a. succulent.
sucumbir. tr. to succumb.
sucursal. f. branch, branch office.
sudafricano, na. a./m./f. South African.
sudamericano, na. a./m./f. South American.
sudar. i./tr. to sweat.
sudeste. m. southeast.
sudoeste. m. southwest.
sudor. m. sweat.// **sudoroso, sa.** a. sweaty.
sueco, ca. 1. a./m. Swedish. 5. m./f. Swede.
suegro, gra. m. father in law, f. mother in law.
suela. f. sole of shoe.
sueldo. m. salary, wage.
suelo. a. 1. soil, land. 2. ground, floor *(piso)*.
suelto, ta. a. 1. loose. 2. free *(libre)*.
sueño. m. 1. dream. 2. sleep *(dormir)*.
suero. m. 1. serum. 2. whey *(lácteo)*.
suerte. f. 1. luck. 2. fate *(destino)*. 3. kind, type *(tipo)*. 4. *tener s.:* to be lucky.
suéter. m. sweater.
suficiente. a. 1. sufficient, enough. 2. pedantic.
sufijo. m. suffix.
sufragar. tr. 1. to pay *(pagar)*. 2. to vote *(votar)*.// **sufragio.** m. vote.
sufrido, da. a. long-suffering.// **sufrimiento.** m. suffering.// **sufrir.** tr. 1. to suffer. 2. to bear *(tolerar)*.
sugerencia. f. suggestion.// **sugerir.** tr. to suggest.// suggestive (a.).
sugestión. f. suggestion.// **sugestionar.** tr. to influence by suggestion.
suicida. 1. a. suicidal. 2. m./f. suicide.// **suicidarse.** ref. to commit suicide.// **suicidio.** m. suicide.
suizo, za. a./m./f. Swiss.
sujeción. f. subjection.

sujetar. tr. 1. to fasten *(fijar)*. 2. to hold *(sostener)*. 3. to subject *(dominar)*.// ref. to subject oneself.
sujeto. m. subject.
sulfamida. f. sulfamide.
sulfato. m. sulfate.
sulfuro. m. sulfide.// sulfuric (a.).
sultán. m. sultan.// sultanate (m.).
suma. f. 1. sum, ammount. 2. *Math.* addition. 3. *en s.:* in shortly.// **sumar.** 1. tr. to add. 2. ref. to join.
sumario, ria. a./m. summary.
sumergir. tr. to submerge.// submergible (a./m.).
sumidero. m. drain, sewer.
suministrar. tr. to supply.// **suministro.** m. supply.
sumir. 1. tr. to sink. 2. ref. to be deep in.
sumisión. f. submission.// **sumiso, sa.** a. submissive.
sumo, ma. a. 1. supreme, high. 2. *a lo s.:* at the most. 3. *S. Pontífice:* the Pope.
suntuario, ria. a. luxury.// **suntuoso, sa.** a. sumptuous.
supeditar. tr. to subordinate.
superabundancia. f. superabundance.// superabundant (a.).
superar. tr. 1. to surpass. 2. to overcome *(dificultades)*. 3. to beat *(derrotar)*. 4. ref. to improve.
superávit. m. surplus.
superestructura. f. superestructure.
superficial. a. 1. superficial. 2. fig. shallow.// **superficie.** f. surface; *Math.* area.
superfluo, flua. a. superfluous.
superhombre. m. superman.
superior. a. 1. top, upper *(arriba)*. 2. superior, better *(mejor)*. 3. greater *(mayor)*. 4. m./f. superior.// superiority (f.).
superlativo, va. a. superlative.
supermercado. m. supermarket.
superpoblación. f. overpopulation.
superponer. tr. overimposed.
supersónico, ca. a. supersonic.
superstición. f. superstition.// superstitious (a.).
supervisar. tr. to supervise.// supervisor (m./f.).
supervivencia. f. survival.
suplantar. tr. to supplant.
suplemento. m. supplement.// supplementary (a.).
suplente. 1. a. substituting. 2. m./f. substitute.
súplica. f. supplication.// **suplicar.** tr. to implore.
suplicio. m. torment.
suplir. tr. 1. to supply *(abastecer)*. 2. to substitute for *(suplantar)*.
suponer. tr. 1. to suppose. 2. to imply *(implicar)*.
suposición. f. supposition.
supremacía. f. supremacy.// supreme (a.).
supresión. f. suppression.
suprimir. tr. to suppress.
supuesto, ta. 1. a. supposed. 2. m. supposition. 3. *por s.:* of course.
supurar. i. to suppurate.// suppuration (f.).
sur. m. south.
surcar. tr. 1. to plow *(arar)*. 2. to cross *(navegar)*.// **surco.** m. 1. furrow. 2. wrinkle *(arruga)*.
sureño, ña. a./m./f. southern.
surgir. 1. i. to spring up, to emerge. 2. fig. to get on (*comenzar a triunfar)*.
surtido, da. 1. a. assorted. 2. m. assortment; stock.

surtidor

surtidor. m. 1. supplier (*proveedor*). 2. gasoline pump (*de combustible*).// **surtir.** tr. 1. to supply. 2. s. *efecto*: to work.
susceptible. a. 1. susceptible. 2. sensitive.
suscitar. tr. to cause.
suscribir. tr./ref. 1. to suscribe (*ideas, suscripción*). 2. to sign (*firmar*).// suscriptión (f.).// suscriber (m./f.).
susodicho, cha. a. aforementioned.
suspender. tr. 1. to suspend. 2. to interrupt. 3. to remove temporally (*en un trabajo*). 3. to hang (*colgar*).// suspension (f.).// **suspensivo, va.** a. 1. suspensive. 2. *puntos s.:* ellipsis.// **suspenso.** m. 1. suspense. 2. *en s.;* pending.
suspicacia. f. suspicion.// **suspicaz.** a. suspicious.
suspirar. i. 1. to sigh. 2. s. *por:* to long for.// **suspiro.** m. sigh; breath.
sustancia. f. substance.// substantial (a.).
sustantivo, va. 1. a. substantive. 2. m. noun.
sustentar. tr. to support.// **sustento.** m. 1. support (*base*). 2. sustenance (*mantenimiento*).
sustituir. tr. to replace.// substitution (f.).// substitute (a./m./f.).
susto. m. frighten.
sustracción. f. 1. theft (*robo*). 2. substraction (*resta*).// **sustraer.** tr. 1. to steal (*robar*). 2. to substract (*restar*).
susurrar. tr. to whisper.// **susurro.** m. whisper.
sutil. a. 1. subtle. 2. tenue.// **sutileza.** f. subtlety.
sutura. f. suture.// **suturar.** tr. to suture.
suyo, ya, suyos, yas. 1. adj. his, her, its, your, their (*cuando puede reemplazarse por "su"*). 2. pron. his, hers, its, yours, theirs. 3. *de s.:* of itself. 4. pl. *los s.:* one's family. 5. *salirse con la s.:* to get one's way.

t. f. twenty-first letter of Spanish alphabet.
taba. f. anklebone.
tabaco. m. tobacco.
tábano. m. gadfly.
taberna. f. tavern.// **tabernero, ra.** m./f. tavern keeper.
tabique. m. 1. partition wall. 2. *t. nasal:* nasal bone.
tabla. f. 1. board. 2. table, chart (*lista*). 3. pl. tie (*empate*); stage (*escenario*).// **tablado.** m. 1. wooden platform (*plataforma*). 2. stage (*escenario*).// **tablero.** m. 1. board. 2. chessboard (*ajedrez*). 3. Elect, switchboard. 4. panel.
tableta. f. tablet.
tablón. m. plank.
tabú. m. taboo.
tabular. tr. to tabulate.// tabulator (m.).
taburete. m. stool.
tacañería. f. stinginess.// **tacaño, ña.** a. stingy.
tacha. f. defect, flaw.
tachadura. f. erasure; crossing out.// **tachar.** tr. to cross out.
tacho. m. metal bowl; *t. de basura:* garbage can.
tachuela. f. tack.
tácito, ta. a. tacit.
taciturno, na. a. taciturn.
taco. m. 1. heel (*zapato*). 2. wedge (*cuña*). 3. billiard cue (*de billar*).// **tacón.** m. heel.// **taconear.** i. to tap the heels.
táctico, ca. 1. a. tactical. 2. f. tactic.
tacto. m. touch (*sentido*); touching (*acción*); tact (*delicadeza*).// tactile (a.).
tacuara. f. kind of bamboo.
tafetán. m. taffeta.
tahúr. m. gambler.
taiga. f. taiga.
taimado, da. a. crafty.
tajada. a. cutting.
tajo. m. cut, slash.
tal. adj. 1. such. 2. certain (*cierto*). 3. pron. such a thing (*tal cosa*). 4. adv. such as, just like that (*tal cual*). 5. *con t. que:* provided that. 6. *¿qué t.?:* how are you?. 7. *tal para cual:* two of a kind.
tala. f. felling.// **talar.** tr. to fell.
taladrar. tr. to drill.// **taladro.** m. drill.
tálamo. m. 1. nuptial bed. 2. *Anat.* thalamus.
talante. m. disposition, mood.
talco. m. talc, talcum.
talento. m. talent.// **talentoso, sa.** a. talented.
talismán. m. talisman.
talla. f. 1. carving (*escultura*). 2. heigh (*estatura*). 3. size (*talle*).// **tallador.** m. engraver.// **tallar.** tr. to carve (*madera*); to engrave (*piedra*); to cut (*joyas*).
tallarín. m. noodle.
talle. m. 1. waist (*cintura*). 2. size (*ropa*).
taller. m. 1. factory (*fábrica*). 2. workshop, machine shop.
tallo. m. stem, stalk

talón. m. **1.** heel *(pie, media).* **2.** receipt *(comprobante).* **3.** stub *(de cheque).//* **talonario.** m. receipt book, stub book.
talud. m. embankment.
tamaño, ña. **1.** a. so large. **2.** m. size.
tambaleante. a. staggering.// **tambalear.** i. to stagger.
también. adv. also, too.
tambo. m. dairy farm.
tambor. m. drum.// **tamborilear.** i. to beat *(el tambor);* to tap *(con los dedos).*
tamiz. m. sieve.// **tamizar.** tr. to sift.
tampoco. adv. neither, not either, nor.
tan. adv. **1.** so. **2.** as *(en comparaciones).*
tanda. f. **1.** turn. **2.** series.
tangente. a./f. tangent; *irse por la t.:* to evade the issue.// tangential (a.).
tangible. a. tangible.
tango. m. tango.
tanque. m. tank.
tanteador. m. score, score board.// **tantear.** tr. **1.** to test *(probar).* **2.** to keep the score *(llevar el tanteador).*// **tanto, ta.** **1.** a./adv. so much, pl. so many; so large *(tamaño),* so far *(distancia),* so long *(distancia).* **2.** m. little, bit; *Sp.* goal, point. **3.** *estar al t.:* to be informed. **4.** *entre t.. mientras t.:* meanwhile. **5.** *por lo t.:* consequently.
tapa. f. **1.** lid *(olla).* **2.** cover *(libro).* **3.** bottle cap.// **tapar.** tr. **1.** to cover. **2.** to plug up *(cerrar).* **3.** fig. to conceal
tapete. m. rug, carpet; *sobre el t.:* under discussion.
tapia. f. wall, mud wall.// **tapiar.** tr. to wall in.
tapicería. f. tapestry *(tapices);* upholstery *(muebles).*
tapir. m. tapir.
tapiz. m. tapestry.// **tapizado.** m. upholstery.// **tapizar.** tr. to upholster.
tapón. m. **1.** plug. **2.** fig. traffic jam.
tapujo. m. concealment, secrecy.
taquigrafía. f. stenography.// **taquígrafo, fa.** m./f. stenographer.
taquilla. f. box office; receipts *(recaudación).//* **taquillero, ra.** a. box-office hit.
tara. f. **1.** defect. **2.** tare *(peso).//* **tarado, da.** a./m./f. idiot.
tarántula. f. tarantula.
tararear. i. to hum.
tardanza. f. delay.// **tardar.** tr. **1.** to delay. **2.** to take *(durar).* **3.** to take a long time *(demorarse).* **4.** *a más t.:* at the latest.// **tarde.** **1.** f. afternoon*(luego del mediodía);* evening *(al atardecer).* **2.** a. pm *(de la tarde, en la hora).* **2.** adv. late, too late.// **tardío, día.** a. late; slow *(lento).*
tarea. f. **1.** task. **2.** homework *(escolar).*
tarifa. f. tariff; price list *(lista).*
tarima. f. platform, stand.
tarjeta. f. card.// **tarjetero.** m. card file.
tarro. m. **1.** can. **2.** *tener t.:* to be lucky.
tarso. m. tarsus.
tarta. f. tart, pie.
tartamudear. i. to stammer.// **tartamudo, da.** m./f. stammering.
tarugo. m. peg.
tasa. f. rate; price.// **tasación.** f. appraisal.

tasajo. f. sherked beef.
tasar. tr. to appraise.
tata. m. dad.
tatarabuelo, la. m. great-great-grandfather, f. great-great-grandmother.// **tataranieto, ta.** m. great-great-grandson, great-great-granddaughter.
tatuaje. m. tatoo.// **tatuar.** tr. to tatoo.
taxi. m. taxi, taxi cab.// **taxista.** m./f. taxi driver.
taza. f. cup; cupful *(contenido).//* **tazón.** m. large cup.
te. pron. you, to you, for you, from you.
té. m. tea.
teatral. a. theatrical.// **teatro.** m. theater.
techado. m. roofing.// **techar.** tr. to roof.// **techo.** m. roof.
tecla. f. key.// **teclado.** m. keyboard.// **teclear.** tr. to finger; to type *(tipear).*
técnico, ca. **1.** a. technical **2.** m./f. technician. **3.** f. technique.// **tecnología.** f. technology.// **tecnológico, ca.** a. technological.
tedio. m. boredom.// tedious (a.).
teja. f. roof tile.// **tejado.** m. tiled roof.
tejedor, ra. **1.** m./f. weaver. **2.** f. weaver machine.// **tejeduría.** f. textile factory.// **tejer.** tr. to weave; to knit *(de punto).//* **tejido.** m. **1.** weave; knit *(de punto).* **2.** *Biol.* tissue.
tejo. m. **1.** chip *(juego).* **2.** metal disk.
tela. f. **1.** fabric, cloth. **2.** canvas *(lienzo).* **3.** *en t. de juicio:* in doubt.// **telar.** f. loom
telaraña. f. spider web.
telecomunicación. f. telecommunication.
teledifusión. f. telecast.
teledirigido, da. a. remote-controlled.
telefonear. tr. to phone.// telephony (f.).// **telefónico, ca.** a. telephone; *llamada t.:* call phone.// **telefonista.** m./f. telephone operator.// **teléfono.** m. telephone, phone.
telegrafiar. tr. to telegraph, to cable.// telegraphy (f.).// **telégrafo** (m.).// telegraphic (a.).// **telegrafista.** m./f. telegraph operator.// **telegrama.** m. telegram.
teleobjetivo. m. telephoto lens.
telepatía. f. telepathy.// telepathic (a.).
telescopio. f. telescope.// telescopic (a.).
teletipo. m. teletype.
televidente. m./f. television viewer.// **televisar.** tr. to televise.// television (f.).// **televisor.** m. television set.
telón. m. **1.** curtain. **2.** *t. de fondo:* backdrop.
telúrico, ca. a. telluric.
tema. m. **1.** subject. **2.** *Mus.* theme.// **temario.** m. agenda, list of topics.// thematic (a.).
temblar. f. **1.** to tremble. **2.** to quake *(la tierra).//* **temblor.** m. **1.** tremor, tremble. **2.** earthquake *(sismo).//* **tembloroso, sa.** a. tremulous, shaking.
temer. i./tr. **1.** to fear. **2.** *t. a:* to be afraid of.// **temerario, ria.** a. reckless.// temerity (f.).
temeroso, sa. a. fearful.// **temible.** a. frightening.// **temor.** m. fear *(miedo).*
témpano. m. iceberg.
temperamento. m. temperament.
temperatura. f. temperature.
tempestad. f. storm, tempest.// **tempestuoso, sa.** a. stormy.

templado, da

templado, da. a. **1.** luckwarm (*líquido, comida*). **2.** temperate, mild (*clima, zona*).// **templanza.** f. temperance.
templar. tr. to temper.// **temple.** m. **1.** temperament; valor, courage. **2.** temper (*materiales*)
templo. m. temple.
temporada. f. season.
temporal. 1. a. temporal (*del mundo*): temporary (*temporario*). **2.** m. storm; temporal bone (*hueso*).
temprano, na. a./adv. early.
tenacidad. f. tenacity, persistence.// **tenaz.** a. tenacious, persevering.
tenazas. f. pl. **1.** plers. **2.** *Zool.* pincers.
tendencia. f. **1.** tendency. **2.** trend (*moda*).
tender. tr. **1.** to spread out (*extender*). **2.** to stretch out (*estirar*). **3.** to hang (*colgar*). **4.** to lay (*cable, trampa*). **5.** to make (*cama*). **6.** to build (*puente*). **7.** i. to tend. **8.** ref. to lie down.
tendero, ra. m./f. shopkeeper.
tendiente. a. tending.
tendón. m. tendon.
tenebroso, sa. a. dark, obscure.
tenedor, ra. 1. m./f. holder, owner. **2.** m. fork. **3.** *t. de libros:* bookkeeper.// **tenencia.** f. possession.
tener. tr. **1.** to have. **2.** to possess (*poseer*). **3.** to take hold (*sostener*). **4.** to contain (*contener*). **5.** to be (*sensaciones, edad, suerte, apuro*). **6.** to take (*tomar*). **7.** *t. éxito:* to succeed. **8.** *t. ganas de:* to feel like, to desire. **9.** *t. lugar:* to take place. **8.** *t. entendido que:* to understand that. **10.** *t. presente:* to keep in mind. **11.** *t. pensado:* to intend to. **12.** *t. razón:* to be right. **13.** ref. to steady.
tenia. f. tapeworm.
teniente. m. lieutenant.
tenis. m. tennis.// **tenista.** m./f. tennis player.
tenor. m. tenor.
tensar. tr. to stretch.// **tensión.** f. **1.** tension. **2.** stress (*emocional*). **3.** *t. arterial:* blood pressure.// **tenso, sa.** a. **1.** tense (*tirante*). **2.** strained (*situación*). **3.** stressed.
tentación. f. temptation.
tentáculo. m. tentacle.
tentador, ra. a. tempting.// **tentar.** tr. **1.** to tempt. **2.** to try (*intentar*).
tentativo, va. 1. a. tentative. **2.** f. attempt.
tenue. a. thin (*delgado*); soft (*suave*).
teñir. tr. to dye.
teocracia. f. theocracy.
teología. f. theology.// theologist (a.).
teorema. f. theorem.
teoría. f. theory.// **teórico, ca. 1.** a. theoretical. **2.** m./f. theorician.
tercero, ra. 1. a./m./f. third. **2.** m. third party. **3.** f. third gear. **4.** *t. parte:* one third (*un tercio*).
terciar. i. **1.** to mediate (*mediar*). **2.** to take part (*intervenir*).
tercio. a./m. one third.
terciopelo. m. velvet.
terco, ca. a. stubborn.
tergiversación. f. distortion.
tergiversar. tr. to distort.
termal. a. **1.** thermal. **2.** *aguas t.:* hot springs.// **termas.** f. pl. hot baths.// thermic (a.).
terminación. f. **1.** ending. **2.** finish (*acabado*).

terminal. a./m./f. terminal.// **terminante.** a. definite, final.// **terminar.** i./tr. **1.** to finish, to end. **2.** *t. de:* to have just. **3.** *t. en:* to end up in. **4.** *t. por:* to end up. **5.** ref. to be over (*tiempo*).
término. m. **1.** end (*final*). **2.** term (*palabra, expresión*). **3.** limit. **4.** period, time. **5.** *llevar a buen t.:* to carry out. **6.** *t. medio:* average.// terminology (f.)
termita. f. termite.
termo. m. thermos bottle.
termoeléctrico, ca. a. thermoelectric.
termómetro. m. thermometer.
termonuclear. a. thermonuclear.
termostato. m. thermostat.
terna. f. list of three candidates.
ternero, ra. m. calf, f. veal.
terno. m. **1.** set of three. **2.** suit (*traje*).
ternura. f. tenderness.
tero. m. teru teru.
terquedad. f. stubborness.
terraplén. m. embankment.
terráqueo, a. a. terrestrial.
terraza. f. terrace.
terremoto. m. earthquake.
terrenal. a. wordly.
terreno, na. 1. a. wordly. **2.** m. land (*tierra*); ground (*suelo*); *Geol.* terrain; *Sp.* field. **3.** preparar *el t.:* to pave the way.
terrestre. a. earthly.
terrible. a. terrible.
territorio. m. territory.// territorial (a.).
terrón. m. clod (*tierra*), lamp (*azucar*).
terror. m. terror. // **terrorífico, ca.** a. terrifying.
terruño. m. native land.
terso, sa. a. clear, smooth.// **tersura.** f. smoothness.
tesis. f. thesis.// tessitura (f.).
tesón. m. tenacity, perseverance.
tesorería. f. treasury// **tesorero, ra.** m./f. treasurer.// **tesoro.** m. treasure; treasury (*estatal*).
testa. f. **1.** head. **2.** fig. brains.
testamento. m. will; testament.// testamentary (a.).
testarudo, da. a. obstinate, stubborn.
testículo. m. testicle.
testigo. m. witness.
testimonio. m. **1.** testimony. **2.** *falso t.:* perjury.
teta. f. **1.** teat, breast. **2.** *dar la t.:* to nurse.
tétano. m. tetanus.
tetera. f. teapot.
tétrico, ca. a. gloomy, somber.
téxtil. a./m. textile.
texto. m. text (*escrito*); textbook (*libro*).// textual (a.).
textura. f. texture.
tez. f. complexion.
ti. pron. you; yourself (*ti mismo*).
tía. f. aunt.
tibieza. f. lukewarmness.// **tibio, bia. 1.** a. lukewarm. **2.** f. tibia.
tiburón. m. shark.
tiempo. m. **1.** time. **2.** times (*época*). **3.** season (*temporada*). **4.** weather (*clima*). **5.** *a t.:* on time. **6.** *al mismo t:* just as. **7.** *andado el t.:* in the course of time. **8.** *con t.:* in advance. **9.** *darse t.:* to bide one's time. **10.** *ganar t.:* to save time. **11.** *los buenos t.:* the good old days. **12.** *perder el t.:* to waste time. **13.** *t. atrás:* some time ago.

tienda. f. 1. store. 2. tent *(carpa)*.
tientas (a). adv. *andar a t.:* to feel one's way.
tiento. m. leather strip.
tierno, na. a. 1. soft *(suave)*. 2. tender *(blando)*. 3. loving *(afectuoso)*. 4. very young *(muy joven)*.
tierra. m. 1. earth, Earth *(planeta)*. 2. land *(campo, superficie)*. 3. country *(patria)*. 4. ground *(suelo, masa)*. 5. dust, dirt *(polvo, suciedad)*. 6. *t. adentro:* inland. 7. *t. firme:* mainland. 8. *caer a t.:* to fall down. 9. *echar t.:* to bury. 10. *t. de nadie:* no man's land. 11. *tocar t.:* to land.
tieso, sa. a. 1. rigid. 2. tense.
tifoidea. f. typhoid fever.
tifón. m. typhoon.
tifus. m. typhus.
tigre. m. tiger.// **tigresa.** f. tigress.
tijera(s). f. (f. pl.). scissors.// **tijeretear.** tr. to cut, to clip.
tildar. tr. 1. to put a tilde on *(poner tildes)*. 2. to call *(llamar)*.// **tilde.** m./f. accent mark.
tilo. m. linder.
timba. f. gambling.
timbal. m. kettledrum.
timbre. m. 1. stamp *(sello)*. 2. doorbell *(llamador)*. 3. timbre, tone *(tono)*.
timidez. f. timidity.// timid (a.).
timón. m. rudder.// **timonear.** i./tr. to steer.// **timonel.** m. helman.
timorato, ta. a. shy.
tímpano. m. eardrum.
tina. f. bath tub.
tinglado. m. 1. shed *(cobertizo)*. 2. platform.
tiniebla. f. darkness.
tino. m. good aim *(puntería)*; fig. good judgement.
tinta. f. 1. ink. 2. tint, dye *(tintura)*. 3. *cargar las t.:* to exaggerate. 4. *t. china:* Indian ink.// **tinte.** m. tint, color.// **tintero.** m. inkwell.
tinto, ta. a. 1. dyed. 2. *vino t.:* red wine.
tintorería. f. dry cleaning shop.// **tintoreo, ra.** m./f. dry-cleaner.
tintura. f. dye, tincture.
tío. m. 1. uncle. 2. pl. uncle and aunt *(los tíos)*.
típico, ca. a. tipical.
tipo. m. 1. type. 2. fig. guy, fellow. 3. *t. de cambio:* rate of exchange.
tipografía. f. typography.// **tipógrafo, fa.** m./f. typesetter.
tira. f. strip.
tirabuzón. m. corkscrew.
tirada. f. 1. throw *(lanzamiento)*. 2. edition *(impresos)*.// **tirador, ra.** m./f. 1. thrower *(lanzador)*. 2. shooter *(de pistola)*. 3. m. pl. suspenders.
tiralíneas. m. ruling pen.
tiranía. f. tyranny.// **tirano.** m. tyrant.
tirante. 1. a. tense. 2. m. pl. suspenders.
tirantez. f. 1. tightness. 2. fig. strain.
tirar. tr. 1. to throw *(arrojar)*. 2. to throw away *(desechar)*. 3. to knock down *(derribar)*. 4. to stretch *(estirar)*. 5. to fire *(disparar)*. 6. to draw *(trazar)*. 7. to wast *(malgastar)*. 8. to print *(imprimir)*. 9. to give *(golpes)*. 10. i. to attract *(atraer)*; to pull *(traer hacia sí)*; to draw *(un conducto)*; to last *(durar)*. 11. ref. to throw oneself *(arrojasrse)*; to lie down *(tenderse)*. 12. *ir tirando:* to manage.

tiritar. i. to shiver.
tiro. m. 1. throw *(lanzamiento)*. 2. shot *(disparo)*. 3. draft *(de un conducto)*. 4. range *(alcance)*. 5. caballo de t.: draft horse. 6. *t. al blanco:* target practice. 7. *t. por la culata:* backfire.
tiroides. a./f. thyroid.
tirón. m. 1. pull *(acción)*. 2. distance. 3. twist *(muscular)*. 4. *de un t.:* with one stroke.
tirotear. tr. to fire at.// **tiroteo.** m. shooting.
titán. m. titan.// titanic (a.).
titanio. m. titanium.
títere. m. 1. puppet. 2. pl. puppet show.// **titiritero, ra.** m./f. puppeter.
titubear. i. to hesitate.// **titubeo.** m. hesitation.
titular. 1. a. regular. 2. m./f. regular. 3. m. headline *(de un diario)*.
titular. 1. tr. to entitle. 2. ref. to be entitled.
título. m. 1. title. 2. heading *(encabezado)*. 3. degree *(diploma)*. 4. section. 5. bond *(bono)*. 6. certificate *(de propiedad)*.
tiza. f. chalk.
tizne. m. soot.
toalla. f. towel.
tobillo. m. ankle.
tobogán. m. slide.
tocadiscos. m. record player.
tocado, da. 1. a. fig. crazy. 2. m. hairdo; headdress.
tocador. m. dressing table *(mueble)*; dressing room *(cuarto)*; *artículos de t.:* toiletries.
tocante. 1. a. touching. 2. *t. a:* concerning.
tocar. tr. 1. to touch. 2. to feel *(palpar)*. 3. to play *(instrumentos)*. 4. to knock *(la puerta)*. 5. i. to be up *(corresponder)*; to be one's turn *(ser el turno)*; to get *(obtener)*; to be time *(ser el momento de)*.
tocayo. m. namesake.
tocino. m. salt pork.
todavía. adv. 1. still. 2. even *(aún)*. 3. *t. no:* not yet.
todo, da. a. 1. all. 2. every *(cada)*. 3. whole *(completo)*.// adv. completely, entirely.// m. whole.// pron. 1. everything. 2. pl. everybody.
todopoderoso, sa. a. almighty.
toga. f. toga.
toldería. f. *Arg*, Indian camp.// **toldo.** f. 1. awning. 2. *Arg.* Indian tent.
tolerar. tr. 1. to tolerate. 2. to allow *(permitir)*.// tolerable (a.).// tolerance (f.).// tolerant (a.).
toma. f. 1. taking *(acción)*. 2. take *(cine)*. 3. intake *(entrada)*. 4. grip, hold *(lucha, yudo)*. 5. *t. de conciencia:* awareness. 6. *t. de posesión:* assumption of office *(un cargo)*. 7. *t. y daca:* give and take.
tomar. tr. 1. to take. 2. to capture. 3. to drink *(beber)*. 4. to pick *(escoger)*. 5. to adopt *(adoptar)*. 6. *t. parte:* to participate. 7. *t. prestado:* to borrow.
tomate. m. tomato.
tomo. m. tome, volume.
tonada. f. 1. tune. 2. regional accent.
tonalidad. f. tonality.
tonel. m. barrel.
tonelada. f. ton.
tónico, ca. a./m./f. tonic.
tono. m. 1. tone. 2. *Mus.* key *(clave)*. 3. *bajar el t.:* to tone down. 3. *subir el t.:* to become heated.
tontería. f. foolishness, nonsense.// **tonto, ta.** 1. foolish. 2. m./f. fool *(necio)*; clown *(payaso)*.

topacio

topacio. m. topaz.
topar. i. **1.** to bump into *(chocar).* **2.** to find, to meet *(encontrar/se).*
tope. m. **1.** butt end *(extremo).* **2.** catch *(sostén).* **3.** top *(máximo).* **4.** *hasta el t.:* fed up *(harto),* full *(lleno).*
topetazo. m. butt, collision, bump.
tópico. m. **1.** topic. **2.** *Med.* local application.
topo. m. mole.
topografía. f. topography.// topographer (m./f.).
toque. m. **1.** touch. **2.** ringing *(campanas).* **3.** beat *(tambor).* **4.** *t. de queda:* curfew. **5.** *t. final:* finishing touch.
tórax. m. thorax.// thoracic (a.).
torbellino. m. whirlwind.
torcedura. f. twist, sprain.
torcer. tr. **1.** to twist. **2.** to bend *(doblar).* **3.** to contort *(el rostro).* **4.** to turn *(girar).* **5.** *Med.* to sprain. **6.** *no dar el brazo a t.:* to stand firm.
tordo. m. thrush.
torear. tr. **1.** to fight bulls. **2.** fig. to provoke.// **torero.** m. bull fighter.
tormenta. f. storm.// **tormentoso, sa.** a. stormy.
tornado. m. tornado.
tornar. **1.** i. to return. **2.** tr. to turn. **3.** ref. to become.
tornasol. m. iridescence.// **tornasolado, da.** a. iridescent.
tornear. tr. to turn.
torneo. m. tournament; championship.
tornero, ra. m./f. lathe operator.
tornillo. m. screw.
torniquete. m. tourniquet.
torno. m. **1.** lathe. **2.** *en t. a:* around.
toro. m. **1.** bull. **2.** pl. bullfight.
toronja. f. grapefruit.
torpe. a. **1.** clumsy. **2.** dull *(tonto).*
torpedero. m. torpedo boat.// torpedo (m.).
torpeza. f. **1.** clumsiness. **2.** stupidity.
torrar. tr. to roast.
torre. f. **1.** tower. **2.** rook *(ajedrez).*
torrente. m. torrent, flood.
tórrido, da. a. torrid.
torsión. f. torsion.
torta. m. cake.
tortícolis. f. torticollis.
tortilla. f. omelet.
tortuga. f. turtle, tortoise.
tortuoso, sa. a. tortuous; devious.
tortura. f. torture.// **torturar.** tr. to torture.
tos. f. cough.
tosco, ca. a. **1.** crude *(basto).* **2.** coarse *(persona).*
toser. i. to cough.
tosquedad. f. coarseness.
tostada. f. toast.// **tostadora.** f. toaster.
tostar. tr. **1.** to toast. **2.** to roast *(torrar).* **3.** to tan *(la piel).*
total. **1.** a./m. total. **2.** adv. in total.// totality (f.).
totalitario, ria. a. totalitarian.
totalmente. adv. entirely.
tóxico, ca. a./m. toxic.// toxin (f.).
tozudo, da. a. obstinate, stubborn.
traba. f. **1.** tie *(trabazón).* **2.** bolt *(pasador).* **3.** obstacle.

trabajador, ra. **1.** a. hard-working. **2.** m./f. worker.// **trabajar.** **1.** i./tr. to work. **2.** to till *(la tierra).*// **trabajo.** m. **1.** work. **2.** task *(tarea).* **3.** job *(esfuerzo).* **4.** employment *(empleo).* **5.** trouble *(problema).*// **trabajoso, sa.** a. hard, difficult.
trabalenguas. m. tongue twister.
trabar. tr. **1.** to join *(unir).* **2.** to bolt *(con un pasador).* **3.** to start up *(conversación).* **4.** to impede *(impedir).* **5.** ref. to lock *(interlocar).* **6.** ref. *t. a golpes:* to come to blows.// **trabazón.** f. tie bond.
trabuco. m. blunderbuss.
tracción. f. **1.** traction. **2.** *t. delantera:* front drive.
tractor. m. tractor.
tradición. f. tradition; pl. heritage.// traditional (f.).
traducción. f. translation.// **traducir.** tr. to translate.// **traductor, ra.** m./f. translator
traer. tr. **1.** to bring. **2.** to wear *(usar).* **3.** to attract *(atraer).* **4.** to cause *(causar).* **5.** to carry *(contenido de una publición).* **6.** to contain *(contener).* **7.** *t. a mal:* to pester. **8.** *t. al mundo:* to give birth.
traficante. m./f. dealer, trader.// **traficar.** tr. to deal, to traffic.// traffic (m.).
tragaluz. m. skylight.
tragar. **1.** i./tr. to swallow. **2.** tr. to devour. **3.** fig. to stomach *(soportar).*
tragedia. f. tragedy.// **trágico, ca.** a. tragic.
trago. m. **1.** gulp *(porción, sorbo).* **2.** drink *(bebida).* **3.** *de un t.:* in one shot. **4.** *t. amargo:* bad time.
traición. f. **1.** treason. **2.** *a t.:* treacherously.// **traicionar.** tr. to betray.// **traicionero, ra.** a. treacherous.// **traidor, ra.** **1.** a. treasonous. **2.** m. traitor, f. traitress.
traje. m. **1.** dress *(vestido).* **2.** suit *(conjunto).* **3.** *t. de baño:* swimming suit. **4.** *t. sastre:* tailored suit.
trajín. m. work *(trabajo);* hustle and bustle *(ajetreo).*// **trajinar.** i. to bustle about.
trama. f. **1.** weft *(tejido).* **2.** plot *(intriga).* **3.** line screen *(de un impreso).*// **tramar.** tr. **1.** to weave *(tejer).* **2.** to plot *(intrigar).*
tramitación. f. transaction, procedures.// **tramitar.** tr. to transact, to negociate.// **trámite.** m. procedure.
tramo. m. **1.** section, stretch *(de un camino).* **2.** flight *(de escalera).*
tramoya. f. **1.** stage machinery. **2.** fig. plot.
trampa. f. **1.** trap *(cepo).* **2.** trick *(ardid).* **3.** *hacer t.:* to cheat.// **trampear.** tr. **1.** to cheat *(juego, dinero).* **2.** fig. to trick.
trampolín. m. spring board.
tramposo, sa. **1.** a. dishonest. **2.** m./f. cheat.
tranca. f. **1.** crossbar. **2.** fig. drunken spree.
trance. m. **1.** trance. **2.** tight moment *(apuro).* **3.** *a todo t.:* at all costs.
tranco. m. long step.
tranquera. f. gate.
tranquilidad. f. tranquility.// **tranquilizante.** **1.** a. tranquilizing. **2.** m. tranquilizer.// **tranquilizar.** tr. to tranquilize, to quiet, to calm down.// **tranquilo, la.** a. tranquil, quiet.
transacción. f. transaction.// **transar.** i. to compromise.
transandino, na. a. transandean.
transatlántico, ca. **1.** a. transatlantic. **2.** m. ocean liner.

transbordador. m. ferry boat; space shuttle *(espacial).*// **transbordar.** tr. to transfer.
transcontinental. a. transcontinental.
transcribir. tr. to transcribe.// transcription (f).
transcurrir. i. to elapse.// **transcurso.** m. course.
transeúnte. m./f. passerby.
transferencia. f. transference.// **transferir.** tr. to transfer.
transformar. tr. to transform.// transformation (f.).// transformer (m./f.).
transfusión. f. transfusion.
transgredir. tr. to transgress.// transgression (f.).// transgressor (m./f.).
transición. f. transition.
transigir. i. to compromise.// **transigente.** a. compromising.
transistor. m. transistor.
transitable. a. passable.// **transitar.** i. to go *(pasar);* to travel *(viajar).*
transitivo, va. a. transitive.
tránsito. m. 1. transit *(paso).* 2. traffic. 3. de mucho t.: busy. 4. en t.: in transit.// **transitorio, ria.** a. transitory, temporary.
transmisión. f. 1. transmission. 2. broadcast *(emisión).* 3. t. delantera: front-wheel drive.// **transmisor, ra.** a. transmitting.// **transmitir.** tr. 1. to transmite *(comunicar).* 2. to broadcast *(emitir).*
transparencia. f. transparence.// transparent (a.).
transpiración. f. perspiration.// **transpirar.** i. to perspire, to exude.
transplantar. tr. to transplant.// **transplante.** m. transplantation.
transportador, ra. 1. a. transporting. 2. m./f. transporter. 3. m. portractor.// **transportar.** tr. 1. to transport. 2. *Mus.* to transpose.// **transporte.** m. 1. transportation *(acción).* 2. *Com.* transport. 3. transport ship *(embarcación).*// **transportista.** m./f. carrier.
transversal. 1. a. transverse. 2. f. side street.
tranvía. m. trainway, trolley car.
trapecio. m. 1. trapeze. 2. *Mat.* trapezoid. 3. *Anat.* trapezius *(músculo);* trapezium *(hueso).*
trapiche. m. sugar mill.
trapo. m. 1. rag. 2. pl. fig. clothing.
tráquea. f. trachea.
tras. prep. 1. after *(orden).* 2. behind *(atrás de).*
trascendencia. f. importance, consequence.// **trascendente.** a. trascendent.// **trascender.** i. 1. to become known. 2. to extend.
trasegar. tr. to decant.
trasero, ra. 1. a. back. 2. m. rump, behind.
trashumante. a. nomad.
traslación. f. transfer, move.// **trasladar.** tr. 1. to move *(mover).* 2. to transfer *(transferir).* 3. ref. to change residence.// **traslado.** m. 1. move. 2. transfer. 3. change of residence.
traslúcido, da. a. translucid.
trasluz (al). adv. against the light.
trasmano (a). adv. out of reach *(alcance);* out of the way *(lugar).*
trasnochador, ra. m./f. night owl.// **trasnochar.** i. to spend the night.
traspapelar. 1. tr. to misplace. 2. ref. to get lost.
traspasar. tr. 1. to pierce *(perforar).* 2. to cross *(cruzar).* 3. ref. to pass over *(pasarse);* to go too far *(excederse).*// **traspaso.** m. transfer.
traspié. m. 1. slip. 2. dar un t.: to slip.
trasponer. tr. to transpose.
traste. m. 1. fret *(de guitarra).* 2. fig. behind.
trastienda. f. stock room.
trasto. m. 1. utensil. 2. old piece.
trastocarse. ref. to disarrange.
trastornar. tr. 1. to turn upside the down *(poner patas arriba).* 2. to worry *(preocupar).* 3. to drive mad *(volver loco).* 4. ref. to go mad.// **trastorno.** m. 1. upset. 2. *Med.* disorder.
trata. f. 1. slave trade *(esclavos).* 2. t. de blancas: white slavery.
tratable. a. sociable.
tratado. m. treaty.
tratamiento. m. 1. treatment. 2. form of address *(título).* 3. process.
tratante. m./f. dealer, trader.
tratar. tr. 1. to treat *(trato, tratamiento).* 2. to handle *(manejo).* 3. to address *(título).* 4. to trade *(comerciar).* 5. to try *(intentar).* 6. to process. 7. ref. to treat each other; t. de: to be a question of.
trato. m. 1. treatment. 2. form of address *(título).* 3. deal, agreement *(acuerdo).* 4. t. hecho: it's a deal.
trauma. m. trauma.// 1. traumatic. (a.).// traumatism (m.).// **traumatizar.** tr. to traumatize.
través (a). adv. through.
travesaño. m. cross piece.
travesía. f. 1. voyage *(viaje).* 2. journey *(jornada).*
travesura. f. mischief.// **travieso, sa.** a. mischievous.
trayecto. m. 1. distance. 2. way, journey.// **trayectoria.** f. trajectory.
traza. f. looks.
trazar. tr. 1. to draw *(planos).* 2. to trace *(una línea).*// **trazo.** m. 1. line. 2. design *(diseño).* 3. stroke *(escritura).*
trebejo. m. chess piece.
trébol. m. 1. clover. 2. pl. clubs *(naipes).*
trece. a./m. thirteen.
trecho. m. 1. stretch. 2. pl. a t.: in parts.
tregua. f. 1. truce. 2. rest *(descanso).*
treinta. a./m. thirty.
tremendo, da. a. tremendous; huge.
tren. m. 1. train. 2. t. de aterrizaje: landing gear. 3. t. de vida: way of life.
trenza. f. braid.// **trenzar.** tr. to braid.
trepador, ra. a. climbing; planta t.: creeper.// **trepar.** tr. to climb; to creep *(plantas).*
trepidar. i. to vibrate, to tremble.
tres. a./m. three.
trescientos. a./m. three hundred.
treta. f. trick.
triángulo. m. triangle.// triangular (a.).
tribu. f. tribu.// tribal (a.).
tribuna. f. 1. rostrum *(para oradores).* 2. *Sp.* stand, grandstand.
tribunal. m. tribunal, court.
tribuno. m. tribune.
tributar. tr. to pay.// **tributario, ria.** a. 1. tax *(impositivo).* 2. a./m. tributary.// **tributo.** m. 1. tribute. 2. tax *(impuesto).*
triciclo. m. tricycle.

tricolor

tricolor. a. tricolor.
tridente. m. trident.
tridimensional. a. three-dimensional.
trienio. m. triennium.// triennial (a.).
trifulca. f. fight, squabble.
trigal. m. wheat field.// **trigo.** m. wheat.
trigonometría. f. trigonometry.
trilla. f. threshing.// **trillado, da.** a. 1. well-worn (*camino*). 2. fig. trite.// **trilladora.** f. thresher machine.// **trillar.** to thresher.
trimestral. a. quarterly.// **trimestre.** m. quarter.
trinar. i. 1. to warble. 2. fig. to fume.
trinchar. tr. to slice, to carve.// **trinche.** m. carving fork.
trinchera. f. trench.
trineo. m. sled, sleigh.
trinidad. f. trinity.
trino. m. warbling.
trío. m. trio.
tripa. f. 1. intestine. 2. pl. innards.
triple. a./m. triple.// **triplicado, da.** a./m. triplicate.// **triplicar.** tr. to triplicate.// **triplo, a.** a./m. triple.
trípode. m. tripod.
tríptico. m. triptych.
triptongo. m. triphtong.
tripulación. f. crew.// **tripulante.** m./f. 1. crew member. 2. pl. crew.// **tripular.** tr. to man.
triquiñuela. f. trick.
tris. m. 1. *en un t.:* in a trice. 2. *estar a un t. de:* to be within an inch of.
triste. a. 1. sad. 2. melancholy. 3. sorry (*apenado*). 4. miserable.// **tristeza.** f. 1. sadness. 2. sorrow (*pena*).
triturar. tr. to triturate, to crush.
triunfador, ra. 1. a. triumphant. 2. m./f. winner.// **triunfal.** a. triumphal.// **triunfante.** a. triumphant.// **triunfar.** i. 1. to win (*ganar*). 2. to succeed (*tener éxito*).// **triunfo.** m. 1. triumph. 2. success (*éxito*).
triunvirato. m. triumvirate.
trivial. a. trivial.// triviality (f.).
triza. f. shred; *hacer t.:* to tear to shreds.
trocar. 1. tr. to change. 2. ref. to become.
trocha. f. gauge, trail.
trochemoche (a). adv. helter-skelter.
trofeo. m. trophy.
troglodita. m./f. troglodyte.
trolebús. m. trolley bus.
tromba. f. 1. whirlwind (*de viento*). 2. waterspout (*de agua*).
trombón. m. trombone.
trombosis. f. thrombosis.
trompa. f. 1. *Mus.* horn. 2. *Zool.* trunk. 3. *Anat.* tube, duct.
trompada. f. punch, blow.
trompeta. f. trumpet.
trompo. m. spinning top.
tronar. i. to thunder.
troncal. a. trunk, main.// **tronco.** m. trunk.
tronchar. tr. to split.
tronera. f. 1. porthole. 2. pocket (*billar*).
trono. m. throne.
tropa. f. troop.
tropel (en). adv. in a mad rush.
tropezar. i. 1. to stumble. 2. to slip up (*equivocarse*). 3. *t. con:* to bump into.// **tropezón.** m. 1. stumble. 2. fig. slip.
trópico. m. tropic.// tropical (a.).
tropiezo. m. 1. stumble. 2. fig. slip.
tropilla. f. troop of horses.
trotar. i. to trot.// **trote.** m. trot.
trova. f. poem, love ballad.// **trovador, ra.** m./f. troubadour.
trozar. tr. to cut into pieces.// **trozo.** m. piece.
trucha. f. trout.
truco. m. 1. trick. 2. card game (*de naipes*).
truculencia. f. truculence.// **truculento, ta.** a. truculent, ferocious.
trueno. m. thunder.
trueque. m. exchange, barter.
truhán. m. scoundrel.
truncar. tr. to truncate.// **trunco, ca.** a. truncated; incomplete.
tu, tus. a. your.
tú. pron. you.
tuba. f. tuba.
tubérculo. m. tuber.
tuberculosis. f. tuberculosis.// tuberculous (a.).
tubería. f. 1. pipeline. 2. plumbing (*instalación*).// **tubo.** m. 1. tube (*TV, pipeta*). 2. pipe (*tubería*). 3. *Biol.* canal.// tubular (a.).
tucán. m. toucan.
tuco. m. tomato sauce.
tuerca. f. nut.
tuerto, ta. a. one-eyed.
tuétano. m. marrow.
tufo. m. bad olor.
tul. m. tulle.
tulipán. m. tulip.
tumba. f. tomb, grave.
tumbar. tr. to knock down.// **tumbo.** m. tumble.
tumor. m. tumor.
tumulto. m. tumult; uproar (*revuelta*).// **tumultuoso, sa.** a. tumultuous.
tunda. f. beating.
tundra. f. tundra.
túnel. m. tunnel.
túnica. f. tunic.
tupido, da. a. thick, dense.
turba. f. 1. peat. 2. mob (*multitud*).
turbación. f. upset, confusion.
turbante. m. turban.
turbar. tr. to upset.
turbina. f. turbine.
turbio, bia. a. turbid; fig. shady.
turbulencia. f. turbulence.// turbulent (a.).
turco, ca. a./m./f. Turkish.
turismo. m. tourism.// tourist (m./f.).// **turístico, ca.** a. tourist.
turnar. i./ref. to take turns.// **turno.** m. 1. turn (*vez*). 2. shift (*de trabajo*). 3. *de t.:* on duty.
turquesa. f. turquoise.
turrón. m. nougat.
tutear. tr. to address as *tú*.
tutela. f. guardianship; protection.// **tutor, ra.** m./f. guardian tutor.
tuyo, ya. a./pron. yours, of yours.

u. f. twenty-second letter of the Spanish alphabet.
u. conj. or.
ubicación. f. location, situation.// **ubicado, da.** a. located, placed.// **ubicar. 1.** tr. to locate, to place. **2.** ref. to be located or placed; to place oneself.
ubicuidad. f. ubiquity.// **ubicuo, cua.** a. ubiquitous.
ubre. f. udder.
ufanarse. ref. to boast, to pride oneself.// **ufano, na.** a. conceited, self-satisfied.
ugandés, sa. a./m./f. Ugandan.
úlcera. f. **1.** *Pat.* ulcer. **2.** *Bot.* rot.// **ulcerar.** tr. ref. to ulcerate.
ulterior. a. **1.** ulterior. **2.** subsequent.// **ulteriormente.** adv. ulteriorly.
últimamente. adv. lately, recently.
ultimar. tr. **1.** to finish. **2.** fig. to kill *(matar)*.
último, ma. a. **1.** last, final. **2.** latest, latter. **3.** most remote *(el más lejano)*. **4.** m./f. the last one. **5.** *estar en las ú.:* to be at one's end. **6.** *por ú.:* lastly.
ultra. 1. adv. besides. **2.** prep. ultra. **3.** m./f. extremist.
ultraderecha. f. far right.
ultraizquierda. f. far left.
ultrajar. l. to offense, to outrage.// **ultraje.** m. offense, outrage.
ultramar. m. overseas.
ultranza (a). adv. **1.** to the death *(a muerte)*. **2.** resolutely *(resueltamente)*.
ultrarrojo, ja. a./m. ultrared.
ultrasónico, ca. a. ultrasonic.
ultratumba. f. beyond the grave.
ultravioleta. a./m. ultraviolet.
ulular. i. to ululate.
umbilical. a. umbilical.
umbral. m. threshold.
umbrío, a. a. shady, dark.
un, una. art. a, an. **2.** a./f. one.
unánime. a. unanimous.// unanimity (f.).
unción. f. unction, fervor.
uncir. tr. to yoke.
undécimo, ma. a./m./f. eleventh.
ungir. tr. to anoint.
ungüento. m. ointment.
únicamente. adv. only.
unicelular. a. unicellular.
único, ca. 1. a. only. **2.** m./f. only one. **3.** *lo ú.:* the only thing.
unicornio. m. unicorn.

unidad. f. **1.** unity *(unión)*. **2.** unit.// **unido, da.** a. united, close.
unificar. tr. to unify.
uniforme. a./m. uniform.// uniformity (f.).
unilateral. a. unilateral.
unión. f. union; joint *(juntura)*.// **unir. 1.** tr. to unite. **2.** tr./ref. to join.
unísono, na. a./m. unison.
universal. a. **1.** universal. **2.** world *(del mundo)*.
unitario, ria. 1. a. unified. **2.** m./f. unitarian.
universidad. f. university.// **universitario, ria. 1.** a. university. **2.** m./f. university student.
universo. m. universe.
uno, una. 1. a./m./pron. one. **2.** *cada u.:* each one, every one. **3.** *la u.:* one o'clock. **4.** *u. cuantos:* a few.
untar. tr. to spread; to rub *(ungüento)*.
uña. f. **1.** fingernail *(mano)*. **2.** toenail *(de los pies)*. **3.** hoof *(pezuña)*.
uranio. m. uranium.
urbanidad. f. good manners.// **urbanización.** f. **1.** urbanization. **2.** development.// **urbanizar.** tr. **1.** to civilize. **2.** to develop land *(construir)*.// **urbano, na.** a. **1.** urban *(citadino)*. **2.** urbane *(cortés)*.// **urbe.** f. city.
urdimbre. f. weave.// **urdir.** tr. to weave; fig. to plot.
urea. f. urea.// **uréter.** m. ureter.// urethra (f.).
urgencia. f. **1.** urgency. **2.** emergency.// urgent (a.).// **urgir.** i. to urge.
urinario, ria. 1. a. urinary. **2.** m. urinal.
urna. f. **1.** urn. **2.** ballot box *(de votación)*.
urología. f. urology.// urologist (m./f.).
uruguayo, ya. a./m./f. Uruguayan.
usado, da. a. **1.** worn-out *(gastado)*. **2.** second-handed.// **usanza.** f. custom.// **usar.** tr. **1.** to use *(utilizar)*. **2.** to wear *(ropa)*.// **uso.** m. **1.** use. **2.** custom *(costumbre)*. **3.** exercise. **4.** wear and tear *(desgaste)*. **5.** *u. de razón:* power of reason.
usted. pron. you; yours *(de usted)*.
usual. a. usual.// **usuario, ria.** m./f. user.
usufructo. m. usufruct.
usura. f. usury.// usurer (m./f.).
usurpar. tr. to usurp.// usurpation (f.).
utensilio. m. utensil.
útero. m. uterus.// uterine (a.).
útil. 1. a. useful. **2.** m. pl. items.// **utilidad.** f. **1.** usefulness. **2.** profit *(ganancia)*.// **utilizar.** tr. to use, to utilize.
utopía. f. utopia.// utopian (a./m./f.).
uva. f. grape.

v. f. twenty-third letter of the Spanish alphabet.
vaca. f. **1.** cow. **2.** pl. fig. *v. gordas;* years of plenty.
vacación. f. vacation.
vacante. 1. a. vacant. **2.** f. vacancy.
vaciado. m. *Met.* casting.// **vaciar. 1.** i./tr./ ref. to empty. **2.** tr. to drain *(líquidos)*. **3.** to cast *(metal)*.
vacilación. f. hesitation; *sin v.:* unhesitatingly.// **vacilante.** a. hesitating.// **vacilar.** i. to hesitate.
vacío, a. 1. a. empty; vacant *(desocupado)*. **2.** m. vacuum *(en física)*; emptiness *(cavidad)*; empty space *(espacio)*; void *(falta)*; envasado al v.: vacuum-packed.
vacuna. f. vaccine.// **vacunar.** tr. to vaccinate.
vacuno, na. a. bovine; *ganado v.:* cattle.
vadear. tr. to ford; to wade across.// **vado.** m. ford.
vagabundo, da. m./f. vagabond.// **vagancia.** f. vagancy.// **vagar.** i. **1.** to wander *(errar)*. **2.** to be idle *(holgazanear)*.// **vago, ga. 1.** a. vague. **2.** m./f. idler *(holgazán)*; vagrant *(linyera)*.
vagón. m. car, coach.// **vagoneta.** f. small wagon.
vaguedad. f. vagueness.
vaho. m. steam.
vaina. f. **1.** sheath *(envoltura)*. **2.** *Bot.* pod.
vainilla. f. vanilla.
vaivén. m. fluctuation; coming and going.
vajilla. f. tableware; silverware *(platería)*; chinaware *(porcelana)*.
vale. m. voucher; receipt *(recibo)*.
valedero, ra. a. valid.
valenciano, na. a./m./f. Valencian.
valentía. f. courage; boldness *(ánimo)*.
valer. i./tr. **1.** to be worth *(tener valor)*. **2.** to cost *(precio)*. **3.** to be valid *(ser válido)*. **4.** to be of use *(servir)*. **5.** hacer v.: to assert. **6.** *más vale:* it's better. **7.** *v. la pena:* to be worth the trouble. **8.** ref. *v. de:* to make use of.
valeroso, sa. a. corageous.
valía. f. worth.
validar. tr. to validate, to make valid.// valid (a.).// **validez.** f. validity.
valiente. 1. a. brave *(valeroso)*; bold *(osado)*. **2.** m./f. brave man (woman).
valija. f. suitcase.
valioso, sa. a. valuable.
valla. f. **1.** fence. **2.** obstacle. **3.** *Sp.* hurdle.
valle. m. valley.
valor. m. **1.** value. **2.** courage. **3.** pl. *Econ.* securities.// **valorar.** tr. **1.** to appraise *(valuar)*. **2.** to appreciate *(apreciar)*. **3.** ref. to increase in value.// **valoración.** f. appraisal; appreciation; value increase.// **valuación.** f. appraisal.
vals. m. waltz.
valuar. tr. to value; to appraisal.
válvula. f. **1.** *Anat./Mech.* valve. **2.** *Electr.* tube.
vampiro, ra. m./f. vampire.
vanagloria. f. pride.// **vanagloriarse.** ref. to boast.
vándalo, la. m./f. vandal.// vandalism (m.).
vanguardia. f. **1.** vanguard. **2.** avant-garde *(arte)*.
vanidad. f. vanity.// **vanidoso, sa.** a. vain, conceited.// **vano, na. 1.** a. in vain. **2.** m. opening.
vapor. m. steam *(gas)*; vapor *(vaho)*.// **vaporizar.** tr. to vaporize.// **vaporoso, sa.** a. vaporous; sheer *(tejido)*.
vapulear. tr. to thrash.
vaquero. m. **1.** cowboy. **2.** jeans *(pantalón)*.
vara. f. **1.** stick *(palo)*. **2.** rod *(rama)*.
varar. 1. i. to run aground **2.** tr. to beach *(un buque)*.
variable. a./f. variable.// variation (f.).// **variado, da.** a. variegated.// **variante.** a./f. variant.// **variar.** i./tr. to vary.// **variedad.** f. **1.** variety. **2.** pl. miscellany; variety show.
varilla. f. **1.** thin rod *(rama)*. **2.** rib *(pieza)*.
varios, rias. adj. pl./pron. several.
varón. m. man, male.// **varonil.** a. manly.
vasallo. m./f. vassal.
vasco, ca. a./m./f. Basque.
vascular. a. vascular.
vaselina. f. vaseline.
vasija. f. vessel; bowl.
vaso. m. **1.** glass. **2.** *Biol.* vessel.
vástago. m. **1.** offspring *(hijo)*. **2.** *Bot.* shoot. **3.** *Mech.* rod.
vasto, ta. a. vast.
vaticano, na. a./m./f. Vatican.
vaticinar. tr. to predict.// **vaticinio.** m. prediction.
vatio. m. watt.
vecindad. f. nearness *(cualidad)*; vicinity *(cercanía)*.// **vecindario.** m. neighborhood.// **vecino, na. 1.** a. next *(próximo)*; near *(v. a)*. **2.** m./f. neighbor. **3.** *cualquier hijo de v.:* anybody.
veda. f. **1.** prohibition. **2.** closed season *(caza)*.// **vedar.** tr. to prohibit.
veedor, ra. m./f. overseer, inspector.
vegetación. f. vegetation.// **vegetal. 1.** a. vegetable; *reino v.:* plant kingdom. **2.** m. vegetable, plant.// **vegetar.** i. to vegetate.
vehemencia. f. vehemence.// vehement (a.).
vehículo. m. vehicle.

veinte. m./f. twenty; twentieth *(en fechas).//*
veintena. f. score, twenty.// **ventiuno.** a./m. twenty-one; twenty-first *(en fechas).//* **veintidós.** a./m. twenty-two.// *se repite la estructura hasta* **veintinueve.**
vejación. f. vexation.// **vejamen.** m. vexation; affront *(afrenta).//* **vejar.** tr. to vex.
vejestorio, ra. m./f. old fool *(persona)*; old wreck *(objeto).//* **vejete.** m. comic old men.
vejez. f. old age.
vejiga. f. bladder.
vela. f. **1.** candle. **2.** wax candle *(de cera).* **3.** sail *(de un velero).* **4.** *en v.:* awake.
velado, da. 1. a. veiled *(oculto)*; blurred *(imagen).* **3.** f. evening.
velador. m. **1.** watchman *(sereno).* **2.** night lamp.
velamen. m. sails.
velar. 1. i. to stay awake *(no dormir).* **2.** tr. to watch over *(vigilar)*; to tend at nigh *(un enfermo)*; to hold a wake over *(un muerto)*; to veil *(hacer difuso).* **3.** ref. to blur *(foto).* **4.** v. *por:* to care for.
veleidad. f. whim *(capricho)*; inconstancy.// **veleidoso, sa.** a. fickle.
velero. m. sailboat.
veleta. f. **1.** weather vane. **2.** fig. fickle.
velo. m. veil.
velocidad. f. **1.** speed. **2.** gear *(cambio, marcha).//* **velocímetro.** m. speedmeter.
velorio. m. wake; fig. dull party *(fiesta aburrida).*
veloz. a. speedy; swift.
vello. m. hair; fuzz *(pelusa).//* **velloso, sa.** a. hairy.
vena. f. **1.** vein. **2.** *estar en v.:* to be inspirated.
venado. m. deer, stag.
venal. a. venal.// venality (f.).
vencedor, ra. 1. a. winning. **2.** m./f. winner.// **vencer.** tr. **1.** to defeat *(derrotar).* **2.** to overcome *(superar).* **3.** to control. **4.** i. to win *(ganar)*; to expire *(un plazo)*; to fall due *(una deuda).* **5.** ref. to bend *(curvarse)*; to collapse *(romperse).//* **vencimiento.** m. expiration *(término)*; maturity *(deuda).*
venda. f. **1.** bandage. **2.** blindfold *(para los ojos).//* **vendaje.** m. bandages.// **vendar.** tr. to bandage.
vendaval. m. strong wind, gale.
vendedor, ra. 1. a. selling. **2.** m./f. seller, m. salesman, f. saleswoman.// **vender.** tr. to sell; fig. to betray.// **vendible.** a. marketable.
vendimia. f. grape harvest.
veneno. m. poison.// **venenoso, sa.** a. poisonous.
venerar. tr. to venerate.// veneration (f.).
venéreo, a. a. venereal.
venezolano, na. a./m./f. Venezuelan.
vengador, ra. m./f. avenger.// **venganza.** f. revenge.// **vengar.** tr. to avenge; ref. to take revenge.// **vengativo, va.** a. vindictive.
venia. f. **1.** permission. **2.** salute.
venida. f. coming, arrival.// **venidero, ra.** a. coming.// **venir.** i. **1.** to come. **2.** to arrive *(llegar).* **3.** to come from *(provenir).* **4.** to fit *(convenir, caer bien).* **5.** to follow. *(seguir, ser consecuencia).* **6.** *v. a (suceder):* to end up to. **7.** *v. a la memoria/mente:* to come to mind. **8.** *v. al caso:* to be relevant. **9.** *v. al mundo:* to be born. **10.** *v. a ser como:* to be like. **11.** *v. bien (una hora):* to be convenient. **12.** *v. haciéndolo (repetida-*

mente): to have been + gerundio. **13.** ref. to come, to return *(volver);* v. *abajo:* to fall down. **14.** *que viene:* next *(próximo).*
venoso, sa. a. venous.
venta. m. sale.
ventaja. f. **1.** advantage. **2.** *Sp.* lead.
ventajoso, sa. a. advantageous.
ventana. f. window.// **ventanilla.** f. **1.** small window. **2.** window *(de atención).*
ventilador. m. fan, ventilator.// **ventilar.** tr. **1.** to ventilate. **2.** fig. to air.// **ventilación.** f. ventilation.
ventisca. f. blizzard.// **ventisquero.** m. glacier.
ventosa. f. ventouse.
ventoso, sa. a. windy.
ventrículo. m. ventricle.
ventrílocuo, cua. m./f. ventroloquist.
ventura. f. chance, fortune; *por v:* by chance.// **venturoso, sa.** a. lucky, fortunate.
ver. tr. **1.** to see. **2.** to look at *(mirar).* **3.** to watch *(TV, cine).* **4.** to look and see *(averiguar).* **5.** to examinate. **6.** to visit *(visitar).* **7.** ref. to look *(lucir);* to see one another *(visitarse);* to meet *(encontrase);* to be visible *(ser visible).* **8.** *a v.:* let's see. **9.** ref. *estar por v.:* to remain to be seen. **10.** *no poder v. (algo o alguien):* to loathe the sight of. **11.** *tener que v.:* to have to do with. **12.** *véase:* see. **13.** *veremos (hay que v.):* we'll see. **14.** *vérselas con:* to have to deal with.
vera. f. edge, side.
veracidad. f. truthfulness, veracity.
veraneante. m./f. summer vacationer.// **veranear.** i. to spend the summer.// **veraniego, ga.** a. summer.// **veraneo.** m. summer vacation.// **verano.** m. summer.
veras (de). adv. really.
veraz. a. truthful.
verbal. a. verbal.// **verbo.** m. verb.// **verbosidad.** f. verbosity, wordiness.
verdad. f. **1.** truth. **2.** *a decir v.:* to be honest. **3.** *decir la v..* to tell the truth. **4.** *de v.:* really *(de veras);* real. **5.** *¿v.?;* is that so?// **verdadero, ra.** a. **1.** true *(real).* **2.** genuine.
verde. 1. a./m. green. **2.** a. dirty *(obsceno).//* **verdín.** m. moss.// **verdor.** m. verdancy.// **verdoso, sa.** a. greenish.
verdugo. m. executioner.
verdulería. f. greengrocer's shop.// **verdulero, ra.** m./f. greengrocer.// **verdura.** f. vegetable, greenery.
vereda. f. sidewalk.
veredicto. m. verdict; *Law.* sentence.
vergonzoso, sa. a. **1.** shameless *(ignominioso).* **2.** shy *(tímido).//* **vergüenza.** f. **1.** shame *(bochorno).* **2.** shyness *(timidez).*
verídico, ca. a. true.
verificar. tr. **1.** to verify; to check *(un objeto).* **2.** ref. to take place.// verification (f.).
verja. f. grating *(ventana);* railing *(cerca).*
verosímil. a. credible.
verruga. f. wart.
versado, da. a. versed.// **versar.** i. to treat of.
versículo. m. versicle.
versión. f. version.

verso. m. 1. verse. 2. pl. poetry. 3. line *(línea de un poema)*.
vértebra. f. vertebra.// vertebral (a.).// vertebrate (a./m./f.).
verter. tr. 1. to pour *(líquido)*. 2. to translate *(traducir)*. 3. to express *(opinión)*. 4. i. to flow.
vertical. a./f. vertical.// verticality (f.).
vértice. m. vertex.
vertiente. f. 1. slope *(declive)*. 2. spring *(manantial)*.
vertiginoso, sa. a. dizzy, vertiginous.// **vértigo.** m. vertigo, dizziness; rush *(de la vida moderna)*.
vesícula. f. vesicle; v. biliar: gall bladder.
vespertino, na. a. evening.
vestíbulo. m. vestíbule, hall.
vestido. m. dress; clothes *(ropa)*.// **vestidura.** f. clothes; vestments.
vestigio. m. vestige.
vestir. tr. 1. to dress *(poner la ropa, proveerla)*. 2. to wear *(usar, llevar)*. 3. i. to dress. 4. ref. to dress oneself.; v. de: to wear.// **vestuario.** m. wardrobe *(ropas)*; Sp. locker room.
veta. f. grain *(madera)*; vein *(minería)*.// **veteado, da.** a. veined.
vetar. tr. to veto.
veterano, na. a,/m./f. veteran.
veterinario, ria. 1. m./f. veterinarian. 2. veterinary medicine.
veto. m. veto.
vetusto, ta. a. very old, ancient.
vez. f. 1. time. 2. *a la v.:* at the same time. 3. *a la v. que:* while. 4. *alguna v.:* once. 5. *alguna que otra v.:* once in a while. 6. *algunas v.:* sometimes. 7. pl. *a v:* at times. 8. *cada v.:* every time. 9. *cada v. más:* more and more. 10. *cada v. que:* whenever. 11. *de una v.:* at once. 12. *dos v.:* twice. 13. *en v. de:* instead of. 14. *muchas v.:* often. 15. *otra v.:* again. 16. *rara v.:* rarely. 17. *tal v.:* perhaps, maybe.
vía. f. 1. way. 2. rail *(cada v.)*. 3. Anat. track. 4. proceedings *(procedimientos)*. 5. *en vías de:* in the process of. 6. *en vías de desarrollo:* deploping. 7. v. oral: orally. 8. v. férrea: railroad.// **viable.** a. viable.// **viaducto.** m. viaduct.
viajante. m. traveling salesman.// **viajar.** i. to travel.// **viaje.** m. 1. trip. 2. pl. travel. 3. journey *(travesía)*. 4. !buen v.!: bon voyage!// **viajero, ra.** m./f. traveler.
vial. a. road, traffic.
vianda. f. vianda.
viático. m. viaticum, travelling allowance.
víbora. f. viper.
vibrar. i. to vibrate.// **vibrante.** a. vibrating.// vibration (f.).
vicepresidencia. f. vicepresidency.// vicepresident (m.).
viceversa. adv. vice versa.
viciar. tr. to vitiate.// **vicio.** m. 1. vice. 2. bad habit *(costumbre)*.// **vicioso, sa.** m./f. addicted
vicisitud. f. vicissitude.
víctima. f. victim.
victoria. f. victory, triumph.// victorious (a.).
vicuña. f. vicuña.
vid. f. grapevine.

vida. f. 1. life. 2. lifetime *(duración)*. 3. living *(sustento)*. 4. *modo de v.:* way of life. 5. *de por v.:* for life. 6. *jugarse la v.:* to risk one's life. 7. *la otra v.:* the afterlife. 8. *pasar a mejor v.:* to die, to pass on.
videncia. f. clear-sightedness.// **vidente.** 1. a. seeing. 2. m./f. seer, prophet.
video. m. video.
vidriar. tr. to glaze.// **vidriería.** f. glass shop.// **vidriero.** m./f. glazier; f. show window.// **vidrio.** m. 1. glass *(material)*. 2. window-pane *(de ventana)*.// **vidrioso, sa.** a. glassy, vitreous.
viejo, ja. 1. a. old. 2. m. old man, f. old woman. 3. pl. fig. parents.
vienés, sa. a./m./f. Viennese.
viento. m. wind.
vientre. m. belly *(abdomen)*; bowels *(intestino)*.
viernes. m. Friday.
viga. f. beam.
vigencia. f. force, effect.// **vigente.** a. in force.
vigésimo, ma. a./m./f. twentieth.
vigía. m. watchman.
vigilancia. f. vigilance.// **vigilante.** 1. a. vigilant. 2. m. watchman *(guardia)*; policeman *(policía)*.// **vigilar.** 1. tr. to watch over. 2. i. to watch.
vigilia. f. vigil.
vigor. m. vigor.// **vigorizar.** tr. to invigorate.// **vigoroso, sa.** a. vigorous.
vil. a. base, despicable.// **vileza.** f. baseness.
villa. f. 1. villa *(casa)*. 2. town, village *(pueblo)*. 3. v. miseria: shantytown.// **villano, na.** m./f. villain.
vilo (en). adv. up in the air.
vinagre. m. vinegar.
vincular. tr. to link, to join; Law. to entail.// **vínculo.** m. bond, tie; Law. entail.
vino. m. wine.// **viña.** f. vineyard.// **viñedo.** m. vineyard.
viñeta. f. vignette.
violáceo, a. a. violet.
violación. f. 1. violation. 2. rape *(sexual)*.// **violador, ra.** m./f. violator; rapist.// **violar.** tr. to violate; to rape.
violencia. f. violence.// **violentar.** 1. tr. to force, to enter by force. 2. ref. to become furious.// **violento, ta.** a. 1. violent. 2. furious. 3. intense.
violeta. a./m./f. violet.
violín. m. violin.// violinist (f.).
violoncelo. m. cello.// cellist (m./f.).
viraje. m. to turn.// **virar.** i./tr. to turn; to tune *(foto)*.
virgen. a./f. virgin.// virginal (a.).// virginity (f.).
viril. a./f. virile; male.// virility (f.).
virología. f. virology.// virologist (m./f.).
virreinato. m. viceroyalty.// **virrey.** m. viceroy.
virtual. a. virtual.
virtud. f. 1. virtue. 2. property, quality.// **virtuoso, sa.** a. virtuous.
viruela. f. smallpox.
virulencia. f. virulence.// virulent.// virus (m.).
viruta. f. shavings.
visa. f. visado.// m. visa.// **visaje.** m. visage.// **visar.** tr. to visa.
víscera. f. viscera.

viscosidad. f. viscosity.// **viscoso** (a.).
visera. m. 1. visor. 2. eye shade.
visible. a. a. visible.// visibility (f.).
visión. f. 1. vision. 2. sight (vista).// visionary (m./f.).
visir. m. vizier.
visita. f. visit (acción); visitor (persona).// **visitante.** m./f. visitor, visitant; Sp. guest.// **visitar.** tr. to visit; ref. to visit one another.
vislumbrar. tr. to glimpse.
viso. m. shim, glim; appearance.
visón. m. mink.
visor. f. viewfinder (de cámara).
víspera. f. even.
visto, ta. a. 1. Law. whereas. 2. bien/ mal v.: proper/improper. 3. por lo v.; apparently. // f. 1. sight (visión); eyesight (sentido). 2. eyes (mirada). 3. view (panorama). 4. a la v.: in sight. 5. a primera v.: at first sight. 6. hasta la v.: so long.
vistoso, sa. a. showy.
visual. a. visual.// **visualizar.** tr. to visualize.
vital. a. vital.
vitalicio, cia. a. life.
vitalidad. f. vitality.// **vitalizar.** tr. to vitalize.
vitamina. f. vitamin.
vitivinícola. a. grape-growing and wine-making.
vítor. m. acclaim.// **vitorear.** tr. to cheer.
vitral. f. stained-glass window.// **vítreo, a.** a. vitreous.// **vitrina.** f. glass cabinet; show window.
vituallas. f. pl. victuals.
vituperar. tr. to revile.
viudez. f. widowhood.// **viudo, da.** m. widower, f. widow.
¡viva! interj. hurrah!; long live!
vivacidad. f. vivacity; liveliness.// **vivamente.** adv. 1. deeply (profundamente). 2. vividly.
vivaracho, cha. a. sprightly.// **vivaz.** a. lively.
víveres. m. pl. food supplies.
vivero. m. plant nursery.
viveza. f. liveliness (vivacidad); sharpness (agudeza).
vividor, ra. m./f. sponger.
vivienda. f. housing (lugar); house (casa).
viviente. a. living.
vivir. 1. i./tr. to live. 2. i. to be alive (estar vivo). 3. saber v.: to know how to live. 4. v. de: to live on; to live off. 5. m. life, living.// **vivo, va.** a. 1. alive (con vida). 2. deep (intenso). 3. vivid (vívido). 4. sharp (agudo). 5. m. fig. wise guy. 6. m. pl. the lives.
vizcacha. f. viscacha, vizcacha.
vizconde, desa. m. viscount, f. viscountess.
vocablo. m. word.// vocabulary (m.).
vocación. f. vocation.// vocational (a.).
vocal. 1. a. vocal. 2. m./f. board or committee member. 3. f. vowel.// **vocalizar.** tr. to vocalize.
vocear. i./tr. to shout.// **voceo.** shouting,// **vocero, ra.** m. spokesman; f. spokeswoman.
vociferar. tr. to vociferate.
voladora, ra. a. flying.
volando. adv. in a flash.
volante. 1. a. flying. 2. m. flywheel; steering wheel (de auto). 3. flier; pamphlet (papel).
volar. i. 1. to fly. 2. to fly away (irse volando). 3. to disappear suddenly (desaparecer). 4. tr. to blow up (explotar).
volátil. a. volatile.
volcán. m. volcano// volcanic (a.).
volcar. 1. tr. to dump (verter); to turn over (dar vuelta). 2. i./ref. to overturn (dar un vuelco).
volear. tr. to volley.// **vólelbol.** m. volleyball.// **voleo.** m. volley.
volición. f. volition.// **volitivo, va.** a. volitive.
volquete. m. dump truck.
voltaico, ca. a. voltaic.
voltaje. m. voltage.
voltear. tr. 1. to turn over (volcar). 2. to knock down (derribar). 3. to turn (dar vuelta). 4. i. to tumble.
voltereta. f. somersault.
voltímetro. m. voltimeter.// **voltio.** m. volt.
voluble. a. voluble; fig. fickle.
volumen. m. 1. volume. 2. bulky (cuerpo). 3. corpulence. 4. a todo v.: loud.// **voluminoso, sa.** a. voluminous, bulky.
voluntad. f. 1. will. 2. wish (deseo). 3. intention. 4. a v.: at will. 5. buena/mala v.: good/ill will. 6. última v.: last will.// **voluntario, ria.** 1. a. voluntary. 2. m./f. volunteer.// **voluntarioso, sa.** a. willfull.
voluptuosidad. f. voluptuosness.// **voluptuoso, sa.** a. voluptuous.
volver. tr. 1. to turn, to turn around (dar vuelta). 2. to turn inside out (poner del revés). 3. to turn (dirigir). 4. i./tr./ref. to return (retornar). 5. to become (tornarse). 6. v. a (repetir): to (do) again. 7. ref. v. atrás: to back down. 8. v. contra: to turn against. 9. v. loco: to go crazy.
vomitar. i./tr. to vomit.// **vómito.** m. vomit.// **vomitivo, va.** a. vomitive.
voracidad. f. voraciousness.
vorágine. f. whirlpool.
voraz. a. voracious.
vos. pron. you.
vosotros, tras. pron. you; yourselves.
votación. f. voting.// **votante.** m./f. voter.// **votar.** i./tr. to vote.// **voto.** m. 1. vote. 2. vow (religioso).
voz. f. 1. voice. 2. term, word (vocablo). 3. rumor.
vozarrón. m. strong voice.
vuelco. m. overturning.
vuelo. m. 1. flight. 2. flare (de un vestido). 3. al v.: immediately. 4. de alto v.: big-time.
vuelta. f. 1. turn (giro). 2. revolution. 3. return (regreso). 4. reverse. 5. Sp. lap. 6. a la v.: on the way back (al volver); on the otherside (al revés); around the corner (lugar). 7. darse una v.: to take a walk.
vuelto. m. change.
vuestro, tra. a. your, of yours.
vulgar. a. 1. vulgar. 2. common.// vulgarity (f.).// vulgarism (m.).// **vulgarizar.** tr. 1. to vulgarize (hacer vulgar). 2. to popularize.// **vulgo.** m. masses, common people.
vulnerabilidad. f. vulnerability.// vulnerable (a.).// **vulnerar.** tr. to harm, to injure.
vulva. f. vulva.
vulvitis. f. vulvitis.

w. f. twenty-fourth letter of the Spanish alphabet.
wagneriano, na. a. Wagnerian.
wat. m. watt.
whisky. m. whisky.
wolframio. m. wolfram.
wulfenita. f. wulfenite.

x. f. twenty-fifth letter of the Spanish alphabet.
xenofobia. f. xenophobia.// **xenófobo, da. 1.** a. xenophobic. **2.** m./f. xenophobe.
xerografía. f. xerography.// xerographic (a.).
xenón. m. xenon.
xilófono. m. xylophone.
xilografía. f. xylography; xylograph.//**xilográfico, ca.** a. xylographic.

y. f. twenty-sixth letter of the Spanish alphabet.
y. conj. and.
ya. adv. **1.** now *(ahora)*. **2.** already. **3.** soon.
yacaré. m. alligator.
yacer. i. to lie.// **yacimiento.** m. deposit.
yapa. f. extra, bonus.
yarda. f. yard.
yate. m. yacht.
yegua. f. mare.
yema. f. yolk *(huevo)*; tip *(dedo)*.
yerba. f. **1.** grass. **2.** maté.
yerno. m. son-in-law.
yerro. m. error.
yeso. m. plaster.
yo. 1. pron. I. **2.** m. ego.
yodo. m. iodine.
yogur. m. yogurt.
yudo. m. judo.
yugo. m. yoke.
yunque. m. anvil.
yunta. f. yoke; team of oxen.
yute. m. yute.
yuxtaponer. tr. to juxtapose.// juxtaposition (f.).
yuyal. m. weed patch.// **yuyo.** m. weed.

z. f. twenty-seventh letter of the Spanish alphabet.
zafar. tr. **1.** to loosen. **2.** i./ref. to escape, to get away.
zafiro. m. sapphire.
zafra. f. sugar harvest.
zaga. f. **1.** end, rear. **2.** Sp. back. **3.** *a la z.:* at the rear, behind.// **zaguero, ra.** m. Sp. fullback.
zaguán. m. front hall, vestibule.
zaherir. tr. to mock.
zaino, na. a. chestnut-colored.
zalamería. f. flattery.// **zalamero, ra.** m./f. flatterer.
zamarrear. tr. to shake.// **zamarreo.** m. shaking.
zambo, ba. **1.** a. club foot. **2.** m./f. zambo.
zambullir. i. to plunge.// **zambullirse.** ref. to dive.
zampar. **1.** tr. to stuff. **2.** ref. to stuff down.
zanca. f. long leg.// **zancada.** f. long step; stride.// **zancadilla.** f. tripping.
zanco. m. stilt.// **zancudo, da.** **1.** a. long-legged. **2.** m. wading bird.
zángano. m. **1.** drone. **2.** fig. loafer.
zanja. f. ditch.
zanjar. tr. to settle, to resolve.
zapa. f. trenching spade.// **zapador, ra.** m./f. sapper.// **zapar.** i. to sap.
zapallo. m. pumpkin.
zapata. f. shoe.
zapatear. i./tr. to tap-dance.// **zapateo.** m. tapping, tap-dancing.
zapatería. f. shoe maker's shop *(taller)*, shoe store *(tienda)*.// **zapatero, ra.** m./f. shoemaker *(fabricante)*, shoe seller *(vendedor)*, cobbler *(remendón)*.// **zapatilla.** f. tennis *(deportiva)*, dancing shoe *(de baile)*.// **zapato.** m. shoe.
zar. m. czar.
zaranda. f. sieve.// **zarandear.** tr. **1.** to sift *(pasar por la z.)*. **2.** to shake *(sacudir)*.// **zarandeo.** m. sifting *(colada)*; shaking *(sacudida)*.
zarcillo. m. **1.** earring *(arito)*. **2.** Bot. tendril.
zarina. f. czarina.// **zarista.** a./m./f. czarist.
zarpa. f. paw.
zarpar. i. to set sail.
zarpazo. m. lash of a paw.
zarza. f. bramble.
zarzamora. f. blackberry.
zarzuela. f. Spanish operetta.
zenit. m. zenith.
zigoto. m. zigote.
zigzag. m. zigzag.// **zigzaguear.** i. to zigzag.// **zigzagueo.** m. zigzagging.
zinc. m. zinc.
zíngaro, ra. a./m./f. gypsy.
zócalo. m. **1.** socle *(de edificio)*. **2.** skirting board *(de pared)*. **3.** Geol. shelf.
zodíaco. m. zodiac.
zona. f. **1.** zone. **2.** district.// **zonal** (a.).
zoncera. f. nonsense.
zonificar. tr. to zone.
zonzo, za. **1.** a. foolish. **2.** m./f. fool.
zoología. f. zoology.// **zoológico, ca.** **1.** a. zoological. **2.** m. zoo.// **zoólogo, ga.** m./f. zoologist.
zoom. m. zoom lens.
zoquete. m. dummy *(tonto)*.
zorra. f. **1.** fox *(macho)*; vixen *(hembra)*. **2.** whore *(prostituta)*. **3.** dray *(carro)*.
zorrino. m. skunk.
zorro. m. **1.** fox. **2.** sly fox *(astuto)*.
zorzal. m. thrush.
zozobra. f. **1.** capsizing, sinking *(en el mar)*. **2.** anxiety *(ansiedad)*.// **zozobrar.** i. **1.** to capsize, to sink. **2.** fig. to fail.
zueco. m. clog.
zumbar. i. to buzz *(insecto)*; to ring *(oído)*.// **zumbido.** m. buzzing; ringing.
zumbón, na. **1.** a. teasing. **2.** m./f. joker.
zumo. m. juice.
zuncho. m. metal strap.
zurcido. m. darn.// **zurcir.** tr. to darn.
zurdo, da. **1.** a. left-handed. **2.** m./f. left-handed person. **3.** m./f. fig. leftist *(izquierdista)*.
zurra. f. beating *(paliza)*.// **zurrar.** tr. to give a beating.
zutano, na. m./f. so-and-so.

GUÍA PRÁCTICA DE CONVERSACIÓN Y DIÁLOGOS

FRASES BÁSICAS - BASIC PHRASES

Buenos días.
Good morning.

Buenas tardes.
Good afternoon.

Buenas noches (saludo).
Good evening.

Buenas noches (despedida).
Good night.

¿Cómo está usted?
How are you? (How do you do?)
Estoy bien, gracias. ¿Y usted?
I'm well, thank you. And how are you?

Hasta la vista.
Until we meet again.
Hasta luego.
So long.
¡Adiós!
Good bye!

Por favor.
Please.
Gracias.
Thanks. (Thank you.)
De nada. (No hay de qué.)
You are welcome. (Don't mention it.)

¿Cuánto cuesta? ¿Cuánto cuestan?
How much is? How much are?
¿Adónde está? ¿Adónde están?
Where is? Where are?

¿Cuándo llegó usted?
When did you arrive?

¿Cuánto tiempo piensa quedarse?
How long are you planning to stay?

Disculpe.
Excuse me.

Espere un momento, por favor.
Please, wait a moment. (One moment, please.)

Desearía...
I wish...

Deme...
Give me...

Me repite, por favor.
I beg your pardon.

CONVERSACIÓN SOCIAL - SOCIAL CONVERSATION

¿Cuál es su nombre?
What's your name?
Me llamo Alejandro Iturbe.
My name is Alexander Iturbe.
Permítame presentarle a mi esposa,
la señora Natalia de Iturbe.
May I introduce my wife, Mrs. Natalie Iturbe.
Mucho gusto de conocerlo (la).
I'm pleased to meet you. (Nice to meet you.)

¿Es la primera vez que viene a Buenos Aires?
Is this your first time in Buenos Aires?
No. Éste es nuestro segundo viaje aquí.
No. This is our second trip here.
¿De dónde vienen ahora?
Where are you coming from now?
Venimos del cine.
We are coming from the movies.
Nos hemos divertido mucho.
We had a wonderful time.

¿Han estado ustedes alguna vez en Inglaterra?
Have you ever been in England?

Tome asiento, por favor.
Please, sit down.

Lo siento mucho.
I'm very sorry.
Lo siento muchísimo.
I'm very sorry indeed.

DIFICULTADES IDIOMÁTICAS - LANGUAGE DIFFICULTIES

¿Habla usted español?
Do you speak Spanish?
Lo entiendo, pero no lo hablo bien.
I understand it, but don't speak it well.
Entiendo un poco de inglés.
I understand a little English.
No entiendo nada de inglés.
I don't understand English at all.
¿Qué significa esta palabra?
What does this word mean?
Necesito un intérprete, un guía.
I need an interpreter, a guide.
Busco alguien que hable español.
I'm looking for someone who speaks Spanish.
Perdone, soy sudamericano y no hablo inglés.
Excuse me, I'm a South American and I don't speak English.
Hable más lentamente, por favor.
Please, speak more slowly.
¿Tendría la bondad de repetirlo?
Would you be kind enough to repeat it?
¿Cómo se dice (...) en inglés?
How do you say (...) in English?

¿Cuánto tiempo lleva estudiando español?
How long had you been studying Spanish?

SOLICITANDO DIRECCIONES - ASKING DIRECTIONS

¿Dónde queda la calle cuarenta y cuatro?
Where is forty-four Street?

¿Dónde está el Hotel Sheraton?
Where is the Sheraton Hotel?
Lo encontrará un poco más allá por esta misma calle (cuadra).
You will find it farther down this block.

¿Dónde queda el banco más cercano?
Where is the nearest bank?

¿Dónde puedo cambiar un cheque de viajero?
Where could I change a traveller's check?

¿A qué hora cierran las tiendas (los negocios)?
What time do the stores close?

Quisiera hacer una llamada telefónica, enviar un telegrama, un fax.
I would like to make a phone call, send a telegram, a fax.

¿Podría indicarme dónde hay una agencia de viajes.
Could you direct me to a travel agency?

¿Cómo se llama esta ciudad (pueblo)?
What is the name of this town?

Quisiera ir al consulado argentino.
I would like to go to the Argentine Consulate.

¿Cómo llego de aquí al centro?
How do you get to downtown from here?

EMERGENCIAS - EMERGENCIES

No me siento bien. Tenga la bondad de enviar por un médico.
I don't feel well. Please, send for a doctor.
¿Dónde hay una farmacia (botica)?
Where is a pharmacy (drugstore)?
El señor está enfermo. Llamen una ambulancia.
This man is sick. Someone call an ambulance.

Me han robado. ¿A quién debo informar?
I have been robbed. To whom should I report it?

No me siga molestando o llamaré a la policía.
Don't bother me, or I'll call the police.

Temo haberme equivocado de tren. ¿Podría decirme adónde va éste?
I'm afraid I'm on the wrong train. Could you tell me where this one is going?

EL CLIMA - THE WEATHER

¿Qué tiempo hace allá?
How is the weather down there?
Aquí hace buen tiempo.
The weather is fine here.

Mañana hará buen tiempo.
Tomorrow will be fair.
El tiempo está malísimo.
The weather is foul.
Está nublado.
It's cloudy.
Está lloviendo.
It's raining.
Está diluviando.
It's pouring.
Está lloviendo a cántaros.
It's raining cats and dogs.
Está granizando.
It's hailing.
Está nevando.
It's snowing.
Parece que va a llover, a nevar.
It looks like rain, like snow.
Truenos y rayos.
Thunder and lightning.
Ha dejado de llover (escampado).
It has stopped raining.
Este año ha hecho mucho frío.
It has been very cold this year.
Está soleado.
It's sunny.
Hace calor.
It's warm.
Hace mucho calor.
It's hot.

LA HORA - THE TIME

¿Qué hora es?
What time is it?
¿Tiene usted hora?
Do you have the time?
Son las cuatro de la tarde.
It's four p.m. (It's four o'clock in the afternoon.)
Son las seis de la mañana.
It's six a.m. (It's six o'clock in the morning.)
Son las tres y media.
It's three thirty. (It's half past three.)

Son las cuatro menos cuarto.
It's a quarter to four.
Son las cinco menos diez.
It's ten minutes to five.
Son las ocho.
It's eight o'clock.
Son las siete en punto.
It's seven o'clock sharp.
Son las dos y cinco.
It's five minutes after two (past two).
Son las dos y cuarenta y cinco.
It's two forty-five.
El reloj (personal).
The watch.
El reloj (mesa, pared).
The clock.
El despertador.
The alarm clock.
Reloj de péndulo.
Grandfather's clock.
Reloj de pulsera.
Wrist watch.
Cronómetro.
Stop watch.
Cronometrar.
To time.

AL TELÉFONO - ON THE TELEPHONE

Hola. Hable. Diga.
Hellow.
¿Con quién hablo?
Who is this speaking?

Tiene el número equivocado.
You have the wrong number.

¿Qué número es ése?
What number is this (is yours)?

Sí, ése es el número, pero aquí no vive el Sr. Anderson.
Yes, that is the right number, but Mr. Anderson doesn't live here.
Ese número está ocupado.
That line is busy.

El Sr. Anderson está ocupado en otro teléfono. Tenga la bondad de esperar.
Mr. Anderson is busy on another line. Would you please hold.
El Sr. Iturbe no se encuentra ahora. ¿Quiere dejarle un mensaje?
Mr. Iturbe is not here now. Would you care to leave a message?

EN EL AEROPUERTO - AT THE AIRPORT

¿Adónde desea ir el señor?
Where would you like to go, sir?
Quisiera viajar a Asunción del Paraguay.
I would like to travel to Asunción del Paraguay.
Para Asunción sale un avión dentro de una hora y media.
A plane for Asunción is leaving in an hour and a half.
Tengo mucho tiempo, entonces.
Then I have plenty of time.
No, señor. Tiene apenas tiempo suficiente, pues tendrá que registrarse primero.
No, sir. You have just enough time, since you must check in first.

¿Qué debo hacer para registrarme?
What must I do to check in?
Debe mandar su equipaje y mostrarme su pasaporte y su pasaje de avión (pasaje aéreo).
You must check your baggage and show me your passport and airline ticket.
También debe pagar el derecho de aeropuerto.
You must also pay the airport tax.
Luego debe presentarse a las autoridades de emigración.
Then you must go to the emigration authorities.

¿A cuánto equipaje tengo derecho?
How much baggage allowance do I have?
¿Cuánto equipaje tiene?
How much baggage do you have?
Tengo dos maletas.
I have two suitcases.
Entonces, no tendrá ningún problema.
Then you will have no problem.
¿A qué hora sale el vuelo para Asunción?
At what time does the Asunción flight leaves?

Deme su pasaporte y su pasaje de avión, por favor.
Please, give me your passport and airline ticket.
Primero debo hacer una llamada telefónica.
I must make a telephone call first.

¿De dónde podré hacer la llamada?
From where could I make a telephone call?
Hay una cabina telefónica cerca.
There is a telephone booth nearby.
¿Cuánto vale una llamada telefónica a Asunción?
How much is a telephone call to Asunción?

Debe darse prisa, si no quiere perder el avión.
You must hurry if you want to make the plane. (If you don't want to miss the plane.)
Cuando anuncien su vuelo, vaya a la puerta número 7.
When your flight is called, go to gate number 7 (seven).
¿Desea asiento en la sección de fumadores o en la de no fumadores?
Would you like your seat in smoking or no smoking section?

Abróchese el cinturón de seguridad, por favor.
Please, fasten your seat belt.
Tengan la bondad de mantener recto el respaldo de su asiento durante el despegue y aterrizaje.
Please, keep the back of your seat straight during take off and landing.

Ahora volamos a 10.000 metros (35.000 pies) de altura.
We are now flying at 10,000 meters (35,000 feet).
El pico que ven a su izquierda es el Aconcagua, la montaña más alta de Sudamérica.
The mountain peak you see on your left is Aconcagua, the tallest mountain in South América.

EN LA ADUANA - AT CUSTOMS

¿Dónde queda la Aduana?
Where is the Customs Office?

¿Tiene usted algo que declarar?
Do you have anything to declare?
Llevo sólo efectos de uso personal.
I have only things for my personal use.
¿Trae usted cigarrillos o algún licor?
Are you bringing in cigarettes or any liquor?
¿Debo abrir las maletas?
Do I have to open my suitcases?
Esta es mi cámara fotográfica y ésta, mi filmadora.
This is my camera and this, my movie camera.

Por favor, llame un maletero para mí.
Please, call a porter for me.
Por favor, lleve mi equipaje hasta un taxi.
Please, take my baggage to a taxi.

Desearía tomar un taxi para ir directamente al hotel.
I would like to take a taxi and go directly to the hotel.
¿Cuánto cobran los taxis desde el aeropuerto hasta la ciudad?
How much do taxies charge form the airport to the city?
Eso tendrá que arreglarlo con el taxista.
That you will have to arrange with the taxi driver.
También depende de a qué parte de la ciudad vaya.
It also depends on what part of town you are going to.

EN EL HOTEL - AT THE HOTEL

Deseo una habitación doble con baño.
I would like a double room and bath.
Sí, señor. Tenemos una hermosa habitación junto a la piscina.
Yes, sir. We have a nice room near the swimming pool.

¿El desayuno está incluido en el precio de la habitación?
Is breakfast included in the price of the room?
Botones, lleve el señor a la habitación 2.
Bell boy, take this gentleman to room 2 (two).

¿Hasta qué hora puedo permanecer en la habitación?
Until what time may I stay in the room?

La hora de salida es a las dos.
Check out time is two o'clock.

¿Hay alguna carta o recado para mí?
Are there any letters or messages for me?
Quisiera hacer una visita guiada a la ciudad.
I would take a guided tour of the city.

¿Qué otros lugares de interés podría conocer?
What other places of interest should I see?
¿Dónde puedo comprar un plano de la ciudad?
Where could I buy a map of the city?

¿Qué medios de transporte puedo utilizar?
What means of transportation are available here?

Tenemos autobuses muy baratos.
We have buses, which are very cheap.

También están los taxis y el metro (subterráneo).
Then there are also taxis and the subway.
¿Cuánto vale un viaje en taxi?
How much is a taxi ride?
Aquí no se cobra por viaje, sino que se paga lo que marque el taxímetro, más una pequeña propina.
We don't charge by the ride here. You pay whatever the meter shows plus a small gratuity (a small tip).

¿Cuánto cuesta el pasaje en metro (subterráneo)?
How much is the subway fare?

¿Dónde podría conseguir entradas para el teatro?
Where could I get theater ticket?
Puede ver al jefe de botones.
You may see the bell captain.

¿Dónde podría hacer arreglar esta maleta?
Where could I have this suitcase fixed (repaired)?

¿Podría decirme dónde queda el correo?
Could you tell me where is the post office?
Si desea enviar una carta, puede dejarla aquí en la recepción. También podemos venderle las estampillas (sellos de correo).
If you wish to mail a letter, you could leave it here at the reception desk. We could also sell you the stamps.
¿Cuánto vale el franqueo (porte) para Montevideo?
How much is postage to Montevideo?
Mi avión sale mañana a las cinco. ¿Podría liquidar mi cuenta a las 3 y dejar mi equipaje aquí mientras tanto?
My flight leaves at five, tomorrow. Could I pay my bill at three o'clock and leave my baggage here until then?

EN EL RESTAURANTE - AT THE RESTAURANT

Buenas noches, damas y caballeros. ¿Tienen reservaciones?
Good evening, ladies and gentleman. Do you have reservation?
Sí, hemos reservado una mesa para cuatro a nombre de Iturbe.
Yes. We have reserved a table for four under the name of Iturbe.
Sí, señor. Sígame por aquí, por favor.
Yes, sir. This way, please.

Enseguida vendrá el maitre y les traerá la carta (el menú).
The head waiter will be here shortly to bring you the menu.

Quisiéramos ver también la lista de los vinos.
We would like to see the wine list.
Quisiera la carne bien asada.
I should like my meat well done.
Me gustaría poco cocida.
I should like it rare.
Entre término medio y poco cocida.
Medium rare.
Entre término medio y bien asada.
Medium well done.
Deseo un vaso de agua.
I want a glass of water.
Necesito un tenedor (cuchara).
I have no fork (spoon).
¿Qué postre desean?
What will you have for dessert?
¿Qué platos típicos tienen?
What native dishes do you have?
¿Cómo se compone este plato?
What is this dish made of? (composed of?)
¿Le gusta a Ud. el picante?
Do you like hot spices?
No me gusta la comida muy condimentada.
I don't like my food too spicy.

¿Desean vino tinto o blanco?
Would you like red or white wine?

¿Le gusta el café negro o lo desea con leche?
Would you like coffee black, or would you rather have it with milk?
¿Cuánto azúcar (cucharadas de azúcar) le pone usted al café?
How many sugars (spoonful of sugar) do you take in your coffee?

Mozo (camarero), por favor, deme la cuenta.
Waiter, bring the check, please.

¿Qué tarjetas de crédito aceptan?
What credit cards do you take?

El mozo (camarero) nos ha atendido muy bien. Debemos dejarle una buena propina.
The waiter has taken very good care of us. We must leave a good tip.

DE COMPRAS - SHOPPING

Me gustaría conocer una de las grandes tiendas. ¿Podría ir allí caminando?
I should like to see one of the large departament stores. Could I get there by walking?
Sí, está muy cerca.
Yes, it's very close.

Me gustaría ver algunas corbatas.
I should like to see some ties (neckties).

¿Dónde queda la sección de calzados?
Where is the shoe departament?
¿Tiene este zapato en color negro?
Does this shoe come also in black?
Me queda muy estrecho (apretado), muy grande.
It's too small for me, too big for me.
¿Tendría esto en un color más claro, más oscuro?
Would you have this in a lighter color, in a darker color?
Quisiera algo más fino.
I would like something better.
Quisiera algo menos costoso.
I would like something less expensive.
¿Podría cambiarlo si a mi esposa no le gusta, no le queda bien?
Could I exchange if my wife doesn't like it, doesn't fit her?

¿Cuánto cuesta?
How much is it?
Me parece caro.
It seems expensive.

Quisiera comprar un regalo para mi esposa, para mi marido.
I would like to buy a gift for my wife, for my husband.
¿Podría envolverlo (empacarlo) en papel de regalo?
Could you gift-wrap it?

¿Tendría la amabilidad de enviármelo al hotel?
Would you be good enough to send it to my hotel?

Este vestido está hoy en oferta (venta especial, liquidación).
  Es una verdadera ganga.
This dress is on sale today. It's a very good buy.

¿Desea algo más?
Is there anything else you wish?

swim	swam	swum
swing	swung	swung
take	took	taken
teach	taught	taught
tear	tore	torn
tell	told	told
think	thought	thought
throw	threw	thrown
thread	trod	trodden
wear	wore	worn
weave	wove	woven
weep	wept	wept
win	won	won
wind	wound	wound
wring	wrung	wrung
write	wrote	writen

pay	paid	paid
read	read	read
ring	rang	rung
rise	rose	risen
run	ran	run
say	said	said
see	saw	seen
seek	sought	sought
sell	sold	sold
send	sent	sent
set	set	set
shake	shook	shaken
shine	shone, r.	shone, r.
shoot	shot	shot
show	showed	shown
shrink	shrank, shrunk	shranken, shrunk
sing	sang	sung
sink	sank	sunk
sit	sat	sat
slay	slew	slain
sleep	slept	slept
slide	slid	slid, sliden
speak	spoke	spoken
spin	spun	spun
spring	sprang	sprung
stay	staid	staid
stal	stole	stolen
stick	stuck	stuck
sting	stung	stung
strike	struck	struck, striken
swear	swore	sworn
sweep	swept	swept

eat	ate	eaten
fall	fell	fallen
feed	fed	fed
fell	felt	felt
fight	fought	fought
find	found	found
flee	fled	fled
fling	flung	flung
fly	flew	flown
forget	forgot	forgotten
forsake	forsook	forsaken
freeze	froze	frozen
get	got	got, gotten
give	gave	given
go	went	gone
grind	ground	ground
grow	grew	grown
have/had	had	had
hear	heard	heard
hide	hid	hidden, hid
hold	held	held
hurt	hurt	hurt
keep	hept	kept
know	knew	known
lay	laid	laid
lead	led	led
leave	left	left
lie	lay	lain
lose	lost	lost
make	made	made
mean	meant	meant
meet	met	met

TABLA DE VERBOS IRREGULARES

Los siguientes son los verbos irregulares más importantes del inglés. Los señalados con una *r* también tienen formas regulares. En algunos casos presentan dos variantes que también se indican. Ante la imposibilidad de poner todos sus usos y acepciones, aconsejamos consultar el diccionario.

presente	**pasado**	**participio pasado**
arise	arose	arisen
bear	bore	borne
become	became	become
begin	began	begun
behold	beheld	beheld
beseech	besought	besought
bid	bid, bade	bid, bidden
bind	bound	bound
bite	bit	bitten
bleed	bled	bled
blow	blew	blown
break	broke	broken
bring	brought	brought
burn	burn, *r.*	burnt, *r.*
buy	bought	bought
catch	caught	caught
choose	chose	chosen
come	came	come
dig	dug, *r.*	dug, *r.*
do	did	done
draw	drew	drawn
drink	drank	drunk
drive	drove	driven
dwell	dwelt. *r.*	dwelt, *r.*

CONJUGACIÓN
DEL VERBO TO BE (ser o estar)

Infinitivo: to be **Participio presente:** being **Participio pasado:** been

Modo indicativo

	presente	**pasado**	**futuro**
	I am	I was	I shall be
sing.	you are	you were	you will be
	he, she, it is	he, she, it was	he, she, it will be
	we are	we were	we shall be
pl.	you are	you were	you will be
	they are	they were	they will be

	presente perf.	**pasado perf.**	**futuro perf.**
	I have been	I had been	I shall have been
sing.	you have been	you had been	you will have been
	he, she, it has been	he, she, it had been	he, she, it will have been
	we have been	we had been	we shall have been
pl.	you have been	you had been	you will have been
	they have been	they had been	they will have been

Modo subjuntivo

	presente	**pasado**	**futuro**
	I be	I were	I should be
sing.	you be	you were	you would be
	he, she, it be	he, she, it were	he, she, it would be
	we be	we were	we should be
pl.	you be	you were	you would be
	they be	they were	they would be

	presente perf.	**pasado perf.**	**futuro perf.**
	I have been	I had been	I should have been
sing.	you have been	you had been	you would have been
	he, she, it have been	he, she, it had been	he, she, it have been
	we have been	we had been	we should have been
pl.	you have been	you had been	you would have been
	they have been	they had been	they would have been

3. En los tiempos compuestos o cuando se utiliza un verbo auxiliar la palabra *not* se coloca luego del verbo auxiliar: *he has not come* (no ha venido); *you can not leave so early* (no puedes irte tan temprano).

4. En el habla cotidiana se contrae *not* con un apóstrofo y se une al verbo: *aren't, didn't*, etc. Al usar el verbo auxiliar *can*, la palabra *not* puede unirse al verbo: *cannot*.

La interrogación negativa

1. Al usar la forma completa de *not*, el orden de las palabras es: verbo auxiliar, sujeto, *not*, verbo principal: *Did he not give you the news?* (No te dio la noticia?).

2. Al usar la contracción *n't*, ésta queda unida al verbo principal: *Didn't he give the news?*

MODELO DE CONJUGACIÓN DE UN VERBO REGULAR
(Modo indicativo)

	presente	**pasado**	**futuro**
	I call	I called	I shall call
sing.	you call	you called	you will call
	he, she, it calls	he, she, it called	he, she, it will call
	we call	we called	we shall call
pl.	you call	you called	you will call
	they call	they called	they will call

	presente perf.	**pasado perf.**	**futuro perf.**
	I have called	I had called	I shall have called
sing.	you have called	you had called	you will have called
	he, she, it has called	he, she, it had called	he, she, it have called
	we have called	we had called	we shall have called
pl.	you have called	you had called	you will have called
	they have called	they had called	they will have called

5. **Can** (presente) y **could** (pasado o condicional) se utilizan como el verbo *poder* en castellano, para indicar capacidad, posibilidad o permiso. P. ej.: *My father can speak four languages* (Mi padre puede hablar cuatro idiomas); *We could sent it tomorrow* (Podríamos mandártelo mañana).
6. **May** (presente) y **might** (pasado) se usan para indicar posibilidad o permiso. P. ej.: *May I go to the bathrrom?* (¿Puedo [me permite] ir al baño?).
7. **Must** se utiliza como los verbos *tener* o *deber* para expresar obligación, necesidad o suposición. Por. ej.: *He must be crazy* (Debe estar loco); *I must call my lawyer* (Tengo que llamar a mi abogado).
8. **Ought** se utiliza como *deber* para expresar obligación moral o recomendación. P. ej.: *You ought to visit your parents* (Deberías visitar a tus padres). Este verbo va seguido de la partícula *to* antes del infinitivo del verbo principal.

La interrogación

Las formas interrogativas pueden construirse en inglés de las siguientes maneras:
a) Usando el verbo auxiliar *to do* antepuesto al sujeto: *does he like beer?* (¿Le gusta la cerveza?).
b) Usando otro verbo auxiliar antepuesto al sujeto: *has he gone out?* (¿ha salido?); *will they arrive late?* (¿llegarán tarde?).
c) El verbo *to be* se antepone directamente al sujeto: *are you sure?* (¿estás seguro?); *is she here?* (¿está ella allí?).
d) Cuando los pronombres interrogativos actúan como sujeto sólo se antepone el verbo al sujeto: *Who saw him?* (¿Quién lo vio?).
e) En el habla cotidiana, a veces se omite el verbo *to do* y sólo se antepone el verbo al sujeto, especialmente en segunda persona: *understand you?* (¿entiendes?).

La negación

1. Las oraciones negativas de los tiempos simples se construyen con el verbo auxiliar *to do* (en el tiempo correspondiente al verbo principal) seguido de la palabra *not* y luego el verbo principal: *I do not know* (no lo sé); *I did not see you yesterday* (no te vi ayer).
2. El verbo *to be* agrega directamente *not* en sus tiempos simples: *We are not heroes* (No somos héroes).

El subjuntivo
Salvo en los verbos defectivos, el subjuntivo de los verbos tiene la misma forma que el indicativo. El verbo *to be* (ser o estar) es el único que tiene formas propias para este modo. Se usa *be* para todas las personas del presente, *were* para todas las del pasado y *should* o *would* para expresar una forma condicional de futuro. El uso de este modo es muy restringido en inglés.

El imperativo
Sólo tiene la segunda persona (singular y plural), cuya forma es la misma del infinitivo sin la partícula *to*. P. ej: *close the door* (cierra, cerrá, cierre, cerrad, cierren la puerta). Para dar una forma imperativa a una indicación dada a la primera persona del plural, se utiliza *let us* o *let's* y luego el infinitivo sin la partícula *to: let's go* (vámonos).

Los verbos auxiliares *(modal verbs)*
1. El verbo **to be** se usa para formar la *voz pasiva* y los llamados *tiempos progresivos* o *continuos*.
a) La **voz pasiva** se construye igual que en castellano con las distintas formas del **to be** (ser) y el participio pasado del verbo principal. Se utiliza mucho más en el inglés que en el español. En muchos casos, su traducción literaria origina formas un tanto artificiales en el castellano oral. P. ej.: *The man was seen climbing the wall* (El hombre fue visto escalando el muro).
b) Los **tiempos progresivos** se construyen con las distintas formas del verbo **to be** *(estar)* y el participio presente (gerundio del castellano) del verbo principal para indicar continuidad de la acción. P. ej.: *I am writing (estoy escribiendo)*. En el habla cotidiana, suele utilizarse esta forma no para indicar un acción que se está desarrollando, sino para indicar un hecho próximo a suceder. P. ej.: *I am writing to him about it* (Estoy por escribirle al respecto).
2. El verbo **to have** se usa especialmente para formar los tiempos compuestos de otros verbos (ver **conjugación de verbos**).
3. **Shall** y **will** se usan para formar el futuro de otros verbos y en ciertas formas interrogativas. P. ej.: *Shall I let him in?* (¿Lo dejo entrar?).
4. **Should** y **would** se usan para formar el potencial de otros verbos y en ciertas construcciones interrogativas. P. ej.: *Would you help me, please?* (¿Podrías ayudarme, por favor?); *You should not say that* (No deberías decir eso).

El *past participle* cumple la mismas funciones que en castellano: forma parte de los tiempos compuestos y de la voz pasiva. En los verbos regulares se forma agregando *-ed* al nombre del verbo. P. ej.: *open, opened* (abrir, abierto).

El indicativo

1. Los tiempos principales son **presente, pasado** y **futuro** (que se forma usando los auxiliares *shall* y *will*). Otros tiempos compuestos son el presente perfecto, el pasado perfecto y el futuro perfecto *(que se forman utilizando el verbo auxilar to have)*. La forma potencial o condicional se construye con los auxiliares *should* y *would*. (Ver **conjugación de verbos.**)
2. El verbo en inglés conserva, en todos los tiempos, **la misma forma para todas las personas del singular y del plural**. Las excepciones son la tercera persona del singular del tiempo presente (que en los verbos regulares agrega una *s)* y la primera persona singular del tiempo presente del verbo *to be* (ser o estar).
3. Para construir el tiempo futuro, se utiliza **shall** para primera persona (singular y plural) y **will** para segunda y tercera. Utilizándolos de manera inversa expresan determinación, voluntad o promesa de quien habla. P. ej.: *I shall be there* (Estaré allí); *I will be there* (¡Estaré allí!).
4. Para construir el potencial se usa **should** en primera persona (singular y plural) y **would** para segunda y tercera (singular y plural).

Verbos regulares e irregulares

Los verbos regulares son aquellos que forman su pretérito y su participio pasado agregando *-ed* o *-d* al infinitivo. P. ej.: *love, loved* (amar). Los verbos irregulares forman el pretérito o el participio pasado (o ambos) de distinta forma. Los casos más usuales son:
a) Agregar una terminación distinta: *bend, bent, bent* (doblar, curvar).
b) Cambiar la raíz: *sing, sang, sung* (cantar).
c) Conservar la misma forma para el presente, pretérito y participio pasado: *cut, cut, cut* (cortar).
e) El verbo **to be** tiene formas distintas para el presente, se modifica totalmente para el pretérito *(was, were)* y agrega una terminación distinta en el participio pasado *(been)*.

P. ej: *The friend from whom I heard the news* o *The friend I heard the news from* (El amigo de quien escuché la noticia).

10. Los **pronombres interrogativos** son:
   what (qué)
   which (cuál, cuáles)
   who (quién, quiénes)
   La forma *por qué* del castellano corresponde a la palabra inglesa **why**. **Who** se transforma en **whose** para la forma posesiva de la interrogación (de quién [es], de quiénes [son]) y en **whom** para la forma objetiva (a quién, a quiénes).

LA PREPOSICIÓN

Existen numerosas preposiciones inglesas y su utilización es muy compleja, variando según los casos en que se empleen, los verbos que acompañan, etc., por lo que deben estudiarse de manera individual. Como criterio general puede señalarse que, cuando acompañan un pronombre relativo, puede omitirse el pronombre y la preposición se traslada al final de la oración (ver ejemplo en **pronombres relativos**).

EL VERBO

En inglés, el verbo tiene **cuatro modos: infinitivo, indicativo, subjuntivo** e **imperativo**.

El infinitivo

El infinitivo se expresa anteponiendo la partícula *to* al nombre del verbo. P.ej.: *to help* (verbo ayudar). Presenta, además, tres formas de verboides: *gerund* (gerundio), *present participle* (participio presente) y *past participle* (participio pasado).

El gerundio y el participio pasado son idénticos en forma (agregan el sufijo *-ing* al nombre del verbo), pero cumplen funciones gramaticales muy distintas. La función *gerund* corresponde a la de un sustantivo (equivalente al infinitivo en castellano); p. ej: *Working here is a pleasure* (Trabajar aquí es un placer). La función *present participle* se corresponde con la del gerundio en castellano (indicando continuidad de la acción); p. ej: *he is sleeping* (él esta durmiendo).

En inglés, los pronombre reflexivos se usan en cuatro casos:
a) Para formar ciertos verbos reflexivos: *she dressed herself* (ella se vistió).
b) Para dar forma reflexiva (refleja) a verbos transitivos: *they expressed themselves very well* (ellos se expresaron muy bien).
c) Para dar énfasis a la acción expresada por un verbo: *I painted it myself* (yo mismo lo pinté).
d) Como término de un complemento: *they think only of themselves* (sólo piensan en sí mismos).

8. Los **pronombres demostrativos** son:
this, this one (éste, ésta, esto)
these, these one (éstos, éstas)
that, that one (ése, ésa, eso; aquél, aquélla, aquello)
those, these ones (ésos, ésas; aquéllos, aquéllas)

Las formas simples se utilizan cuando el sujeto a que se refiere el pronombre queda expresado en la misma oración: *this is your hat* (éste es tu sombrero).

Se añade la palabra auxiliar *one, ones* cuando el pronombre se refiere a un sujeto expresado en una oración o proposición previa: *that wine is too sweet, I prefer this one* (ese vino es muy dulce, prefiero éste).

9. Los **pronombres relativos** se usan como iniciación de un complemento. Son los siguientes:
that, what (que, lo que, para personas objetos y animales)
who (que, el que, quien, sólo para personas)
which (que, el cual, sólo para animales y cosas)

La **forma posesiva** de **who** y **which** es **whose** (cuyo, ya, yos, yas) y se usa tanto para personas como para animales y cosas. La **forma objetiva** de **who** es **whom** (a quien, a quienes, *from whom:* de quien, de quienes) y sólo se utiliza para personas. P. ej.: *We know whom he wants* (Sabemos a quién ella quiere).

Es usual que en el inglés hablado se omita el pronombre relativo usado como complemento. P. ej.: *The man you met is my brother* (El hombre que conociste es mi hermano).

También es común que si el relativo va acompañado de una preposición, ésta suele pasar al final de la frase y entonces puede omitirse el relativo.

nada en s, sólo se agrega el apóstrofo: *the boys' hats* (los sombreros de los muchachos).

2. Cuando cumple función de **sujeto**, el pronombre no se puede omitir en inglés, excepto en oraciones en las que haya dos o más verbos regidos por el mismo sujeto. P. ej.: *He opened the box and took out a ring* (Él abrió la caja y sacó un anillo).

3. En **oraciones afirmativas**, como regla general, el sujeto siempre precede al verbo. Las excepciones son las frases *it's me* (soy yo) y *it's us* (somos nosotros), cuando responde a la pregunta *who is it?* (¿quién es?).

4. En **oraciones negativas,** la regla general también es que el sujeto preceda al verbo. Las excepciones son aquellas frases que se inician con *expresiones negativas* tales como: *Not only did he reconognize me, but he embraced me as well* (No sólo me reconoció, sino que también me abrazó); *Never have I seen such a boring picture* (Nunca he visto una película tan aburrida).

5. En **oraciones impersonales** se utiliza *it:*
a) Para el clima: *it's raining* (está lloviendo); *it's cold* (hace frío).
b) Para indicar la característica de una acción o situación: *it's easy* (es fácil); *it's impossible* (es imposible); *it's too late* (es demasiado tarde)
c) En frases que en español llevan el pronombre impersonal *se: it's said that* (se dice que); *it's seems that* (parece que).

Se utiliza *they* para aquellas frases que en español llevan el pronombre impersonal *se* en singular, pero que también podrían expresarse de forma impersonal en plural. P. ej: *they have built a new school* (se ha construido una nueva escuela; construyeron una nueva escuela).

6. Además de los casos ya mencionados, *it* se utiliza para referirse a objetos, animales, países, regiones, etc.

7. Los **pronombres reflexivos** son:

	singular	**plural**
1era. pers.	**myself**	**ourselves**
2da. pers.	**yourself**	**yourselves**
3era. pers.	**himself**	
	herself	**themselves**
	itself	
impersonal	**oneself**	

d) También puede utilizarse la misma voz que para el adjetivo: *He run very fast/ fastly* (Él corre velozmente).

2. Los **adverbios de tiempo** (p. ej.: *soon*, rápidamente), **lugar** (p. ej.: *here, aquí*) y **cantidad** (p. ej.: *almost*, casi) tienen formas muy diversas y deben aprenderse individualmente.

3. Las formas comparativas y superlativas de los adverbios se construyen de manera similar a las de los adjetivos (utilizando *more, most* para las formas positivas y *less, least* para las negativas).

EL PRONOMBRE

1. Al igual que los sustantivos, los pronombres tienen **número** (singular o plural) y **género** (masculino, femenino o neutro). Además, sus formas varían según el **caso** en que se encuentren en la oración (sujeto, término, etc). En inglés hay tres casos: el **nominativo,** el **posesivo** y el **objetivo** (que corresponde tanto al *dativo* como al *acusativo* de otras lenguas, y las formas de verbos reflexivos del español).

singular	nominativo	posesivo	objetivo
1era. pers.	**I** (yo)	**my, mine**	**me**
2da. pers.	**you** (tú, vos)	**your, yours**	**you**
3era. pers	**he** (él)	**his, him**	**him**
	she (ella)	**her, hers**	**her**
	it (ello)	**its**	**it**
plural			
1era. pers.	**we** (nosotros)	**our, ours**	**us**
2da. pers.	**you** (vosotros, ustedes)	**your, yours**	**you**
3era. pers	**they** (él)	**their, theirs**	**them**

En inglés, los **pronombres posesivos** varían en número y género de acuerdo con el poseedor y no con la cosa poseída. P. ej.: *his books* (sus libros [de él]); *that house is theirs* (esta casa es suya [de ellos]).

Para formar el **posesivo** de un nombre en singular se agrega apóstrofo y s. P. ej.: *the dog's ear* (la oreja del perro). Para la forma en plural termi-

Adjetivos comparativos y superlativos

1. Los adjetivos de una sílaba, los de dos cuya segunda sílaba va acentuada y los terminados en *y* agregan **er** *y* **est** para formar el comparativo y el superlativo, respectivamente. Los adjetivos terminados en *e* sólo agregan **r** y **st**.

    tall, taller, tallest (alto, más alto, el más alto)
    brave, braver, bravest (valiente, más valiente, el más valiente)
    happy, happier, happiest (feliz, más feliz, el más feliz)

2. Los adjetivos de más de dos sílabas, los de dos acentuados en la primera de ellas y el adjetivo *"real"* utilizan **more** y **most** para formar el comparativo y el superlativo, respectivamente:

    beatiful, more beautiful, most beatiful (bello, bella)
    silent, more silent, most silent (silencioso, silenciosa)

3. Algunos adjetivos tienen formas comparativas y superlativas irregulares:

    bad, worse, worst (malo, peor, el peor)
    good, better, best (bueno, mejor, el mejor)

4. Para la construcción de formas comparativas y superlativas negativas se utilizan *less* (menos) y *least* (el menos).

5. La voz inglesa **than** cumple las funciones de *que* y *de* en las construcciones comparativas del castellano:

    I am taller than you (Soy más alto que tú)
    He spent more than ten dollars (Él gastó más de diez dólares).

EL ADVERBIO

1. Los **adverbios de modo** y **circunstancia** se forman regularmente añadiendo **ly** al adjetivo: *sad, sadly* (triste, tristemente); *fast, fastly* (rápido, rápidamente). Pero debe tenerse en cuenta que:

a) En los adjetivos terminados en *ble* sólo cambian la **e** por **y**: *possible, possibly* (posible, posiblemente)

b) En los terminados en *ic* se agrega **ally**: *critic, critically* (crítico, críticamente).

c) En los terminados en *ll* sólo se agrega **y**: *full, fully* (pleno, plenamente); *dull, dully* (torpe, torpemente).

d) En los terminados en *y* se cambia la *y* por *i*: *happy, happily* (feliz, felizmente).

b) Antes de las profesiones, artes, ciencias, idiomas, estaciones del año, títulos, parentesco.
c) Nombres propios calificados por un adjetivo: *poor Mary* (la pobre María).
d) Las expresiones de tiempo: *next year* (el año próximo); *four o'clock* (las cuatro en punto).
e) Antes de sustantivos en singular usados en sentido general: *school begins in March* (la escuela comienza en marzo).

Por otro lado, se utiliza en casos en los que no se lo hace en castellano:
a) Antes de números ordinales en títulos: *Henry the Eight* (Enrique VIII).
b) Integrando ciertas frases adverbiales: *the more he eats the thinner he becomes* (cuanto más come, más delgado se pone).

El artículo indefinido

Se usa **a** antes de consonante y **an** antes de vocal o *h* muda, excepto en las palabras iniciadas en *u* o *eu*. Se utiliza con mayor frecuencia en inglés que en castellano, en los siguientes casos:
a) Antes de sustantivos que designan nacionalidad, origen, jerarquía, ocupación, religión, etc.
b) Antes de sustantivos en aposición: *His father, an actor of great renown* (Su padre, actor de gran renombre).
c) Antes de palabras como *other* (otro, otra) o *certain* (cierto, cierta); después de palabras como *such* (tal) y *what* (qué) antes de sustantivos en singular; antes de *hundred* (cien) y *thousand* (mil) seguidos de sustantivos en plural.
d) Después de *as* (de, como) al referirse a un trabajo o característica de una persona: *at times he works as a waiter* (a veces él trabaja de mozo).

EL ADJETIVO

En inglés, el adjetivo es invariable en género y número. Salvo muy pocas excepciones, siempre va delante del sustantivo. En los casos en que el adjetivo se refiere a un sustantivo ya nombrado y que no se quiere repetir, va delante de los pronombres *one, ones* (uno, unos): *She had a red hat and two blue ones* (Ella tenía un sombrero rojo y dos azules).

3. Lo mismo ocurre con algunos sustantivos terminados en *o:*
hero, heroes (héroe, héroes)
volcano, volcanoes (volcán, volcanes)

4. Los sustantivos terminados en *y* precedida de consonante forman el plural cambiando esta letra por **ies:**
city, cities (ciudad, ciudades)
lady, ladies (señora, señoras)

5. Muchos sustantivos terminado en *f* o *fe* reemplazan esta letra por **ves:**
leaf, leaves (hoja, hojas)
knife, knives (cuchillo, cuchillos)

6. Algunos sustantivos agregan **en** o **ren:**
child, children (niño, niños)
ox, oxen (buey, bueyes)

7. Algunos sustantivos forman el plural mediante un cambio de vocal interna:
man, men (hombre, hombres)
woman, women (mujer, mujeres)
tooth, teeth (diente, dientes)

8. Ciertos sustantivos carecen de forma singular y se utilizan tanto en singular como en plural:
news (noticia, noticias)
goods (mercancía, mercancías)

9. Algunos sustantivos no alteran su forma en el plural:
deer (venado, venados)
aircraft (aeronave, aeronaves)

EL ARTÍCULO

A diferencia del castellano, en inglés, tanto el artículo definido **(the)** como el indefinido **(a, an)** no sufren variaciones de género y número.

El artículo definido

Se usa con menos frecuencia en inglés que en castellano. Debe omitirse en los siguientes casos:

a) Antes de sustantivos en plural usados en sentido general: *people began to understand* (la gente comienza a comprender).

EL SUSTANTIVO

Género

En inglés, la mayoría de los sustantivos son neutros, sin definición de género. Son masculinos los nombres de varón o animal macho y femeninos los nombres de mujer o animal hembra. Adoptan formas distintas también los sustantivos referidos a formas de parentesco, ciertas profesiones, oficios y títulos de nobleza, y los relacionados con la edad o características físicas de los seres humanos.

El género de los sustantivos puede ser determinado por:

a) **un sufijo** (especialmente para indicar el femenino):
   actor/actress (actor, actriz)
   aviator/aviatrix (aviador, aviadora)
   widow/widower (viuda, viudo)

b) **un prefijo o palabra previa** (especialmente, en caso de animales):
   bear, she-bear (oso, osa)
   monkey, female monkey (mono, mona)

c) **la palabra *man* o *woman*** (separada o integrada, según los casos):
   young man, young woman (hombre joven, mujer joven)
   blind man, blind woman (ciego, ciega)
   salesman, saleswoman (vendedor, vendedora)

d) **palabras distintas:**
   man, woman (hombre, mujer)
   uncle, aunt (tío, tía)
   brother, sister (hermano, hermana)

Plural

1. El plural regular se forma agregando una **s** al singular:
   girl, girls (muchacha, muchachas)
   writer, writers (escritor, escritores)
   horse, horses (caballo, caballos)

2. Los sustantivos terminados en sonidos sibilantes (ch, s, sh, x, z) agregan **es**:
   fox, foxes (zorro, zorros)
   kiss, kisses (beso, besos)
   brush, brushes (cepillo, cepillos)

ELEMENTOS DE GRAMÁTICA INGLESA

Dirección de redacción
Prof. Alejandro Itzik
Prof. Pablo Valle

Realizado y editado en Argentina
Impreso en Colombia
Panamericana Formas e Impresos S.A.
Bogotá, D.C. - Colombia
EDICIÓN 2004 Del Tercer Milenio
Todos los derechos reservados
© **EDITORA SUDAMER S.A.**
Montevideo - Buenos Aires - Bogotá - México DF - Madrid
ISBN de la obra: 9974-7750-7-8

Queda prohibida la reproducción total o parcial de este libro, así como su tratamiento informático, grabación magnética o cualquier almacenamiento de información o sistema de recuperación o por otros medios, ya sean electrónicos, mecánicos, por fotocopia, registro, etc., sin el permiso previo y por escrito de los titulares del copyright.

DICCIONARIO MAGISTER

Inglés / Español

A modo de presentación

El idioma inglés es predominante, sin dudas, en los negocios, las comunicaciones, el transporte y el turismo a nivel internacional. Además, la informática y la moderna tecnología utilizan, en la mayoría de los casos, palabras provenientes de este idioma. Por eso, el manejo del inglés se ha convertido en una herramienta indispensable, y la tendencia actual es incorporarlo como materia de estudio en los distintos niveles educativos, en particular en los países de habla hispana.

Este diccionario bilingüe está dirigido especialmente a los jóvenes y niños que recién inician el estudio de este idioma y que necesitan de un material de consulta permanente, claro y accesible.

Por eso, esta obra está redactada teniendo en cuenta los más modernos criterios vigentes en diccionarios bilingües. Es decir, presentar las voces no sólo en su significado básico, sino también en el que adquieren en distintos contextos, actividades y disciplinas. Se incluyen además numerosos giros idiomáticos, tanto en castellano como en inglés.

Esta metodología permite que incluso el estudiante que comienza su aprendizaje del inglés se familiarice rápidamente con el manejo del diccionario y encuentre con facilidad la acepción que corresponda, en cada caso, de las voces más utilizadas en los primeros años de estudio. Los **elementos de gramática inglesa** incluidos en la obra facilitan la comprensión más global del idioma. Se ha redactado como un material de consulta y apoyo, ya que contiene los criterios más generales de uso y formación de las distintas palabras tales como sustantivos, adjetivos, pronombres, preposiciones, etc., la conjugación de verbos regulares y los verbos irregulares más usuales.

El diccionario será también de gran utilidad para estudiantes más avanzados, ya que contiene **más de 20.000 voces** de uso cotidiano en español e inglés, y **más de 50.000 acepciones** (que incluyen usos técnicos y específicos de diversas materias).

La correcta pronunciación del inglés es un área tan compleja como la de la gramática porque requiere del manejo de numerosos sonidos (de vocales y de consonantes) inexistentes en castellano. Al respecto, creímos conveniente utilizar el método de **pronunciación aproximada** de las palabras, que emplea sólo las letras del alfabeto castellano, y no signos fonéticos, de muy difícil comprensión.

LOS EDITORES

Instrucciones para el uso de este diccionario

Este diccionario bilingüe INGLÉS/ESPAÑOL incluye una serie de vocablos (o entradas) en **letra destacada**. En la parte superior de las páginas pares figura la primera voz o entrada, y en las páginas impares, la última. De tal manera que en las páginas enfrentadas se pueden hallar todos los vocablos que se encuentran comprendidos por orden alfabético entre las dos voces de los cabezales. En el caso de este diccionario, a continuación de la voz inglesa figura la **pronunciación aproximada** de la misma, entre paréntesis. P. ej.: **animator** (ánimeitor).

Los **vocablos** han sido ubicados por estricto orden alfabético. A continuación de los mismos se incluye la abreviatura de la clase de palabra correspondiente. P ej.: **actor**. m. (sustantivo masculino). Luego se indica la voz o voces en el otro idioma. Cuando una misma voz corresponda a dos (o más) **clases de palabras** distintas, se indicará la clase de palabra a que corresponda y se separará con doble barra. P. ej.: **miss**. tr. **1**. perder. **2**. errar (...).// n. fallo, fracaso. Si en el otro idioma corresponde a dos voces distintas, se indicará cada una de ellas de manera separada. P. ej.: **new**. **1**. a. nuevo, reciente. **2**. adv. recientemente.

En el inglés, la mayoría de los sustantivos son neutros (sin género) y se indican con la abreviatura **n.** (*noun*, sustantivo), señalando la diferencia (**m.** o **f.**) sólo si tienen formas distintas. P. ej.: **bear**. **1**. m. oso.// **she bear**. f. osa. En el caso de los vocablos ingleses que se utilizan como sustantivo y como verbo, se omite el auxiliar *to* que indica la forma de infinitivo. P. ej.: **cut**. **1**. n. corte.

2. i. cortar. Ante cualquier duda respecto de los vocablos, consultar la tabla de abreviaturas.

Las **diferentes acepciones** en que se usa una voz (y que corresponden a voces distintas en el otro idioma) se indican de manera separada (numeradas o con punto y coma). En algunos casos se incluye, antes de la voz correspondiente en el otro idioma, una abreviatura que indica un determinado campo de actividad. P. ej.: **saddle.** n. **1.** silla de montar, montura. **2.** sillín (bicicleta). **3.** *Mec. silleta.* Cuando el plural de una voz tiene un sentido o significado distinto al del singular, se señala con la abreviatura *pl.* P. ej.: **linguist.** n. lingüista // **linguistics.** n. lingüística.

Si una misma voz se utiliza en distintas clases de palabras y éstas tienen acepciones diferentes, se indican primero todas las acepciones correspondientes a una clase de palabra, y luego las correspondientes a la otra, señalando dicho cambio con la abreviatura correspondiente. P. ej.: **near.** a. **1.** cercano, próximo. **2.** inmediato. **3.** íntimo. **4.** directo, corto.// adv. **1.** cerca, próximo. **2.** casi.//prep. cerca de; casi.// i./tr. acercar(se). (...).
En esta entrada, existen cuatro acepciones como adjetivo, dos como adverbio, una como preposición y una como verbo.

También se incluyen como acepciones las **frases verbales** y **los giros idiomáticos** de los que forma parte la voz que se traduce. En este caso no se repite la voz completa sino sólo su inicial. P. ej.: **place. 1.** lugar, sitio. **2.** puesto, empleo. **3.** posición. **4.** espacio. **5.** *in p. of:* en lugar de. **6.** *to take p.:* tener lugar. **7.** *to take the p. of:* sustituir a.

Para incluir un mayor número de voces, en algunos casos se han agrupado familias de palabras a través de entradas secundarias, que deben utilizarse con el mismo criterio que la entrada principal. P. ej.: **banish** (banish). tr. desterrar.// **banishment.** n. destierro.

a (ei). n./a. primera letra del abecedario.// art. **1.** un, una; cuando precede a una palabra que empieza con vocal o h muda se transforma en *an*. **2.** por, el, la.// *Mús.* nota La.
abandon (abandon). tr. abandonar, dejar, desamparar, desertar, desistir, renunciar, evacuar, repudiar.// *a. oneself to* (a. oanself tu). abandonarse a.
abandoned (abandond). a. abandonado, desierto, deshabitado.
abash (abash). tr. avergonzar, confundir, desconcertar.// **abashment**. n. vergüenza, confusión, desconcierto.
abbess (abes). f. abadesa.
abbey (abi). n. abadía.
abbot (abot). m. abad.
abbreviate (abriviait). tr. abreviar.// *Mat.* simplificar.// **abbreviation** (abriviaishon). n. **1.** resumen; **2.** abreviatura de una palabra.
abdicate (abdicait). tr. i. abdicar, renunciar, dimitir.// **abdication** (abdikeishon). n. abdicación, renuncia, dimisión.
abdomen (abdomen). n. abdomen, vientre.// **abdominal** (abdominal). a. abdominal.
abduct (abdact). tr. secuestrar, raptar.// **abduction** (abdacshon). n. secuestro, rapto.// **abductor** (abdactor). n. **1.** secuestrador. **2.** *Anat.* músculo aductor.
aberrant (aberant). a. aberrante.
aberration (abereishon). n. aberración.
abhor (abor). tr. aborrecer, detestar, abominar, repudiar.// **abhorrence** (aborens). n. aborrecimiento.// **abhorrent** (aborent). a. detestable, aborrecible, abominable.
abide (abaid). i. **1.** permanecer. **2.** morar. **3.** sostener, resistir. **4.** esperar, aguardar.
ability (abiliti). n. habilidad, capacidad, destreza, talento, ingenio.
abject (abyect). a. abyecto.
abjure (abyur). tr. abjurar, renunciar.// **abjuration** (abyureishon). n. abjuración.
able (eibl). a. capaz, hábil, competente.// *to be a.* (tu bi eibl). id. ser capaz de, poder.// **ably** (eibli). a. hábilmente.
abnormal (abnormal). a. anormal.// **abnormality** (abnormaliti). n. anormalidad.
aboard (abord). adv. a bordo.
abode (aboud). n. domicilio.
abolish (abolish). tr. abolir.// **abolition** (abolishon). n. abolición.
aborigen (aboriyen). n. aborigen.

about (abaut). prep. **1.** alrededor de, cerca de. **2.** respecto a, sobre.// adv. casi; alrededor, por ahí, aquí y allá; a punto de; en torno.
above (abov). adv. **1.** (más) arriba, encima, en lo alto.
abrasive (abrasiv). a./n. abrasivo.
abridge (abriy). tr. abreviar.
abroad (abrod). adv. fuera del país, en el extranjero.
abrupt (abrapt). a. abrupto, brusco.
abscess (abses). n. abceso.
abscissa (absisa). n. *Geom.* abscisa.
absence (absens). n. ausencia, falta.// *leave of a.*: licencia, permiso.
absent (absent). a. **1.** ausente. **2.** distraído.
absolute (absolut). a. **1.** absoluto. **2.** autocrático, totalitario.
absolute zero *Fís.* (a. zirou). n. cero absoluto.
absolution (absolushon). n. absolución.
absolutism (absolutism). n. absolutismo.
absolve (absolv). tr. absolver.
absorb (absorb). tr. absorber.// **absorbent** (absorbent). a. absorbente.
abstain (abstein). i. abstenerse.// **abstemious** (abstemios). a. abstemio.// **abstinence** (abstinens). n. abstinencia.
abstract (abstract). a. abstracto.// **abstraction** (abstrakshon). n. abstracción.
absurd (abserd). a. absurdo.
abundant (abandant). a. abundante.
abuse (abius). tr. abusar.// n. **1.** abuso. **2.** insulto **3.** maltrato. **4.** violación.// **abusive** (abiusiv). a. abusivo, insultante.
abyss/abysm (abis/abism). n. abismo.// **abysmal** (abismal). a. abismal.
academy (acádemi). n. academia.// **academic** (acadèmic). a. académico.// **academician**. n.
accede (aksid). i. acceder.
accelerant (accelerant). n. acelerador.// *Quím.* catalizador.
accelerate (akselereit). tr. acelerar.// **acceleration**. n.
accent (aksent). n. acento.// tr. acentuar.// **accentuation** (aksentueishon). n. acentuación.
accept (aksept). tr. aceptar, admitir, acoger, recibir, aprobar.// **acceptable** (akseptabl). a. aceptable.// **accepted** (akseptid). aceptado.
access (akses). n. acceso.// **accesible** (aksesibl). a. accesible.
accessory (aksesori). a. accesorio.
accident (aksident). n. accidente.

acclaim

acclaim (acleim). tr. aclamar.
acclimatize (aklimataiz). tr. aclimatar.
accomodate (akomodeit). tr. acomodar.
accomodation (akomodeishon). n. **1.** adaptación. **2.** arreglo. **3.** pl. facilidades, comodidades. **4.** alojamiento, hospedaje. **5.** reconciliación, convenio.
accompany (acómpani). tr. acompañar, escoltar.
accomplice (akomplis). n. cómplice.
accomplish (akomplish). tr. lograr, consumar. **5.** que rinde intereses **6.** voz activa del verbo. **Mil.** en servicio activo.// *Gram.* active verb (a. verb). n. verbo activo, verbo transitivo.
accord (acord). tr. acordar.// n. acuerdo.
accordion (acordion). n. acordeón.
account (acaunt). n. cuenta.// tr. **1.** dar cuenta de. **2.** responder por.// **accountable** (akountabl). a. **1.** responsable. **2.** explicable.// **accountant** (acauntant). n. contador.// *account book* (akaunt buk). n. libro de cuentas.// **accounting** (akaunting). n. contabilidad.
accumulate (akiumiuleit). tr. acumular.// **accumulation** (akiumiuleishon). n. acumulación.// **acumulative** (akiumiulativ). a. acumulativo.
accurate (aciurat). a. exacto, preciso, esmerado.// **accuracy** (ákiurasi). n. exactitud, precisión, esmero.
accuse (akius). tr. acusar, culpar.// **accusation** (akiuseishon). n. acusación.// **accused** (akiusd). n. acusado(a).// **accuser** (akiuser). n. acusador(a).
accustom (akastom). tr. acostumbrar.// **accostumed** (akastomd). a. **1.** acostumbrado. **2.** usual, habitual.
ace (eis). n. as.
ache (eik). n. dolor.
achieve (achiv). tr. **1.** llevar a cabo, realizar. **2.** alcanzar, lograr.// i. alcanzar éxito.// **achievement** (achivment). n. **1.** logro, hazaña. **2.** obra, realización.
acid (asid). n. ácido// a. ácido.
acknowledge (aknoley). tr. **1.** reconocer. **2.** certificar.
acorn (eicorn). n. bellota.
acoustics (acustics). n. acústica.// **acoustic**. a. acústico.
acquaint (akueint). tr. conocer, informar.// **acquaintance** (akueintans). n. persona conocida, conocido.
acquire (akuair). tr. adquirir.
acre (eikr). n. *Agr.* acre.
acrid (akrid). a. ácido, mordaz.
acrobat (akroubat). n. acróbata.
acronym (akronim). n. sigla.
across (akros). adv. **1.** a través; horizontalmente.// *Elec.* en paralelo.// a.-the-board (a.da-bord). fig. que abarca todo.
act (akt). n. **1.** hecho, acción, acto. **2.** acta, protocolo, ley.// **1.** i./tr. hacer, desempeñar, actuar. **2.** ref. comportarse.
action (akshon). n. acción.
active (aktiv). a. **1.** activo **2.** vigente. **3.** enérgico. **4.** voz activa del verbo. **5.** que rinde intereses **6.** *Mil.* en servicio activo.// *Gram.* active verb (a. verb). n. verbo activo, verbo transitivo.
actor (áktor). m. actor.// **actress** (áktris). f. actriz.
actual (aktual). a. **1.** actual, presente. **2.** real, efectivo, verdadero.
acute (akiut). a. agudo.

adage (aday). n. adagio, refrán, proverbio.
adapt (adapt). tr. adaptar.// **adaptable** (adaptabl). a. adaptable.// **adaptation** (adapteishon). n. adaptación.
add (ad). tr. añadir, agregar, juntar, sumar.
addend (adend). n. *Mat.* sumando.
addict (adict). tr. acostumbrar, dedicar, entregar.// n. adicto.// **addicted** (adicted). n. adicto.// **addiction** (adicshon). n. adicción, enviciamiento.
addition (adishon). n. adición.
additive (aditiv). n. aditivo.
address (adres). tr. **1.** dirigir. **2.** dirigirse a.// n. dirección.// **adressee** (adresi). n. destinatario.// **adresser** (adreser). n. remitente.
adequate (adecuet). a. adecuado.
adhere (adir). i. adherirse.// **aherence.** n.// **adhesive/adherente** (adesiv/adirent). n. adhesivo.
adjacent (adyacent). a. adyacente.
adjective (adyectiv). n. adjetivo.
adjourn (ayourn). tr. suspender, levantar, aplazar, clausurar o diferir.
adjust (ayast). tr. ajustar, arreglar.// **adjustment**. n.
administer (administer). tr. administrar, suministrar.
administration (administreishon). n. administración, gobierno, manejo.// **administrative** (administrativ). a. administrativo.
admire (admair). tr. admirar.// **admirable** (admairabl). a. admirable.
admiral (admiral). n. almirante.
admit (admit). tr. admitir.// **admitance** (admitans). n. admisión.
adolescence (adolesens). n. adolescencia.// **adolescent** (adolesent). n. adolescente.
adopt (adopt). tr. adoptar.// **adoption** (adopshon). n. adopción.
adore (ador). tr. adorar, glorificar, idolatrar.// **adorable** (adorabl). a. adorable.
adorn (adorn). tr. adornar.// **adornment** (adornment). n. adorno.
adrift (adrift). adv. a la deriva.
adult (adalt). n. adulto.
adulterate (adultereit). tr. adulterar.
adultery (adúlteri). n. adulterio.
advance (advans). tr. avanzar.// **advanced** (advansd). a. avanzado.
advantage (advantay). n. ventaja.
adventure (adventiur). n. aventura.
adverb (adverb). n. *Gram.* adverbio.
adverse (advers). a. adverso, contrario.// **adversary** (adversari). n. adversario.// **adversity** (adversiti). n. adversidad.
advertise (advertais). tr. anunciar, publicitar.
advice (advais). n. consejo.// tr. aconsejar.
advocate (advokeit). tr. abogado.// tr. defender.
aerial (aerial). a. aéreo.
aerobic (airobic). a. aeróbico.
aerosol (erosol). n. aerosol.
aerospace (airouspeis). n. la atmósfera terrestre y el espacio exterior.
affair (afeir). n. **1.** asunto, negocio, acontecimiento. **2.** aventura amorosa.
affect (afect). tr afectar.// *Psic.* n. afecto, emoción, anhelo.

also

affection (afekshon). n. afecto.
affiliate (afilieit). tr. afiliar.// **affiliation** (afilieishon). n. afiliación.
affirm (aferm). tr. afirmar.// **affirmation** (afirmeishon). n. afirmación.
afflict (aflict). tr. afligir.// **affliction** (aflikshon). n. aflicción.
affluence (afluens). n. afluencia, abundancia.
afford (aford). tr. **1.** proporcionar, proveer de. **2.** tener dinero suficiente.// fig. poder soportar una situación.
afloat (aflout). adv. a flote, flotando.
afraid (afreid). a. asustado.
after (after). prep. después, detrás.
afternoon (afternun). n. la tarde.
again (aguen). adv. nuevamente, otra vez.
against (aguenst). prep. contra, en contra de, frente a, enfrente de, junto a.
age (eiy). n. edad.// **aged** (eiyed). a. envejecido, anciano, viejo.
agency (eiyenci). n. agencia.
agenda (ayenda). n. agenda, orden del día, temario.
agent (eiyent). n. agente.
agglomeration (aglomereishon). n. aglomeración.
agglutinant (aglutinant). n./a. aglutinante.
aggregate (agregueit). tr. agregar.
aggressive (agresiv). a. agresivo.// **aggressor** (agresor). n. agresor.
aghast (agast). a. espantado, horrorizado, estupefacto.
agile (ayail). a. ágil.
ago (agou). adv. hace (hace tiempo).
agonize (agonaiz). tr. agonizar, atormentarse.
agony (ágoni). n. agonía.
agrarian (agrarian). a. agrario.
agree (agri). i. **1.** estar de acuerdo, ponerse de acuerdo. **2.** consentir, acceder.// **agreed** (agrid). a. acordado.// **agreement** (agriment). n. acuerdo.
agriculture (agricalchor). n. agricultura.
agronomist (agronomist). n. agrónomo.// **agronomy** (agrónomi). n. agronomía.
aground (agraund). adv. Mar. encallado.
ahead (ajed). adv. adelante.// a. of.: delante de.
aid (eid). tr. ayudar.// n. **1.** ayuda. **2.** ayudante.
ail (eil). tr. aquejar.// **ailment** (eilment). n. enfermedad, dolencia, malestar, indisposición.
aim (eim). n. puntería.// tr. apuntar.
aimless (eimles). a. sin objeto, sin propósito.
ain't (eint). fam. contracción de am not, is not o are not.
air (eir). n. aire.// **a. compressor** (a. compresor). compresor de aire// **a. conditioner** (a. condishener). n. acondicionador de aire.// **a. gauge** (a. gosh). n. válvula de aire.
aircraft (eircraft). n. aeronave.// aircraft carrier (eircraft carrier). Mil. Nav. portaaviones.
airless (eirles). a. falto de aire.
airline (eirlain). n. línea aérea.
airmail (eirmeil). n. correo aéreo.
airplane (eirplein). n. avión, aeroplano.
airport (eirport). n. aeropuerto.
air pump (eir pamp). n. bomba de vacío.
air spray (eir sprei). n. pulverizador.
air strike (eir straik). n. ataque aéreo.

aisle (ail). n. pasillo.
ajar (ayar). a. entreabierto, entornado.
alarm (alarm). n. alarma.// tr. alarmar.// **alarming** (alarming). a. alarmante.
alarm clock (alarm clok). n. (reloj) despertador.
alas (alás). interj. ¡ay de mí!
albumin (álbumin). n. albúmina.
alcohol (álkajol). n. alcohol.// **alcoholic** (alkajolic). n. alcohólico.// **alcoholism** (alkolism). n. alcoholismo.
alcove (alcouv). n. nicho.
alderman (álderman). n. concejal.
ale (eil). n. cerveza negra.
alert (alért). n. alerta.// tr. alertar.
alertness (alertnes). n. agudeza mental.
algebra (álgebra). n. álgebra.
algid (álgid). a. álgido.
algorithm (algorizm). n. Mat. algoritmo.
alias (eiliaz). n. alias.
alibi (alibai). n. coartada.
alien (eilien). a. ajeno, extraño, extranjero, alienígena.// tr. **1.** enajenar, enemistar. **2.** apartar.// **alienate** (alieneit). tr. enajenar, apartar, enemistar.
alight (alait). tr. descender, tocar tierra, apearse, posarse.// a. iluminado, encendido.
align (alain). tr. alinear.
alike (alaik). adv. parecido.
alimony (alimouni). n. asistencia de divorcio, pensión.
alive (alaiv). a. vivo, viviente, en vigencia, en uso, funcionando, activo, enérgico.
alkaloid (álcaloid). Quím. n. alcaloide.
all (ol). a. todo.// adv. del todo, completamente, enteramente.// n. todo, la totalidad.
allege (aley). tr. alegar.
allegiance (aliyance). n. lealtad, fidelidad, alianza.
allegoric (alegóric). a. alegórico.// **allegory** (alegori). n. alegoría.
allergic (aleryic). a. alérgico.
alley (ali). n. callejón.
alliance (alaians). n. alianza.
allied (alaid). a. aliado.
allocate (alokeit). tr. distribuir.// **allot** (alot). tr. asignar.
allow (alaw). tr. permitir.
allowance (alauans). n. asignación.
alloy (aloi). n. aleación.// tr. alear.
allusive (alusiv). a. alusivo.
alluvial (aluvial). a. aluvional.
almanac (álmanac). n. almanaque.
almighty (almaiti). a. todopoderoso.// the a.: n. el todopoderoso, Dios.
almond (almond). n. almendra.
almost (olmoust). adv. casi.
aloft (aloft). adv. arriba, en lo alto.
alone (aloun). a. solo, solitario.
along (along). prep. **1.** por, **2.** a lo largo de. **3.** paralelo a. **4.** en el curso de. **5.** en conformidad con.// adv. **1.** a lo largo. **2.** adelante. **3.** junto con. **4.** conmigo, consigo.// **alongside** (alongsaid). adv. **1.** a lo largo. **2.** al lado.
aloud (alaud). adv. en voz alta.
alphabet (álfabet). n. alfabeto.
also (olsou). adv. también, igualmente, asímismo, además.

altar (oltar). n. altar.
alter (alter). i./tr. alterar.// **alteration** (altereishon). n. alteración.
alternate (alterneit). tr. alternar.// a. alterno.// *alternating current* (alterneiting carent). n. corriente alterna.// **alternation** (alteneishon). n. alternancia.// **alternative** (altérnativ). a. alternativo(a).
altimeter (altimiter). n. altímetro.
altitude (áltitud). n. altitud.
altogether (altuguezer). adv. tomado todo de conjunto.
altruism (oltruism). n. altruismo.
aluminum (alúminum). n. aluminio.
am (am). tr. (primera pers. sing. del pres. de indicativo del verbo to be). soy, estoy.
amass (amás). tr. amasar (una fortuna), acumular.
amateur (amater). n. Amateur.// a. amateur, no profesional.
amaze (ameiz). tr. asombrar.// **amazing** (ameizing). a. asombroso.
ambassador (ambásador). n. embajador.
amber (ámber). n. ámbar.
ambience (ambiens). n. ambiente.
ambiguos (ambiguious). a. ambiguo.
ambition (ambishon). n. ambición.// **ambitious** (ambishos). a. ambicioso.
ambivalence (ambivalens). n. ambivalencia.
ambulance (ambiulans). n. ambulancia.
ambulant (ambiulant). a. ambulante.
ambulatory (ambiulatori). a. ambulatorio.
ambush (ambush). n. emboscada.
amend (amend). tr. enmendar.// **amends** (amends). n. indemnización, reparación, satisfacción, compensación.
America (Amérika). n. América.
American (amérincan). a. americano.
amiable (amáiabl). a. amable.
amicable (amícabl). a. amigable.
amid (amid). prep. 1. entre, en medio de, rodeado por. 2. en el curso de, durante.
amiss (amís). adv. mal, impropiamente, fuera de lugar, erradamente.
ammonia (amounia). n. *Quím.* amoníaco.
ammonium (amounium). n. *Quím.* amonio.
ammunition (amiunishon). n. munición, municiones, cartucho.// tr. *Mil.* pertrechar.
amnesia (amniyia). n. amnesia.
amnesty (ámnesti). n. amnistía.
amniotic (amniótik). a. amniótici, ca.// *amniotic fluid* (a, fluid). líquido amniótico.
among (among). prep. 1. entre, mezclado con, en medio de. 2. entre (todos).
amoral (eimoral). a. amoral.
amorous (amoros). a. amoroso.
amortize (amortaiz). tr. amortizar.
amount (amaunt). n. suma.// tr. sumar.// fig. tr. representar, ser (he doesn't amount to much, el no es [representa] gran cosa).
amp (amp). n. *Elec.* 1. amperio. 2. amplificador.// **amperage** (amperay). n. amperaje.// **amperemeter** (amperimiter). n. amperímetro.
amphibious (amfibious). a. anfibio.
ample (ampl). a. amplio.
amplify (amplifai). tr. amplificar.

amputate (ampiuteit). tr. amputar.// **amputation** (ampiuteishon). n. amputación.
amulet (amiulet). n. amuleto.
amuse (amius). tr. entretener, distraer, divertir.// **amusement** (amiusment). n. entretenimiento, diversión.// **amusing** (amiusing). a. entretenido, divertido.
amygdala (amígdala). n. amígdala.
anabolic (anabolic). a. anabólico.
anachronism (anakronism). n. anacronismo.
anal (ánal). n. *Anat. Psic.* anal.
analgesic (analyesic). n. analgésico.
analogic computer (analoyic compiuter). n. computadora analógica.
analogical (analóyical). a. analógico.
analogy (análoyi). n. analogía.
analysis (análisis). n. 1. análisis. 2. *Mat.* análisis, metodo del cálculo y el álgebra. 3. psicoanálisis.
analyst (ánalist). n. analista.// *Psic.* psicoanalista.
analyze (ánalaiz). tr. analizar.// *Psic.* psicoanalizar.
anarchy (ánarki). n anarquía.// **anarchism** (anarkism). n. anarquismo.// **anarchist** (ánarkist). n. anarquista.
anathema (anatema). n. anatema.
anatomy (anátomi). n. anatomía.// **anatomic** (anatomic). a. anatómico.
ancestral (ancéstral). a. ancestral.// **ancestor** (ancestor). n. antepasado.
anchor (ankor). n. ancla.
anchorage (ankoray). n. anclaje, fondeadero.
ancient (einshent). a. antiguo.// *a. history* (a. jístori). n. historia antigua.
and (and). conj. y.
android (android). n. androide, robot.
anecdote (anecdout). n anécdota.// **anecdotic** (anecdótic). a. anecdótico.
anemia (animia). n. anemia.// **anemic** (anémic). a. anémico.
anesthesia (anestiyia). n. anestesia.// **anasthetist** (anaszetist). n. anestesista.// **anasthetize** (anaszetaiz). tr. anestesiar.
anew (aniu). adv. de nuevo.
angel (einyel). n. ángel.// **angelic** (anyelic). a. angelical.
angle (angl). n. ángulo, esquina, codo.// *angle of deflection* (angl of diflecshon). n. ángulo de desvío.// *angle of incidence* (angl of incidence). n. *Fís.* ángulo de incidencia.// *a. of. reflection* (riflecshon). n. ángulo de reflexión.
angleworm (angluorm). n. lombriz de tierra.
angora (angora). n. lana de angora.
angry (angri). a. enojado.
angst (angst). n. ansiedad.
anguish (angüish). n. angustia.// **anguished** (angüished). a. angustiado.
angular (anguiular). a. angular.// **a. momentum.** n. *Fís.* momento angular.// **a. speed** (spid). n. velocidad angular.
anhydride (anidraid). n. *Quím.* anhídrido.
anil (anil). n. añil.
aniline (anilin). n. anilina.
animal (ánimal). n. animal.
animate (animeit). tr. animar.
animated (animeited). a. animado, vivaz.

appendix

animator (animeitor). n. animador.
animist (ánimist). a. animista.
animosity (animósiti). n. animosidad.
ankle (ankl). n. tobillo.
annals (anals). n. anales, crónicas.
annexation (anexeishon). n. anexión.
annihilation (anijileishon). n. aniquilación.
anniversary (aniversari). n. aniversario.
annotate (anotate). tr. anotar.
announce (anauns). tr. anunciar.// **announcement** (anaunsment). n. anuncio.
anouncer (anauncer). n. locutor (a), anunciador (a).
annoy (anoi). tr. enojar, molestar, fastidiar, incomodar.// **annoyance** (anoians). n. fastidio, molestia, disgusto, incomodidad.// **annoying** (anoiing). a. molesto, enojoso, fastidioso, inoportuno, irritante.
annual (aniual). a. anual.
annuity (anuiti). n. pensión anual.
annul (anul). tr. anular, invalidar, cancelar.
annular (anular). a. (dedo) anular.
annunciation (anuncieishon). n. anunciación.
anode (anoud). n. ánodo.
anodize (anodaiz). tr. anodizar, revestir un metal de una capa de otro metal.
anomalous (anomalous). a. anómalo.
anomaly (anómali). n. anomalía.
anonym (ánonim). a. anónimo.
anonymity (anonímiti). n. anonimidad.
answer (anser). n. **1.** respuesta, contestación. **2.** solución a un problema. **3.** explicación.// tr. **1.** contestar, responder, replicar. **2.** convenir a. **3.** satisfacer. **4.** resolver. **5.** solucionar. **6.** refutar.
ant (ant). n. hormiga.
antagonism (antagonism). n. antagonismo, oposición, hostilidad, rivalidad.
antagonize (antagonaiz). tr. antagonizar, enajenar, provocar la hostilidad de.
Antárctica (antárctica). n. Antártida.
ant bear (ant beir). n. oso hormiguero.
antecede (anticid). tr./i. anteceder.
antecessor (antecesor). n. antecesor.
antelope (anteloup). n. antílope.
antenna (antena). n. antena.// **a. array** (a. arrei). n. antena direccional.
anterior (antirior). a. anterior.// **anteriority** (anterióriti). n. anterioridad.
anthem (anzem). n. himno.
anthology (anzóloyi). n. antología.
anthropoid (anzropoid). a. antropomorfo, antropoide.// **anthropomorphic** (anzropomorfic). a. antropomorfo.
anthropophagy (antropófayi). n. antropofagia.
anthropology (anzropóloyi). n. antropología.
anti (nti). prep. anti, opuesto a.
antibiotic (antibiotic). n. antibiótico.
antic (antic). n. payasada.
anticipate (anticipeit). tr. anticipar.// **anticipation** (anticipeishon). n. anticipación.
anticlimax. (anticlimax). n. anticlímax.
anticoagulant (anticoagulant). n. anticoagulante.
anticonstitutional (anticonstitushonal). a. anticonstitucional.
antidote (ántidout). n antídoto.
antimatter (antimater). n. antimateria.

antipathy (antípazi). n. antipatía.
antipode (antipoud). n. antípoda.
antique (antic). n. objeto antiguo.
antiquity (antícuiti). n. antigüedad.
antithesis (antitisis). n. antítesis.
antitrust (antitrast). n. antimonopólico.
antler (antler). n. asta, cornamenta, cuerno del ciervo.
antonym (antonim). n. antónimo.
anus (anus). n. ano.
anxiety (anxíeti). n. ansiedad.// **anxious** (angshos). a. ansioso.// **anxlousness** (angshosnes). n. ansiedad.
any (eni). a. **1.** cualquier, cualquiera. **2.** algún, alguno, alguna.// **anybody** (anibodi). pron. alguno, alguna, alguien, cualquiera, quienquiera, todo el mundo.// **anyhow** (enijau). adv. de cualquier modo.// **anymore** (enimor). adv. nunca más, no más, ya no// **anyplace** (enipleis). adv. en cualquier parte, donde quiera, a cualquier parte.// **anything** (enizing). pron. algo, alguna cosa, cualquier cosa, todo, todo lo que.// **anyway** (eniwei). adv. de cualquier modo, en cualquier forma, de todos modos, en todo caso.// **anywhere** (eniueir). adv. en cualquier parte, donde quiera.// **anywise** (eniuais). adv. de cualquier modo, en cualquier forma.
apart (apart). adv. aparte, separadamente, independientemente, a un lado, a distancia.
apartment (apartment). n. apartamento, departamento.// **a. building** (a. bilding). n. edificio de departamentos.
apathy (ápazi). n. apatía.
ape (eip). n. mono, simio.
apex (eipex). n. ápice.
apiece (apís). adv. a cada uno, por cada uno, para cada uno.
aplenty (aplenti). adv. mucho, en abundancia.
apocalypse (apocalips). n. apocalipsis.
apocope (apocoup). n. apócope.
apolitical (apolitical). a. apolítico.
apologia (apología). n. apología.
apologize (apoloyaiz). i. disculparse, pedir disculpas o perdón.
apology (apóloyi). n. disculpa, excusa, justificación.
apparatus (apereitos). n. aparato.
apparel (aparel). n. **1.** ropa, vestido, traje. **2.** aparejo.
apparent (aparent). a. aparente.
apparition (aparishon). n. aparición, visión, fantasma, espectro.
appeal (apial). tr. apelar.// n. **1.** apelación. **2.** petición, súplica, recurso, instancia. **3.** atracción, encanto.// **appealing** (apiiling). a. atractivo, llamativo.
appear (apiir). i. aparecer, asomarse, manifestarse, parecer, editarse.// **appearance** (apiirans). n. apariencia, aspecto, aparición, publicación.
appease (apís). tr. apaciguar, aplacar, reconciliar, aquietar, conciliar.// **appeasement** (apisment). n. apaciguamiento.
append (apend). tr. añadir, agregar, anexar.
appendix (apendix). n. apéndice.

appetite (apetait). n. apetito.
applaud (aplod). tr. aplaudir.// **applause** (aplos). n. aplauso.
apple (apl). n. manzana.
apple orchard (apl orchard). n. manzanar.
appliance (aplains). n. aplicación, artefacto, electrodoméstico.
application (aplikeishon). n. **1.** aplicación, uso. **2.** pedido de empleo o de ingreso.
apply (aplai). tr. aplicar.
appoint (apoint). tr. nombrar, designar.
appointment (apointment). n. **1.** nombramiento, designación. **2.** cita, compromiso.
appraise (apreiz). tr. evaluar, valorar, tasar.
appreciate (aprishiait). tr. **1.** apreciar, estimar, agradecer. **2.** elevar el valor.// **appreciation** (aprishiaishon). n. **1.** apreciación, valoración. **2.** agradecimiento. **3.** aumento del valor.
apprehend (aprijend). tr. **1.** aprehender, prender, arrestar, detener. **2.** comprender, entender, aprehender, percibir.
apprehension (aprijenshon). n. **1.** aprensión, temor, recelo, percepción, comprensión, reconocimiento.// **aprehensive** (aprijensiv). a. aprensivo.
apprentice (aprentis). n. aprendiz.
approach (aprouch). tr. **1.** aproximarse, acercarse. **2.** parecer. **3.** abordar. **4.** enfocar.// n. **1.** aproximación. **2.** acercamiento. **3.** enfoque. **4.** abordaje.
appropriate (aproupiait). a. apropiado.
approve (apruv). tr. aprobar.
approximate (aproximeit). a. aproximado.
April (eipril). n. abril.
aprioristic (aprioristic). a. apriorístico.
apron (eipron). n. delantal.
apt (apt). a. **1.** apto, capaz, listo. **2.** apropiado. **3.** propenso, inclinado, dispuesto.
aptitude (aptitud). n. aptitud.
aquatic (acuatic). a. acuático.
aquanaut (acuenot). n. acuanauta.
aquaplane (acuapiein). n. hidroavión.
aqueduct (acuedact). n. acueducto.
Arab (arab). n. árabe.// a. árabe, arábigo.
arable (arabl). a. arable.
arbiter (árbiter). n. árbitro.
arbitrage (árbitray). n. arbitraje.
arbitrate (arbitreit). tr. arbitrar.
arc (ark). n. arco.
arcade (arkeid). n. conjunto de arcos.
arch (arch). n. arco.
archaeology (arkeóloyi). n. arqueología.
archaic (arkaik). a. arcaico.
archbishop (archbishop). n. arzobispo.
archdeacon (archdicon). n. archidiácono.
arched (archd). a. arqueado.
archer (archer). n. arquero.
archetype (arketaip). n. arquetipo.// **archetypical** (arketípical). a. arquetípico.
architect (árquitect). n. arquitecto.// **architecture** (arquitecchur). n. arquitectura.
archive (arkaiv). n. archivo.
arc welding (ark uelding). n. soldadura de arco.
ardent (ardent). a. ardiente, ferviente, fervoroso.
ardor (ardor). n. ardor.
arduous (arduous). a. arduo, difícil, trabajoso.

area (éria). n. área.
Argentina (Aryentina). n. Argentina.
argot (argot). n. jerga.
argue (argüiu). i. **1.** argüir, argumentar, razonar. **2.** discutir, disputar.// tr. **1.** indicar, demostrar, ser prueba de. **2.** debatir, discutir.
argument (argüiument). n. **1.** argumento, razonamiento. **2.** discusión, disputa. **3.** argumento, resumen.
arid (arid). a. árido.
arise (araiz). i. **1.** levantarse. **2.** aparecer, surgir. **3.** proceder, resultar, originarse en. **4.** subir, ascender, elevarse. **5.** resucitar.
arista (arista). n. arista.
aristocracy (arístocrat). n. aristocracia.// **aristocrat** (arístocrat. n. aristócrata.// **aristocratic** (aristocrátic). a. aristocrático.
arithmetic (arízmetic). n. aritmética.
ark (ark). n. **1.** arca, barcaza. **2.** arca, caja, cofre.
arm (arm). n. **1.** brazo. **2.** manga.
arm (arm). n. arma, armamento.// **armament** (ármament). n. armamento.
armada (armada). n. armada, flota.
armadillo (armadílou). n. Zool. armadillo.
armchair (armcheir). n. sillón.
armed forces (armd forces). n. fuerzas armadas.
armor o armour (armor). n. armadura.// **armored car** (a. car). n. coche blindado.
armory (ármori). n. armería, fábrica de armas, depósito de armas, arsenal.
armpit (armpit). n. sobaco.
armrest (armrest). n. apoya brazos.
army (armi). n. ejército.
aroma (erouma). n. aroma, franguencia.// **aromatic** (eroumatic). a. aromático.
around (araund). adv. **1.** alrededor, en derredor, a la redonda, en torno. **2.** a la vuelta, en la dirección contraria. **3.** cerca, aproximadamente.
around-the-clock (a. the cloc). adv. continuamente, todo el días, las veinticuatro horas del día.
arouse (araus). tr. despertar, excitar (esp. sexual).
arpeggio (arpegio). Mús. arpegio.
arrange (arreiny). tr. arreglar, disponer, ordenar.// i. **1. a. with:** convenir, llegar a un acuerdo. **2. a. for:** tomar medidas o hacer arreglos para, disponer.
arrangement (arreinyment). n. arreglo, planes, medidas.
array (arrei). tr. **1.** disponer en orden de batalla, ordenar, formar. **2.** vestir, adornar, ataviar. **3.** fig. revestir **4.** Der. elegir el jurado.// n. **1.** orden del campo de batalla. **2.** orden, arreglo. **3.** conjunto, serie, colección. **4.** vestido, atavío. **5.** Mat. ordenación, matriz.
arrear (ariar). n. deudas, atrasos.
arrest (arrest). tr. arrestar.// n. arresto.
arresting (arresting). a. cautivador, llamativo, impresionante.
arrival (arraival). n. llegada, arribo.
arrive (arraiv). i. llegar, arribar, alcanzar.
arrogance (arrogans). n. arrogancia.// **arrogant** (arrogant). a. arrogante.
arrogate (arrogeit). tr. arrogarse.
arrow (arrou). n. flecha.// **arrowhead** (a. jed). n. punta de flecha.

arsenal (ársenal). n. arsenal.
arsenic (arsénic). n. arsénico.
art (art). n. **1.** arte. **2.** habilidad, arte, técnica. **3.** estratagema, artificio, maña.
artery (árteri). n. arteria.// **arterial** (arterial). a. arterial.// **arterial tension**. n. tensión arterial.
artful (ártful). a. **1.** diestro, habilidoso. **2.** astuto.
article (árticl). n. artículo, cláusula, objeto, pieza, mercancía.// *Gram.* artículo.
articulate (artículet). n. **1.** articulado. **2.** capaz de hablar. **3.** inteligible, claro.// tr. **1.** articular, anunciar claramente. **2.** unir con articulaciones. **3.** expresar claramente emociones, sentimientos.// i. articular, enunciar claramente.// **articulated joint** (artikiuleited yioint). *Anat.* articulación.
artificial (artifichal). a. artificial.
artillery (artíleri). n. artillería.// **artilleryman** (artíleriman). n. artillero.
artisan (ártisan). n. artesano.
artist (artist). n. artista.// **artistic**. a.
as (as). conj. **1.** como. **2.** tal como, al igual que. **3.** cuando, al. **4.** aunque, por *(adjetivo)* que sea, ej. *por rico que sea.* **5.** como, para.
ascend (asend). i. ascender.// **ascendancy** (aséndansi). n. ascendencia, dominio, predominio.// **ascendant** (asendant). n. **1.** dominio, predominio. **2.** ascendiente, antepasado.// a. predominante.
ascent (asent). n. ascensión, subida, cuesta, subida, pendiente, ascenso, promoción, progreso.
ascertain (aserten). tr. averiguar, indagar.
ascetic (asetic). a. ascético.// n. asceta.
asepsis (asepsis). n. asepsia.
ash (ash). n. ceniza.// fig. restos mortales.// **a. tray** (a. trei). n. cenicero.
ashamed (asheimd). a. avergonzado.
ashore (ashor). adv. *Mar.* en tierra, hacia la costa.
aside (asáid). adv. a un lado, al lado.// s. aparte.
ask. tr. **1.** preguntar. **2.** pedir, solicitar.// i. formular preguntas.
askew (áskiu). a. oblicuo, torcido.
asleep (aslip). a. dormido.
aspect (áspekt). a. aspecto, apariencia.
asphalt (ásfalt). n. asfalto.// tr. asfaltar.
aspirate (áspereit). tr. aspirar.// **aspirationr**. n.// **aspirator**. n.
ass. n. **1.** asno. **2.** fam. culo.
assault (esált). n. asalto.// tr. asaltar.
assay (**astern** (astern). adv. *Mar.* a popa.
assemble (asémbel). **1.** i./tr. comgregar(se), juntar(se). **2.** tr. montar, ensamblar.
assent (asént). n. asentimiento.// tr. asentir.
assert. tr. aseverar, afirmar, sostener.
assess. tr. valuar, valorar.
asset (áset). n. **1.** propiedad. **2.** pl. *Com.* activo.
assign (asáin). tr. asignar, destinar.
assignment. (-ment). n. **1.** asignación. **2.** tarea.
assistance (asístens). n. asistencia, ayuda.// **assistant**. n. asistente, ayudante.
associate. i./tr. asociar(se).// n. socio.// **association**. n. asociación, sociedad.
assume. tr. **1.** asumir. **2.** suponer.// **assumption** (asámpshon). **1.** suposición. **2.** premisa.
assurance. (ashúrens). n. **1.** promesa. **2.** seguridad. **3.** *Com.* seguro.

asterisk. n. asterisco.
asteroid (ásteroid). n. asteroide.
asthma (asma). n. asma.
astonish (astonish). tr. asombrar, sorprender.
astound (astaund). tr. asombrar, sorprender.
astral (astral). n. astral.
astray (astray). a. perdido, por mal camino.
astride (astraid). a. horcajadas.
astronomer (astrónomer). n. astrónomo.
astronomy (astrónomi). n. astronomía.
astute (astut). a. astuto, sagaz, agudo.
asylum (asailum). n. asilo, protección, amparo, casa de beneficencia.
asymetry (asímetri). n. asimetría.
asymptote (asimptout). n. asíntota.
asynchronism (asincronism). n. asincronismo.
at (at). prep. a, en.
atheism (azeism). n. ateísmo.// **atheist** (azeist). n. ateo.
athlete (azlit). n. atleta.
atlas (atlas). n. atlas.
atmosphere (atmosfir). n. atmósfera.
atom (atom). n. átomo.// **atomic**. a. atómico.
atomize (atomaiz). tr. atomizar.// **atomizer** (atomaizer). n. atomizador.
atop (atop). prep. encima de.
atrocious (atroushus). a. atroz.
attach (atach). tr. atar, ligar, unir, juntar, vincular, apegar.// i. acompañar, unirse, corresponder.
attack (atac). tr. atacar, acometer, asaltar, embestir, abordar.// i. ir al ataque.
attain (atein). tr. alcanzar, obtener, lograr.
attempt (atempt). tr. intentar, procurar, probar, ensayar.// n. **1.** intento, prueba, tentativa. **2.** asalto, ataque, atentado.
attend (atend). i./tr. **1.** atender, cuidar, asistir. **2.** concurrir, asistir.
attendance (atendans). n. concurrencia.
attendant (atendant). a. **1.** concomitante. **2.** asistente.
attention (atenshon). n. atención.// **attentive** (atentiv). a. atento.
attic (atic). n. desván, buhardilla.
attire (atair). n. vestimenta.
attitude (attitud). n. actitud.
attorney (atorni). n. abogado.
attract (atract). tr. atraer.// **attraction** (atracshon). n. atracción.// **attractive** (atractiv). a. atractivo.
attribute (atribiut). n. atributo.// **attribution** (atribiushon). n. atribución.
auction (ocshon). n. subasta.// **auctioneer** (ocshoniir). n. martillero.
audacity (odáciti). n. audacia.// **audacious** (odeishos). a. audaz.
audible (ódibl). a. audible, perceptible.
audience (odiens). n. público, auditorio, .
audio (odio). n. audio.
audit (odit). tr. **1.** examinar, tomar una prueba. **2.** hacer una prueba (como actor o cantante).// **audition** (odishon). n. prueba, audición.
augment (ogment). tr. aumentar, crecer, incrementar.
August (ogust). n. agosto.
aunt (ont). n. tía.
aurora (eróra). n. aurora.

austere

austere (ostiir). a. austero.// **austerity**. n. austeridad.
autarky (ótarki). n. autarquía.
authentic (ozentic). a. auténtico.
author (ozor). n. autor.
authoritarian (ozoriterian). a. autoritario.
authority (ozóriti). n. autoridad.// **authorization** (ozorizeishon). n. autorización.// **authorize** (ozorize). tr. autorizar.
auto (otou). n. auto.// **autobus** (otobus). n. autobús.
autocthone (otoczoun). a. autóctono.
autograph (ótograf). n. autógrafo.
automatic (otomatic). a. automático.
automobile (otomobil). n. automóvil.
autonomy (otónomi). n. autonomía.// **autonomous** (otónomus). n. autónomo.
autopsy (otopsi). n. autopsia.
autotype (ototaip). n. facsímil.
autumn (otom). n. otoño.
auxiliary (oxialiri). a. auxiliar.
avail (aveil). tr. beneficiar, ayudar.// n. uso, utilidad, provecho, beneficio, ventaja.
available (avéilabl). a. disponible, obtenible, a mano.
avalanche (ávalnch). n. avalancha, alud.
avaricious (avarishos). a. avaro.
avenge (aveny). tr. vengar.
avenue (áveniu). n. avenida.
average (áveray). n. promedio, término medio.
averse (avérs). adverso.
aversion (aversshon). n. aversión.
avert (avert). tr. desviar, apartar, prevenir.
aviation (eivieishon). n. aviación.
aviculture (aviculchur). n. avicultura.
avid (avid). a. ávido, ansioso, codicioso.
avoid (avoid). tr. evitar, eludir, huir de abstenerse de.// **avoidable** (-dabel). a. evitable.// **avoidance** (avoidans). n. prevención, abstinencia, anulación.
avow (avau). tr. declarar, admitir, confesar.
await (auaeit). i./tr. esperar, aguardar.
awake (aueik). a. despierto, alerta.// i. despertar.
award (auord). tr. conceder, asignar, conferir, adjudicar, otorgar.// n. **1.** premio, honor, condecoración. **2.** Der. fallo, decisión judicial, adjudicación.
aware (aueir). a. consciente, enterado, alerta.
away (auei). adv. lejos, a lo lejos, a distancia.
awe (o). temor reverente, admiración temerosa, pavor, espanto.// **awesome** (ósom). a. pavoroso, pasmoso, imponente.
awful (oful). n. horrible, atroz, feísimo, detestable.
awhile (auail). adv. por un rato.
awkward (okuerd). a. torpe, desgarbado, sin gracia.
ax (ax). n. hacha.
axil (axil). n. axila.
axiom (axiom). n. axioma.// **axiomatic**. a. axiomático.
axis (asis). n. eje.// **axial** (axial). a. axial.
axle (axl). n. eje, árbol.
axon (axon). n. Neurol. axón.

b (bi). n. **1.** b. segunda letra del abecedario. **2.** Mús. si.
babe (beib). n. criatura, criaturita, bebé.// fig. mujer, muchacha.
baby (beibi). n. bebé.// **baby sitter**. n. niñera, persona que cuida niños en ausencia de sus padres.
baby blue (beibi blu). n. celeste.
bachelor (báchelor). a. soltero.
bacillus (bacilus). n. bacilo.
back (back). n. **1.** espalda, columna vertebral. **2.** parte de atrás. **3.** espaldar, respaldo. **4.** revés. **5.** zaguero, defensor.// **backbone** (bakboun). n. columna vertebral.// **backer** (baker). n. patrocinador, apostador, financiador.
background (bakgraund). n. **1.** fondo, trasfondo, lontananza. **2.** medio, ambiente. **3.** información básica, datos esenciales, fundamento. **4.** antecedentes, experiencia, conocimientos. **5.** fig. segundo término, segundo plano, oscuridad. **6.** Rad. ruido de fondo.
backrest (bacrest). n. respaldo (de un asiento).
backroad (bacroud). n. camino vecinal, secundario, alejado de la ruta principal.
backstage (bacsteiy). n. **1.** Teat. bambalinas, camerinos o camarines. **2.** fig. privado, reservado, confidencial.// adv. entre bambalinas.
backward (bacuerd). adv. hacia atrás, en orden o dirección contraria, al revés.
backwoods (bacwuds). n. región remota y silvestre.
backyard (baciard). n. patio trasero.
bacon (beicon). n. tocino.
bacterium (bactirium). n. bacteria.
bad (bad). a. **1.** malo, inferior, deficiente. **2.** desfavorable. **3.** descompuesto. **4.** malo, depravado. **5.** impropio. **6.** desagradable. **7.** abatido, indispuesto, enfermo. **8.** dañino, nocivo. **9.** intenso, severo. **10.** grave, serio, desastroso. **11.** incorrecto, erróneo, equivocado. **12.** falso.

badge (bay). n. distintivo, insignia, divisa, placa.
badly (badli). adv. mal, sin éxito, defectuosamente.
bag. (bag). n. 1. bolsa, saco, costal, cartera, bolso, maleta, maletín, valija. 2. vejiga, ubre, bolsa.
baggage (bagay). n. equipaje, maletas.
baggy (bagui). n. abolsado, bolsudo.
bail (beil). n. fianza, caución.
bailiff (beilif). n. alguacil.
bait (bait). n. carnada.// fig. provocar, atormentar.
bake (beic). tr. cocer, hornear, asar al horno.// i. cocerse, asarse, endurecerse.// **baker** (beiker). n. panadero.// **bakery** (beíkeri). n. panadería.
bakelite (baquelait). n. baquelita.
balance (balans). n. 1. balanza. 2. equilibrio. 3. contrapeso. 4. resto, saldo.// **balance sheet** (b. s-hiit). n. balance, hoja de balance.
bald (bold). n. pelado, calvo.
bale (beil). n. bala, fardo, atado.
ball (bol). n. bola, pelota.// n. baile social.// **ballroom** (bolrum). n. salón de baile o de fiestas.
ballad (balad). n. balada.
ballast (balast). n. lastre.
ballet (balet). n. ballet.// *b. dancer* (b. dancer). n. bailarín o bailarina de ballet.
ballistic (balistic). n. balística.// **ballistics.** n. balística.
balloon (balún). n. globo.// i. inflarse como un globo.
ballot (balot). n. 1. votación. 2. bolilla para votar. 3. cédula electoral, papeleta para votar.// i. votar.// **ballot box** (b. box). n. urna electoral.
ball-point pen (b.-point pen). n. bolígrafo.
balm o balsam (balm o balsam). n. bálsamo.
balsa (balsa). n. balsa.
ban (ban). tr. proscribir, prohibir.// 1. prohibición, proscripción. 2. desaprobación. 3. *Rel.* excomunión.
banal (banal). a. banal.
banana (banana). n. banana, plátano.
band (band). n. 1. banda, faja, cinta, lista, franja.// *Rad.* banda de frecuencia.// n. banda de guerrilleros, ladrones o músicos.// i. agruparse, apiñarse, unirse, asociarse, confederarse.// tr. agrupar, apiñar, asociar, reunir, confederar.
bandage (banday). n. vendaje, venda.// tr. vendar, fajar.
bandit (bandit). n. bandido, bandolero, proscripto.
bandstand (bandstand). n. escenario para orquesta.
bandwagon (bandwagon). n. fig. el carro de los triunfadores.
bang (bang). tr. Golpear, chocar, golpear ruidosamente, con violencia, cerrar de golpe.
banish (banish). tr. desterrar, deportar, expulsar, proscribir.// **banishment** (banishment). n. deportación, destierro, proscripción.
bank (bank). n. 1. banco, 2. la banca. 3. ribera, margen, orilla. 4. terraplén. 5. montón de nubes, masa (de niebla). 6. inclinación lateral, ladeo de un avión en vuelo.// tr. depositar (dinero en el banco).// i. confiar en.// i. ladearse.// *b. account* (b.a-caunt). n. cuenta bancaria.
banker (banker). n. banquero.// **bankrupt** (bankrapt). n. quebrado, insolvente, en bancarrota.// **bankruptcy.** n. bancarrota, quiebra.

batch

banner (baner). n. bandera, banderín, estandarte.
banquet (bancuet). n. banquete.
baptism (baptism). n. bautismo.// **baptize** (baptaiz). tr. bautizar.
bar (bar). n. 1. bar. 2. barra. 3. valla, barrera, impedimento, obstáculo. 4. pl. rejas..
barb (barb). n. púa.
barbarous (bárbarus). a. bárbaro.
barbacue (bárbakiu). n. asado, barbacoa, carne asada a la parrilla.
barber (barber). n. barbero.
bare (beir). a. 1. desnudo, pelado, descubierto. 2. sin muebles, vacío, sin aislamiento, desnudo, sin pintura, sin revestir.
bargain (bargan). n. convenio, pacto, trato de compraventa, ganga.
barge (bary). n. barcaza.
bark (bark). n. 1. ladrido. 2. corteza. 3. barca, barco.
barley (barly). n. cebada.
barm (barm). n. levadura.
barmaid (barmeid). n. camarera, moza de bar.// **barman** (barman). n. empleado de bar que sirve copas en el mostrador
barn (barn). n. granero, establo, cuadra, corral, cochera.// **barnyard** (barniard). n. patio o corral de granja.
barometer (baromiter). n. barómetro.
baron (baron). m. barón.// **baroness** (barones). f. baronesa.
baroque (barouc). a. barroco.
barrack (barrak). n. barraca.
barred (bard). a. 1. rayado. 2. atrancado.
barrel (barrel). n. tonel, barril.
barren (barren). a. esteril, infecundo, yermo, árido, infructuoso, improductivo.
barricade (barrikeid). n. barricada.// tr. obstruir o cerrar con barricada.
barrier (barrier). n. barrera, valla.
barter (barter). tr. trocar, cambiar.// i. traficar, comerciar.// n. trueque.
basal (beisal). n. básico, fundamental.
base (beis). n. 1. base, fundamento, apoyo, fondo.// deshonesto, ruin, vil, villano, rastrero.// *Mús.* bajo grave.
baseless (beisles). a. infundado, sin fundamento.
basement (beisment). n. sótano.
bash (bash). n. 1. golpe, porrazo. 2. intento, tentativa.// tr. golpear fuertemente, asestar un golpe fuerte, romper con un golpe.// i. estrellarse, romperse.
basin (beisín). 1. vasija, jofaina, palangana, tazón. 2. pila. 3. cuenca (de un río).
bask (bask). i. tomar el sol, asolearse.// fig. complacerse.
basket (basket). n. canasta.// **basketball** (basketbol). n. baloncesto.
bass (bas). n. *Mús.* bajo.
bastard (bastard). n. bastardo.
bastion (bastion). n. bastión.
bat (bat). n. 1. maza, palo, garrote. 2. golpe. porrazo. 3. bate.// tr. golpear con una maza.// n. *Zool.* murciélago.// tr. pestañear.
batch (bach). n. tanda, lote, hornada.

bath

bath (baz). n. baño, cuarto de baño.
bathe (beiz). tr. bañarse.
bathtub (baztab). n. bañera.
battering ram (bátering ram). n. ariete.
battery (báteri). n. batería.
battle (batl). n. batalla.
battlefield (batelfild). n. campo de batalla.
bawd (bod). n. alcahueta, madama de burdel.
bawdiness (bodiness). n. obscenidad.
bay (bei). n. bahía, ensenada.
bayonet (beionet). n. bayoneta.
bayou (baiu). n. brazo pantanoso de un río.
be (bi). tr. **1.** ser. **2.** haber. **3.** estar. **4.** tener. **5.** existir. **6.** vivir. **5.** *b. about:* estar por (hacer). **7.** *b. out:* no estar, haber salido. **8.** *b. up to:* estar a la altura de.
beach (biich). n. playa.
beacon (bicon). n. baliza.
bead (bid). n. cuenta, abalorio, bolita, mostacilla.
beading (biding). n. moldura, reborde.
beak (bic). n. pico.
beam (bim). n. **1.** viga, madero. **2.** rayo, haz.
beaming (biming). a. radiante.
bean (bin). n. haba, habichuela, judía, alubia, frijol.
bear (bear). tr. **1.** llevar, cargar, portar. **2.** conducir, acompañar, llevar. **3.** ostentar. **4.** sentir, abrigar, guardar, profesar. **5.** dar, prestar. **6.** mantener, sostener. **7.** soportar, cargar con. **8.** permitir, admitir. **9.** dar a luz, parir.// *Zool.* m. oso.
beard (biird). n. barba.
bearer (beirer). n. portador.
bearing (bering). n. presencia, porte, aire.// n. orientación.
beast (bist). n. bestia, bruto.
beat (bit). tr. **1.** golpear, apalear, aporrear, azotar. **2.** derrotar.// n. ritmo.
beating (biting). n. paliza.
beautiful (biutiful). a. hermoso.
beauty (biuti). n. belleza.
become (bicom). i. **1.** convertirse en, hacerse. **2.** llegar a existir, nacer, adquirir identidad.
becoming (bicoming). n. que sienta bien.
bed (bed). cama, lecho.// **bedclothes** (bedclouzs). n. ropa de cama.
bedroom (bedrum). n. dormitorio, alcoba.
bee (bi). n. abeja.// **beehive** (bijaiv). n. colmena.
beef (bif). n. carne de res.
beer (biir). n. cerveza.
beetle (biitl). n. escarabajo.
before (bifor). adv. antes, delante.
beforehand (biforjand). adv. de antemano.
beg (beg). tr. implorar, suplicar, rogar, pedir limosna.
beggar (beguer). n. pordiosero.
begin (biguin). tr. comenzar, empezar, iniciar.// **beginning** (biguining). n. comienzo.
behalf (bijaf). n. beneficio, interés, favor.
behave (bijeiv). i. **1.** comportarse, portarse, conducirse. **2.** portarse bien.// **behaviour** (bijeiviour). n. conducta, comportamiento, reacción.
behind (bijaind). adv. **1.** detrás, atrás, hacia atrás. **2.** atrasado, en retardo, a la zaga.
being. n. **1.** ser. **2.** existencia.
behold (bijould). tr. mirar, avistar, contemplar.
belief (bilif). n. creencia, credo, religión, convencimiento, opinión, parecer.

believe (biliv). tr. **1.** creer, tener fe. **2.** opinar. **3.** ser partidario de. **4.** *to make b.:* aparentar.
bell (bel). n. campana.// *Bot.* n. corola de una flor.
bellboy (belboi). n. botones de un hotel.
belligerence (belíyerans). n. beligerancia.// **belligerant** (beliyerant). a. beligerante.
bellow (belou). i./tr. bramar, gritar, vociferar.// n. bramido, grito.
bellows (belous). n. fuelle.
belly (beli). n. vientre, barriga, panza, estómago.
belong (bilong). i. pertenecer, atañer, corresponder, tocar, ser de, deber estar.
beloved (biloved). a. amado, querido.
below (bilou). adv. abajo, debajo, hacia abajo, río abajo.
belt (belt). n. **1.** cinturón, cinto, banda, correa, faja. **2.** zona, región, franja. **3.** fig. golpe.
bemoan (bimoun). tr. lamentar, plañir, gemir por.
bench (bench). n. **1.** banco, banca, banqueta. **2.** corte de justicia, asiento de los jueces, judicatura, cuerpo de jueces. **3.** escaño, travesaño. **4.** mesa de trabajo. **5.** *b. mark:* hito.
bend (bend). n. curva, vuelta, recodo, inclinación.// tr. **1.** doblar, inclinar, torcer, combar, encorvar, arquear, enarcar, doblar, inclinar. **2.** aplicar, emplear. **3.** encauzar, dirigir.
beneath (biniz). adv. debajo, abajo.
benefit (bénefit). n. beneficio.// tr. beneficiar.// **benefactor** (benefáktor). n. benefactor.// **benefic** (benéfic). a. benéfico.// **beneficence** (benéficens). n. beneficencia.// **beneficial** (benefishal). a. beneficioso, provechoso.// **benevolence** (benévolens). n. benevolencia.// **benevolent** (benevolent). a. benevolente.
benign (benign). a. benigno.
beret (berei). n. boina.
berry (berri). n. baya, fruta pequeña, semilla, grano, haba.
berth (berz). *Mar.* n. amarradero.
beset (biset). tr. sitiar, rodear, acosar, hostigar, perseguir, molestar.
beside (bisaid). prep. junto a, cerca de, al lado de, además de, junto con.// **besides** (bisaids). adv. además, también.
besiege (bisly). tr. sitiar, asediar, acosar.
best (best). a. superior, óptimo, mayor, mejor.
bestial (bischal). a. bestial.
bet (bet). tr. apostar.// n. apuesta.
betray (bitrei). tr. traicionar.// **betrayal** (bitreiel). n. traición.
better (beter). a. mejor, mayor, preferible, superior.
between (bitwin). n. prep. entre.
beware (biueir). i. estar en guardia, estar alerta, precaverse. **// ¡beware!** interj. ¡cuidado! ¡alerta!// tr. cuidarse, guardarse.
bewilder (biuailder). tr. confundir, azorar, aturullar, dejar perplejo.// **bewildered** (biuailderd). a. perplejo, confundido, enredado.
beyond (biond). adv. más allá, más lejos, allende, al otro lado.
bias (baias). n. propensión, inclinación, predilección, prejuicio.// a. sesgado.// tr. sesgar, soslayar, prejuzgar, influir, predisponer, prejuiciar.
bible (baibl). n. Biblia.

bibliography (bibliógrafi). n. bibliografía.
bicker (biker). i. altercar, disputar, porfiar.// n. altercado, disputa, porfía, pelea, pendencia.
bicycle (baícicle). n. bicicleta.// i. ir en bicicleta, montar bicicleta.
bid (bid). tr. **1.** pedir, mandar, ordenar. **2.** expresar, dar, decir. **3.** invitar, convidar. **4.** licitar, pujar, ofrecer, declarar, rematar.
bide (baid). i. estarse, quedarse, permanecer.// tr. esperar, resistir, aguantar.// *b. one's time* (b. uons taim). esperar su oportunidad, hacer tiempo.
big (big). a. **1.** grande, extenso. **2.** fuerte. **3.** cargado, lleno. **4.** importante, imponente. **6.** magnánimo, noble.// *b. brother* (b. brozer). n. hermano mayor.
bigamy (bígami). n. bigamia.
bigot (bigot). n. fanático, persona intolerante o guiada por prejuicios.
bile (bail). n. bilis.// fig. mal humor.
bill (bil). n. **1.** documento, escrito. **2.** cartel, letrero, volante. **3.** billete de banco. **4.** cuenta. **5.** factura. **6.** giro, letra. **7.** proyecto de ley, ley. **8.** pico de ave.
billion (bilion). n. **1.** billón. **2.** *EE.UU.* mil millones.
bimester (bimester). n. bimestre.
binary (bainari). a. binario.
bind (baind). tr. **1.** atar, liar, amarrar, enlazar, ligar, juntar, unir, ceñir, vendar. **2.** obligar, comprometer.
binding (bainding). n. **1.** encuadernación. **2.** ligadura.// a. que compromete, que liga.
binge (biny). n. parranda.
biography (baiógrafi). n. biografía.// **biographer** (baiógrafer). n. biógrafo.
biology (baióloyi). n. biología.// **biologist.** n. biólogo.
bipolar (baipoular). a. bipolar.
bird (berd). n. pájaro, ave.
birth (berz). n. nacimiento, parto, alumbramiento, origen, principio.// **birthday** (berthdei). n. cumpleaños.// **birthplace** (berzpleis). n. lugar de nacimiento.
bis (bis). repetición.
biscuit (biscuit). n. bizcocho, galleta, bollo.
bishop (bishop). n. obispo.
bit (bit). n. **1.** pedacito, trocito, pizca, ápice. **2.** bocado. **3.** ratito. **4.** broca, mecha, barrena.
bitch (bich). n. zorra, ramera, puta.
bite (bait). tr. **1.** morder. **2.** picar, punzar.// n. **1.** mordedura. **2.** picadura.
bitter (biter). a. amargo, desagradable, penoso, cruel.// n. **1.** amargura. **2.** pl. sabor amargo.
black (blak). a./n. negro, oscuro.// **blacklist** (blaklist). n. lista negra.// *b. market* (b. market). n. mercado negro.// **blackout** (blakaut). n. **1.** apagón, oscurecimiento total. **2.** desmayo.// *b. race* (b. reis). n. raza negra.// **blacksmith** (blaksmiz). n. herrero.
bladder (blader). n. vejiga, bolsa, saco, ampolla.
blade (bleid). n. **1.** hoja, cuchilla, pala, paleta, aspa. **2.** hoja de hélice, navaja, espada, cuchillo. **3.** cuchilla de patín. **5.** pala de remo.
blame (bleim). n. culpa, censura.// tr. culpar, censurar.// **blameless** (bleimles). a. intachable, inocente, libre de culpa.
blank (blank). a. **1.** en blanco. **2.** vacío. **3.** *b. cartridge:* cartucho de fogueo, bala de fogueo. **4.** *b. endorsement:* endoso en blanco.// n. **1.** blanco. **2.** vacío.
blanket (blanket). n. manta, frazada, cobija.// tr. arropar, cobijar.// a. general, que cubre todo.
blare (bleir). tr. sonar a toda fuerza.// i. resonar.// n. **1.** sonido estridente, fragor, estruendo. **2.** brillo deslumbrante.
blasphemy (blásfemi). n. blasfemia.
blast (blast). n. **1.** estallido, explosión, arranque (de ira). **2.** ráfaga, ventolera, chorro, descarga.// *b. furnace* (b. fernas). n. alto horno.// *b. off* (b. of). n. despegue.
blatant (blatant). a. flagrante.
blaze (bleiz). fuego vivo, llamarada, hoguera, incendio.
bleach (blich). tr. blanquear.// n. blanqueo.
bleak (blik). n. desierto, desolado, yermo, triste, sombrío.
bleary (bliiri). a. nublado, turbio.
bleat (blit). i. balar.
bleed (blid). sangrar, perder sangre, derramar sangre.
blend (blend). tr. mezclar, combinar, matizar, fundir.// n. mezcla, mixtura, combinación, fusión.
bless (bless). tr. bendecir, consagrar, alabar, exaltar, glorificar.// **blessed** (blessed). a. bendito.// **blessing** (blesing). n. **1.** bendición, gracia, protección, felicidad, satisfacción, buena suerte. **2.** aprobación.
blind (blaind). a. ciego.// **blindness** (blaindnes). n. ceguera.
blink (blink). tr. parpadear.// n. parpadeo.
bliss (blis). n. dicha.
blister (blister). n. ampolla, vejiga.
bloat (blout). tr. hinchar, inflar.// **bloated** (blouted). a. hinchado.
block (bloc). tr. **1.** bloquear, atajar, obstruir. **2.** cegar, cerrar. **3.** calzar. **4.** reforzar. **5.** anestesiar.// n. **1.** bloque. **2.** adoquín. **3.** cubo. **4.** taco o block de papel. **5.** obstrucción, estorbo, bloqueo. **6.** cuadra o manzana de una ciudad.
blockade (blakeid). n. **1.** bloqueo, asedio, sitio. **2.** obstrucción.// tr. bloquear, asediar, sitiar.
blockage (blocay). n. obstrucción.
blond (blond). a./n. rubio, rubia.
blood (blad). n. sangre.// *b. clot* (b. clot). n. coágulo.// **bloody** (bladi). a. sangriento, ensangrentado, sanguinario, encarnizado, cruento.
bloom (blum). n./a. **1.** flor. **2.** fluorescencia. **3.** lozanía.// i. florecer.
blot (blot). n. borrón, mancha.
blouse (blaus). n. blusa.
blow (blou). tr. soplar, silbar, sonar, jadear.// n. golpe, porrazo.
blowoff (blouof). n. descarga, escape, fuga, explosión.
blowpipe (bloupaip). n. soplete, tobera.
blowup (bloupap). n. explosión.// *Fotog.* ampliación.// tr. ampliar.
blue (blu). n. azul.// a. **1.** triste, melancólico, desanimado. **2.** *b. jeans.* n. pantalones vaqueros.
blues (blus). n. **1.** estilo de jazz. **2.** melancolía
bluff (blaf). n. **1.** fanfarronada. **2.** bluff.// tr. engañar, simular, hacer creer mediante falsas apariencias.

blunder

blunder (blander). n. error craso, desacierto.// i. andar a tropezones, moverse torpemente, equivocarse.
blunt (blant). a. rudo, brusco, contundente, directo, obtuso.// tr. embotar, desafilar, adormecer.
blur (bler). n. borrón, mancha borrosa.// tr. hacer borroso, empañar.
blush (blash). i. sonrojarse, ruborizarse.// n. sonrojo, rubor.
board (bord). n. **1.** tabla, tablero. **2.** pensión. **3.** tribunal, consejo, junta, directorio.// tr. **1.** subir a bordo de un tren u otro vehículo, abordar. **2.** enmaderar, entarimar, **3.** hospedar.
boast (boust). tr. alardear, vanagloriarse, jactarse.// n. jactancia, alarde, vanagloria.
boat (bout). n. bote, barca, chalupa, lancha, barco, buque, nave, navío, bajel, embarcación.
body (bodi). n. cuerpo, cadáver, parte principal.// **bodyguard** (bodigard). n. guardaespaldas, escolta.
boil (boil). tr. hervir.// n. ebullición, hervor.
boiler (boiler). n. caldera.
bold (bould). a. **1.** valiente, intrépido. **2.** arrojado, atrevido. **3.** osado, temerario. **4.** descarado. **5.** vigoroso. **6.** conspicuo, destacado, pronunciado.// *b. type* (b. taip). negrilla, negrita.
bolt (bolt). n. **1.** pestillo. **2.** flecha. **3.** rayo, relámpago.// tr. cerrar con pestillo.
bomb (bomb). tr. bombardear.// n. bomba.
bond (bond). n. **1.** lazo, atadura, enlace, vínculo. **2.** bono, título. **3.** fianza.// tr. hipotecar, garantizar, ligar, trabar.// i. trabarse, unirse, pegarse.
bone (boun). n. hueso, espina, semilla.
bonnet (bonet). bonete.
book (buk). n. libro, tomo, volumen, libreto, talonario.// tr. reservar, hacer reserva de, contratar un artista.
bookkeeper (bukkiper). n. tenedor de libros.
boom (bum). n. expansión económica.
boon (bun). n. beneficio, bendición.
boost (bust). tr. levantar, alzar, empujar hacia arriba, fomentar, incrementar, elevar.// n. empuje, impulso, ayuda.
boot (but). n. bota, botín.
booth (buz). n. casilla, garita, barraca, cabina, puesto, quiosco.
border (border). n. orilla, borde, margen, frontera, límite.// tr. bordear.
bore (bor). tr. **1.** taladrar, perforar. **2.** fam. aburrir.
born (born). a. nacido, nato, innato.
borrow (borou). tr. pedir u obtener de prestado.
bosom (bosom). n. seno, pecho.
boss (bos). n. jefe, amo, patrón, capataz.
both (bouz). pron. ambos, los dos, uno y otro.
bottle (botl). n. botella.// **bottleneck** (botlnek). n. embotellamiento, atolladero, atascadero.// a. estrecho, angosto.
bottom (botom). n. **1.** fondo. **2.** último lugar.
bounce (bauns). n. rebotar.
bound (bound). tr. ir con destino a.// n. límite.
boundary (baunderi). n. término, límite, linde, lindero, frontera.
bow (bau). n. venia, reverencia, saludo.// tr. **1.** ceder, someterse, conformarse. **2.** inclinarse, hacer reverencia, saludar con una venia.
bow (bou). n. arco, curva.
bowel (bauel). n. intestinos, tripas.
bowl (boul). n. tazón, escudilla, cuenco, bol, ponchera, palangana, jofaina.// n. bolos, bolo, bocha, bola.
box (box). n. caja, cajón, estuche, cofre, arca, casilla, compartimiento, apartado, pescante.// **boxcar** (boxkar). n. furgón.// **box office** (b. ofis). n. taquilla, boletería.
boxer (boxer). n. boxeador, púgil.// **boxing** (boxing). n. boxeo.
boy (boi). n. muchacho, chico, niño.
boycott (boikot). n. boicot.
boyfriend (boifrend). n. novio.
brace (breis). n. abrazadera.// tr. apuntalar, ligar, asegurar, reforzar.// i. afirmarse.
bracket (braket). n. corchete o paréntesis.
brag. (brag). i. jactarse, fanfarronear.
brain (brein). n. cerebro.// **b. case** (breinkeis). n. cráneo.
brake (breik). n. freno.// tr. frenar.
branch (branch). n. rama.
brand (brand). n. marca.// tr. marcar (ganado).
brass (bras). n. cobre.// fig. la jefatura (militar y en general).
brassière (brasier). n. corpiño.
brat (brat). n. mocoso.
brave (breiv). a. valiente, esforzado.
brawl (brol). camorra, riña, altercado.
breach (brich). n. **1.** brecha. **2.** rotura, ruptura, rompimiento.
bread (bred). n. pan.
break (breik). tr. romper, quebrar, partir, dividir, truncar, cortar.// n. rotura, rompimiento, ruptura, grieta.
breakdown (breikdaun). n. falla, avería, rotura.
breakfast (brekfast). n. desayuno.
breast (brest). n. pecho, seno, mama.// **breastbone** (brestboun). n. esternón.
breath (brez). n. aliento.
breathe (briz). tr. respirar.
breed (brid). tr. criar.// n. raza de ganado.
breeze (briz). n. brisa.
brew (bru). tr. fabricar cerveza.// n. infusión, licor, bebida.// **brewer** (bruer). n. cervecero.// **brewery** (brueri). n. cervecería.
bribe (braib). n. soborno, cohecho.// tr. sobornar.
brick (brik). n. ladrillo.
bride (braid). n. novia, desposada.
bridge (bridch). n. puente.// tr. tender un puente, cerrar una brecha.
bridle (braidl). n. brida, freno.// tr. frenar, poner freno.
brief (brif). a. breve, corto, conciso, sucinto.
briefcase (brifkeis). n. portafolio.
briefing (brifing). n. instrucciones.
brigade (brigueid). n. brigada.
bright (brait). a. brillante, inteligente.
brilliant (briliant). a. brillante.
brim (brim). n. borde, margen, canto, labio.// **brimming** (briming). a. lleno hasta el borde.
bring (bring). tr. **1.** traer. **2.** llevar. **3.** resultar en.
brisk (brisk). a. vivo, activo, lleno de vida, enérgico, avispado.

bristle (brisl). i. erizarse.// **bristly** (brisel). a. erizado.
british (british). a. británico.// **B. Isles** (b. ailes). n. Islas Británicas.
brittle (britl). a. **1.** quebradizo, frágil. **2.** fig. susceptible, irritable.
broad (brod). a. **1.** ancho, amplio, extenso, espacioso, pleno. **2.** claro, obvio, explícito. **3.** vulgar, atrevido.
broadcast (brodcast). n. transmisión (por radio), difusión.// tr. transmitir, difundir.// **broadcaster** (brodcaster). n. locutor.// **broadcasting**. n. transmisión, emisión.
broad-minded (brodmainded). a. comprensivo, tolerante.
brocade (brokaid). m. brocado.
broil (broil). tr. **1.** asar a la parrilla. **2.** fig. pasar mucho calor.
broken (brouken). a. **1.** roto. **2.** fracturado, quebrado.// **brokenhearted** (brokenjerted). a. acongojado, con el corazón quebrado.
broker (brouker). n. corredor, agente, comisionista, intermediario.
brood (brud). f. camada, nidada, pollada, cría.// i. empollar, incubar.// i. meditar, cavilar, rumiar.
broom (brum). n. escoba.// tr. barrer.
bromate (broumeit). n. bromato.
bronchia (brankia). n. pl. bronquios.
brothel (brozel). n. burdel, lupanar.
brother (brozer). n. hermano.// **brotherhood** (brozerjud). n. hermandad.
brow (brau). n. ceja.
brown (braun). n. pardo, marrón.
browse (braus). tr. hojear un libro.// Comput. recorrer sucesivas pantallas de un programa.
bruise (bruz). magulladura, contusión, raspón.// tr. magullar.
brush (brash). n. cepillo, brocha, pincel.// tr. **1.** cepillar. **2.** rozar al pasar.
brushwood (brashwud). n. maleza.
brutal (brutal). a. brutal.// **brutality** (brutáleti). n. brutalidad.// **brute** (brut). n. bruto.
bubble (babl). n. burbuja.
buck (bak). n. **1.** gamo, venado. **2.** fig. dólar.
bucket (baket). n. balde, cubo, cubeta.
buckle (bakel). n. hebilla.
bud (bud). n. brote, pimpollo.
budge (buy). i. moverse.
budget (buyet). n. presupuesto.
buffer (bafer). n. **1.** parachoques, amortiguador. **2.** tope. **3.** rueda o máquina pulidora.
bug (bag). n. **1.** insecto, bicho. **2.** falla en un aparato.// tr. colocar un micrófono para hacer espionaje electrónico. **2.** molestar, fastidiar.
bugle (biugl). n. corneta, clarín.
build (bild). tr. construir, erigir, edificar, fabricar, hacer, establecer, fundamentar.// **building**. n. edificio.
bulb (balb). n. **1.** bulbo. **2.** bombilla, foco.
bulge (buldch). n. comba, saliente.// tr. combarse, hincharse, abultarse, estar abultado.
bulk (balk). n. magnitud, volumen, tamaño.
bull (bul). n. toro.
bulldozer (buldouzer). n. topadora.
bullet (bulet). n. bala.

bulletin (báletin). n. boletín.
bullshit (bulshit). n. vulg. pavadas, mentiras, exageración, insinceridad.
bully (buli). n. abusador, pendenciero.// tr. intimidar, amedrentar.
bulwark (bulwark). n. baluarte, bastión.
bum (bam). n. vagabundo, vago, holgazán, pobre diablo, borrachín.
bump (bamp). n. chichón.// tr. chocar.
bumper (bamper). n. paragolpes.
bunch (banch). n. racimo, ristra, puñado, montón, haz, mazo, manojo, atado.
bundle (bandl). n. atado, lío, envoltorio.// fig. mucho dinero.
bunk (bank). n. litera, camastro.
bunker (banker). n. casamata.
buoy (boy). n. boya, baliza.// tr. boyar.// **bouyancy** (boiansi). n. flotabilidad.
burden (berden). n. carga, peso.
bureau (buró). n. oficina, despacho.
bureaucracy (burókrasi). n. burocracia.
burglar (berglar). n. ladrón.
burial (berial). n. entierro.
burn (bern). tr. quemar.// tr. quemarse.// n. quemadura.
burner (berner). n. mechero.
burrow (barou). n. madriguera, conejera, vivar, escondrijo, refugio.
burst (berst). n. estallar, reventar, explotar.
bury (beri). tr. enterrar, inhumar, sepultar, esconder, ocultar.
bush (bush). n. arbusto, mata, maleza, matorral, breña.
business (bisnes). n. **1.** ocupación, profesión, especialidad. **2.** negocio, comercio. **3.** tarea, deber. **4.** incumbencia.// **businessman, businesswoman** (bisnesman, bisneswuman). n. hombre, mujer de negocios, empresario, empresaria, comerciante.
bust (bast). n. busto.
bustle (basl). i. apresurarse, ir o venir presuroso, trabajar con ahínco.
busy (bízi). a. ocupado. atareado.
but (bat). conj. pero, más.
butcher (bacher). n. carnicero.// tr. matar, hacer una carnicería.// **butchery** (bácheri). n. carnicería.
butt (bat). n. mango, cabo.
butter (bater). n. manteca.
butterfly (baterflai). n. mariposa.
button (baton). n. botón.// **buttonhole** (batonjoul). n. ojal.
buttres (batres). m. contrafuerte, estribo.
buy (bai). tr. comprar.
by (bai). prep. **1.** para, por, de, indicando tiempo o duración. **2.** por, indicando agente, instrumento o causa.
bye-bye (bai-bai). n. hasta luego, adiós.
bygone (baigoun). n. algo pasado, de otro tiempo.
by-law (bailo). n. estatuto, regla, reglamento interno.
bypass (baipas). n. desvío, derivación, tubo de paso, desagüe secundario.
by-product (bai-produkt). n. producto secundario, subproducto, residuo, derivado.
bystander (baistander). n. espectador circunstancial.

c (si). n. tercera letra del abecedario.// *Mus.* do.
cab (cab). n. taxi.
cabalistic (cabalistic). a. cabalístico, oculto.
cabaret (cabareit). n. cabaret.
cabbage (cabadch). n. col, repollo.
cabin (kabin). n. cabaña, choza, camarote, cabina.
cabinet (cábinet). n. gabinete ministerial.// **cabinet council.** n. consejo de ministros.
cable (keibl). n. **1.** cable. **2.** cablegrama, telegrama.
caboose (cabús). n. furgón de cola.
cabotage (cabotadch). n. cabotaje.
cache (cashé). n. **1.** escondrijo, escondite, hueco. **2.** provisiones escondidas, reserva secreta de armas. **3.** *Comp.* reserva de memoria.// tr. ocultar o guardar en un escondrijo.
cadre (cadrei). n. **1.** cuadro, armazón. **2.** *Mil./Pol.* jefe, cuadro, conjunto de jefes.
cage (keidch). n. jaula.// tr. enjaular.
cajole (cayoul). tr. engatusar, lisonjear, persuadir a alguien con lisonjas para que haga algo.
cake (keik). n. **1.** torta, pastel, bizcocho, bollo. **2.** pan de jabón, de cera, etc.// i. incrustarse, coagularse, cuajarse, aterronarse.
calamine (kálamain). n. calamina.
calamity (kalámiti). n. calamidad.
calcium (kalsium). n. calcio.
calculate (kálkiuleit). tr. **1.** calcular, computar. **2.** fam. creer, considerar, suponer.// i. hacer cálculos.
calculus (kálkiulus). n. *Mat., Med.* cálculo.
calendar (kálender). n. **1.** calendario, almanaque. **2.** orden del día, lista, horario. **3.** *Der.* tabla o lista de causas.// tr. registrar en un calendario.
calf (kaf). n. **1.** ternero, becerro, cría. **2.** pantorrilla.// **calf bone.** n. peroné.
caliber, calibre (káliber). n. calibre.
calibrate (kálibreit). tr. calibrar.
calico (kálicou) n. percal.
call (kol) i. **1.** dar voces, llamar, gritar. **2.** hacer una visita, ir o venir a visitar, hacer una parada, hacer una escala. **3.** hacer una llamada telefónica.// tr. **1.** llamar. **2.** enunciar. **3.** convocar, emplazar. **4.** telefonear. **5.** ordenar, proclamar (una huelga, una pausa, un descanso, etc.). **6.** despertar. **7.** reclamar. **8.** considerar, juzgar. **9.** invitar a jugar, pedir a otro jugador que exponga su mano en un juego de cartas. **10.** dar por terminado.// n. **1.** llamada, exclamación. **2.** llamamiento, invitación. **3.** llamada telefónica. **4.** visita. **5.** escala. **6.** vocación. **7.** canto de aves. **8.** toque de corneta, de tambor. **9.** demanda, pedido, exigencia.

callus (kalus). n. callo.
calm (kalm). n. calma, quietud, serenidad, tranquilidad.// a. calmo, calma.// tr. calmar.// i. calmarse, apaciguarse, aplacarse.
calorie (kálorie). n. caloría.// **caloric** (calórik). a.
camera (kámera). n. cámara.
camp (kamp). n. campamento.// tr. acampar.// **camper** (kamper). n. acampante.
campaign (kampein). n. campaña.// i. hacer campaña.
campus (kampus). n. predio universitario, ciudad universitaria.
can (kan). v. aux. defect. **1.** poder hacer algo. **2.** saber hacer algo. **3.** tener permiso para.// n. lata (como en *lata* de gaseosa), tacho.// **canned** (kand). a. enlatado.
canal (kanal) n. canal, acequia, zanja, conducto, meato.// **canalize** (kánalaiz). tr. canalizar, encauzar.// **canal lock** (c. lok). n. esclusa.
cancel (kánsel). tr. cancelar.
cancer (kánser). n. cáncer.
candent (kandent). a. candente.
candid (kándid). a. cándido, franco, sincero.
candidate (kándideit). n. candidato.
candle (kandl). n. vela.
candy (kandi). n. caramelo, confite, bombón, dulce.
cane (kein). n. **1.** caña. **2.** bastón.
cannibal (kánibal). n. caníbal.// **cannibalism.** n.
cannon (kánon). n. cañón.// tr. cañonear.
can't (kant). tr. contracción de *cannot:* no puedo, no puede, no se puede.
canteen (kantín). n. **1.** cantina. **2.** cantimplora.
canvas (kanvas). n. lona; lienzo.
canvass (kanvas). n. escrutinio.// tr. recorrer un barrio o distrito para solicitar votos, fondos, etc.
cap (kap). n. **1.** gorro, gorra. **2.** toca, bonete. **3.** tapa. **4.** cápsula, fulminante.// tr. **1.** cubrir, poner la tapa. **2.** rematar. **3.** sobrepasar, superar, exceder.
capable (keípabl). a. capaz.
capacity (kapáciti). n. **1.** capacidad. **2.** habilidad. **3. in c. of.:** en calidad de.
cape (keip). n. **1.** capa, mantón. **2.** cabo, promontorio, punta de tierra.
caper (keiper). cabriola, salto, brinco.
capital (kápital). n. capital.// **capitalist.** n. capitalista.// **capitalize.** tr. **1.** capitalizar. **2.** escribir con mayúsculas.// **capital letter.** n. letra mayúscula.
capitol (kápitol) n. capitolio.
capitulate (kapítuleit). i. capitular.// **capitulation.** n.
capsule (kapsul). n. cápsula.

caption (capshon). encabezamiento, título, titular, epígrafe, subtítulo.
capture (kapchur). tr. capturar.// n. captura.//
captive (kaptiv). a. cautivo.
car (kar). n. coche.
caravan (káravan). n. caravana.
carbon (karbon). n. carbón.
carburant (kárburant). n. carburante.
carcass (karcas). n. cadáver de animal.
card (kard). n. 1. tarjeta. 2. naipe.
cardboard (cardboard). n. cartulina, cartón.
cardholder (cardjoulder). n. miembro de una organización.
cardiac (kardiac). n. cardíaco.
cardinal (kárdinal). n. cardenal.// a. fundamental, principal.
card index (kard index). n. fichero.
care (keir). n. cuidado, cargo, custodia, protección, atención, cautela, preocupación, ansiedad, inquietud.// l. 1. preocuparse, importarle a uno. 2. cuidar.// **careful**. a. cuidadoso, cauteloso, meticuloso, prudente, esmerado.// **careless**. a. 1. descuidado, negligente, irresponsable. 2. despreocupado, alegre.
career (carür). n. carrera profesional.
caress (karés). n. caricia.
caretaker (keirtaker). n. celador, guardián, cuidador, encargado.// a. interino, provisional.
cargo (kargou). n. carga.
carnal (kárnal). a. carnal.
carnival (kárnival). n. carnaval.
carnivore (kárnivore). n. carnívoro.
carpet (kárpet). n. alfombra, tapete, tapiz.
carriage (karidch). n. carruaje.
carrier (karrier). n. 1. mensajero, mandadero. 2. cargador, portador, transportador. 3. compañía transportadora.
carrot (kárrot). n. zanahoria.
carry (kary). tr. 1. llevar, transportar. 2. conducir, llevar. 3. llevar consigo, tener (encima). 4. portar (armas, estandarte, etc.). 5. tener en existencia, ser distribuidor de. 6. *c. out:* llevar a cabo.
cart (kart). n. carreta.// tr. acarrear, transportar.
cartel (kártel). n. monopolio, cártel.
Cartesian (karïyian). a. cartesiano.
carton (kárton). n. envase de cartón (como en cartón de cigarrillos).
cartoon (kartún). n. caricatura, tira cómica, dibujo animado.
carve (karv). tr. 1. tallar. 2. trinchar.// **carving**. n. escultura, talla.
cascade (kaskeid). n. cascada.
case (keis). 1. caso, caso clínico. 2. argumento, tesis, punto de vista. 3. caja, estuche, cajón, vaina. 4. caja, camisa. 5. caja de imprenta.
cash (kash). n. dinero efectivo, pago al contado.// a. al contado.// **cashbox**. caja (registradora).// **cashier**. n. cajero.
casing (keising). n. 1. funda, cubierta, envoltura, estuche. 2. revoque de una pared.
cask (kask). n. barril, tonel, cuba, casco.
casket (kasket). n. ataúd.
cast (kast). tr. 1. lanzar, tirar (dados, red). 2. fundir metal. 3. dar papeles a actores. 4. *c. a ballot:* tr. votar.// n. Teatro./Cine. elenco.// **casting**. n. 1. Met. fundición, vaciado. 2. selección de actores.
caste (keist). n. casta.
castle (kasl). n. 1. castillo. 2. ajedrez, torre.
castrate (kastreit). tr. castrar.
casual (kayual). a. 1. casual, accidental, fortuito. 2. eventual, ocasional. 3. informal.
cat (kat). n. gato, felino.
cataclysm (kátaclism). cataclismo.
catacomb (katacoumb). n. catacumba.
catalog (kátalog). n. catálogo.
catalyze (kátalaiz). tr. catalizar.// **catalyst**. n. catalizador.// **catalytic**. a. catalítico.
catch (kach). tr. 1. atrapar, capturar, coger, agarrar, adueñarse de. 2. engancharse. 3. pillar, pescar, sorprender. 4. contraer, contagiarse (una enfermedad). 5. atraer, captar. 6. tomar, alcanzar (tren, avión). 7. entender, captar. 8. reproducir. 9. recibir (un golpe).// l. 1. prender fuego. 2. comprender.// n. 1. atajada (de la pelota). 2. pesca, botín, presa. 3. retén, pestillo. 4. impedimento, dificultad. 5. engaño, trampa. 6. buen partido.
catchword (kachword). n. lema, mote, divisa.
categorical (kategórical). a. categórico, absoluto, rotundo, explícito.
category (kátegori). categoría, clase, división.
cater (keiter). l. 1. proveer, abastecer, surtir. 2. complacer (a una persona, dar el gusto).
caterpillar (katerpiler). 1. oruga. 2. tractor de orugas.
catharsis (catarsis). n. catarsis.
cathedra (kátedra). n. cátedra.
cathedral (katidral). n. catedral.
catheter (kazeter). tr. catéter.
catholic (kátholic). n. católico.// a. católico.
catsup (kechup). n. kétchup.
cattle (katl). n. ganado.
catwalk (catuok). n. andén, pasadizo.
caucus (kaukus). n. 1. junta de dirigentes, comité político. 2. reunión privada.// l. reunir a una junta de dirigentes, hacer una reunión privada.
cauliflower (colifauer). n. coliflor.
cause (cos). n. causa, motivo, razón.// tr. 1. causar, motivar. 2. hacer que alguien o algo haga algo.
caustic (kostik). a. cáustico.
cauterize (koteraiz). tr. cauterizar.
caution (koshon). n. 1. cautela, cuidado, precaución. 2. advertencia, amonestación, aviso.// 1. advertir, prevenir de. 2. amonestar, advertir.// **cautious**. a. cauteloso, cauto, precavido.
cave (keiv). n. cueva, caverna, gruta.// l. caerse, ceder, hundirse.
cavity (káviti). n. 1. cavidad. 2. caries.
cease (siz). l. 1. cesar, acabarse, terminarse, pararse. 2. desistir de, dejar de.// tr. acabar, terminar, suspender.// **cease-fire**. n. alto el fuego, tregua.// **ceaseless** (sizles). a. incesante, perpetuo.
cede (sid). tr. ceder, transferir, traspasar, entregar.
ceiling (siling). n. cielo raso, techo, tope, máximo, límite, altura máxima.
celebrate (sélebreit). tr. celebrar, oficiar, exaltar, alabar, conmemorar, solemnizar.// l. oficiar, celebrar.
celebrity (selébriti). n. celebridad, personalidad, fama.

celerity (seleriti). n. celeridad.
celestial (seleschal). a. celestial.
cell (sel). n. 1. celda. 2. célula.
cellar (selar). n. sótano, bodega.
celluloid (séluloid). n. celuloide.
cellulose (sélulous). n. celulosa.
cement (sement). n. cemento.// tr. cimentar, cubrir con cemento.// fig. consolidar, fortalecer, estrechar.// i. pegarse, unirse, consolidarse.
cemetery (semeteri). n. cementerio.
censor (sensor). n. censor.// tr. censurar.// **censorship**. n. censura.
census (sensus). n. censo, empadronamiento, registro general de ciudadanos.
cent (sent). n. centavo.
center (senter). n. centro.// tr. centrar, centralizar, concentrar.// i. centrarse, concentrarse.// **central**. a. central, céntrico, principal, dominante.// n. central telefónica.
centigrade (séntigreid). a. centígrado.
centigram (sentigram). n. centígramo.
centimeter (sentimiter). n. centímetro.
centrifuge (séntrifiug). tr. centrifugar.// **centrifugal**. a. centrífugo, centrífuga.
centripetal (sentrípital). a. centrípeto.
century (sénchuri). n. siglo.
ceramics (seramics). n. cerámica.
cereal (sirial). n. cereal.
cerebral (serebral). n. cerebral.
certain (sertan). a. 1. cierto, seguro, indudable, inevitable. 2. cierto(a), algún, alguno(a).// **certainly**. adv. ciertamente, indudablemente.
certificate (sertifikeit). n. 1. certificado. 2. bono, obligación.// tr. certificar, dar certificado.// **certify**. tr. 1. certificar, atestiguar, dar o dejar constancia. 2. garantizar.
certitude (sértitud). n. certeza.
chain (chein). n. cadena.// tr. encadenar.
chair (cheir). n. 1. silla. 2. presidencia.// tr. 1. asentar. 2. instalar en funciones (a un presidente, un funcionario, etc.). 3. presidir (una reunión, una junta, etc.).// **chairman**. n. presidente.
chalk (chok). n. tiza.// tr. apuntar, anotar, atribuir, acreditarse.
challenge (chaleny). n. 1. reto, desafío. 2. recusación, objeción, tacha.// tr. 1. retar, desafiar, objetar. 2. impugnar. 3. requerir, exigir, demandar, probar. 4. estimular, excitar. 5. recusar, poner reparos.// **challenger**. n. retador.// **challenging**. a. desafiante, provocativo, intrigante, excitante.
chamber (cheimber). n. 1. cuarto, cámara, alcoba, dormitorio. 2. cámara (del legislativo, judicial). 3. despacho. 4. recámara, cámara (de las armas).
chamberlain (cheimberlein). n. 1. chambelán. 2. tesorero.
champion (champion). n. campeón.// **championship**. n. campeonato.
chance (chans). n. 1. fortuna, suerte. 2. azar, casualidad. 3. oportunidad, ocasión. 4. posibilidad.// tr. arriesgar, correr el riesgo de, probar.// i. suceder, acontecer, acaecer.
chancellery. n. cancillería.// **chancellor** (chánselor). n. canciller.
chandelier (chandelier). n. candelabro, araña.

change (cheiny). tr. cambiar, alterar, mudar, modificar, transformar, convertir, reemplazar, substituir.// i. cambiar, mudar, transformarse, reformarse, corregirse.// n. 1. cambio, alteración, sustitución, mutación, mudanza. 2. novedad, variedad, variación. 3. muda (de ropa). 4. vuelto (de dinero).
channel (chanel). n. 1. canal. 2. cauce, lecho, madre (de un río). 3. caño.// tr. 1. acanalar, estriar, ranurar. 2. canalizar, encauzar, conducir por.
chaos (keios). n. caos.// **chaotic**. a. caótico.
chapel (chapel). n. capilla, santuario.// **chaplain**. n. capellán.
chapter (chapter). n. 1. capítulo. 2. sección local de una organización, seccional.
character (cárakter). n. 1. carácter, temperamento. 2. carácter, índole, característica. 3. marca, distintivo. 4. carácter, signo (de escritura), tipo, carácter (de imprenta), escritura, letra, caligrafía.
characteristic (característik). a. característico, distintivo.// n. característica.
charcoal (charcoul). n. carbón.
charge (chary). tr. 1. cargar, recargar, alimentar, llenar. 2. exhortar, instruir, mandar. 3. atacar. 4. debitar,// i. 1. ir a la carga. 2. cobrar.// n. 1. carga, peso. 2. tarea, deber, responsabilidad, obligación. 3. mando, dirección. 4. acusación. 5. encargo, orden.// **charged**. a. cargado.
charisma (karizma). n. carisma.
charity (cháriti). n. caridad.
charlatan (chárlatan). n. charlatán.
charm (charm). n. gracia, atractivo, encanto, hechizo.// tr. encantar, hechizar, cautivar, atraer, deleitar.// i. practicar hechicería, ejercer fascinación.// **charming**. n. encantador, fascinante, seductor.
chart (chart). 1. mapa, carta de navegación, mapa hidrográfico. 2. gráfica, diagrama, hoja de papel graduado. 3. esquema, cuadro, tabla.// tr. 1. cartografiar, trazar. 2. planear, proyectar. 3. graficar.
charter (charter). n. 1. carta, cédula, título, constitución. 2. permiso legal. 3. privilegio, exención, inmunidad. 4. alquiler. 5. viaje contratado.// tr. 1. otorgar o constituir por carta. 2. fletar, alquilar.
chartographer (cartógrafer). n. cartógrafo.
chase (cheis). n. 1. persecución. 2. cacería, montería.// tr. perseguir, acosar, dar caza.
chasm (chasm). n. abismo, precipicio.
chaste (cheist). a. casto.
chasten (chasen). tr. castigar, disciplinar.
chat (chat). n. charla.// tr. charlar.
chatter (chater). n. cotorreo.// tr. cotorrear.
chauffeur (shofer). n. chofer.
cheap (chiip). a. 1. barato. 2. fácil. 3. vulgar, común. 4. vil, despreciable.
cheat (chiit). i. hacer trampas, practicar fraude o engaño.// n. 1. tramposo, timador. 2. trampa, timo, engaño.// **cheater**. n. tramposo, timador, engañoso, embustero.
check (chek). n. 1. freno, control. 2. comprobación, verificación, fiscalización, inspección. 3. talón, contramarca, contraseña. 4. cuenta (de restaurante). 5. ficha. 6. cuadro. 7. cheque (bancario). 8. interrupción súbita (de un avance). 9. jaque (ajedrez).// tr. 1. detener, parar, frenar. 2. impedir// **c. mate**. n. jaque mate.

checker (cheker). n. **1.** diseño a cuadros. **2.** verificador.// **checkers.** n. juego de damas.
checkup (chekap). n. examen médico.
cheek (chiik). n. **1.** mejilla, carrillo, cachete. **2.** desfachatez.
cheer (chiir). n. **1.** aliento, vítor. **2.** ánimo, alegría.// **cheerful.** a. **1.** alegre, animado, jovial. **2.** alentador, grato, placentero.
cheese (chiis). n. queso.
chef (chef). n. chef.
chemical. n. producto químico.// **chemistry** (kémistri). n. química.// **chemist.** n. químico.
cherry (cherri). n. **1.** cerezo. **2.** cereza.
chess (ches). n. ajedrez.
chest (chest). n. **1.** arca, cofre, cajón, baúl, caja. **2.** Anat. pecho, tórax.
chestnut (chestnat). n. almendra.
chew (chu). tr. masticar, mascar.
chewing gum (chuing gam). n. chicle, goma de mascar.
chicken (chiken). n. pollo, polluelo.
chief (chiif). n. jefe, caudillo, cacique.
child (chaild). n. **1.** niño, niña, criatura. **2.** hijo, hija.// **childbirth.** n. parto, alumbramiento.// **childhood.** n. infancia, niñez.
chill (chil). n. **1.** frío, frialdad. **2.** escalofrío.// tr. **1.** enfriar, refrigerar. **2.** deprimir, desanimar, desalentar. **3.** acerar, templar (metal)./// i. **1.** enfriarse. **2.** tiritar, tener escalofríos. **3.** enfriarse, acerarse.
chime (chaim). n. **1.** carillón, campanas. **2.** timbre, campana, campanilla. **3.** campaneo, repique de campanas. **4.** son, sonsonete.
chimera (kimera). n. quimera.
chimney (chimni). n. chimenea.
chin (chin). n. mentón, barbilla, barba.
chip (chip). n. **1.** astilla. **2.** pl. papas fritas.// tr. picar, tajar con cincel.
chirp (cherp). tr. gorjear.// n. gorjeo.
chisel (chisel). n. formón.// tr. cincelar, esculpir.
chocolate (chócolat). n. chocolate.
choice (chois). n. **1.** selección, elección. **2.** opción, alternativa. **3.** preferencia, cosa escogida, persona preferida. **4.** variedad, surtido. **5.** lo mejor.// a. escogido, selecto, florido, granado, de calidad, superior.
choir (cuaier). n. coro.
choke (chouk). tr. **1.** estrangular, sofocar. **2.** ahogar, apagar (fuego). **3.** obturar, atorar, atascar, obstruir. **5.** taponar. **6.** disimular con dificultad una emoción.// n. **1.** sofocamiento, ahogo. **2.** atoramiento, obstrucción.
cholera (cólera). n. cólera.
choose (chuz). tr. **1.** escoger, elegir, seleccionar. **2.** decidir, optar.
chop (chop). tr. cortar, tajar, recortar, tronchar.
chord (cord). n. **1.** cuerda. **2.** acorde.
chore (chor). n. tarea, faena.
choreography (coreógrafi). n. coreografía.
Christian (cristian). a./n. cristiano.
Christmas (crismas). n. Navidad.
chrome (croum). n. cromo.// tr. cromar.
chronicle (crónicl). n. crónica.
chum (cham). n. compinche.
church (cherch). n. iglesia.

churn (chern). tr. batir.
cigar (sigar). n. cigarro.// **cigarette.** n. cigarrillo.
cinch (sinch). **1.** cincha. **2.** cosa fácil, sencilla.
cinder (sinder). n. ceniza.
cinema (cínema). n. cine.
cinnamon (sínamon). n. canela.
cipher (saifer). n. **1.** cifra, número. **2.** cero. **3.** código, clave. **4.** monograma.// i. usar cifras, escribir en cifras.// tr. cifrar con clave, calcular, computar.
circle (sercl). n. **1.** círculo, circunferencia, ruedo, anillo.// tr. **1.** circundar, rodear. **2.** girar alrededor de. **3.** dar la vuelta a.// i. circular, dar vueltas. **2.** girar.// **circular.** a. circular.// **circumference.** n. circunferencia.
circuit (sircuit). n. **1.** circuito, contorno. **2.** área, ámbito. **3.** gira, viaje. **4.** rodeo, camino indirecto. **5.** distrito.// i. dar vueltas, hacer un circuito.
circumstance (sércumstans). n. circunstancia.
circus (sircus). n. circo.
cistern (sistern). n. cisterna.
cite (sait). tr. citar.
citizen (sítizen). n. ciudadano.// **citizenship.** n.
citrus (sitrus). n. citrus, cítrico.// **citric.** a. cítrico.
city (siti). n. ciudad, urbe.
civil (sivil). a. civil.// **civilian.** n. civil.
civilize (sívilaiz). tr. civilizar.// **civilization.** n.
claim (kleim). n. reclamo.// tr. reclamar.
clam (klam). n. almeja.
clamp (klamp). n. abrazadera.// tr. sujetar.
clan (clan). n. clan.
clandestine (klandestain). a. clandestino, secreto.
clap (clap). n. **1.** aplauso. **2.** ruido seco.// tr. aplaudir.
clarify (klárifai). tr. clarificar.
clash (klash). n. choque.// n. choque.
clasp (klasp). tr. estrechar, apretar.// n. **1.** broche, hebilla, abrazadera, presilla. **2.** apretón de manos.
class (clas). n. **1.** clase. **2.** condición, categoría, grado. **3.** orden, linaje, género. **4.** promoción de alumnos. **5.** elegancia, distinción, calidad.
classic (clasic). a. clásico.// n. clásico.
classify (clásifai). tr. clasificar.// **classified.** a. clasificado.
clause (cloz). n. **1.** cláusula. **2.** Gram. oración.
claw (clo). n. garra. tr./i. arañar, desgarrar, rasgar, rascar.
clay (klei). **1.** arcilla, greda. **2.** barro, lodo, tierra.
clean (cliin). a. limpio.// tr. limpiar.
clear (clier). a. **1.** claro. **2.** limpio. **3.** libre, despejado.// tr. **1.** aclarar, limpiar. **3.** despejar.
clearing (cliaring) n. **1.** claro en un bosque. **2.** compensación bancaria.
clerk (klerk). n. oficinista, empleado.
client (klaient). n. cliente.
cliff (clif). n. acantilado.
climate (klaimat). n. clima.// **climatic.** a.
climax (klaimax). n. clímax.
climb (klaimb). tr. trepar, ascender, subir.// **c. down.** tr. descender, bajar.
cling (kling). i./tr. aferrarse, asirse.
clinic (klinic). n. **1.** clínica. **2.** clínico.
clip (clip). n. grapa, pinza, sujetador de papeles, gancho sujeta papeles, abrazadera.// tr. agarrar, prender, juntar con grapa.// tr. cortar con tijeras, recortar, esquilar, trasquilar, cercenar, podar, mondar.

clique (clik). n. pandilla, camarilla.
cloak (clouk). n. capa, manto.
clock (clok). n. reloj (que no es de pulsera).// **clockwise**. n. en el sentido de las agujas del reloj.
clog (klog). n. atascamiento, taponamiento.// tr. **1.** atascar. **2.** taponar.
clone (kloun). n. clon.// tr. clonar.
close (clous). tr. **1.** cerrar, bloquear, clausurar. **2.** tapar, obstruir. **3.** concluir, finalizar. **4.** cerrar, concluir, finiquitar. **5.** llenar, rellenar (grietas). **6.** juntar. **7.** cubrir, recorrer (una distancia).// n. fin, terminación, conclusión, cierre// a. **1.** cerrado. **2.** estrecho, limitado, restringido. **3.** pesado, sofocante, mal ventilado. **4.** cerrado, denso, compacto. **5.** prohibido, limitado, de veda. **6.** secreto, oculto, escondido. **7.** callado, reservado. **8.** cerca, cercano, próximo, inmediato. **9.** (estudio) detenido, profundo. **10.** (resultado) ajustado, reñido.// **closed**. a. **1.** cerrado, clausurado. **2.** concluido, terminado. **3.** exclusivo, reservado. **4.** vedada (temporada).
closet (klozet). n. placard, armario, alacena.
clot (kot). n. coágulo, grumo// i. coagularse, cuajarse, engrumecerse.// tr. coagular.
cloth (kloz). n. paño.// **clothe** (klouz). tr. vestir.// **clothes** (kloudzis). n. ropa, vestimenta, vestuario, indumentaria.// **clothesline**. n. tendedero, cuerda o soga para colgar ropa.// **clothespin**. n. broche para colgar la ropa.// **clothing**. n. ropa, vestimenta, atuendo, ropaje.
cloud (claud). n. nube.// tr. nublar, oscurecer, ocultar.// **cloudy**. a. **1.** nublado. **2.** nebuloso, falto de lucidez.
clout (claut). n. **1.** golpe, bofetada. **2.** poder.
club (clab). n. **1.** porra, cachiporra, maza, garrote. **2.** palo de golf. **3.** palo de los naipes de póquer que corresponde al de bastos en los naipes españoles. **4.** club.// tr. aporrear, golpear.
clue (clu). n. indicio, pista.
clump (clamp). n. **1.** grupo de árboles o arbustos, montón, masa, terrón.// i. amontonarse, amasarse.// tr. amontonar, amasar.
clumsy (clamsi). a. **1.** torpe, desmañado. **2.** desatinado. **3.** chabacano, mal hecho, incómodo.
cluster (claster). n. **1.** racimo, ramo, ramillete, hato, manada, caterva, enjambre, multitud, grupo.// *Astr*. n. grupo de estrellas.
clutch (clach). tr. asir, agarrar, empuñar, embragar.// i. tratar de agarrar o de empuñar.// n. **1.** embrague. **2.** dominio.
coach (couch). n. **1.** coche, carruaje, carroza. **2.** vagón, coche. **3.** asiento de segunda clase. **4.** entrenador, director técnico.// tr. preparar a un estudiante, entrenar o dirigir técnicamente a un deportista o un equipo deportivo.// **coaching**. n. acción de instruir, preparar o entrenar.
coal (coul). n. carbón, hulla, carbón de piedra, carbón mineral, brasa.// **coalfield**. n. yacimiento de carbón.// **coal pit**. o **coal mine**. n. mina de carbón.
coalition (coualishon). n. coalición.
coarse (cors). a. burdo, basto, ordinario, grosero, tosco, rudo, vulgar, soez.
coast (coust). n. costa.// i. **1.** costear. **2.** deslizarse.// **c. guard**. n. guardacostas.
coat (cout). n. **1.** saco, abrigo, gabán, sobretodo. **2.** capa, manto, cubierta. **3.** piel, pelo, pelaje. **4.** mano de pintura.// tr. cubrir, tapar, revestir, dar una mano o capa de pintura.
coax (cox). tr. instar, inducir.
cob (cob). n. mazorca del maíz.
cobbler (cobler). n. zapatero remendón.
cobblestone (cobblestone). n. adoquín.
cobweb (cobueb). n. telaraña.
coca (kouca). n. coca.// **cocain** (koukain). n. cocaína.
coccyx. (koksix). n. coxis.
cock (kok). n. **1.** gallo. **2.** macho de ave. **3.** veleta. **4.** campeón, galán, jefe, líder, amo. **5.** llave, espita, grifo, robinete, llave de cierre. **6.** gatillo, martillo (de armas de fuego). **7.** montoncillo (de paja), heno, estiércol. **8.** fiel, aguja de balanza. **9.** inclinación, sesgo (del sombrero).// i. **1.** levantarse, erguirse, enderezarse. **2.** contonearse, pavonearse, engreírse.// tr. **1.** montar, amartillar (un arma de fuego). **2.** enderezar, levantar. **3.** hacinar, amontonar (paja, heno, estiércol, etc.).
cockeyed (kokaid). a. bisco.
cockpit (kokpit). n. cabina del piloto.
cockroach (kokrouch). n. cucaracha.
cocktail (koktail). n. cóctel.
code (coud). n. código.// tr. codificar.
coerce (couers). tr. ejercer coerción, reprimir.// **coercion**. n. coerción.
coexist (couexist). i. coexistir.
coffee (cofi). n. café.
coffer (cofer). n. cofre.
coffin (cofin). n. ataúd, féretro, cajón.
cog (cog). n. *Mec*. diente de un engranaje, cama, leva.// fig. elemento, factor, pieza.
coherence (coujirens). n. coherencia.
cohesion (coujiyon). n. cohesión.
coil (koil). n. **1.** rollo. **2.** espiral, serpentín. **3.** vuelta, rosca,. rizo de cabellos, bucle.// *Elec*. bobina, carrete.// tr. enrollar, adujar.// i. andar en círculos, serpentear, enrollarse, enroscarse.
coin (koin). n. moneda, dinero, cospel.// tr. acuñar.
coke (kouk). n. coque.
cold (could). a. **1.** frío, helado. **2.** frígido. **3.** desalentador. **4.** sin interés. **5.** débil (rastro, pista).// n. **1.** frío. **2.** *to catch a c*.; resfriarse.// **c. meat**. n. fiambre.
colic (kolik). n. cólico.// **colitis**. n. colitis.
collaborate (colaboreit). tr. colaborar.
collapse (kolaps). n. colapso.// i. colapsarse, desplomarse, derrumbarse, caerse, hundirse.
collar (kolar). n. cuello.// tr. agarrar del cuello.// **collarbone**. n. clavícula.
collateral (kolateral). n. garantía// a. colateral.
colleague (kolig). n. colega.
collect (kolect). tr. **1.** recolectar. **2.** coleccionar. **3.** reunir, juntar, acopiar.// **collection** (kolekshon). n. colección; recolección.
collective (kolectiv). a. colectivo.
college (koley). n. **1.** universidad, facultad universitaria. **2.** colegio.
collision (koliyon). n. **1.** colisión. **2.** oposición.
colony (kóloni). n. colonia.// **colonial**. a. colonial.// **colonize**. tr. colonizar.
color o **colour** (kálor). n. **1.** color. **2.** colorante, tinte. **3.** buen color. **4.** colores, distintivo, divisa, insignia, enseña.// tr. colorear.

colossus (kolosus). n. coloso.
colt (kolt). n. potrillo.
column (kolum). n. columna, pilar, soporte.
comb (koumb). n. peine.// tr. peinar.// i. peinarse.
combat (kombat). n. combate, batalla, lucha.// tr. combatir.
combine (kombain). tr. combinar.// **combination** (kombineishon). n. combinación.
come (kom). i. **1.** venir. **2.** llegar. **3.** recorrer. **4.** progresar, desarrollarse. **5.** tener un orgasmo. **6.** ¡ven!, ¡venga! ¡vamos!
comedy (kómedi). n. comedia// **comedian**. n. comediante.
comet (komet). n. cometa.
comfort (komfort). n. **1.** comodidad. **2.** consuelo, solaz, alivio. **3.** bienestar, confort.// tr. consolar, confortar, reconfortar, alentar, ayudar.// **comfortable**. n. cómodo, confortable.
comic (komic). n. **1.** cómico. **2.** historietas (revista).
command (komand). tr. **1.** ordenar, mandar, dictar, imponer, regir. **2.** poseer, disponer de. **3.** demandar, exigir. **4.** merecer. **5.** dominar, contener. **6.** comandar tropas. **7.** dominar posición.// i. **1.** mandar, dar orden. **2.** gobernar. **3.** tener el mando, ser comandante.// n. mando, orden, mandato, mandamiento, ordenanza. **2.** autoridad, mando, dirección, cargo, gobierno. **3.** dominio, control. **4.** alcance, disposición, recursos. **5.** mando, comando. **6.** comandancia.// **commandant**. n. comandante.
comment (koment). n. comentario.// tr. comentar.
commerce (komers). n. comercio.// tr. comerciar.
comission (komishon). n. comisión.// tr. comisionar.
commit (komit). tr. **1.** cometer. **2.** consignar a.// **commitment**. n. compromiso, obligación.
committee (komiti). n. comité, comisión, junta.
commodity (komóditi). n. **1.** mercancía, mercadería, producto, género. **2.** productos primarios.
common (komon). a. común.
commotion (comoushon). n. conmoción.
communicate (komiunikeit). tr. comunicar.// **communication**. n. comunicación.
communion (komiunion). comunión.
communism (komiunism). n. comunismo.
community (komiuniti). n. comunidad.
commute (komiut). tr. **1.** viajar diariamente. **2.** conmutar.
compact (kompact). a. compacto.// tr. consolidar, apretar, comprimir, condensar, compactar.
companion (kompanion). n. compañero.
company (kámpani). n. **1.** compañía. **2.** empresa.
compare (kompeir). tr. comparar.// **comparation**. n. comparación.
compass (kompas). n. compás.
compassion (kompashon). n. compasión.
compatibility (kompatibiliti). n. compatibilidad.
compatriot (kompeitriot). n. compatriota.
compensate (kompenseit). tr. compensar.// **compensation**. n. compensación.
compete (kompit). tr. competir.// **competition**. n. competencia.
competence (kómpetence). n. competencia.// **competent** (kómpetent). a. competente.
complain (kompein). i. quejarse, lamentarse.// **complaint**. n. queja.

complement (kómplement). n. complemento.
complete (komplit). tr. completar.// a. completo.
complex (komplex). n. complejo.
complexion (komplecshon). n. tez.
complicated (komplikeited). a. complicado.// **complicate**. tr. complicar.
compliment (kómpliment). n. cumplido, lisonja.// tr. felicitar.
complot (komplot). n. complot.
component (kompounent). n. componente.
compose (kompous). tr. componer.
composite (komposit). a. compuesto.
composition (komposishon). n. composición.
comprehend (komprehend). tr. comprender.// **comprehensive**. a. comprensivo, abarcante.
compress (kompress). tr. comprimir.// **compression**. n. compresión.
compromise (kómpromaiz). n. concesión.// tr. acomodar, componer, hacer concesiones.
compulsive (kompalsiv). a. compulsivo.
computer (kompiuter). n. computadora.
concave (konkeiv). a. cóncavo.
conceal (consial). tr. ocultar, esconder, encubrir, disimular.
concede (konsid). tr. conceder.
conceit (konsít). n. engreimiento, vanidad.
conceive (consiv). tr. concebir, entender, imaginar.
concentrate (kónsentreit). tr. concentrar.// **concentration**. n. concentración.
concentric (konsentric). a. concéntrico.
concept (koncept). n. concept.
conception (konsepshon). n. concepción.
concern (konsern). tr. **1.** atañer, concernir, interesar. **2.** tratar de. **3.** estar relacionado con. **4.** preocupar, inquietar.// n. preocupación.
concert (konsert). n. concierto.
concerted (konserted). a. concertado.
concession (konseshon). n. concesión.
conclude (konklud). tr. concluir.// **conclusion**. n. conclusión.
concordance (konkordans). n. concordancia.
concrete (konkrit). n. concreto.
condemn (kondem). tr. condenar.
condense (kondens). tr. condensar.// **condensation**. n. condensación.
condition (kondishon). n. condición// tr. condicionar.// **conditional**. a. condicional.
condolence (kondoulens). n. condolencia, pésame.
condom (kondom). n. condón, preservativo.
conduct (kóndact). n. conducta.// tr. conducir.
conductance (kondactans). n. *Elec.* conductancia.
conductor (kondactor). n. conductor.
cone (coun). n. **1.** cono. **2.** piña.
confect (konfect). tr. confeccionar, preparar, confitar.// **confection**. n. confección, hechura, preparación.
confederacy (konfedéraci). n. confederación.
conference (kónferens). n. conferencia.
confess (konfes). tr. confesar.// **confession**. n. confesión.
confidence (kónfidens). n. confianza// **confide**. tr. confiar.// **confidential**. a. confidencial.
configure (konfigiur). tr. configurar.// **configuration**. n. configuración.

confine (konfain). tr. confinar.// **confinement.** n. **1.** prisión, encierro, reclusión, confinamiento. **2.** restricción, limitación, límite.
confirm (konfirm). tr. confirmar.// **confirmation.** n. confirmación.// **confirmative.** a. confirmativo.
confiscate (kónfiskeit). tr. confiscar.// **confiscation.** n. confiscación.
conflict (kónflikt). n. conflicto.
confluence (kónfluens). n. confluencia.
conform (konform). tr. conformar.// i. conformarse, amoldarse, acatar, someterse.// **conformist.** n. conformista.// **conformity.** n. conformidad.
confront (konfront). tr. confrontar.// **confrontation.** n. confrontación.
confuse (konfius). tr. confundir.// **confusion.** n. confusión.
congenital (konyénital). a. congénito.
congestion (konyeschon). n. congestión.
congratulate (kongráchuleit). tr. congratular, felicitar.// **congratulation.** n. congratulación, felicitación.
congregate (kongregeit). tr. congregar.// **congregation.** n. congregación.
congress (kongres). n. congreso, asamblea, reunión, convención, concilio.// **congressman, congresswoman.** n. congresista, congresal, parlamentario(a), diputado(a).
congruence (kóngruens). n. congruencia.// **congruent.** a. congruente.
conifer (konifer). n. conífera.
conjugate (cónyugueit). tr. conjugar.
conjunction (konyankchon). n. conjunción.
conjure (konyur). tr. conjurar.
connect (konect). tr. conectar.// **connection.** n. conexión.
conquer (konker). tr. conquistar.// **conqueror.** n. conquistador.// **conquest.** n. conquista.
conscience (konshens). n. conciencia.// **conscious** (conshos). a. consciente.
consensus (konsensus). n. consenso.
consent (konsent). i. consentir.// n. consentimiento.
consequence (kónsecuens). n. consecuencia.// **consequently.** adv. consecuentemente.
conserve (konserv). tr. conservar.// **conservation.** n. conservación.// **conservative.** a. conservador.
consider (konsider). tr. considerar, pensar en, tomar en cuenta, mirar, examinar, juzgar, estimar.
consideration (konsidereishon). n. **1.** consideración, reflexión. **2.** miramiento, tacto.
considered (konsiderd). a. considerado.
consist (konsist). i. consistir.// **consistent.** a. **1.** consistente, denso, uniforme. **2.** consistente, compatible. **3.** consecuente. **4.** firme.
console (konsoul). tr. consolar.
consort (konsort). consorte.
consortium (konsorshum). n. consorcio.
conspicuous (konspíquiuos). a. conspicuo.
conspiracy (konspíraci). n. conspiración.// **conspire.** tr. conspirar.// **conspirator.** n. conspirador.
constant (konstant). a. constante.// **constancy.** n. constancia.// **constantly.** adv. constantemente.
constellation (konsteleishon). n. constelación.
consternation (konsterneishon). n. consternación.

constipate (kónstipeit). tr. constipar.// **constipation.** n. constipación.
constituency (konstítuenci). n. **1.** distrito electoral. **2.** grupo de votantes, base electoral. **3.** base social.
constitution (konstitushon). n. constitución.
constrain (konstrein). tr. constreñir.// **constraint.** **1.** constreñimiento, coacción, apremio, compulsión. **2.** límite. **3.** represión.
construct (konstract). tr. construir.// **construction.** n. construcción.
consul (konsul). n. cónsul.
consult (konsalt). tr. consultar.
consume (konsum). tr. consumir.
consumer (konsumer). n. consumidor.
contact (kontact). n. contacto// tr. contactar.
contagious (konteiyious). a. contagioso.
contain (kontein). tr. contener.
contemplate (kóntempleit). tr. contemplar.
contemporary (contempori). n. contemporáneo.
contemporize (kontemporaiz). tr. contemporizar.
contempt (kontempt). n. **1.** desdén, desprecio. **2.** desacato.
contender (kontender). n. contendiente.
content (kontent). n. contenido.// a. contento, satisfecho.// tr. contentar, complacer, satisfacer.
contest (kontest). n. **1.** certamen, competencia, concurso, contienda, lid, torneo. **2.** debate, discusión, disputa.// tr. disputar, debatir.
context (kontext). n. contexto.
continent (kóntinent). n. continente.
continue (kontiniu). tr. continuar.// **continued.** a. continuado.
contract (kontract). i. contraerse.// n. contrato.// **contraction** (kontrakshon). n. contracción.
contradict (kontradict). tr. contradecir.//**contradiction** (kontradikshon). n. contradicción.
contrary (kontrari). n. contrario.
contrast. n. contraste// tr. contrastar.
contribute (kóntribiut). tr. contribuir.// **contribution.** n. contribución.
control (kontroul). n. control.// tr. controlar.
controversy (kontróversi). n. controversia.// **controversial.** a. discutible, polémico, disputable, problemático.
convenience (konviniens). n. conveniencia.
convention (konvenshon). n. **1.** convención, asamblea, congreso, junta. **2.** convenio, pacto, acuerdo, contrato.// **conventional.** a. convencional.
converge (convery). tr. converger.
conversation (konverseishon). n. conversación.
convert (konvert). tr. convertir.// **convertible.** a./n.convertible.
convex (konvex). a. convexo.
convey (konvei). tr. transportar, llevar, acarrear, conducir, transmitir, impartir, comunicar, dar a entender, transferir, traspasar, ceder.
convict (konvict). tr. condenar, declarar culpable.// n. convicto.// **conviction.** n. **1.** condena. **2.** convencimiento, creencia firme, persuasión.
convince (konvins). tr. convencer.
convoy. n. convoy.

convulsion (konvulshon). n. convulsión, espasmo.
cook (kuk). n. cocinero.// tr. cocinar// **cookbook**. n. libro de recetas de cocina.
cool (cul). a. fresco, frío.// tr. enfriar.
coop (cup). n. jaula de gallinas, gallinero.
cooperate (kouapereit). tr. cooperar.// **cooperation**. n. cooperación.// **cooperative**. a./n. cooperativo, cooperativa.
coordinate (kouordineit). tr. coordinar.
cop (kop). n. fig. agente de policía.
cope (koup). i. arreglárselas, poder manejar una cuestión, situación o problema.
copier (kopier). n. **1.** copista. **2.** fotocopiadora.
copper (kopper). n. cobre.
copula (kópiula). n. cópula.// **copulate** (kópiuleit). tr. copular.
copy (kopi). tr. copiar// n. copia.// **copybook**. n. cuaderno.// **copyright**. n. derechos de autor.
coral (koral). n. coral.
cord (kord). n. **1.** cordel, cuerda, cordón. **2.** cuerda vocal. **3.** cordón umbilical. **4.** lazo. **5.** pana inglesa. **6.** cuerda (medida de leña 3,625 metros cúbicos).
cordial (kordial). a. cordial// **cordiality**. n. cordialidad.
core (kor). n. **1.** corazón. **2.** parte central, centro, núcleo. **3.** meollo, médula, esencia. **4.** foco. **5.** núcleo magnético. **6.** alma, ánima, eje de cable y muestra de sondaje de petróleo. **7.** macho o ánima de molde.
cork (kork). n. corcho.// tr. tapar con corcho.// **corkscrew**. n. tirabuzón, sacacorchos.
corn (korn). n. **1.** grano, cereal. **2.** maíz, trigo, avena.// **cornmeal**. n. harina de maíz.
corner (kórner). n. **1.** esquina, rincón, ángulo. **2.** escondrijo, lugar retirado. **3.** rincón, región. **4.** acaparamiento, monopolio, tiro de esquina.// tr. **1.** acaparar, monopolizar. **2.** atrapar, lograr, abordar.// i. dar la vuelta, doblar, tomar la curva.// **c. stone**. n. piedra angular, piedra basal.
corporation (korporeishon). n. corporación.// **corporative**. n. corporativo.
corporal (korporal). n. corporal.
corps (korps). n. cuerpo de ejército.
corpse (korps). n. cadáver.
corral (koral). n. corral.
correct (korect). a. correcto.// tr. corregir.// **correction**. n. corrección.
correspond (korespond). tr. corresponder.
corridor (kóridor). n. corredor.
corrode (koroud). tr. corroer.// **corrosion**. n. corrosión.// **corrosive**. a. corrosivo.
corrupt (korrupt). tr. corromper.// n. corrupto.// **corruption** (korapshon). n. corrupción.
cortex (kortex). n. corteza.
cosmetic (kosmetic). a. cosmético.
cosmos (kosmous). n. cosmos.// **cosmic**. a. cósmico..// **cosmonaut**. n. cosmonauta.
cosmopolitan (kosmopólitan). a. cosmopolita.
cost (kost). n. costo, precio, costas, gastos.// i. costar.// **costly**. a. costoso.
costume (kostum). n. traje, disfraz, vestuario (teatro).
costumer (kóstamer). n. sastre.

cot (kot). n. catre, camilla.
cottage (kotay). n. casita de campo, cabaña.
cotton (koton). n. algodón.
couch (kauch). n. sofá.// tr. recostar.// i. acostarse.
cough (kof). i. toser.// tr. expectorar, esputar, decir tosiendo.// n. tos, carraspera.
could (kud). verbo aux. defectivo: pude, podría.// **couldn't** (kudnt). no pude, no podría.
council (kaunsil). n. consejo, concilio.
counsel (kaunsel). tr. aconsejar.// n. consejo, parecer.// **counselor**. n. consejero.
count (kaunt). tr. **1.** contar. **2.** considerar, estimar, juzgar. **3.** tomar en cuenta, tener en cuenta.// **countable**. a. contable.// **counter**. n. **1.** contador, computador, calculista. **2.** máquina contadora. **3.** ficha, tanto. **4.** mostrador, bar. **5.** lo opuesto, contrario **6.**. a. contra.// tr. contrarrestar, oponer.// i. contestar, desquitarse, oponerse.// **counterpart**. n. contraparte.
counterclockwise (kaunterklokuaiz). a. en el sentido opuesto al de las agujas del reloj.
counterfeit (kaunterfit). a. falso, falsificado, fingido, espurio.// n. falsificación, moneda falsa.// tr. falsificar, falsear.
country (kantri). n. **1.** país. **2.** región distrito, territorio, tierra. **3.** campo.// **countryman**. n. compatriota.
county (kaunti). n. condado.
couple (kapl). n. **1.** pareja. **2.** par.// tr. acoplar, conectar, unir, empalmar, juntar, unir en matrimonio, formar pares o parejas.// i. copularse. **2.** unirse, juntarse.
coupon (kupon). n. cupón.
courage (karay). n. coraje.// **courageous**. a. valiente.
course (kors). n. **1.** curso, paso, transcurso, marcha. **2.** dirección, rumbo, sentido. **3.** campo (de golf). **4.** corriente (de agua). **5.** plato (de una comida).
court (kort). n. **1.** corte. **2.** comitiva, séquito, cortejo. **3.** patio, atrio. **4.** callejuela, plazuela, plazoleta. **5.** cortejo, galanteo, cortesía, homenaje. **6.** cancha de tenis.// *marshal c.*: n. corte marcial.// *justice c. of:* n. corte de justicia.
courtesy (kértesi). n. cortesía.
cousin (kasin). n. primo.
cover (kaver). tr. **1.** cubrir, tapar. **2.** vestir, revestir, cubrirse, forrar. **3.** investir (de gloria). **4.** incluir, abarcar, abrazar, ocupar. **5.** proteger, amparar, cobijar. **6.** disimular, ocultar, encubrir. **7.** apuntar (un arma de fuego) contra (alguien).// i. cubrir// n. **1.** cubierta, tapa, cobertor, colcha. **2.** cubierto, techo, refugio, escondite, escondrijo, guarida. **3.** amparo, protección **4.** pretexto, excusa. **5.** envoltura, cubierta, sobre. **6.** funda, forro.
coverage (káveray). n. **1.** alcance. **2.** circulación (de una publicación). **3.** reportaje. **4.** cobertura.
covert (kouvert). a. secreto, furtivo, disimulado, encubierto.
covet (kovet). tr. codiciar.
cow (kau). n. vaca.
coward (kauard). n. cobarde.
cowboy (kauboi). n. vaquero.
cower (kauer). i. agacharse, agazaparse, encogerse.

coy (koi). a. 1. reservado, tímido. 2. evasivo.
cozy (kouzi). a. cómodo, acogedor, agradable.
crab (krab). n. 1. cangrejo. 2. grúa.
crack (krak). i. 1. romperse, partirse, abrirse. 2. rajarse, resquebrajarse, agrietarse, cuartearse. 3. estallar, restallar, crujir. 4. cascarse, quebrarse. 5. volverse loco, perder el control.// tr. 1. romper, partir. 2. rajar, resquebrajar. 3. pegar, golpear. 4. abrir, destapar, estudiar. 5. resolver un problema o enigma, explicar un misterio, descifrar un código.// n. 1. grieta, rajadura, resquebrajadura. 2. chasquido, estallido, crujido, estrépito, estruendo, trueno. 3. gallo de la voz. 4. golpe fuerte. 5. intento, ensayo, prueba. 6. agudeza, sutileza, sarcasmo, réplica insolente. 7. robo. 8.*Econ.* quiebra.
cracker (kráker). n. galleta.
cradle (kreidl). n. cuna.// tr. acunar.
craft (kraft). n. 1. arte, habilidad, destreza, pericia, 2. oficio, trabajo manual, ocupación. 3. gremio. 4. astucia, artimaña. 5. nave, embarcación, barco, vehículo, aeronave.
cram (kram). tr. rellenar, llenar.
cramp (kramp). n. calambre.
cramped (krámped). a. 1. acalambrado. 2. atestado.
crane (krein). n. 1. grúa. 2. grulla.
crank (krank). n. 1. manivela, manija.
crap (krap). n. insensatez, disparate, estupidez.
crash (krash). tr. 1. estrellar, chocar. 2. hacerse añicos.// i. estallar, estrellarse contra.// n. estallido, estrépito, fragor, choque, colisión, caída (de un avión), bancarrota, quiebra.
crass (kras). a. craso.
crave (kreiv). i. 1. suplicar 2. desear, apetecer.// **craving**. n. deseo, apetencia.
crawl (krol). i. 1. arrastrarse, reptar. 2. gatear, andar a gatas. 3. andar paso a paso, marchar a paso de tortuga. 4. arrastrarse, trepar. 5. hormiguear.// n. 1. paso lento. 2. estilo de natación.
crayon (kreion). n. crayón.
craze (kreiz). n. locura.// cf. **crazy**. a. loco.
creak (krik). tr. crujir.
cream (krim). n. crema, nata.
crease (kris). n. 1. arruga, pliegue, doblez.// tr. plegar, arrugar.
create (krieit). tr. crear.// **creation**. n. creación.
creature (krichur). n. criatura.
credence (kridens). n. creencia.
credential (kredenshal). n. credencial.
credit (kredit). n. crédito.
creep (krip). arrastrarse, reptar.// n. persona detestable y desagradable, tipo raro.
cremate (kremeit). tr. cremar.
crest (krest). n. cresta.
crib (krib). 1. cuna. 2. establo, cuadra.// tr. enjaular, encerrar.
cricket (kriket). n. 1. grillo. 2. juego de cricket.
crime (kraim). n. crimen.// **criminal**. n. criminal.
critic (kritik). n. crítico.
crocodile (krócodail). n. cocodrilo.
crook (kruk). n. 1. gancho, garfio. 2. ladrón.
crooked (kruked). a. torcido, encorvado.
crop (krop). n. cosecha.
cross (kros). n. 1. cruz, crucifijo.// a. enojado.// tr.
1. cruzar, formar una cruz. 2. atravesar, pasar al otro lado. 3. impedir, oponerse.// i. cruzar, pasar de través. 2. cruzarse, entrecruzarse.// **crossing**. n. cruce.
crow (krou). n. cuervo.// i. cacarear, cantar el gallo.
crowd (kraud). n. 1. multitud. 2. cuadrilla, equipo de trabajo. // **crowded**. a. atestado.
crown (kraun). n. corona.// tr. coronar.
crucial (krushal). a. crucial.
crucify (krúsifai). tr. crucificar.
crude (krud). a. crudo.
cruel (kruel). a. cruel.
cruise (krus). i. 1. cruzar. 2. hacer un crucero por mar. 3. ambular, deambular, vagar, pasear, circular. 4. navegar o volar a velocidad de crucero.// tr. navegar.
crumb (kramb). n. migaja.
crumble (krambl). tr. desmoronarse.
crumple (krampl). arrugar, hacer un bollo.
crusade (kruseid). n. cruzada.
crush (krash). tr. aplastar.
crust (krast). n. costra, corteza.
crutch (krach). n. muleta.
cry (krai). i 1. gritar, exclamar. 2. llorar, lamentarse. 3. aullar.// n. 1. grito, aullido, exclamación. 2. llanto.
crypt (kript). n. cripta.
crystal (kristald). n. cristal.
cube (kiub). n. cubo.
cuckoo (kaku). n. coo coo.
cucumber (kiukamber). n. pepino.
cue (kiu). *Teatro* pie, apunte.
cuff (kaf). n. puño de la camisa.
culprit (kalprit). n. delincuente, reo, criminal, acusado.
cultivate (kaltiveit). tr. cultivar.
culture (kalchur). n. cultura.
cunning (kaning). a. astuto.
cup (kap). 1. taza. 2. copa. 3. golpe de Estado.
curative (kiúrativ). a. curativo.
curb (kerb). n. 1. freno. 2. reborde. 3. brocal.// tr. poner freno.
cure (kiur). n. cura.// tr. curar.
curl (kerl). n. rizo.// tr. rizar.
currency (kárrensi). n. moneda, circulante.
current (karent). a. actual.
curse (kers). n. maldición // tr. maldecir.// **cursed**. a. maldito.
cursive (kursiv). a. cursiva.
curtain (kertan). n. cortina, telón.
curve (kerv). n. curva.// tr. curvar.
cushion (kashon). n. almohadón.
custodian (kastoudian). n. custodio.
custom (kastom). n. costumbre.// pl. aduana.
customer (kástomer). n. cliente.
cut (kat). tr. 1. cortar. 2. tallar, labrar. 3. segar, cortar. 4. acortar, cercenar, reducir. 5. atravesar.// n. corte.
cute (kiut). a. lindo, mono, atractivo, encantador.
cutlet (katlet). n. chuleta, costilla.
cybernetic (sibernetic). a. cibernético.
cycle (saicl). n. ciclo.
cylinder (sílinder). n. cilindro.
cynic (cinic). a. cínico.
czar. m. zar.// **czaress**. f. zarina.

d (di). n. cuarta letra del abecedario.
dab (deb). n. golpecito, palmada.
dabble (debal). tr. ocuparse superficialmente de un asunto o actividad.// **dabbler.** n.
daschund (dáksjunt). n. perro salchicha.
dactilography (dáktilografi). n. dactilografía.
dad, daddy. m. papá, papito.
daffodil (défodil). n. narciso.
dagger (déguer). 1. daga. 2. *to look daggers at:* mirar con odio.
daguerrotype (deguerotáip). n. daguerrotipo.
dahlia (délia). n. dalia.
daily (déili). 1. a./m. diario. 2. adv. diariamente.
dainty (deinti). a. 1. delicado, refinado. 2. delicioso, apetitoso. 3. n. pl. golosinas.
dairy (deiri). 1. lechería, tambo. 2. *d. cattle:* ganado lechero.
daisy (deisi). n. margarita.
dalliance (delians). n. coqueteo, frivolidad.// **dally** (deli). i. juguetear; perder tiempo.
dam. n. dique, presa, represa, embalse.
damage (damedch). n. 1. daño, avería. 2. perjuicio. 3. pl. daños y perjuicios.// 1. tr. dañar, averiar; perjudicar. 2. ref. averiarse.
damask. n. damasco.
dame (déim). f. dama, señora, mujer.
damn (demn). 1. condenar, censurar. 2. maldecir.// n. 1. maldición. 3. *I don't give a d.:* me importa un comino.// **damnable** (demnabel). a.// **damned.** a. maldito; detestable.
damnify (demnifai). tr. damnificar, perjudicar.
damp. 1. a. húmedo. 2. n. humedad.// tr. humedecer (se).// **dampen.** tr./ref. humedecer (se).
damper. n. 1. regulador de tiro de una caldera. 2. influencia moderadora.
damsel (dámsel). f. damisela.
dance (dans). 1. i. bailar, danzar.// n. danza, baile.// **dancer.** n. bailarín, bailarina.
dandruff (dendrof). n. caspa.
dandy. n. 1. petimetre. 2. hombre elegante.
danger (dényer). n. peligro, riesgo.// **dangerous.** a. peligroso, arriesgado.
dangle (danguel). i. pender, colgar, balancearse.// **dangling.** n. pendiente, colgante.
Danish. a./n. danés.
dare (der). 1. i. osar, atreverse. 2. tr. retar, desafiar.// n. reto, desafío, osadía.// **daredevil** (derdevil). a./n. atrevido, osado.// **daring** (derin). 1. n. osadía, audacia. 2. a. osado, audaz.
dark (derk). a. 1. oscuro. 2. fig. sombrío, misterioso. 3. fig. malvado, malo, siniestro.// **darken.** 1. i./ref. oscurecerse, ensombrecerse. 2. tr. oscurecer.// **darkness.** n. oscuridad.// **dark-eyed** (derkaid). a. de ojos oscuros.// **darkroom** (derkrum). n. cuarto oscuro.
darling (dérlin). a./n. querido, amor.
darn. i./tr. zurcir.// n. zurcido.
dart. n. dardo, saeta.// tr. lanzar, arrojar.
dash. tr./ref. 1. lanzar (se), arrojar (se). 2. estrellar (se). 3. salpicar. 4. arruinar, frustrar. 5. *d. away:* salir corriendo. 6. *d. by:* pasar corriendo. 7. *d. off:* salir de prisa.// n. 1. trazo; guión, raya *(signos)*. 2. chorro de agua. 3. pizca. 4. carrera corta.
dashboard (dashbord). n. tablero de instrumentos; guardabarros.
dashing (dashin). a. 1. vigoroso, animoso. 2. ostentoso, vistoso.
dastard (destar). n. cobarde, hombre vil.// **dastardly.** a. cobarde, vil.
data (deita). n. pl. datos, información.// **data entry.** n. operador de computadora.
date (déit). n. 1. fecha. 2. época, período. 3. cita. 4. dátil. 5. *out of d.:* anticuado. 6. *up to date:* al día, actualizado.// i. 1. fechar. 2. citar. 3. volverse anticuado. 4. *d. from:* datar de.// **dater** (déiter). n. fechador.
daub (dob). tr. 1. embadurnar. 2. pintarrajear. 3. cubrir de yeso.// n. 1. embadurnadura. 2. mancha.// **dauby** (dobi). a. embadurnado, pegajoso.
daughter (dóter). f. hija.// **d.-in-law.** f. nuera.
daunt (dónt). tr. acobardar. // **dauntless.** a. intrépido, valiente.
dauphin (dófin). n. delfín, heredero.
dawdle (dódel). i. haraganear, perder el tiempo.
dawn (don). n. 1. amanecer, alba. 2. inicio, principio, esbozo.// i. 1. amanecer. 2. comenzar, esbozarse. 3. comenzar a darse cuenta.
day (déi). n. 1. día. 2. pl. período, época. 3. *all d. long:* todo el santo d. 4. *any d.:* cualquier d. 5. *d. off:* d. franco. 6. *this very d.:* hoy mismo. 7. *to call it a d.:* dar por terminado el d.// **daybook** (deibuk). n. Com. libro diario.// **daybreak** (deibrik). n. alba, aurora.
daydream (deidrím). m. ilusión; pl. castillos en el aire.// i. soñar despierto; ilusionarse.
day laborer. n. jornalero, peón.
daylight (dailait) o **daytime** (deitaim). n. luz de día.
daze (déis). n. ofuscamiento.// tr. ofuscar, aturdir.
dazzle (dázel). n. deslumbramiento, reflejo deslumbrante.// i./tr. brillar, deslumbrar, encandilar.

deacon (dícon). m. diácono.
dead (ded). a. **1.** muerto. **2.** insensible. **3.** inerte (materia). **4.** extinto, apagado (fuego). **5.** estancado (aire, agua). **6.** pl. *the d:* los muertos. **7.** *d. men tell no tales:* los muertos no hablan. **8.** *more d. than alive:* más muerto que vivo. **9.** *in d. earnest:* con toda seriedad.// adv. completamente.// **d. center.** n. punto muerto (del motor).
deaden (déden). i./tr./ref. amortiguar (se).
dead end. n. callejón sin salida.
dead line (- lain). n. fin de un plazo o tiempo.
dead lock. n. **1.** estancamiento. **2.** empate.
deadly (dédli). a. mortal; nocivo.// adv. sumamente, al extremo.
deaf (def). a. **1.** sordo. **2.** insensible. **3.** *d. and dumb:* sordomudo. **4.** *to turn a d. ear:* hacerse el sordo, hacer oídos sordos.
deal (dil). n. **1.** negocio, trato. **2.** trato recibido. **3.** *a good d.:* una buena cantidad. **4.** *it's a deall:* ¡trato hecho! **5.** *raw d.:* trato injusto, mal trato. **6.** *square d.:* trato justo.// tr. **1.** distribuir, repartir, dar. **2.** *d. in:* comerciar en. **3.** *d. with:* abordar, encargarse (tema, asunto); tratar (bien o mal).// **dealer** (díler). n. **1.** comerciante, distribuidor. **2.** el que reparte los naipes.// **dealing.** n. **1.** comportamiento. **2.** pl. negocios, relaciones.
dean (din). n. **1.** deán. **2.** decano.
dear (dir). a. **1.** querido; estimado. **2.** caro, costoso. **3.** sincero, profundo. **4.** *oh, d.!:* ¡Dios mío!. **5.** *D. Sir:* Estimado señor.// adv. caro, costoso.// **dearth** (derz). n. carestía; escasez.
death (dez). n. **1.** muerte. **2.** fin, extinción. **3.** *at d.'s door:* a las puertas de la muerte. **4.** *to the d. of:* llevar a la tumba. **5.** *to d.:* sumamente. **6.** *to the d.:* a muerte; hasta las últimas consecuencias.// **d. bed.** n. lecho de muerte.// **d. blow** (-blou). n. golpe mortal.// **deathly** (dézli). a. mortal; cadavérico.
debase (dibéis). tr. degradar; envilecer.
debate (dibéit). n. debate, discusión, disputa.// i./tr. debatir, discutir, disputar.
debauch (dibósh). i./tr. corromper(se).// **debauchery.** n. libertinaje, corrupción.
debenture (debénchur). n. bono de deuda.
debilitate (dibíliteit). tr. debilitar.// **debilitation** (dibilitaishn). n.// **debility.** n. debilidad.
debit. n. débito, debe.// tr. debitar.// **d. balance.** n. saldo deudor.
debonair (debonér). a. agraciado; festivo.
debris. n. **1.** escombro. **2.** *Geol.* detrito.
debt (dét). n. **1.** deuda. **2.** adeudado. **3.** *out of d.:* libre de d. **4.** *to be deeply in d:* estar lleno de deudas. **5.** *to go into d:* endeudarse.// **debtor.** n. deudor.
debut (dibiú). n. **1.** debut. **2.** *to make one's d.:* debutar.// **debutant.** n.
decade (dekeid). n. década.
decadence (decadéns). n. decadencia.// **decadent.** a./n.
decalcomania (dikalcomenia). n. calcomanía.
decamp (dikámp). i. levantar campamento.
decanter (dikánter). n. garrafa.
decapitate (dikapiteit). tr. decapitar.
decay. i. **1.** decaer. **2.** pudrirse (fruta). **3.** cariarse. **4.** tr. arruinar, destruir.// n. **1.** descomposición, podredumbre. **2.** caries. **3.** decadencia.
decease (disis). n. fallecimiento.// i. fallecer.//**deceased.** a. fallecido; *the d.:* el difunto.
deceit (dicit). n. engaño, fraude.// **deceitful.** a. engañoso, fraudulento.// **deceive** (disiv). tr. engañar.
December (disémber). n. diciembre.
decency (disensi). n. decencia.// **decent.** a. decente; adecuado; amable.
decentralize (diséntralis). tr. descentralizar.// **decentralization.** n.
deception (disépshn). n. decepción.// **deceptive.** a. engañoso, ilusorio.
decide (disáid). tr./ref. decidir (se).// **decided.** a. **1.** decidido, determinado. **2.** indiscutible.
decimal. a./n. decimal.
decimate (décimeit). tr. diezmar.
decipher (disáifer). tr. descifrar.
decision (disishn). n. **1.** decisión. **2.** resolución. **3.** firmeza.// **decisive.** a.
deck. n. **1.** cubierta (buque). **2.** plataforma.// tr. vestir, ataviar.
declaim (diklem). tr. declamar.// **declamation.** n.
declaration (deklaréishn). n. declaración.// **declare.** tr. declarar.// **declarer.** n.
declension (deklénshn). n. declinación.// **declination.** f.// **decline. 1.** i./tr. declinar. **2.** n. declinación; decadencia; declive. **3.** *to be on d.:* estar en decadencia.
decolor. tr. decolorar.// **decolorant.** a./n.
decompose (dikompóus). tr./ref. descomponer (se).// **decomposition.** n.
decorate (dékoreit). tr. decorar; condecorar.// **decoration.** n.// **decorative.** a. // **decorator.** n.
decorum (dikórum). n. decoro.
decoy (dikóy). n. señuelo.
decrease (dikrís). n. disminución.// i./tr. disminuir, menguar, reducir.
decree (dicrí). n. decreto.// tr. decretar.
decrepit. a. decrépito.
decry (dikrí). tr. desaprobar; menospreciar.
decuple (dikupel). a./n. décuplo.
dedicate (dédikeit). tr. dedicar.// a. dedicado.// **dedication.** n.
deduce (didús). tr. deducir, inferir.
deduct (didókt). tr. deducir, descontar.// **deductible.** a. // **deduction.** n. // **deductive.** a.
deed (did). n. **1.** hecho, acción. **2.** hazaña. **3.** *Der.* título de propiedad. **4.** *in d.:* de hecho.
deem (dim). i./tr. juzgar, creer, pensar.
deep (dip) n. **1.** profundo. **2.** intenso. **3.** n. profundidad. **4.** *the d.:* el mar, lo profundo.// **deepen.** tr. profundizar (se); intensificar (se).
deer (dir). n. ciervo, venado.
deface (diféis). tr. desfigurar.
defame (diféim). tr. difamar.// **defamation.** f.
default (difólt). n. **1.** omisión, descuido. **2.** incumplimiento, falta de pago. **3.** *Sp.* abandono.// **1.** i. faltar, incumplir **2.** tr. dejar de pagar.
defeat (difít). n. derrota; frustración.// tr. **1.** derrotar, vencer. **2.** frustrar.
defection (difékshn). n. defección; deserción.// **defective.** a. **1.** defectuoso. **2.** *Gram.* defectivo.

defend (difénd). tr. **1.** defender. **2.** *d, oneself:* defenderse.// **defendant.** n. acusado; demandado.// **defender** (difénder). n. defensor, protector.// **defense** (diféns). n. defensa.// **defensive.** a./n. defensivo.
defer (difér). tr. diferir, postergar.
deference (déferens). n. deferencia.
defiance (difaians). n. **1.** desafío. **2.** oposición, rebeldía.// **defiant.** a. desafiante.
deficiency (defíshensi). n. deficiencia.// **deficient** (defishent). a. deficiente.
deficit. n. **1.** déficit. **2.** deficiencia.
defier (difáier). n. retador, desafiante.
defile (defáil). tr. **1.** manchar, mancillar. **2.** profanar.// n. desfiladero.
define (defáin). tr. definir.// **definite** (definit). a. definido, preciso; definitivo.// **definition** (definíshn). n. definición; nitidez.// **definitive.** a.
deflate (difléit) tr. **1.** desinflar, reducir. **2.** reducir precios.// **deflation** (difláishn). n. deflación.
deflect. tr. desviar (se).// **deflection** (difléishn). n. desviación.
deform. tr. deformar.// **deformation** (diformaishn). n.// **deformed.** a.// **deformity.** n.
defraud (defród). tr. estafar.// **defraudation.** n.
defray (difréi). tr. sufragar, pagar.
defrost (difróst). tr. descongelar.
deft. a. diestro, hábil.
defy (difáy). tr. **1.** desafiar. **2.** oponerse.
degenerate (diyénereit). i. degenerar./ i. a./n. degenerado.// **degeneration.** n.
degrade (digréid). tr. degradar.// **degradation.** n.// **degrading.** a. degradante.
degree (digrí). n. **1.** grado. **2.** rango. **3.** *to take a d.:* graduarse, recibir un título.
dehumanize (dijiúmanais). tr. deshumanizar, embrutecer.// **dehumanization.** n.
deign (dein). i./tr. permitir, dignarse.
deity (díeti). n. deidad, dios.
dejected (diyécted). a. acongojado.// **dejection** (diyécshn). n. aflicción, depresión.
delay (diléi). tr./ren. demorar (se); retardar(se); detener(se).// n. demora, retraso, detención.
delectable (diléktabel). a. delicioso.
delegate (délegueit). n. delegado.// tr. delegar.// **delegation.** n.
delete (dilít). tr. borrar, suprimir.// **deletion** (delíshn). n. supresión.
deliberate (delibereit). tr. deliberar, considerar.// a. deliberado; pausado.// **deliberation.** n.// **deliberative.** a.
delicacy. n. **1.** delicadeza. **2.** golosina. **3.** precisión.// **delicate** (dilikéit). a. **1.** delicado. **2.** muy preciso.// **delicatessen.** pl. comestibles preparados; sing. tienda donde se venden.
delicious (delíshos). a. delicioso.
delight (diláit). n. deleite.// tr./ref. deleitar (se).// *to be delighted to:* estar encantado de.// **delightful.** a. encantador.
delimitate (delimiteit). tr. delimitar.
delineate (delinieit). tr. delinear.// **delineation.** n.
delinquency. n. **1.** delincuencia. **2.** *Com.* morosidad.// **delinquent.** n.
delirious (delirós). a. delirante.// **delirium.** n.

deliver (dilíver). tr. **1.** entregar, enviar. **2.** liberar, librar.// **delivery.** n. **1.** entrega, envío. **2.** parto. **3.** *cash on d.;* pago contra entrega.// **deliveryman.** m. repartidor.// **delivery room.** n. sala de partos.
deluge (dilliudch). n. diluvio, inundación.
delusion (delushn). n. **1.** ilusión, engaño.// psic. delirio.
deluxe (dilócs). a. de lujo.// adv. lujosamente.
delve (delv). i./tr. **1.** cavar. **2.** *d. into:* averiguar.
demagogue. n. demagogo.// **demagogy.** n.
demand. tr. demandar, requerir, exigir, reclamar.// n. **1.** demanda, exigencia, reclamo. **2.** *Com. on d.:* a la vista.// **demanding.** a. exigente.
demarcate (dimarkéit). tr. demarcar, delimitar.// **demarcation.** n.
demeanor (dimínor). n. comportamiento, semblante.
demented. a. demente.// **dementia.** n.
demerit. n. demérito, falta.
demesne (diméin). n. dominio, región.
demijohn (demiyón). n. damajuana.
demise (dimáis). n. **1.** defunción. **2.** traspaso de un propiedad.// i. morir,; tr. traspasar, legar.
demission (dimishn). n. dimisión.// **demit** (dimít). i. dimitir.
demobilize (dimóubailais). tr. desmovilizar.
democracy. n. democracia.// **democrat.** n.// **democratic.** a.
demography (demógrafi). n. demografía.
demolish. tr. demoler.// **demolition.** n.
demon (dimon). n. demonio.// **demonic.** a. demoníaco.// **demoniac.** a. endemoniado.
demonstrate (démonstreit). tr. demostrar. **2.** manifestar.// **demonstration.** n. demostración; manifestación pública.// **demonstrator.** n. muestra; manifestante.// **demonstrative.** a.
demoralize (dimóralais). tr. desmoralizar, desalentar.// **demoralization.** n.
demount (dimont). tr. desmontar, desarmar.
demur. i. vacilar, tener escrúpulos.// **demure** (dimúr). a. modesto, púdico.
den. n. madriguera, guarida.// i. habitar un lugar feo y sucio.
denaturalize (dináchuralais). tr. desnaturalizar.
denial (dináial). n. negación, negativa, rechazo.
denigrate (denigreit). tr. denigrar.// **denigration.** n.
denizen (denezen). n. habitante, ciudadano.
denominate (denomineit). tr. denominar.// **denomination.** n.// **denominator.** n.
denote (denóut). tr. denotar, indicar.
denounce (denáuns). tr. denunciar.// **denouncement** (-ment). n. denuncia, censura.
dense (dens). a. **1.** denso, compacto. **2.** torpe.// **density** (dénseti). n. densidad; torpeza.
dent. n. abolladura, impacto, mella.
dental (déntal). a. dental.// **dentifrice** (déntifris). dentífrico.// **dentist.** n.// **dentistry** (déntistry). n. odontología.// **denture** (dénchur). n. dentadura postiza.
denude (denúd). tr. **1.** desnudar. **2.** *Geol.* desgastar.
denunciate (denunsieit). tr. denunciar.// **denunciation** (denunsiéishn). n.
deny (denái). tr. **1.** negar. **2.** desmentir. **3.** desconocer.

deodorant (dióudorant). a./n. desodorante.
depart. tr. **1.** partir, irse. **2.** *d. from:* desviar (se).
department (dipartment). n. departamento, repartición, distrito, ministerio (EE.UU.).
departure (depárchur). n. **1.** partida; punto de partida. **2.** *d. from:* desviación. **3.** rumbo.
depend (dipénd). tr. **1.** depender. **2.** confiar.// **dependable** (dipendaibl). a. confiable.// **dependency.** n. dependencia.// **dependent.** a./n.
depict. (depíct). tr. **1.** retratar. **2.** describir.// **depiction.** n. pintura, descripción.
depilate (depileit). tr. depilar.// **depilation.** n.
deplete (deplit). tr. reducir, agotar.// **depletion.** n. reducción, agotamiento.
deplore (deplór). tr. deplorar.// **deplorable.** a.
deploy (diplói). tr. desplegar.// **deployment.** n. despliegue.
depopulate (depopuleit). tr. despoblar (se).
deport (depórt). **1.** tr. deportar. **2.** i. portarse.// **deportation.** n. deportación.// **deportment.** n. comportamiento.
deposal (depousal). n. destitución.// **depose** (depóus). tr. **1.** deponer, destituir. **2.** testificar.// **deposition.** n.
deposit. tr. depositar.// n. depósito.//**depositor** (dipositor). n. depositante.
depot (dípou). n. **1.** depósito, bodega. **2.** estación de tren o autobús (EE.UU.).
deprave (dipréiv). tr. depravar.// **depravation.** n.// **depravity.** n. depravación; acto depravado.
depreciate (deprishieit). tr. **1.** desacreditar. **2.** *Econ.* depreciar.// **depreciation.** n.
depredate (deprideit). tr. depredar.// **depredation.** n.// **depredator.** n.
depress (deprés). tr. **1.** deprimir, oprimir. **2.** reducir, depreciar.// **depression.** n.
deprive (depráiv). tr. privar.// **deprivation.** n. privación.// **deprived.** a. *Sociol.* carenciado.
depth. n. **1.** profundidad. **2.** *in d.:* a fondo.
depurate (depiureit). tr. depurar.// **depuration.** n.
deputation (depiuteishn). n. diputación.// **depute** (dipiut). tr. delegar, comisionar.// **deputy** (dépiuti). n. **1.** diputado, delegado. **2.** suplente.
derail (diréil). i. descarrilar.// **derailment.** n. descarrilamiento.
derange (diréinch). tr. **1.** desordenar. **2.** molestar. **3.** perturbar, enloquecer.// **derangement.** n. desorden; perturbación mental.
derelict. a. abandonado; negligente.// **dereliction.** n. abandono, negligencia.
deride (diraid). tr. ridiculizar, escarnecer.// **derision** (derishn) n. escarnio, mofa.
derivation (deriveishn). n. **1.** derivación, derivado. **2.** origen.// **derivative.** a. derivado, derivativo. n. *Gram./Quím.* derivado; *Mat.* derivada.// **derive** (diréiv). tr. **1.** derivar (se). **2.** obtener de un origen, trazar el origen.
dermatology (dérmatóloyi). n. dermatología.// **dermatologic.** a.// **dermatologist.** n.
derrick. n. grúa.
derring-do (déringdu). proeza, intrepidez.
descend (desénd). tr. **1.** descender. **2.** *d. upon:* caer encima.// **descendant.** **1.** a. descendiente. **2.** n. descendiente.

descent (desént). n. **1.** descenso. **2.** ascendencia. **3.** *Der.* sucesión. **4.** embestida, asalto, invasión.
describe (discraib). tr. describir.// **description.** n.// **descriptive.** a.
desecrate (désekreit). tr. profanar.// **desecration** (desekreishn). n. profanación.
desert (désert). a./n. desierto.// n. merecimiento. merecido.// tr. abandonar, desertar.// **deserter.** n. desertor.// **desertion.** n. deserción; abandono.
deserve (desérv). tr. merecer.// **deserving. 1.** a. meritorio. **2.** n. merecido, merecimiento.
desiccate (désikeit). tr. disecar.// **desiccation.** n. disecación, deshidratación.
design (disáin). n. **1.** diseño. **2.** plan, intención. **3.** designio.// tr. **1.** diseñar. **2.** planear. **3.** destinar.
designate (désigneit). tr. **1.** designar. **2.** señalar.// a. designado.// **designation.** n.
designer (desáiner). n. diseñador; proyectista.
desirable (desairabel). a. deseable; conveniente.// **desire** (desáir). **1.** n. deseo. **2.** tr. desear.// **desirous** (desáiros). a. deseoso.
desist. i. desistir.
desk. m. **1.** escritorio, pupitre. **2.** recepción de un hotel.
desolate (désoleit). **1.** desolado, despoblado. **2.** fig. afligido.// tr. desolar; fig. afligir.// **desolation.** n.
despair (despér). n. desesperar(se).// n. desesperación, desesperanza.// **desperate** (desperelt). a. **1.** desesperado. **2.** grave.// **desperation.** n. desesperación.
despicable (déspikabl). a. despreciable.
despise (despáis). tr. despreciar.
despite (despáit). **1.** n. desprecio. **2.** prep. *in d. of;* a pesar de.
despoil (despóil). tr. despojar.// **despoliation.** n. despojo, pillaje.
despondence (despóndes). n. desaliento, desánimo.// **despondent.** a. desanimado.
despot (déspot). n. déspota. // **despotic.** a.// **despotism.** n.
dessert (desért). n. postre.
destination (destinéishn). n. destino.// **destine** (destin). tr. destinar.// **destined.** a. destinado.// **destiny.** destino.
destitute (destitiut). a. desprovisto; indigente.// **destitution.** n. indigencia, pobreza.
destroy (destrói). tr. destruir.// **destroyer.** n. destructor.// **destruction** (destrókshon). n.// **destructive.** a.
detach (ditách). tr. **1.** desprender. **2.** destacar.// **detachment.** n. **1.** desprendimiento. **2.** destacamento.
detail (díteil). tr. **1.** detallar. **2.** asignar.// n. detalle.
detain (ditéin). tr. detener; arrestar.
detect (dítect). tr. detectar.// **detection.** n. detección; descubrimiento.// **detector.** n.// **detective.** a./n.
detention (diténshon). n. detención.
deter (ditér). tr. disuadir; impedir.
detergent (ditéryent). a./n. detergente.
deteriorate (ditírioreit). tr. deteriorar.
determination (ditermineíshon). n. **1.** determinación. **2.** firmeza.// **determine.** tr. determinar.// **determined.** a. **1.** decidido. **2.** *Gram.* determinado.

determinism (ditérminisem) n. determinismo.
detest (ditést). tr. detestar.// **detestable.** a.
dethrone (dizrón). tr. destronar, derrocar.
detonate (détoneit). tr. detonar.// **detonation.** n.
detour (dítur). n. atajo.// tr. tomar un atajo.
detract (ditráct). tr. 1. distraer. 2. denigrar.// **detraction.** n.// **detractor.** n.
detriment. n. detrimento.
detritus (ditráitus). n. detritus.
deuce (dus). n. 1. dos (dados, naipes). 2. empate (tenis).
devaluate (diváluieit). tr. devaluar.// **devaluation.** n.
devastate (dévasteit). tr. devastar.// **devastation.** n.
develop. tr. 1. desarrollar. 2. adquirir. 3. urbanizar. 4. revelar (fotos).// **developing.** a. Pol. en vías de desarrollo.// **development.** n. 1. desarrollo. 2. urbanización. 3. revelado (fotos).
deviate (dívieit). tr. desviar.// a. desviado.// **deviation** (diviéishon). n. desviación.
device (diváis). n. 1. dispositivo. 2. estratagema. 3. one's own device: los recursos propios.
devil (dévil). n. diablo.// **devilish.** a. diabólico, endiablado.
devious (dívios). a. 1. tortuoso. 2. descarriado. 3. remoto.
devise (diváis). tr. ingeniar, idear.
devoid (divóid). a. desprovisto, exento.
devolve (divólv). 1. tr. transferir. 2. i. corresponder.
devote (divóut). i.// ref. dedicar (se).// **devoted.** a. 1. devoto. 2. d. to: dedicado a.// **devotee** (divotí). n. partidario, seguidor.// **devotion.** n.
devour (diváur). tr. devorar.
dew (diu). n. rocío.// **dewy.** a. fig. fresco, puro.
dexterity. n. destreza, agilidad.// **dexterous.** a. diestro.
diabetes (daiabítis). n. diabetes.// **diabetic.** a./n.
diabolical (daiabólical). a. diabólico.
diadem (dáiadem). n. diadema.
diaeresis (daiéresis). n. diéresis.
diagnose (dáiagnos). tr. diagnosticar.// **diagnosis.** n. diagnóstico.
diagonal (daiágonal). a./n. diagonal.
diagram (dáiagram). n. diagrama.// tr. diagramar.
dial (dáil). n. 1. cuadrante. 2. selector.// tr. 1. marcar el teléfono. 2. sintonizar.
dialect (dáialect). n. dialecto.
dialogue (dáialog). n. diálogo.// i. dialogar.
diameter (daiámeter). n. diámetro.
diamond (dáiamond). n. 1. diamante. 2. rombo (naipes).
diapason (daiapéison). n. diapasón.
diaper (dáiaper). n. pañal.
diaphanous (daiáfanos). a. diáfano.
diaphragm (dáiafram). n. diafragma.
diarrhea (daiaría). n. diarrea.
diary (dáiari). n. diario personal.
diatonic (daiatónic). a. diatónico.
diatribe (dáiatraib). n. diatriba.
dice (dáis). 1. n. pl. dados. 2. to load the d.: hacer trampas.// tr. cortar en dados.
dichotomy (daicótomi). n. dicotomía.
dicker (diker). tr. regatear.// n. regateo.
dictate (díkteit). tr. dictar.// n. pl. dictado.

dictator (diktéitor). m. dictador.//**dicatorial.** a.// **dictatorship.** n. dictadura.
diction (díkshon). n. dicción.
diccionary (díkshoneri). n. diccionario.
didactic (daidáktic). a. didáctico.// **didactics.** n. pl. didáctica.
die (dai). i. 1. morir. 2. extinguirse. 3. apagarse.
die. n. 1. dado. 2. the d. is cast: la suerte está echada. 3. pl. troquel.// **die-cast.** tr. troquelar.
dielectric (daieléktric). a./n. dieléctrico.
diesel engine (dísel ényin). m. motor diésel.
diet (dáiet). n. dieta.// **dietary.** a. dietético.// **dietetics.** n. dietética.
differ (difer). i. diferir, discrepar.// **difference.** n. 1. diferencia. 2. it make's no difference: da igual.// **different.** a.// **differential.** a./n.
differentiate (diferénshieit). tr. diferenciar (se).// **differentiation.** n.
difficult. a. difícil.// **difficulty.** n. dificultad.
diffidence. n. timidez.// **diffident.** a. tímido, inseguro.
diffuse (difiús). a. difuso.// tr. difundir.// **diffusion.** n. difusión.
dig. tr. 1. cavar. 2. d. into: investigar. 3. d, up: desenterrar.// n. 1. excavación. 2. fig. ironía.
digest (dáiyest) n. compendio.
digest (daiyést). tr. 1. digerir. 2. clasificar.// **digestible.** a. digerible.// **digestion.** n.// **digestive.** a./n. digestivo.
digit (díyit). n. dígito.// **digital.** a.
dignified (dígnifaid). a. digno.// **dignify.** tr. dignificar.
dignitary (díg-). n. dignatario.
dignity. n. 1. dignidad. 2. to stand on one's dignity: hacerse respetar.
digress (daigrés). tr. hacer una disgresión.// **digression.** n.
dike (dáik). n. 1. dique. 2. terraplén.
dilapidate (dilápideit). tr. dilapidar.
dilate (dáileit). tr. dilatar.// **dilation.** n. dilatación.// **dilatory.** a. dilatorio.
dilemma. n. dilema.
dilettante (diletánt). a./n. aficionado.
diligence (díliyens). n. diligencia.// **diligent** (díliyent). a. diligente.
diluent (díluent). a./n. disolvente.
dilute (dailut). tr. diluir.// **dilution.** n.
dim. a. 1. débil. 2. opaco. 3. lerdo.
dimension (diménshon). n. dimensión.
diminish (dimínish). tr. disminuir, menguar.
diminution (diminiushon). n. disminución.
diminutive (dimíniutiv). a./n. diminutivo.
dimple (dímpl). n. hoyuelo.
din. n. alboroto.// tr. ensordecer; repetir mucho.
dine (dain). i. cenar, comer.// **diner.** n. 1. comensal. 2. vagón comedor.
dingy (dínyi). a. sucio, manchado.
dining room. (dáinin rum). n. comedor.
dinner (díner). n. cena, comida.
dinosaur (dáinosor). n. dinosaurio.
dint. n. 1. fuerza. 2. by d. of hard work: con gran esfuerzo.
diocese (daiósis). n. diócesis.// **diocesan.** a.
dioxide (daióksid). n. dióxido.

dip

dip. tr. **1.** sumergir (en un líquido), mojar, bañar. **2.** *d. out o up:* sacar un líquido con cuchara. **3.** i./ ref. zambullirse, entrar y salir rápidamente del agua. **4.** *d. one's fingers into:* meter la cuchara en, entrometerse. **5.** *d. into:* ocuparse superficialmente de algo.// n. **1.** baño, zambullida. **2.** baja, caída (precios). **3.** salsa.
diphteria (difzíria). n. difteria.
diphtong (dífzong). n. diptongo.
diploma (diplóma), n. diploma.
diplomacy (diplómacy). n. diplonmacia.// **díplomat** (díplomat). n. diplomático.// **diplomatic.** a.
dipper (díper). n. cucharón.
dire (dair). a. terrible, horrendo, espantoso.
direct (diréct). tr. **1.** dirigir, guiar. **2.** manejar. **3.** dirigirse. **4.** mandar, ordenar.// a./adv. **1.** directo. **2.** *d. current:* corriente continua. **3.** *d. drive:* transmisión directa (autos).// **direction.** n. **1.** dirección. **2.** pl. instrucciones.// **directive. 1.** a. indicativo. **2.** n. directiva.// **director.** m.// **directory.** n. directorio (comité; guía).// **directress.** n. directora.
dirigible (díriyibl). a./n. dirigible.
dirt. n. **1.** tierra, suciedad. **2.** fig. bajeza, indecencia, chisme malicioso.// **dirty.** a. **1.** sucio; malévolo; indecente. **2.** *to do d.:* hacer una jugada sucia. **3.** tr. ensuciar, enlodar.
disability (diseibíliti). n. incapacidad.// **disable.** tr. incapacitar.// **disabled.** a. incapacitado; lisiado; roto.
disabuse (disabíus). tr. desilusionar; desengañar.
disadvantage (disadvánteich). n. desventaja; detrimento.// **disadvantaged.** a. *Sociol.* carencido, de muy baja posición económica.
disagree (disagrí). i. **1.** disentir. **2.** *d. with:* caer mal (comida).// **disagreeable.** a. desagradable; ingrato; descortés.// **disagreement.** n. desacuerdo.
disannul. tr. anular, invalidar.
disappear (disapír). tr. desaparecer.// **disappearance.** n. desaparición.
disappoint (disapónt). tr. desilusionar.// **disappointment.** n. desilusionar.
disapproval (disapruval). n. desaprobación.// **disapprove.** tr. desaprobar.
disarm. tr. **1.** desarmar; deponer las armas. **2.** desmontar. **3.** fig. cautivar.// **disarment.** n. desarme.// **disarming.** a. cautivador.
disarrange (disarrendch). tr. desarreglar, desordenar.// **disarrangement.** n. desarreglo, desorden.
disaster. n. desastre, calamidad.// **disastrous.** a. desastroso.
disavow (disaváu). tr. repudiar, negar.
disband. tr./ref. desbandar(se), dispersar(se).// **disbandment.** n. desbandada, dispersión.
disbar. tr. *Der.* excluir del foro.
disbelief (dibelíf). n. incredulidad.// **disbelieve.** i./tr. descreer.// **dibeliever.** n. incrédulo.
disburden (disberden). tr. descargar; aliviar.
disburse (disbúrs). tr. desembolsar.// **disbursement.** n. desembolso. pago.
discard. tr. **1.** descartar, desechar. **2.** abandonar.
discern. tr. discernir.// **discernible.** a.// **discernment.** n. discernimiento.
discharge (dischárdch). tr. **1.** descargar. **2.** eximir. **3.** despedir (empleo). **4.** dar de baja (soldado). **5.** secretar. **6.** saldar (deuda, obligación).// n. **1.** descarga. **2.** despido, baja. **3.** pago. **4.** cumplimiento. **5.** descargo. **6.** secreción.
disciple (disáipl). n. discípulo.
disciplinary (dísiplineri). a. disciplinario.// **discipline. 1.** n. disciplina. **2.** tr. disciplinar.
disclaim (diskléim). tr. **1.** negar, desconocer. **2.** *Der.* desistir; declinar; rechazar.
disclose (disclóus). tr. revelar, descubrir.// **disclosure.** n. revelación.
discolor. tr. desteñir(se).// **discoloration.** n.
discomfit. tr. desconcertar.// **discomfiture.** n. desconcierto; frustración.
discomfort. n. incomodidad, molestia.// tr. inconmodar, molestar.
disconcert. tr. desconcertar.
disconnect. n. desconectar.// **disconnection.** n.
disconsolate (diskónsolet). a. desconsolado.
discontent. a./n. descontento.
discontinuance (diskontíniuens). n. discontinuidad, interrupción.// **discontinue.** tr, discontinuar, suspender.// **discontinuous.** a.
discord (dískord). tr. discordar, discrepar.// n. **1.** discordia, desacuerdo. **2.** *Mus.* disonancia.// **discordant.** a.
discotheque (dískotec). n. discoteca.
discount (diskáunt). tr. descontar.// n. descuento.
discourage (diskóredch). tr. desalentar, disuadir.// **discouragement.** n. desaliento, desánimo.
discourse (dískors). n. **1.** conversación. **2.** discurso.// i. conversar; disertar.
discourteous (diskértios). a. descortés.// **discourtesy.** n. descortesía.
discover. tr. descubrir.// **discoverer.** n. descubridor.// **discovery.** n. descubrimiento.
discredit (diskrédit). n. descrédito; desconfianza.// tr. desacreditar; desconfiar.
discreet (diskrít). a. discreto, mesurado.
discrepancy. n. discrepancia.// **discrepant.** a.
discrete (diskrít). a. separado, distinto.
discretion (diskréishon). n. **1.** discreción. **2.** *age of d.:* edad de la razón. **3.** *at the d. of:* a juicio de.
discriminate (diskrímineit). tr. discriminar; discernir.// a. que discierne.// **discrimination** n. **1.** discriminación. **2.** discernimiento.// **discriminating.** a. que discierne; que discrimina.
discursive. a. **1.** discursivo. **2.** razonado.
discus (diskos). n. *Sp.* disco.
discuss (diskós). tr. discutir, tratar un tema.// **discussion.** n. discusión, debate, tratamiento.
disdain (disdéin). n. desdén.// tr. desdeñar.// **disdainful.** a. desdeñoso; altivo.
disease (disís). n. enfermedad, dolencia.
disembark. i./tr. desembarcar (se).// **disembarkation.** n. desembarque.
disenchant. tr. desencantar, desilusionar.// **disenchantment.** n. desencanto, desilusión.
disengage (disenguéidch). tr. **1.** soltar, liberar. **2.** *Mec.* desengranar.
disentangle (disentángl). tr. desenredar.
disfavor (disféivor). n. desagrado; desprestigio.// tr. desaprobar.
disfigure (disfíguiur). tr. desfigurar.// **disfigurement.** n. desfiguración.

distemper

disgorge (disgórdch). tr. **1.** vomitar. **2.** verter. **3.** descargar.
disgrace (disgréis). n. desgracia, deshonra.// tr. deshonrar.// **disgraceful.** a. deshonroso.
digruntle (disgróntl). tr. malhumorar.
disguise (disgáis). tr. disfrazar.// n. disfraz.
disgust (disgóst). n. repugnancia.// i. repugnar.// **disgusting.** a. repugnante.
dish. n. **1.** plato, fuente. **2.** contenido (comida). **3.** pl. vajilla.// tr. d. up: servir.
dishabille (disabíl). n. deshabillé; fig. desaliño.
dishearten (disjárten). tr. descorazonar.
dishevel (dishével). tr. desaliñar.
dishonest. a. deshonesto.// **dishonesty.** n.
dishonor. n. deshonra.// tr. **1.** deshonrar, afrentar. **2.** rechazar (cheque).// **dishonorable.** a. deshonroso, oprobioso.
dishpan. n. fregadero de platos.
disilusion (disilúshn). n. desilusión.// tr. desilusionar.
disinfect. tr. desinfectar.// **disinfection.** n.// **disinfectant.** n.
disinherit (disnjérit). tr. desheredar.
disintegrate (disíntegreit). tr. desintegrar.// **disintegration.** n.
disinterest. n. desinterés.// **desinterested.** a. desinteresado.
disjoint (disyóint). tr. desarticular, desunir.// a. dislocado, desunido.
disjunction (disyónkshon). n. disyunción.// **disjuntive. 1.** a. disyuntivo. **2.** n. disyuntiva.
disk. n. disco.
dislike (disláik). disgustar, no gustarle a uno.// n. aversión.
dislocate (díslokeit). tr. dislocar, transtornar.// **dislocation.** n.
dislodge (dislodche). tr. desalojar.
disloyal (dislóial). a. desleal.// **disloyalty.** n.
dismal. n. melancolía, depresión.// a. deprimente.
dismantle (dismántl). tr. desmantelar.
dismay (disméi). tr. desanimar.// n. desánimo.
dismember. tr. desmembrar.// **dismemberment.** n. desmembramiento.
dismiss. tr. **1.** destituir, despedir. **2.** desechar.// **dismissal.** n. despido; disolución.
dismount (dismáunt). **1.** i. desmontar(se), apearse. **2.** tr. desmontar, desarmar.// n. desmonte.
disobedience. (disoubiens). n. desobediencia.// **disobedient.** a.// **disobey.** tr. desobedecer.
disorder. n. desorden.// tr. desordenar.// **disorderly.** a. **1.** desordenado. **2.** alborotador. **3.** d. conduct: alteración del orden público.
disorganize (disórganais). tr. desorganizar.// **desorganization.** n. desorganización, desorden.
disorientate (disorientet). desorientar.// **disorientation.** n.
disparate (dispareit). a. dispar, desigual.// **disparity.** n. disparidad.
dispassionate (dispashonet). a. desapasionado; imparcial.
dispatch (dispách). tr. despachar; enviar.// n. despacho; envío.
dispel. tr. disipar(se), desvanecer(se).
dispensable (dispensaibl). a. innecesario.
dispensary. n. dispensario.
dispense (dispéns). tr. **1.** dispensar. **2.** administrar (justicia). **3.** d. with.: prescindir de.// **dispenser.** n. surtidor.
dispersal. n. dispersión.// **disperse.** tr. **1.** dispersar(se). **2.** disipar(se).// **dispersion.** n.
displace (displéis). tr. desplazar.// **displacement.** n. desplazamiento, destitución, reemplazo.
display (displéi). tr. exhibir.// n. **1.** exhibición, demostración. **2.** on d.: a la vista.
displease (displís). tr. disgustar.// **displeasure.** n. **1.** disgusto, molestia. **2.** desaprobación.
disposable (dispóusabl). a. **1.** disponible. **2.** descartable.// **disposal.** n. **1.** disposición. **2.** ubicación. **3.** recolección de basura.//**dispose.** tr. **1.** disponer. **2.** predisponer. **3.** d. of: eliminar.// **disposition.** n.
dispossess (disposesés). tr. desposeer, depojar.
disproportion (dispropórshon). n. desproporción.// **disproportionate.** a. desproporcionado.
disprove (disprúv). tr. refutar.
disputation (dispiutéishon). n. controversia, disputa.// **dispute.** i./tr. disputar.// n. disputa.
disqualification (discualifikéishon). n. descalificación.// **disqualify.** tr. descalificar; inhabilitar.
disquisition (diskuisishon). n. disquisición.
disregard (disrigárd). tr. desatender.// n. desatención.
disrepair (disripér). n. mal estado, deterioro.
disreputable (disrépiutabl). a. **1.** de mala fama. **2.** deshonroso.
disrespect (disrispéct). n. falta de respeto.// tr. faltar el respeto.// **disrespectful.** a. irrespetuoso.
disrobe (disróub). tr. desnudar.
disrupt (disrópt). tr. romper, interrumpir.
dissatisfaction (disatisfákshon). n. insatisfacción.// **dissatisfy.** tr. desagradar; no satisfacer.
dissect. tr. disecar.// **dissection.** n. disección; objeto disecado.
dissemble (disémbl). tr. disimular, simular.
disseminate (disémineit). tr. diseminar.
dissension (disénshon). n. disenso.// **dissent** (dísent). **1.** i. disentir. **2.** n. disentimiento, disidencia.// **dissenter.** n. disidente.
dissert (disért). i. disertar.// **dissertation** (disertéishon). n. disertación; tesis académica.
dissimilar (disímilar). a. disímil.// **dissimilarity.** n. disimilitud, diversidad.
dissimulate (disímuleit). tr. disimular.
dissipate (dísipeit). tr. disipar(se), dispersar(se).
dissociate (disóusieit). tr. disociar.// **dissociation.** n. disociación.
dissoluble (disóliubl). a. soluble.
dissolute (disóliut). a. disoluto.// **dissolution.** n.
dissolve (disólv). tr. disolver.
dissonance (dísonans). n. disonancia.// **dissonant.** a. disonante.
dissuade (disuéid). tr. disuadir.
distance (dístans). n. distancia.// i./tr. **1.** distanciar(se). **2.** dejar atrás.// **distant.** a. distante.
distaste (distéist). tr. aversión, desagrado.// **distasteful.** a. desagradable.
distemper. a. mal humor, mal genio.// tr. destemplar; malhumorar.

distend

distend. tr. 1. inflar, hinchar. 2. *Med.* distender.
distil (distíl). tr. destilar.// **distillation.** n. 1. destilación. 2. *Quím.* solución destilada.// **distillery.** n.
distinct (distínct). a. 1. preciso, claro. 2. distinto. 3. concreto. 4. *d. from:* distinto a/de.// **distinction.** n.// **distinctive.** a.// **distinctly.** adv. claramente.
distinguish (distínguish). tr. distinguir.// **distinguished.** a. distinguido.
distort (distórt). tr. distorsionar, deformar.// **distortion.** n.
distract. tr. distraer; aturdir.// **distraction.** n. 1. distracción. 2. aturdimiento.
distress. n. 1. aflicción. 2. apuro. 3. necesidad.// tr. afligir.// **distressed.** a. afligido; en apuros.
distribute (distríbiut). tr. distribuir.// **distributor.** n.// **distribution.** n.
district. n. distrito; barrio.
distrust (distróst). n. desconfianza.// i. desconfiar.// **distrustful.** a. desconfiado.
disturb (distérb). tr. molestar, perturbar.// **disturbance.** n. disturbio, desorden.
disunion (disiúnion). n. desunión.
disuse (disiús). n. desuso.// tr. desusar.
ditch. n. zanja; trinchera.
ditto. n. 1. ídem. 2. copia, duplicado.
ditty (dit). cancioneta.
diurnal (daiúrnal). a. 1. diurno. 2. diario.
dive (deiv). tr. 1. zambullirse. 2. lanzarse.// n. zambullida; caída.
diverge (divérdch). i. divergir, desviar.// **divergence.** n.// **divergent.** a.
divers (dálvers). a. diversos, varios.// **diverse.** a. 1. diferente. 2. variado.
diversify (daivérsifai). tr. diversificar.// **diversification.** n.
diversion (divérshon). n. diversión.
diversity. n. 1. diversidad. 2. diferencia.
divert. tr. 1. distraer 2. desviar.
divest. tr. despojar.
divide (diváid). tr. dividir.// a./n. *Geol.* divisoria.
dividend. n. dividendo.
divination (divinéitshon). n. adivinación.// **divine** (diváin). tr. adivinar.// n. teólogo.// **diviner.** n.
divinity. n. 1. divinidad; deidad. 2. teología.
division (divíshon). n. división.// **divisor.** n.
divorce (divórs). n. divorcio.// tr. divorciar(se).
divulge (divóldch). tr. revelar, divulgar.
dizzy. a. mareado.// **dizziness.** n. vértigo.// **dizzily.** adv. vertiginosamente.
do (du). tr. 1. hacer. 2. cumplir. 3. limpiar. 4. arreglar. 5. dedicarse a. 6. recorrer. 7. trabajar en. 8. *do again:* hacer de nuevo. 9. *do away with:* eliminar. 10. *do for:* servir de; hacer el papel de. 11. *do over,* rehacer. 12. *do up:* atarse; arreglar. 13. *do with:* conformarse con; venir bien algo a uno. 14. i. conducirse; actuar. 15. *how do you do?:* ¿cómo estás? 16. *to be doing badly/well:* irle mal/bien. 17. *the do's and dont's:* lo que se debe y no se debe hacer. 18. *well done:* bien hecho, bien cocido.
do. aux. v. para énfasis, interrogación o negación.
docile (dósil). a. dócil.// **docility.** n. docilidad.
dock. n. 1. muelle. 2. dique.// i. *Mar.* atracar.
docket. n. 1. resumen. 2. orden del día.
dockyard. n. astillero.
doctor. n. doctor, médico.// tr. medicar, curar.
doctrine (dóktrin). n. doctrina.
document (dókiument). n. documento.// tr. documentar.// **documentary.** n. documental.// **documentation.** n.
dodge (dodch). tr. 1. esquivar. 2. evadir(se).// n. 1. truco. 2. esquive.
doe (dou). n. hembra del gamo y otros animales.
doer (dúer). n. 1. hacedor. 2. persona activa.
dog. n. 1. perro. 2. macho (lobo, zorro). 3. fig. canalla. 4. *d. days:* días calurosos. 5. *go to the dogs:* irse al diablo, arruinarse.// tr. seguir, perseguir.
dogged. a. tenaz.// **doggedness.** n. tenacidad.
doghouse (dogjaus). n. 1. perrera (cucha). 2. *to be in the d.:* estar en desgracia.
dogma. n. dogma.// **dogmatic.** a.// **dogmatism.** m.
doily. n. tapete; servilleta individual.
doing (dúing). n. 1. acción, esfuerzo 2. pl. actividades, ocupaciones.
do-it-yourseln. a. para hacer uno mismo.
dole (doul). tr. repartir.// n. 1. reparto. 2. limosna.
doll. n. muñeca.// ref, *to d. up:* acicalarse.
dollar. n. dólar.
dolly. n. muñequita.
dolmen. n. dolmen.
dolphin (dólfin). n. delfín.
domain (doméin). n. dominio.
dome (doum). n. domo, bóveda.
domestic. a. 1. doméstico. 2. nacional, interior.// **domesticate** (doméstikeit). tr. domesticar.// **domesticity.** n.
domicile (dómisail). domicilio.// i. domiciliar.
dominance (dóminens). n. dominación.// **dominant.** a.// **dominate.** tr. dominar.
domineer (dominír). tr. tiranizar.// **domineering.** a. tiránico.
dominion. n. dominio.
donate (donéit). tr. donar.// **donation.** n.
donkey (dónki). n. burro.
donor. n. donante.
doodle (dúdl). n. garabato.// tr. garabatear.
doom (dum). n. 1. destino, sino. 2. juicio, sentencia.// **doomday.** n. día de juicio final.
door. n. 1. puerta. 2. *d.-to-d.:* puerta a puerta. 3. *next d.:* la casa más cercana. 4. *outs of d.:* afuera, al aire libre. 5. *to knock the d. down:* tirar la puerta abajo. 6. *to lay at the d. of:* echarle a uno la culpa de.// **doorbell.** n. timbre de la puerta.// **doorman.** n. portero.// **doormat.** n. felpudo.// **doorway.** n. entrada; camino de entrada.
dope (doup). n. droga, narcótico.// tr. dopar.//
doping. n. *Sp.* uso ilegal de drogas.
dormitory. n. dormitorio.
dorsal. a. dorsal.
dosage (dóusedch). n. dosis.// **dose.** n. dosis.// tr. dosificar.
dot. n. 1. punto. 2. poco.// tr. poner los puntos.
double (dóbl). a. 1. doble. 2. el doble de.// tr. 1. doblar. 2. duplicar. 3. redoblar. 4. *d. back:* volver atrás. 5. *d. up.:* doblarse; compartir el cuarto.
doubt (daut). n. duda; recelo.// tr. dudar, desconfiar.// **doubtful.** a dudoso.// **doubtless.** a./adv. indudable.

dought (dou). n. 1. masa. 2. fig. guita (dinero).
doughtnut (dóunat). n. rosquilla.
dove (dov). n. 1. paloma. 2. fig. pacifista.
dowdy (dáudi). a. mal vestido.
dowel (dáuel). n. clavija, tarugo.
down (dáun). adv. abajo, hacia abajo.// prep. 1. por abajo. 2. a lo largo. 3. *d. whit (someone)!:* ¡abajo con (alguien)!//a. 1. descendente. 2. deprimido. 3. *d. payment:* cuota inicial.// n. 1. descenso, caída. 2. *ups and d.:* altibajos.// tr. engullir, tomar de un trago.
down (dáun). n. plumón.
downcast. a. abatido, cabizbajo.
downfall. n. caída; ruina.
downhearted (dáunjarted). a. descorazonado.
downhill (dáunjil). adv. cuesta abajo.
downright (dáunrait). adv. absolutamente, sumamente.// a. absoluto.
downstairs (dáunstérs). adv. escaleras abajo.// n. el piso de abajo.
downtown (dántaun). n. centro (de la ciudad).// adv. hacia el centro.
downward(s) (daunuárd/s). adv. pl. descendente, hacia abajo.// a. descendente.
dowry (dáuri). n. dote.
dozen (dózen). n. 1. docena. 2. *daily d.:* ejercicio diario.
drab. a. deslustrado, ordinario.
draft. n. 1. borrador, proyecto. 2. corriente (aire). 3. tiraje (chimenea). 4. conscripción, reclutamiento. 5. *Com.* giro, letra.// a. 1. de tiro (animal). 2. preliminar. 3. *d. beer:* cerveza tirada.// tr. hacer un borrador.// **draftsman**. n. dibujante, proyectista.
drag. tr. 1. arrastrar. 2. rezagarse. 3. *d. on, d. out:* dilatar(se), demorar(se).
dragon. n. dragón.
dragonfly (drágonflai). n. libélula.
drain (dréin). tr. 1. drenar. 2. escurrir. 3. fig. gastar.// n. drenaje.// **drainage** (dréinedch). n. 1. drenaje. 2. cloacas, desagües. 3. cuenca hidrográfica.// **drainer**. n. escurridor, colador.
drama. n. drama.// **dramatic**. a. dramático.// **dramatics**. n. pl. arte dramático.// **dramatist**. n. dramaturgo.// **dramatize**. tr. dramatizar, actuar dramáticamente.
drape (dreip). tr. cubrir, tapizar, vestir.// n. cortina.// **drapery**. n. cortinado; forro de muebles.
drastic. n. drástico.
draw (dro). tr 1. tirar de, arrastrar. 2. atraer. 3. sacar, extraer. 4. delinear, dibujar. 5. *Com.* girar. 6. *d. a blank:* fracasar; no recordar. 7. *d. away:* apartarse. 8. *d. off.:* extraer. 9. *d. oneself up:* erguirse. 10. *d. the curtain:* correr el telón. 11. *d. the line:* poner un límite. 12. *d. up:* extender (documentos). n. atracción; tiraje; sorteo.
drawback. n. 1. desventaja. 2. reintegro, descuento.
drawbridge (dróbridch). n. puente levadizo.
drawer (dróer). n. 1. gaveta *(cajón).* 2. dibujante. 3. *Com.* girador, librador. 4. pl. calzoncillos.
drawing (dróing). n. 1. dibujo. 2. sorteo.
dread (dred). n. pavor.// tr. temer, tener pavor.// a. espantoso.// **dreadful**. a. espantoso.
dreadnought (drednot). n. el que no teme a nada.

dream (drim). n. 1. sueño. 2. ensueño.// i./tr. 1. soñar. 2. ensoñarse. 3. *d. up:* inventar.// **dreamer**. n. soñador.// **dreamy**. a. 1. soñador. 2. de ensueño.
dreg. n. 1. hez; sedimento. 2. pl. fig. escoria.
drench. tr. mojar, remojar, empapar.
dress. n. 1. vestido. 2. ropa.// tr. 1. vestir(se). 2. adornar. 3. peinar. 4. preparar, alistar. 5. curtir (pieles). 6. tallar (piedra). 7. aderezar (cocina). 8. vendar. 9. *d. down:* regañar.// a. 1. de etiqueta. 2. *d. rehearsal:* ensayo general.// **dresser**. n. tocador, vestidor.// **dressing**. n. 1. aderezo, salsa. 2. vendaje. 3. *d. gown:* bata. 4. *d. room:* camerino.// **dressmaker**. n. modista, costurera.// **dressmaking**. n. costura.// **dressy**. a. elegante, de gala.
dribble (dríbl). i. 1. gotear. 2. babear. 3. *Sp.* gambetear.// n. goteo, gota.
drier (dríer). n. 1. secante. 2. secadora.
drift. i. 1. flotar. 2. ir a la deriva. 3. vagabundear.// n. 1. deriva. 2. pila, montón. 3. rumbo.
drill. n. 1. taladro, fresa. 2. ejercitación.// tr. 1. taladrar, perforar. 2. ejercitar, enseñar por repetición.
drink. tr. 1. beber, tomar. 2. *d. to:* brindar por.// n. bebida, copa, brindis.// **drinkable**. a. potable.// **drinker**. n. bebedor.// **drinking**. n. beber (acción y hábito).
drip. 1. i. gotear. 2. tr. echar a gotas.// n. goteo.
drive (dráiv). tr. 1. impulsar. 2. conducir (un auto). 3. llevar (pasajeros). 4. recorrer (distancia). 5. i. ir en coche. 6. *d. against:* lanzar contra. 7. *d. back:* regresar. 8. *d. crazy:* enloquecer. 9. *d. out:* lanzar afuera.// n. 1. vuelta en coche. 2. viaje. 3. carretera, camino. 4. transmisión, tracción. 5. impulso. 6. *d. belt:* correa de transmisión.// **drive-in**. a./n. con servicio al coche.// **driver**. n. 1. conductor. 2. rueda motriz.// **driveway**. n. camino de entrada para coches.
drizzle (drízl). n. llovizna.// i. lloviznar.
droll. a. chistoso.
dromedary (dromederi). n. dromedario.
drone (droun). n. 1. zángano. 2. zumbido.// i. zumbar.
droop (drup). i./tr. 1. pender. 2. dejar caer.
drop. n. 1. gota. 2. pendiente. 3. pizca. 4. baja. 5. *at the d. of a hat:* en el acto.// i. 1. gotear. 2. caer. 3. dejar(se) caer. 4. descender. 5. abandonar. 6. *d. away:* retirarse. 7. *d. back:* quedarse atrás. 8. *d. by:* visitar de pasada.// **drop-out**. n. abandono, deserción escolar.
drought (drot). n. sequía.
drove (drouv). n. 1. manada. 2. multitud.
drown (draun). tr. 1. ahogar (se). 2. empapar. 3. fig. sumirse.
drowse (drauz). i./ ref. dormitar(se).// **drowsy**. a. somnoliento.
drug (drog). n. droga.// tr./ ref. drogar.// **drugaddict**. n. drogadicto.// **drugstore**. n. 1. droguería, farmacia. 2. farmacia que vende bebidas y helados.// **druggist**. n. farmacéutico.
drum (drom). n. tambor.// i. 1. tocar el tambor. 2. *d. up:* reunir, conseguir. 3. *d. into:* inculcar. 4. *beat the d.:* hacer propaganda.

drunk (dronk). a./n. borracho, pl. drunken.
dry (drai). a. 1. seco; árido. 2. d. cleaning: limpieza en seco. 3. d. land: tierra firme.// tr. secar.// n. sequedad.// **dry-eyed**. a. que no llora.// **dry wash**. n. ropa lavada y seca.
dual (dúal). a./n. dual.
dub (dob). tr. 1. apodar, apellidar. 2. doblar voces (cine).
dubious (dúbios). a. dudoso, indeciso.
duchess (dóches). f. duquesa.// **duchy** (dúshi). n. ducado.
duck (dok). n. pato.// tr. 1. zambullir. 2. agacharse. 3. esquivar.
duct (doct). n. conducto, canal.
ductile (dóctil). a. dúctil.
due (dú). a. 1. debido. 2. pagadero. 3. esperado. 4. to be d. to: deber/tener que (hacer algo).
duel. n. duelo, combate.// i. batirse a duelo.// **duelist**. n.
dues (duz). n. pl. cuota; impuesto.
duet. n. dueto, dúo.
dugout (dógaut). n. 1. piragua. 2. trinchera. 3. Sp. banco de suplentes.
duke (duk). m. duque.// **dukedom**. n. ducado.
dull (dol). a. 1. estúpido, torpe. 2. romo. 3. opaco. 4. débil, apagado. 5. aburrido. 6. nublado.// tr. embotar, apagar, opacar, atenuar.
dully. adv. 1. torpemente. 2. tediosamente.
dumb (dom). a. 1. mudo. 2. fam. tonto.
dumbbell (dombel). n. 1. pesa de gimnasia. 2. fig. tonto.
dumbfound (dómfaund). tr. dejar atónito.
dummy (dómi) n. 1. bobo. 2. testaferro. 3. maniquí. 4. imitación. 5. maqueta.// a. 1. postizo, falso. 2. nominal (testaferro).
dump (domp). tr. 1. descargar. 2. abandonar. 3. Com. inundar el mercado, vender a bajo costo.// **dumping**. n. venta a precios menores al costo.
dune (dun). n. duna.
dung (dong). n. estiércol.// tr. abonar, fertilizar.

dungeon (dondchon). a. calaboso, mazmorra.
dunk (donk). tr. ensopar, remojar (pan).
duodenum (duodínom). n. duodeno.
dupe (dup). n. incauto.// tr. embaucar.
duplex (dúplex). a. dúplex, de dos partes.// n. departamento de dos plantas.
duplicate (dúplikeit). a./n. duplicado.// tr. duplicar, copiar.// **duplication**. n.// **duplicator**. n. copiadora.
duplicity. n. duplicidad, engaño.
durability. n. durabilidad.// **durable** (diuraibl). a.// **duration**. n.
duress. n. 1. coacción. 2. cautiverio, prisión.
during (diuring). prep. durante.
dusk (dosk). n. 1. crepúsculo. 2. oscuridad.
dust (dost). n. 1. polvo. 2. to bit the d.: morder el polvo.// i. 1. desempolvar. 2. levantar una polvareda.
Dutch (doch). a./n. 1. holandés. 2. to go d.: ir o pagar a medias.
dutiful (diutifol). a. cumplidor, obediente.// **duty**. n. 1. deber. 2. acatamiento. 3. deuda, impuesto. 4. derecho. 5. in d. bound: obligado moralmente. 6. on d.: de servicio.// **duty-free**. a. libre de impuestos.
dwarf (duarf). a./n. enano.// tr. empequeñecer.// **dwarfish**. a. diminuto, enano.
dwell (duel). tr. 1. habitar, residir, morar. 2. d. upon: explayarse.// **dweller**. n. morador, habitante.// **dwelling**. n. morada, lugar de residencia.
dwindle (duíndl). tr. menguar.
dye (dai). n. tinte, tintura.// tr. teñir(se).// **dyestuff**. n. pigmento.
dynamic (dainámic). a. dinámico.// n. pl. dinámica (ciencia).
dynamite (dáianimait). n. dinamita.// tr. dinamitar.
dynamo (dáinamo). n. dínamo.
dynasty (dáinasti). n. dinastía.
dysfunction. n. disfunción.
dyspepsia. n. dispepsia.// **dyspeptic**. a.
dysphony (dísfoni). n. disfonía.

e (i). n. quinta letra del abecedario.
each (ich). a. cada.// pron. cada uno.// adv. 1. por persona, cada uno. 2. e. other, e. another: mutuamente, el uno al otro.
eager (íguer). a. deseoso, anhelante.// **eagerness**. n. avidez, entusiasmo.
eagle (ígl). n. águila.

ear (ir). n. 1. oído. 2. oreja. 3. give e.: hacer caso. 4. keep an e. to the ground: estar alerta.// **eardrum** (írdrom). n. tímpano.
early (érli). a. 1. temprano. 2. antiguo. 3. primero. 4. pronto. 5. e. bird: madrugador. 6. at your earliest convenience: a la mayor brevedad.// adv. 1. temprano, prematuramente. 2. earlier on: previamente.

earmark. n. marca, señal.// tr. **1.** marcar. **2.** destinar fondos.
earn (ern). tr. **1.** ganar. **2.** merecer.// **earnest.** a. **1.** serio, grave. **2.** intenso.// n. seriedad.// **earnings.** n. pl. ingresos; utilidades.
earphone (írfoun). n. audífono; auricular.
earring (íring). n. pendiente, arito.
earshot (íryot). n. alcance del oído.
earth (erdz). n. **1.** tierra. **2.** mundo. **3.** *E.*: Tierra. **4.** *down-to-e:* con los pies en la tierra.// **earthen.** a. de tierra.// **earthenware. 1.** n. loza. **2.** a. de barro.// **earthling** (érdzling). n. terrícola.// **earthly.** (érdzli). a. terrenal, mundanal.
earthquake (érdzkueik). n. temblor, sismo.
earthwork (erdzgúrk). m. terraplén.
earthworm (erdzgúrm). n. lombriz de tierra.
ease (iz). n. **1.** sosiego, reposo. **2.** comodidad. **3.** facilidad. **4.** *at e.:* cómodo.// i./tr. **1.** aliviar, mitigar. **2.** descargar. **3.** relajar. **4.** facilitar.
easel (ízl). n. caballete.
easily (ízili). adv. fácilmente; sobradamente.
east (ist). n. este, oriente.// a. del este, oriental.// adv. hacia el este.
Easter (íster). n. Pascuas.
eastern (ístern). a. del este, oriental.
easy (ízi). a. **1.** fácil, sencillo. **2.** cómodo. **3.** leve. **4.** suave (modales).// adv. **1.** fácilmente. **2.** con calma. **3.** *e. does it:* con calma, sin apuro. **4.** *to go e. on:* usar con moderación. **5.** *to take it e.:* tomar con calma.// **easygoing.** a. **1.** de buena gana. **2.** pausado.
eat (it). tr. **1.** comer. **2.** corroer. **3.** *e. one's heart out:* comerse el hígado. **4.** *e. out;* comer afuera. **5.** *e. up:* comérselo todo.// n. pl. comida, alimento.// **eatable** (ítaibl). a./n. comestible.
eavesdrop (ívsdrop). i. escuchar secretamente.
ebb. n. menguante, mengua.// tr. menguar.
ebony. n. ébano.
ebullinece (ibúliens). n. ebullición.// **ebullient.** a. **1.** hirviente, burbujeante. **2.** entusiasta.
eccentric (ekséntric). **1.** a./n. excéntrico, ca.// **eccentricity.** n. excentricidad.
ecclesiastical (eklisiástical). a./n. eclesiástico.
echelon. n. jerarquía, grado.
echo (écho). n. eco.// i. hacer eco.
eclair (eclér). n. pastelito de crema.
eclectic. a./n. ecléctico.
eclipse (eklíps). n. eclipse.// tr. eclipsar.
ecology (ekóloyi). n. ecología.// **ecologic.** a.// **ecologist.** n.
economic. 1. a. económico (de la economía). **2.** n. pl. economía (ciencia).// **economical.** a. económico (barato, módico).// **economist.** n.// **economize** (ekonomís). i./tr. economizar.// **economy.** n. economía (actividad, sistema, ahorro).
ecosystem. n. ecosistema.
ecstasy. n. éxtasis.
Ecuadorian. a./n. ecuatoriano.
ecumenical (ekiménical). a. ecuménico.
eczema (ekzíma). n. eczema.
eddy. n. remolino.// i. arremolinar(se).
edge (edch). n. **1.** filo. **2.** borde. **3.** orilla. **4.** arista. **5.** *on e:* irritable. **6.** *to have the e. on:* llevar ventaja.// tr. **1.** afilar. **2.** bordear. **3.** i. avanzar con cuidado.// **edgeways** (edchueis). adv. de filo, de lado.// **edgy** (édchi). a. **1.** afilado. **2.** nervioso.// **edgyness.** n. nerviosismo.
edible (édibl). a. comestible.
edict. n. edicto.
edification. n. edificación.
edifice (édifis). n. edificio.
edify (édifai). tr. edificar (educar, inculcar).
edit. tr. **1.** editar. **2.** redactar, corregir (escritos). **3.** dirigir (publicaciones). **4.** montar (cine, video).// **edition.** n.// **editor.** n. **1.** editor. **2.** director (publicaciones).// **editorial.** a./n. editorial.
educate (édiukeit). tr. educar.// **education.** n.// **educational.** a.// **educator.** n.
eel (íl). n. anguila.
eerie (íri). a. misterioso, sobrenatural.
efface (eféis). tr. **1.** borrar. **2.** eclipsar.
effect. n. **1.** efecto. **2.** vigencia. **3.** resultado. **4.** *for e.:* para impresionar. **5.** *in e.:* efectivamente; en vigencia. **6.** pl. *no e.:* sin fondos (cheque). **7.** *of no e.:* sin resultado. **8.** *to go into e.:* entrar en vigencia. **9.** *to the e. to:* al e. de.// tr. efectuar, producir.// **effective.** a. **1.** efectivo. **2.** vigente. **3.** impresionante.// **effectual.** a. **1.** eficaz. **2.** válido.
effeminate (eféimineit). a./n. afeminado.
effervescence. n. efervescencia.// **effervescent.** a. efervescente.
efficacious (efikéisios). a. eficaz.// **efficacy.** n. eficacia.
efficiency. n. eficiencia.// **efficient.** a.
effigy. n. efigie.
effort. n. **1.** esfuerzo. **2.** *Fís*, fuerza efectiva. **3.** *every e.:* todo lo posible.
effulgence (efúlyens). n. refulgencia.
effusion (efiúshon). n. efusividad.// **effusive.** a.
egg. n. **1.** huevo. **2.** óvulo.// tr. *e. on:* incitar.
eggplant. n. berenjena.
ego (ígou). n. ego, yo.// **egoism.** n.// **egoist.** a./n.// **egotism.** n. egolatría.// **egotist.** n.ególatra.
elder (áider). n. pato.
eight (eit). a./n. ocho.// **eighth.** a. octavo; ocho (en fechas).
eighteen (eitín). a./n. dieciocho.// **eighteenth.** a. decimoctavo; dieciocho (en fechas).
eighty (éiti). a./n. ochenta.
either (ídzer). a./pron. uno u otro, cualquiera de los dos.// conj. o (al inicio de opciones).// adv. tampoco.
ejaculate (iyákiuleit). i./tr. **1.** eyacular. **2.** exclamar.
eject (iyeect). tr. expulsar, expeler.// **ejection.** n. expulsión.
eke out (ik aut). tr. **1.** ganarse la vida a duras penas. **2.** economizar para que algo dure.
elaborate (eláboreit). tr. **1.** elaborar. **2.** *e. on:* explicar, explayarse.// a. elaborado; complejo.// **elaboration.** n.
elapse. i. transcurrir, pasar el tiempo.
elastic. a./n. elástico.// **elasticity.** n.
elate (iléit). tr. regocijar(se).// **elation.** n. regocijo, júbilo.
elbow (élbou). n. **1.** codo. **2.** recodo. **3.** *to e. one's way:* abrirse paso a codazos. **4.** *to rub e. with:* codearse con.// tr. dar un codazo.
elbowroom (elbourúm). n. espacio.

elder. a./n. mayor (edad).// **elderly.** a. anciano.
elect. i./tr. elegir.// a. electo.// n. pl. *the e.:* los elegidos.// **election. 1.** n. elección; elecciones. **2.** a. electoral.// **electioneer.** i. hacer campaña electoral.// **elective.** a. **1.** electivo. **2.** selectivo. **3.** electoral.// **elector.** n.// **electorate.** n. electorado.
electric. a. eléctrico.// **electric power.** n. energía eléctrica.// **electrician.** n. electricista.// **electricity.** n. electricidad.// **electrification.** n.// **electrify.** tr. electrificar, electrizar.// **electrocute.** tr. electrocutar.
electrode (eléktroud). n. electrodo.
electrolysis. n. electrólisis.// **electrolyte** (eléktroleit). n. electrolito.
electromagnet. n. electroimán.// **electromagnetic.** a.
electron. n. electrón.// **electronic.** a. electrónico.// **electronics.** n. electrónica.
electroplate (eléktropleit). tr. galvanizar.
elegance (élegans). n. elegancia.// **elegant.** a.
elegy (éleyi). n. elegía.
element. n. **1.** elemento. **2.** *one e. of;* algo de.// **elemental.** a.// **elementary.** a.
elephant (élefant). elefante.
elevate (éleveit). tr. elevar.// **elevation.** n. **1.** elevación. **2.** *Geog.* altura, altitud.// **elevator.** n. **1.** ascensor. **2.** elevador.
eleven. a./n. once.// **eleventh.** a. décimo primero, undécimo; once (en fechas).
elf. m. duende.
eligible (éliyibl). a. elegible, apto.
eliminate (elímineit). tr. eliminar.// **elimination.** n.
elite (elít). n. élite.
elixir. n. elixir.
elk. n. alce.
ellipse (elíps). n. elipse.
ellipsis. n. elipsis.// **eliptic(al).** a. elíptico.
elm. n. olmo.
elocution (elokiúshon). n. elocución.
elongate (elóngueit). tr./i. alargar, extender.
elope (elóup). i. fugarse (amantes).
eloquence (élokuens). n. elocuencia.// **elocuent.** a. elocuente.
else (els). a./adv. **1.** otro (persona). **2.** otra cosa, algo más. **3.** otra parte, otro lugar. **4.** más, lo demás, los demás. **5.** de lo contrario.
elsewhere (élsuer). adv. en otra parte, a otra parte.
elucidate (elúsideit). tr. elucidar.
elude (elúd). tr. eludir.// **elusive.** a. elusivo, evasivo.
emaciated (emésietited). a. demacrado.
emanate (émaneit). **1.** i. emanar. **2.** tr. emitir.
emancipate (emánsipeit). tr. emancipar.// **emancipation.** n.// emancipator. n.
embalm. tr. embalsamar.
embankment. n. terraplén.
embargo. n. embargo.// tr. embargar.
embark. tr. embarcar(se).
embarrass. tr. **1.** avergonzar. **2.** desconcertar. **3.** poner en un aprieto.// **embarrassing.** a. desconcertarse.// **embarrassment.** n. **1.** vergüenza. **2.** desconcierto. **3.** aprieto.
embassy. n. embajada.

embellish. tr. adornar, embellecer.
ember. n. ascua, brasa.
embezzle. tr. malversar, defraudar.
embitter. tr. amargar.
emblem. n. emblema.// **emblematic.** a.
embody. tr. **1.** encarnar, personificar. **2.** incluir. **3.** dar forma.// **embodiment.** n. personificación.
embolden. i./tr. envalentonar(se).
embolism. n. embolia.
emboss. tr. grabar en relieve; repujar.
embrace (embréis). i./tr. abrazar (se).// n. abrazo; adopción.
embroider. tr. bordar.// **embroidery.** n. bordado.
embroil. tr. embrollar, enredar.
embryo (émbriou). n. embrión.// **embryology.** n.// **embryonic.** a. embrionario.
emend. tr. enmendar.// **emendation** n. (emendéishon). n. enmienda.
emerald. n. esmeralda.
emerge (emérdch). i. emerger, surgir.
emergency (eméryenci). n. emergencia.
emeritus. a./n. emérito.
emery. n. **1.** esmeril. **2.** *e. board:* lima para uñas.
emigrant. a./n. emigrante.// **emigation.** n.// **emigré.** n. emigrado.
eminence (éminens). n. eminencia.// **eminent.** a.
emir. n. emir.
emissary (émiseri). n. emisario.
emission (emíshon). n. emisión.// **emit.** tr. emitir.
emolument (emóliument). n. emolumento.
emotion. n. emoción.// **emotional.** a.
emperor. n. emperador.
emphasis (émfasis). n. énfasis.// **emphasize.** tr. enfatizar.// **emphatic.** a.
empire (empire). n. imperio.
empirical. a. empírico.// **empiricism.** n. empirismo.
employ. 1. n. empleo. **2.** tr. emplear.// **employee.** n. empleado.// **employer.** n. empleador.// **employment.** n. empleo.
empower (empáuer). tr. autorizar.
empress. n. emperatriz.
empty. a. **1.** vacío. **2.** desprovisto. **3.** hueco.// tr. **1.** vaciar(se). **2.** dejar vacío. **3.** *to e. into:* desembocar en.// **emptiness.** n. vacío; vacuidad.
emulate (émiuleit). tr. emular.// **emulation.** n.
emulsify (emólsifai). tr. emulsionar.// **emulsion.** n.
enable (anáibl). tr. permitir, habilitar.
enact (enáct). tr. **1.** promulgar. **2.** representar (teatro).// **enactment.** m. promulgación; representación.
enamel. n. esmalte.
enamor. tr. enamorar.
encamp. i. acampar.// **encampment.** n. campamento.
encase (enkéis). tr. encajar, embutir.
enchant. tr. encantar.// **enchanter.** m. hechicero.// **enchanting.** a. encantador.// **enchantment.** n. hechizo, encanto.// **enchantress.** n. hechicera.
encircle. tr. circundar, rodear.
enclose (enklóus). tr. **1.** encerrar. **2.** incluir.// **enclosure.** n. **1.** cerco. **2.** vallado. **3.** anexo, adicional.
encomium. n. encomio.

encore (ánkor). bis (repetición).
encounter (enkáunter). tr. encontrar.// n. encuentro.
encourage (enkéradch). tr. animar, dar coraje.// **encouragement**. n. estímulo, aliento.
encumber (encómber). tr. 1. recargar, estorbar. 2. gravar.// **encumbrance**. n. 1. estorbo. 2. gravamen.
encyclical. n. encíclica.
encyclopedia (ensaiclopídia). n. enciclopedia.
end. n. 1. fin, final. 2. extremo, punta. 3. desenlace. 4. *at the e.*: al cabo de. 5. *In the e.*; al fin, al final. 6. *on e.*: incesantemente. 7. pl. *to make e. meet*: hacer alcanzar el dinero. 8. *to what e.?*: ¿con qué fin?// i./tr. 1. terminar(se), concluir(se). 2. destruir. 3. *e. up*: terminar, ir a parar.
endanger (endéinger). tr. poner en peligro.
endear (endír). i. 1. hacerse querer. 2. encariñarse.// **endeary**. a. atractivo, querible.
endeavor. n. esfuerzo, intento.// i. intentar.
endemic. 1. a. endémico. 2. n. endemia.
ending. n. terminación.
endless. a. interminable, sinfín.
endmost. a. último, extremo.
endorse (endórs). tr. 1. endosar. 2. apoyar. 3. sancionar.// **endorsement**. n. 1. endoso. 2. sanción. 3. apoyo.
endow (endáu). tr. dotar.// **endowment**. n. 1. dotación. 2. talento.
endurance (endúrans). n. duración, resistencia.//
endure. i. durar; resitir.
enema (énema). N. enema.
enemy. a./n. enemigo.
energetic (eneryétic) a. enérgico.// **energize** (eneryáis). 1. dar energía. 2. vigorizar. 3. *Elect.* excitar.// **energizer**. n. excitador.// **energy**. n. energía.
enfeeble (enfíble). tr. debilitar.
enfold. tr. envolver; abrazar.
enforce (enfórs). tr. imponer, hacer cumplir.// **enforcement**. 1. imposición. 2. *Der.* ejecución.
enfranchise (enfranchais). tr. 1. liberar. 2. dar franquicia. 3. otorgar derechos políticos.
engage (enguéidch). tr. 1. emplear, contratar. 2. comprometer(se). 3. librar (batallas). 4. *Mec.* embragar; engranar.// **engagement**. n. 1. contrato. 2. compromiso. 3. cita. 4. combate. 5. *Mec.* engranaje.// **engaging**. a. atractivo, agraciado.
engender (enyénder). tr. engendrar.
engine (ényin). 1. máquina, motor. 2. locomotora.// **engineer**. n. 1. ingeniero. 2. maquinista.// **engineering**. n. ingeniería.
English (ínglish). a./n. inglés.
engorge (engórdch). tr. devorar, engullir.
engrave (ingráiv). grabar, cincelar, imprimir.// **engraver**. n. tallador.// **engraving**. n. 1. tallado, grabado. 2. clisé.
engulf (engólf). tr. 1. rodear. 2. absorber.
enhance (enjáns). tr. 1. aumentar. 2. realzar.// **enhancement**. n. aumento; realce.
enigma. n. enigma, adivinanza.
enjoin (inyóin). mandar; prohibir.
enjoy (inyói). tr. 1. gozar, disfrutar. 2. gustar de.// **enjoyable**. a. agradable, encantador, divertido.// **enjoyment**. n. goce, disfrute, usufructo.

enlarge (inlárdch). tr. agrandar, ensanchar, ampliar (foto).// **enlargement**. m. extensión, expansión, ampliación (foto).
enlighten (enláiten). tr. iluminar, esclarecer.// **enlightenment**. n. iluminación, esclarecimiento.
enlist (enléist). tr. alistar(se), enganchar(se).// **enlistment**. n. alistamiento, reclutamiento.
enliven (enláivn). tr. avivar, animar.
enmity (énmiti). n. enemistad.
ennoble (énoubl). tr. ennoblecer.
enormity (inórmiti). n. enormidad; atrocidad.// **enormous**. a. enorme.
enough (inóf). a./adv.1 suficiente, bastante. 2. *sure e.*: sin duda.
enquire (inkuáir). tr. averiguar, inquirir, investigar.// **enquiry**. n. inquisidor.
enrage (enreidch). tr. enfurecer.
enrapture (enrápcher). i. embelesar(se).
enrich. i./tr. enriquecer.// **enrichment**. n. enriquecimiento.
enroll (enróul). tr. alistar, matricular.// **enrollment**. n. inscripción; registro.
ensemble (ansámbl). n. conjunto, ensamble.
ensign (énsain). n. 1. divisa, enseña. 2. alférez.
enslave (ensléiv). tr. esclavizar.// **enslavement**. n. esclavitud.
ensnare (insnér). tr. atrapar, engañar.
ensure (enshúr). tr. asegurar.
entail (entéil). tr. 1. ocasionar. 2. *Der.* vincular.
entangle (entángl). tr. enredar.// **entanglement**. n. enredo.
enter. tr. 1. entrar, ingresar. 2 salir a escena. 3. matricular. 4. anotar. 5. *e. on.*: emprender.
enterprise (énterpráis). n. empresa.// **enterprising**. a. emprendedor.
entertain (entertéin). tr. 1. entretener, distraer, divertir. 2. agasajar.// **entertainer**. n. 1. anfitrión. 2. animador.// **entertaining**. a. entretenido.// **entertainment**. n. 1. agasajo. 2. entretenimiento, diversión.
enthrall (endzról). tr. cautivar, dominar.
enthrone (endzróun). tr. entronizar.
enthusiasm. n. entusiasmo.// **enthusiast**. a./n.
entice (entáis). tr. atraer seducir.// **enticement**. n. 1. tentación. 2. aliciente.
entire (entáier). a. entero, completo.// **entirety**. n. totalidad, entereza.
entitle (entáitl). 1. i. intitular. 2. tr. titular; tener o dar derecho.
entity (éntiti). n. entidad.
entomb (entúmb). tr. sepultar.// **entombment**. n. sepultura.
entourage (anturádch). n. séquito.
entrails (éntreils). n. pl. entrañas.
entrance (éntrans). n. entrada, ingreso, admisión.
entreat (entrít). i. suplicar.// **entreaty**. n. súplica.
entrench (intrénch). i. atrincherar(se).
entrepreneur (antreprenér). n. empresario.
entrust (entróst). tr. encargar, recomendar.
entry. n. 1. entrada. 2. anotación.
entwine (intuáin). tr. entretejer.
enumerate (enúmeréit). tr. enumerar.// **enumeration**. n.
enunciate (inóncíéit). tr. enunciar.// **enunciation**. n.

envelope

envelope (énveloup). n. sobre, cubierta.// **envelopment.** n. envoltorio, envoltura.
environment (envéairenment). n. medio ambiente.
envoy. n. enviado, representante.
envy. n, envidia.// tr. envidiar.
enzyme (énzaim). n. enzima.
epaulet (épolet). n. charretera.
ephemeral (eféméral). a. efímero.
epic. a. épico.// n. epopeya.
epidemic. a. epidémico.// n. epidemia.
epidermical. a. epidérmico.// **epidermis.** n. epidermis.
epigraph (epígraf). n. epígrafe.
epilepsy. n. epilepsia.// **epileptic.** a./n. epiléptico.
epilogue (épilog). n. epílogo.
episcopal (ipískopel). a episcopal.// **episcopalian.** n. episcopal (protestante).
episode (épisod). n. episodio.
epistemology (ipístemoloyi). n. epistemología.
epistle (ipísel). n. epístola.
epitaph (épitaf). n. epitafio.
epithet (épitet). n. epíteto.
epitome (epítomi). n. epítome.
epoch (épok). n. época, era.
equable (ékuabl). 1. invariable, igual. 2. calmo.
equal (íkual). 1. a. igual, parejo.// tr. 1. ser igual a. 2. igualar.// n. 1. igual. 2. e. *sign:* signo igual.// **equality.** n. igualdad.// **equalize.** i./tr. igualar, equilibrar.
equanimity. n. ecuanimidad.
equate (ikuéit). tr. 1. igualar. 2. *Mat.* poner en ecuación. 3. i. ser iguales.// **equation.** n. ecuación.
equator (ekuéiter). n. ecuador.// **equatorial.** a. ecuatorial.
equestrian (ekuéstrien). a. ecuestre.
equidistance (ekidístans). n. equidistancia.// **equidistant.** a.
equilateral. a. equilátero.
equilibrium. n. equilibrio.
equinox (íkuinaks). n. equinoccio.
equip (ekúip). tr. equipar.// **equipment.** n. equipo; accesorios.
equitable (ékuitabl). a. equitativo.
equity (ékuiti). n. 1. equidad. 2. *Com.* patrimonio neto.
equivalence (ekúivalens). n. equivalencia.// **equivalent** a.
equivocal (ekúivocal). a. equívoco.
era (íra). n. era, época.
eradicate (irádikeit). tr. erradicar, extirpar.
erase (iréis). tr. borrar.// **eraser.** n. borrador.// **erasure.** n. borradura.
erect. tr. 1. erguir. 2. erigir.// a. erguido, erecto.// **erection.** n.
erg. n. ergio.
ermine (érmin). n. armiño.
erode (iróud). i./tr. corroer (se), desgastar (se), erosionar.// **erosion.** n.
erotic. a. erótico.// **eroticism.** n. erotismo.
err. i. errar, vagar.
errand. n. encargo, mandado.
errant. a. errante.

errata. n. pl. erratas.
erratic. a. errático, irregular, excéntrico.
erratum. n. errata.
erroneous (iróneos). a. erróneo, falso.
error (éror). n. error.
erudite (érudait). n. erudito.// **erudition.** n. erudición.
erupt (irópt). i. hacer erupción.// **eruption.** n.// **eruptive.** a.
erysipelas. n. erisipela.
escalade (iskaleid). tr. escalar.
escalate (eskaléit). tr. intensificar.
escapade (éskapeid). n. escapada, aventura.// **escape.** tr. 1. escapar(se). 2. filtrarse.// n. huida.// **escapement.** n. escape.
eschew (eschiú). i. huir de, evitar.
escort (eskórt). tr. escoltar.// n. escolta, acompañante.
escutcheon (eskóchn). n. escudo de armas.
Eskimo (éskimou). a./n. esquimal.
esoteric. a. esotérico.
especial (espéshl). a. especial.
espionage (espionádch). n. espionaje.
esplanade (esplanád). n. explanada.
espousal (espáusal). n. boda, esponsales.// **espouse.** tr. 1. casarse. 2. abogar por.
espy (espái). tr. divisar.
essay (éseí). n. 1. ensayo. 2. intento.// **essay** (eséi). tr. ensayar, intentar.// **essayist.** n. ensayista.
essence (ésens). n. esencia.// **essential.** a. esencial.
establish. i./tr. establecer(se).// **establishment.** n. 1. establecimiento. 2. clase gobernante.
estate (estéit). n. 1. estado. 2. hacienda. 3. bienes. 4. propiedad.
esteem (estím). n. estima.// tr. estimar, juzgar.
esthetics (esdzétiks). n. estética.
estimable (éstimabl). a. estimable.// **estimate** (estimeit). tr. estimar.// n. estimación.// **estimation.** n. cálculo, opinión.
estrange (estréindch). tr. alejar, enemistar.// **estrangement.** n. alejamiento, desaveniencia.
estuary (éstiuéri). n. estuario.
eternal (itérnal). a. eterno.// **eternity.** n. eternidad.
ether (ídzer). n. éter.// **ethereal.** a. etéreo.
ethical (édzikal). a. ético// **ethics.** n. ética.
ethnic (édznik). a étnico.// **ethnology.** n. etnología.
ethyl (édzil). n. etilo// **ethylene.** n. etileno.
etiquette (étiket). n. etiqueta.
etymology (etimáloyi). n. etimología.// **etymologic.** a. etimológico.
eucalyptus (iukalíptes). n. eucalipto.
Euclidean (iuklídien). a. euclidiano.
eulogize (iúloyais). tr. elogiar.// **eulogy.** n. elogio.
eunuch (iúnok). n. eunuco.
euphemism (iúfemism). n. eufemismo.
euphony (iúfani). n. eufonía.
euphoria (iúforia). n. euforia.
European (iúropían). a./n. europeo.
evacuate (ivákiueit). tr. evacuar.// **evacuation** n. evacuación.

evangelical (ivanyélikal). a. evangélico.// **evangelism.** n.// **evangelist.** n.// **evangelize.** tr. evangelizar.
evaporate (iváporeit). i./tr. evaporar(se).// **evaporation.** n.
evasion (ivéishon). n. 1. evasión. 2. evasiva.// **evasive.** a.
eve (ív). n. víspera.
even (ívn). a. 1. plano, llano. 2. igual. 3. *Mat.* par. 4. equitativo. 5. *to be e.:* estar mano a mano. 6. *to get e.:* desquitarse.// adv. 1. exactamente, justo cuando. 2. aun, hasta, incluso. 3. *e. so:* aun así. 4. *e. now:* ahora mismo.// i./tr. 1. emparejar(se), nivelar(se). 2. *Sp. e. up the score:* empatar, igualar; fam. ajustar cuentas.
evenhanded (ívnjánded). a. imparcial.
evening (ívning). n. 1. tarde, noche. 2. anochecer. 3. *e. dress:* traje de etiqueta (hombres); traje de noche (mujeres). 4. *e. perfomance:* función de noche. 5. *good e!:* ¡buenas tardes!; ¡buenas noches! (después de la puesta del sol).
evenly (ívnli). adv. 1. llanamente, suavemente. 2. equitativamente.
evenness (ívness). n. 1. uniformidad. 2. imparcialidad.
event (ivént). n. 1. suceso, evento. 2. *at all e.:* en todo caso. 3. *in the e. of:* en caso de.// **eventual.** a. 1. eventual. 2. final.// **eventuality.** n. eventualidad.// **eventually.** adv. 1. eventualmente. 2. finalmente.
ever. adv. 1. siempre. 2. alguna vez. 3. *as e:* como siempre. 4. *better than e.:* mejor que nunca. 5. *e. since:* desde que. 6. *e. so happy:* tan feliz. 7. *e. so little:* tan poco. 8. *e. so much:* mucho, muchísimo. 9. *for e. and e.:* por siempre jamás, para siempre.
everglade (évergléid). n. zona pantanosa cubierta de hierba.
evergreen (évergrín). a. perenne.
everlasting. a. perdurable, eterno.
evermore (évermór). adv. para siempre.
every (évri). a. 1. cada. 2. todo, todos. 3. *e. now and then:* de vez en cuando. 4. *e. other (two):* cada dos, uno por medio.
everybody (évribadi). n. todos, todo el mundo, cada cual.
everyday (évridéi). a. diario.// adv. todos los días, cada día.
everyone (évriuán). n. todos, todo el mundo, cada cual.
everything (évridzing). n. todo, todas las cosas.
every time. adv. cada vez.
everywhere (évriuér). adv. en todas partes, por todos lados.
evict. tr. expulsar, desahuciar.// **eviction.** n. expulsión.
evidence (évidens). n. 1. evidencia. 2. prueba. 3. hechos, datos. 4. declaración. 5. *to show e.:* mostrar singnos de.// tr. evidenciar, probar.// **evident.** a. evidente.
evil (ívl). n. mal, perversidad; desgracia.// a. 1. maligno. 2. nocivo, pejudicial, pernicioso. 3. *e. eye:* mal de ojo.
evildoer (ívlduer). n. malhechor.

eviscerate (ivísereit). tr. eviscerar.// **evisceration.** n. evisceración.
evocation (evokéishon). n. evocación.// **evoke** (ivóuk). tr. evocar.
evolution (evolushon). n. evolución.// **evolutionary.** a. 1. evolucionista. 2. evolutivo.
evolve (ivólv). tr. desarrollar, desenvolver.
ewe (iú). n. oveja.
exacerbate (eksácerbéit). tr. exacerbar.// **exacerbation.** n.
exact. a. exacto.// tr. exigir, imponer// **exacting.** a. exigente.// **exactly.** 1. adv. exactamente. 2. *¡e.!:* ¡exacto!// **exactness.** n. exactitud.
exaggerate (eksáyereit). tr. exagerar.// **exaggeration.** n.
exalt (egsólt). tr. exaltar.// **exaltation.** n.
exam. n. examen.// **examination.** n. 1. examen. 2. investigación.// **examine.** tr. 1. examinar. 2. revisar. 3. interrogar.
example (iksámpl). n. ejemplo.
exasperate (igsaspereit). tr. exasperar.// **exasperation.** n.
excavate (ekscaveit). tr. excavar.// **excavation.** n.// **excavator.** n. excavador, excavadora.
exceed (eksíd). tr. 1. exceder. 2. aventajar.// **exceedent.** a. excesivo
excellence (ekseléns). n. excelencia.// **excellency.** n. Excelencia (título).// **excellent.** a.// **excelling.** a. admirable.
except (iksépt). prep. 1. excepto. 2. *e. for:* si no fuera por.// conj. sino, fuera de que.// tr. exceptuar, excluir.// **excepting.** prep. salvo, fuera de.// **exception.** n. 1. excepción. 2. objeción.// **exceptional.** a.
excerpt (ékserpt). n. extracto.// tr. extractar, resumir.
excess. n. 1. exceso. 2. excedente.// **excessive.** a. excesivo.
exchange (ekschéindch). tr. 1. cambiar. 2. permutar. 3. comerciar.// n. 1. cambio, canje. 2. Bolsa. 3. *Stock E.:* Bolsa de Valores.
excise (eksáis). tr. cortar, extirpar.
excitable (eksáitabl). a. excitable.// **excite.** tr. excitar.// **excitement.** n. excitación.// **exciting.** a. excitante, emocionante.
exclaim (ekskléim). tr. exclamar.// **exclamation.** n. 1. exclamación. 2. *e. point:* signo de exclamación.// **exclamatory.** a.
exclude (ekslúd). tr. excluir.// **exclusion.** n.// **exclusive.** a.
excommunicate (ekskomiúnikeit). tr. excomulgar.// **excommunication.** n. excomunión.
excoriation (ekskorieshon). n. escoriación.
excrement. n. excremento.
excrete (ekskrít). tr. excretar.// **excretion.** n.// **excretory.** a.
excruciate (ekskrúsieit). tr. atormentar.// **excruciating.** a. agudísimo, dolorosísimo.
excursion (ekskershon). n. excursión.
excuse (ekskúis). n. excusa.// tr. excusar, disculpar.
execute (eksekiut). tr. ejecutar.// **execution.** n.// **executioner.** n. verdugo.// **executive.** a/n. ejecutivo.// **executor.** n. ejecutor.

exemplary

exemplary (eksémplari). a. ejemplar.// **exemplify.** tr. ejemplificar, ilustrar.
exempt. a. a. exento.// tr. eximir.// **exemption.** n. exención.
exercise (eksérsais). n. ejercicio.// tr. 1. ejercer. 2. ejercitar.
exhale (eksjéil). tr. exhalar.// **exhalation.** n. exhalación.
exhaust (eksóst). tr. 1. vaciar. 2. agotar, fatigar. 3. consumir.// n. escape (auto)./ / **exhaustion.** n. agotamiento.
exhibit (esíbit). tr. exhibir.// **exhibition.** n.// **exhibitor.** n. expositor.
exhort (eksórt). tr. exhortar.// **exhortation.** n,
exhume (ekjiiun). tr. exhumar.// **exhumation.** n.
exigency (eksiyensi). n. exigencia.// **exigent.** a.
exile (éksail). n. 1. destierro. 2. desterrado.// tr. desterrar.
exist. i. existir.// **existence.** n.// **existent.** a. existente.
exit. n. salida.
exodus. n. éxodo.
exonerate (eksánereit). tr. 1. exonerar. 2. disculpar.// **exoneration.** n.
exorbitant. a. exorbitante.
exorcize (eksórsais). tr. exorcisar.
exotic (eksátik). a. exótico.
expand. tr. ensanchar, extender.// **expanse.** n. espacio, extensión.// **expansion.** n.// **expansive.** a. expansivo.
expatiate (ekspéishiet). tr. extenderse, explayarse.
expatriate (ekspéitrieit). a./n. expatriado.// tr. desterrar.// **expatriation.** n.
expect. tr. 1. esperar. 2. fam. suponer.// **expectancy.** n. expectativa.// **expectant.** a. 1. expectante. 2. encinta.// **expectation.** n. 1. espera. 2. esperanza.
expectorant. n. expectorante.// **expectorate.** tr. expectorar.// **expectoration.** n.
expedient (ekspídient). a. oportuno.// n. recurso.
expedite (ekspedait). tr. 1. acelerar. 2. expedir.
expedition (ekspedíshon). n. expedición.// **expeditionary.** a./n.
expel. tr. expulsar.
expend. tr. gastar.// **expenditure** (ekspendicher). n. gasto.// **expense.** n. costo, gasto.// **expensive.** a. costoso, caro.
experience (ekspíriens). n. experiencia.// **experienced.** a. experimentado.
experiment. n. experimento.// **experimentation.** n.// **experimental.** a.
expert. a. experimentado.// n. experto.// **expertly.** adv. hábilmente.// **expertness.** n. destreza, pericia.
explate (ekpíeit). tr. expiar.// **explation.** n.
expiration (ekspiréishon). n. expiración.// **expire** (ekspáier). i. expirar.
explain (ekspléin). tr. explicar.// **explanation.** n. explicación.// **explanatory.** a. explicativo.// **explainable.** a. explicable.
explicit. a. explícito.
explode (eksplód). tr. volar, estallar.
exploit. tr. explotar, aprovechar.// **exploitation.** n.
exploiter. n. explotador.
exploration (eksploréishon). n. exploración.// **exploratory.** a.// **explore.** tr. explorar.// **explorer.** n. explorador.
explosion (eksplóshon). n. explosión.// **explosive.** a./n.
exponent (ekspónent). n. 1. exponente. 2. expositor.
export. n. exportación.// tr. exportar.// **exportation.** n. exportación.// **exporter.** n. exportador.
expose (ekspós). tr. exponer.// **exposition.** n.// **expository.** a. expositivo.
exposure (ekspóshur). n. 1. exposición. 2. descubrimiento. 3. orientación.
express. a. 1. explícito. 2. rápido.// n. expreso.// tr. 1. expresar. 2. EE.UU. enviar por expreso.// **expression.** n.// **expressive.** a.
expropriate (ekspróprieit). tr. expropiar.// **expropriation.** n. expropiación.
expulsion (ekspólshon). n. expulsión.
expurgate (éksporgueit). tr. purificar.// **expurgation.** n. purificación.
exquisite (ekskúisit). a. 1. exquisito. 2. agudo, vivo.
extemporize (ekstemporais). tr. improvisar.
extend. tr. 1. extender. 2. prorrogar. 3. ofrecer.// **extensible.** a. extensible.// **extention.** n. 1. extensión. 2. aumento.// **extensive.** a. extendido, amplio.// **extent.** n. extensión, alcance, grado.
extenuate (eksténiueit). tr. atenuar, mitigar.// **extenuation.** n. atenuación.
exterior (ekstírier). a./n. exterior.
exterminate (ekstérmineit). tr. exterminar.// **extermination.** n. exterminio.// **exterminator.** n.
external. a. externo.
extinct. a./n. extinto.// **extinction.** n.// **extinguish.** tr. extinguir, destruir.// **extinguisher.** n. extinguidor.
extirpate (eksterpeit). tr. extirpar.
extort. tr. extorsionar.// **extortion.** n.
extra. a. extraordinario, suplementario; extra.
extract. n. extracto.// tr. 1. extraer. 2. extractar.// **extraction.** n. extracción.
extradite (ekstradait). tr. extraditar.// **extradition.** n. extradición.
extraordinary (ekstrórdinari). a. extraordinario.
extrasensory. a. extrasensorial.
extravagance. n. 1. extravagancia. 2. derroche.// **extravagant.** a. 1. extravagante. 2. derrochador.
extreme (ekstrím). a. 1. extremado. 2. postrero. 3. severo.// **extremely.** adv. extremadamente.// **extremist.** n.// **extremity.** n. 1. extremidad. 2. miseria, necesidad.
extrinsic. a. extrínseco.
extrovert. a./n. extrovertido.
exuberance (eksiúberans). n. exuberancia.// **exuberant.** a.
exude (eksúd). tr. exudar, rezumar.// **exudation.** n.
exult (eksólt). tr. exultar; alegrarse.// **exultant.** a.
eye (ai). n. ojo.// tr. mirar, observar.// **eyeball.** n. globo ocular.// **eyebrow.** n. ceja.// **eyeglass.** n. 1. anteojo. 2. pl. gafas.// **eyelash.** n. pestaña.// **eyelid.** n. párpado.// **eyesight.** n. vista, alcance visual.// **eyestrain.** n. cansancio visual.// **eyewash.** n. colirio.// **eyewink.** n. guiño.// **eyewitness.** n. testigo ocular.

f (ef). n. sexta letra del abecedario.
fable (faibl). n. **1.** fábula. **2.** mentira, falsedad, cuento.// **l.** escribir o contar fábulas.
fabric (fábrik). n. **1.** tejido, tela. **2.** fábrica, edificio.// **fabricate** (fábrikeit). tr. **1.** fabricar, construir. **2.** inventar, falsificar.// **fabrication** (fábrikeiyon). n. **1.** fabricación, construcción. **2.** mentira, cuento.// **fabricator**. n. **1.** fabricante. **2.** mentiroso.
fabulous (féibulus). a. fabuloso, estupendo.
face (feis). n. **1.** cara, rostro. **2.** aspecto, cariz. **3.** superficie, faz, lado. **4.** *f. down:* boca abajo. **5.** *f. to f.:* cara a cara. **6.** *f. up:* boca arriba. **7.** *in the f. of:* frente a. **8.** *to lose. f.:* perder prestigio.// tr. **1.** mirar hacia, estar orientado a. **2.** estar enfrente de. **3.** enfrentar, arrostrar, hacer frente.
facilitate (fasíliteit). tr. facilitar.// **facility** (fasíliti). n. facilidad.
fact (fakt). n. **1.** hecho. **2.** realidad. **3.** pl. datos. **4.** *in f.:* de hecho, en realidad. **5.** *the facts of life:* las cosas de la vida.
factor (fáktor). n. factor, elemento.// **factory**. n. fábrica.
factual (fáktual). a. **1.** objetivo. **2.** real.
faculty (fákulti). n. **1.** facultad, capacidad. **2.** facilidad. **3.** facultad (de una universidad). **4.** autorización.
fade (feid). i. **1.** desteñirse, decolorarse. **2.** apagarse, desvanecerse, desaparecer. **3.** fundirse.// *f. in:* Cine. fundido de apertura.// *f. out.:* Cine. fundido de cierre.// **fading. 1.** desvanecimiento. **2.** Cine. fundido.
fail (feil). n. falta.// i. **1.** fallar. **2.** fracasar. **3.** ser suspendido (en exámenes).// **failing**. n. **1.** defecto. **2.** flaqueza, debilidad. **3.** Com. quiebra.// **failure**. n. **1.** fracaso. **2.** avería, rotura. **3.** incumplimiento. **4.** Med. ataque.
fair (feir). a. **1.** bello, hermoso. **2.** rubio. **3.** blanco. **4.** justo, equitativo. **5.** honrado, íntegro. **6.** amable, bueno. **7.** leal, limpio. **8.** *f. play:* juego limpio. **9.** *f. sex:* bello sexo.// adv. **1.** exactamente, justo. **2.** cortésmente. **3.** francamente.// n. feria.
fairy (feiri). n. hada.// adv. **1.** de hadas. **2.** encantador.// *f. tale:* cuento de hadas.
faith (feit). n. **1.** confianza. **2.** fe. **3.** *in bad, in good f.:* de mala, de buena fe. **4.** *in f.:* en verdad. **5.** *upon my f.:* a fe mía.// **faithful**. a. **1.** fiel. **2.** fidedigno.// **faithfulness**. n. fidelidad.// **faithless**. a. desleal, infiel.
fake (feik). n. **1.** falsificación. **2.** impostor.// a. **1.** falso. **2.** fingido.// tr./i. falsificar.

falcon (falcon). n. halcón.
fall (fol). n. **1.** caída. **2.** derrumbamiento. **3.** baja, disminución. **4.** declive, pendiente. **5.** otoño. **6.** pl. cascada, cataratas. **7.** *free f.:* caída libre.// i. **1.** caer. **2.** bajar, descender. **3.** desembocar. **4.** quebrar. **5.** *to f. in love with:* enamorarse de. **5.** *to f. back:* caerse de espaldas. **6.** *to f. to:* ponerse a, empezar a.// **falling** (folin). n. **1.** caída. **2.** *f. star:* estrella fugaz.// **fallen** (folen). a. **1.** caído. **2.** perdido.
false (fols). a. **1.** falso. **2.** erróneo. **3.** mal entendido. **4.** postizo. **5.** *f. alarm:* falsa alarma. **6.** *f. ceiling:* cielo raso. **7.** *f. step:* paso en falso.// adv. hipócritamente.// **falsehood** (fólsjud). n. falsedad, mentira.
fame (feim). n. **1.** fama, reputación. **2.** *to find f.:* conseguir fama, triunfar.// **famed**. a. afamado, famoso.
familiar. a. **1.** familiar, conocido. **2.** íntimo.// n. amigo íntimo.// **family**. n. **1.** familia. **2.** *The Holy F.:* La Sagrada Familia.// a. **1.** familiar. **2.** *f. doctor:* médico de cabecera. **3.** *f. man:* padre de familia. **4.** *f. name:* apellido.
famous (féimus). a. **1.** famoso, célebre. **2.** fabuloso, magnífico.
fan. n. **1.** abanico. **2.** ventilador. **3.** aficionado, admirador. **4.** *f. club:* club de admiradores.// tr. **1.** abanicar. **2.** agitar. **3.** acariciar.// i. abrirse en abanico.
fanatic (fanátic). a./n. fanático.// **fanaticism**. n. fanatismo.
fancy (fanci). n. **1.** fantasía, imaginación. **2.** capricho, antojo. **3.** idea. **4.** quimera.// a. **1.** de adorno. **2.** de fantasía. **3.** de lujo. **4.** estrafalario.// tr. **1.** imaginar. **2.** suponer, creer. **3.** apetecer, gustar. **4.** *fancy!:* ¡imagínese! **5.** *f. dress:* disfraz.
fang. n. **1.** colmillo. **2.** diente.// **fanged**. con colmillos.
fantastic (fantástik). a. fantástico, imaginario.
fantasy (fántasi). n. **1.** imaginación, fantasía. **2.** capricho. **3.** ensueño.// imaginar, fantasear.
far. adv. **1.** lejos. **2.** *f. better:* mucho mejor. **3.** *as f. as:* hasta. **4.** *as f. as possible:* en lo posible. **5.** *f. away:* lejos. **6.** *f. from:* lejos de. **7.** *to go f.:* llegar lejos.// a. **1.** lejano, remoto. **2.** largo.
farce (fars). n. farsa.
farewell (ferwel). interj. ¡adiós!// n. adiós.// a. **1.** de despedida. **2.** *f. party:* fiesta de despedida.
farm. n. granja.// a. agrícola.// tr. cultivar, labrar.// **farmer**. n. **1.** agricultor, granjero. **2.** campesino.// **farming**. n. **1.** labranza, cultivo. **2.** agricultura. **3.** cría. **4.** a. agrícola.

farther

farther (farder). a. más lejano.// adv. **1.** más lejos. **2.** más adelante. **3.** además.// **farthest.** a. más lejano.// adv. más lejos.
fascinate (fascineit). tr. fascinar.// **fascinating.** a. fascinante, fascinador.// **fascination.** n. fascinación, hechizo.
fascism (fascism). n. fascismo.// **fascist.** a./n. fascista.
fashion (fayion). n. **1.** manera, modo. **2.** moda. **3.** elegancia. **4.** costumbre. **5.** *all the f.:* muy de moda. **6.** *in f.:* de moda. **7.** *to be in f.:* estar de moda. **8.** *woman of f.:* mujer elegante.// tr. **1.** moldear. **2.** forjar, hacer. **3.** adaptar.// **fashionable.** a. **1.** de moda. **2.** elegante.
fast (fast). a. **1.** rápido, veloz. **2.** sólido, inalterable. **3.** fiel, constante. **4.** seguro, firme. **5.** *f. woman:* mujer fresca.// adv. **1.** rápidamente. **2.** firmemente. **3.** profundamente, completamente.// n. **1.** ayuno. **2.** *f. day:* día de ayuno.// i. ayunar.// i./tr.
fasten. fijar(se), afirmar(se)
fat (fat). a. **1.** grueso, gordo, obeso. **2.** que tiene mucha grasa. **3.** fértil. **4.** lucrativo. **5.** torpe. **6.** *to grow f.:* engordar.// n. **1.** grasa, carnes. **2.** sebo.
fatal (fatal). a. **1.** mortal. **2.** fatal, funesto.// **fatalism.** n. fatalismo.// **fatalist.** a./n. fatalista.// **fatality.** n. **1.** calamidad, desgracia. **2.** muerte. **3.** muerto, víctima. **4.** fatalidad.
fate (feit). n. **1.** destino. **2.** muerte.// tr. **1.** predestinar. **2.** condenar.// **fateful.** a. **1.** profético. **2.** fatídico.
father (fader). n. **1.** padre. **2.** padre, sacerdote. **3.** *God the F.:* Dios Padre. **4.** *The Holy F.:* El Santo Padre. **5.** *Our F.:* Padre Nuestro.// tr. **1.** engendrar. **2.** ser autor de.// **fatherhood.** n. paternidad.// **father-in-law.** n. suegro.// **fatherland.** n. patria, madre patria.// **fatherless.** a. **1.** huérfano de padre. **2.** sin padre, bastardo.
fault (folt). n. **1.** culpa. **2.** defecto. **3.** falta.// tr. criticar.// **faulty.** a. **1.** malo. **2.** erróneo.
fauna (fona). n. fauna.
favorite (féivorit). a./n. **1.** favorito. **2.** *f. son:* hijo predilecto.
favour (féivor). n. **1.** favor. **2.** favoritismo. **3.** obsequio. **4.** permiso.// tr. **1.** favorecer. **2.** apoyar. **3.** obsequiar.// **favourable.** a. favorable, propicio.
fay (fei). n. hada.
fear (fíar). n. **1.** miedo. **2.** *f. of God:* miedo de o a Dios. **3.** *for f. of:* por miedo a. **4.** *to be in f. of:* tener miedo a.// tr./i. temer, tener miedo.// **fearful. 1.** espantoso, horrible. **2.** temeroso.// **fearless. 1.** audaz, valiente.
feast (físt). n. **1.** fiesta religiosa. **2.** banquete.// tr. agasajar, festejar.// i. **1.** deleitarse. **2.** banquetear.
feather (feder). n. **1.** pluma. **2.** pestaña, reborde.// tr. **1.** emplumar. **2.** adornar.// i. cubrirse de plumas.// **feathered.** a. **1.** emplumado. **2.** alado. **3.** veloz, ligero.
feature (fichur). n. **1.** característica. **2.** rasgo. **3.** figura. **4.** película de largometraje. **5.** pl. rostro, facciones.// tr. **1.** presentar un film o un actor. **2.** describir. **3.** destacar.// **featured.** a. destacado.
febrile (fibrail). a. febril.
fecundate (fécundeit). tr. **1.** fecundar. **2.** fertilizar.// **fecundation.** n. fecundación.

feed (fid). n. **1.** comida. **2.** pienso. **3.** comilona. **4.** mineral bruto.// tr. **1.** dar de comer, alimentar. **2.** dar de mamar, amamantar. **3.** acrecentar.// **feedback.** n. **1.** realimentación, retroalimentación. **2.** reacción.// **feeder.** n. **1.** alimentador. **2.** biberón. **3.** río afluente.// **feeding.** n. comida, alimentación.
feel (fil). n. **1.** tacto. **2.** sensación.// tr. **1.** tocar. **2.** mirar. **3.** sentir. **4.** tantear, sondear.// i. **1.** sentir. **2.** parecer. **3.** *to f. like death:* sentirse muy mal. **4.** *to f. up to:* sentirse capaz de.// **feeling.** n. **1.** sentimiento. **2.** sensación. **3.** opinión, parecer. **4.** ternura. **5.** emoción. **6.** tacto. **7.** pl. *good f.:* buenos sentimientos.// a. sensible.
felicity (felíciti). n. **1.** felicidad. **2.** idea feliz. **3.** expresión feliz.
fellow (felou). n. **1.** chico. **2.** hombre. **3.** persona. **4.** compañero. **5.** colega. **6.** socio. **7.** *poor f.:* pobre diablo. **8.** *old f.:* viejo amigo. **9.** *young f.:* joven.// **fellowship.** n. **1.** comunidad. **2.** compañerismo. **3.** asociación.
felt (felt). n. fieltro.// a. de fieltro.// tr. cubrir con fieltro.
female (fímeil). a. **1.** hembra. **2.** femenino.// n. **1.** hembra. **2.** mujer.
fence (fens). n. **1.** cerca, empalizada. **2.** sitio donde se ocultan objetos robados. **3.** esgrima.// i. practicar esgrima.// tr. **1.** cercar, vallar. **2.** proteger.// **fencing.** n. **1.** esgrima. **2.** vallado.
ferry (ferri). n. trasbordador.// tr. transportar.// **ferryman.** n. barquero.
fertile (fértail). a. **1.** fértil, feraz. **2.** abonado.// **fertility.** n. fertilidad, fecundidad.// **fertilization.** n.
fester (féster). n. pústula.// i. supurar.// tr. envenenar.
festival (féstival). n. **1.** fiesta. **2.** festival.// a. de fiesta, festivo.
fetch (fetch). n. estratagema.// tr. **1.** buscar. **2.** atraer.// i. navegar.// **fetching.** a. atractivo.
fetus (fítus). n. feto.
feudal (fiudl). a. feudal.// **feudalism.** n. feudalismo.
fever (fíver). n. **1.** fiebre. **2.** *scarlet. f.:* escarlatina.// tr. **1.** dar fiebre. **2.** apasionar, inflamar.// **feverish.** a. febril.
few (fiu). a. **1.** poco. **2.** raro. **3.** *a f.:* algunos.// n. **1.** minoría. **2.** pocos. **3.** *not a f.:* muchos.// **fewer.** a. comp. menos.// **fewest.** a. superl. menos.
fiancé. m. novio.// **fiancée.** f. novia.
fibre o **fiber** (fáiber). n. **1.** fibra. **2.** carácter. **3.** *textile f.:* fibra textil.// **fibreglass** o **fiberglass.** n. fibra de vidrio.
fiction (fikyon). n. **1.** ficción. **2.** novela. **3.** género novelístico. **4.** *fact and f.:* la realidad y la ficción.// **fictional.** a. **1.** ficcional, novelesco. **2.** ficticio.
fiddle (fidl). n. **1.** violín. **2.** trampa.// i./tr. **1.** tocar el violín. **2.** hacer trampa.// **fiddler.** n. **1.** violinista. **2.** tramposo.
fidelity (fidéliti). n. **1.** fidelidad. **2.** *high f.:* alta fidelidad.
field (fild). n. **1.** campo. **2.** yacimiento. **3.** sector, esfera. **4.** *f. hospital:* hospital de campaña. **5.** *f. of battle:* campo de batalla. **6.** *f. of medicine:* campo de la medicina.
fierce (firs). a. **1.** feroz. **2.** cruel. **3.** violento. **4.** furioso.// **fierceness.** n. **1.** ferocidad, fiereza. **2.** crueldad.

flight

fifteen (fiftín). a./n. quince.// **fifteenth**. a./n decimoquinto; quince (en fechas).// **fifth** (fift). a./n. quinto; cinco (en fechas).// **fifty**. a./n. cincuenta.
fight (fait). n. **1.** lucha, pelea. **2.** batalla, combate.// tr./i. **1.** pelearse con. **2.** discutir. **3.** f. back: rechazar. **4.** f. down: reprimir.// **fighter**. n. combatiente, luchador.
figure (fígur). n. **1.** cifra, número. **2.** precio. **3.** figura. **4.** dibujo. **5.** forma. **6.** f. of speech: figura retórica. **7.** to have a good f.: tener buena presencia.// tr. **1.** representar. **2.** imaginar. **3.** figured language: lenguaje figurado.// i. hacer cálculos.
file (fail). n. **1.** lima. **2.** ficha. **3.** fichero, archivo. **4.** fila. **5.** in f.: en fila. **6.** Indian f.: fila india. **7.** to be on f.: estar archivado.// tr. **1.** limar. **2.** archivar, clasificar.// i. marchar en fila.// **filer**. n. **1.** limador. **2.** archivero.
fill (fil). n. **1.** hartura. **2.** terraplén.// tr. **1.** llenar. **2.** ocupar. **3.** cumplir con.// i. **1.** llenarse. **2.** f. out: rellenar.// **filling**. n. **1.** relleno. **2.** trama.
film (film). n. **1.** película, capa. **2.** filme. **3.** cine. **4.** to make a f.: hacer una película. **5.** f. industry: industria cinematográfica.// tr./i. **1.** rodar, filmar. **2.** cubrir con una película.
filter (fílter). n. filtro.// tr./i. filtrar.// **filtering**. n. filtración.// a. filtrante.
final (fáinal). a. **1.** último, final. **2.** decisivo.// n. **1.** final. **2.** pl. exámenes finales.// **finally**. adv. finalmente, definitivamente.
finance (fináns). n. **1.** finanzas. **2.** fondos.// tr. financiar.// **financial**. a. **1.** financiero. **2.** económico.
find (faind). n. hallazgo, descubrimiento.// tr. **1.** encontrar, hallar. **2.** facilitar.// **finding**. n. descubrimiento.
fine (fain). a. **1.** excelente. **2.** hermoso. **3.** elegante. **4.** agradable. **5.** fino, refinado. **6.** bueno. **7.** puro. **8.** f. gold: oro puro. **9.** f. fellow: buen mozo. **10.** that's f.!: ¡muy bueno!// adv. **1.** finamente. **2.** muy bueno. **3.** to feel f.: sentirse bien.// tr./i. purificar, refinar.
finger (fínguer). n. dedo.// tr. tocar.// **fingered**. a. con dedos, digitado.// **fingerprint**. n. huella digital.// **fingertip**. n. yema de los dedos.
finish (fínish). n. **1.** fin, final, conclusión. **2.** llegada. **3.** buenos modales.// tr./i. terminar, acabar.// **finished**. a. **1.** terminado, acabado. **2.** consumado, excelente. **3.** agotado, rendido.
finn (fin). n. finlandés.
fire (fair). n. **1.** fuego. **2.** incendio. **3.** estufa. **4.** forest f.: incendio forestal. **5.** between two f.: entre dos fuegos. **6.** f. at will: fuego a discreción. **7.** on a slow f.: a fuego lento.// interj. ¡fuego!// tr./i. **1.** disparar. **2.** prender. **3.** inflamar. **4.** calentar. **5.** explotar. **6.** funcionar.// **firefly**. n. luciérnaga.// **fireman**. n. bombero.// **fireplace**. n. chimenea.// **fireproof**. a. no inflamable, incombustible.// **firestone**. n. pedernal, piedra refractaria.// **firework**. n. fuego de artificio.
firm (firm). a. **1.** firme, sólido. **2.** estable.// adv. firme.// n. empresa.// tr. afirmar, afianzar.// i. ponerse firme.// **firmly**. adv. firmemente, sólidamente.
first (ferst). a. **1.** primero. **2.** básico. **3.** elemental. **4.** at f. hand: de primera mano. **5.** a f. sight: a primera vista.// adv. **1.** por primera vez. **2.** en primer lugar. **3.** f. of all: en primer lugar.// n. **1.** primero. **2.** sobresaliente. **3.** at f.: al principio.// **f. aid**. n. primeros auxilios.// **f. class**. a. de primera clase o calidad.// **f. name**. n. nombre de pila.
fish (fish). n. **1.** pez, pescado. **2.** poor f.: pobre hombre.// i. **1.** pescar. **2.** buscar.// **f. bone**. n. espina de pescado.// **fisher**. n. **1.** pescador. **2.** barco pesquero.// **fisherman**. n. pescador.// **fishing**. n. **1.** pesca. **2.** a. de pesca, pequeño. **3.** f. line: sedal. **4.** f. net: n. red de pesca.
fist (fist). n. **1.** puño. **2.** mano.// tr. **1.** dar puñetazos. **2.** asir.
fit (fit). a. **1.** conveniente, apropiado. **2.** apto. **3.** capacitado. **4.** digno. **5.** to get f.: entrenarse.// n. **1.** arrebato. **2.** ataque, acceso.// tr. **1.** capacitar. **2.** adaptar. **3.** probar. **4.** encajar, colocar. **5.** to f. in: intercalar, meter. **6.** to f. up: equipar.// **fitness**. n. **1.** conveniencia, oportunidad. **2.** salud. **3.** aptitud.
five (faiv). a./n. cinco.// **f. o'clock**. adv. las cinco en punto.// **f. year**. a. quinquenal.
fix (fix). n. **1.** aprieto. **2.** situación.// tr. **1.** fijar, asegurar. **2.** determinar, establecer. **3.** arreglar, amañar. **4.** preparar, servir.// **fixation**. n. fijación.// **fixed**. a. **1.** fijo. **2.** amañado. **3.** f. idea: idea fija.
fixture (fíxchur). n. **1.** instalación. **2.** artefacto. **3.** programación.
fizz (fiz). n. **1.** burbujeo. **2.** gaseosa.// i. burbujear.
flag. n. bandera.// tr. hacer señales con banderas.// **flagship**. n. buque insignia.
flake (fleik). n. **1.** copo. **2.** trozo, pedazo. **3.** snow f.: copo de nieve.// tr. **1.** desconchar. **2.** cubrir de copos.// i. caer en copos.
flame (fleim). n. **1.** llama. **2.** brillo. **3.** in f.: en llamas.// i. **1.** arder, llamear. **2.** brillar. **3.** encenderse.// **flameproof**. a. a prueba de fuego.
flap (flap). n. **1.** solapa. **2.** aleteo. **3.** chasquido. **4.** alerón. **5.** lóbulo.// tr. **1.** batir. **2.** agitar. **3.** dar una bofetada.// i. **1.** aletear. **2.** ponerse nervioso.
flare (flear). n. **1.** fulgor. **2.** llamarada.// tr. hacer llamear.// i. **1.** llamear. **2.** resplandecer.
flash (flash). a. **1.** chillón. **2.** elegante.// n. **1.** destello, fogonazo. **2.** ráfaga. **3.** ostentación. **4.** noticia de última hora.// tr. **1.** despedir, lanzar. **2.** encender.// i. echar destellos, brillar.// **flashback**. n. Cine. escena retrospectiva, racconto.// **flasher**. n. luz intermitente.// **flashlight**. n. linterna.
flat (flat). a. **1.** llano, plano. **2.** uniforme, liso. **3.** categórico, rotundo. **4.** aburrido.// adv. **1.** completamente. **2.** categóricamente.// n. **1.** superficie plana. **2.** piso.// **flatfoot**. n. pie plano.// **flatness**. n. **1.** llanura. **2.** monotonía.
flavour (fleivor). n. **1.** sabor. **2.** aroma. **3.** condimento.// tr. condimentar.
flea (fli). n. pulga.
flesh. n. **1.** carne. **2.** color carne. **3.** in the f.: en persona.// tr. **1.** encarnar, cebar. **3.** f. eating: a. carnívoro.
flexible (fléxibl). a. flexible, elástico.
flick. n. **1.** golpecito. **2.** chasquido.// tr. **1.** chasquear. **2.** dar un capirotazo.// **flicker**. n. parpadeo.
flight (flait). n. **1.** vuelo. **2.** recorrido. **3.** escuadrilla. **4.** in f.: en vuelo. **4.** to take f.: alzar el vuelo.// i. volar.

fling

fling. n. 1. lanzamiento. 2. baile.// tr. 1. lanzar, arrojar. 2. f. *down:* tirar al suelo. 3. f. *up:* abandonar.
flip (flip). n. 1. capirotazo. 2. golpe. 3. vuelo.// tr. 1. dar un capirotazo. 2. f. *a coin:* echar a cara o cruz.// **flipper.** n. 1. aleta. 2. juego mecánico.
flirt (flert). n. coqueteo.// i. coquetear.
flit. n. revoloteo.// i. revolotear.
float (flout). n. 1. flotador. 2. vejiga natatoria. 3. carroza.// i. flotar.// tr. hacer flotar, poner a flote.// **floatation.** n. flotación.// **floating.** a. flotante.// n. flotación.
flock (flok). n. 1. bandada. 2. rebaño. 3. muchedumbre.// i. 1. congregarse, reunirse. 2. f. *in:* entrar en tropel.
flood (flud). n. 1. inundación. 2. torrente. 3. pleamar. 4. *Rel.* Diluvio.// tr. 1. inundar, anegar. 2. irrigar.// i. desbordar.
floor (flor). n. 1. suelo, piso. 2. *ground f.:* planta baja.// tr. echar al suelo.// f. **lamp.** n. lámpara de pie.
flour (flauer). n. harina.// tr. enharinar.
flourish (flurish). n. 1. ostentación. 2. ademán. 3. floreo.// i. florecer.// tr. 1. agitar. 2. hacer alarde.
flow (flau). n. 1. flujo. 2. chorro. 3. circulación. 4. torrente. 5. curso. 6. movimiento. 7. fluidez.// i. 1. fluir. 2. circular. 3. manar, correr. 4. f. *back:* refluir. 5. f. *with:* abundar en.
flower (flauer). n. 1. flor. 2. f. *girl:* florista. 3. f. *shop:* florería.// i. florecer.// tr. adornar con flores.// **flowering.** n. floración, florecimiento.// a. floreciente.
fluid. n. fluido.// a. 1. fluido. 2. variable.
flush (flush). n. 1. sofoco. 2. arrebol. 3. arrebato, brote.// a. 1. a nivel. 2. empotrado. 3. crecido. 4. abundante. 5. ruboroso.// adv. al mismo nivel.// i. 1. ruborizarse. 2. resplandecer.// tr. 1. limpiar con agua. 2. inundar. 3. nivelar.
flute (flut). n. flauta.// i. tocar la flauta.// **flutist.** n. flautista.
fly (flai). n. 1. vuelo. 2. mosca. 3. *to catch f.:* papar moscas.// i. 1. volar. 2. ir en avión. 3. huir, escapar.// tr. 1. echar a volar. 2. pilotar. 3. f. *about:* revolotear. 4. f. *past:* desfilar.// **flying.** a. 1. volador. 2. rápido. 3. de vuelo.// n. 1. vuelo. 2. aviación, pilotaje.// f. **boat.** n. hidroavión.// f. **fish.** n. pez volador.// f. **saucer.** n. plato volador.
foam (foum). n. espuma.// i. espumar.// **foaming.** a. espumoso.
focus (focus). n. 1. foco. 2. epicentro. 3. *fixed f.:* foco fijo. 4. *out of f.:* fuera de foco.// tr. 1. enfocar. 2. fijar, concentrar. 3. i. converger.// **focusing.** n. 1. convergencia. 2. enfoque.
fog (fog). n. niebla, bruma.// tr. 1. envolver en niebla. 2. velar.// i. empañarse.// **foggy.** a. brumoso, nebuloso.
foil (foil). n. 1. lámina fina de metal. 2. azogue.// tr. 1. chapar. 2. hacer fracasar.// f. **paper.** n. papel de aluminio.
fold (fauld). n. 1. redil. 2. pliegue. 3. arruga.// tr. 1. acorralar. 2. plegar, doblar. 3. envolver.// i. 1. plegarse. 2. fracasar. 3. quebrar.// **folder.** n. 1. carpeta. 2. folleto.// **folding.** a. plegable.// f. *screen:* biombo.// n. *Geol.* plegamiento.
folk (foulk). n. 1. gente. 2. pueblo. 3. pl. amigos.// a. popular.// **folklore.** n. folclore.// f. **music.** n. música popular.

follow (folou). n. 1. continuación. 2. carambola.// tr./i. 1. seguir. 2. perseguir. 3. dedicarse a, ejercer. 4. f. *through:* llevar a cabo.// **follower.** n. seguidor, partidario.// **following.** a. siguiente.// n. partidarios.
font. n. 1. fuente. 2. pila.
food (fud). n. 1. alimento, comida. 2. comestibles. 3. suministro. 4. f. *value:* valor nutritivo.
fool (ful). a./n. 1. tonto, estúpido. 2. *don't be a f.:* no seas tonto.// tr. 1. engañar. 2. dejar perplejo.// i. bromear.// **foolish.** a. 1. insensato. 2. ridículo.
foot (fut). n. 1. pie. 2. pata. 3. paso. 4. base. 5. f. *soldier:* infante.// tr. pisar.// i. avanzar.
footage (futash). n. 1. longitud en pies. 2. metraje.
football (fútbol). n. 1. fútbol. 2. pelota.// **footed.** a. con pie.// **footing.** n. 1. pie, equilibrio. 2. colocación. 3. condición.// **footnote.** n. nota a pie de página.// **footprint.** n. huella, pisada.
for (for). prep. 1. para. 2. por. 3. de. 4. *as f.:* en cuanto a. 5. f. *ever:* para siempre. 6. *to go f.:* ir a buscar. 6. *what f.?:* ¿para qué?// conj. ya que, puesto que.
forbid (forbid). tr. prohibir.// **forbidden.** a. prohibido.
force (fors). n. 1. fuerza. 2. contingente. 3. *brute f.:* fuerza bruta. 4. *by f.:* por la fuerza. 5. *in f.:* en vigor.// tr. 1. forzar, obligar. 2. violar. 3. f. *away:* obligar a alejarse. 4. f. *back:* hacer retroceder.// **forced.** a. forzado.// **forceful.** a. fuerte.
fore (for). a. delantero.// adv. delante.// n. proa.
forecast (forcast). n. previsión, pronóstico.// tr. pronosticar.// **forehead.** n. frente.
foreign (forin). a. 1. extranjero. 2. exterior. 3. ajeno. 4. f. *affairs:* asuntos extranjeros. 5. f. *debt:* deuda externa.
forest (forist). n. 1. selva. 2. bosque.// a. 1. selvático. 2. forestal.// tr. poblar de árboles.
forget (forguét). tr. olvidar.// i. tener poca memoria.// **forgotten.** a. olvidado.
forgive (forguív). tr. perdonar.// **forgiveness.** n. 1. perdón. 2. indulgencia.
fork (fork). n. 1. tenedor. 2. horca. 3. horquilla. 4. bifurcación. 5. *Mús.* zigzag. 6. diapasón.// tr. cargar con la horca.// i. bifurcarse.// **forked.** a. ahorquillado.
form (form). n. 1. forma. 2. figura. 2. molde.// *bad f.:* malos modales.// tr. 1. hacer. 2. modelar. 3. crear. 4. concebir.// i. tomar forma.// **formal.** a. formal, solemne.// **formality.** n. formalidad, ceremonia.// **formally.** adv. 1. formalmente. 2. en debida forma.
former (fórmer). a. 1. anterior. 2. antiguo. 3. pasado.// pron. ése, ésa, aquél, aquélla, el primero, la primera.// **formerly.** adv. 1. anteriormente. 2. antiguamente.
forsake (forseik). tr. abandonar, dejar.
forth (forz). adv. en adelante.
fortress (fortris). n. fortaleza.
fortune (fórchun). n. 1. fortuna. 2. f. *hunter:* cazador de fortunas.
forty (forti). a./n. cuarenta.
forward (forward). a. 1. delantero. 2. avanzado. 3. impertinente, atrevido.// adv. adelante, hacia adelante.// n. delantero.// tr. expedir, enviar.

fossil (fósil). a./n. fósil.
foul (faul). a. **1.** asqueroso, sucio. **2.** grosero. **3.** peligroso. **4.** atascado. **5.** ilícito.// adv. **1.** sucio, suciamente. **2.** *play f.:* jugar sucio.// n. **1.** choque. **2.** falta.// tr./i. ensuciar.
found (faund). tr. **1.** fundar. **2.** fundamentar. **3.** i. fundarse, basarse.
foundation (faundeishon). n. **1.** fundación. **2.** cimientos.
fount (faunt). n. fuente, manantial.// **fountain.** n. fuente, surtidor.
four (four). a./n. cuatro.// **f. month.** a. cuatrimestral.// **fourteen.** a./n. catorce.// **fourteenth.** a./n. decimocuarto; catorce (en fechas).// **fourth.** a./n. cuarto; cuatro en fechas.
fowl (faul). n. **1.** ave de corral. **2.** gallo. **3.** gallina. **4.** pollo.// i. cazar aves.
fox (fox). m. zorro.// tr. engañar.// **f. hunt.** n. caza de zorros.// **foxtail.** n. cola de zorro.
fracture (frákchur). n. fractura.// tr./i. fracturar.
frame (freim). n. **1.** marco. **2.** cuadro. **3.** armazón, estructura.// tr. **1.** enmarcar. **2.** elaborar, concebir. **3.** adaptar.
franchise (fránchais). n. concesión de licencia.// tr. otorgar una concesión.
frantic (frantik). a. **1.** frenético. **2.** loco.
fraud (frod). n. **1.** fraude, engaño. **2.** impostor.
freak (frik). n. **1.** monstruo. **2.** fenómeno de circo.// a. imprevisto, inesperado.// i. bailar como un loco.
free (fri). a. **1.** libre. **2.** gratis, gratuito. **3.** independiente. **4.** desocupado. **5.** desenvuelto. **6.** autorizado. **7.** *f. admission:* entrada libre. **8.** *for f.:* gratuitamente.// adv. gratuitamente.// tr. **1.** poner en libertad. **2.** desatar, soltar.// **freeborn.** a. nacido libre.// **freedom** (frídom). n. libertad.// **free lance.** **1.** n. trabajador independiente. **2.** a. independiente.// **free love.** n. amor libre.// **free speech.** n. libertad de expresión.// **free time.** n. tiempo libre, ocio.// **f. trade.** n. libre cambio.
freeway (friuei). n. autopista sin peaje.
free will. n. libre albedrío.
freeze (friz). n. **1.** helada. **2.** congelación.// i. **1.** helarse. **2.** quedarse inmóvil.// **1.** congelar. **2.** refrigerar.
freezer (frizer). n. congelador.// **freezing.** a. glacial.// n. **1.** congelación. **2.** *f. point.* n. punto de congelación.
freight (freit). n. **1.** flete, transporte. **2.** carga.// tr. fletar, transportar.
french (french). a./n. francés.
frenzy (frenzi). n. frenesí.
frequency (frécuenci). n. frecuencia.// **frequent.** a. frecuente, corriente.// tr. frecuentar.// **frequently.** adv. a menudo, frecuentemente.
fresh (fresh). a. **1.** fresco. **2.** tierno. **3.** puro. **4.** natural. **5.** *f. water:* agua dulce.// adv. recientemente.// n. frescor.// **freshen.** tr./i. refrescar.// **freshness.** n. frescura.
friction (fríkchon). n. fricción.// **frictional.** a. de fricción.
fried (fraid). a. frito.
friend (frend). n. amigo.// **friendly.** a. amable, amistoso, simpático.

friendship (frenyip). n. amistad.
fright (frait). n. susto, miedo, horror.// **frighten.** tr. asustar.// **frightening.** a. espantoso.
frog. n. rana.
frogman. n. hombre rana.
from (from). prep. **1.** de. **2.** desde. **3.** con. **4.** según. **5.** *as f.:* a partir de. **6.** *far f.:* de lejos. **7.** *f. birth.* de nacimiento. **8.** *f. memory:* de memoria.
front (front). n. **1.** parte delantera. **2.** fachada. **3.** principio. **4.** cara. **5.** frente. **6.** *f. to f.:* frente a frente. **7.** *in f.:* delante.// a. **1.** delantero. **2.** principal.// tr. **1.** dar a, estar delante de. **2.** hacer frente a.
frozen (frouzen). a. **1.** congelado, helado. **2.** paralizado.
fructify (fróktefai). i. fructificar.
fruit (frut). n. **1.** fruto, fruta. **2.** *dried f.:* fruta seca. **3.** *forbidden f.:* fruto prohibido.// i. dar fruto.// **fruitful.** a. fructífero, productivo.
fry (frai). tr./i. freír.
fuel (fuel). n. combustible.// tr. **1.** alimentar. **2.** echar gasolina.
fulfill (fulfíl). tr. **1.** cumplir. **2.** satisfacer. **3.** realizar.// **fulfillment.** n. **1.** cumplimiento. **2.** satisfacción. **3.** ejecución, realización.
full (ful). a. **1.** lleno. **2.** completo. **3.** entero. **4.** máximo. **5.** *f. capacity:* capacidad máxima. **6.** *f. employment:* pleno empleo. **7.** *f. powers:* plenos poderes.// adv. justo.// n. máximo.
fullback. n. defensor, zaguero.
fullness. n. plenitud, abundancia.// **full-time.** a. de jornada completa.// **fully.** adv. completamente, plenamente.
fume (fium). n. **1.** vapor. **2.** gas. **3.** humo.// tr. ahumar.// i. echar humo.
fun (fun). n. **1.** alegría, gracia, diversión. **2.** *in f.:* en broma. **3.** *to have f.:* divertirse.// i. bromear.// **funny.** a. divertido.
function (fánkyon). n. **1.** función. **2.** acto. **3.** espectáculo.// i. funcionar.
fund (fand). n. **1.** fondo. **2.** *International Monetary F.:* Fondo Monetario Internacional.// tr. **1.** consolidar. **2.** invertir.
funeral (fúneral). n. **1.** funeral, entierro, cortejo.// a. fúnebre.
funnel (fánel). n. embudo.// tr. verter por un embudo.
fur (for). n. **1.** pelo, pelaje. **2.** piel.// a. de pieles.// tr. forrar con pieles.
furnace (fárnis). n. **1.** horno. **2.** hogar. **3.** estufa.// tr. calentar en un horno.
furnish (fárnish). tr. **1.** amueblar. **2.** proveer, suministrar.
furniture (fárnisher). n. muebles.
further (fárder). a. **1.** otro. **2.** posterior. **3.** superior.// adv. **1.** más lejos. **2.** además.// tr. favorecer, fomentar.
furthermore (fárdermor). a. además.
fury (fiuri). n. furia, furor, ira.
fuse (fius). n. fusible.// tr./i. fundir.
future (fiúchur). a. futuro, venidero.// n. **1.** futuro, porvenir. **2.** *in (the) f.:* en lo futuro, en lo sucesivo.// **futurism.** n. futurismo.// **futuristic.** a. futurista.
fuzz (fas). n. pelusa, vello.// **fuzzy.** a. velludo; cubierto de pelusa.

g (yi). n. séptima letra del abecedario.
gabble (gabl). n. parloteo.// i. parlotear, hablar atropelladamente.
gad (gad). n. aguijón.
gadget (gadyet). n. artilugio, dispositivo.
gaff (gaf). n. arpón.// tr. arponear.
gaffe (gaf). n. **1.** error, metida de pata. **2.** *to make a g.:* meter la pata.
gag (gag). n. **1.** mordaza. **2.** broma, chiste.// tr. **1.** amordazar. **2.** bromear.
gain (guein). n. **1.** ganancia, beneficio. **2.** aumento.// tr. **1.** ganar. **2.** conseguir.// i. **1.** adelantar. **2.** *g. in weight.:* engordar.
galaxy (gálaxi). n. galaxia, constelación.
gallery (gáleri). n. **1.** galería. **2.** tribuna.
gallon (galon). n. galón.
gallop (galop). n. **1.** galope. **2.** *at a g.:* al galope. **3.** *at full g.:* a galope tendido.// i. galopar.
gallstone (golston). n. cálculo biliar.
gam (gam). n. manada de ballenas.
gambit (gámbit). n. gambito de ajedrez.
gamble (gambl). n. jugada.// i. jugar.// **gambler.** n. jugador.// **gambling.** n. juego.
game (gueim). n. **1.** juego. **2.** deporte. **3.** partida, partido. **4.** *big g.* n. caza mayor; a. de caza.// tr./i. jugar.
gamecock. n. gallo de riña.
game warden. n. guardabosques.
gang (gang). n. **1.** cuadrilla, equipo. **2.** pandilla, banda.
gangster. n. pistolero, pandillero.
gap (gap). n. **1.** brecha, hueco, resquicio. **2.** desfiladero, quebrada. **3.** diferencia.
gape (gueip). n. bostezo.// i. **1.** quedarse boquiabierto. **2.** bostezar.
garage (gárash). n. garaje.
garbage (gárbish). n. **1.** basura. **2.** *g. can:* cubo de la basura.
garden (garden). n. **1.** jardín. **2.** huerto. **3.** parque.// a. de jardín.// i. trabajar en un jardín o en un huerto.
gardener (gardener). n. jardinero.// **gardening.** n. jardinería, horticultura.
gargle (gargl). n. gárgara.// i. hacer gárgaras.
garland (gárland). n. guirnalda.// tr. adornar con guirnaldas.
garner (gárner). n. granero.// tr. **1.** guardar en un granero. **2.** acumular.
gas (gas). n. **1.** gas. **2.** gasolina. **3.** *g. chamber:* cámara de gas. **4.** *g. furnace:* horno de gas. **5.** *g. pipe:* tubería de gas.// tr. asfixiar con gas.// i. despedir gas.
gaseous. a. gaseoso.// **gaslight.** n. luz de gas.// **gasman.** n. gasista.// **gasometer.** n. gasómetro.
gasp (gasp). n. **1.** boqueada. **2.** grito de asombro. **3.** jadeo.// i. **1.** quedar boquiabierto. **2.** jadear.// **gasping.** n. jadeo.
gastric (gástrik). a. gástrico.// **g. juice.** n. jugo gástrico.
gate (gueit). n. **1.** verja. **2.** puerta. **3.** entrada.// **gatehouse.** n. casa del guarda.// **gatekeeper.** n. guardabarrera.
gather (gáder). n. cosecha.// tr. **1.** recoger. **2.** acumular. **3.** recaudar.// i. amontonarse.
gauge (geish). n. **1.** calibre. **2.** muestra.// tr. calibrar.
gaze (gueis). n. mirada, contemplación.// i. mirar.
gear (guíar). n. **1.** equipo. **2.** herramientas. **3.** engranaje. **4.** dispositivo. **5.** *Mech.* velocidad, cambio. **6.** *neutral g.:* punto muerto. **7.** *out of g.:* descompuesto. **8.** *to change g.:* cambiar de velocidad.// tr. **1.** aparejar. **2.** engranar.// **gearbox.** n. caja de cambios.// **gearing.** n. engranaje.// **gear wheel.** n. piñón.
gel (yel). n. gel.
gem (yem). n. gema, piedra preciosa, joya.// tr. adornar con joyas.
gene (yin). n. *Biol.* gen.// **genealogy.** n. genealogía.
gender (yénder). n. **1.** género. **2.** sexo.
general (yéneral). a. **1.** general. **2.** *in g.:* en general.// n. general.// **generality.** n. generalidad.// **generally.** adv. generalmente.
generate (yénereit). tr. engendrar, generar, procrear.
generating (yénereitin) a. generador.// **generation.** n. generación.// **generator.** n. generador.
genial (yíniel). a. **1.** afable, cordial. **2.** vivificante. **3.** genial.
genital (yénitl). a. genital.
genius (yínius). n. genio.
gentle (yentl). a. **1.** suave, bondadoso. **2.** manso. **3.** de buena familia.
gentleman (yentlman) n. **1.** caballero, gentilhombre. **2.** *g. farmer:* terrateniente.// **gentleness.** n. **1.** amabilidad. **2.** mansedumbre.// **gently.** adv. **1.** amablemente. **2.** despacio.
geometry (yiómitri). n. geometría.
germ (yerm). n. **1.** germen, microbio, bacteria. **2.** *g. killer:* bactericida.

german (yérman). n./a. **1.** alemán. **2.** hermano.
gerund (yérond). n. gerundio.
gestate (yésteit). tr. gestar, concebir.
gesticulate (yestíkiuleit). i. gesticular.
gesture (yéschur). n. gesto, ademán.// i. gesticular.
get (guet). tr. **1.** obtener, tener. **2.** recibir. **3.** llevarse, ganar. **4.** hacer, preparar.// i. **1.** ponerse. **2.** llegar. **3.** *g. across:* atravesar. **4.** *g. around:* viajar. **5.** *g. away:* escaparse. **6.** *g. back:* volver a poner. **7.** *g. down:* bajar. **8.** *g. out:* salir. **9.** *g. together:* reunir. **10.** *g. up:* levantarse.
getaway (guetgúei). n. **1.** huida, fuga. **2.** escapada.
ghost (goust). n. fantasma, espectro.// **ghostly.** adv. fantasmal.
giant (yáiant). n. gigante.// a. gigantesco.
gift (guift). n. **1.** regalo. **2.** donación. **3.** don. **4.** ofrenda.// tr. regalar, obsequiar.
gifted (guifted). a. dotado, talentoso.
gill (guil). n. branquia, agalla.
gin (yin). n. ginebra.
ginger (yínyer). n. jengibre.// a. rojizo.// tr. echar jengibre.
gipsy (yípsi). n./a. gitano.
girl (guerl). n. **1.** chica, muchacha. **2.** niña. **3.** novia. **4.** alumna.
girlfriend (guerlfrend). f. novia.
give (guiv). tr. **1.** dar, entregar. **2.** regalar. **3.** brindar por.// i./tr. **1.** hacer regalos. **2.** *g. a smile:* sonreír. **3.** *g. hear:* prestar oídos. **4.** *g. away:* distribuir. **5.** *g. back:* devolver. **6.** *g. in:* rendirse. **7.** *g. up:* dejar, abandonar, rendirse.// **given.** a. fijado, dado, determinado.// **giving.** n. don.
glad (glad). a. **1.** contento, alegre. **2.** agradable, bueno. **3.** *to be g.:* alegrarse.// **gladness.** n. alegría.
glance (glans). n. **1.** mirada, ojeada. **2.** destello.// i. **1.** echar una mirada. **2.** brillar.// **glancing.** a. **1.** oblicuo. **2.** indirecto.
gland (gland). n. glándula.
glass (glas). n. **1.** vidrio. **2.** vaso, copa. **3.** espejo. **4.** cristal. **5.** lente. **6.** escaparate. **5.** *g. door:* puerta de cristales. **6.** *g. eye:* ojo de vidrio. **7.** *g. paper:* papel de lija.
glide (glaid). n. deslizamiento.// tr. hacer deslizar.// i. deslizarse.// **glider.** n. planeador.
glimpse (glimps). n. vislumbre.// tr./i. vislumbrar, entrever.
glitter (glíter). n. brillo.// i. relucir, brillar.
globe (gloub). n. **1.** globo, esfera. **2.** globo terráqueo.// **globe-trotter.** n. trotamundos.// **global.** a. **1.** global. **2.** esférico.
glory (glouri). n. **1.** gloria, fama.// i. gloriarse, enorgullecerse.
glove (glav). n. **1.** guante.// tr. enguantar.// **glove box.** n. guantera.
glow (glau). n. **1.** incandescencia. **2.** brillo, resplandor. **3.** rubor.// i. **1.** estar al rojo vivo. **2.** brillar. **3.** enrojecerse.// **glowing.** a. **1.** incandescente. **2.** entusiasta.
glue (glu). n. pegamento, cola.// tr./i. pegar.
go (gou). i. **1.** ir, irse. **2.** salir. **3.** llegar.// tr. **1.** andar, recorrer. **2.** *g. about:* circular. **3.** *g. after:* perseguir. **4.** *g. against:* ir en contra de. **5.** *g. back:* volver. **6.** *g. between:* interponerse. **7.** *g. down:* bajar. **8.** *g. on:* seguir, continuar. **9.** *g. over:* cruzar. **10.** *g. round:* dar la vuelta. **11.** *g. through:* atravesar. **12.** *g. under:* hundirse. **13.** *g. with:* acompañar.
goal (goul). n. **1.** gol, tanto.// **2.** objetivo, meta.
goalkeeper (goulkíper). n. portero, arquero.
goat (gout). n. cabra.
go-between (goubítwin). n. intermediario, mensajero.
God (god). n. **1.** dios, Dios. **2.** *by G.!* ¡por Dios! **3.** *G. bless you:* Dios te bendiga. **4.** *G. help us:* Dios nos perdone. **5.** *Thank G.:* gracias a Dios.
godchild. n. ahijado.// **goddess.** f. diosa.// **godfather.** m. padrino.// **godlike.** a. divino.// **godmother.** f. madrina.// **godship.** n. divinidad.
going (góin). n. **1.** salida. **2.** camino.// a. que funciona bien.
gold (gould). n. **1.** oro. **2.** dorado. **3.** *g. bath:* baño de oro. **4.** *g. mine:* mina de oro. **5.** *g. rush:* fiebre de oro. **6.** *heart of g.:* corazón de oro. **6.** *g. digger:* n. buscador de oro.// **golden.** a. **1.** dorado. **2.** de oro. **3.** *g. age:* edad de oro.// **goldfield.** n. yacimiento de oro.
goldfinch. n. jilguero.
goldsmith. n. orfebre.
gone (gon). a. **1.** pasado. **2.** loco. **3.** acabado. **4.** muerto. **5.** *g. with the wind:* lo que el viento se llevó. **6.** *to be g.:* estar fuera.
goner. n. enfermo, desahuciado.
good (gud). a. **1.** bueno. **2.** amable. **3.** agradable. **4.** ventajoso. **5.** competente. **6.** *a g. deal:* mucho. **7.** *as g. as:* como si. **8.** *g. deal:* buen negocio. **9.** *g. sense:* sentido común. **10.** *to feel g.:* sentirse bien. **11.** *very g.:* muy bien.// n. **1.** bien. **2.** utilidad. **3.** *for g.:* definitivamente. **4.** *the g.:* lo bueno. **5.** *to do g.:* hacer el bien.// adv. bien.//
good-bye. **1.** interj. ¡Adiós! **2.** n. adiós, despedida.// **good-for-nothing.** a./n. inútil.// **good-looking.** a. guapo.// **goodness.** n. **1.** bondad. **2.** calidad.// **goodwill.** n. buena voluntad.
goose (gus). n. **1.** ganso. **2.** bobo.
gore (gor). n. sangre coagulada.// tr. **1.** cornear. **2.** acuchillar.// **gory.** a. ensangrentado.
gospel (gospel). n. evangelio.
gossip (gosip). n. **1.** habladuría, chisme. **2.** charlatán.// i. **1.** contar chismes. **2.** charlar.
gothic (gózik). a. **1.** godo. **2.** gótico.// n. lengua gótica.
govern (góvern). tr. **1.** gobernar. **2.** dirigir. **3.** dominar.
governing (góvernin) a. gobernante, dirigente.//
government. n. **1.** gobierno. **2.** administración.//
governor. n. gobernador.
gown (gaun). n. traje.// tr. vestir.
grab (grab). n. **1.** cuchara. **2.** asimiento.// a. tomado al azar.// tr. agarrar.
grace (greis). n. **1.** gracia, elegancia. **2.** cortesía, delicadeza. **3.** bondad.// *with god g.:* de buena gana.// tr. adornar, embellecer.// **graceful.** a. **1.** elegante. **2.** gracioso. **3.** cortés.// **graceless.** a. **1.** falto de gracia. **2.** feo. **3.** descortés.
grade (greid). n. **1.** grado. **2.** clase, categoría. **3.** curso.// tr. **1.** graduar. **2.** clasificar.

graduate

graduate (greidueit). n. graduado.// tr. graduar.// i. graduarse, recibirse.// **graduation**. n. graduación.
grain (grein). n. 1. grano. 2. pl. cereales.// tr. granear.// i. granularse.// **g. elevator**. n. silo de cereales.
gram (gram). n. 1. gramo. 2. garbanzo.
grammar (grámar). n. gramática.
grand (grand). a. 1. grandioso. 2. principal. 3. completo.// n. piano de cola.
grandchild. n. nieto.// **granddaughter**. f. nieta.// **grnadfather**. m. abuelo.// **grandmather**. f. abuela.// **grandson**. m. nieto.
granite (gránit). n. granito.// a. granítico.
grant (grant). n. 1. concesión. 2. subvención, beca.// tr. conceder, otorgar.
grantee (grante). n. donante.
grape (greip). n. uva.
grapefruit (greipfruit). n. pomelo.
grapevine. n. vid, parra.
grasp (grasp). n. 1. asimiento. 2. control. 3. alcance. 4. comprensión.// tr. 1. agarrar. 2. apretar.
grass (gras). n. hierba, pasto, césped.// tr. sembrar de hierba.// i. cubrirse de hierba.
grasshopper (grasjóper). n. saltamontes.
grassland (grasland). n. prado, pastizal.
grateful (greitful). a. 1. agradecido. 2. agradable, grato.// **gratefully**. adv. con gratitud.// **gratefulness**. n. agradecimiento, gratitud.
grave (greiv). a. 1. serio, solemne. 2. grave.// n. tumba, sepultura.// tr. grabar, esculpir.
graven (greivn). a. esculpido.// **g. image**: n. ídolo.
gravestone (greivstón). n. lápida.// **graveyard**. n. cementerio.
graze (greis). n. 1. rozadura. 2. pasto. 3. apacentamiento.// tr. 1. rozar. 2. apacentar.// i. pastar, pacer.
grazing (greisin). n. apacentamiento, pastoreo.
grease (gris). n. grasa.// tr. engrasar.
great (greit). a. 1. grande. 2. mucho, largo. 3. estupendo.// adv. estupendamente.// n. grande.
greed (grid). n. avaricia. 2. glotonería.// **greedy**. a. 1. glotón. 2. avaro.
greek (grik). a./n. griego.
green (grin). a. 1. verde. 2. crudo. 3. pálido. 4. novato. 5. crédulo.// n. 1. verde. 2. verdor. 3. prado. 4. pl. verduras.// tr. poner verde.// i. volverse verde.
greenhouse (grinjáus). n. invernadero.
green light. n. luz verde.
greet (grit). tr. saludar.// **greeting**. n. saludo. 2. felicitación.
gremlin (gremlin). n. duende.
grey (grei). a. 1. gris. 2. triste. 3. nublado. 4. canoso.// n. gris.// tr. poner gris.// i. 1. volverse gris. 2. encanecer.
greybeard. n. anciano.
greyhound. n. galgo.
grid (grid). n. 1. verja. 2. rejilla. 3. cuadrícula.
grill (gril). n. 1. parrilla. 2. asado, parrillada.// tr. asar a la parrilla.// i. asarse a la parrilla.// **grilled**. a. asado a la parrilla.
grim (grim). a. 1. feroz, severo. 2. terrible, horrible. 3. macabro.
grimace (griméis). n. mueca.// i. hacer muecas.

grin (grin). n. sonrisa.// i. sonreír abiertamente.
grip (grip). n. 1. asimiento. 2. apretón de manos. 3. bolsa de viaje.// tr. agarrar, apretar.
groan (graun). n. 1. gemido. 2. gruñido.// i. 1. gemir. 2. gruñir.
grocer (gráuser). n. tendero.// **grocery**. n. tienda de comestibles.
groggy (grógui). a. 1. tambaleante. 2. débil. 3. inestable.
groom (grum). n. novio.// **groomsman**. n. padrino de boda.
groove (gruv). n. 1. ranura. 2. estría. 3. surco.// tr. 1. acanalar. 2. estriar.// **grooved**. a. acanalado.
ground (graund). n. 1. suelo, tierra. 2. campo, terreno. 3. fondo. 4. fundamento. 5. *Holy G.*: Tierra Santa. 6. *on the g.*: en el terreno. 7. *to gain g.*: ganar terreno. 8. *to lose g.*: perder terreno.// a. 1. a ras de tierra. 2. terrestre. 3. básico.// tr. 1. hacer encallar. 2. fundar, basar.
group (grup). n. 1. grupo, conjunto. 2. *blood g.*: grupo sanguíneo.// tr. agrupar.
grow (grou). tr. 1. cultivar. 2. dejar crecer. 3. adquirir.// i. 1. crecer. 2. volverse. 3. *g. from*: derivarse de. 4. *g. into*: hacerse, convertirse en.// **grower**. n. cultivador.// **growing**. n. crecimiento, desarrollo.// a. creciente, que crece.
grown. n. adulto.// **growth**. n. crecimiento, incremento, desarrollo.
grumble (grambl). n. 1. queja. 2. rugido.// i. quejarse.// **grumbling**. a. gruñón.
guarantee (gáranti). n. 1. garantía. 2. certificado.// tr. garantizar.// **guaranteed**. a. garantizado.
guard (gard). n. 1. guardia. 2. defensa. 3. *civil g.*: guardia civil. 4. *to keep g. over*: vigilar. 5. *to stand g.*: montar la guardia.// tr. vigilar, custodiar.// **guarded**. a. precavido.
guess (gues). n. 1. cálculo. 2. opinión.// tr./i. adivinar.// **guessing game**. n. adivinanza.
guest (guest). n. 1. invitado. 2. parásito.
guesthouse (guestjáus). n. casa de huéspedes.
guidance (gáidens). n. 1. conducción. 2. consejo. 3. gobierno. 4. *vocational g.*: orientación vocacional.
guide (gaid). n. 1. guía. 2. consejero.// tr. guiar, dirigir.// **guidebook**. n. guía turística.
guilt. n. 1. culpa. 2. culpabilidad.// **guilty**. a. 1. culpable. 2. *not g.*: inocente (de una culpa).
guitar (guítar). n. guitarra.// a. de guitarra.
gulf (galf). n. golfo.// tr. sumir; absorber.
gull (gal). n. gaviota.
gum (gam). n. 1. goma. 2. chicle.// tr. pegar con goma, engomar.// **gumdrop**. n. pastilla de goma.// **gummy**. a. gomoso, pegajoso.// **gum tree**. n. gomero.
gun (gan). n. 1. arma. 2. pistola. 3. escopeta, carabina. 4. cañón. 5. pistolero. 6. *machine g.*: ametralladora.// tr. disparar.// i. acelerar a fondo.// **gunfight**. n. tiroteo.// **gunsmith**. n. armero.
gunman (ganman). n. pistolero.// **gunpowder**. n. pólvora.
gut (gat). n. 1. intestino. 2. pl. agallas.// a. fundamental, esencial.// tr. 1. destripar. 2. vaciar.
guy (gai). n. tipo, individuo.// tr. ridiculizar.
gym (yim). n. 1. gimnasio. 2. gimnasia.
gypsy (yípsi). n. gitano.

h (eich). n. octava letra del abecedario.
habit (hábit). n. **1.** costumbre, hábito. **2.** traje. **3.** manera de ser.// tr. vestir.
habitant (hábitant). n. habitante.// **habitation** (habitéiyon). n. **1.** habitación, acción de vivir en un lugar. **2.** morada.
habitual (habítual). a. **1.** habitual, acostumbrado. **2.** empedernido, inveterado.// **habituate** (habítueit). tr. habituar, acostumbrar.
hachure (hachur) n. raya.// tr. sombrear con rayas.
hack (jak). n. **1.** jamelgo, camello. **2.** coche de alquiler.// a. mercenario.// tr. **1.** cortar. **2.** alquiler.// **hackman.** n. cochero.
hag (jag). n. bruja.
haggard (jágad). a. **1.** ojeroso. **2.** extraviado.
haggle (jagl). n. regateo.// i. regatear.
hail (jeil). n. **1.** granizo. **2.** saludo.// interj. ¡hola!// tr. llamar.// i. granizar.
hair (jéar). n. **1.** pelo, cabello. **2.** *against the h.:* a contrapelo. **3.** *white h.:* cana.// **hairbrush.** n. cepillo.// **hair clip.** n. horquilla.// **haircut.** n. corte de pelo.// **hairdresser.** n. peluquero de damas.// **hairdressing.** n. **1.** peinado. **2.** peluquería.// **hairless.** a. sin pelo, lampiño.// **hairstyle.** n. peinado.// **hairy.** a. **1.** peludo. **2.** melenudo.
hake (jeik). n. merluza.
half (jalf). a. **1.** medio.// adv. a medias.// n. **1.** mitad. **2.** *by h.:* con mucho. **3.** *h. and h.:* mitad y mitad.// **half-alive.** a. medio muerto.// **half blood.** n. mestizo.// **half-full.** a. medio lleno.// **half hour.** n. media hora.// **half-life.** n. *Fis.* vida media, período de actividad nuclear.// **half-light.** n. **1.** primeras luces. **2.** media luz.// **half price.** adv. a mitad de precio.// **half year.** n. semestre.
hall (jol). n. **1.** entrada, vestíbulo. **2.** sala. **3.** comedor.// *city h.:* ayuntamiento.
hallow (jálou). tr. santificar.
halt (jolt). n. alto, parada.// tr. parar, detener.
ham (jam). n. jamón.
hamburger (jámberguer). n. hamburguesa.
hamlet (jámlit). n. aldea, caserío.
hammer (jámer). n. **1.** martillo. **2.** percutor.// tr. **1.** martillar. **2.** clavar.// **hammering.** n. martilleo.
hamster (jámster). n. hámster (roedor).
hand (jand). n. **1.** mano. **2.** manecilla de reloj. **3.** trabajador, operario. **4.** mano de cartas. **5.** *at first h.:* de primera mano. **6.** *at h.:* a mano. **7.** *from h. to h.:* de mano en mano. **8.** *h. and foot:* de pies y manos. **9.** *hands up!:* ¡arriba las manos! **10.** *in the hands of:* en las manos de.// a. de mano.// tr. **1.** dar. **2.** ayudar a. **3.** *h. down:* transmitir. **4.** *h. round:* hacer circular.// **handbag.** n. bolso.// **handball.** n. balonmano.// **handbook.** n. guía, manual, libro de apuntes.// **handful.** n. puñado.// **hand glass.** n. espejo de mano.// **hand grenade.** n. granada de mano.// **handless.** a. manco.// **handmade.** a. hecho a mano.// **hand-to-hand.** a./adv. cuerpo a cuerpo.// **handwheel.** n. volante.// **handwork.** a. trabajo hecho a mano.// **handwrite.** tr. escribir a mano.// **handy.** a. a mano, cercano.
handicap. n. **1.** desventaja. **2.** *Sp.* ventaja que se da.
handle (jándl). n. **1.** mango, asa. **2.** manubrio.// tr. **1.** tocar. **2.** dirigir, manejar. **3.** poder con. **4.** tratar. **5.** *h. with care:* frágil, tratar con cuidado.
handsel (jánsel). n. aguinaldo.// tr. **1.** dar un aguinaldo. **2.** estrenar.
handsome (jándsom). a. **1.** hermoso, guapo, apuesto. **2.** muy bueno. **3.** generoso.// **handsomely.** adv. elegantemente.
hang (jang). n. **1.** caída. **2.** inclinación.// tr. **1.** colgar. **2.** adornar. **3.** ahorcar. **4.** *h. back:* quedarse atrás. **5.** *h. on:* mantenerse firme. **6.** *h. upon:* estar pendiente de.// **hanging.** a. colgante, pendiente.// n. ahorcamiento.// **hangman.** n. verdugo.
happen (jápen). i. suceder, ocurrir.// **happening.** n. **1.** suceso, acontecimiento. **2.** espectáculo vanguardista.
happy (jápi). a. feliz, contento, alegre.// **happily.** adv. **1.** felizmente. **2.** afortunadamente.// **happiness.** n. felicidad.
harbor, harbour (járbor). n. puerto.// tr. encubrir.// i. refugiarse.
hard (jard). a. **1.** duro. **2.** difícil. **3.** severo.// *a h. look:* mirada penetrante.// adv. **1.** fuerte. **2.** mucho. **3.** *to work h.:* trabajar mucho. **4.** *to look h.:* mirar fijamente.// **harden.** tr. endurecer.// **hardily.** adv. osadamente.// **hardly.** adv. apenas, escasamente.// **hardness.** n. **1.** dureza. **2.** dificultad.// **hardware.** n. **1.** ferretería. **2.** equipos que integran una computadora.
hare (jear). n. liebre.// i. correr muy de prisa.
harm (jarm). n. daño.// tr. dañar, estropear.// **harmful.** a. perjudicial, nocivo.// **harmless.** a. inofensivo.
harp (jarp). n. arpa.// i. tocar el arpa.
harpy (járpi). n. arpía.
harsh (jarsh). a. **1.** áspero. **2.** duro.// **harshness.** n. **1.** aspereza. **2.** severidad.
harvest (járvist). n. cosecha, recolección.// tr. cosechar, recoger.// **h. time.** n. mies, siega.

haste

haste (jeist). n. prisa.// i. apresurarse.// **hasten.** tr. apresurar.// **hastily.** adv. de prisa.
hat (jat). n. sombrero.// **h. shop.** n. sombrerería.
hatch (jatch). n. salida del cascarón.// tr. incubar, empollar.// i. salir del cascarón.// **hatching.** n. **1.** incubación. **2.** salida del cascarón.
hatched (játchit). n. hacha.
hate (jeit). n. odio.// tr. odiar, aborrecer.// **hateful.** a. odioso.
have (jav). tr. **1.** tener. **2.** recibir. **3.** llevar. **4.** tomar. **5.** pasar. **6.** h. a bath: darse un baño. **7.** h. a try: intentar. **8.** h. to: tener que, deber. **9.** h. against: tener en contra. **10.** h. back: hacer volver. **11.** h. up: hacer venir, invitar.// aux. haber.
have-not. n. pobre.
having. n. posesión.
hawk (jok). n. **1.** halcón. **2.** carraspeo.// tr. vender de puerta en puerta.// i. carraspear.// **hawking.** n. halconería.
hay (jei). n. heno.// tr. echar forraje.// **h. fever.** n. fiebre de heno.
hazard (jázard). n. **1.** peligro, riesgo. **2.** azar.// tr. arriesgar, poner en peligro.
hazel (jeizl). n. avellano.
hazelnut (jeizlnot). n. avellana.
he (ji). pron. él.// n. **1.** macho. **2.** hombre.
head (jed). n. **1.** cabeza. **2.** jefe, director. **3.** frente, cara. **4.** encabezamiento, título. **5.** inteligencia. **6.** tapa. **7.** by a h.: por una cabeza. **8.** h. first: de cabeza. **8.** h. of state: jefe de Estado.// a. principal delantero.// tr. **1.** encabezar. **2.** dirigir. **3.** poner tapa. **4.** decapitar.// **headache.** n. dolor de cabeza.// **heading.** n. encabezamiento, membrete.// **headline.** n. titular.// **headphones.** n. auriculares.// **headquarters.** n. cuartel general.
heal (jil). tr. **1.** curar. **2.** cicatrizar.// **healing.** a. **1.** curativo. **2.** cicatrizante.// n. **1.** curación. **2.** cicatrización.
health (jelz). n. **1.** salud. **2.** sanidad.// **healthy.** a. **1.** sano. **2.** saludable.
hear (jíar). tr. **1.** oír. **2.** escuchar.// **hearer.** n. oyente.// **hearing.** n. **1.** oído. **2.** audiencia. **3.** audición.
heart (jart). n. **1.** corazón. **2.** centro. **3.** by h.: de memoria. **4.** h. disease: enfermedad cardíaca. **5.** in the h. of winter: en pleno invierno. **6.** out of h.: descorazonado.// **heartache.** n. angustia, pesar.// **heartily.** adv. cordialmente.// **heartless.** a. despiadado, sin corazón.
heat (jit). n. **1.** calor. **2.** pasión. **3.** dead h.: empate.// a. de calor.// tr. calentar.// i. acalorarse.// **heater.** n. calentador.// **heat rash.** n. sarpullido.
heaven (jevn). n. **1.** cielo. **2.** paraíso. **3.** by h.!: ¡cielos! **4.** h. knows: sabe Dios.// **heavenly.** a. **1.** celestial. **2.** divino.
heavy (jevi). a. **1.** pesado. **2.** grande. **3.** intenso. **4.** h. industry: industria pesada. **5.** h. water: agua pesada.// **heavily.** adv. **1.** pesadamente. **2.** mucho. **3.** profundamente.// **heaviness.** n. pesadez, peso.// **heavyweight.** n. peso pesado.
hedge (jesh). n. **1.** seto. **2.** hilera. **3.** barrera.// tr. **1.** cercar. **2.** poner trabas.
hedgehog (jeshjog). n. erizo.
heel (jil). n. talón.// i. seguir de cerca.// **heelpiece.** n. tacón.

height (jait). n. **1.** altura. **2.** colina, montaña. **3.** cumbre.// **h. sickness.** n. vértigo.// **heighten.** tr. elevar, aumentar.// **heightening.** n. elevación.
hell (jel). n. **1.** infierno. **2.** like h.: a. demonios, mucho.// interj. ¡demonios!, ¡caramba!// **hellish.** a. infernal, diabólico.
helmet (jélmet). n. casco.
help (jelp). n. **1.** ayuda. **2.** criado.// tr. **1.** ayudar. **2.** evitar.// **helper.** n. ayudante, auxiliar.// **helpful.** a. útil, provechoso.// **helpless.** a. desamparado.
hen (jen). n. **1.** gallina. **2.** mujer.// **hencoop.** n. gallinero.
hence (jens). adv. **1.** de aquí a. **2.** por lo tanto.// interj. ¡fuera de acá!
her (jer). pron pos. su, de ella.// pers. pron. la, le, ella.
herald (jérald). n. heraldo.// tr. anunciar.
herb (jerb). n. **1.** hierba. **2.** medicinal h.: hierba medicinal.// **herbal.** a./n. herbario.// **herbicide.** n. herbicida.
herd (jerd). n. **1.** manada, rebaño. **2.** pastor, vaquero. **3.** multitud.// tr. **1.** guardar. **2.** reunir en manada.
here (jíar). adv. **1.** aquí. **2.** en este momento. **3.** h. and now: ahora mismo. **4.** h. is: he aquí. **5.** h. lies: aquí yace.// interj. ¡presente!// **hereafter.** adv. de ahora en adelante.// **hereby.** adv. por este medio, por la presente.// **herein.** adv. en esto, aquí mencionado.// **hereof.** adv. de esto.
heresy (jéresi). n. herejía.// **heretic.** n. hereje.// a. herético.
heritage (jéritich). n. herencia.
hermit (jérmit). n. ermitaño.// **hermitage.** n. ermita.
hero (jírou). n. héroe.// **heroic.** a. heroico.// **heroism.** n. heroísmo.
herring (jérin). n. arenque.
hesitate (jésiteit). i. vacilar.
hew (jiu). tr. **1.** cortar. **2.** tallar.// i. dar golpes de hacha.
hex (jeks). n. **1.** bruja. **2.** mal de ojo.// tr. embrujar.
hi (jai). interj. **1.** ¡oye! **2.** ¡hola!
hibernate (háiberneit). i. hibernar.
hiccup (jíkap). n. hipo.// i. hipar, tener hipo.
hidden (jidn). a. escondido, oculto.
hide (jáid). n. **1.** puesto. **2.** piel.// tr. **1.** esconder, ocultar. **2.** tapar, cubrir. **3.** encubrir.// i. esconderse.// **hideaway.** n. escondrijo.// **hiding.** n. ocultación, encubrimiento.
hi-fi (jai-fai). n. alta fidelidad.// a. de alta fidelidad.
high (jai). a. **1.** alto, elevado. **2.** de altura. **3.** agudo. **4.** crecido. **5.** culminante. **6.** brillante. **7.** h. and low: de todas las clases. **8.** h. and mighty: engreído. **9.** h. day: día de fiesta. **10.** h. hat: sombrero de copa. **11.** h. official: funcionario importante. **12.** h. water: marea alta.// adv. **1.** alto. **2.** fuerte. **3.** muy bien. **4.** to sigh h.: cantar con voz aguda.// n. **1.** altura. **2.** on h.: en las alturas.// **highborn.** a. de alta alcurnia.// **high-class.** a. de categoría.// **high-frequency.** a. de alta frecuencia.// **highland.** 1. n. montañoso. **2.** n. tierras altas.// **highlander.** n. montañés.// **highly.** adv. **1.** muy. **2.** favorablemente.// **highness.** n. **1.** alteza. **2.** nobleza de sentimientos.// **high-pressure.** a. de alta presión.// **high-price.** a. caro.// **highway.** n. carretera.

house

hill (jil). n. **1.** colina. **2.** cuesta.// **hillside.** n. ladera.// **hilltop.** n. cumbre de una colina.// **hilly.** a. accidentado, con cuestas.
hind (jaind). a. trasero.// **hinder.** tr. entorpecer, dificultar.
hinge (jinch). bisagra, gozne.// i. depender.// **hinged.** a. de bisagra.
hint (jint). n. **1.** indirecta. **2.** pista. **3.** consejo. **4.** idea.// tr. dar a entender.// i. soltar indirectas.
hinterland (jínterland). n. interior.
hip (jip). n. **1.** cadera. **2.** h. bath: baño de asiento.// interj. ¡hurra!
hire (jáir). n. **1.** alquiler. **2.** contratación. **3.** for h.: de alquiler. **4.** on h.: alquilado.// tr. **1.** alquilar. **2.** contratar.// **hired.** a. **1.** de alquiler. **2.** mercenario.
his (jis). pron. su, de él.// pos. pron. suyo, suya.
hispanic (jispánik). a. hispánico.
history (jístori). n. historia.
hit (jit). n. **1.** golpe. **2.** tiro. **3.** impacto. **4.** ataque. **5.** acierto, impacto. **6.** h. parade: lista de éxitos. **7.** luck h.: golpe de suerte.// tr. **1.** pegar, golpear. **2.** dar en. **3.** h. the mark: dar en el clavo.// **hitter.** n. golpeador.
hitch (jitch). n. obstáculo, impedimento.// tr. atar, amarrar.// i. andar a tropezones.
hoary (jori). a. **1.** canoso. **2.** viejo.
hobby (jobi). n. pasatiempo, afición.
hog (jog). n. cerdo, puerco.// **hoggish.** a. glotón.
hold (jould). n. **1.** asidero. **2.** prisión. **3.** autoridad, dominio. **4.** fortificación.// tr. **1.** tener, poseer. **2.** agarrar. **3.** mantener, sostener. **4.** defender. **5.** detener, retener. **6.** reservar. **7.** ocupar.// i. **1.** mantenerse, agarrarse. **2.** h. back: reprimirse. **3.** h. by: pegarse a. **4.** h. forth: perorar. **5.** h. off: sujetar. **6.** h. over: aplazar. **7.** h. together: unir. **8.** h. with: estar de parte de.// **holder.** n. **1.** poseedor. **2.** soporte.// **holding.** n. **1.** posesión. **2.** organización financiera.// **holdup.** n. atraco a mano armada.
hole (jóul). n. **1.** agujero. **2.** madriguera. **3.** bache.// tr. **1.** agujerear. **2.** meter en el hoyo.
holiday (jólidei). **1.** fiesta. **2.** pl. vacaciones.// a. **1.** de fiesta. **2.** de veraneo.// i. veranear.
hollow (jólou). a. **1.** hueco. **2.** engañoso. **3.** vacío. **4.** vano.// tr. ahuecar.// **hollowness.** n. cavidad.
holy (jóuli). a. **1.** santo, sagrado. **2.** H. Family: Sagrada Familia. **3.** H. Week: Semana Santa.// **holiness.** n. santidad.
homage (jómish). n. homenaje.
home (joum). n. **1.** casa. **2.** hogar. **3.** patria chica, ciudad natal. **4.** hábitat. **5.** Dep. meta. **6.** rest h.: casa de reposo. **7.** to be, to feel at h.: sentirse a gusto.// a. **1.** casero. **2.** de familia. **3.** nacional. **4.** h. affairs: asuntos interiores.// adv. **1.** a casa. **2.** a fondo. **3.** to be in.: estar de vuelta.// i. volver a casa.// **homecoming.** n. regreso al hogar.// **home fire.** n. fuego del hogar.// **homeland.** n. tierra natal.// **homeless.** a./n. sin hogar.// **homely.** a. **1.** sencillo. **2.** familiar.// **homemade.** a. casero, hecho en casa.// **homework.** n. deberes.
homicide (jómisaid). n. **1.** homicidio. **2.** homicida.
honest (ónist). a. **1.** honrado. **2.** sincero. **3.** honesto. **4.** justo. **5.** the h. truth: la pura verdad.// **honestly.** adv. honradamente.// **honesty.** n. honradez.
honey (jáni). n. miel.// tr. endulzar.// **honeybee.** n. abeja.// **honeycomb.** n. panal.// **honeymoon.** n. luna de miel.
honk (jonk). n. **1.** graznido. **2.** bocinazo.// i. **1.** graznar. **2.** tocar la bocina.
honour (ónor). n. **1.** honor, honra. **2.** orgullo. **3.** Your H.: Su Señoría. **4.** field of h.: campo del honor. **5.** last honours: honras fúnebres.// tr. **1.** honrar. **2.** rendir homenaje.
hood (jud). n. capucha.// tr. cubrir con una capucha.// **hooded.** a. con capota.
hook (juk). n. **1.** gancho. **2.** anzuelo. **3.** pl. garras.// tr. **1.** enganchar. **2.** pescar.// i. engancharse.// **hooked.** a. ganchudo.
hooligan (júligan). n. gamberro, hincha fanático de fútbol.
hoop (jup). n. aro.
hop (jop). n. **1.** lúpulo. **2.** salto. **3.** etapa.// tr./i. saltar.
hope (joup). n. **1.** esperanza. **2.** as a last h.: como última esperanza. **3.** to build up hopes: hacerse ilusiones.// i. **1.** esperar. **2.** to h. for: tener esperanzas de éxito.// **hopeful.** a. **1.** esperanzador. **2.** optimista. **3.** n. promesa.// **hopeless.** a. **1.** desesperado. **2.** imposible.
horn (jorn). n. **1.** cuerno. **2.** bocina. **3.** french h.: trompa. **4.** hunting h.: cuerno de caza.// tr. cornear.// **hornbook.** n. abecedario.// **horned.** a. con cuernos.// **hornless.** a. mocho.// **horny.** a. córneo.
horrible (jóribl). a. horrible, horroroso.
horror (joror). n. horror, pavor.
horse (jors). n. **1.** caballo. **2.** a. de caballos.// **horsebreaker.** n. domador de caballos.// **horse doctor.** n. veterinario.// **horsefly.** n. tábano.// **horseless.** a. sin caballo.// **horseman.** n. jinete.// **horsepower.** n. caballo de vapor.// **horse racing.** n. carrera de caballos.// **horse thief.** n. cuatrero.// **horsy.** a. caballuno.
hospital (jóspitl). n. **1.** hospital. **2.** field h.: hospital de sangre.// **hospitalize.** tr. hospitalizar.
host (houst). n. **1.** anfitrión, huésped. **2.** hueste. **3.** montón. **4.** Rel. hostia.
hostage (jóstich). n. rehén.
hot (jot). a. **1.** caliente. **2.** fuerte, subido. **3.** discutido, controvertido. **4.** peligroso. **5.** h. for: ansioso por. **6.** h. news: noticia bomba. **7.** to get h.: acalorarse. **8.** white h: calentado al rojo blanco.// adv. calurosamente, ardientemente.// tr. calentar.// **hot baths.** n. termas.// **hot dog.** n. perro caliente, bocadillo de salchicha, pancho.// **hot pot.** n. estofado.// **hot spot.** n. situación crítica.
hour (áuer). n. **1.** hora. **2.** momento. **3.** after hours: fuera de horas. **4.** at all hours: a todas horas. **5.** peak hours: horas pico. **6.** working hours: horas de trabajo.// **hourglass.** n. reloj de arena.// **hourly.** a. **1.** de cada hora. **2.** incesante.// adv. cada hora.
house (jaus). n. **1.** casa. **2.** country h.: casa de campo. **3.** fashion h.: casa de modas. **4.** to clean h.: hacer las tareas domésticas.// tr. alojar, dar alojamiento.// i. alojarse, vivir en.// **house agent.** n. agente inmobiliario.// **household.** **1.** casa, familia.// a. **1.** casero, doméstico. **2.** familiar, común.// **householder.** n. cabeza de familia.// **housekeeper.** f. ama de casa.// **house organ.** n. publicación interna.// **house painter.** n. pintor de brocha gorda.

housing

housing. n. 1. alojamiento. 2. vivienda.
how (jau). adv. 1. como. 2. cómo. 3. qué tal. 4. qué. 5. *h. do you do?*: ¿cómo está usted? 6. *h. late?* ¿a qué hora? 7. *h. many?* ¿cuántos? 8. *h. much?* ¿cuánto?// n. modo, manera, forma.// **however.** adv. 1. como. 2. de cualquier manera. 3. sin embargo.
howl (jaul). n. 1. aullido. 2. gritos, abucheo.// i. 1. aullar. 2. gritar, vociferar.// **howler.** n. mono aullador.
hug (jog). n. abrazo.// tr. abrazar.
huge (jiuch). a. enorme, inmenso.// **hugely.** adv. enormemente.// **hugeness.** n. inmensidad.
human (jiuman). a./n. humano.// **humanness.** n. humanidad.// **humanism.** n. humanismo.// **humanity.** n. 1. humanidad. 2. pl. humanidades.
humble (jombl). a. humilde.// tr. humillar.// **humbling.** a. humillante.
humid (jiúmid). a. húmedo.
humming (jómin). a. que zumba.// n. zumbido.// **hummingbird.** n. colibrí.
humour (jiúmor). n. 1. humor, gracia. 2. capricho.// **humourless.** 1. a. sin sentido del humor. 2. sin gracia.
hump (jomp). n. joroba.// tr. cargar con.
hundred (jóndred). a. cien, ciento.// n. ciento, centenar.
hunger (jónger). n. hambre.// i. tener hambre.// **hungrily.** adv. ávidamente.// **hungry.** a. hambriento.
hunt (jont). n. 1. caza, cacería. 2. búsqueda.// tr. 1. perseguir. 2. cazar.// i. ir de cacería.// **hunter.** n. cazador.// **hunting.** n. caza.// a. de caza.// *h. dog:* n. perro de caza.// **huntress.** n. cazadora.
hurl (jorl). n. lanzamiento.// tr. lanzar, arrojar.// **hurler.** n. lanzador.
hurry (juri). n. 1. prisa, precipitación. 2. *there is no h.*: no hay prisa.// tr. dar prisa, apurar.// i. apresurarse.// **hurried.** a. 1. apresurado. 2. hecho de prisa.
hurt (jort). n. daño.// tr. hacer daño, lastimar.// i. doler.// **hurtful.** a. dañoso, nocivo, perjudicial.// **hurtless.** a. inofensivo.
husband (jásband). n. marido, esposo.
hut (jat). n. cabaña.
hybrid (jáibrid). a. híbrido.
hydrogen (jáidrishen). n. hidrógeno.
hydroplane (jáidroplein). n. hidroavión.
hydroxide (jaidróksaid). n. hidróxido.
hygiene (jáishin). n. higiene.
hymen (jáimen). n. himen.
hymn (jim). n. himno.// tr./i. cantar himnos o alabanzas.
hypersensitive (jáipersénsitiv). a. hipersensible.
hyphen (jáifen). n. guión.// tr. escribir con guiones, separar en sílabas.
hypo (jáipou). n. 1. hiposulfito sódico. 2. fijador. 3. inyección.
hypotenuse (jaipótinius). n. hipotenusa.
hypothec (jaipózek). n. hipoteca.
hysteria (jistíerie). n. histeria.// **hysteric.** a. histérico.// **hysterics.** n. histerismo, ataque de histeria.

I (ai). n. novena letra del abecedario.
I (ai). n. yo, ego.// pers. pron. yo.
ibis (aibis). n. ibis.
ice (ais). n. 1. hielo. 2. helado. 3. polo.// tr. 1. helar. 2. enfriar, refrescar.// *Ice Age.* n. *Geol.* período glaciar.// **iceberg.** n. iceberg, témpano.// **iceboat.** n. trineo de vela.// **icebox.** n. nevera.// **ice cream.** n. helado.// **iced.** a. helado.// **ice field.** n. banco de hielo.// **iceman.** n. 1. fabricante de hielo. 2. repartidor de hielo.// **ice point.** n. punto de congelación.// **ice skate.** n. patín de cuchilla.// **icily.** adv. fríamente.// **iciness.** n. frialdad.// **icy.** a. helado, cubierto de hielo.
icon (aicon). n. icono.// **iconography.** n. iconografía.
idea (áidie). n. 1. idea. 2. *fixed i.* idea fija. 3. *no i.!*: ¡ni idea! 4. *to get an i. of:* hacerse una idea de.// **ideal.** a./n. ideal.// **idealize** (aidiélaiz). tr. idealizar.// **ideate.** tr. idear, concebir.
ideology (aidióloyi). n. ideología.
idiom (idiom). n. 1. idioma. 2. estilo.
idiot (idiot). n. 1. tonto. 2. *to play the i.*: hacerse el tonto.
idle (aidl). a. 1. perezoso. 2. desocupado. 3. inútil. 4. *i. moment:* momento de ocio.// i. perder el tiempo.
idol (aidl). n. ídolo.// **idolatry.** n. idolatría.
if (if). conj. 1. si. 2. si bien, aunque. 3. *i. so:* si es así, de ser así.// n. 1. condición. 2. suposición.
igloo (íglu). n. iglú.
ignorance (ígnorans). n. ignorancia.// **ignorant.** a. ignorante.// **ignore.** tr. no hacer caso de, ignorar.

ilex (áileks). n. encina.
ill (il). a. 1. enfermo. 2. malo. 3. *to feel i.:* sentirse enfermo. 4. *i. news:* malas noticias.// adv. mal.// n. mal, desgracia.// **ill-bred.** a. maleducado.// **ill health.** n. mala salud.// **ill humour:** n. mal humor.// **ill nature.** n. mal carácter.// **illness.** n. enfermedad.// **ill-timed.** a. inoportuno.// **ill-treat.** tr. maltratar.// **ill will.** n. mala voluntad.
illegal (ilígal). a. ilegal.
illumination (iluminéishon). n. iluminación.// **illuminate.** tr. iluminar.// **illuminating.** a. 1. luminoso. 2. de alumbrado.
illusion (ilúshon). n. ilusión.
image (ímish). n. 1. imagen. 2. reputación.// tr. 1. reflejar. 2. imaginar.// **imagine.** tr. imaginar.
imitate (ímiteit). tr. imitar.// **imitation.** n. imitación.
immature (imachiur). a. inmaduro.
immediacy (imídiasi). n. inmediación, proximidad.// **immediate.** a. inmediato, cercano.// **immediately.** adv. inmediatamente, enseguida.
immesh (imésh). n. enredar.
immigrant (ímigrant). n. inmigrante.
immix (imiks). tr. mezclar.
immobile (imóubail). n. inmóvil.
immodest (imódist). a. inmodesto.
immoral (imóral). a. 1. inmoral. 2. vicioso.
immortal (imórtl). a. inmortal.// **immortality.** n.
immunity (imiúniti). n. inmunidad.
immure (imiúr). tr. emparedar.
impact (ímpakt). n. impacto, choque.// tr. incrustar.
impair (impéar). tr. dañar, perjudicar.// **impairment.** n. deterioro, daño.
impartial (impárshal). a. imparcial.
impasse (impás). n. callejón sin salida.
impatient (impéishent). a. 1. impaciente. 2. *to get i.:* perder la paciencia.
impawn (impón). tr. empeñar.
impeach (impích). tr. acusar, encausar, enjuiciar.// **impeachment.** n. acusación, enjuiciamiento.
impede (impíd). tr. estorbar.// **impediment.** n. estorbo, obstáculo.
impel (impél). tr. impeler, impulsar.// **impellent.** a. impelente.// **impeller.** n. impulsor.
imperfect (impérfikt). a. imperfecto, incompleto.// **imperfection.** n.
imperial (impíriel). a. imperial.// **imperialism.** n.
imperishable (impérisheb). a. imperecedero.
impermissible (impermísibl). a. inadmisible, intolerable.
impertinence (impértinens). n. impertinencia.// **impertinent.** a.
impious (ímpies). a. impío.
implant (implant). n. *Med.* injerto.// tr. implantar.
implicate (ímplikeit). tr. implicar.// **implication.** n.
implicit (implísit). a. implícito.
implore (implor). tr. suplicar.// **imploring.** a. suplicante.
import (ímport). n. 1. artículo importado. 2. significado, sentido. 3. importancia.// tr. 1. importar bienes. 2. significar, querer decir.// *i.* tener importancia.// **importance.** n. importancia.
impose (impóus). tr./i. imponer condiciones.// **imposing.** a. imponente, impresionante.// **imposition.** n.

indebted

impossible (impósebl). a. 1. imposible. 2. insoportable. 3. *to do the i.:* hacer lo imposible. 4. *not i.:* quizás.// **impossibleness.** n. imposibilidad.// **impossibly.** adv. imposiblemente.
impost (ímpoust). n. impuesto.
imposture (impóschur). n. impostura, engaño.
impotence (ímpotens). n. impotencia.// **impotent.** a.
impress (ímpres). n. 1. impresión. 2. sello.// tr. 1. imprimir. 2. estampar.// **impression.** n. impresión.
improper (impróper). a. 1. indecente, indecoroso. 2. impropio, inadecuado.
improve (imprúf). tr./i. 1. mejorar, perfeccionar. 2. aumentar.// **improvement.** n. 1. mejora, progreso. 2. aumento.
impulse (ímpols). n. impulso.// tr. impulsar.// **impulsive.** a. impulsivo.
in (in). prep. 1. en (lugar, tiempo, manera, actividad). 2. de. 3. al. 4. *i. all:* en total. 5. *i. fact:* de hecho. 6. *i. sun:* al sol.// adv. 1. dentro, adentro. 2. *i. and out:* entrando y saliendo.
inaccuracy (inákiurasi). n. inexactitud, equivocación.// **inaccurate.** a.
inalterable (inólterebl). a. inalterable.// **inalterability.** n.
inaugurate (inóguioreit). tr. 1. dar posesión de un cargo. 2. inaugurar.// **inauguration.** n.
inborn (inbon). a. innato.
incapable (inkéipebl). a. incapaz, incompetente.
incarnate (inkárnit). a. 1. encarnado. 2. rojo.// tr. encarnar.// **incarnation.** n.
incense (ínsens). n. incienso.// tr./i. incensar.
inch (inch). n. 1. pulgada. 2. pizca. 3. *by inches:* poco a poco.
incident (ínsident). a./n. incidente.// **incidental.** a. 1. incidente. 2. incidental. 3. imprevisto.// n. elemento accesorio.
incise (insáiz). tr. cortar, hacer una incisión.// **incision.** n. incisiób.
incite (insáit). tr. incitar, provocar.
inclination (inklinéishon). n. 1. inclinación. 2. tendencia.// **incline.** tr. 1. inclinar. 2. induch.
include (inklud). tr. incluir.// **including.** a. incluso, inclusive.// **inclusive.** a. 1. inclusivo. 2. inclusive.
income (ínkom). n. 1. ingresos. 2. renta. 3. rédito. 4. *earned i.:* ingresos profesionales. 5. *gross i.:* renta bruta. 6. *national i.:* renta nacional.// **incomer.** n. 1. inmigrante. 2. intruso.
incomplete (inkomplit). a. incompleto, inacabado.
inconceivable (inkonsívebl). a. inconcebible.
inconsequent (inkónsikuent). a. inconsecuente, ilógico, inconexo.// **inconsequential.** a. 1. de poca importancia. 2. inconsecuente.
inconvenience (inkonvíniens). n. inconveniente, molestia.// tr. incomodar, molestar.
incorporate (inkóperit). a. 1. incorporado. 2. incorpóreo.// **incorporated.** a. 1. incorporado. 2. constituido en sociedad.
increase (ínkris). n. aumento.// tr. aumentar, incrementar.// *i.* subir.// **increasing.** a. creciente.
incubate (inkiubeit). tr. incubar.// **incubation.** n.
incumbent (inkómbent). a. apoyado.// n. beneficiado, titular.
indebted (indétid). a. 1. endeudado. 2. agradecido.// **indebtedness.** n. 1. deuda. 2. agradecimiento.

indeed (indid). adv. **1.** efectivamente, en efecto. **2.** *indeed?*: ¿de verdad?
indemnity (indémniti). n. **1.** indemnidad. **2.** indemnización, compensación.
indent (índent). n. muesca, hendidura.// tr. **1.** hacer muescas. **2.** dejar sangría (en escritos).// **indentation.** n. **1.** muesca. **2.** sangría.
independence (indipéndans). n. independencia.// **independency.** n. estado independiente.// **independent.** a. independiente.
index (índeks). n. **1.** índice. **2.** indicador.// **index card.** n. ficha.// **index finger.** n. dedo índice.// tr. **1.** poner un índice. **2.** clasificar.
indian (índien). a./n. indio.// **indian file.** n. fila india.// **indian ink.** n. tinta china.
indicate (índikeit). tr. indicar, señalar.// **indication.** n. indicación.
indirect (indirekt). a. **1.** indirecto. **2.** sucio.
individual (indivídual). a. **1.** individual, particular.// n. individuo.
indolence (índolens). n. indolencia.// **indolent.** a. **1.** indolente. **2.** indoloro.
indoor (índor). a. **1.** interior. **2.** *i. activities*: actividades caseras. **3.** *i. games*: juegos de salón. **4.** *i. swimming*: piscina cubierta.// **indoors.** adv. dentro.
induce (indiús). tr. **1.** inducir, persuadir. **2.** causar, provocar.// **inducer.** n. provocador.
induction (indókshon). n. **1.** inducción. **2.** admisión.// **inductor.** n. inductor.
industry (índestri). n. **1.** industria. **2.** laboriosidad. **3.** aplicación. **4.** *heavy i.*: industria pesada.
inefficiency (inifiyensi). n. ineficacia, inutilidad.// **inefficient.** a.
inept (inépt). a. inepto, incapaz.// **ineptitude.** n.
inevitable (inévitabl). a. inevitable.// n. lo inevitable.
inexpensive (inikspénsiv). a. barato, económico.// **inexpensevely.** adv. barato.
infamous (ínfemes). a. de mala fama, infame.
infancy (ínfensi). n. **1.** infancia. **2.** minoría de edad.// **infant.** n. niño.// a. naciente.
infatuate (infátiueit). tr. enamorar locamente.// **infatuated.** a. enamorado.// **infatuation.** n. enamoramiento.
infer (infer). tr. inferir, deducir.// **inference.** n. **1.** inferencia, deducción. **2.** *by i.*: por deducción.
inferior (inférior). a./n. inferior.// **inferiority.** n.
infernal (inférnl). a. infernal, endemoniado.// **infernally.** adv. infernalmente.
infighting (ínfaitin). n. lucha cuerpo a cuerpo.
infinite (ínfinit). a./n. infinito.
infirm (inférm). a. **1.** enfermizo. **2.** nulo.// tr. invalidar.// **infirmary.** n. enfermería.// **infirmity.** n. enfermedad.
inflate (infleit). tr. hinchar, inflar.// **inflation.** n.
influence (influens). n. **1.** influencia. **3.** *a man of i.*: un hombre influyente. **3.** *to be an i*: tener influencia.// tr. influenciar.
influent (ínfluent). a./n. afluente.
inform (inform). tr. **1.** informar. **2.** formar, moldear. **3.** *to i. against. i.*: delatar.// **information.** n. **1.** información. **2.** *a piece of i*: una información, un dato. **3.** *clasiffied i*: información secreta.

infuse (infiús). tr. **1.** infundir. **2.** hacer una infusión.// **infusion.** n.
ingoing (íngoin). a. entrante, que entra.
ingrown (íngreun). a. **1.** crecido hacia dentro. **2.** innato. **3.** *i. nail*: uña encarnada.
inhabit (injábit). tr. habitar, vivir en.// **inhabitant.** a./n. habitante.
inheritance (injéritans). n. herencia.// **inheritor.** n. heredero.
initial (iníshal). a. inicial, primero.// n. letra inicial.// tr. poner las iniciales.// **initially.** adv. al principio.// **initiate.** tr. iniciar.
injure (ínshur). tr. **1.** herir, lastimar. **2.** perjudicar. **3.** ofender. **4.** *the injured*: los heridos.// **injury.** n. herida, lesión.
ink (ink). n. **2.** tinta. **3.** *in i.*: con tinta.// tr. entintar.// **inkpot.** n. tintero.// **inky.** a. manchado de tinta.
in-law (inló). a./n. pariente político.
inmost (inmoust). a. más íntimo, profundo.
inn (in). n. posada, hostería.
inner (íner). a. interior, interno.// **inner meaning:** sentido oculto.
input (input). n. **1.** entrada. **2.** energía de entrada. **3.** *Comp.* información inicial.
inquire (inkuáier). tr. informarse de, preguntar.// **inquirer.** n. **1.** el que pregunta. **2.** investigador.// **inquiring.** a. curioso.// **inquiry.** n. **1.** pregunta. **2.** encuesta.
insane (inséin). a. loco, demente.// **insanity.** n. locura, demencia.
insensible (insénsibl). a. **1.** insensible. **2.** inconsciente. **3.** imperceptible.// **insensitive.** a. insensible.
inset (ínset). n. recuadro.// tr. insertar.
inside (insáid). a. **1.** interior. **2.** *i. wall*: pared interior.// adv. **1.** dentro, adentro. **2.** *go i.*: vete adentro.// prep. dentro de.// n. interior.// **inside out.** adv. al revés.// **insider.** n. persona enterada.
insight (ínsait). n. **1.** perspicacia, penetración. **2.** idea.
insist (insíst). i. insistir, empeñarse.// tr. insistir en.// **insistence.** n.
inspire (inspaier). tr. **1.** inspirar. **2.** sugerir.// **inspired.** a. **1.** inspirado. **2.** genial.// **inspiring.** a. inspirador.
install (instol). tr. instalar.
instance (ínstans). n. **1.** ejemplo. **2.** caso. **3.** *for i.*: por ejemplo. **4.** *in many instances*: en muchos casos.// tr. ilustrar.
instant (ínstant). a. **1.** urgente. **2.** inminente. **3.** instantáneo.// n. instante, momento.
instead (insted). adv. **1.** en su lugar. **2.** *i. of*: en vez de.
institute (ínstitiut). tr. instituir, fundar, establecer.// **institution.** n.
insulate (ínsiuleit). tr. aislar, apartar.
insult (insolt). n. insulto, injuria.// tr. insultar, injuriar.
insurance (inshúrens). n. **1.** seguro. **2.** *i. against theft*: seguro contra robos. **3.** *i. policy*: póliza de seguros. **3.** *fire i.*: seguro contra incendios.// **insurant.** a. asegurado.// **insurer.** n. asegurador.
intake (ínteik). n. **1.** toma, entrada. **2.** consumo.

intellect (íntelect). n intelecto.// **intellectual**. a. intelectual.
intelligence (intéliyens). n. **1.** inteligencia. **2.** información.// **intelligent**. a. inteligente.
intelligible. a. inteligible.
intemperance (intémperans). n. intemperancia.// **intemperant**. a. intemperante.
intend (inténd). tr. **1.** querer hacer, tener la intención de, proponerse. **2.** *i. for:* destinar a.
intense (intens). a. intenso, profundo, apasionado, vehemente.// **intensify**. tr. intensificar.// **intensity**. n. intensidad.// **intensive**. a. intensivo.
intent (intent). a. **1.** atento, profundo.// n. intención, propósito.// **intention**. n. intención.// **intentional**. a. intencional.
inter (inter). tr. enterrar.
intercede (intersíd). tr. interceder.
intercept (intersépt). tr. interceptar.// **interception**. n. intercepción.
interchange (intérchendsh). n. intercambio.// tr. intercambiar.
intercourse (ínterkors). n. trato, relaciones, intercambio.
interdict (ínterdikt). n. interdicto, prohibición.// tr. prohibir.
interest (íntrist). n. **1.** interés. **2.** beneficio. **3.** pl. negocios. **4.** *to put out at i.:* poner a interés. **5.** *to take an i. in:* tomar interés en.// tr. interesar.// **interested**. a. interesado.// **interesting**. a. interesante.
interfere (interfír). i./tr. **1.** intervenir. **2.** interferir.// **interference**. n. **1.** tropiezo. **2.** intromisión. **3.** *Fís.* interferencia.
interim (ínterim). n. ínterin.// a. provisional.
interior (intíerior). a. interior, interno.// n. interior.
interjection (inteyékshon). n. intejección.
intermit (intérmit). tr. interrumpir.// **intermittent**. a. intermitente.
intern (íntern). n. interno.// tr. internar.// **internal**. a. interno, interior.// **internally**. adv. internamente.
interplay (ínterplei). n. interacción.// l. interactuar.
interpose (intérpous). tr. interponer.// *i.* intervenir.
interpret (intérprit). tr. interpretar.// **interpreter**. n. intérprete.
interrogation (interoguéishon). n. **1.** interrogatorio. **2.** interrogación.// **interrogate**. tr. interrogar.// **interrogative**. a.
interview (ínterviu). n. entrevista.// tr. entrevistar.
intestine (intéstin). n. intestino.// intestinal. a.
intimacy (íntimasi). n. intimidad.// **intimate**. a. íntimo, personal.// tr. insinuar.
into (íntu). prep. **1.** en. **2.** hacia. **3.** contra. **4.** dentro.
intoxicate (intóksikeit). tr. embriagar, emborrachar.// **intoxicating**. a. embriagador.
intrigue (intríg). n. intriga.// tr./i. intrigar.// **intriguer**. n. intrigante.
introduce (introdiús). tr. **1.** presentar. **2.** introducir. **3.** iniciar.// **introduction**. n. introducción.
intrude (intrud). tr. imponer.// *i.* entrometerse.// **intruder**. n. intruso.// **intrusion**. n. intrusión.
invade (inveid). tr. invadir.// **invader**. n. invasor.//
invasion (invéishon). n. invasi'on.
invalid (ínvalid). a./n. **1.** inválido. **2.** enfermo.
invalid (inválid). a. nulo.// tr. dejar inválido.// i. quedarse inválido.
invent (invent). tr. inventar.// **invention**. n.
invert (ínvert). n./a. invertido.// (-vért). tr. invertir.
invest (invest). tr. **1.** invertir. **2.** investir, conferir.// tr. hacer una inversión.// **investment**. n. **1.** inversión. **2.** investidura. **3.** sitio, cerco.
investigate (invéstigueit). tr. investigar, estudiar.// i. hacer una investigación.// **investigating**. a. investigador.// **investigator**. n. investigador.// **investigation**. n. investigación.
invite (invait). n. invitación.// tr. **1.** invitar, convidar. **2.** pedir, solicitar. **3.** incitar, provocar.// **inviting**. a. atractivo, tentador.
invoice (ínvois). n. factura.// tr. facturar.
invoke (invouk). tr. invocar.// **invoker**. n. invocador.
involve (involv). tr. **1.** concernir, atañer. **2.** afectar. **3.** suponer, implicar. **4.** acarrear, ocasionar. **5.** comprometer, complicar. **6.** envolver, mezclar.// **involved**. a. complicado.// **involvement**. n. **1.** envolvimiento. **2.** complicación, enredo.
ire (áiar). n. ira, cólera.// **ireful**. a. iracundo.
iris (áieris). n. iris.
Irish (áirish). a./n. irlandés.
iron (áiron). n. **1.** hierro. **2.** plancha. **3.** revólver. **4.** *in irons:* encadenado. **5.** *old i.:* chatarra. **6.** *will of i.:* voluntad de hierro.// tr. **1.** herrar. **2.** *to i. out.:* planchar.// **ironer**. n. planchador.// *i. horse:* n. locomotora.// **ironing**. n. planchado.// *i. ore:* n. mineral de hierro.// **ironwork**. n. herrajes.// **irony**. a. de hierro.
irony (áironi). n. ironía.
irradiate (iréidiet). tr. **1.** irradiar. **2.** iluminar.// i. lucir, brillar.
irrelevant (irélivant). a. fuera de propósito, no pertinente.// **irrelevance**. n.
irresolvable (irizólvebl). a. insoluble, irresoluble.
irritate (íriteit). tr. **1.** irritar. **2.** poner nervioso.// **irritant**. a.
Islam (izlam). n. islam.// **Islamic**. a.
island (áiland). n. isla.// *small i.:* islote.// tr. aislar.// **Islander**. n. isleño.
isolate (áisoleit). tr. aislar.// **isolating**. a. aislador.// **isolation**. n.
issue (íshu). n. **1.** salida. **2.** publicación. **3.** venta. **4.** cuestión, punto, problema. **5.** *at i.:* en discusión. **6.** *side i.:* cuestión secundaria. **7.** *to force the i.:* forzar una decisión.// *i.* salir.// tr. **1.** publicar. **2.** pronunciar.
it (it). pron. **1.** él, ella, ello. **2.** lo, la. **3.** le.// n. atractivo, no sé qué.
italian (itálian). a./n. italiano.
italic (itálik). n. letra bastardilla, cursiva.
itch (ich). n. picazón.// *i.* picar.// **itchiness**. n. picazón.// **itching**. a. que pica.// **itchy**. a. picante.
iterate (ítereit). tr. iterar, repetir.// **iteration**. n.
itinerate (itínereit). i. viajar, desplazarse constantemente.
its (its). pos. pron. su, sus.
ivory (áivori). n. **1.** marfil. **2.** color marfil. **3.** pl. teclas. **4.** pl. dados.// a. de marfil, marfileño.
ivy (áivi). n. hiedra.
izard (ízed). n. gamuza.

j (yéi). n. décima letra del abecedario.
jab (yab). n. 1. golpe seco. 2. pinchazo. 3. estocada. 4. codazo.// tr. 1. pinchar. 2. herir. 3. dar un codazo o un puñetazo.
jack (yak). n. 1. gato, cric. 2. bandera de proa. 3. marinero.
jackal (yákal). n. chacal.
jacket (yakit). n. 1. chaqueta, americana. 2. sobrecubierta; forro. 3. carpeta. 4. casco de bala.// tr. cubrir.
jackpot (yákpot). n. premio gordo.
jade (yeid). n. 1. jade. 2. color jade.
jail (yeil). n. cárcel, prisión.// tr. encarcelar.// **jailbreak**. n. evasión.// **jailer**. n. carcelero.
jam (yam). n. 1. mermelada. 2. embotellamiento. 3. apuro, lío.// tr. 1. meter a la fuerza. 2. atestar. 3. causar un embotellamiento.// i. atrancarse.// **jam session**. n. concierto de jazz improvisado.
japanese (japániz). a./n. japonés.
jar (yar). n. 1. tarro. 2. jarra. 3. choque, sacudida.// tr. 1. sacudir. 2. lastimar.// i. 1. chirriar. 2. desentonar.
jaw (yo). n. 1. mandíbula. 2. quijada.// **jawbone**. n. maxilar.
jealous (yelos). a. celoso, envidioso.// **jealousy**. n. celos, envidia.
jeans (yins). n. pantalones vaqueros.
jelly (yeli). n. 1. gelatina. 2. jalea. 3. *petroleum j.:* vaselina.// **jellyfish**. n. medusa.
jenny (yeni). n. hembra.
jerk (yerk). n. sacudida, empujón.// tr. mover a tirones.// i. moverse a trompicones.// **jerky**. a. espasmódico.
jesuit (yezuit). a./n. jesuita.
jet (yet). n. 1. chorro, surtidor. 2. avión de reacción.// tr. lanzar en chorro.// i. salir a chorros.// **jet engine**. n. reactor.// **jet-propelled**. a. de propulsión a chorro.// **jetsprayer**. n. pulverizador.
jewel (yúel). 1. joya, alhaja. 2. piedra preciosa.// tr. alhajar.// **jewel box** o **j. case**. n. joyero.// **jeweller**. n. vendedor de joyas.// **jewellery**. n. joyería.
jewish (yúish). a./n. judío.// **jewishness**. n. judaísmo.
jigsaw (yígso). n. rompecabezas.
jingle (yíngle). n. 1. cascabeleo. 2. cascabel. 3. rima infantil. 4. anuncio comercial cantado.// i. cascabelear, tintinear.// **jingly**. a. que tintinea.
job (yob). n. 1. trabajo, empleo. 2. asunto. 3. *a bad j.:* un mal asunto.// a. 1. a destajo. 2. laboral.// i. trabajar a destajo.// **jobless**. a. sin trabajo.
jockey (yókey). n. jinete.
jog (yog). n. empujón.// tr. dar un empujón.
join (yoin). n. 1. juntura, unión. 2. costura.// tr. juntar, unir.// i. 1. unirse. 2. *j. in:* participar en. 3. *j. up:* alistarse.// **joinder**. n. reunión.// **joiner**. n. carpintero.// **joining**. n. 1. unión. 2. bisagra.
joint (yoint). a. 1. unido. 2. colectivo. 3. conjunto. 4. mutuo, solidario.// n. 1. juntura, unión. 2. articulación.// tr. juntar, unir.// **jointed**. a. articulado.
joke (youk). n. 1. chiste, broma. 2. *as a j.:* bromeando.// i. bromear, contar chistes.// tr. gastar bromas a (alguien).// **joker**. n. bromista, payaso.// **joking**. a. gracioso, humorístico.
jolly (yóli). a. 1. jovial, alegre. 2. bonito.// adv. 1. muy. 2. *j. tired:* muy cansado.// tr. convencer.
journal (yúrni). n. 1. diario, periódico. 2. revista.// **journalist**. n. periodista.
journey (yúrni). n. viaje.// i. viajar.
joy (yoi). n. 1. alegría. 2. deleite, placer.// **joyful**. a. alegre, contento.// **joyless**. a. triste, sin alegría.// **joystick**. n. palanca de mando.
judge (yash). n. juez.// tr. 1. juzgar. 2. declarar. 3. arbitrar. 4. considerar, estimar.// i. 1. opinar. 2. juzgar.// **judgement**. n. 1. juicio. 2. sentencia, fallo. 3. apreciación.
jug (yag). n. jarra.
juggernaut (yaguernot). n. 1. monstruo que destruye a los hombres. 2. fuerza irresistible.
juggle (yagl). n. juegos de malabares.// i. hacer juegos de malabares.// **juggler**. n. malabarista.
juice (shus). n. jugo.// **juiciness**. n. jugosidad.// **juicy**. a. jugoso.
july (yulai). n. julio.
jump (yomp). n. 1. salto. 2. aumento grande. 3. obstáculo.// i. 1. saltar. 2. sobresaltarse. 3. rebotar.// tr. saltar, salvar.// **jumper**. n. saltador.// **jumpy**. a. nervioso.
juncture (yúnchor). n. unión, juntura.
june (yun). n. junio.
jungle (yangl). n. selva, jungla.
junior (yúnior). a. 1. hijo. 2. subalterno. 3. de menor antigüedad.// n. jovencito.
junkie (yonki). n. drogadicto.
jury (yúari). n. 1. jurado. 2. tribunal.// **juryman**. m. miembro de un jurado.
just (yast). a. 1. justo. 2. exacto.// adv. 1. justo, justamente. 2. sólo, solamente. 3. ahora mismo. 4. sencillamente, francamente.// **justice** (yástis). n. 1. justicia. 2. juez. 3. *j. of the peace:* juez de paz.// **justly**. adv. con justicia.// **justness**. n. justicia, rectitud.
justify (yástifai). tr. justificar.
juvenile (yúvinail). a. 1. juvenil. 2. de menores.// **juvenile court**. n. tribunal de menores.
juxtapose (yúkstapous). tr. yuxtaponer.// **juxtaposition**. n. yuxtaposición.

k (kei). n. undécima letra del abecedario.
kaki (káki). n. caqui.
kaleidoscope (kaláideskoup). n. calidoscopio.// **kaleidoscopic**. a. calidoscópico.
kangaroo (cangáru). n. canguro.
karat (cárat). n. quilate.
kayak (káiak). n. káyac.
keel (kil). n. **1.** quilla. **2.** barco.// tr. dar de quilla./ i. zozobrar, volcar.
keen (kin). a. **1.** afilado, agudo. **2.** fuerte, vivo. **3.** *a k. mind:* una mente aguda. **4.** *a k. desire:* un vivo deseo.// n. lamento fúnebre.// i. cantar un lamento.// **keenly**. adv. **1.** con entusiasmo. **2.** profundamente, vivamente.// **keenness**. n. lo afilado.
keep (kip). n. **1.** torreón. **2.** sustento.// tr. **1.** guardar. **2.** quedarse. **3.** mantener. **4.** reservar, guardar. **5.** cuidar. **6.** *k. order:* mantener el orden. **7.** *k. the law:* observar la ley.// i. **1.** seguir, continuar. **2.** *k. singing:* seguir cantando. **3.** *k. at:* seguir con. **4.** *k. away:* mantener la distancia. **5.** *k. back:* contener. **6.** *k. from:* impedir. **7.** *k. in:* disimular. **8.** *k. on:* no quitarse. **9.** *k. to:* quedarse en. **10.** *k. together:* poner juntos. **11.** *k. under:* dominar. **12.** *k. up:* levantar.// **keeper**. n. guarda, guardián.// **keeping**. n. cargo, cuidado, mantenimiento.
kermess (kérmis). n. quermés.
key (ki). n. **1.** llave. **2.** clave. **3.** tono. **4.** tecla. **5.** conmutador. **6.** *k. to the problem:* clave del problema. // a. **1.** clave. **2.** *k. industry:* industria clave.// tr. calzar con chavetas.// **keyboard**. n. teclado.// **keyhole**. n. ojo de la cerradura.// **keyman**. m. hombre clave.// **keynote**. n. nota tónica.// **key ring**. n. llavero.// **keystone**. n. piedra angular.
kick (kik). n. **1.** patada, puntapié. **2.** coz. **3.** golpe.// tr. **1.** dar un puntapié, dar patadas. **2.** *k. against:* oponerse a. **3.** *k. down:* derribar. **4.** *k. up:* levantar.// **kicker**. n. pateador.
kid (kid). n. **1.** cabrito. **2.** niño.// i. bromear.// *are you kidding?:* ¿en serio?// **kidder**. n. bromista.
kidnap (kídnap). tr. raptar, secuestrar.// **kidnapper**. n. secuestrador.// **kidnapping**. n. rapto, secuestro.
kidney (kídni). n. riñón.// **k. machine**. n. riñón artificial.// **k. stone**. n. cálculo renal.
kill (kil). n. **1.** muerte. **2.** caza.// tr./i. matar.// **killer**. n. asesino.// **killer whale**. n. orca.// **killing**. a. **1.** mortal. **2.** agotador. **3.** n. asesinato, matanza.
kind (kaind). a. **1.** amable, amistoso. **2.** favorable, benigno.// n. **1.** clase, tipo. **2.** especie, género. **3.** *a k. of:* cierto. **4.** *in k.:* en especie. **5.** *of all kinds:* de todas clases.// **kindhearted**. a. bondadoso, de buen corazón.// **kindliness**. n. bondad, amabilidad.// **kindly**. **1.** a. amable, bondadoso. **2.** adv. amablemente.// **kindness**. a. amabilidad.
kindergarten (kíndergardn). n. jardín de infantes.
king (kin). m. rey.// **kingdom**. n. reino.// **kingfisher**. n. martín pescador.// **kingly**. a. real.// **king of arms**. m. rey de armas.// **kingship**. n. realeza, majestad.// **king-size**. a. enorme, gigante.
kiss (kis). n. **1.** beso. **2.** *the k. of life:* respiración boca a boca.// tr. **1.** besar. **2.** *k. away:* hacer olvidar con besos.// **kisser**. n. besucón.// **kissproof**. a. indeleble.
kit (kit). n. **1.** herramientas. **2.** caja de herramientas. **3.** equipo. **4.** conjunto de piezas para armar.// tr. equipar.// **kit bag**. n. bolsa.
kitchen (kitchen). n. cocina.// **k. boy**. n. pinche.// **k. range**. n. cocina económica, fogón.
kitten (kitn). n. gatito.
knack (nak). n. **1.** facilidad. **2.** truco.
knee (ni). n. rodilla.// **kneecap**. n. rótula.// **kneel**. i. arrodillarse.// **kneeling chair**. n. reclinatorio.
knife (naif). n. cuchillo, navaja, bisturí.// tr. **1.** cortar con cuchillo. **2.** apuñalar.// **knife-edge**. n. filo.
knight (nait). n. **1.** caballero. **2.** *k. errant:* n. caballero andante.// tr. armar caballero.// **knighthood**. n. caballería.
knit (nit). n. punto de tejido.// tr. tejer.// i. hacer punto.// **knitter**. n. tejedor.// **knitting**. n. tejido de punto.// **knitting needle**. n. aguja de tejer.
knock (nok). n. **1.** golpe, llamada.// tr. **1.** golpear, llamar. **2.** *k. about:* maltratar. **3.** *k. against:* dar contra. **4.** *k. out:* vaciar. **5.** *k. up:* despertar.// **knocker**. n. aldaba.// **knockout**. n. fuera de combate.
knot (not). n. **1.** nudo. **2.** lazo. **3.** grupo. **4.** haz. **5.** nódulo.// tr. atar con un nudo. **2.** fig. enredar, enmarañar.// **knotty**. a. **1.** nudoso. **2.** fig. difícil, intrincado.
know (nou). tr. **1.** saber, conocer. **2.** *k. a thing or two:* saber algo. **3.** *k. each other:* conocerse. **4.** *k. (one) for:* conocer (a uno) como. **5.** *k. how:* saber cómo (hacer algo). **6.** *k. too much:* saber más de la cuenta.// i. **1.** saber, conocer. **2.** tener información, estar informado. **3.** *k. oneself:* conocerse (a sí mismo).// **knowable**. a. conocible.// **know-all, know-it-all**. n. sabelotodo.// **know-how**. n. **1.** habilidad. **2.** conocimientos.// **knowing**. a. astuto.// **knowledge**. n. conocimiento.
koala. n. koala, coala.
koran (kóran). n. Corán.
Korean (kárian). a./n. coreano.
krypton (kríptan). n. criptón.
kyle (kail). n. estuario, estero.

l (el). n. duodécima letra del abecedario.
la. n. *Mus.* la.
lab. n. fam. laboratorio.
label (léibel). n. rótulo, etiqueta, marca.// tr. rotular, marcar.
labor (léibor). n. **1.** trabajo. **2.** mano de obra. **3.** clase obrera.// i. trabajar.// a. laboral.// **laboratory.** n. laboratorio.// **laborer.** n. trabajador, peón.// **laborious.** a. laborioso.
labyrinth (lábirindz). n. laberinto.
lace (leis). n. cordón; encaje.// tr. atar.
lack. n. falta, carencia.// i./tr. faltar, hacer falta, carecer de, necesitar.
laconic (lakánik). a. lacónico.
lacquer. n. laca.// tr. barnizar.
lad. m. muchacho.
ladder. n. escalera.
laden (léiden). a. cargado, abrumado.
ladle (léidel). n. cucharón.
lady (léidi). f. señora, dama, dueña.// **ladylike.** a. **1.** bien educada. **2.** elegante. **3.** afeminado.
lag. tr. retrasarse; ir despacio.// n. atraso, demora.// **laggard.** a. lento, perezoso.
lagoon (lagún). n. laguna.
lair (ler). n. cubil, madriguera.
laity (léiti). n. laicos, laicado.
lake (léik). n. lago.
lamb. n. cordero.
lame (léim). a. **1.** cojo, rengo. **2.** lisiado.
lament (leimént). n. lamento.// i./tr. lamentar(se).// **lamentable.** a.// **lamentation.** n.
laminate (lámineit). tr. laminar.// n. laminado.
lamp. n. lámpara.
lampshade (lámyeid). n. pantalla.
land. n. **1.** tierra, suelo. **2.** país.// tr. desembarcar; aterrizar.// **landholder.** n. terrateniente.// **landing.** n. aterrizaje; desembarco.// **landlady.** f. propietaria, casera, patrona.// **landlocked.** a. rodeado de tierra.// **landlord.** m. patrón, arrendador.// **landmark.** n. mojón, hito.// **landowner.** n. hacendado, terrateniente.// **landscape.** n. paisaje.// **landslide.** n. derrumbe.
lane (léin). n. **1.** sendero. **2.** callejón. **3.** carril.
language (lángwidch). n. **1.** idioma. **2.** lenguaje.
languid (langwid). a. lánguido.// **languish.** i lan- guidecer.// **languor.** n. languidez, desfallecimiento.
lantern. n. linterna.
lap. n. **1.** regazo. **2.** *Sp.* vuelta.// tr. **1.** doblar, plegar. **2.** cubrir, envolver. **3.** lamer.

lapel (leipél). n. solapa.
lapse (laps). n. **1.** lapso. **2.** transcurso.// tr. decaer, caer en desuso.
larceny. n. hurto.
larch. n. alerce.
large (lardch). a. **1.** grande, amplio. **2.** numeroso. **3.** *at l.:* en libertad.// **largely.** adv. en gran parte.
lariat. n. lazo (para ganado).
lark. n. **1.** alondra. **2.** diversión, broma.// tr. retozar.
larva. n. larva.
laryngitis (larinyáites). n. laringitis.// **larynx.** n. laringe.
lascivious (lasívios). a. lascivo.
lash. n. **1.** latigazo. **2.** pestaña.// tr. azotar.
lass. f. muchacha.
lassitude (lásitiud). n. lasitud, languidez.
lasso. n. lazo.// tr. enlazar.
last. a. **1.** último. **2.** pasado. **3.** *l. but one:* penúltimo. **4.** *l. night:* anoche.// tr. durar.// n. horma de zapato.// **lasting.** a. duradero.
latch. n. cerrojo.
late (léit). a. **1.** tardío. **2.** a hora avanzada. **3.** difunto.// adv. **1.** tarde. **2.** últimamente. **3.** *to be l.:* estar retrasado.// **lately.** adv. recientemente, últimamente.// **lateness.** n. tardanza, demora.
latent (léitent). a. latente.
later (léiter). a. posterior, más reciente.// adv. más tarde, después.// pron. *the l.:* este último.
lateral. a. lateral.
latest (léitest). a./adv. el último.
lather (ladzer). n. espuma.// tr. enjabonar, hacer espuma.
latitude (látitiud). n. latitud.
lattice (látis). n. celosía, enrejado.
laugh (láf). n. risa, sonrisa.// i. reír.// **laughable.** a. risible, ridículo.// **laughingstock.** n. hazmerreír.// **laughter.** n. **1.** risa. **2.** *to burst with l.:* reventar de risa.
launch (lonch). tr. **1.** lanzar(se). **2.** botar. **3.** emprender.// n. lancha.// **launcher.** n. lanzador.// **launching.** n. lanzamiento.
launder (lónder). tr. lavar y planchar.// **laundress.** f. lavandera.// **laundry.** n. **1.** lavandería. **2.** ropa para lavar.
laureate (lóriet). a./n. laureado.// **laurel.** n.
lava. n. lava.
lavatory. n. **1.** lavamanos. **2.** excusado.
lavender. n. lavanda.
lavish. a. **1.** generoso. **2.** abundante.

levity

law (ló). n. **1.** ley. **2.** *Law:* Derecho.// a. legal.//
law-abiding. a. observante de la ley.// **lawful.** a. legal, lícito.// **lawgiver.** n. legislador.// **lawless.** a. **1.** sin ley. **2.** desenfrenado.// **lawmaker.** n. legislador.
lawn (lon). n. prado, césped.// **lawn mower.** n. cortadora de césped.
lawsuit (lósut). n. pleito, litigio.
lawyer (lóier). n. abogado, jurista.
lax. a. **1.** laxo. **2.** negligente.
laxative. a. laxativo.// n. laxante.
laxity. n. laxitud; relajamiento.
lay (lei). tr. **1.** poner, echar. **2.** poner (huevos la gallina). **3.** calmar(se). **4.** imponer. **5.** cubrir. **6.** *to be laid up:* guardar cama. **7.** *to l. aside:* ahorrar; dejar a un lado. **8.** *to l. in:* proveerse. **9.** *to l. off:* suspender, abandonar. **10.** *to l. on:* atacar, caer sobre.
lay. a. laico.// n. **1.** capa, estrato. **2.** balada.
layer (léier). n. **1.** capa, estrato. **2.** *good l.:* gallina ponedora.
layette (leiét). n. ajuar para el bebé.
layman (léiman). m. lego; laico.
layoff (leióf). n. paro forzoso; suspensión de empleados.
layout (leiáut). n. plan, esquema, disposición.
laziness (léisines). n. pereza.// **lazy.** a. perezoso.
lead (led). n. **1.** plomo. **2.** plomada. **3.** grafito, lápiz.
lead (lid). tr. **1.** conducir, guiar, llevar. **2.** dirigir. **3.** liderar, mandar. **4.** mover, impulsar. **5.** *l. astray:* descarriar.// n. dirección, mando, guía.// **leader.** n. líder, dirigente, jefe.// **leadership.** n. liderazgo, dirección, jefatura.// **leading. 1.** n. conducción. **2.** a. conductor, principal. **3.** *l. article:* editorial, artículo de fondo.
leaf (lif). n. hoja, pétalo.// tr. echar hojas.// **leaflet.** n. **1.** hojuela. **2.** hoja suelta.
league (lig). n. **1.** liga. **2.** legua.
leak (lik). n. **1.** grieta, gotera. **2.** escape, filtración.// tr. filtrarse, salirse.// **leakage.** n. **1.** escape, filtración. **2.** noticia oficiosa.
lean (lin). i. inclinar(se), ladear(se), reclinar(se).// a. flaco, escaso.
lean-to (líntú). n. cobertizo.
leap (lip). tr. saltar.
leap year. n. año bisiesto.
learn (lern). tr. **1.** aprender. **2.** *l. by heart:* aprender de memoria. **3.** saber. **4.** enterar(se).
lease (lis). tr. arrendar, alquilar.// n. arriendo.// **leasehold. 1.** a. que se tiene en arriendo. **2.** n. inquilinato.// **leasing.** n. alquiler.
leash (lish). n. correa, traílla.
least (list). a. **1.** el menor, mínimo. **2.** *at l.:* al menos. **3.** *not in the l.:* en lo más mínimo.// adv. menos.// n. lo menos.
leather (lédzer). n. cuero, piel.
leave (lív). i./tr. **1.** salir de, partir, marcharse. **2.** dejar, abandonar. **3.** legar. **4.** encomendar. **5.** *l. alone:* dejar en paz. **6.** *l. aside:* dejar de lado. **7.** *l. out:* omitir, olvidar. **8.** *l. word:* dejar dicho. **9.** *to be left:* quedar (acordar; en un punto). **10.** *to be left over:* sobrar.
leaven (léven). n. levadura; fermento.
lecture (lékcher). n. **1.** conferencia. **2.** amonestación.// tr. **1.** disertar. **2.** sermonear.

ledge (ledch). n. **1.** reborde, saliente. **2.** repisa. **3.** arrecife.
ledger (lédcher). *Com.* libro mayor.
lee (lí). n. **1.** sotavento. **2.** refugio.
leech (lich). n. sanguijuela.
leer (lir). tr. mirar de reojo.
leeway (líuei). n. deriva.
left. a. izquierdo; izquierda.// **left-handed.** a. **1.** zurdo. **2.** torpe.// **leftist.** a./n. izquierdista.
leftover (léftouver). a. sobrante.
leg. n. **1.** pierna; pata. **2.** *to pull one's l.:* tomar el pelo.
legacy (légasi). n. herencia.
legal (lígal). a. legal.
legation (liguéishon). n. legación.
legend (léyend). n. **1.** leyenda. **2.** inscripción.// **legendary.** a.
legible (léyibel). a. legible.// **legibility.** n
legion (líyen). n. legión.// **legionary.** n.
legislate (léyisléit). tr. legislar.// **legislation.** n.// **legislative.** a.// **legislator.** n.// **legislature.** n. legislatura; Poder Legislativo.// **legist.** n. legista.
legitimacy (leyítimasi). n. legitimidad.// **legitimate.** a. legítimo.// tr. **1.** legitimar. **2.** aprobar.
leisure (lísher). n. ocio, tiempo libre.
lemon. n. **1.** limón. **2.** fig. *EE.UU.* maula.// **lemonade.** n. limonada.
lend. tr. **1.** proporcionar, dar **2.** *l. a hand:* dar una mano, ayudar. **3.** *l. an ear:* prestar atención. **4.** *l. itself to:* prestarse a.
lender. n. prestamista.
length. n. **1.** longitud. **2.** duración. **3.** trozo, pieza. **4.** *Sp.* largo, cuerpo. **5.** *at l.:* completamente, al fin.// **lengthen.** tr. alargar.// **lengthwise.** adv. longitudinalmente, a lo largo.// **lengthy.** a. largo.
lenience (líniensi). n. indulgencia.// **lenient** (líniení). a. indulgente.
lens. n. **1.** lente. **2.** pl. *contac l.:* lentes de contacto.
Lent. n. Cuaresma.
lentil. n. lenteja.
leopard (lépard). n. leopardo.
leper. n. leproso.// **leprosy.** n. lepra.
less. a. **1.** menor, menos. **2.** *-less:* sin (como sufijo).// **lessen.** tr. disminuir.
lesson. n. **1.** lección. **2.** clase.
lest. conj. para que no, por miedo de, por miedo a.
let. tr. **1.** permitir, dejar. **2.** alquilar. **3.** *l. alone:* dejar en paz; mucho menos. **4.** *l. in:* admitir, dejar entrar. **5.** *l. know:* avisar, informar. **6.** *l. loose:* soltar. **7.** *l. out:* dejar salir. **8.** *let's go!:* ¡vámonos!
letdown (létdáun). n. **1.** relajación. **2.** fig. humillación.
lethal. a. letal, mortífero.
lethargic. a. letárgico.// **lethargy.** n. letargo.
letter. n. **1.** letra. **2.** carta.// **letter box.** n. buzón.// **letterhead.** n. membrete.
lettuce (létos). n. lechuga.
leukemia (liukímia). n. leucemia.
level. a. **1.** plano, llano. **2.** parejo, igual.// n. **1.** nivel. **2.** piso (de un edificio).// tr. nivelar, igualar.
lever. n. palanca.// **leverage.** n. potencia de la palanca.
levity. n. ligereza, veleidad.

levy. tr. reclutar.// n. reclutamiento.
lexicon. n. léxico.
liability (laiabíliti). n. responsabilidad, obligación.//
liable. a. 1. responsable. 2. expuesto.
liar (láier). a. mentiroso.
liberal. a./n. liberal.// **liberalism.** n.// **liberality.** n.
liberate (libereit). tr. libertar, librar.// **liberation.** n.// **liberator.** n. liberador, libertador.
libertinage (libertineidch). n. libertinaje.// **libertine.** a./n. libertino.
liberty. n. libertad.
librarian (laibrérian). n. bibliotecario.// **library.** n. biblioteca.
lice (lais). n. pl. piojos.
license (láisens). n. licencia.// tr. licenciar.// **licentious.** a. licencioso.
lichen (láiken). n. líquen.
lick. tr. lamer.
lid. n. 1. tapa. 2. párpado.
lie (lai). i. 1. acostar(se). 2. yacer, estar.
lie. n. mentira, embuste.// i. mentir.
lien. n. embargo.
lieutenant (liuténant). n. teniente, lugarteniente.
life (laif). n. 1. vida. 2. energía. 3. *not one your l.:* ¡de ninguna manera! 4. fig. alma.// a. 1. vital. 2. de la vida. 3. al natural (modelo).
lifeboat (láifbout). n. bote salvavidas.// **life belt.** n. cinturón salvavidas.// **lifeguard.** n. guardavidas, bañero.// **life jacket.** n. chaleco salvavidas.
lifeless (láifles). a. sin vida, exánime.
lifelike (láiflaik). a. natural, que parece vivo.
lifelong. a. de toda la vida; duradero.
lifesaver (láifséiver). n. salvavidas.
lifesize (láifsáis). a. de tamaño natural.
lifetime (láiftáim). a. de por vida.// n. vida (tiempo).
light (láit). n. 1. luz, claridad. 2. fuego, fósforo.// tr. 1. encender. 2. *l. up:* iluminar.// a. liviano; ligero.// **lighten.** tr. 1. iluminar. 2. aclarar. 3. aliviar, aligerar.// **lighter.** n. encendedor.// **lighthearted.** a. despreocupado, alegre.// **lighthouse.** n. faro.// **lighting.** n. 1. alumbrado. 2. encendido, ignición.// **lightly.** adv. levemente, ligeramente.// **lightness.** n. liviandad, ligereza, levedad.// **lightning.** n. relámpago, rayo.// **lightweight.** a. de poco peso.
likable (láikabl). a. simpático.
like (láik). a. 1. semejante. 2. equivalente. 3. igual a. 4. dispuesto. 5. *l. that:* así nomás. 6. *nothing l. it:* nada como eso. 7. *something l. that:* algo como, algo así como. 8. *to feel l.:* tener ganas de (seguido de verbo). 9. *to look l.:* ser parecido.// adv. 1. como. 2. del mismo modo. 3. de esa manera. 4. semejante a.// tr. 1. gustar de, gustarle. 2. tener afecto a. 3. caerle simpático a uno.// prep. como, tal como.// n. semejante, igual.// conj. como, tal como.
likely (láikeli). a. 1. probable. 2. apropiado, apto.// adv. probablemente.
likelyhood (láikelijúd). n. probabilidad.
like-minded (láikmáinded). a. del mismo parecer o pensamiento.
liken (láiken). tr. comparar.// **likeness.** n. semejanza.

likewise (láikuáis). adv. asimismo; además.
lilac (láilac). a./n. lila.
lily. n. 1. lirio. 2. azucena.
limb. n. 1. miembro (extremidad). 2. rama. 3. limbo.
limber. a. flexible.
lime (láim). 1. lima (fruta). 2. cal.// a. calizo.
limelight (láimláit). n. 1. candilejas. 2. fig. centro de atención.
limestone (láimstóun). n. piedra caliza.
limit. n. 1. límite. 2. *it's the l.!:* ¡es el colmo!// tr. limitar, restringir.// **limitation.** n.
limousine (límusin). n. limosina.
limpid. a. límpido.
line (láin). n. 1. línea. 2. cuerda. 3. arruga (cara). 4. hilera, fila.// tr. 1. rayar. 2. delinear. 3. completar (un formulario). 4. *l. out:* trazar, marcar. 5. *l. up:* alinear(se). 6. arrugar(se).
lineage (línidch). n. linaje.
lineal (línial). a. 1. lineal. 2. hereditario.// **linear.** a. lineal, linear.
linen. n. 1. lino. 2. ropa blanca.
liner. n. buque o avión de travesía.
linesman (láinsman). m. *Sp.* juez de línea.
lineup (láinap). n. 1. fila. 2. *Sp.* alineación, formación.
lingerie (lányeri). n. lencería; ropa interior femenina.
linguist (língüist). n. lingüista.// **linguistics.** n. lingüística.
liniment. n. linimento.
lining (láining). n. forro.
link. n. eslabón; enlace; unión, conexión; vínculo.// i./tr. unir(se), enlazar(se), conectar(se).
linoleum (linóleom). n. linóleo.
linseed (línsíd). n. linaza.
lint. n. hilacha, pelusa.
lion (láion). m. león.// **lioness.** f. leona.
lip. n. 1. labio. 2. reborde.// **lipread.** i. leer los labios.// **lipstick.** n. lápiz labial.
liquefaction (likuefákshon). n. licuefacción.// **liquefy.** tr. licuar.
liqueur (likér). n. licor.
liquid (líkuid). 1. a./n. líquido. 2. a. claro, límpido.
liquidate (likuideit). tr. liquidar, terminar.// **liquidation.** n.
liquor (líkor). n. licor.
lisp. i. cecear.// n. ceceo.
list. a. lista.// tr. hacer una lista, poner en una lista.
listen (lísen). tr. 1. escuchar. 2. *l. up:* escuchar bien.// **listener.** n. oyente.
listless. a. desganado, apático.
liter. n. litro.
literacy. n. alfabetismo.
literal. a. literal// **literary.** a.// **literature.** n.
lithograph. 1. n. litografía (copia). 2. tr. litografiar.// **lithographer.** n. litógrafo.// **litography.** n.
litigant. a. litigante.// **litigate.** i. litigar.// **litigation.** n. litigio.
litter. n. 1. litera; camilla. 2. basura.// i./tr. hacer o tirar basura.
little (lítel). a. 1. pequeño. 2. poco.// adv. poco, un poco, algo./ n. poco; momento.
liturgy (líteryi). n. liturgia.

livable (livábl). a. **1.** habitable. **2.** soportable.
live (liv). i./tr. **1.** vivir. **2.** *l. in*: vivir donde se trabaja. **3.** *l. on*: perdurar. **4.** *l. through*: sobrevivir.// a. **1.** vivo. **2.** encendido. **3.** a./adv. en directo (TV).// **livelihood**. n. subsistencia.// **liveliness**. n. viveza; animación.// **lively**. **1.** a. animado, alegre. **2.** adv. vivamente.
liver. n. hígado.
livestock (láivstóck). n. ganado.
lizard. n. lagarto.
load (lóud). n. carga, presión, peso.// tr. cargar, abrumar; i. cargarse, abrumarse.
loaf. n. hogaza de pan, terrón de azúcar.
loafer. n. haragán.
loan (lóun). n. **1.** préstamo. **2.** *on l.*: a préstamo.// tr. prestar, dar un préstamo.
loathe (lóudz). tr. aborrecer, detestar.// **loathing**. n. aborrecimiento.// **loathsome**. a. aborrecible, repugnante.
lobby. n. **1.** pasillo, vestíbulo. **2.** presión política.// i. ejercer presión política.
lobe (loub). n. lóbulo.
lobster (lábster). n. langosta marina.
local (lóucal). a. local.// **locality**. n. localidad.// **localize**. tr. localizar.
locate (lokeit). tr. situar.// **location**. n. ubicación.
lock (lák). n. **1.** cerradura. **2.** esclusa. **3.** rizo, mechón (cabello).// tr. **1.** echar llave, cerrar. **2.** *l. up*: encerrar.// **locker**. n. armario con llave o candado. **2.** *l. room*: vestuario.
lockjaw (lákjau). n. tétanos.
lockout (lákaut). n. huelga patronal.
locksmith. n. cerrajero.
locomotion (lákomoshon). n. locomoción.
locomotive (lakomóutiv). n. locomotora.
locust (lóukest). n. **1.** langosta. **2.** cigarra. **3.** algarrobo.
lodestone (lóudstoun). n. piedra magnética.
lodge (ladch). n. **1.** casa campestre. **2.** logia.// tr. **1.** alojar. **2.** incrustrarse. **3.** presentar (una queja).// **lodgement**. n. **1.** alojamiento. **2.** acumulación.// **lodger**. n. huésped, inquilino.// **lodging**. n. hospedaje.
loft. n. **1.** desván. **2.** depósito.
lofty. a encumbrado.// **loftiness**. n. encumbramiento.
log. n. tronco, leño.// **logging**. n. tala; explotación forestal.
logarithm. n. logaritmo.
logic (lóyik). n. lógica.// **logical**. a. lógico.// **logistic**. **1.** n. logística. **2.** a. logístico.
logotype (logotaip). n. logotipo.
loin. n. ijar, lomo.
loiter. i. holgazanear.
lollipop. n. chupetín, caramelo.
lone, lonely (lóun-ly). a. solitario, solo.// **loneliness**. n. soledad.// **lonesome**. a. solitario.
long. a. **1.** largo. **2.** *l. ago*: hace mucho tiempo. **3.** *l. before*: mucho antes.// adv. durante largo tiempo, largamente.
long. i. **1.** añorar. **2.** ansiar, anhelar.// **longing**. **1.** n. anhelo. **2.** a. ansioso, anhelante.
longevity (lonyéviti). n. longevidad.
longitude (lányitiud). n. longitud.

longshoreman. m. estibador.
longwise (lónguais). adv. a lo largo, longitudinal.
look (luk). tr. **1.** mirar. **2.** parecer. **3.** *l. after*: cuidar. **4.** *l. for*: buscar. **5.** *l. like*: parecerse a. **6.** *l. out*: vigilar.// n. **1.** mirada. **2.** aspecto. **3.** moda.
looking glass. n. espejo.
lookingout. n. **1.** vigilancia. **2.** vigía. **3.** perspectiva.
loom (lum). tr. asomarse, aparecer.// n. telar.
loop (lup). n. **1.** lazo. **2.** vuelta. **3.** rizo, bucle. **4.** abrazadera.
loose (lus). a. **1.** suelto. **2.** holgado. **3.** relajado.// tr. soltar, aflojar.// **loosely**. adv. libremente.// **loosen**. tr. **1.** desatar. **2.** aflojar.
loot (lut). n. saqueo, botín.// tr. saquear.
lopsided (lopsaided). a. ladeado.
loquacious (lokuéicios). a. locuaz.// **loquacity**. n.
lord. m. **1.** señor. **2.** amo. **3.** *the Lord*: el Señor.
lose. tr. **1.** perder. **2.** hacer perder.
loss. n. **1.** pérdida. **2.** pl. bajas.
lost. a. **1.** perdido. **2.** olvidado.
lot. n. **1.** lote, porción. **2.** cuota. **3.** *a l. of, lots of*: mucho, un montón de.// tr. lotear, sortear.
lotion (lóushon). n. loción.
lottery. n. lotería.
loud (láud). a. alto, fuerte (sonido).// **loudspeaker**. n. altoparlante.
lounge (láundch). tr. haraganear.// n. salón social.
louse (láus). n. piojo.
lovable. a. amoroso, adorable.
love (lóv). n. **1.** amor. **2.** cariño. **3.** gusto. **4.** *in l.*: enamorado. **5.** *to fall in l.*: enamorarse.// tr. **1.** amar, querer. **2.** gustar de. **3.** encantarle a uno.// **lovelorn**. a. abandonado por su amante.// **loveliness**. n. hermosura.// **lovely**. a. hermoso, delicioso.
lover. n. amante; novio. **2.** *l. of*: aficionado a.
low (lóu). a. **1.** bajo. **2.** inferior. **3.** *to feel l.*: sentirse deprimido.// adv. **1.** abajo, debajo de, bajo. **2.** *to speak l.*: hablar bajo.
lowbred. a. malcriado, vulgar.
lower (lóuer). tr. **1.** bajar, reducir. **2.** humillar.
lowland (lóuland). n. tierra(s) baja(s).
lowly. a. humilde, modesto.// **lowliness**. n. humildad, modestia.
loyal (lóial). a. leal, fiel.// **loyalty**. n. lealtad.
lozenge (lásendch). n. **1.** *Geom*. rombo. **2.** pastilla, comprimido.
lubricant. a./n. lubricante.// **lubricate**. tr. lubricar.// **lubrication**. n. lubricción.
lucid. a. lúcido.
luck (lok). n. suerte.// **lucky**. a. **1.** afortunado, con suerte. **2.** *to be l*: tener buena suerte.
lucrative. a. lucrativo.
lug (lóg). tr. arrastrar.// **luggage**. n. equipaje.
lukewarm (lúkuorm). a. tibio.
lull (lól). tr. arrullar.// **lullaby**. n. canción de cuna.
lumbago (lombéigou). n. lumbago.
lumber (lómber). n. **1.** madera. **2.** trastos.// **lumberjack**. n. maderero.// **lumberyard**. n. depósito de madera.
luminous (lúmines). a. luminoso.
lump (lómp). n. **1.** terrón. **2.** protuberancia. **3.** montón. **4.** *a l. in the throat*: un nudo en la garganta.// tr. apelotonar.// **lumpy**. a. apelmazado, grumoso.

lunatic

lunatic. a. lunático.
lunch (lónch). n. almuerzo, refrigerio.// tr. almorzar.
luncheon. n. almuerzo, merienda.
lung (long). n. pulmón.
lunge (londch). n. arremetida, estocada.// tr. **1.** lanzar. **2.** *l. at:* arremeter contra.
lurch (lerch). n. bamboleo.// tr. tambalear.
lure (lur). n. **1.** atractivo, tentación. **2.** carnada, señuelo.// tr. seducir.
lurk (lerk). tr. acechar, esconderse.

luscious (lócios). a. sabroso, rico.
lust (lóst). n. **1.** lujuria. **2.** codicia.// **lustful.** a. lujurioso, codicioso.
luster. n. lustre, brillo.
luxuriant. a. frondoso, lozano.
luxurious (luksorios). a. suntuoso, lujoso.// **luxury.** n. lujo.
lying. a. **1.** mentiroso, falso. **2.** yacente.
lynch. tr. linchar.
lynx. n. lince.
lyric. 1. a. lírico. **2.** n. lírica.// **lirical.** a. lírico.

m (ém). n. decimotercera letra del abecedario.
macaber, macabre. a. macabro
macaroni. n. macarrones.
mace (máis). n. maza.
macerate (masereit). tr. macerar.
machination (makinéishon). n. maquinación.
machine (mashín). n. **1.** máquina. **2.** *m. gun:* ametralladora. **3.** *m. shop:* taller de mecánica. **4.** *m. tool:* máquina-herramienta.// **machinery.** n. maquinaria; mecanismo.// **machinist.** n. maquinista.
mackerel. n. caballa.
mackintosh. n. gabardina, impermeable.
mad. a. **1.** demente, loco; furioso. **2.** *to drive m.:* volver loco. **3.** *to go m.:* volverse loco.
madam. f. señora.
madden. i./tr. enloquecer, enfurecer.// **madman.** m. loco.// **madness.** n. locura, demencia.// **madhouse.** n. manicomio.
magazine. n. **1.** revista. **2.** cargador (arma). **3.** depósito de armas.
magenta (mayénta). n. púrpura, solferino.
maggot. n. gusano, larva.
magic (máyik). **1.** n. magia. **2.** a. mágico.// **magical.** a. mágico.// **magician.** n. mago, hechicero.
magistrate (máyistreit). n. magistrado.
magnanimity. n. magnanimidad.// **magnanimous.** a magnánimo.
magnate (mágneit). n. magnate.
magnesia (magnísha). n. magnesia.// **magnesium.** n. magnesio.
magnet. n. imán.// **magnetic.** a. magnético, imantado.// **magnetism.** n.// **magnetize.** tr. magnetizar.// **magneto.** n. magneto.

magnificence (magnífisens). n. magnificencia.// **magnificent.** a. magnífico.
magnification (magnifikéishon). n. **1.** magnificación. **2.** ampliación, aumento.
magnifier (magnífaier). n. lente de aumento, lupa.
magnify (magnífai). tr. amplificar, aumentar.
magnitude (magnítiud). n. magnitud.
magpie (magpai). n. **1.** urraca. **2.** fig. charlatán.
maharaja (majaráya). n. maharajá.
mahogany (majágani). n. caoba.
maid (meid). f. doncella.// **maiden. 1.** f. doncella. **2.** a. virgen, soltera.
mail (meil). n. **1.** correo, correspondencia. **2.** *by return m.:* a vuelta de correo.// **mailbox.** n. buzón.// **mailman.** m. cartero.
maim (meim). tr. lisiar, tullir.// **maimed.** a. lisiado, mutilado.
main (mein). a. principal, esencial.// n. **1.** cañería matriz. **2.** parte principal.// **mainly.** adv. principalmente.
mainland (méinland). n. tierra firme, continente.
mainspring. n. fig. causa principal, móvil.
maintain (meintéin). tr. mantener.// **maintenance.** n. **1.** mantenimiento. **2.** manutención.
maize (meis). n. maíz.
majestic (mayéstik). a. majestuoso.// **majesty.** n. majestad.
majolica (mayólica). n. mayólica.
major (méiyer). a. mayor, principal.// n. **1.** mayor. **2.** *m. general:* general de división. **3.** especialidad.// i. especializar(se).
major-domo. n. mayordomo.
majority. n. **1.** mayoría. **2.** mayoría de edad.

make (méik). tr. **1.** hacer. **2.** fabricar. **3.** formar. **4.** ganar (dinero). **5.** ser igual a (cuentas). **6.** preparar (comida). **7.** cometer. **8.** *Sp.* marcar (tantos). **9.** *m. clear:* poner en claro. **10.** *m. easy:* facilitar. **11.** *m. into:* convertir. **12.** *m. much of:* sacar gran provecho; dar mucha importancia. **13.** *m. out:* llenar, redactar (documentos); salir (bien o mal). **14.** *m. over:* transferir, traspasar. **15.** *m. run:* abrir campo. **16.** *m. time:* ganar tiempo. **17.** *m. up:* completar; reunir; componer; pintarse, maquillarse; inventar; reconciliarse. **18.** *m. up one's mind:* decidirse.// n. fabricación, marca.
make-believe (méikbiliv). n. engaño, artificio.// a. simulado, fingido.
make-do (méikdú). a. improvisado, provisional.
maker (méiker). n. fabricante.
makeup (méikap). n. **1.** composición. **2.** cosméticos. **3.** maquillaje.
maladjustment (malayéstment). n. **1.** desajuste. **2.** inadaptación.
maladroit. a. torpe, desatinado.
malady. n. dolencia, enfermedad.
malaria. n. malaria, paludismo.
malcontent. n. descontento, revoltoso.
male (meil). a. masculino, varón, macho.
malediction (meledikshon). n. maldición.
malefaction (malefákshon). n. delito, crimen.// **malefactor.** m. malhechor.// **malefactress.** f. malhechora.
malevolence (malévolens). n. malevolencia.// **malevolent.** a. malevolente.
malformation (malforméishon). n. malformación, deformación.
malice (mális). n. malicia.// **malicious.** a. malicioso.
malign (maláin). **1.** a. maligno, nocivo. **2.** tr. calumniar.// **malignancy.** n. malignidad.// **malignity.** n. malevolencia.
mall. n. galería comercial.
mallard (máliard). n. pato silvestre.
malleability. n. maleabilidad.// **malleable.** a.
mallet. n. mazo.
malnutrition (malnutríshon). n. desnutrición.
malodor (malóuder). mal olor, fetidez.// **malodorous.** a. maloliente, fétido.
malpractice (malpráktis). n. mala práctica profesional, mala praxis.
malt (molt). n. malta.// **malted milk.** n. leche malteada.
maltreat (maltrít). tr. maltratar.// **maltreatment.** n. maltrato.
mamma. n. **1.** mama. **2.** mamá.// **mammal.** n. mamífero.// **mammalian.** a. mamífero.
mammoth (mamúdz). n. mamut.
man. m. **1.** hombre. **2.** varón. **3.** sirviente. **4.** peón. **5.** marido. **6.** *men's room:* baño de caballeros. **7.** *no m.:* nadie. **8.** *no men's land:* tierra de nadie. **9.** *one's own m.:* un hombre independiente. **10.** *self made men:* que triunfó por sí mismo.// tr. tripular.
manacle. n. **1.** grillete. **2.** pl. esposas.// tr. esposar.
manage (mánidch). tr. **1.** dirigir. **2.** administrar. **3.** poder con. **4.** arreglárselas.// **manageable.** a. **1.** manejable. **2.** dócil.// **management.** n. **1.** administración. **2.** gerencia.// **manager.** n. **1.** gerente.

2. representante, agente.// **managerial.** a. administrativo, ejecutivo.
mandarin. n. mandarín.
mandate (mándeit). n. **1.** mandato. **2.** territorio bajo mandato.// tr. ordenar.// **mandatory.** a. obligatorio.
mandible. n. mandíbula.
mane (mein). n. crin, melena.
maneuver (manúver). n. maniobra.// i. maniobrar, manipular.
manful. a. varonil, viril.
manganese (mánganis). n. manganeso.
manger (méindcher). n. pesebre.
mangle (mánguel). tr. mutilar.
mango (mángou). n. mango.
mangy (méinyi). a. sarnoso; roñoso.
manhandle (mánjándel). tr. maltratar.
manhood (mánjúd). n. **1.** hombría. **2.** madurez.
mania (méinia). n. manía.// **maniac.** a./n. maníaco.
manicure (méinikiur). n. manicuría.// **manicurist.** n. manicuro, manicura.
manifest. a./n. manifiesto.// i./tr. declarar, manifestar.// **manifestation.** n.// **manifiesto.** n.
manifold (mánifould). a. diverso, múltiple.
manipulate (manípuleit). tr. **1.** manipular. **2.** falsificar.// **manipulation.** n. manipulación.
mankind. n. humanidad.
manly. a. varonil, caballeroso.// adv. como un hombre.// **manliness.** n. hombría.
mannequin. n. maniquí.
manner. n. **1.** manera. **2.** pl. modales.// **mannerism.** n. amaneramiento.
manpower (mánpáuer). n. mano de obra, fuerza de trabajo.
mansion (mánshon). n. mansión.
mantle (mántel). n. manto, capa.// tr. tapar.
manual (mániual). a. manual.
manufacture (maniufákcher). n. manufactura.// tr. manufacturar.// **manufacturer.** n. fabricante.// **manufacturing.** a. industrial, fabril.
manure (manúr). n. abono, estiércol.
manuscript. a./n. manuscrito.
many (méni). a. **1.** muchos, varios. **2.** *a great m.:* muchísimos. **3.** *how m.:* cuántos. **4.** *so m.:* tantos. **5.** *too m.:* demasiados. **6.** *as m. as:* tanto como. **7.** *twice as m.:* dos veces más.// n./pron. muchos.
map. n. mapa.
maple (méipl). n. arce.
marathon. n. maratón.
maraud (maród). i. merodear.// **marauder.** n. merodeador.
marble (merbl). n. mármol.// a. marmóreo.// **marbled.** a. marmolado.
march. n. marcha.// i. marchar.
March. n. marzo.
mare (mer). f. yegua.
margarine (márdzerin). n. margarina.
margin (mardzin). n. **1.** margen. **2.** garantía.// **marginal.** a.// **marginally.** adv. marginalmente.
marinade (marinéid). n. escabeche.
marine. a. marino, marítimo.// n. **1.** marina. **2.** *EE.UU.* infante de marina.// **mariner.** n. marinero.
marionette (marionét). n. marioneta.
maritime (máritaim). a. marítimo.

mark

mark. n. **1.** marca, señal. **2.** signo de puntuación. **3.** calificación.// tr. marcar.// **marker.** n. marcador.
market. n. **1.** mercado. **2.** demanda. **3.** Bolsa.//
marketable. a. vendible.// **marketing.** n. mercadotecnia.
marking. a. que marca.// n. marcación, marca.
marksman. m. tirador.
markup (markáp). n. aumento de precios; margen de ganancia.
marmalade (mármaleid). n. mermelada.
markee (markí). n. marquesina.
marquis (márkuis). m. marqués.// **marquise.** f. marquesa.
marriage (máridch). n. matrimonio.// **marriageable.** a. casadero.// **married.** a. **1.** casado. **2.** conyugal. **3.** m. couple: matrimonio. **4.** to get m.: casarse.
marrow (márou). n. **1.** médula. **2.** meollo.
marsh. n. pantano, ciénaga.
marshal. n. **1.** mariscal. **2.** alguacil.
marshy. a. pantanoso.
mart. n. mercado, centro comercial.
marten. n. marta.
martial (márshel). a. marcial.
martyr (márter). n. mártir.// tr. martirizar.// **martyrdom.** n. martirio.
marvel. n. maravilla.// i. maravillar(se).// **marvelous.** a. maravilloso.
Marxism (márksísm). n. marxismo.// **Marxist.** n.
marzipan. n. mazapán.
mascot. n. mascota.
masculine (máskiulin). a. masculino.// **masculinity.** n.
mash. n. masa blanda, puré.// tr. amasar; moler.
mask. m. **1.** máscara. **2.** careta.// tr. enmascarar.
mason (méison). n. **1.** masón. **2.** albañil.// **masonry,** n. **1.** masonería. **2.** albañilería.
masquerade (máskereid). n. mascarada.
mass. n. **1.** masa. **2.** misa.// a. masivo.// i. congregarse en masa.
massacre (mésiker). n. masacre.
massage (masádch). n. masaje.// tr. masajear.// **masseur.** m., **masseuse.** f. masajista.
massive (masív). a. **1.** masivo. **2.** macizo. **3.** imponente.
mast. n. **1.** mástil. **2.** poste.
master. n. **1.** amo, señor, patrón. **2.** maestro. **3.** original.// tr. dominar.// **masterful.** a. **1.** dominante. **2.** diestro.// **masterly. 1.** a. magistral. **2.** adv. magistralmente.// **mastermind.** n. genio creador.// **masterpiece.** n. obra maestra.// **mastery.** n. **1.** maestría. **2.** dominio.
masticate (mástikeit). tr. masticar.// **mastication.** n.
mastiff. n. mastín.
mastodon. n. mastodonte.
masturbate (masterbéit). i./tr. masturbar(se).// **masturbation.** n.
mat. n. **1.** esterilla. **2.** felpudo.// a. mate, sin brillo.
match. n. fósforo.// **match box.** n. caja de fósforos.
match (mach). n. **1.** pareja. **2.** Sp. partido.// tr. **1.** hacer juego con. **2.** oponer. **3.** igualar.// **matchless.** a. sin igual.
mate (méit). n. **1.** compañero. **2.** cónyuge.// i./tr. **1.** hermanar(se). **2.** casar(se). **3.** aparear(se).

mate (meit). n. jaque mate.// i./tr. dar jaque mate.
maté. n. mate (bebida y recipiente).
material (matírial). a./n. material.// **materialism.** n.// **materialist.** n.// **materialize.** tr. materializar, realizar.// **materially.** adv. materialmente.
maternal. a. maternal.// **maternity.** n.
mathematical (mazemátikal). a. matemático.// **mathematician.** n. matemático.// **mathematics.** n. matemática(s).
matinée. n. matiné.
matriarch (méitriark). matriarca.// **matriarchate** (meitriarkeit), **matriarchy.** n. matriarcado.
matriculate (matrikiuleit). i./tr. matricular(se).// **matriculation.** n.
matrimony. m. matrimonio.
matrix (méitriks). n. matriz.
matron (méitron). f. matrona; celadora.
matted. n. enmarañado.
matter. n. **1.** materia, asunto. **2.** as a m. of fact: en realidad. **3.** no m.: no importa. **4.** what's the matter?: ¿qué pasa? **5.** what's the m. with you: ¿qué te pasa? **6.** what does it m.?: ¿qué importa?// **matter-of-fact.** a. práctico, realista.
mattock. n. zapapico.
mattress. n. colchón.
mature. a **1.** maduro. **2.** Com. vencido.// i./tr. madurar.// **maturity.** n. **1.** madurez. **2.** vencimiento.
maul (mol). aporrear, magullar.
mausoleum (mosoliom). n. mausoleo.
mauve (mov). a. color de malva.
maverick. n. **1.** disidente. **2.** EE.UU. animal sin marca.
mawkish (mókish). a. sensiblero.
maxim. n. máxima.
maximal. a. máximo.// **maximize.** tr. maximizar.// **maximum.** n. máximo.
may (mei). aux. **1.** poder. **2.** permitir.
May (mei), n. mayo.
maybe (méibi). adv. puede ser, tal vez, quizás.
mayonnaise (maionéis). n. mayonesa.
mayor (méior). n. alcalde, intendente.
maze (méis). n. laberinto.
mazurca (masérca). n. mazurca.
me (mi). pron. **1.** me. **2.** mí (después de preposición). **3.** it's me: soy yo. **4.** with me: conmigo.
meadow (médou). n. pradera.
meager (míguer). a. flaco, magro.// **meagerness.** n. flaqueza; pobreza.
meal (mil). **1.** comida. **2.** harina.// **mealtime.** n. hora de comer.
mean (min). tr. **1.** querer decir, significar. **2.** tener la intención. **3.** m. it: hablar en serio. **4.** m. well: tener buenas intenciones.// n. **1.** punto medio. **2.** Mat. promedio; media. **3.** pl. medios; recursos. **4.** by all m.: sin duda. **5.** by any m.: como sea. **6.** by m. of: por medio de. **7.** by no m.: de ningún modo.// a. **1.** medio. **2.** mediocre. **3.** de baja calidad. **4.** ruin, mezquino. **5.** tacaño.
meander (mínder). a. meandro.// i. serpentear.
meaning (míning). n. sentido, significado.// **meaningless.** a. sin sentido, vacío.
meanness (mínes). n. mezquindad.
meantime (míntaim), **meanwhile** (mínjuáil). n. ínterin.// adv. mientras tanto, entre tanto.

meteorology

measles (mísles). n. sarampión.
measure (méshur). n. **1.** medida. **2.** cantidad.// n. medir.// **measurement.** n. **1.** medida. **2.** dimensión.// **measurer.** n. medidor.
meat (mít). n. **1.** carne. **2.** pulpa.// **meatball.** albóndiga.// **meaty.** a. carnoso.
mecca. n. meca.
mechanic (mekánik). a./n. mecánico.// **mechanical.** a. mecánico.// **mechanics.** n. mecánica; mecanismo.// **mechanism.** n. mecanismo.// **mechanize.** tr. mecanizar.// **mechanization.** n.
medal. n. medalla.// **medallist.** n. **1.** condecorado. **2.** Sp. ganador (de una medalla).// **medallion.** n. medallón.
meddle (médel). i. entrometer(se).// **meddler.** n. entrometido.// **meddlesome.** a. entrometido.
media. n. medios de comunicación.
median. a. mediano, intermedio.
mediate (midiait). a. mediato.// **1.** i. mediar, interceder. **2.** tr. reconciliar, arbitrar, intermediar.// **mediation.** n.// **mediator.** n.
medical. a. médico, medicinal.// **medicate.** tr. medicar, curar.// **medicinal.** a.// **medicine.** n. medicina.// **medicine man (woman).** n. curandero(ra).
medieval (mídival). a. medieval.
meditate (méditeit). tr. meditar.// **meditation.** n.
mediterranean (mediterénian). a. mediterráneo.
medium (mídiom). n. medio.
medley (medli). n. mezcla, miscelánea.
meek (mik). a. manso, sufrido.// **meekness.** n. mansedumbre.
meet (mit). tr. **1.** encontrar(se) con. **2.** conocer. **3.** verse con. **4.** hacer frente a. **5.** reunirse con.// **meeting.** n. **1.** reunión. **2.** mitín.// **meetinghouse.** n. templo (protestante).
megaphone (mégafoun). n. megáfono.
melancholia (melankóulia). n. melancolía.
meliorate (mílioreit). i./tr. mejorar.// **melioration.** n. mejora.
mellifluous (melífluos). a. dulce, melifluo.
mellow (mélou). a. suave; dulce; maduro.// i./tr. madurar(se), añejar(se).// **mellowness.** n. sazón, madurez.
melodic. a. melódico.// **melodious.** a. melodioso.// **melody.** n. melodía.
melon (mélon). n. melón.
melt. 1. i./tr. fundir(se), derretir(se). **2.** i. desvanecer(se).// n. fusión, derretimiento.
member. n. miembro; socio.// **membership.** n. calidad de miembro o socio.
membrane (mémbrein). n. membrana.
memo. ver **memorandum.**
memoir (mémuar). n. **1.** memoria (informe). **2.** pl. memorias.// **memorable.** a.
memorandum (dom). n. memorando.
memorial. a. conmemorativo.// n. **1.** monumento. **2.** memorial.
memorize (mémorais). tr. memorizar.// **memory.** n. **1.** memoria. **2.** recuerdo.
men. m. pl. hombres.
menace (ménas). n. amenaza.// tr. amenazar.
mend. tr. **1.** enmendar. **2.** remendar, componer.
meningitis (meninyáitis). n. meningitis.
menopause (ménopos). n. menopausia.

menstrual. a. menstrual.// **menstruate.** i. menstruar.// **menstruation.** n.
mensurable (menseRébl). a. mensurable.// **mensuration.** n. medición, mensura.
mental (méntal). a. mental.// **mentality.** n. mentalidad.// **mentally.** adv. mentalmente.
menthol (méntol). n. mentol.
mention (ménshon). n. mención.// tr. **1.** mencionar. **2.** don't m. it: no hay de qué.
menu (méniu). n. menú.
mercantile (mérkantil). a. mercantil.// **mercantilism.** n.// **mercantilist.** n.
mercenary (mércenari). n. mercenario.
mercerize (mércerais). tr. mercerizar.
merchandise (mérchandais). **1.** n. mercadería. **2.** i./tr. comerciar.// **merchandising.** n. promoción de ventas.// **merchant. 1.** n. comerciante, mercader. **2.** a. mercante, mercantil.// **merchantman.** n. buque mercante.
merciful. a. compasivo, misericordioso.// **mercifulness.** a. misericordia.// **merciless.** a. despiadado, cruel.
mercury (mérkiury). n. mercurio.// **mercurial.** a.
mercy. n. **1.** misericordia. **2.** merced.
mere (mir). a. mero, solo, no más que.// **merely.** adv. meramente, simplemente.
merge (merdch). i./tr. fusionar(se), fundir(se).// **merger.** n. Com. fusión (de empresas).
meridian. a./n. meridiano.// **meridional.** a.
meringue (meréng). n. merengue.
merit. n. mérito.// **meritorious.** a. meritorio.
mermaid (mérmeid). n. sirena.
merrily (mérily). adv. alegremente.// **merriment.** n. alegría, fiesta.// **merry.** a. **1.** alegre, jocoso. **2.** ¡m. seasons!: ¡felices fiestas!
merry-go-round (merigouráund). n. calesita, carrusel.
merrymaker. n. juerguista.// **merrymaking. 1.** a. alegre. **2.** n. juerga.
mesh. n. **1.** malla. **2.** trampa.
mesmerize (mésmerais). tr. hipnotizar.// **mesmerism.** n. hipnotismo.
mess. n. **1.** plato, ración. **2.** confusión, lío.// i. **1.** m. about: entretenerse. **2.** m. in: meterse en (asuntos ajenos).
message (mésadch). n. mensaje.// **messenger.** n. mensajero.
Messiah (mesáia). n. Mesías.
messy. a. desordenado.
metabolism. n. metabolismo.
metacarpus (metakárpes). n. metacarpo.
metal (métal). n. **1.** metal. **2.** temple.// **metallic.** a.// **metallurgy** (métalerdchi). n. metalurgia.// **metallurgic.** a. metalúrgico.
metamorphic. a. metamórfico.// **metamorphose.** i./tr. metamorfosear(se).// **metamorphosis.** n.
metaphor. n. metáfora.// **metaphorical.** a.
metaphysic (metafísik). a.// **metaphysics.** n. metafísica.
metastasis (metástasis). n. metástasis.
meteor (mítior). n. meteoro.// **meteoric.** a.// **meteorite.** n.
meteorology (mitióroloyi). n. meteorología.// **meteorologic.** a.// **meteorologist.** n. meteorólogo.

meter

meter (míter). n. **1.** metro. **2.** medidor (como sufijo). **3.** *Mus.* compás.
method (médod). n. método.// **methodical.** a. metódico.// **methodology.** n. metodología.
methodist. n. metodista.
meticulous (metíkuilous). a. meticuloso.
metrical. a. métrico.
metrology (mitráloyi). n. metrología.
metronome (métronóum). n. metrónomo.
metropolis. n. metrópoli.// **metropolitan** a.
mettle (métl). n. temple, valor.
Mexican (méksikan). a./n. mex(j)icano.
mezzanine (mésanin). n. entrepiso.
miasma (maiásma). n. miasma.
mice (máis). n. pl. ratones.
microbe (maikróub). n. microbio.// **microbiology.** n. microbiología.
microeconomics (máikroeconomics). n. microeconomía.
microfilm (máikrofilm). n. microfilme.
micrometer (máikromiter). n. micrómetro.
micron (máikron). n. micrón.
microorganism (máikroorganizem). n. microorganismo.
microphone (máikrofóun). n. micrófono.
microprocessor. m. microprocesador.
microscope (máikroskóup). n. microscopio.// **microscopic.** n.
microsurgery (máikrosúryeri). n. microcirugía.
microwave (máikrouéiv). n. microonda.
mid. a. **1.** medio. **2.** pleno. **3.** mediados (como prefijo). **4.** intermedia (letras).// n. medio.
midday (mídei). n. mediodía.// a. del/al mediodía.
middle (mídel). a. medio.// n. mitad, centro.
middle-aged (mídeléiyed). a. de edad madura.
Middle Ages (mídeléiyes). n. Edad Media.
middleclass. a. de clase media.
middleman. m. *Com.* intermediario.
middleweight (mídluéit). a. *Sp. de* peso medio.
midget (mídchet). n. **1.** enano. **2.** objeto pequeño.
midnight (mídnait). n. medianoche.
midriff. n. diafragma.
midshipman. m. guardiamarina.
midst. n. medio, centro.// prep. entre.
midstream (mídstrim). n. centro de una corriente de agua.
midsummer (midsámer). n. pleno verano.
midway (míduei). n. mitad del camino.
Midwest (mídwest). n. medio oeste.
midwife (míduaif). n. partera, comadrona.
midwinter. n. pleno invierno.
mien (min). n. aire, aspecto, semblante.
might (máit). n. poderío.// **mighty.** a. poderoso.
migrant (máigrant). a. migratorio.// **migrate.** i. migrar.// **migration.** n.// **migratory.** a.
milady (milaidi). f. dama (tratamiento).
mild (máild). a. suave; dulce; benigno.// **mildness.** n. suavidad; dulzura; benignidad.
mildew (míldiu). n. moho.// i. enmohecer(se).
mile (máil). n. milla.// **mileage.** n. distancia (millas).
milestone (máilstóun). n. mojón; hito.
militant. a./n. militante.
militarism. n. militarismo.// **militarist.** n.// **militarize.** tr. militarizar.// **military.** a. militar.
militate (militéit). i. militar.
militia (milíshe). n. milicia.// **militiaman.** m. miliciano.
milk. n. **1.** leche. **2.** *m. products:* productos lácteos. **3.** *m. shake:* licuado de leche.// **milkmaid.** f. lechera; ordeñadora.// **milkman.** m. lechero; ordeñador.// **milk-white.** a. blanco lechoso.// **milky.** a. **1.** lácteo. **2.** lechoso.
mill. n. **1.** molino. **2.** hilandería. **3.** fábrica.// tr. moler.// **miller.** n. molinero.
millenary. a. milenario.// **millennium.** n. milenio.
millet. n. mijo.
milligram. n. miligramo.
millimeter. n. milímetro.
millenary. a. milenario.// n. milenio.
million (mílion). n. millón.// **millonaire** (milionér). n. millonario.// **millionth.** a./n. millonésimo.
milord. m. caballero (tratamiento).
mime (maim). n. **1.** mimo (actor). **2.** pantomima.// i./tr. hacer pantomima.
mimeograph. n. mimeógrafo.// tr. mimeografiar.
mimic. a. **1.** mímico. **2.** fingido.// n. mimo (actor).// tr. remedar.// **mimicry.** n. **1.** mímica; remedo. **2.** *Biol.* mimetismo.
mimosa (mimóusa). n. mimosa.
mince (míns). tr. picar (carne).// **mincemeat.** n. **1.** carne picada. **2.** mezcla de frutas picadas.
mind. n. **1.** mente. **2.** inteligencia. **3.** opinión. **4.** memoria. **5.** juicio, razón. **6.** *to speak one's m.:* hablar con franqueza, desahogarse. **7.** *to change one's m.:* cambiar de opinión.// tr. considerar, preocuparse por.// **mindcure.** n. psicoterapia.// **minded.** a. dispuesto, propenso.// **mindful.** a. atento, cuidadoso.// **mindless.** a. estúpido; descuidado.
mine (máin). pron. mío, mía, míos, mías.
mine. n. mina.// tr. **1.** minar. **2.** *m. for:* cavar en busca de.// **miner.** n. minero.// **mineral.** a./n.// **mineralogy.** n. mineralogía.
mingle. i./tr. mezclar(se).
miniature (míniacher). n. miniatura.// **miniaturize.** tr. miniaturizar, diseñar miniaturas.
minimal. a. mínimo.
minimize (minimáis). t. minimizar.// **minimization.** n.
minimum. a./n. mínimo, muy pequeño.
mining. n. minería.
minister. n. ministro.// tr. asistir, auxiliar, contribuir.// **ministry.** n. ministerio.
mink. n. visón; piel de visón.
minor. a. menor, secundario, inferior, minoritario.// n. menor (de edad).// **minority.** n. minoría.
minstrel. a. trovador, juglar.// **minstrelsy.** n. juglaría.
mint. n. **1.** menta. **2.** pastilla de menta. **3.** casa de moneda.// tr. acuñar.
minuend. n. minuendo.
minuet. n. minué.
minus. *Mat.* **1.** a. negativo, menos. **2.** prep. menos. **3.** n. signo menos.
minute (mínit). n. **1.** minuto, instante. **2.** minuta, informe.// a. **1.** diminuto, insignificante. **2.** minucioso.
minuteman. m. miliciano de la independencia de EE.UU.
miracle (míraki). n. milagro.// **miraculous.** a. milagroso.

mirage (mirádch). n. espejismo; ilusión.
mire (máir). n. lodazal; lodo, fango.
mirror (míror). n. espejo.
misadventure (misavéncher). n. desgracia, contratiempo.
misanthrope (misandzróup). n. misántropo.// **misanthropy.** n.
misapprehend (misaprijénd). tr. malentender.// **misapprehension.** n. malentendido.
misappropriate (misapróupiet). malversar fondos.// **missapropriation.** n. malversación.
misbegotten. a. mal habido, espurio.
misbehave (misbijéiv). i. portarse o conducirse mal.// **misbehavior.** n. mala conducta.
misbelief (misbilíf). n. creencia u opinión errónea.
miscalculate (miskálkiuléit). tr. calcular mal.// **miscalculation.** n. error de cálculo.
miscarriage (miskáridch). n. **1.** fracaso. **2.** Med. aborto. **3.** extravío.// **miscarry. 1.** fracasar. **2.** abortar. **3.** extraviarse.
miscegenation (misedzenéishon). n. mestizaje, cruza.
miscellaneous (miseléinies). a. misceláneo.// **miscellany.** n. miscelánea.
mischief (míschif). n. daño, agravio.// **mischievous.** a. dañino, malicioso.
misconception (miskonsépshon). n. mala interpretación; concepto erróneo.
misconduct. tr. administrar mal.// **misconduction.** n. **1.** malversación. **2.** inmoralidad.
miscreant (miskríant). a. inescrupuloso.
misdeed (misdíd). n. fechoría.// **misdemeanor.** n. delito menor.
misdoer (misdúer). n. malhechor.
miser. n. avaro, tacaño.// **miserable.** a. // **miserly.** a. mísero, avaro.// **misery.** m. miseria, desgracia, sufrimiento.
misfire (misfáier). tr. fallar (el encendido, el tiro).
misfit. n. **1.** lo que no cae o ajusta bien. **2.** inadaptado.// i. no caer o ajustar bien.
misfortune (misfórchiun). n. desgracia.
misgiving. n. desconfianza, sospecha.
misgovernment. n. desgobierno.
misguide (misgáid). i./tr. dirigir o guiar mal.
mishap (mísjap). n. percance.
misinform. tr. informar mal, desinformar.
misinterpret. tr. malinterpretar.// **misinterpretation.** n.
misjudge (misyódch). juzgar mal, errar.
mislay (misléi). tr. **1.** colocar mal. **2.** traspapelar.// **mislaid.** a. traspapelado.
mislead (mislíd). tr. desencaminar, despistar.// misleading. a. engañoso.
mismanage (mimánadch). tr. manejar mal.
misnomer (misnóumer). n. nombre incorrecto.
misplace (mispléis). tr. desubicar; dar equivocadamente.
misprint. n. error de imprenta.
mispronounce (misprnáuns). i./tr. pronunciar mal.
misquote (miskuót). tr. citar incorrectamente.
misrepresent. tr. tergiversar.// **misrepresentation.** n. tergiversación.
misrule (misrúl). n. desgobierno.
miss. f. señorita.

miss. tr. **1.** perder. **2.** errar. **3.** no encontrar. **4.** no ver. **5.** no entender. **6.** extrañar, echar de menos. **6.** faltar. **7.** *m. out:* omitir.// n. fallo, fracaso.
missile (mísil). n. misil.
missing. a. **1.** perdido. **2.** desaparecido. **3.** faltante.
mission (míshon). n. misión.// **missionary.** a./n. misionero.
missis. f. señora, patrona.
missive (mísiv). a. misiva.
misspell. tr. cometer faltas de ortografía.
misspend. tr. malgastar.
misstate (mistéit). tr. relatar mal.
misstep. n. tropezón, mal paso.
mist. n. **1.** niebla, bruma. **2.** vapor.
mistake (mistéik). n. error, falta.// tr. equivocar(se), confundir(se).// **mistaken.** a. equivocado.
mister. n. señor.
mistreat (mistrít). tr. maltatar.// **mistreatment.** n. maltrato.
mistress. f. **1.** señora. **2.** dueña. **3.** amante.
mistrial (mistráiel). n. Der. juicio nulo.
mistrust (mistróst). tr. desconfiar, recelar.// desconfianza.// **mistrustful.** a. desconfiado.
misty. a. brumoso, con neblina.
misunderstand (misanderstánd). i./tr. entender mal.// **misunderstanding.** n. desacuerdo; malentendido.
misuse (misiús). n. mal uso; maltrato.// tr. usar mal; maltratar.
mite (mait). n. **1.** garrapata. **2.** suma ínfima.
miter (máiter). n. mitra.
mitigate (mitiguéit). tr. mitigar.// **mitigation.** n.
mitten. n. mitón.
mix. tr. **1.** mezclar, juntar, combinar. **2.** *to get mixed up:* meterse en. **3.** *m. in:* agregar. **4.** *m. up:* confundir; reñir.// **mixed.** a. mezclado, variado.// **mixer.** n. mezcladora; batidora.// **mixture.** n. mezcla; mixtura.// **mix-up.** n. **1.** confusión, lío. **2.** riña.
moan (móun). n. gemido, queja.// i. gemir, quejarse.
moat (móut). n. foso.
mob (mob). n. plebe, masas.
mobile (móubil). a. móvil.// n. móvil (escultura).// **mobility.** n. movilidad.
mocha (móka). n. moca.
mock. tr. **1.** burlarse. **2.** simular// a. simulado.// **mockery.** n. mofa.// **mock-up.** n. modelo de tamaño natural.
mode (moud). n. modo, forma.// **model. 1.** n. modelo; maqueta. **2.** tr. modelar; diseñar.// **modeling.** n. modelado; profesión de modelo.
moderate (módereit). tr. moderar.// **moderation.** n.// **moderator.** n.
modern. a. moderno.// **modernism.** n.// **modernist.** n.// **modernize.** tr. modernizar.
modest. a. **1.** modesto. **2.** honesto, pudoroso.// **modesty.** n. **1.** modestia. **2.** honestidad, pudor.
modification (modifikéishon). n. modificación.// **modifier.** n. modificador.// **modify.** tr. **1.** modificar. **2.** moderar.
modish. a. de moda, en boga.
modiste (modíst). n. modista.
modulate (modiuléit). tr. modular.// **modulation.** n.
Mogul. a./n. mogol, mongol.
Mohammedan (mojámeden). a./n. mahometano.

moist

moist. a. **1.** húmedo. **2.** mojado.// **moisten** i./tr. humedecer(se).// **moisture** (móischér). n. humedad.
molar (mólar). n. muela.// a. molar.
molasses. n. melaza.
mold (móuld). n. **1.** molde. **2.** modelo.// tr. moldear// **molding.** n. **1.** moldeado. **2.** moldura.
mold. n. moho.// **moldy.** a mohoso.
mole (móul). n. **1.** lunar. **2.** topo. **3.** Quím. molécula.
molecular (molékiuler). a. molecular.// **molecule.** n.
molest. tr. **1.** molestar. **2.** abusar sexualmente.// **molestation.** n. **1.** molestia. **2.** abuso sexual.// **molestator.** n. **1.** persona molesta. **2.** abusador sexual.
mollusk (mólosk). n. molusco.
molt. i./tr. mudar el pelo o el plumaje.
molten. a. derretido, fundido.
molybdenum (móulidénom). n. molibdeno.
mom. f. fam. mami.
moment. n. momento.// **momentary.** a. momentáneo.
monarch (mónark). n. monarca.// **monarchic.** a. rel. a la monarquía// **monarchist.** a. monárquico (partidario).// **monarchy.** n. monarquía.
monastery (mónasteri). n. monasterio.// **monastic.** a.
Monday (móndi). n. lunes.
monetary. a. monetario.// **monetize.** tr. monetizar.// **money** (móni). n. dinero.// **money bag.** n. monedero.// **moneyed.** a. adinerado.// **money-making.** n. enriquecimiento.// **money order.** n. giro postal.
mongrel. n. mestizo, híbrido, cruzado.
monitor (mániter). n. monitor.// tr. monitorear.
monk. n. monje.
monkey (mónki) n. mono.
monkey wrench. n. llave inglesa.
monkish. a. monacal.
monochromatic (monokromátik). a. monocromático.// **monochrome.** a. monocromo.
monocle (mónokl). n. monóculo.
monogamy. n. monogamia.// **monogamous.** a.
monogram. n. monograma.
monograph. n. monografía.
monolith. n. monolito.
monologue. n. monólogo.
monopolic. a. monopólico.// **monopolize.** tr. monopolizar.// **monopoly.** n. monopolio.
monosyllable (monosílabl). n. monosílabo.
monotheism (monodzism). n. monoteísmo.
monotone (mónotóun). **1.** n. monotonía **2.** a. monótono.// **monotonic.** a. monótono.
monoxide (monóksaid). n. monóxido.
monsoon (monsún). n. monzón.
monster. n. monstruo.// **monstrosity.** n. monstruosidad.// **monstruous.** a. monstruoso.
month (mondz). n. mes.// **monthly. 1.** a. mensual. **2.** n. mensuario. **3.** adv. mensualmente.
monument (móniument). n. monumento.// **monumental.** a.
moo (mu). n. mugido.// i. mugir.
mood (mud). n. **1.** humor, ánimo. **2.** Gram. modo.// **moody.** a.**1.** malhumorado. **2.** temperamental.// **moodiness.** n. **1.** malhumor. **2.** temperamento.
moon (mun). **1.** n. luna. **2.** i. estar en la luna.// **moonbeam.** n. rayo de luna.// **moonlight.** n. **1.** claro o luz de luna. **2.** i. fig. tener dos empleos.// **moonlit.** a. iluminado por la luna.// **moonstruck.** a. lunático.
Moor (mur). a./n. moro.
moor. 1. n. páramo. **2.** tr. amarrar.// **mooring.** n. amarre.
moose (mus). n. alce.
moot (mut). tr. debatir.
mop. tr. trapear, fregar.// n. estropajo.
moral (móral). **1.** a. moral. **2.** n. moraleja. **3.** n. pl. moral, ética (materia, cualidad).// **morale.** n. moral (estado de ánimo).// **moralist.** n. moralista; moralizador.// **moralize.** tr. moralizar.
moratorium. n. moratoria.
morbid. a. **1.** morboso. **2.** patológico.// **morbidity.** n. Med. morbilidad.// **morbidness.** n. morbosidad.
mordant. a. mordaz.
more (mor). a./adv./n./pron. **1.** más. **2.** m. and m.: cada vez más. **3.** once m., one m. time: otra vez. **4.** to be no m.: no existir más.
moreover (moróuver). adv. además.
mores (mors). n. pl. usos, costumbres.
morgue (morg). n. morgue.
morning. n. **1.** mañana; alba. **2.** good m.!: ¡buenos días!.// a. matutino.
moron. n. débil mental.
morphine (mórfin). n. morfina.
morphology (morfolodgi). n. morfología.
morrow (morou). n. mañana (día siguiente).
morsel (mórsel). n. bocado.
mortal (mórtal). a. mortal.// **mortality.** n. mortalidad; mortandad.
mortgage (mórguedch). n. **1.** hipoteca. **2.** m. bank: banco hipotecario.// tr. hipotecar.
mortification (mortifikéishon). n. mortificación.// **mortify.** tr. mortificar.
mortise (mórtis). n. muesca.
mortuary (mórtiueri). n. funeraria.// a. funerario.
mosaic (mouséic). n. mosaico.
Moslem (móslem). a./n. musulmán.
mosque (mosk). n. mezquita.
moss. n. musgo.
most (móust) **1.** a./adv. (el) más (adjetivo), (el) más (adjetivo) que; mayor; la mayoría de; muy. **2.** n./pron. la mayoría; la mayor parte, lo máximo.//
mostly. adv. en su mayor parte, principalmente.
mote (móut). n. mota.
motel (moutél). n. motel.
moth (modz). n. polilla.// **mothball.** n. bolilla de naftalina.// **motheaten.** a. apolillado.
mother (módzer). **1.** n. madre. **2.** a. materno. **3.** tr. dar a luz; tratar maternalmente.// **motherhood.** n. maternidad.// **mother-in-law.** n. suegra.// **motherland.** n. patria; madre patria.// **motherly.** adv. maternalmente.// **mother tongue.** n. lengua materna.
motif (moutíf). n. motivo (arte).
motion (móushon). n. **1.** movimiento. **2.** moción. **3.** Der. petición. **4.** gesto. **5.** m. picture: película. **6.** i. hacer una seña.// **motionless.** a. inmóvil.
motivate (móutiveit). tr. motivar.// **motivation.** n.// **motive.** n. motivo.
motley (mótli). a. abigarrado, variado.
motor (móutor). n. **1.** motor. **2.** vehículo automotor. **3.** i. pasear en auto.// **motorbike.** n. motocicleta.

motorboat (móutorbot). n. lancha a motor.// **motorcar.** n. automóvil.// **motorcycle.** n. moto, motocicleta.// **motor home.** n. casa rodante.// **motorist.** n. automovilista.// **motorize.** tr. motorizar.// **motorman.** m. conductor de tranvía o tren eléctrico.
mottle (mótel). tr. motear, jaspear.// **mottled.** moteado, jaspeado.
motto (mot). n. lema.
mound. n. montículo.// tr. amontonar.
mount. n. **1.** monte. **2.** montura. **3.** soporte.// i./tr. **1.** montar. **2.** subir. **3.** fijar.
mountain (máunten). n. **1.** montaña. **2.** *m. climbing:* montañismo. **3.** *m. range:* cordillera.// **mountaineer.** n. **1.** montañés. **2.** alpinista.// **mountain lion.** n. puma.// **mountainous.** a. montañoso.
mourn (morn). i./tr. **1.** llorar. **2.** enlutar(se).// **mourner.** n. deudo, doliente.// **mourning.** n. luto, duelo.
mouse (máus). n. ratón.// **mousehole.** n. ratonera.// **mouse trap.** n. trampa para ratones.
moustache (móstach). n. bigote, mostacho.
mouth (máudz). n. **1.** boca. **2.** desembocadura. **3.** *to be down in the m.:* estar deprimido.// tr. pronunciar, decir; i. *m. off;* hablar con descaro.// **mouthful.** n. **1.** bocado, bocanada. **2.** comentario.// **mouthpiece.** n. **1.** boquilla. **2.** auricular (teléfono).// **mouthwatering.** a. apetitoso.
movable (múvabl). a. móvil.// n. muebles.
move (muv). i./tr. **1.** mover(se). **2.** mudar(se). **3.** conmover(se). **4.** *m. around.:* cambiar de lugar. **5.** *m. along:* seguir adelante. **6.** *m. away:* alejarse. **6.** *m. in:* instalarse. **7.** *m. up:* ascender.// n. **1.** movimiento. **2.** movida, jugada.// **movement.** n. movimiento.
movie (múvi). n. **1.** película. **2.** *the m.:* el cine (industria, arte).// **moviger.** n. aficionado al cine.
moving (múving). a. **1.** móvil. **2.** conmovedor.// **m. van.** n. camión de mudanza.
mow (mou). segar, cortar.// **mower.** n. cortadora de césped.
much (mach). **1.** a. mucho. **2.** *as m. as:* tanto como. **3.** *how m.?:* ¿cuánto? **4.** *too m.:* demasiado. **5.** adv. muy, mucho, mucho más (en comparaciones). **6.** *however m.:* por más que. **7.** *very m.:* muchísimo. **8.** n. mucho.
muck (mok). n. estiércol; humus.
mucous (miúcos). a. mucoso.// **mucus** (miúcos). n. moco.
mud (mod). n. lodo.
muddle (módl). tr. **1.** enturbiar. **2.** mezclar, confundir.// n. **1.** revoltijo. **2.** confusión mental.
muddy (módi). a. **1.** fangoso. **2.** turbio. **3.** confuso.// tr. enlodar, enturbiar.
mudguard (módgard). n. guardabarros.
muffle (mófl). tr. amortiguar un ruido.// **muffler.** n. **1.** silenciador. **2.** bufanda.
mug (mog). n. jarra.
mug. tr. *EE.UU.* asaltar a una persona.// **mugger.** n. asaltante.
mulatto. n. mulato.
mulberry (mólberi). n. mora.
mule (miul). n. mula.// **muleteer.** n. arriero.
mull (mol). i./tr. meditar sobre algo.
multilateral. a. multilateral.

multimillionaire. n. multimillonario.
multiple (móltipl). a. múltiple.// n. múltiplo.// **multiplication.** n.// **multiplicity.** n. multiplicidad.// **multiplier.** n. multiplicador.// **multiply.** tr. multiplicar.
multitude (móltitiud). n. multitud.
mum (mom). a. silencioso.// n. **1.** crisantemo. **2.** fig. mamá.
mumble (mómbl). tr. mascullar.
mummify (mómifai). tr. momificar.// **mummy.** n. momia.
mumps (momps). n. paperas.
munch (monch). tr. masticar ruidosamente.
mudane (mondein). a. mundano.
municipal (miunícipal). a. municipal.// **municipality.** n. municipalidad.
munition (miuníshon). n. munición.
mural (miúral). a./n. mural.
murder (múrder). **1.** n. asesinato. **2.** tr. asesinar.// **murderer.** n. asesino.// **murderous.** a. asesino, devastador.
murmur (múrmur). n. **1.** murmullo. **2.** *Med.* soplo.// tr. murmurar.
muscle (móscl). n. músculo.// **muscular.** a. fornido.
Muse (mius). n. musa.
museum (miusiom). n. museo.
mushroom (móshrum). n. hongo comestible.
music (miúsic). n. música.// **musical.** a.// **music hall.** n. teatro de variedades.// **musician.** n. músico.
musk (mosk). n. almizcle.// a. almizclero.
musket (mósket). n. mosquete.// **musketeer.** n. mosquetero.
muskmelon. n. melón amarillo.
muslim. ver **Moslem.**
must. aux. deber, deber de, tener que.
mustang. n. caballo salvaje.
mustard. n. mostaza.
muster. tr. **1.** reunir, congregar. **2.** llamar a filas.
musty (mósti). a. **1.** mohoso. **2.** ambiguo.
mutate (miútelt). i./tr. mutar(se).// **mutation.** n.
mute (miut). a./n. mudo.// tr. amortiguar, poner sordina.// **muteness.** n. mudez.
mutilate (miútileit). tr. mutilar.// **mutilation.** n.
mutinous (miútinos). a. amotinado.// **mutiny.** n. motín, sedición.// i. amotinar(se).
mutter. i./tr. murmurar, rezongar.
mutual (miutual). a. mutual.
muzzle (mózl). **1.** hocico. **2.** bozal. **3.** orificio de un arma de fuego.
my (mai). **1.** pron. mi, mis. **2.** adj. mío. **3.** interj. ¡caramba!
myopia (maióupia). n. miopía.// **myopic.** a. míope.
myriad. n. **1.** miríada. **2.** diez mil.// a. innumerable.
myrtle (mírtl). n. mirlo.
myself (maisélf). pron. mí, mismo, yo mismo.
mysterious (mistírios). a. misterioso.// **mistery.** n. **1.** misterio. **2.** novela policial.
mystic. a./n. místico.// **mysticism.** n.
mystify (místifai). tr. **1.** mistificar. **2.** dejar perplejo.// **mystification.** n.
myth. n. mito.// **mythical.** a. mítico.
mythology (mitóloyi). n. mitología.// **mythological.** a. mitológico.

n (en). n. decimocuarta letra del abecedario.
nab (neb). tr. **1.** arrestar. **2.** coger, agarrar.
nacre (náker). n. nácar.
nag. i./tr. regañar; reñir.
nail (neil). n. **1.** uña. **2.** clavo.// tr. **1.** clavar, asegurar con clavos. **2.** fig. coger, atrapar.// **nail clippers.** n. pl. cortauñas.// **nailer** (néiler). n. máquina clavadora.// **nail polish.** n. esmalte para uñas.
naive (naív). a. ingenuo, cándido.// **naiveté.** n. ingenuidad.
naked (néiked). a. **1.** desnudo. **2.** despojado. **3.** *the n. truth:* la pura verdad. **4.** *to the n. eyes:* a simple vista.// **nakedness.** n. desnudez.
name (néim). n. **1.** nombre. **2.** apellido. **3.** fama, renombre. **4.** *full n.:* nombre y apellido. **4.** *what's your n.?:* ¿cómo te llamas?// tr. **1.** llamar. nombrar, dar el nombre de. **2.** fijar (precio, hora).// **name day.** n. santo, onomástico.// **nameless.** a. sin nombre, anónimo.// **namely.** adv. **1.** es decir. **2.** sobre todo.// **namesake.** n. tocayo, homónimo.
nanny (náni). f. **1.** nodriza. **2.** institutriz.
nap. i. dormitar.// n. **1.** siesta. **2.** *to take a n.:* dormir un rato, dormir una siesta.
nape (néip). n. nuca.
napkin (nápkin). n. **1.** servilleta. **2.** pañal. **3.** toallita.
narcissus. n. narciso.// **narcicism.** n.
narcotic. a./n. narcótico.// **narcotize.** tr. narcotizar.
narrate (náreit). tr. narrar.// **narration.** n.// **narrative.** 1. a. narrativo. 2. n. narrativa, relato.// **narrator.** n.
narrow (nárow). a. **1.** estrecho, angosto. **2.** limitado. **3.** estricto. **4.** intolerante.// n. pl. estrecho.// i./tr. angostar(se), reducir(se).// **narrowly.** adv. estrechamente.// **narrow-minded.** a. intolerante, de mente estrecha.// **narrowness.** n. **1.** estrechez, angostura. **2.** intolerancia.
nasal (néisal). a. nasal.
nascent (néiscent). a. naciente, incipiente.
nasty. a. **1.** sucio, desagradable. **2.** malicioso. **3.** repugnante.
natal (néital). a. natal.
nation (néishon). n. nación.// **national.** a.// **nationalism.** n.// **nationalist.** n.// **nationality.** n. nacionalidad; ciudadanía.// **nationalize.** tr. nacionalizar.// **nationalitation** n.// **nationwide.** a. de alcance nacional.
native (néitiv). a. **1.** nativo. **2.** autóctono. **3.** originario.// n. nativo, natural.// **native-born.** a. nacido en el país.

nativity. n. **1.** nacimiento. **2.** *N.* navidad.
natural (nátural). **1.** a. natural. **2.** lógico. **3.** propio.// **naturalism.** n.// **naturalist.** n.// **naturalize** (náchuralais). i./tr. naturalizar(se).// **naturalization.** n.// **naturally.** adv. naturalmente.// **nature.** n. **1.** naturaleza. **2.** *something in the n. of:* algo así como.
naugth (not). n. nada; cero.// **naughty** (noti). a. **1.** desobediente, travieso. **2.** picante (chiste).
nausea (nóshia). n. náusea.// **nauseate** (nósieit). tr. dar náuseas, dar asco.// **nauseating.** a. nauseabundo.
nautical (nótical). a. náutico.
naval (néival). a. naval.
navel (néivel). n. ombligo.
navigable (návigabl). a. navegable.// **navigate** (návigueit). i./tr. navegar.// **navigation.** n.// **navigator.** n. navegante.
navy (néivi). n. marina, armada.// **navy blue.** n. azul marino.// **navy yard.** n. arsenal naval.
nay (nei). adv. más bien, hasta, aun más.// n. **1.** negativa. **2.** voto negativo.
near (nir). a. **1.** cercano, próximo. **2.** inmediato. **3.** íntimo. **4.** directo, corto.// adv. **1.** cerca, próximo. **2.** casi.// prep. cerca de; casi.// i./tr. acercar(se).// **nearby.** 1. a. cercano. 2. adv. cerca de.// **nearly.** adv. casi.// **nearness.** n. proximidad.
nearsighted (nírsaited). a. miope.
neat (nit). a. **1.** puro. **2.** pulcro. **3.** nítido. **4.** bien hecho.
nebula (nébiula). n. nebulosa.// **nebulous.** a. nebuloso.
necessarily (neceséreli). adv. necesariamente.// **necessary.** a. necesario.// **necessitate.** tr. necesitar; hacer necesario.// **necessity.** a. necesidad.
neck. n. **1.** cuello. **2.** pescuezo. **3.** anat.: cabeza a cabeza. **4.** *to be on one's n.:* pisar los talones. **5.** *to stick one's n. out:* arriesgar el pescuezo.// **neckerchief.** n. pañuelo para el cuello.// **necklace.** n. collar.// **neckline.** n. escote.// **necktie.** n. corbata.
necrology (nekróloyi). n. necrología.
necropolis. n. necrópolis.
necrosis (nekróusis). n. necrosis.
nectar. n. néctar.
need (nid). n. **1.** necesidad. **2.** carencia. **3.** pobreza.// tr. **1.** necesitar. **2.** *if n. be:* si fuere necesario.// **needful.** a. necesario.
needle (nídl). n. aguja.// tr. **1.** coser. **2.** fam. fastidiar.// **needlepoint.** n. bordado, crochet.

nitrate

needless (nídles). a. 1. innecesario. 2. *n. to say:* está demás decir.
needlework. n. bordado, costura, crochet.
needy (nídi). a. necesitado.
ne'er-do-well (nérduel). n. haragán, inútil.
negation (neguéishon). n. negación.// **negative.** a.
neglect. tr. descuidar.// n. descuido, negligencia.// **neglectful.** a. negligente.// **negligence.** n. negligencia.// **negligent.** a. negligente.
negotiable (negóushabl). a. negociable.// **negotiate.** tr. 1. negociar. 2. tramitar. 3. fam. salvar, superar.// **negotiation.** n.// **negotiator.** n.
Negress (nígres). f. negra, mujer de raza negra.
Negro (nígrou). a./m. negro, hombre de raza negra.
neigh. tr. relinchar.// n. relincho.
neighbor. 1. n. vecino. 2. tr. colindar.// **neighborhood.** n. vecindario, vecindad.// **neighboring.** a. aledaño, vecino.// **neighborly.** a. amistoso, sociable.
neither (níder). pron./a. ninguno (de ambos).// conj./adv. ni, tampoco.
neolithic (nioulídzic). a. neolítico.
neon (níon). n. neón.
neophyte (níoufait). n. neófito.
neoplasm (níouplasm). n. neoplasma.
nephew (néfiu). m. sobrino.
nephritis (nefráitis). n. nefritis.
nepotism. n. nepotismo.
nerve (nerv). n. 1. nervio. 2. tendón. 3. fig. descaro. 4. *to get on one's nerves:* irritarlo a uno.// tr. animar.// **nervous.** a. nervioso.// **nervousness.** n. nerviosismo.
nest. n. 1. nido. 2. nidada.// i. anidar; tr. envolver, empaquetar.// **nest egg.** n. fig. ahorros.
nestle (nesl). i. arrimarse, acomodarse.
nestling. n. polluelo.
net. n. 1. red, malla. 2. tul.// tr. 1. cubrir con red. 2. atrapar.
net. a. neto.// tr. ganar, producir.
nether (nédzer). a. más bajo.// **nether world.** n. el infierno.
nettle (netl). n. ortiga.// tr. provocar.// **nettlesome.** a. irritante.
network (nétuork). n. red, cadena (comercial, TV).
neuralgia (niurályia). n. neuralgia.
neurasthenia (niurasdzínia). n. neurastenia.
neuritis (niuráitis). n. neuritis.
neurology (niurólodgi). n. neurología.// **neurologic.** a.// **neurologist.** n. neurólogo.
neuron (níuron). n. neurona.
neurosis (niuróusis). n. neurosis.// **neurotic.** a.
neuter (niúter). a. neutro.// **neutral.** a. neutral, neutro.// **neutrality.** n. neutralidad.// **neutralize.** tr. neutralizar.
never. adv. 1. nunca, jamás. 2. *n. mind:* no importa.// **nevermore.** adv. nunca más.// **nevertheless.** adv. sin embargo.
new (niú). 1. a. nuevo, reciente. 2. adv. recientemente.// **newborn.** a./n. recién nacido.// **newcomer.** n. recién llegado.// **new-made.** a. recién hecho.// **newness.** n. novedad.// **newly.** adv. nuevamente.// **newlywed.** n. recién casado.
news. n. 1. noticia, novedad. 2. pl. noticias, novedades.// **newsboy.** n. vendedor de periódicos, canillita.// **newscast.** n. noticiario, noticiero.// **newscaster.** n. comentarista de noticias.// **news conference.** n. conferencia de prensa.// **newsletter.** n. boletín informativo.// **newsman.** m. reportero, periodista.// **newspaper.** n. periódico.// **newspaperman.** m. periodista.// **newsprint.** n. papel de diario.// **newsreel.** n. noticiario cinematográfico.// **newsstand.** n. puesto de venta de periódico.// **newsy.** a. 1. lleno de noticias. 2. chismoso.
New Year (niúier). n. Año Nuevo.
next. a. próximo, siguiente, cercano, vecino, el que sigue.// adv. luego, enseguida, después, casi.// prep. al lado de.
nibble (nibl). tr. mordisquear, picar.// n. bocadillo.
nice (nais). a. 1. agradable, placentero, gentil. 2. bonito. 3. preciso, exacto. 4. exigente. 5. *be a n. boy!:* ¡pórtate bien! 6. *n. to met you:* encantado de conocerlo.// **nicely.** adv. muy bien, con precisión.// **niceness.** n. refinamiento, gentileza.// **nicety.** n. 1. precisión, sutileza. 2. delicadeza.
niche. n. nicho, rincón.
nick. n. 1. muesca, mella, corte. 2. momento crítico.// tr. 1. mellar. 2. hacer muescas. 3. herir levemente.
nickel. n. níquel.// tr. niquelar.
nicker. n. relincho.// i. relinchar.
nickname (níknaim). n. apodo, sobrenombre.// tr. apodar.
nicotine. n. nicotina.
niece (nis). f. sobrina.
nigger (níguer). n. EE.UU. negro (despectivo).
night (náit). 1. n. noche. 2. a. nocturno.// **night clothes.** n. pl. ropa de dormir.// **night club.** n. cabaret, club nocturno.// **night dress.** n. camisón.// **nightfall.** n. anochecer.
nightingale (náitingueil). n. ruiseñor.
nightly. a. 1. nocturno. 2. de cada noche.// adv. todas las noches.
nightmare (náitmer). n. pesadilla.
night owl (náit aul). n. 1. lechuza. 2. noctámbulo.
nighttime (náitaim). n. noche, horas de la noche.
nightwalker (náituoker). n. merodeador nocturno.
night watch (náituoch). n. ronda nocturna.// **night watchman.** m. sereno, guardia.
nigritude. n. negrura.
nihilism (náiilism). n. nihilismo.// **nihilist.** a./n.
nil. n. nada, cero.
nimble (nímbl). a. 1. ágil. 2. vivo, ingenioso.
nimbus. n. nimbo.
nine (náin). a. nueve.// **ninefold.** 1. a. nueve veces mayor. 2. adv. nueve veces.
nineteen (naintín). a./n. diecinueve.// **nineteenth.** a decimonoveno; diecinueve (en fechas).
ninetieth (náintiedz). a. nonagésimo; noventavo.// **ninety.** a./n. noventa.
ninth (nindz). a. noveno; nueve (en fechas).
nip. tr. 1. pellizcar. 2. mordisquear. 3. helar.// n. 1. mordisco, pellizco. 2. frío. 3. pinzas. 4. fig. sátira.
nippers (níper). n. pl. tenazas, pinzas.
nipple (nípl). n. 1. pezón. 2. chupete. 3. *Mec.* boquilla.
nitrate (náitreit). 1. n. nitrato. 2. tr. nitrar, nitratar.// **nitric.** a. nítrico.// **nitrify.** tr. nitrificar.// **nitrogen.** n. nitrógeno.// **nitroglycerin.** n. nitroglicerina.

no

no (nou). adv. no.// adj. ningún, ninguno, sin.// n. no; voto negativo.
nobility (noubíliti). n. nobleza (rango).// **noble.** a. noble.// **nobleness.** n. nobleza (cualidad).// **nobleman.** m. noble.// **noblewoman.** f. noble.// **nobly.** adv. noblemente.
nobody (nóubodi). n./pron. nadie.
nocturnal. a. nocturno.// **nocturne.** n. Mus. nocturno.
nod. i. inclinar o mover la cabeza (para asentir, saludar, etc.).// n. asentimiento, saludo, seña, etc., hecho con la cabeza.
nodule (nódiul). n. nódulo.
nogood (nóugud). a. inútil, sin valor.
noise (nois). n. **1.** ruido. **2.** sonido. **3.** rumor.// i. **1.** hablar mucho. **2.** hacer ruido. **3.** tr. divulgar.// **noiseless.** a. silencioso.// **noisy.** a. ruidoso.
nomad (nóumad). a./n. nómada.
nomenclature (nóumenkleichur). n. nomeclatura.
nominal (nóminal). a. nominal.// **nominate.** tr. nominar, nombrar, proponer como candidato.// **nomination.** n. **1.** nominación. **2.** nombramiento.// **nominative.** a.// **nominee** (nominí). n. candidato.
non. a./ pref. neg. no, sin, falto de.
nonaligned (nonelined). a. no alineado.
nonattendance (nonátendens). n. ausencia.
nonbreakeable (nonbrekebel). a. irrompible.
nonchalance (nonchálans). n. indiferencia, imperturbabilidad.// **nonchalant.** a. indiferente.
noncombatant. n. no combatiente.
noncommittal. a. evasivo.
noncompliance. n. incumplimiento.
nonconformist. n. disidente, inconformista.
nondescript. a. indefinido.
none (non). pron. **1.** nadie, ninguno, nada. **2.** n. but.: solamente.// adv. nada.
nonentity. n. nulidad, lo inexistente.
nonetheless (nondzelés). adv. sin embargo.
noexistent. a. inexistente.
nonfiction (nonfikshon). n. no ficción (literatura).
nonfat (nónlat). a. desgrasado, descremado.
nonpareil (nónparel). a. sin par, sin igual.
nonpayment (nonpálment). n. falta de paga.
nonplussed (nónplosd). a. perplejo.
nonproductive. a. improductivo.
nonprofit. a. sin fines de lucro.
nonresident. a./n. no residente.
nonsense (nonséns). n. sinsentido, disparate.
nonskid. a. antideslizante.
nonstop. a./adv. expreso, sin paradas.
nontaxable (nontaksebl). a. no imponible.
nontransferible (nontrasferábl). a. intransferible.
nonunion (noniúnion). a. no sindicalizado.
noodle (núdl). n. fideo.
nook (nuk). n. rincón.
noon (nun). **1.** n. mediodía. **2.** a. del mediodía.// **noonday, noontime.** n. **1.** mediodía. **2.** punto culminante.
noose (nus). n. **1.** nudo corredizo. **2.** dogal. **3.** fig. trampa.
nor. conj. ni, tampoco.
norm. n. **1.** norma. **2.** promedio.// **normal.** a/n.// **normality.** n. normalidad.// **normally.** adv. normalmente.

north (nordz). **1.** n. norte. **2.** a. del norte. **3.** adv. hacia el norte.// **northeast. 1.** n. noreste. **2.** a. del noreste. **3.** adv. hacia el noreste.// **northeastern.** a. nororiental.// **northerly. 1.** a. del norte. **2.** adv. hacia el norte.// **northern.** a. norteño, del norte.// **northerner.** n. norteño.// **northward. 1.** a./adv. hacia el norte. **2.** n. dirección al norte.// **northwest. 1.** n. noroeste. **2.** a. del noroeste. **3.** adv. hacia el noroeste.// **northwesthern.** a. noroccidental.
Norwegian (noruíyan). a./n. noruego.
nose (nous). n. **1.** nariz. **2.** olfato. **3.** proa. **4.** right under one's n.: delante de las narices. **5.** to blow one´s n.: sonarse la nariz. **6.** to lead by the n.: llevar de las narices. **7.** to turn one's n. at: despreciar.// tr. oler, husmear.// **nosebleed.** n. hemorragia nasal.// **nosedive.** n. picada (avión).
nostalgia (nostályа). n. nostalgia.// **nostalgic.** a.
nostril. n. **1.** ventana de la nariz. **2.** pl. narices.
not. adv. **1.** no, ni. **2.** n. at all: nada, de ningún modo. **3.** n. even: ni siquiera.
notable (nóutabl). a. notable.
notarize (nóutarais). tr. formalizar ante notario.// **notary.** n. notario.
notation (noutéishon). n. notación, nota, anotación.
notch. n. **1.** muesca, marca. **2.** desfiladero.// tr. hacer una muesca, marcar.
note (nout). a. **1.** nota. **2.** aviso, mención. **3.** paparé. **4.** billete.// tr. **1.** notar. **2.** anotar.// **notebook.** n. cuaderno.
nothing (nádzing). n./pron. nada.//adv. no, nada, de ninguna manera.// **nothingness.** n. la nada.
notice (nóutice). **1.** anuncio, aviso, notificación. **2.** observación, mención. **3.** atención. **3.** crítica, nota.// tr. notar, mencionar, avisar, notificar, advertir.// **noticeable.** a. **1.** notable, evidente. **2.** sensible, perceptible.// **notification.** n. **notify.** tr. notificar, avisar.
notion (nóushon). a. **1.** noción, idea. **2.** intención.
notoriety (notoráieti). n. notoriedad.// **notorious.** (notórius). a. notorio, de mala fama.
notwithstanding (nátuidztanding). prep./adv. a pesar de, no obstante.
nought (not). n. nada, cero.
noun (noun). n. sustantivo, nombre.
nourish (nórish). tr. nutrir, alimentar, mantener.// **nourishing.** a. nutritivo, alimenticio.// **nourishment.** n. nutrición, alimento.
novel. a. novel, reciente.// n. novela.// **novelist.** n. novelista.// **novelty.** n. novedad.
November. n. noviembre.
novice. n. **1.** novato. **2.** novicio.
now (náu). adv. **1.** ahora, ya. **2.** from n. on: a partir de ahora, de aquí en adelante. **3.** just n.: hace un momento. **4.** n. and then: de vez en cuando. **5.** right n.: ahora mismo.// **nowadays.** adv. en estos días, actualmente.
noways (nóueis). adv. de ninguna manera.
nowhere (nóujuer). adv. en ninguna parte, a ningún lado.
noxious (nákshios). a. nocivo.
nozzle (násel). n. **1.** boquilla. **2.** hocico.
nuclear (núklier). a. nuclear.// **nucleus.** n. núcleo.
nude (miud). a./s. desnudo.// **nudity.** n. desnudez.

nudge (nódch). tr. dar un codazo, codear.// n. codazo.
nugget (nóguet). n. 1. pepita de oro. 2. carozo.
nuisance (niúsans). n. 1. estorbo, molestia. 2. persona molesta, pesado.
null. 1. a. nulo. 2. n. cero.// **nullify.** tr. anular.// **nullifying.** a. anulatorio, que anula.
number (nómber). n. 1. número. 2. *a n. of:* varios, muchos. 3. pl. aritmética. 4. *beyond n.:* innumerable. 5. fig. *your n. is up:* te llegó la hora. 6. tr. numerar.// **numberless.** a. innumerable.// **numeral.** n. número, cifra.// **numarator.** n.// **numerical.** a numérico.// **numerous.** a. numeroso.
numismatics. n. numismática.
numskull (nómskól). n. tonto, bobo.
nun (nón). f. monja, religiosa.// **nunnery.** n. convento de monjas.
nuptial (nópshal). a. nupcial.

nurse (ners). n. 1. niñera. 2. enfermera.// tr. 1. criar. 2. cuidar. 3. i. mamar, dar de mamar.// **nursery.** n. 1. guardería; cuarto de los niños. 2. vivero.
nurture (nércher). n. 1. crianza, formación. 2. alimento, nutrición.// tr. 1. criar. 2. nutrir.
nut. n. 1. nuez. 2. tuerca. 3. fig. chiflado.// **nutcracker.** n. cascanueces.// **nutmeg.** n. nuez moscada.
nutrient. a./n. nutriente.// **nutriment.** n. alimento.// **nutrition.** n.// **nutritive.** a.// **nutritious.** a. nutritivo.
nutshell. n. 1. cáscara de nuez. 2. *in a n.:* en pocas palabras.
nuzzle (nósl). n. 1. boquilla. 2. hocico.// i. hocicar.
nylon (náilon). n. nailon.
nymph (nimf). f. ninfa.// **nymphomania.** n. ninfomanía.// **nymphomaniac.** f.

o (ou). n. decimoquinta letra del abecedario.
oak (óuk). n. roble.// **oaken.** a. de roble.
oar (or). n. remo.// **oarsman.** n. remero.
oasis (ouéisis). n. oasis.
oat (óut). n. avena.
oath (óudz). n. juramento.
oatmeal (óutmil). n. harina de avena.
obdurate (ábdiureit). a. obstinado, terco.
obedience (óbediens). n. obediencia.// **obedient.** a. obediente.
obelisk (óbelisk). n. obelisco.
obese (óbes). a. obeso.// **obesity.** a. obesidad.
obey. tr. obedecer.
obituary (obíchuari). n. obituario.
object (obyéct). 1. n. objeto 2. tr. objetar.// **objection.** n. objeción, reparo.// **objectionable.** a. 1. objetable. 2. ofensivo.// **objective.** a.// **objectivity.** n. objetividad.// **objector.** n. objetor.
obligate (óbligueit). tr. obligar.// **obligation.** n. obligación.// **obligatory.** a. obligatorio.
oblige (obláidch). tr. 1. obligar. 2. complacer.// **obliging.** a. servicial, complaciente.
oblique (oblík). a. 1. oblicuo. 2. evasivo.
oblivion. n. olvido.// **oblivious.** a. olvidadizo.
oblong. a. oblongo.
oboe (óbou). n. oboe.
obscene (obsín). a. obsceno.// **obscenity.** n.
obscure (obskiúr). 1. a. oscuro. 2. tr. oscurecer.// **obscurity.** n. obscuridad.
obsequious (obsíkuies). a. servil, obsecuente.

observance (obsérvans). n. observancia.// **observant.** a. observador, atento.// **observation.** n.// **observatory.** n.// **observe.** tr. observar.// **observer.** n. observador.
obsess (obsés). tr. obsesionar.// **obsession.** n. obsesión.// **obsessive.** a. obsesivo.
obsolescence (obsolésens). n. obsolescencia.// **obsolete.** n. obsoleto.
obstacle (óbstikel). n. obstáculo.
obstetrician (obstetríshan). n. obstetra.// **obstetrics.** n. obstetricia.
obstinacy (óbstineci). n. obstinación.// **obstinate.** a. 1. obstinado. 2. *Med.* rebelde.
obstreperous (obstréperos). a. estrepitoso.
obstruct (obstrókt). tr. obstruir.// **obstruction.** n. obstrucción// **obstructive.** a.
obtain (obtéin). 1. tr. obtener. 2. i. estar en vigencia.// **obtainable.** a. posible, asequible.
obtrusive (obtrúsiv). a. intruso.
obtuse (obtiús). a. obtuso.
obviate (óbviéit). tr. obviar.// **obvious.** a. obvio.// **obviously.** adv. obviamente.
occasion (okéishon). n. 1. ocasión. 2. razón, motivo.// **occasional.** a.// **occasionally.** a. ocasionalmente.
occident. n. occidente.// **occidental.** a.
occult. a. oculto, misterioso.
occupancy (ókiupansi). n. ocupación, residencia.// **occupant.** a. ocupante; inquilino, huésped, pasajero.

occupation (okiupáishon). n. 1. ocupación, posesión. 2. trabajo, empleo.// **ocuppy.** tr. ocupar.
occur (okér). i. ocurrir, suceder.// **occurence.** n. suceso, hecho.
ocean (oúshan). n. océano.// **oceanic.** a.
ochre (óuker). n. ocre.
o'clock. adv. 1. hora completa. 2. *at one o.:* a la una, a la una en punto.
octagon (óktagon). n. octágono.// **octagonal.** a.
octave (ókteiv). n. octava.
October (októuber). n. octubre.
octopus (óktopus). n. pulpo.
ocular (ókiuler). a. ocular.// **oculist.** n. oculista.
odd. a. 1. impar. 2. suelto. 3. raro. 4. y pico, y tantos (para cifras imprecisas). 5. casual.
odds. n. pl. 1. disparidad, desigualdad. 2. ventaja. 3. posibilidad. 4. *at o.:* en desacuerdo.
ode (oud). n. oda.
odious (óudios). a. odioso, repulsivo.
odor (ódor). n. olor, aroma.// **odoriferous.** a. oloroso.// **odorless.** a. inodoro, sin olor.
odysey. n. odisea.
of. prep. 1. de. 2. menos (en la hora).
off. adv. 1. fuera. 2. lejos. 3. completamente.// a. 1. apagado, desconectado. 2. inferior, más bajo. 3. cancelado. 4. equivocado. 5. opuesto de, del otro lado. 6. lejano. 7. por fuera de.// prep. de, desde, fuera, lejos de.
offal (ófal). n. 1. menudencias (achuras, entrañas). 2. desperdicios.
off-color. a. desteñido.
offend (ofénd). tr. 1. ofender, disgustar. 2. pecar, transgredir. 3. i. ser ofensivo.// **offender.** n. transgresor, infractor, pecador.// **offense.** n. 1. agravio. 2. pecado. 3. delito, crimen. 4. ataque. 5. *Sp.* ofensiva, ataque. 6. *to take o.:* ofenderse.// **offensive.** a. 1. ofensivo. 2. desagradable.
offer (ófer). tr. 1. ofrecer(se). 2. ofrendar.// n. 1. oferta, propuesta.// **offering.** n. 1. ofrecimiento. 2. ofrenda.
offhand (ófjand). a. espontáneo.// adv. de improviso.
office (ófis). n. 1. oficina. 2. consultorio. 3. sección. 4. cargo. 5. ministerio. 6. cocina pequeña (lugar). 7. *to be in o.:* ocupar un cargo.// **office-boy.** n. mensajero, cadete.// **officer.** n. 1. funcionario. 2. agente de policía. 3. oficial.
official. 1. a. oficial. 2. n. oficial, funcionario, dirigente.
officiate (oficieit). i. oficiar; hacer las veces de.
officious (ofíshes). a. oficioso.
offing. n. 1. alta mar. 2. *in the o.:* a la vista.
offset. 1. tr. compensar, contrarrestar. 2. n. impresión offset.
offshoot (ofshut). n. 1. ramal. 2. vástago. 3. retoño.
offshore (ofshór). a. costero.// adv. mar adentro.
offspring. n. descendencia, prole.
offstage (ofstéidch). a. entre bastidores.
off-the-record. a. extraoficial.
often. adv. frecuentemente, a menudo.
ogre (oúguer). n. ogro.
ohm (óum). n. ohmio.
oil. n. 1. aceite. 2. petróleo.// **oilcloth.** n. hule.//
oiled. a. aceitado, lubricado.// **oil field.** n. campo petrolífero.// **oil panting.** n. óleo, pintura al óleo.// **oilskin.** n. tela impermeable.// **oil well.** n. pozo petrolífero.// **oily.** a. aceitoso, grasoso.
ointment. n. ungüento, pomada.
OK (óukéi). adv./interj. muy bien, correcto.
old (óuld). a. viejo, antiguo, envejecido.// **old age.** n. vejez.// **olden.** a. antiguo.// **old-fashioned.** a. pasado de moda, anticuado.// **old-timer.** a. 1. veterano. 2. antiguo.// **old-world.** a. del Viejo Mundo.
oleo. n. margarina.// **oleomargarine.** n. óleo-margarina.
olfactory (olfáktory). a. olfatorio.
oligarch (oligárk). n. oligarca.// **oligarchy.** n. oligarquía.
olive (óliv). n. oliva.// **olive oil.** n. aceite de oliva.
Olympic. 1. a. olímpico. 2. n. pl. Juegos Olímpicos.
ombudsman. m. ombudsman, defensor del pueblo.
omelet (ómlit). n. tortilla.
omen (óumen). n. presagio, agüero.// tr. presagiar.// **ominous.** a. ominoso, de mal agüero.
omission (omíshon). n. omisión.// **omit.** tr. omitir.
omnibus. n. ómnibus, autobús.
omnipotence (omnípotens). n. omnipotencia.// **omnipotent.** a. omnipotente.
omnivorous (omnívoros). a. omnívoro.
on (on). prep. 1. en, sobre, encima. 2. por, hacia, a. 3. durante, a. 4. sobre, referente a.// adj./adv. encendido, prendido, abierto, en curso.// 1. *and so on:* y así sucesivamente. 2. *on and on:* sin parar. 3. *later on:* más tarde.
once (uáns). adv. 1. una vez. 2. antes, en otro tiempo. 3. *at o.:* al mismo tiempo; inmediatamente. 4. *o. and for all;* de una vez y para siempre.// n. una vez.// conj. una vez que.
oncoming (onkiúming). a. el que viene.
one (uán). a. 1. un, uno, una. 2. solo, único.// n. uno, unidad.// pron. uno.
one-man (uánmán). a. unipersonal.
onerous (óneres). a. oneroso.
oneself (uánsélf). pron. se (en verbos reflexivos), uno mismo, sí, sí mismo.
one-sided (uansáided). a. 1. de un solo lado. 2. desigual, parcial.
one-time (uantáim). a. de una sola vez.
one-to-one (uántuán). a. *Mat.* exacto.
one-way (uánuei). a. 1. de sentido único (calle). 2. de ida (pasaje).
onion. n. cebolla.
on-line (onláin). a. controlado por una computadora central.
only (óunli). adv. sólo, solamente, únicamente.// a. único.
onset (óunset). n. 1. ataque. 2. comienzo.
onto (óuntu). prep. en, sobre, encima de.
onward. adv. adelante, hacia adelante.// adj. avanzado, progresivo.// **onwards.** adv. hacia adelante.
onyx. n. ónix.
ooze (us). tr. rezumar, supurar, exudar.
opacity. n. opacidad.
opal (óupal). n. ópalo.
opaque (opéik). a. opaco.

open (óupen). a. **1.** abierto. **2.** descampado. **3.** libre, despejado. **4.** vigente (invitación, oferta). **5.** público (lugar). **6.** franco, sincero. **7.** sin prejuicios (persona).// tr. **1.** abrir(se). **2.** descubrir, revelar. **3.** iniciar. **4.** instalar (un negocio). **5.** destapar (botellas). **6.** *o. out:* desplegar. **7.** *o. up:* dar a conocer.// n. **1.** claro, lugar abierto. **2.** *in the o.:* al aire libre; en el campo. **3.** *to bring into the o.:* sacar a la luz.// **open-air.** a. al aire libre.// **opener.** n. **1.** abridor. **2.** *bottle-o.:* destapador. **3.** *can-o.:* abrelatas.// **open-handed.** a. generoso.// **openhearted.** a. **1.** sincero. **2.** generoso.// **opening.** n. **1.** apertura, comienzo, inauguración. **2.** abertura, orificio. **3.** *Pol.* apertura.// **openly.** adv. públicamente, abiertamente.
opera. n. ópera.
operate (operéit). tr. **1.** operar. **2.** actuar, funcionar. **3.** surtir efecto.// **operation.** n. **1.** operación. **2.** funcionamiento.// **operative.** a. **1.** operativo. **2.** *Med.* operatorio.// **operator.** n. operador.
operetta. n. opereta.
ophtalmology (oftalmólyi). n. oftalmología.
opine (opín). i. opinar.// **opinion.** n. opinión, juicio.
opium (óupiom). n. opio.
opponent (opónent). n. opositor, adversario.
opportune (óporchun). a. oportuno.// **opportunism.** n.// **opportunist.** n.// **opportunity.** n. oportunidad.
oppose (opóus). i./tr. oponerse a, hacer frente a, contraponer.// **opposer.** n. opositor.// **opposite.** a. opuesto, contrario.// **opposition.** n. oposición.
oppress (oprés). tr. oprimir.// **opression.** n. **1.** opresión. **2.** tiranía.// **oppressive.** a. **1.** opresivo. **2.** sofocante.// **oppressor.** n. **1.** opresor. **2.** tirano.
optic, optical. a. óptico.// **optician.** n. óptico.// **optics.** n. óptica.
optimism. n. optimismo.// **optimist.** n.// **optimistic.** a. optimista.
option (ópshon). n. opción.// **optional.** a.
opulence (ópiulens). n. opulencia.// **opulent.** a.
or. conj. o, u.
oracle (órakel). n. oráculo.
oral (óral). a. oral.
orange (órandch). n. naranja.// **orangeade.** n. naranjada.
oration (oréishon). n. oración, discurso.
orator (órator). n. orador.// **oratory.** n. **1.** oratoria. **2.** oratorio.
orbit (órbit). n. órbita.// tr. poner en órbita.
orchard (órchard). n. huerto.
orchestra (órkestra). n. **1.** orquesta. **2.** platea.
orchid (órkid). n. orquídea.
ordain (ordéin). tr. **1.** ordenar (sacerdote). **2.** disponer, mandar.
order (órder). n. **1.** orden. **2.** *in o. that:* a fin de que. **3.** *out of o.:* fuera de servicio; en desorden.// tr. ordenar.// **orderly.** a. **1.** ordenado. **2.** obediente. **3.** n. *Mil.* ordenanza; *Med.* ayudante.
ordinal. a. ordinal.
ordinance. n. reglamento, ordenanza.
ordinary. a. ordinario, común, término medio.
ordnance (órdnans). n. artillería; equipos de guerra.

organ (órgan). n. órgano.// **organic.** a.// **organism.** n.// **organist.** n.// **organization.** n.// **organize.** tr. organizar,// **organizer.** n. organizador.
orgy (óryi). n. orgía.
Orient. n. Oriente.// **oriental.** a.
orient. tr. orientar.// **orientation.** n.
orifice (órifis). n. orificio.
origin (óriyin). n. origen.// **original.** a./n.// **originality.** n.// **originate.** tr. originar.
ornament (órnament). **1.** n. adorno, ornamento. **2.** tr. ornamentar.// **ornamental.** a.// **ornamentation.** n.
ornithology (ornitóloyi). n. ornitología.
orphan (órfan). n. huérfano.// **orphanage.** n. orfanato.
orthodox (órdzodoks). a. ortodoxo.// **orthodoxy.** n. ortodoxia.
orthopedics. n. ortopedia.// **orthopedic.** a.
oscillate (ósileit). i. oscilar.// **oscillation.** n.
osmium (ósmiom). n. osmio.
osmosis (osmóusis). n. ósmosis.
ossify (ósifai). i./tr. osificar(se).// **ossification.** n.
ostensible (osténsibl). a. ostensible.
ostentation (ostentéishon). n. ostentación.// **ostentatious.** a. ostentoso.
osteopathy (osteópadzi). n. osteopatía.
ostracism. m. ostracismo.
ostrich. n. avestruz.
other (ódzer). a./pron. **1.** otro, otra. **2.** *every o. day:* día por medio. **3.** *o. than:* diferente de. **4.** *each o.:* mutuamente.
otherwise (ozeruáis). adv. de otro modo; de lo contrario.
otter (óter). n. nutria.
ought (ot). aux. deber (obligación); tener que; convenir.
ounce (óuns). n. **1.** onza. **2.** pizca.
our (aur). a./pron. nuestro, tra, tros, tras.
ours (aurs). pron. pos. el nuestro, la nuestra, etc.
ourselves (aursélvs). pron. **1.** nos (en verbos reflexivos). **2.** nosotros (mismos).
oust (áust). tr. desalojar, expulsar.// **ouster.** n. desalojo, expulsión.
out (áut). adv. fuera, afuera, por fuera.// a. **1.** exterior. **2.** ausente. **3.** apagado.// prep. fuera de, al otro lado de.// n. **1.** salida. **2.** excusa.// i. descubrirse.// *¡o.!:* ¡fuera!
outage (autéidch). n. corte de energía.
out-and-out. a. completo, absoluto.
outbid. i. ofrecer más (subasta, oferta).
outboard. n. fuera de borda.
outbreak (áutbreik). n. brote; estallido; erupción.
outbuilding (áutbílding). n. dependencia, anexo.
outburst (áutberst). n. explosión (ira); erupción.
outcast (áutcast). a. **1.** inútil. **2.** desamparado// n. **1.** paria. **2.** vago. **3.** desterrado.
outcome (áutkam). n. resultado, efecto.
outcry (áutcrai). n. **1.** alarido. **2.** alboroto.
outdated (autdéited). a. anticuado; fuera de moda.
outdo (áutdu). tr. superar, vencer.
outdoor. a. al aire libre.// **outdoors. 1.** n. aire libre; campo abierto. **2.** a. fuera de casa; a la intemperie.
outer (áuter). a. exterior, externo.// **outermost.** a. extremo, último, más exterior.

outfit. n. 1. equipamiento. 2. equipo, juego. 3. conjunto.// I./tr. equipar(se).
outgo (áutgou). n. gasto.// **outgoing**. 1. a. de salida, que se va. 2. n. ida, salida, partida.
outgrow. tr. 1. crecer más que. 2. ser mayor que. 3. *he has outgrown his clothes:* la ropa le queda chica.
outhouse. n. edificio anexo, dependencia.
outing. n. paseo, salida.
outland. n. el extranjero, tierras lejanas.
outlandish. a. extravagante.
outlast. i. sobrevivir.
outlaw (áutlou). n. persona fuera de la ley.
outlet. n. 1. salida. 2. desagüe.
outline. n. 1. resumen. 2. contorno. 3. *in o.:* a grandes rasgos.
outlive. tr. sobrevivir a.
outnumber. tr. sobrepasar en número.
out-of-door(s). a./adv. de puertas afuera.
out-of-the-way. a. apartado.
outpatient. n. paciente externo.
outpost. n. puesto de avanzada.
output. n. 1. producción final, rendimiento. 2. *Comp*. información de salida.
outrage (autréidch). n. 1. ultraje. 2. violación. 3. atrocidad.// **outrageous**. a. 1. ultrajante. 2. violento. 3. atroz.
outright. a. 1. completo. 2. cabal. 3. franco.
outrun. tr. dejar atrás, correr más que.
outset. n. principio.
outside (áutsaid). adv. 1. exterior. 2. apariencia. 3. extremo.// **outsider**. n. 1. forastero. 2. extraño. 3. intruso.
outskirts (áutskerts). n. pl. afueras, suburbios.
outspoken (autspóuken). a. franco, abierto.
outspread (autspríd). tr. desplegar, extender.// n. despliegue.
outstand. i. sobresalir, descollar.// **oustanding**. a. sobresaliente, descollante.
outstretch. tr. extender, alargar.
outward. 1. adv. fuera, hacia fuera, exteriormente. 2. a. externo.// **outwardly**. adv. exteriormente.
outwear (áutuer). tr. 1. gastar. 2. durar más que.
outweigh (autuéi). tr. 1. pesar más que. 2. importar. 3. valer más que.
outwit (autúit). tr. engañar, ser más listo que.
outworn (autuórn) a. 1. anticuado. 2. usado, gastado.
oval (óuval). a. ovalado.// n. óvalo.
ovary (óuvari). n. ovario.
ovation (ovéishon). n. ovación.
oven. n. horno.
over (óuver). adv. 1. terminado. 2. arriba, encima. 3. en exceso, más. 4. en todo, por todas partes. 5. al revés. 6. de nuevo. 7. del principio al fin.// prep. 1. sobre (sin contacto). 2. por encima. 3. de un lado a otro. 4. durante, mientras.// 1. *o. again:* otra vez. 2. *o. and above:* además de. 3. *o. and o.:* repetidamente. 4. *o. there:* allá, por allá.
overact. tr. exagerar, sobreactuar.
over-all. adv. 1. total, en general. 2. de pies a cabeza.// a. completo, total.
overalls. n. pl. ropa de trabajo.
overbearing. a. altanero, dominante.
overboard. adv. sobre la borda.

overcast. a. nublado// n. cerrazón.
overcharge. tr. 1. recargar, sobrecargar. 2. cobrar demasiado.// n. sobrecarga; sobreprecio.
overcoat. n. sobretodo.
overcome. tr. superar, vencer.
overcrowd. tr. atestar.
overdo. tr. excederse en, exagerar, atarear demasiado.
overdraft. n. *Com*. sobregiro.// **overdraw**. tr. sobregirar.
overdue. a. *Com*. vencido.
overestimate. tr. sobrestimar.
overflow. tr. inundar, rebosar.// n. inundación.
overgrow. i. extenderse, crecer demasiado.
overhang. tr. 1. sobresalir. 2. amenazar. 3. colgar.
overhaul. tr. 1. examinar, revisar. 2. reparar. 3. dar alcance.// n. revisión.
overhead. a. superior, elevado.// adv. encima, arriba.// n. *Com*. gastos generales.
overhear. tr. alcanzar a oír.
overheat. i./tr. recalentar(se).
overjoyed. a. muy contento.
overland. a./adv. por tierra.
overlap. tr. superponer.// n. superposición.
overlook. tr. 1. dominar, mirar desde lo alto. 2. inspeccionar. 3. pasar por alto.
overnight. a. 1. de noche. 2. nocturno.// adv. durante la noche.
overpass. n. paso elevado, viaducto.// tr. 1. pasar por encima, atravesar. 2. sobrepasar(se).
overpower. tr. vencer, abrumar.
overproduction. n. superproducción.
overrate. tr. sobrestimar.
overreach. tr. 1. ir más allá. 2. engañar.
override. tr. 1. pisotear, pasar por encima de. 2. prevalecer sobre.
overrule. tr. rechazar, fallar en contra.
oversea. adv. en ultramar.
oversee. tr. supervisar, fiscalizar.// **overseer**. n. superintendente.
overshadow. tr. hacer sombra, opacar.
overshoe. n. galocha.
oversight. n. descuido, omisión.
oversleep. i. quedarse dormido.
overspread. tr. esparcir, recubrir.
overstatement. n. exageración.
overstay. i. quedarse más tiempo del esperado.
overstep. tr. traspasar, exceder.
overt (óuvert). a. abierto, público, evidente.
overtake. tr. 1. alcanzar. 2. sorprender. 3. sobrecoger.
overthrow. tr. echar abajo, derrocar.// n. 1. vuelco. 2. caída. 3. derrocamiento. 4. ruina.
overtime. n. tiempo extra, sobretiempo.
overture (óuverchur). n. 1. *Mus*. obertura. 2. oferta, proposición.
overturn. tr. 1. volcar, derribar. 2. *Mar*. zozobrar.
overuse (óuverius). n. uso excesivo.// tr. usar en exceso.
overview. n. resumen.
overweight. a. obeso.
overwhelm (ouverjuélm). tr. abrumar, arrollar.// **overwhelming**. a. 1. abrumador. 2. aplastante. 3. irresistible.

overwork. tr. hacer trabajar demasiado.// n. exceso de trabajo.
overwrought (óuverot). a. sobreexcitado.
owe (ou). tr. 1. deber, adeudar. 2. *owing to:* por causa de, debido a.
owl (ául). n. lechuza.
own (óun). a. 1. propio. 2. *on one's o.:* por cuenta propia, por su cuenta.// pron. lo mío, lo tuyo, lo suyo, etc.// tr. 1. poseer. 2. admitir, reconocer.
owner. n. propietario, dueño.// **ownership.** n. propiedad, título.
ox. n. buey.// **oxen.** n. pl. bueyes.// **oxcart.** n. carreta de bueyes.
oxidation (oksidéishon). n. oxidación.// **oxide** (ócsaid). n. óxido.// **oxidize.** tr. oxidar.
oxygen (óksiyen). n. oxígeno.
oyster. n. ostra.
ozone (óuson). ozono.

p (pi). n. decimosexta letra del abecedario.
pace (peis). n. paso, marcha.// tr. marchar con pasos regulares.
pacemaker (péismeiker). n. marcapasos.
pacific. a. 1. pacífico. 2. del Pacífico.// **pacifier.** n. 1. pacificador. 2. chupete.// **pacifism.** n.// **pacifist.** n.// **pacify** (pásifai). tr. pacificar, tranquilizar.
pack. n. 1. paquete. 2. cajetilla. 3. envase. 4. fardo. 5. banda, pandilla. 6. *Med.* compresa.// tr. envasar; empacar; apiñar.// **package** (pákedch). n. paquete, envase.// **pack animal.** n. bestia de carga.// **packer.** n. empacador, envasador.// **packet.** n. paquete pequeño.// **packing.** n. 1. embalaje, envasado. 2. materiales para embalaje. 3. *Mec.* guarnición, camisa.
pact. n. pacto, trato, convenio.
pad. n. 1. almohadilla. 2. relleno acolchado. 3. bloc (calendario), cuaderno de notas.// tr. acolchar, rellenar.// **padding.** n. relleno.
paddle. n. remo; paleta; hélice.// tr. remar.
padlock. n. candado.
pagan. a./n. pagano.// **paganism.** n.
page (péidch). n. 1. página, carilla. 2. paje; botones.// tr. 1. foliar, numerar. 2. llamar por altoparlante.
pageant (pádchent). n. espectáculo al aire libre.
paid (péid). a. pagado.
pail (péil). n. cubo, balde.
pain (péin). n. 1. dolor. 2. pl. esmero, esfuerzo.// 1. i. doler. 2. tr. angustiar.// **painful.** a. doloroso; arduo.// **pain killer.** n. calmante.// **painless.** a. indoloro.// **painstaking.** a. esmerado, cuidadoso.
paint (péint). i./tr. 1. pintar. 2. teñir. 3. describir.// n. pintura; colorante; maquillaje.// **paintbrush.** n. pincel, brocha.// **painter.** n. pintor.// **painting.** n. 1. pintura. 2. cuadro.
pair (per). n. par, pareja.// i./tr. emparejar, formar pareja, aparearse.
pajamas (peyamas). n. pl. piyama.

pal. n. fam. compañero, compadre.
palace (pálas). n. palacio.
palatable (pálateibl). a. 1. sabroso. 2. admisible.// **palate.** n. 1. paladar. 2. *soft p.:* velo del paladar.
palatial. a. 1. palaciego. 2. magnífico.
pale (péil). 1. a. pálido. 2. i. palidecer.// **paleface.** n. carapálida.// **paleness.** n. palidez.
palette (pálet). n. paleta del pintor.
palisade (paliséid). n. empalizada.// tr. empalizar.
pall. n. paño mortuorio; ataúd.// i./tr. tornar(se) soso o aburrido.
pallet. n. 1. paleta. 2. tarima.
palliate (pálieit). t. paliar, mitigar.// **palliative.** a. paliativo.
pallid. a. pálido.// **pallor.** n. palidez.
palm. n. 1. palma. 2. palmo.
palpate (pálpeit). tr. palpar, examinar.
palpitate (pálpiteit). i. palpitar.// **palpitant.** a.// **palpitation.** n.
palsy (pólsi). n. parálisis.// tr. paralizar.
pamper. tr. mimar.
pamphlet (pámflet). n. folleto, panfleto.
pan. n. cazuela, cacerola.// tr. 1. lavar en batea. 2. fig. criticar.
Panamanian. a./n. panameño.
Pan-American. n. panamericano.
pancake (pánkeik). n. torta delgada; panqueque.
pancreas (pánkrias). n. páncreas.
panda. n. panda.
pander. 1. i. alcahuetear. 2. tr. complacer.// n. alcahuete.
pane (péin). n. 1. hoja de ventana. 2. panel.// **panel.** n. panel.// **paneling.** enchapado de madera.// **panelist.** n.
pang. n. punzada de dolor.
panhandle (pánjandl). tr. mendigar.
panic. n. pánico.// i. sentir pánico.
panne. n. pana.

panorama

panorama. n. panorama.// **panoramic.** a.
pansy. n. *Bot.* pensamiento.
pant. i. **1.** jadear. **2.** latir, palpitar.
pantheon (pándzion). n. panteón.
panther. n. pantera.
panties (pántis). n. pl. calzón, bombacha.
pants. n. pl. pantalones.
papacy (péipaci). n. papado.// **papal.** a. papal.
paper (péiper). n. **1.** papel. **2.** hoja escrita. **3.** artículo, trabajo. **4.** pl. papeles, credenciales, documentos.// tr. empapelar.// **paperback.** n. libro de bolsillo.// **paperweight.** n. pisapapeles.// **paper work.** n. papeleo.
papryka. n. paprika, pimentón (polvo).
papyrus (papáiros). n. papiro.
par. n. paridad, nivel, igualdad.
parable. n. parábola.// **parabola.** n. *Mat.* parábola.// **parabolic.** a.
parachute (párashut). n. paracaídas.// i. lanzarse en paracaídas.// **parachutism.** n.
parade (paréid). n. **1.** desfile. **2.** ostentación.// i. **1.** desfilar. **2.** hacer ostentación.
paradise (páradais). n. paraíso.// **paradisiac.** a.
paradox (páradoks). n. paradoja.// **paradoxical.** a.
paraffin. n. parafina.
paragraph (páragraf). n. párrafo.
parakeet (párakit). n. perico.
parallel. a. paralelo.// n. paralelo, paralela.// tr. comparar.// **parallelism.** n.// **parallelogram.** n.
paralysis. n. parálisis.// **paralytic.** a.// **paralyze.** tr. paralizar.
paramount. a. sumo, superior.
paranoia. n. paranoia.// **paranoid.** n.
parapet. n. parapeto.
paraphrase (párafreis). n. paráfrasis.// tr. parafrasear.
parasite (párasait). n. parásito.// **parasitic.** a. parasitario.
parasol (párasol). n. sombrilla.
paratrooper (páratruper). n. paracaidista.
parcel (pársel). n. **1.** parcela. **2.** parte, fracción. **3.** paquete.// tr. parcelar; fraccionar.// **parcel post.** n. paquete postal.
parch. tr. tostar, resecar.
parchment. n. pergamino.
pardon. n. **1.** perdón. **2.** *I beg your p.:* ¿cómo dijo?// tr. perdonar.
pare (per). tr. pelar, mondar.
parents (párent). n. pl. padres.// **parentage.** n. **1.** ascendencia. **2.** paternidad.// **parental.** a. paterno, materno.
parenthesis (paréndzeses). n. paréntesis.
parenthood (párentjud). n. paternidad, maternidad.
parish. n. parroquia, feligresía.// **parishioner.** n. parroquiano, feligrés.
Parisian (paríshan). a./n. parisino.
parity. n. paridad.
park. n. **1.** parque. **2.** estacionamiento.// tr. estacionar.// **parkway.** n. avenida.
parlance (párlans). n. **1.** dicción. **2.** modo de hablar o escribir.
parliament. n. parlamento.// **parliamentary.** a.
parlor. n. **1.** sala, salón. **2.** *beauty p.:* salón de belleza.

parody. n. parodia.// tr. parodiar.
parole (paróul). n. **1.** libertad bajo palabra. **2.** palabra de honor.
paroxysm. n. paroxismo.
parquet. n. **1.** parquet. **2.** platea.
parricide (párisaid). n. **1.** parricidio. **2.** parricida.
parrot (parot). n. loro.// tr. repetir como loro.
parsimony (pársimouni). n. parsimonia.
parsley (pársli). n. perejil.
parson. n. pastor protestante.
part. n. **1.** parte. **2.** papel (teatro).// tr. **1.** separar. **2.** repartir.// **partial.** a. **1.** parcial. 2 *p. to:* aficionado a.// **partiality.** n. **1.** parcialidad. **2.** predilección.// **partially.** adv. parcialmente.
participant. a./n. participante.// **participate.** n. participar.// **participation.** n. participación.
participle (párticipl). n. participio.
particle (pártikl). n. partícula.
particular (partíkiular). a. particular.// n. pormenor.
parting. a. **1.** que sale. **2.** divisorio.// n. **1.** partida. **2.** división.
partisan. n. **1.** partidario. **2.** partisano.
partition (partíshon). n. **1.** partición. **2.** mampara.
partner. n. socio; pareja.// **partnership.** n. asociación, sociedad.
partridge (pártridch). n. perdiz.
part-time (partáim). a. de tiempo parcial.
party. n. **1.** partido político; bando. **2.** fiesta. **3.** *Der.* parte.
pass. n. **1.** paso. **2.** pase. **3.** pasada.// i./ tr. **1.** pasar. **2.** *p. away:* morir. **3.** *p. by:* pasar cerca de, pasar(se) de largo, omitir. **4.** *p. on:* decidir(se); entregar. **5.** *p. up:* dejar pasar. **6.** *p. out:* desmayarse.// **passable.** a. **1.** pasable. **2.** transitable.// **passage.** n. **1.** paso. **2.** pasaje. **3.** transición.// **passageway.** n. pasillo corredor.
passbook (pásbuk). n. libreta de ahorros.
passenger (pásendcher). n. pasajero; transeúnte.// **passer-by.** transeúnte.// **passing.** a. **1.** pasajero. **2.** de paso. **3.** n. tránsito; aprobación.
passion (páshon). n. pasión.// **passionate.** a. apasionado.
passive (pásiv). a. pasivo.
passport. n. pasaporte.
password. n. santo y seña; consigna.
past. a./n. pasado.// prep. más allá de.
paste (péist). n. pasta, masa.// tr. pegar.
pasteboard. n. **1.** cartón. **2.** carta.
pasteurize (páscherais). tr. pasteurizar.
pastime (pástaim). n. pasatiempo.
pastor. n. pastor.// **pastoral.** a./n. pastoral.
pastry. n. pastelería.
pasturage (pásteredch). n. pastura.// **pasture.** n. pasto.//**1.** i. pacer. **2.** i./tr. pastar.
pasty (péist). a. pastoso.// n. pastelillo.
pat. n. **1.** palmadita. **2.** trocito.// **1.** tr. dar palmaditas. **2.** i. andar con pasitos ligeros.
patch (pach). n. parche, remiendo.// tr. remendar, emparchar.
pate (peit). n. coronilla, mollera.
patent. a. patente, evidente.// n. patente.// tr. patentar.
paternal. a. paterno, paternal.// **paternalism.** n.// **paternity.** n. paternidad.

path (pas). n. **1.** senda, sendero. **2.** trayectoria.
pathetic (pasétik). a. patético.
pathfinder. n. explorador.
pathological (padsolódyical). a. patológico.// **pathology.** n. patología.
pathway (pádzuei). n. senda.
patience (péishens). n. paciencia.// **patient.** a./n.
patriarch (pétriark). n. patriaca.// **patriarchal.** a.
patrician (patríshan). a./n. patricio.
patrimony. n. patrimonio.
patriot. n. patriota.// **patriotic.** a.// **patriotism.** n.
patrol. n. patrulla; ronda.// tr. patrullar.// **patrolman.** m. patrullero, agente de policía.
patron (péitron). n. **1.** patrón. **2.** patrono. **3.** cliente.// **patronize.** tr. **1.** patrocinar. **2.** proteger. **3.** frecuentar un lugar.
pattern. n. **1.** patrón, modelo. **2.** diseño. **3.** molde.// tr. ajustar a un modelo.
paunch (ponch). n. panza.
pauper (póper). n. indigente.// **pauperism.** n.
pause (pos). n. pausa.// i./tr. detener(se).
pave (péiv). tr. pavimentar.// **pavement.** n.
pavilion. n. pabellón.
paving (péiving). n. pavimento, pavimentación.
paw (pou). n. garra, pata, zarpa.
pawn (poun). n. **1.** empeño, prenda. **2.** peón.// tr. empeñar.// **pawnbroker.** n. prestamista.// **pawnshop.** n. casa de empeño.
pay (pei). tr. **1.** pagar. **2.** rendir. **3.** prestar (atención).// n. pago; sueldo.// **payable.** a. pagadero.// **pay clerk.** n. pagador (empleado).// **payee.** n. beneficiario de un pago.// **payer.** n. pagador (de un documento).// **payment.** n. pago.// **payoff.** n. utilidad, recompensa.// **payroll.** n. nómina de empleados.
pea (pi). n. arveja.
peace (pis). n. paz.// **peaceable.** a. apacible.// **peaceful.** a. pacífico.// **peacemaker.** n. pacificador.
peach (pich). n. melocotón, durazno.
peacock (píkok). n. pavo real.// i. pavonearse.
peack (pik). n. pico, cumbre.// i. llegar al máximo// a. máximo.
peal (pil). n. repique.// tr. tañer, repicar.
pear (per). n. pera.
pearl (perl). n. perla.
peasant (pésant). n. campesino; paisano.
pebble. n. guijarro.
peck. tr. picotear.// n. picoteada.
pectoral. a./n. pectoral.
peculiar (pekiúliar). a. **1.** peculiar. **2.** extraño.// **peculiarity.** n.
pedagogue (pédagog). n. pedagogo.// **pedagogy.** n.
pedal (pédal). n. pedal.// i. pedalear.
pedant. n. pedante.// **pedantry.** n. pedantería.
peddle. tr. vender por la calle.// **peddler.** n. vendedor ambulante.
pedestal. n. pedestal.
pedestrian. n. peatón.// a. pedestre.
pediatrics (pidiátrics). n. pediatría.
pedigree. n. pedigrí.
peel (pil). tr. pelar.// n. cáscara, hollejo.
peep (pip). i. **1.** piar. **2.** atisbar. // n. **1.** pío. **2.** atisbo.
peer (pir). n. igual, semejante.// **peerless.** a. sin igual.

peg. n. **1.** clavija. **2.** estaca. **3.** gancho. **4.** broche de ropa. **5.** fig. nivel, grado. **6.** p. leg: pata de palo.// tr. **1.** fijar. **2.** poner clavijas.
pejorative (peyórative). a. peyorativo.
pelican. n. pelícano.
pellet. n. **1.** pastilla. **2.** bollo.
pelt. tr. **1.** tirar, lanzar. **2.** golpear repetidas veces.
pelvis. n . pelvis.
pen. n. **1.** corral. **2.** pluma, lapicera.// tr. **1.** acorralar. **2.** escribir.
penal (pínal). a. penal.// **penalize.** tr. castigar.// **penalty.** n. **1.** pena, sanción. **2.** Sp. penal (tiro libre).// **penance.** n. penitencia.
pencil. n. lápiz.// tr. dibujar con lápiz.
pendant. n. pendiente; medalla.
pending. a. pendiente.
penetrate (pénetreit). tr. penetrar.// **penetration.** n.
penguin (péngüin). n. pingüino.
penicillin. n. penicilina.
peninsula. n. península.
penitence (pénitens). penitencia.// **penitent.** n.
penitentiary (peniténshari). a. penitenciario.// n. penitenciaría.
penknife (pénknaif). n. cortaplumas.
penmanship. n. caligrafía.
penname (pénnaim). n. sobrenombre.
penny. n. penique.// **penniless.** n. sin dinero.
penology (penólodchi). n. derecho penal.
pension (pénshon). n. pensión.// tr. pensionar.
pentagon. n. pentágono.
penthouse. n. departamento de azotea.
penury (péniuri). n. penuria.
people (pípl). n. **1.** gente. **2.** personas. **3.** pueblo. **4.** familia.// tr. poblar.
pep. n. brío.// tr. animar.
pepper. n. pimienta; pimiento.// **peppermint.** n. menta.// **peppery.** a. **1.** picante. **2.** mordaz.
per. prep. por, según.
perambulator (perámbiuleiter). n. coche de niño.
percale (perkéil). n. percal.
perceiv (persiv). tr. percibir.
percent. a./adv./n. por ciento, porcentaje.// **percentage.** n. porcentaje.
perceptible (perséptibl). a. perceptible.// **perception.** n.// **perceptive.** a.
perch. n. percha.
perchance. adv. quizás, por ventura.
percolate (pérkoleit). tr. filtrar.// **percolator.** n. cafetera de filtro.
percussion (perkóshon). n. percusión.
perdition. n. perdición.
perennial. a. perenne.
perfect. a. perfecto.// tr. perfeccionar.// **perfection.** n. **1.** perfección. **2.** perfeccionamiento.
perfidy. n. perfidia.
perforate (pérforeit). tr. perforar.// **perforator.** n.// **perforation.** n.
perform. tr. ejecutar, cumplir.// **performance.** n. **1.** ejecución, desempeño. **2.** representación (teatro).// **performer.** n. ejecutante.
perfume (pérfium). **1.** n. perfume. **2.** tr. perfumar.// **perfumer.** n. perfumero.// **perfumery.** n.
perhaps (pérjaps). adv. tal vez.
peril (péril). peligro.// **perilous.** a. peligroso.

perimeter. n. perímetro.
period (píriod). n. **1.** período. **2.** época. **3.** *Gram.* punto.// a. de estilo (muebles).// **periodic**. a.// **periodical**. a./n. periódico.
periscope (periscoup). n. periscopio.
perishable (périshibl). **1.** a. perecedero. **2.** n. pl. bienes perecederos.
perjure (péryur). i. perjurar.// **perjurer**. n. perjuro.// **perjury**. n. perjurio.
permanence (pérmanens). n. permanencia.// **permanent**. a.
permeable (pérmeabl). a. permeable.// **permeability**. n.// **permeate**. tr. penetrar, infiltrar.
permissible. a. permisible.// **permission**. n. permiso.// **permit. 1.** tr. permitir. **2.** n. permiso.
permutate (pérmiuteit). tr. permutar.// **permutation**. n. **1.** permutación. **2.** permuta.
pernicious (perníshos). a. pernicioso.
perpendicular. a. perpendicular.
perpetrate (pérpetreit). tr. perpetrar.
perpetual (perpétiual). a. perpetuo; perenne.// **perpetuate**. tr. perpetuar.// **perpetuity**. n. **1.** perpetuidad. **2.** renta vitalicia.
perplex. tr. desconcertar.// **perplexing**. a. desconcertante.// **perplexity**. n. perplejidad.
persecute (pérsekiut). tr. perseguir.// **persecutor**. n.// **persecution**. n.// **persecutory**. a.
perseverance (persevírans). n. perseverancia.// **persevere**. i. perseverar.// **persevering**. a. tenaz.
persist. tr. persistir.// **persistence**. n.// **persistent**. a.
person. n. persona.// **personable**. a. agradable, guapo.// **personage**. n. personaje.// **personal**. a.// **personality**. n. **1.** personalidad. **2.** *legal p.:* personería jurídica.// **personalize**. n. personalizar.// **personification**. n.// **personify**. tr. personificar.// **personnel**. n. personal (de una empresa).
perspective. n. perspectiva.
perspicacity. n. perspicacia.
perspiration (perspiréishon). n. sudor.// **perspire**. tr. sudar.
persuade (perswéid). tr. persuadir.// **persuasion**. n. **1.** persuasión. **2.** creencia, credo.// **persuasive**. a.
pertain (pertéin). i. **1.** pertenecer. **2.** corresponder.// **pertaining**. a. **1.** perteneciente. **2.** correspondiente a.
perturb (pérterb). tr. perturbar, molestar.// **perturbation**. n.
Peruvian. a./n. peruano.
pervasive (pervéis). a. penetrante.
perverse. a. perverso.// **perversion**. n.// **perversity**. n. perversidad.// **pervert. 1.** tr. pervertir. **2.** n. perversión. **3.** n. pervertido.
pessimism. n. pesimismo.// **pessimist**. n.
pest. n. **1.** peste. **2.** plaga. **3.** latoso.// **pester**. tr. infortunar, fastidiar.// **pesticide**. n. plaguicida.// **pestiferous**. a. **1.** pestífero. **2.** malsano.// **pestilence**. n. pestilencia.// **pestilent**. a. **1.** pestilente. **2.** nocivo.
pet. n. **1.** animal doméstico (mascota). **2.** persona mimada.// tr. acariciar, mimar.
petal (pétal). n. pétalo.
petition (petishon). n. petición.// tr. peticionar.
petrifaction (petrifákshon). n. petrificación.// **petrify**. tr. petrificar.

petrol. n. *GB* gasolina.// **petroleum**. n. petróleo.
petticoat (pétikout). n. enaguas.
petty. a. trivial, pequeño.// **pettiness**. n. trivialidad.
petulance (péchiulans). n. malhumor.// **petulant**. a. impaciente, malhumorado.
phalanx (félenks). n. falange.
phantom (fántom). n. fantasma.// a. ilusorio.
Pharisee (fáresi). a./n. fariseo.
pharmacist (phármasest). n. farmacéutico.// **pharmacy**. n. farmacia.
pharynx (fárinks). n. faringe.
phase (féis). n. **1.** fase. **2.** etapa.// tr. *EE.UU.* ejecutar por etapas.
pheasant (fésant). n. faisán.
phenomenon (fenómenon). n. fenómeno.
phial (fáial). n. ampolleta, ampolla de vidrio.
philander (filánder). i. galantear.
philanthropy. n. filantropía.
philately. n. filatelia.
Philharmonic. a/n. filarmónico.
Philippine (filépin). a./n. filipino.
Philistine (filístin). a./n. filisteo.
philosopher (filósofer). n. filósofo.// **philosophic**. a.// **philosophy**. n. filosofía.
philter (filter). n. filtro.
phlegm (flem). n. flema.// **phlegmatic**. a. flemático.
phobia (fóubia). n. fobia.
Phoenician (feníshan). a./n, fenicio.
phoenix (finiks). n. fénix.
phone (foun). n. teléfono.// tr. telefonear.
phonetics (fonétiks). n. fonética.// **phonetic**. a.
phonograph (founograf). n. fonógrafo.// **phonographic**. a.
phosphate (fásfeit). n. fosfato.// **phosphorescence**. a. fosforescencia.// **phosphorescent**. a.// **phosphoric**. a.// **phosphorus**. n. fósforo.
photo (fóto). n. fotografía.// **photocopy. 1.** n. fotocopia. **2.** tr. fotocopiar.// **photoengraving**. n. fotograbado.// **photograph. 1.** n. fotografía. **2.** tr. fotografiar.// **photographer**. n. fotógrafo.// **photography**. n. fotografía.// **photographic**. a.// **photogravure**. n. huecograbado.// **photolithograph. 1.** n. fotolitografía. **2.** tr. fotolitografiar.
photosynthesis. n. fotosíntesis.
phrase (fréis). n. frase.// tr. expresar en palabras.
phylum (fáilom). n. *Zool.* tipo; *Bot.* división.
physic. n. purgante.
physical. a. **1.** físico. **2.** *f. examination:* reconocimiento médico.// **physician**. n. médico.// **physicist**. n. físico.// **physics**. n. física.
physiognomy (fisiógnomi). n. fisonomía.
physiologist. n. fisiólogo.// **physiology**. n.
physique (fisík). n. físico, figura.
pi (pai). n. pi (letra griega).
pianist. n. pianista.// **piano**. n. piano.
pica (páika). n. pica (medida).
picaresque (pikarésk). a. picaresco.
pick. tr. **1.** escoger. **2.** picar, perforar, agujerear. **3.** mondar (dientes). **4.** desplumar (ave). **5.** *p. out:* escoger. **6.** *p. up:* recoger, recolectar. **7.** *p. up speed:* acelerar. **8.** *p. on someone:* atormentar a alguien.// n. **1.** lo mejor, lo escogido. **2.** *to take one's pick:* escoger a su gusto.
picker. n. recolector.

plague

picket. n. 1. piqueta. 2. piquete.
pickle (píkel). n. pepinillo encurtido.// tr. encurtir.
pickpocket. n. carterista.
pickup (píkap). n. 1. recolección. 2. aceleración. 3. detención. 4. camión de reparto. 5. conquista callejera.
picnic. n. picnic.
pictorial. a. pictórico, gráfico.// **picture** (píkcher). n. 1. lámina, cuadro, fotografía, ilustración. 2. retrato, descripción. 3. película. 4. tr. pintar; describir. 5. i. imaginar(se).// **picturesque.** a. pintoresco.
pie (pái). n. pastel relleno, empanada.
piece (pis). n. 1. pieza. 2. trozo, porción. 3. ejemplo. 4. *a p. of land*: una parcela. 5. *all of a p.*: de una sola pieza. 6. *by the p.*: a destajo. 7. *to fall to pieces*: deshacerse en pedazos.// tr. 1. remendar. 2. juntar las piezas. 3. *p. together*: reconstruir.// **piece goods.** n. pl. géneros que se venden por metros.// **piecemeal.** 1. a. gradual. 2. adv. pieza por pieza.
pier (pir). n. 1. pilar. 2. muelle.
pierce (pirs). tr. 1. perforar. 2. atravesar. 3. penetrrar.
piety (páieti). n. piedad, fervor.
pig. n. cerdo.
pigeon (píyon). n. pichón (paloma).// **pigeonhole.** n. 1. palomar. 2. casillero.// tr. encasillar.
piggish (píguish). a. 1. cochino. 2. codicioso.
pigheaded (pijéded). a. testarudo.
pig iron (pigáiren). n. hierro en lingotes.
pigment. n. pigmento.
pigmy. a./n. pigmeo.
pike (páik). n. 1. pica. 2. punta de lanza.
pile (páil). n. 1. montón. 2. pilote. 3. pira funeraria.// i. 1. amontonar(se). 2. *p. in*: entrar atropelladamente.
pilfer. tr. hurtar.
pilgrim. n. peregrino.// **pilgrimage.** n. peregrinación.
pill. n. píldora.
pillage (piládch). n. 1. saqueo. 2. botín.// tr. saquear.
pillar (pílar). n. pilar, columna.
pillory (pílori). n. cepo.// tr. encepar.
pillow (pílou). n. almohada.// **pillowcase.** n. funda de almohada.
pilot (páilot). n. 1. piloto. 2. guía. 3. práctico de puerto.// a. piloto, guía.// tr. pilotear, timonear, guiar, dirigir.
pimple (pímpl). n. granito, barrito.
pin. n. 1. alfiler. 2. pasador. 3. prendedor. 4. pinza, broche de la ropa. 5. *safety p.*: alfiler de gancho.// tr. 1. prender con alfileres. 2. *p. down*: inmovilizar; obligar a alguien a manifestar sus intenciones. 3. *p. one's hope on*: cifrar sus esperanzas en.
pinafore (pínafor). n. delantal.
pincers. n. pinzas, tenazas.
pinch. tr. 1. pellizcar. 2. apretar, estrujar. 3. *p. pennies*: cuidar el centavo; mezquinar.// n. 1. pellizco. 2. apuro. 3. punzada.
pincushion (pínkushon). n. alfiletero.
pine (páin). n. 1. pino. 2. madera de pino.// tr. 1. languidecer. 2. *p. for*: suspirar por.// **pineapple.** n. piña, ananá.// **pine cone.** n. piña.
ping-pong. n. pimpón, tenis de mesa.

pinion. n. piñón.// tr. maniatar.
pink. 1. a./n. rosado. 2. n. clavel. 3. *to be in the p.*: rebosar de salud.
pinkeye (pínkai). n. conjuntivitis aguda.
pinkie. n. dedo meñique.
pink money. n. dinero para imprevistos.
pinnacle (pínakl). n. pináculo.
pint (paint). n. pinta (medida).
pin wheel (pínjuil). n. molinete.
pioneer (paionír). n. 1. pionero. 2. zapador.// a. precursor.// tr. explorar, colonizar.
pious (páios). a. 1. piadoso. 2. mojigato. 3. digno de alabanza.
pipe (páip). n. 1. tubo, cañería. 2. pipa. 3. silbido. 4. flautín.// tr. conducir por tuberías.// **pipe dream.** n. castillos en el aire.// **pipeline.** n. 1. tubería. 2. oleoducto.// **piper.** n. 1. flautista, gaitero. 2. *to pay the p.*: pagar el pato.// **piping.** n. 1. cañería. 2. cordoncillo (costura). 3. silbido agudo. 4. a. agudo.
piquant (píkant). a. 1. picante. 2. provocativo.
pique (pik). n. inquina, rencor.// tr. 1. enojar, irritar. 2. despertar (curiosidad, interés).
piracy (páirasi). n. 1. piratería. 2. plagio.// **pirate.** n. 1. pirata. 2. tr. piratear, robar, plagiar.
pistol (pístol). n. pistola (arma).
piston. n. pistón.
pit. n. 1. foso. 2. concavidad. 3. pozo (mina). 4. picaduras (viruela). 5. carozo, semilla.// tr. 1. enterrar en fosos o pozos. 2. *p. against*: incitar a la pelea con. 3. descarozar.
pitch (pich). n. 1. brea, resina. 2. lanzamiento, tiro. 3. inclinación de un techo. 4. *Mus.* tono, diapasón.// tr. 1. armar (una carpa). 2. lanzar (una pelota). 3. *Mus.* graduar el tono. 4. alquitranar, embetunar. 5. *p. in*: ayudar. 6. *p. into*: acometer.// **pitcher.** n. 1. cántaro, jarra. 2. *Sp.* lanzador (béisbol).
pitchfork. n. horca.
pitfall (pítfol). n. trampa.
pith (pids). n. médula, meollo, esencia.// **pithy.** a. 1. medular, 2. conciso.
pitiable (pítiabl). a. 1. lamentable. 2. despreciable.// **pitiful.** a. 1. lastimero. 2. despreciable.// **pitiless.** a. despiadado, desalmado.
pituitary. a. pituitario.// **p. gland.** n. pituitaria.
pity. n. 1. lástima, compasión. 2. *what a p.!*: ¡qué lástima!// tr. sentir lástima, compadecer.
pivot (pívot). n. 1. pivote, espiga. 2. factor fundamental.// a. esencial.
pixie, pixy. n. duende.
placard (plákard). n. cartel, letrero.// tr. cubrir con carteles.
placate (plákeit). tr. aplacar.
place (pléis). 1. lugar, sitio. 2. puesto, empleo. 3. posición. 4. espacio. 5. *in p. of*: en lugar de. 6. *to take p.*: tener lugar. 7. *to take the p. of*: sustituir a.// tr. 1. colocar, ubicar 2. establecer, instalar. 3. dar empleo a. 4. i. *Sp.* integrar el podio. 5. *p. before*: someter a (votación, discusión).// **placement.** n. colocación, empleo.
placid. a: plácido.// **placidity.** n. placidez.
plagiarize (pleyéráis). tr. plagiar.
plague (pléig). n. 1. plaga, peste. 2. calamidad. 3. molestia.// tr. 1. plagar. 2. apestar, infestar. 2. fastidiar.

plain

plain (pléin). a. **1.** llano, plano. **2.** sencillo, sin adornos, claro. **3.** feo.// n. llano, llanura.// **plainly.** adv. **1.** claramente. **2.** modestamente.// **plainness.** n. **1.** simpleza, sencillez. **2.** fealdad. **3.** llaneza.// **plainsman.** m. llanero.// **plainspoken.** a. franco, sincero.
plaintiff. n. Der. demandante.
plait. n. pliegue.// tr. plegar.
plan. n. **1.** plano (esquema). **2.** plan.// tr. diseñar; proyectar; planear.
plane (pléin). a. plano, nivelado.// n. **1.** plano (superficie). **2.** nivel. **3.** avión. **4.** cepillo de carpintero.// i. **1.** planear (un avión). **2.** cepillar (madera).
planet (plánet). n. planeta.// **planetary.** a.// **planetarium.** n. planetario.
plank. n. **1.** tabla, tablón. **2.** punto de un programa político.// tr. entablar, entarimar.// **planking.** n. entarimado.
plant. n. **1.** planta. **2.** fábrica.// tr. **1.** plantar, sembrar, cultivar. **2.** implantar.
plantain. n. plátano, bananero.
plantation (plantéishon). n. **1.** plantación. **2.** hacienda. **3.** colonia, asentamiento.// **planter.** n. **1.** cultivador. **2.** dueño de una plantación.
plaque (plak). n. placa.
plasma. n. plasma.
plaster. n. **1.** emplasto. **2.** yeso.// tr. **1.** enyesar. **2.** pegar, fijar, adherir. **3.** cubrir completamente con (carteles, etiquetas, etc.).
plastic (plástic). a./n. plástico.// **plastics.** n. plástica.
plate (pléit). n. **1.** plato. **2.** placa, lámina. **3.** plancha, clisé.// tr. **1.** platear, dorar. **2.** enchapar, blindar. **3.** hacer un clisé de.
plateau (platóu). n. meseta, altiplano.
plated (pléited). a. **1.** enchapado. **2.** blindado. **2.** plateado.
plateful (pléitful). n. plato lleno (comida).
platelet. n. Fisiol. plaqueta.
plating (pléiting). n. **1.** capa metálica (dorado, plateado, niquelado, etc.). **2.** armor p.: blindaje.
platinum (plátinom). n. platino.
Platonic. a. platónico.
platoon (platún). n. pelotón; grupo.
platter. n. fuente, bandeja.
plaudit (plódit). n. aclamación.
plausible (plósibl). a. razonable, verosímil.
play (pléy). tr. **1.** jugar. **2.** tocar (un instrumento). **3.** hacerse el, simular, fingir. **4.** representar; hacer el papel de (teatro). **5.** *p. back:* tocar (una grabación). **6.** *p. into the hands of:* hacerle el juego a. **7.** *p. down:* restar importancia (a algo).// n. **1.** juego. **2.** pieza teatral. **3.** *p. on words:* juego de palabras. **4.** *to be at p.:* estar jugando. **5.** *to give full p.:* dar rienda suelta.// **player.** n. **1.** jugador. **2.** actor. **3.** ejecutante.// **playful.** a. **1.** juguetón. **2.** humorístico.// **playground.** n. patio o parque de juegos.// **playhouse.** n. **1.** teatro. **2.** casa de muñecas.// **playmate.** n. compañero de juegos.// **playroom.** n. cuarto de juego.// **playtime.** n. tiempo de recreo o de juego.// **plaything.** n. juguete.// **playwright.** n. dramaturgo, comediógrafo.
plea (pli). n. **1.** argumento. **2.** súplica. **3.** Der. alegato, defensa.// **plead.** i. **1.** suplicar. **2.** razonar. **3.** tr. defender, alegar. **4.** *p. guilty:* declararse culpable. **5.** *p. with:* tratar de convencer (a alguien).

pleasant (plésant). a. **1.** agradable. **2.** simpático.// **pleasantness.** n. afabilidad, simpatía.// **pleasantry.** n. chanza, humorada.
please (plis). i./tr. **1.** agradar, complacer, gustar. **2.** estar dispuesto, tener ganas de. **3.** satisfacer. **4.** *do as you p.:* haga como usted guste. **5.** *to be pleased:* estar complacido. **6.** *to be pleased with:* estar satisfecho de. **7.** *to p. oneself:* darse gusto. **8.** hacer el favor// interj. ¡por favor!.// **pleasing.** a. agradable, placentero.
pleasurable (plésherabl). a. grato.// **pleasure.** n. **1.** placer, goce. **2.** gusto, preferencia. **3.** *at p.:* a voluntad.
pleat (plít). n. pliegue.// tr. plegar, plisar.
plebeian (plibían). a./n. plebeyo.
plebiscite (plébisait). n. plebiscito.
pledge (pledch). n. **1.** promesa. **2.** prenda, garantía.// tr. **1.** prometer. **2.** asegurar. **3.** empeñar. **4.** *p. one's wedge:* dar la palabra.
plenary (plénari). n. plenario.
plenipotentiary (plenipoténsheri). a./n. plenipotenciario.
plentiful. a. abundante.// **plenty.** n. **1.** abundancia. **2.** *p. of:* bastante. **3.** a. bastante.
pleura. n. pleura.// **pleurisy** (plúresi). n. pleuresía.
pliable (pláiabl). a. **1.** flexible. **2.** dócil.// **pliant.** a. **1.** flexible. **2.** manejable, acomodable.
pliers (pláiers). n. alicates.
plight (pláit). n. **1.** apuro, aprieto. **2.** condición.
plot. n. **1.** parcela, lote. **2.** plano, mapa. **3.** complot. **4.** trama (de una novela).// tr. **1.** delinear. **2.** tramar. **3.** complotar, conspirar.// **plotter.** n. conspirador.
plow (plou). n. **1.** arado.// tr. arar.// **plowman.** m. labrador, arador.// **plowshare.** n. reja del arado.
pluck (plok). **1.** arrancar, sacar. **2.** desplumar (un ave). **3.** depilar. **4.** *Mus.* puntear. **5.** *p. up one's spirit:* cobrar coraje.// n. **1.** arranque, tirón. **2.** valor, coraje.
plug (plog). n. **1.** tapón. **2.** boca de agua. **3.** enchufe, ficha. **4.** bujía (auto). **5.** publicidad insistente.// tr. **1.** taponar. **2.** *p. in:* enchufar.
plum (plom). n. **1.** ciruela. **2.** fig. ganga, pichincha. **2.** *p. tree:* ciruelo.
plumage (plúmidch). n. plumaje.
plumb (plamb). n. **1.** plomada, plomo. **2.** *in p.:* a plomo.// i. **1.** perpendicular, vertical. **2.** *out of p.:* fuera de línea, torcido. **3.** fig. absoluto, completo.// tr. **1.** verificar la verticalidad. **2.** sellar con plomo.// **plumber.** n. plomero, fontanero.// **plumbing.** n. plomería, cañerías.
plume (plum). n. **1.** pluma. **2.** plumaje. **3.** penacho.// tr. adornar con plumas.
plump (plomp). a. **1.** rollizo, regordete. **2.** rotundo, categórico.// i. **1.** engordar. **2.** caer a plomo. **3.** dejar caer.// adv. directamente; categóricamente.
plunder (plónder). n. **1.** saqueo, pillaje. **2.** botín.// tr. **1.** saquear. **2.** cometer pillaje.
plunge (plandch). tr. **1.** zambulli(se). **2.** hundir. **3.** precipitarse.// n. **1.** zambullida. **2.** remojón. **3.** *to take the p.:* aventurarse.// **plunger.** n. **1.** zambullidor. **2.** pistón, émbolo.
pluperfect. a./n. pluscuamperfecto.
plural (plúral). a./n. plural.// **plurality.** n. **1.** pluralidad. **2.** mayoría.

plus (plos). prep. más.// a. positivo.// n. **1.** signo más. **2.** excedente.
plush (plosh). n. felpa.// a. **1.** afelpado. **2.** lujoso.
plutocracy. n. plutocracia.// **plutocrat.** n.
ply (plái). tr. **1.** emplear, manejar (con diligencia). **2.** trabajar con ahínco (en); ejercer (un oficio). **3.** hacer servicio regular (entre dos ciudades). **4.** doblar, plegar. **5.** *p. with:* acosar con (preguntas, problemas).// n. **1.** pliegue, doblez. **2.** capa (de tela, tejido), chapa (de madera).// **plywood.** n. madera terciada.
pneumatic (numátik). a. neumático.
pneumonia (numóunia). n. neumonía.
pocket (páket). n. **1.** bolsillo. **2.** monedero. **3.** cavidad. **4.** Aer. pozo de aire. **5.** tronera (billar). **6.** pl. *empty p.:* sin recursos. **7.** *to be out of p.:* haber perdido.// tr. **1.** embolsar. **2.** reprimir (emociones, palabras). **3.** aceptar soborno. **4.** embocar en la tronera.// a. de bolsillo.// **pocketbook.** n. billetera, cartera.// **pocket book.** n. libro de bolsillo.// **pocketknife.** n. cortaplumas.
pockmark. n. picadura de viruela.
pod. n. **1.** vaina (de legumbre). **2.** manada.
podium (póudiom). n. podio.
poem (póuem). n. poema.// **poet.** m. poeta.// **poetic, poetical.** a. poético.// **poetry.** n. poesía.
poignant (póiñant). a. **1.** vivo, intenso. **2.** conmovedor. **3.** mordaz.// **poignancy.** n. **1.** viveza, intensidad. **2.** mordacidad. **3.** efecto conmovedor.
point. n. **1.** punto. **2.** sitio, lugar. **3.** momento crítico (de una situación); cuestión central (de un debate, charla). **4.** sentido (de un chiste). **5.** punta, extremo. **6.** *at the p. of death:* al borde de la muerte. **7.** *beside the p.:* (que) no viene al caso. **8.** *in p.:* apropiado, oportuno, (que) viene al caso. **9.** *on the p. of:* a punto de. **10.** *that's just the p.:* eso es lo importante. **11.** *to come to the p.:* ir al grano. **12.** *to make a p. of:* dar mucha importancia a. **13.** *p. of view.* n. punto de vista.// tr. **1.** apuntar. **2.** *p. out:* hacer notar, señalar. **3.** sacar punta.// **point-blank.** a. directo, categórico.// **pointed.** a. **1.** puntiagudo. **2.** significativo. **3.** evidente. **4.** mordaz.// **pointer.** n. **1.** indicador. **2.** puntero. **3.** buen consejo. **4.** perro perdiguero.// **pointless.** a. **1.** sin punta. **2.** inútil. **3.** sin gracia. **4.** Sp. sin goles o tantos.
poise (póis). n. **1.** aplomo, serenidad. **2.** equilibrio, balance.// i./tr. **1.** equilibrar(se). **2.** estar o mantener(se) en equilibrio.
poison. n. **1.** veneno. **2.** ponzoña.// a. venenoso; pozoñoso.// tr. envenenar.// **poisonous.** a. venenoso, ponzoñoso.
poke (póuk). tr. **1.** picar, aguijonear. **2.** atizar (el fuego). **3.** meter, introducir. **4.** golpear. **5.** i. meterse, husmear. **6.** *p. along:* moverse con pereza o desgano. **7.** *p. about:* fisgonear. **8.** *p. at:* dirigir golpes a. **9.** *p. out:* asomar, sobresalir.// n. **1.** golpe. **2.** empujón. **3.** aguijonazo.
poker (póuker). n. **1.** atizador. **2.** póquer (juego).
polar (pólar). a. polar.// **polarization.** n.// **polarize.** tr. polarizar.
pole (póul). n. **1.** polo. **2.** *P.:* polaco. **3.** poste, vara. **5.** garrocha.
polemic. a. polémico.// **polemics.** n. polémica.// **polemist.** a.

polestar. n. estrella polar.
police (polís). n. policía.// tr. **1.** vigilar el orden. **2.** supervisar.// **policeman.** m. **police woman.** f. agente de policía.// **police record.** n. antecedentes penales.// **police station.** n. comisaría, cuartel de policía.
policy (pálesi). n. **1.** política (línea de acción). **2.** póliza de seguros.
Polish (póulish). a./n. polaco.
polish (pálish). n. **1.** brillo. **2.** refinamiento. **3.** betún, cera. **4.** *shoe p.:* pomada para zapatos. **5.** tr. pulir, bruñir, lustrar.// **polished.** a. **1.** pulido. **2.** consumado, terminado. **3.** perfecto.
polite (poláit). a. cortés, culto, fino.// **politeness.** n. cortesía, urbanidad.
politic. a. **1.** prudente. **2.** sagaz, astuto.
political. a. político.// **politician.** n. político.// **politics.** n. política (actividad).
poll (póul). n. **1.** votación, elecciones. **2.** escrutinio. **3.** encuesta. **4.** pl. lugar de votación, urnas.// tr. **1.** hacer el escrutinio. **2.** hacer una encuesta. **3.** *p. for:* votar, votar por.
pollen (pálen). n. polen.// **pollinate.** tr. polinizar.
poll tax. n. impuesto per cápita.
pollute (polút). tr. contaminar.// **pollution.** n. contaminación, polución.
polo (pólous). n. *Sp.* polo.
polyandry (páliandri). n. poliandria.
polyclinic (páliklínic). n. policlínico.
polygamist. n. polígamo.// **polygamy.** n.
polyglot (páliglat). n. políglota.
polygon (páligan). n. polígono.
polyp (pálep). n. pólipo.
polysyllabe (pálisilabl). n. polisílabo.
polytechnic (palitéknik). a./n. politécnico.
pommel (pámel). n. empuñadura, perilla, manija, culata.// tr. golpear con el puño.
pomp. n. pompa.// **pompous.** a. pomposo.
pond. n. charca, estanque, laguna.
ponder (pánder). tr. reflexionar, meditar, considerar.
poniard. n. puñal, daga.
pontiff (pántif). n. pontífice.// **pontificate.** i. pontificar.
pony (póuni). n. pony, caballo enano.
poodle (púdel). n. perro de lanas.
pool (pul). n. **1.** charco. **2.** piscina, pileta de natación. **3.** pozo (conjunto de apuestas). **4.** consorcio de empresas. **5.** conjunto de material y personal para uso común. **6.** cierto juego de billar.// tr. aunar, mancomunar, combinar.
poor (pur). a. **1.** pobre. **2.** deficiente. **3.** inferior. **4.** modesto, humilde. **5.** estéril, árido. **6.** n. pl. *the p.:* los pobres.// **poorhouse.** n. asilo, hogar de pobres.// **poorly.** adv. **1.** pobremente. **2.** mal.
pop. n. **1.** chasquido, rudio seco. **2.** detonación, estampido.// **1.** i. estallar, reventar, dispararse, salirse. **2.** tr. hacer estallar o reventar. **3.** *p. in:* entrar de sopetón. **4.** *p. out:* aparecer inesperadamente.
pop. a. **1.** popular. **2.** n. música popular.// **pop art.** n. arte realista.
popcorn (pápkorn). n. pochoclo, rosetas de maíz.
pope (póup). n. **1.** papa. **2.** pope. **3.** *the P.:* el Papa.// **popedom.** n. papado.
poplar. n. álamo.

poppy

poppy (pápi). n. amapola.
populace (púpileis). n. populacho.
popular (pópiular). a. **1.** popular. **2.** común.// **popularity**. n.
populate (pópiuleit). tr. poblar.// **population**. n. población.// **populous**. n. populoso, poblado.
porcelain (pórselen). n. porcelana.
porch. n. porche, portal.
porcupine (pórkiupain). n. puerco espín.
pore (por). n. poro.// tr. **1.** escrutar. **2.** mirar o leer con atención.
pork. n. carne de cerdo.// **pork chop**. n. chuleta (costilla) de cerdo.
pornography (pórnografi). n. pornografía.
porosity. n. porosidad.// **porous**. a. poroso.
porpoise (pórpos). n. marsopa.
port. n. **1.** puerto. **2.** porte. **3.** oporto (vino). **4.** babor.// a. portuario.
portable (pórtabl). a. portátil.
portal. n. portal.
portend. tr. **1.** augurar, presagiar. **2.** significar, indicar.// **portent**. n. **1.** presagio, augurio. **2.** portento.
porter. n. **1.** GB. portero. **2.** cargador, changador. **3.** EE.UU. camarero de trenes.
portfolio. n. **1.** portafolio. **2.** cartera, ministerio. **3.** Com. valores al cobro o en cartera.
portion (pórshon). n. **1.** porción, parte.// tr. **1.** dividir en porciones. **2.** p. out: dividir en cuotas.
portly. a. **1.** corpulento. **2.** solemne.
portrait (pórtreit). n. retrato.// **portraiture**. n. **1.** pintura de retratos. **2.** descripción.// **portray**. tr. **1.** retratar. **2.** representar (teatro).// **portrayal**. n. **1.** retrato. **2.** representación.
Portuguese (pórchiuguis). a./n. portugués.
pose (póus). tr. **1.** poner en cierta postura. **2.** proponer, plantear (preguntas, problemas). **3.** i. posar; tener actitudes afectadas. **4.** p. as: hacerse pasar por, dárselas de.// n. **1.** posición, postura. **2.** pose. **3.** afectación.
position (posíshon). n. **1.** posición. **2.** empleo. **3.** postura. **4.** opinión, punto de vista. **5.** to be in the p. to (do): estar en condiciones de (hacer algo).// tr. situar, poner.
positive (pásitiv). a. **1.** positivo. **2.** absoluto. **3.** seguro, cierto.// **positively**. adv. **1.** positivamente. **2.** absolutamente.
possess (posés). tr. **1.** poseer. **2.** poner en posesión.// **possession**. n. **1.** posesión. **2.** Der. tenencia. **3.** pl. propiedades, territorios.// **possessive**. a./n. posesivo.// **possessor**. n. poseedor.
possibility. n. posibilidad.// **possible**. a. **1.** posible. **2.** as soon as p.: cuanto antes.// **possibly**. adv. **1.** posiblemente. **2.** acaso.
post (poust). n. **1.** poste. **2.** puesto. **3.** cargo. **4.** correo.// tr. **1.** apostar, situar. **2.** destinar. **3.** despachar por correo. **4.** contabilizar. **5.** informar, tener al tanto.// **postage**. n. franqueo.// **postal**. a. postal.// **post card**. n. tarjeta postal.// **poster**. n. cartel, letrero, anuncio.
posterior (postírior). **1.** a. posterior. **2.** a./n. trasero.// **posteriority**. n. posterioridad.// **posterity**. n. posteridad.
postgraduate (póustgradiueit). a. de posgrado.// n. posgraduado.

posthaste (póustjéist). adv. a toda prisa.
posthumous (pósdchemos). a. póstumo.
postman (póustnman). m. cartero.
postmark. n. matasellos.
postmaster. n. jefe de correos.
postmeridian. a. pasado meridiano.
post-mortem. a. postmórtem.// n. autopsia.
post office. n. oficina de correos, correo.
postpaid (póustpéid). a. con franqueo pago.
postpone (póustpon). tr. posponer, postergar.// **postponement**. n. aplazamiento, postergación.
postscript (póuscript). n. posdata.
postulate (póschiulet). n. postulado.// tr. postular.// **postulation**. n. postulación.
posture (póschiur). n. **1.** postura, actitud. **2.** posición.// i. asumir una postura.
posy (póusi). n. ramillete de flores.
pot (pat). n. **1.** olla, marmita. **2.** maceta. **3.** montón. **4.** fig. marihuana. **5.** to go p.: echarse a perder. **6.** to keep the p. boiling: parar la olla.// tr. **1.** envasar en potes. **2.** plantar en macetas.
potable (pótabl). a. potable.
potash (pótash). n. potasa.// **potassium**. n. potasio.
potation (potéishon). n. bebida alcohólica, licor.
potato (potéitu). n. papa, patata.
potbelly. n. barriga.
potency (pótensi). n. potencia.// **potent**. a. potente.// **potential**. a./n. potencial.
pothole (pátjoul). n. bache.
potion (póushon). n. poción.
potluck (pátlak). n. **1.** comida ordinaria. **2.** to take p.: aceptar lo que venga.
pot shot. n. tiro a mansalva.
pottage (pátash). n. potaje.
potter (páter). n. alfarero.// **pottery**. n. alfarería.
pouch (pauch). n. bolsa, bolsón, valija.
poulterer. n. gallinero.// **poultry**. n. aves de corral.
pounce (páuns). i. **1.** arrojarse, saltar. **2.** p. upon: abalanzarse, caer sobre.
pound (páunt). n. **1.** libra. **2.** golpe. **3.** corral, depósito.// tr. **1.** aporrear. **2.** encerrar en corral.
pour (por). i./tr. **1.** verter. **2.** derramar. **3.** manar. **4.** llover a cántaros. **5.** p. in: llegar en abundancia.
poverty. n. pobreza, indigencia, miseria.
powder (páuder). n. **1.** polvo. **2.** pólvora.// tr. **1.** empolvar, espolvorear. **2.** triturar, hacer polvo.
power (páuer). n. **1.** poder. **2.** fuerza. **3.** capacidad. **4.** facultad. **5.** Fís., Mat. potencia. **6.** fuerza motriz, energía eléctrica.// **powerful**. a. **1.** potente, poderoso. **2.** influyente.// **powerless**. a. **1.** impotente. **2.** sin autoridad.
powwow (páwuau). n. **1.** ceremonia de hechicería. **2.** fig. conferencia.
practicable (praktikabl). a. **1.** factible. **2.** transitable. **3.** práctico.// **practical**. a. **1.** práctico. **2.** virtual. **3.** p. joke: broma pesada.
practice (práktis). n. **1.** práctica. **2.** ejercicio (de una profesión). **3.** costumbre. **4.** out of p.: falto de práctica. **5.** in p.: en la práctica.// tr. **1.** practicar. **2.** ejercitar(se). **3.** ejercer.// **practiced**. a. diestro, experto.
pragmatic. a. pragmático.// **pragmatism**. n.
prairie (préri). n. llanura, pradera.
praise (préis). n. alabanza, elogio.// tr. alabar, elogiar.// **praiseworthy**. a. loable.

prank. n. jugarreta, travesura.
prattle (prátel). n. parloteo.// i. parlotear.
pray (prei). **1.** i. orar, rezar. **2.** tr. rogar, implorar.//
prayer. n. **1.** oración, rezo. **2.** ruego, súplica.
preach. i./tr. predicar.// **preacher.** n. predicador.//
preaching. 1. n. prédica. **2.** a. sermoneador.
preamble (príambl). n. preámbulo.
prearrange (priárendch). tr. arreglar de antemano, predisponer.// **prearrangement.** n. disposición o arreglo previo.
precarious (prikerios). a. precario.
precaution (prikóshon). n. precaución.
precede (prisíd). tr. preceder.// **precedence.** n. precedencia.// **precedent.** n.// **preceding.** a. precedente, anterior.
precept. n. precepto.// **preceptor.** m.// **preceptress.** f. preceptora.
precinct (prísinkt). n. **1.** recinto, distrito. **2.** pl. inmediaciones. **3.** policial p.: distrito policial, Arg. comisaría.
precious (préshios). a. **1.** precioso. **2.** querido. **3.** considerable, mucho.
precipice (présipis). n. precipicio.
precipate (presípiteit). a./n. precipitado.// i./tr. precipitar(se).// **precipitation.** n.
precipitous (presípitos). a. escarpado, empinado.
precise (prisáis). a. **1.** preciso. **2.** justo. **3.** minucioso.// **precisely.** adv. **1.** precisamente. **2.** minuciosamente.// **precision.** n.
preclude (prekliúd). tr. **1.** evitar. **2.** excluir.
precocious (prikóushios). a. precoz.// **precocity.** n.
preconceive (prikonsív). tr. preconcebir.// **preconception.** n. **1.** idea preconcebida. **2.** prejuicio.
precondition (prikondishon). n. condición previa, requisito.
precursor (prekérser). n. precursor.
predator (prídeter). n. depredador.// **predatory.** a. depredador, rapaz.
predecessor (prédeséser). n. predecesor.
predestinate (pridesteneit). **1.** a. predestinado. **2.** tr. predestinar.// **predestination.** n.
predetermine (predetérmin). tr. predeterminar.
predicament. n. apuro, aprieto.
predicate (prédikeit). tr. **1.** declarar, afirmar. **2.** basar.// a./n. (-ket). predicado.
predict. tr. predecir.// **predictable.** a. predecible.// **prediction.** n.
predilection (predilékshon). n. predilección.
predispose (predispóse). tr. predisponer.// **predisposition.** n.
predominance (pridominens). n. predominancia.// **predominant.** a.// **predominate.** i. predominar.// **predomination.** n. predominio.
preempt. tr. adquirir el derecho de prioridad o exclusividad.// **preemption.** n. prioridad, exclusividad.
prefabricated (prefabrekeited). a. prefabricado.
preface (préfas). n. prefacio.
prefect (prífect). n. prefecto.
prefer (prífer). tr. **1.** preferir. **2.** dar preferencia. **3.** p. against : presentar (cargos).// **preferable.** a. preferible.// **preferably.** adv. preferentemente.// **preference.** n. **1.** preferencia. **2.** promoción, ascenso.// **preferential.** a.

prefix. n. prefijo.// tr. anteponer.
pregnancy. n. embarazo.// **pregnant.** a. preñada, embarazada.
prehistory (prijístori). n. prehistoria.
prejudice (préjudis). n. **1.** prejuicio. **2.** perjuicio.// tr. predisponer.
prelate (prélet). n. prelado.
preliminary. a. preliminar.
prelude (préliud). n. preludio.
premature (primacher). a. prematuro.
premeditate (premédíteit). tr. premeditar.// **premeditation.** n. premeditación.
premier. n. primer ministro.// a. principal.
premise (prémis). n. **1.** premisa. **2.** predio, local.// tr. presuponer.
premium (prímiom). n. prima, bonificación.
premonition (premoníshon). n. premonición.// **premonitory.** a.
prenatal (prinéitl). a. prenatal.
preoccupation (prokiupéishon). n. preocupación.// **preoccupy.** tr. **1.** preocupar(se). **2.** ocupar con anterioridad.
prepaid (pripéid). a. prepago, pagado por adelantado.
preparation (preparéishon). n. preparación.// **preparatory.** a.// **prepare.** tr. preparar.// **preparedness.** n. preparación, apresto.
prepay (pripéi). tr. pagar anticipadamente.
preponderance (prepónderans). n. preponderancia.// **preponderant.** a.
preposition (preposíshon). n. preposición.
prepossess (priposés). tr. predisponer.// **prepossessing.** a. simpático, atractivo.
preposterous (pripósteros). a. descabellado, absurdo.
prerequisite (prirékuisit). n. condición previa.
prerogative (prerógativ). n. prerrogativa.
presage (présadch). n. presagio.// tr. presagiar.
Presbyterian. a./n. presbiteriano.
prescribe (priskráib). tr. prescribir.// **prescription.** n. prescripción; receta.
presence (présens). n. **1.** presencia. **2.** p. of mind: presencia de ánimo.
present (présent). a./n. presente.// tr. **1.** presentar. **2.** representar. **3.** exponer. **4.** regalar.// **presentable.** a. presentable.// **presentation.** n.
presentiment. n. presentimiento.
presently. adv. **1.** pronto. **2.** al presente.
presentment. n. presentación.
preservation (preservéishon). n. preservación.// **preservative.** a./n.// **preserve. 1.** tr. preservar, conservar. **2.** n. pl. conservas.
preside (prisáid). tr. presidir.// **presidency.** n.// **president.** n.// **presidential.** a.
press. tr. **1.** apretar. **2.** presionar. **3.** forzar. **4.** prensar. **5.** planchar. **6.** p. for: insitir en. **7.** p. forward: arremeter, avanzar.// n. **1.** presión. **2.** multitud. **3.** prensa. **4.** imprenta. **5.** the p.: la prensa, el periodismo.// **press agent.** n. agente de prensa.// **pressing.** a. **1.** urgente, insistente. **2.** inoportuno, pesado. **3.** n. prensado.// **pressman.** n. **1.** impresor. **2.** GB. periodista.
pressure (présher). n. presión.// **pressurize.** tr. presurizar.

prestidigitation

prestidigitation (prestidiyitéishon). n. prestidigitación.// **prestidigitator.** n.
prestige (pristích.) n. prestigio.// **prestigious.** a.
presume (presúm). tr. **1.** presumir, suponer. **2.** atreverse. **3.** i. presumir.// **presumption.** n. **1.** presunción. **2.** atrevimiento.// **presumptive.** a. presunto.// **presumptuous.** a. presuntuoso.
presuppose (presupóus). tr. presuponer.// **presupposition** n.
pretend (priténd). tr. **1.** pretender, aspirar a. **2.** afirmar, alegar. **3.** pretender ser, simular, fingir.// **pretender.** n. **1.** pretendiente. **2.** simulador.// **pretense.** n. **1.** pretensión. **2.** pretexto. **3.** simulación.// **pretension.** n.// **pretentious.** a. **1.** pretencioso, ambicioso. **2.** presumido.
preterit. a./n. pretérito.
pretext. n. pretexto.
prettines (prítines). n. hermosura, belleza.// **pretty.** a. **1.** bonito, lindo. **2.** pulcro. **3.** bueno. **4.** bastante. **5.** adv. moderadamente, algo, muy.
prevail (prevéil). i. **1.** prevalecer. **2.** *p. on:* convencer.// **prevailing.** a. **1.** predominante. **2.** común.// **prevalence.** n. frecuencia, hecho frecuente.// **prevalent.** a. frecuente, usual.
prevent (privént). tr. impedir, evitar, prevenir.// **prevention.** n. **1.** prevención. **2.** impedimento.// **preventive.** a.
preview (priviú). n. pesentación de una película antes de su estreno.// tr. presentar o ver previamente.
previous (prívios). n. previo.// **previously.** adv. previamente.
prey (prei). n. víctima, presa.// tr. oprimir.
price (práis). n. precio, valor, costo.// tr. valuar, tasar, poner precio.// **priceless.** a. inapreciable, inestimable.
prick. n. **1.** picadura, pinchazo. **2.** aguijón. **3.** punzón. **4.** escozor. **5.** remordimiento.// tr. **1.** aguijerear. **2.** pinchar, punzar. **3.** escocer. **4.** remorder.// **prickly.** a. espinoso.
pride (práid). n. **1.** orgullo, amor propio. **2.** lo mejor, la flor y nata. **3.** vigor, brío.// i. enorgullecerse; jactarse.// **prideful.** a. orgulloso, engreído.
priest (prist). m. cura, sacerdote.// **priestess.** f. sacerdotisa.// **priesthood.** n. sacerdocio.
primacy (práimasi). n. supremacía.
primary (práimari). a. primario.
primate (práimet). n. **1.** primado. **2.** primate.
prime (práim). a. **1.** primero. **2.** principal. **3.** *Mat.* primo.// n. **1.** primera hora. **2.** lo mejor (de algo). **3.** *Mat.* número primo.// tr. **1.** preparar. **2.** dar la primera mano.
primer. n. **1.** primer libro de lectura. **2.** manual.
primitive. a. primitivo.// n. **1.** hombre primitivo. **2.** concepto básico.
prince (prins). m. príncipe.// **princely.** a. principesco.// **princess.** f. princesa.
principal. a./n. principal.// n. director de escuela.// **principally.** adv. principalmente.
principle. n. principio, norma.
print. n. **1.** huella. **2.** impresión. **3.** estampa, dibujo, ilustración. **4.** letra impresa. **5.** *out of p.:* agotado (libro). **6.** tr. imprimir.// **printer.** n. impresor, editor. **2.** impresora.// **printing.** n. **1.** imprenta. **2.** impresión.

prior (práior). **1.** m. prior. **2.** a. anterior.// **prioress.** f. prioresa.
priority (práioriti). n. **1.** prioridad. **2.** superioridad.
prism. n. prisma
prison. **1.** n. prisión. **2.** tr. encarcelar.// **prisoner.** n. preso, prisionero.
privacy (práivasi). n. intimidad, privacidad.// **private.** a. **1.** privado. **2.** íntimo. **3.** personal. **4.** n. soldado raso.
privation (priveishon). n. privación.
privilege (príviledch). n. privilegio.// tr. privilegiar; otorgar privilegio.
privy. a. secreto, reservado.
prize (praiz). n. **1.** premio, recompensa. **2.** competencia con premio.
probability. n. probabilidad.// **probable.** a.// **probably.** adv. probablemente.
probation (probéishon). n. **1.** prueba. **2.** período de prueba.
probe (proub). **1.** *Med.* sonda. **2.** encuesta, sondeo.// tr. sondear, indagar.
problem. n. problema.// **problematic.** a.
procedure (prosídzer). n. proceder, procedimiento.// **proceed.** i. proceder.// **proceeding.** n. **1.** proceder. **2.** pl. proceso. **3.** *Der.* procedimiento.
proceeds (prosíds). n. producto, ganancias.
process. n. **1.** proceso. **2.** procedimiento. **3.** transcurso (del tiempo).// tr. **1.** procesar. **2.** elaborar. **3.** dar curso, tramitar.
procession (proséshon). n. **1.** procesión. **2.** progresión.
proclaim (prokléim). tr. proclamar.// **proclamation.** n. **1.** proclamación. **2.** proclama.
proclivity. n. proclividad.
procreate (prokréit). i./tr. procrear.// **procreation.** n.
procuracy (prokiurasi). n. procuraduría.// **procuration.** n.// procurador. n.
procure (prokiúr). tr. adquirir, lograr, obtener.// **procurement.** n. obtención, adquisición.
prod. tr. aguijonear, estimular.
prodigal. a. pródigo.// **prodigality.** a. prodigalidad.
prodigious (prodíyios) a. prodigioso.// **prodigy.** n. prodigio.
produce (prodiús). n. **1.** producto, producción, renta. **2.** i./tr. producir.// **producer.** n. **1.** productor. **2.** director de escena.// **producer goods.** n. bienes de producción.// **product.** n. producto.// **production.** n. producción.// **productive.** a.// **productivity.** n. productividad.
profanation (profanéishon). n. profanación.// **profane.** **1.** tr. profanar. **2.** a. profano.// **profanatory.** n. profanador.// **profanity.** n. blasfemia, obscenidad.
profess. tr. **1.** profesar. **2.** manifestar. **3.** ejercer (una profesión u oficio). **4.** sentir.// **professed.** a. declarado, profeso.// **profession.** n. **1.** profesión. **2.** declaración. **3.** creencia.// **professional.** a./n.// **professionalism.** n.
professor. n. profesor.// **professorship.** n. **1.** profesorado. **2.** cargo de profesor.
proffer. tr. ofrecer, proponer.// n. oferta, propuesta.
profficiency. n. pericia, destreza.// **profficient.** a./n. perito, experto, diestro.
profile (próufail). n. perfil, silueta, contorno.

profit. n. ganancia, provecho.// **profitable.** a. **1.** provechoso, **2.** lucrativo.// **profiteer.** n. acaparador.
profound (profáund). a. **1.** profundo. **2.** intenso.// **profoundity.** n. profundidad.
profuse (profiús). a. **1.** profuso. **2.** generoso.// **profusely.** adv. profusamente.// **profusion.** n. profusión; generosidad.
progeny (próyeni). n. progenie, prole.
prognosis (proñóusis). n. pronóstico.// **prognosticate.** tr. pronosticar.
program (próugram). n. programa.// tr. programar.
progress (pró). n. progreso.// (grés). tr. progresar.// **progressive.** a.
prohibit (projíbit). tr. prohibir.// **prohibition.** n.// **prohibitive.** a.
project (proyéct). n. proyecto, plan.// (pró). tr. proyectar (arrojar, planear, dibujar, resaltar).// **projectile.** n.// **projection.** n.// **projector.** n. **1.** proyector. **2.** proyectista. **3.** promotor.
proletarian. n. proletario.// **proletariat.** n.
prolific. a. prolífico.
prolix. a. prolijo.// **prolixity.** a. prolijidad.
prologue. n. prólogo.// **prologuize.** tr. prologar.
prolong. tr. prolongar.// **prolongation.** n.
prom. EE.UU. baile escolar.
promenade (prominéid). n. paseo.
prominence. n. **1.** prominencia. **2.** eminencia.// **prominent.** a. eminente, destacado.
promiscuity. n. promiscuidad.// **promiscuous.** a. promiscuo.
promise (prómis). **1.** n. promesa. **2.** tr. pometer.// **promising.** a prometedor.// **promissory. 1.** a. promisorio. **2.** p. note: pagaré.
promontory. n. promontorio.
promote (promóut). tr. promover, fomentar.// **promoter.** n. promotor.// **promotion.** n. promoción.
prompt. a. **1.** pronto, dispuesto. **2.** rápido, puntual.// n. **1.** plazo, vencimiento. **2.** aviso.// tr. **1.** impulsar, urgir. **2.** soplar, apuntar.// **prompter.** n. apuntador (teatro).// **promptitude.** n. prontitud.// **promptness.** n. presteza.
promulgate (prómulguéit). tr. promulgar.// **promulgation.** n.
prone (proun). a. **1.** boca abajo. **2.** p. to: propenso a.
prong. n. púa, punta, diente.
pronoun (pronáun). n. pronombre.
pronounce (pronáuns). i./tr. pronunciar(se).// **pronounced.** a. marcado, pronunciado.// **pronouncement.** n. pronunciamiento, declaración.// **pronunciation.** n. pronunciación.
proof (pruf). n. prueba.// a. **1.** resistente. **2.** a prueba de (en palabras compuestas).// **proofread.** tr. corregir las pruebas de.// **proofreader** corrector de pruebas.
propaganda. n. propaganda.// **propagandist.** n.
propagate (propaguéit). tr. propagar.// **propagation.** n.
propel. tr. propulsar, impulsar.// **propellant.** a./n. propulsor.// **propeller.** n. hélice.
propensity. n. propensión.
proper. a. **1.** propio. **2.** correcto.// **properly.** adv. **1.** propiamente. **2.** correctamente.// **property.** n. propiedad.
prophecy (prófesi). n. profesía.// **prophesy.** i./tr. profetizar.// **prophet.** m. profeta.// **prophetess.** f. profetisa.// **prophetic.** a. profético.
prophylactic. a./n profiláctico.// **prophylaxis.** n.
propitiate (propíshéit). tr. propiciar, apaciguar, conciliar.// **propitiation.** n.// **propitiatory.** a.// **propitious.** a.
propone (propoun). tr. proponer.// **proponent.** n.
proportion (propórshon). n. **1.** proporción. **2.** porción, parte.// **proportional.** a.// **proportionate. 1.** a. adecuado, proporcionado. **2.** tr. proporcionar, adecuar.
proposal (propóusal). n. propuesta.// **propose.** tr. proponer(se).// **proposition.** n. **1.** propuesta. **2.** proposición. **3.** asunto, tema.
proprietor (propráietor). n. propietario.
propriety. n. propiedad, corrección, conveniencia.
propulsion (propólshon). n. propulsión.
prorate (proréit). tr. prorratear.
prosaic. a. prosaico.
proscribe (prouskráib). tr. proscribir.// **proscription.** n.
prose (próus). n. prosa.// a. prosaico, común.// i./tr. escribir en prosa.
prosecute (prósekiut). tr. **1.** proseguir. **2.** Der. enjuiciar.// **prosecution.** n. **1.** continuación. **2.** Der. enjuiciamiento; parte acusadora.// **prosecutor.** n. Der. fiscal.
prospect. n. perspectiva, panorama.// tr. explorar.// **prospective.** a. en perspectiva.// **prospector.** n.
prospectus. n. prospecto.
prosper. i. prosperar.// **prosperity.** n. prosperidad.// **prosperous.** a. próspero.
prostate (próstei). a. **1.** de la próstata. **2.** p. gland: próstata.
prostitute (próstitut). **1.** n. prostituta. **2.** i./tr. prostituir (se).// **prostitution.** n. prostitución.
prostrate (próstreit). **1.** a. postrado. **2.** tr. postrar; derribar.// **prostration.** n. postración.
protagonist. n. protagonista.
protect. tr. proteger.// **protection.** n.// **protectionism.** n.// **protectionist.** n.// **protective.** a. protector.// **protector.** n.// **protege.** n. protegido.
protein (próutin). n. proteína.
protest (próutest). n. protesta.// (-tést). tr. protestar.
Protestant. a./n. protestante.// **Protestantism.** m.
prothesis (prodzeses). n. prótesis.
protocol (pró). n. protocolo.
proton. n. protón.
protoplasm (próutoplasem). n. protoplasma.
prototype (próutotaip). n. prototipo.
protozoan. n. protozoario.
protractor. n. transportador (dibujo).
protrude (protrúd). tr. **1.** sacar, empujar hacia afuera. **2.** sobresalir.
protuberance (túberens). n. protuberancia.// **protuberant.** a.
proud (práud). a. **1.** orgulloso. **2.** imponente.
prove (pruv). tr. **1.** probar, comprobar. **2.** resultar, demostrar.// **proven.** a. comprobado.
proverb. n. proverbio.
provide (prováid). tr. **1.** proveer, suministrar. **2.** disponer. **3.** p. against: tomar medidas, precaver. **4.** p. for: sostener, mantener.// **provided.** conj. con tal que, siempre que.

providence

providence (próvedens). n. providencia.
provident. n. precavido.
providential (providénshal). a. providencial.
providing (vái). conj. con tal que, siempre que.
province (próvins). n. **1.** provincia. **2.** campo (de acción). **3.** rama (del saber). **4.** a. provincial.// **provincial.** a provinciano.
provision (províshon). n. provisión.
provisional (províshonal). a. provisional.
proviso (prováisou). n. condición, salvedad.
provocation (provokéishon). n. provocación.// **provocative.** a.// **provoke.** tr. provocar.// **provoker.** n. provocador.
prowl (praul). i. rondar, merodear.
proximity. n. proximidad.
proxy. n. **1.** apoderado. **2.** *by p.:* por poder.
prude (prud). n. mojigato, puritano.
prudence (prúdens). n. prudencia.// **prudent.** a.// **prudential.** a.
prune (prun). **1.** n. ciruela. **2.** podar, cortar.// **pruning.** n. poda, corte.
prurient. a. sensual.
Prussian. a./n. prusiano.
pry (prai). n. palanca.// tr. hacer palanca.
psalm (sam). n. salmo.// **psalmist.** n.
pseudonym. n. seudónimo.
psychiatrist (saikáiatrist). n. siquiatra.// **psychiatry.** n. siquiatría.
psychic (sáikik). a. síquico.// **psychoanalysis.** n. psicoanálisis.// **psychological.** a. sicológico.// **psychologist.** n. sicólogo.// **psychology.** n. sicología.// **psychopath.** n. sicópata.// **psychosis.** n. sicosis.
pub (pab). n. *GB* taberna, bar.
puberty (púberti). n. pubertad.
pubis (piúbis). n. pubis.
public (públik). a./n. público.
publication (publikéishon). n. publicación.
publicist. n. publicista.// **publicity.** n.
publicly (pó). adv. públicamente.
publish. n. publicar, editar.// **publisher.** n. editor.
pucker (póker). i./tr. arrugar(se).// n. arruga, pliegue.
pudding. n. torta, budín.
puddle (pódl). n. **1.** charco. **2.** mezcla, argamasa.// tr. **1.** embarrar. **2.** mezclar.
pudgy (pódyi). n. gordinflón.
puff (pof). n. **1.** soplido, resoplido. **2.** bocanada. **3.** bollo, buñuelo. **4.** mota. **5.** mechón de pelo.// i. **1.** soplar, resoplar. **2.** echar bocanadas de humo o vapor. **3.** *p. out:* apagar a soplos. **4.** *p. up:* inflar.
pug (pog). n. **1.** perro dogo faldero. **2.** *pug-nose:* nariz respingada.// tr. batir, amasar, mezclar (argamasa, yeso).
pugilism (piúyilisem). n. pugilismo, boxeo.// **pugilist.** n. pugilista, boxeador.
pugnacious (pugnéishes). a. belicoso.
pull. tr. **1.** tirar, tirar de. **2.** atraer. **3.** sacar, desenvainar. **4.** *p. apart:* atraer. **5.** *p. out:* arrancar. **6.** *p. one's leg:* tomar el pelo. **6.** i. tirar.// n. tirón.
pullet. n. pollo.
pulley (púli). n. polea.
pullman. n. coche cama, coche salón.
pulmonary. a. pulmonar.
pulmotor. n. pulmotor.

pulp (polp). n. pulpa.
pulpit. n. púlpito.
pulsate (pólseit). i. latir, palpitar.// **pulsation.** n. **1.** pulsación. **2.** latido.// **pulse.** n. pulso; pulsación; impulso.
pulverize (pólverais). tr. pulverizar; desmenuzar.
puma. n. puma.
pumice (pómis). n. piedra pómez.
pump (pámp). n. **1.** bomba. **2.** inflador. **3.** bombeador.// tr. **1.** bombear. **2.** extraer. **3.** *p. into:* verter en. **4.** *p. out:* vaciar con bomba. **5.** *p. up:* inflar.
pumper (pámper). n. autobomba.
pumpkin (pámpkin). n. calabaza, zapallo.
pun (pon). n. juego de palabras.
punch (ponch). tr. **1.** picar, perforar. **2.** golpear.// n. **1.** punzón. **2.** puñetazo. **3.** perforador, sacabocados. **4.** ponche.
punctilious (ponktílios). a. puntilloso.
punctual (pónkchual). a. puntual// **punctuality.** n.
punctuate (púnkcheit). tr. **1.** puntuar, poner puntuación. **2.** resaltar, destacar.// **punctuation.** n. puntuación.
puncture (pónkcher). n. **1.** pinchazo. **2.** punción.
pungent (pónyent). a. **1.** picante, punzante. **2.** satírico.// **pungency.** n. **1.** picante. **2.** agudeza, mordacidad.
punish (pónish). tr. penar, castigar.// **punishment.** n. pena, castigo.
puny (piúni). a. pequeño, diminuto.
pupil (piúpil). n. **1.** alumno. **2.** pupila.
puppet (pópet). n. muñeco, títere.
puppy (pópi). n. cachorro, perrito.
purchase (pérches). **1.** n. compra. **2.** tr. comprar, adquirir.// **purchaser.** n. comprador, cliente.
pure (piur). a. puro.// **purely.** adv. **1.** simplemente. **2.** sin mezcla. **3.** completamente. **4.** virtuosamente.
purgative (pérgativ). a. purgativo, purgante.
purgatory (pér). n. purgatorio.
purge (perdch). tr. **1.** purgar, purificar. **2.** absolver.// n. **1.** purgante. **2.** purga. **3.** expurgación.
purification (piurifikéishon). n. purificación.// **purify.** tr. purificar.
purism. n. purismo.// **purist.** n.
Puritan. a./n. puritano.
purity. n. pureza.
purple (pérpl). a./n. púrpura.
purport (perpórt). tr. significar, querer decir.// (pérport). n. siginificado; intención.
purpose (pérpes). n. **1.** propósito. **2.** *on p.:* a propósito, adrede. **3.** *to little p.:* de poca utilidad. **4.** *to the p.:* a propósito, pertinente.// **purposely.** adv. adrede.
purr (per). i. ronronear (gato); zumbar (motor).// n. ronroneo, zumbido.
purse (pers). n. **1.** bolso, monedero. **2.** fondos.// tr. **1.** fruncir (los labios). **2.** *p. up:* embolsar.
pursuant. a. **1.** consiguiente. **2.** *p. to:* de acuerdo a.
pursue (pursú). tr. **1.** perseguir. **2.** buscar (con afán). **3.** seguir (un plan).// **pursuer.** n. perseguidor.// **pursuit.** n. **1.** persecución. **2.** búsqueda. **3.** profesión.
purvey (pervéi). tr. proveer, abastecer.// **purveyance.** n. abastecimiento.// **purveyor.** n. proveedor.
purview (pérviu). n. límite legal, competencia.

pus (pos). n. pus.
push. tr. **1.** empujar, mover. **2.** urgir, apremiar. **3.** *p. ahead:* avanzar. **4.** *p. aside:* hacer a un lado. **5.** *p. back:* rechazar. **6.** *p. on:* seguir adelante.// n. **1.** empujón; impulso. **2.** apremio.
push button. n. conmutador, pulsador.
pushcart. n. carretilla.
pustule (póschul). n. pústula.
put. tr. **1.** poner, colocar. **2.** lanzar, tirar. **3.** presentar, exponer. **4.** calcular, estimar. **5.** *p. across:* llevar a cabo. **6.** *p. away:* guardar, ahorrar; consumir. **7.** *p. back:* reponer, retornar. **8.** *p. down:* reprimir; anotar. **9.** *p. in:* meter, intercalar; presentar. **10.** *p. off:* posponer; sacarse alguien de encima. **11.** *p. on:* ponerse (ropa); encender (luces). **12.** *p. out:* extender; extinguir; incomodar. **13.** *p. them up!:* ¡manos arriba! **14.** *p. up:* hospedar, alojar; producir, financiar; postular; ofrecer (precio); envolver, guardar. **15.** *p. up with:* tolerar, soportar.// n. tiro, lanzamiento.// a. fijo, en su sitio.
putrefaction (putrefákshon). n. putrefacción.// **putrefied.** a. putrefacto.// **putrefy.** i./tr. pudrir(se); descomponer(se).// **putrid.** a. pútrido; corrompido.
puzzle (pósl). tr. **1.** confundir. **2.** *p on.:* descifrar.// n. **1.** perplejidad. **2.** rompecabezas, juego de ingenio.// **puzzling.** a. enigmático; incomprensible.
pygmy. n. pigmeo.
pyorrhea (páiorría). n. piorrea.
pyramid. n. pirámide.// **pyramidal.** a.
pyre (pair). n. pira.
pyrryc. a. pírrico.
python (páiton). n. pitón.

q (kiu). n. decimoséptima letra del abecedario.
quack. n. curandero, charlatán.// **quackery.** n. curanderismo.
quadrangle. n. cuadrilátero.// **quadrant.** n. cuadrante.// **quadratic.** a.// **quadrilateral.** n. cuadrilátero.// **quadruped.** a./n. cuadrúpedo.
quadruple. a. cuádruple.// n. cuádruplo.// tr. cuadruplicar.
quaff. i./tr. beber de un solo golpe.
quagmire (quágmair). n. lodazal; fig. atolladero.
quail (kuéil). n. codorniz.// i. acobardarse.
quaint (kuéint). a. raro, extraño.
quake (kuéik). i. temblar.// n. temblor; sismo.
Quaker (kuéiker). a./n. cuáquero.
qualification (kualifikéishon). n. **1.** calificación. **2.** idoneidad.// **qualified.** a. calificado; competente.// **qualifier.** n. *Gram.* calificativo.// **qualify.** tr. **1.** capacitar; calificar. **2.** limitar; modificar.
qualitative (-téitiv). a. cualitativo.// **quality.** n. **1.** calidad. **2.** cualidad.
qualm. n. escrúpulo, remordimiento.
quandary. n. dilema, apuro.
quantify (-fái). tr. **1.** medir. **2.** cuantificar.// **quantity.** n. cantidad.
quantum (kuántom). n. **1.** suma. **2.** *Fís.* cuanto, quántum.
quarantine (kuórentin). n. cuarentena.
quarrel (kuórel). n. pelea, disputa.// i. pelear, reñir.// **quarrelsome.** a. pendenciero.
quarry (kuóri). n. **1.** cantera. **2.** presa, caza.// tr. **1.** excavar. **2.** explotar una cantera.
quart. n. cuarta, cuarto (medidas).
quarter (quórter). n. **1.** cuarto, cuarta parte. **2.** trimestre. **3.** barrio. **4.** pl. cuartel. **5.** *from every q.:* de todas partes.// tr. **1.** cuartear; descuartizar. **2.** acuartelar.
quarterback. n. *Sp. EE.UU.* defensor.
quarterly. adv. por cuartos; trimestralmente.// n. periódico trimestral.
quartet (kuártet). n. *Mus.* cuarteto.
quartz. n. cuarzo.
quaternary. a./n. cuaternario.
quatrain (kuétrein). n. cuarteta (versos).
quaver (kuéiver). i. **1.** temblar, vibrar. **2.** *Mús.* trinar.// n. *Mús.* trino; corchea.
quay (ki). n. muelle, atracadero.
queen (kuín). f. **1.** reina. **2.** diosa.
queer (kuir). a. **1.** raro, peculiar. **2.** indispuesto.
quell (kuel). tr. sofocar, reprimir.
quench (kuench). tr. apagar, calmar, extinguir, enfriar.
querulous (kuérulos). a. quejumbroso.
query (kúiri). n. **1.** pregunta, duda. **2.** signo de interrogación.// tr. preguntar, averiguar.
quest (kuest). n. búsqueda, averiguación.// **question** (kuestchen). n. **1.** pregunta. **2.** cuestión. **3.** *beyond q.:* fuera de duda. **4.** *out of q.:* inaceptable, imposible. **5.** i. inquirir; tr. interrogar; cuestionar.// **questionable.** a. cuestionable.// **questioner.** n. interrogador.// **question mark.** n. signo de interrogación.// **questionnaire.** n. cuestionario.
queue (kiu). n. **1.** cola, fila. **2.** trenza.// i. hacer cola.
quibble (kuibl). n. evasiva, equívoco.

quick

quick (kuik). a. **1.** rápido. **2.** vivo, despierto.// **quicken.** tr. **1.** avivar. **2.** acelerar.// **quick-fire.** a. de tiro rápido.// **quicklime.** n. cal viva.// **quickly.** adv. rápidamente.// **quickness.** n. rapidez; viveza.// **quicksand.** n. arena movediza.// **quicksilver.** n. mercurio, azogue.// **quick-witted.** a. vivo, ingenioso.
quiescence (kuaiésens). n. inmovilidad, reposo.// **quiescent.** a. inmóvil, en reposo.
quiet (kuáiet). a. **1.** quieto. **2.** callado. **3.** discreto. **4.** tranquilo, apartado.// **quietly.** adv. tranquilamente, silenciosamente.// **quietness.** n. quietud; silencio.
quill (kuil). n. **1.** pluma. **2.** púa (erizo).
quilt. n. colcha, acolchado.
quina. n. quina.
quince (kuins). n. membrillo.
quinine (kuáinan). n. quinina.
quintessence (-eséns). n. quintaesencia.
quintet. n. quinteto.

quip. n. agudeza, salida.
quit (kuit). tr. dejar, dejar de, salir de, renunciar.// **quitclaim.** n. renuncia.
quite (kuait). adv. **1.** completamente. **2.** bastante, muy.
quiver (kuiver). i. temblar, estremecerse, vibrar.// n. temblor, estremecimiento, vibración.
quixotic (kuiksótic). a. quijotesco.
quiz (kuis). **1.** broma, chanza. **2.** examen, interrogatorio.// tr. **1.** chancear. **2.** interrogar.
quizzical (kuisikel). **1.** raro, extravagante. **2.** burlón.
quorum. n. quórum.
quota. n. cuota.
quotable (kuotéibl). a. citable.// **quotation.** n. **1.** cita, referencia. **2.** Com. cotización. **3.** q. marks: comillas.// **quote.** tr. **1.** citar, poner entre comillas. **2.** Com. cotizar.
quotidian (kuoutidien). a. cotidiano.
quotient (kuóshent). n. cociente.

r (ar). n. decimoctava letra del abecedario.
rabbi (rábai). n. rabino.
rabbit (rábit). n. conejo.
rabble (rábl). n. populacho, plebe.
rabid (rábid). a. **1.** rabioso. **2.** fig furioso.// **rabies.** n. hidrofobia.
raccoon (rakún). n. mapache.
race (reis). n. **1.** carrera, competencia. **2.** corriente de agua. **3.** raza.// **racecourse.** n. hipódromo; autódromo.// **racer.** n. corredor.// **racetrack.** n. pista de carreras.
racial (ríshal). a. racial.// **racism.** n.// **racist.** n.
rack. n. **1.** pesebre. **2.** percha, perchero. **3.** Mec. cremallera. **4.** portaequipaje. **5.** potro (tormento).// tr. hacer sufrir, atormentar.
racket (rákit). n. **1.** raqueta. **2.** alboroto, parranda. **3.** fraude, estafa.// **racketeer.** n. estafador, extorsionista.
radar (réidar). n. radar.
radial (réidial). a. radial.
radian (réidian). n. radián.
radiance (réidians). n. radiación; brillo.// **radiant.** a.// **radiate.** tr. **1.** resplandecer. **2.** irradiar.// **radiation.** n. **1.** radiación. **2.** irradiación.// **radiator.** n. radiador.
radical. a./n. radical.// **radicalism.** n.
radio (réidio). n. radio.// tr. comunicar por radio.
radioactive (reidioáktiv). a. radioactivo.// **radioactivity.** n.

radiogram (réidiogram). n. radiograma.
radiograph (réidiograf). **1.** n. radiografía. **2.** tr. radiografiar.// **radiography.** n.// **radiology.** n. radiología.
radiotelegram. n. radiotelegrama.// **radiotelegraph.** n.// **radiotelephone.** n.
radiophony. n. radiofonía.
radish. n. rábano.
radium (réidiom). n. Quím. radio.
raffle (rǎfl). n. rifa.
raft. n. balsa.
rag. n. **1.** trapo. **2.** pl. harapos.// tr. regañar.
ragamuffin (rágamófin). n. pelagatos.
rage (reidch). n. **1.** ira, furia. **2.** fig. furor (moda).// i. **1.** rabiar, enfurecerse. **2.** extenderse (epidemia, incendio).
ragged (rágued). a. **1.** roto, rasgado. **2.** andrajoso. **3.** áspero, desigual.
raging (réiying). a. **1.** violento. **2.** tremendo.
ragtime (rágtáim). Mus. jazz sincopado.
raid (reid). n. **1.** ataque sorpresivo. **2.** allanamiento.// tr. **1.** atacar sorpresivamente. **2.** allanar.
rail (reil). n. **1.** riel, carril. **2.** baranda. **3.** cerco, valla. **4.** pl. off the r.: descarrilado. **5.** on the r.: sobre rieles.// i. **1.** denostar, insultar. **2.** GB transportar por ferrocarril.// **railing.** n. **1.** barrera, baranda. **2.** verja. **3.** rieles.// **railroad.** EE.UU. ferrocarril.// **railway.** GB ferrocarril.
railment (reilment). n. vestimenta.

reaffirm

rain (rein). n. **1.** lluvia. **2.** pl. *the r.:* estación de lluvias.// **i. 1.** llover. **2.** *r. cats an dogs:* llover a cántaros.// **rainbow.** n. arcoiris.// **raincoat.** n. impermeable.// **raindrop.** n. gota de lluvia.// **rainfall.** n. **1.** aguacero. **2.** precipitaciones (cantidad de lluvia caída).// **rainstorm.** n. temporal.// **rainy.** a. lluvioso.
raise (reis). tr. **1.** levantar, alzar, elevar, erguir. **2.** reclutar, alistar. **3.** reunir, juntar. **4.** presentar, plantear. **5.** criar, cultivar. **6.** *Mat.* elevar. **7.** abandonar. **8.** armar lío.// **raised.** a. en relieve, saliente.// **raising.** n. levantamiento; elevación; cría.
rake (ráik). **1. i.** inclinarse. **2.** rastrillo. **3.** libertino.// n. **1.** inclinación. **2.** rastrillar.// **rakish.** a. libertino.
rally. tr. **1.** reunir, reagrupar. **2.** recuperar, revivir. **3.** unirse.// n. **1.** reunión popular, reunión política. **2.** recuperación.
ram. n. **1.** carnero. **2.** ariete; émbolo. **3.** *R.: Aries.*// tr. **1.** apisonar. **2.** *r. against:* embestir.
ramble (rámbl). i. **1.** vagabundear. **2.** divagar. **3.** serpentear (un camino).// n. paseo.
ramification (ramifikéishon). n. ramificación.// **ramify.** tr. ramificar.
ramp. n. rampa.
rampage (rampéidch). tr. alborotarse, andar furioso.// n. comportamiento violento.
rampant. a. **1.** agresivo, imperioso. **2.** exuberante. **3.** rampante.
rampart. n. baluarte.
ramshackle (rámshakl). a. destartalado.
ranch. n. rancho, estancia, hacienda./ **ranchman.** n. ganadero, hacendado.
rancid. a. **1.** rancio. **2.** repugnante.
rancor. n. rencor.// **rancorous.** a. rencoroso.
random. a. **1.** casual. **2.** *at r.:* al azar.
range (réindch). n. **1.** fila, línea. **2.** cadena de montañas. **3.** escala, serie, gama. **4.** orden, clase. **5.** campo, ámbito. **6.** polígono de tiro. **7.** *Biol.* hábitat. **8.** cocina económica. **9.** *EE.UU.* pradera.// tr. **1.** alinear. **2.** clasificar. **3.** recorrer. **4.** llevar a pastar. **5.** extenderse. **6.** fluctuar. **7.** tomar partido.
rank. n. **1.** hilera. **2.** serie. **3.** rango; grado. **4.** pl. *the r.:* la tropa; fig. el pueblo.// **i. 1.** tener un cierto rango o grado. **2.** ocupar o figurar en un cierto puesto.
ransack. tr. **1.** escrudriñar. **2.** saquear.
ransom. n. **1.** rescate.// tr. **1.** rescatar, liberar. **2.** exigir rescate.
rap. tr. **1.** dar un golpe corto y seco, tocar. **2.** reprender.// n. **1.** golpecito. **2.** fig. reprimenda. **3.** *I don't care a r.:* me importa un bledo.
rapacious (rapéishos). a. rapaz, voraz.// **rapacity.** n. rapacidad.
rape (reip). tr. violar, ultrajar.// n. violación, estupro.
rapid. a. rápido, veloz.// **rapidity.** n. rapidez.
rapine (rápin). n. rapiña, pillaje.
rapport. n. armonía, afinidad.
rapt. a. extasiado, absorto.// **rapture.** n. éxtasis, arrobamiento.// **rapturous.** a. **1.** extasiado. **2.** arrobador.
rare (rer). a. **1.** raro. **2.** *EE.UU.* poco cocido.// **rarefy.** tr. **1.** enrarecer(se). **2.** fig. purificar.// **rarely.** adv. rara vez.// **rarity.** n. rareza.
rascal. n. pícaro, villano.

rash. 1. n. salpullido. **2.** a. imprudente; precipitado.// **rashness.** n. imprudencia, temeridad.
rasp. tr. **1.** raspar. **2.** irritar, molestar.// n. escofina; lima.
raspberry. n. frambuesa.
rat. n. **1.** rata. **2.** vil, canalla.// **i.** actuar con cobardía o vileza.
ratchet. n. *Mec.* trinquete; retén.
rate (reit). n. **1.** valor, precio. **2.** porcentaje. **3.** proporción. **4.** cuota, tasa. **5.** tarifa. **6.** *at any r.:* en todo caso. **7.** *at this r.:* de esta manera.// tr. estimar, evaluar, tasar.
rather (rádzer). adv. **1.** más bien, antes. **2.** algo, bastante. **3.** *r!:* ¡cómo no!
ratification (ratifikéishon). n. ratificación.// **ratify.** tr. ratificar.
rating (réiting). n. **1.** clasificación. **2.** clase. **3.** reputación o crédito comercial. **4.** porcentaje de audiencia (radio, TV).
ratio (réisho) n. **1.** proporción. **2.** *Mat.* razón.
ration (réishon). n. **1.** ración. **2.** cuota.
rational (ráshonal). a. racional.// **rationalism.** n.// **rationalize.** tr. **1.** explicar racionalmente. **2.** racionalizar (industria, empresas).
rattle (ratl). n. matraca; cascabel.
rattlesnake (rátlsnéik). n. víbora de cascabel.
ravage (rávadch). n. devastación.// tr. devastar, asolar.
rave (réiv). **i. 1.** delirar. **2.** enfurecerse.// n. delirio.
raven (réiven). n. cuervo.// a. de color negro brillante.
ravine (ravín). n. barranco, barranca.
raving (réiving). n. desvarío.// a. delirante.
ravish. tr. **1.** arrebatar, raptar. **2.** violar. **3.** encantar, cutivar.
raw (ro). a. **1.** crudo. **2.** en bruto. **3.** inexperto. **4.** rudo, tosco. **5.** *r. material:* materia prima.// **rawhide.** n. cuero sin curtir.// **rawness.** n. **1.** crudeza. **2.** inexperiencia. **3.** tosquedad.
ray (rei). n. **1.** rayo. **2.** raya (línea, pez).
raze (reiz). tr. **1.** cortar, rasar. **2.** demoler.// **razor.** n. navaja de afeitar.
reach (rich). **1.** extender, alargar. **2.** tocar, dar en. **3.** entregar, alcanzar a. **4.** llegar a.// n. **1.** extensión. **2.** alcance. **3.** capacidad. **4.** tramo.
react (riákt). tr. reaccionar.// **reaction.** n.// **reactionary.** a./n. reaccionario.// **reactor.** n. **1.** reactor. **2.** *Quím.* reactivo.
read (rid). tr. **1.** leer. **2.** estudiar. **3.** a. leído, instruido.// **readable.** a. **1.** legible. **2.** interesante (lectura).// **reader.** n. **1.** lectura. **2.** recitador. **3.** corrector. **4.** libro de lecturas.
readily (rédili). adv. **1.** sin demora. **2.** de buen grado. **3.** con facilidad.// **readiness.** n. **1.** prontitud. **2.** destreza. **3.** *to be in r.:* estar listo (para).
reading (ríding). n. **1.** lectura. **2.** recital. **3.** material de lectura. **4.** versión, interpretación.
readjustement (riadyóstement). n. readaptación, reajuste.
ready (rédy). a. **1.** listo. **2.** fácil. **3.** diestro. **4.** *to get or make r.:* alistar(se), preparar(se).// **ready-made.** a. **1.** ya hecho. **2.** *r. clothing:* ropa de confección. **3.** *r. beliefs:* preconceptos, prejuicios.
reaffirm (riáferm). tr. reafirmar, confirmar.

real

real (ríal). a. real, auténtico.// **realism**. n. realismo.// **realist**. a.// **realty**. n. realidad.
realization (realiséishon). n. 1. comprensión. 2. realización. // **realize**. tr. 1. comprender, darse cuenta. 2. realizar. 3. convertir en dinero.
really. adv. realmente, efectivamente.
real state. n. bienes raíces.
realtor (riálter). n. EE.UU. corredor de bienes raíces.// **realty**. n. inmuebles, bienes raíces.
reap (rip). tr. segar; cosechar.// **reaper**. n. cosechador; cosechadora (máquina).
reappear. i. reaparecer.
rear (riar). n. retaguardia, zaga, fondo// tr. levantar, erigir, cuidar.
rearm. tr. rearmar.
rearrange (riárrendch). tr. reordenar, arreglar nuevamente.
reason (ríson). n. 1. razón. 2. causa. 3. explicación. 4. *to bring to r.*: hacer entrar en razón.// **reasonable**. a. 1. razonable. 2. moderado.// **reasonably**. adv. razonablemente.
reassemble (riasémbl). i./tr. volver a reunir(se).
reassign. tr. reasignar.
reassurance (riashúrens). n. 1. seguridad, garantía. 2. *Com*. reaseguro.// **reassure**. tr. 1. tranquilizar. 2. *Com*. reasegurar.
rebel (ribél). i. rebelarse.// (rébel). n. rebelde.// **rebellion**. n.// **rebellious**. a. rebelde.
rebirth (ribérdz). n. renacimiento.
rebound (ribaund). n. rebote.// tr. rebotar.
rebuff (ribóf). n. rechazo, desaire.// tr. rechazar.
rebuild (ribíld). tr. reconstruir.
rebut (ribót). tr. refutar, rebatir.// **rebuttal**. n. *Der*. refutación.
recalcitrant. a. recalcitrante.
recall (rekól). tr. 1. hacer volver. 2. recordar. 3. revocar, anular.
recapitulate (recapíchuleit). tr. recapitular.// **recapitulation**. n.
recapture (rekápcher). tr. recobrar.// n. recuperación.
receipt. n. recibo.// **receivable**. a. 1. admisible. 2. *Com*. por cobrar.// **receive**. tr. 1. recibir. 2. cobrar.// **receiver**. n. 1. receptor. 2. tesorero. 3. síndico.// **receivership**. n. 1. sindicatura. 2. receptoría.
recent. a. reciente.// **recently**. adv. recientemente.
receptacle. n. 1. receptáculo. 2. recipiente.
reception (recepshon). n. recepción.// **receptive**. a. receptivo.
recess (risés). n. 1. hueco. 2. escondite. 3. receso.// tr. 1. ahuecar. 2. suspender temporariamente. 3. separar, apartar.// **recession**. n. 1. recesión. 2. retroceso.// **recessive**. a. 1. regresivo. 2. recesivo. 3. n. *Biol*. carácter recesivo.
recipe (résipi). n. receta.
reciprocal. a. recíproco.// **reciprocate**. tr. 1. corresponder, intercambiar. 2. *Mec*. alternar; oscilar.// **reciprocity**. n.
recital (resáital). n. 1. recitado. 2. recital.// **recitation**. n. recitación, declamación, narración.// **recite**. i./tr. 1. recitar. 2. relatar.
reck. tr. preocuparse, importar.// **reckless**. a. imprudente, temerario.
reckon. tr. 1. calcular. 2. considerar, pensar. 3. deducir.// **reckoning**. n. cálculo, cuenta.

reclaim (rekléim). tr. 1. corregir. 2. recuperar (tierras no cultivables u objetos). 3. reclamar.// **reclamation**. n. 1. reclamo. 2. recuperación.
recline (rekléin). i./tr. 1. reclinar(se). 2. recostar(se).
recluse (riklús). a./n. solitario, ermitaño.
recognition (-níshon). n. reconocimiento.// **recognize**. tr. reconocer.
recoil (rikóil). tr. retroceder, recular.// n. retroceso.
recollect. tr. recordar, acordarse.// **recollection**. n. recuerdo.
recommence (-coméns). tr. recomenzar.
recommend (-coménd). tr. recomendar.// **recommendation**. n. recomendación.
recompense (rékompéns). tr. recompensar.// n. recompensa.
reconcilable (-sáilabl). a. reconciliable; compatible.// **reconcile**. i. reconciliar.// **reconciliation**. n. reconciliación.
recondition (-díshon). tr. reacondicionar.
reconnaissance (rikónesans). n. reconocimiento, exploración.// **reconnoiter**. tr. explorar, reconocer.
reconsider (-síder). tr. reconsiderar.
reconstruct (-trókt). tr. reconstruir.// **reconstruction**. n. reconstrucción.
record (ré-). n. 1. registro. 2. documento. 3. crónica. 4. foja de servicios. 5. disco fonográfico. 6. *Sp*. marca.// tr. 1. registrar. 2. grabar.// **recorder**. n. 1. registrador. 2. grabadora.// **recording**. n. grabación.
recount (rikáunt). 1. recontar. 2. recontar.// n. recuento.
recourse (rikórs). n. 1. recurso. 2. ayuda. 3. *to have r. to:* recurrir a.
recover (rikóver). tr. recobrar.// **recovery**. n. recuperación.
recreate (ríkreit). tr. recrear(se).// **recreation**. n. recreación.
recriminate (-néit). tr. recriminar.// **recrimination**. n.
recrudesce (ríkrudes). i. recrudecer.// **recrudescence**. n. recrudecimiento.
recruit (-krút). tr. reclutar.// n. recluta.
rectangle (réktangl). n. rectángulo.
rectify (-fai). tr. rectificar.// **rectification**. n. rectificación.
rectilineal (-tílinial). a. rectilíneo.
rector (rékter). n. rector.// **rectory**. n. rectoría.
rectum (réktom). n. *Anat*. recto.
recuperate (rikiúpereit). tr. recuperar.// **recuperation**. n.
recur (riker). i. repetirse, ser recurrente.// **recurrent**. a. recurrente, periódico.
recurrence (-kórens). n. recurrencia, repetición.
red. 1. a./n. rojo. 2. a. enrojecido. 3. tinto (vino).// **redden**. 1. tr. teñir de rojo. 2. i. enrojecerse.
redbreast (-brest). n. petirrojo.
redcap. n. *EE.UU*. maletero, changarín.
reddish. a. rojizo.
redeem (ridím). tr. 1. redimir. 2. cumplir.// **redeemable**. a. redimible.// **redeemer**. n. redentor.// **redemption**. n. redención.
redhead (redjed). n. pelirrojo.
redistribute (-tríbuit). tr. redistribuir.

red-letter. a. **1.** feriado. **2.** memorable (día).
redness. n. calidad de rojo.
redouble (rídobl). tr. redoblar.
redound (ridáund). i. redundar.
redress (-drés). tr. remediar, enmendar.
redskin. n. piel roja.
red tape. n. papeleo, trámites.
reduce (ridiús). tr. **1.** reducir. **2.** adelgazar. **3.** debilitar.// **reduction.** n.
redundancy (ridóndansi). n. redundancia.// **redundant.** a. redundante.
redwood (-wud). n. secoya, sequoia.
reed (rid). n. **1.** caña. **2.** *Mus.* lengüeta.
reef (rif). n. arrecife.
reel (ril). n. carrete; bobina.// tr. **1.** enrollar, bobinar. **2.** *r. off:* desenrollar.
reelect. tr. reelegir.// **reelection.** n.
reenter. tr. reintegrar; reingresar (personas. datos).// **reentry.** n. reingreso.
refer. tr. **1.** atribuir, imputar. **2.** referir(se). **3.** consultar.// **reference.** n. **1.** referencia. **2.** recomendación.
referee (réferi). n. juez, árbitro.
refill (rífil). n. repuesto, recambio.// tr. rellenar.
refine (rifáin). tr.**1.** refinar. **2.** pulir, educar.// **refinement.** n. **1.** refinación. **2.** refinamiento.// **refinery.** n. refinería.
reflect (riflékt). tr. **1.** reflejar. **2.** reflexionar.// **reflection.** n. reflexión; reflejo.// **reflector.** n. reflector.// **reflex.** a./n. reflejo.// **reflexive.** a. reflexivo.
reform. n. reforma.// tr. reformar.// **reformation.** n. reforma.// **reformatory.** a./n. reformatorio.// **reformer.** n. reformador.// **reformist.** n.
refract. tr. refractar.// **refraction.** n.// **refractory.** a./n. refractario.
refrain (rifréin). n. refrán, estribillo.// i./tr. *r. from:* refrenar(se), abstenerse de.
refresh (rifrésh). tr. refrescar.// **refreshing.** a. **1.** refrescante. **2.** placentero.// **refreshment.** n. **1.** refresco. **2.** pl. refrigerio.
refrigerate (refrídcheréit). tr. refrigerar.// **refrigeration.** n.// **refrigerator.** n.
refuge (réfiudch). n. refugio.// **refugee** (réfiudch). a. refugiado.
refund (refónd). n. reembolso.// tr. reembolsar.
refusal (refiúsal). n. negativa.// **refuse.** tr. **1.** rehusar; negarse. **2.** desperdicios. basura.
refute (rifiút). tr. refutar.// **refutation.** n. refutación.
regain (riguéin). tr. recobrar, reconquistar.
regale (riguéil). **1.** tr. agasajar. **2.** i. deleitarse.
regard (rigárd). tr. **1.** mirar. **2.** respetar. **3.** considerar, tener en cuenta.// n. **1.** mirada. **2.** respeto. **3.** consideración. **4.** pl. saludos. **5.** pl. *as r., in r. to:* con respecto a.// **regarding.** prep. con respecto a.// **regardless.** a. **1.** desconsiderado. **2.** *r. of.* adv. a pesar de; sin considerar.
regatta (rigáta). n. regata.
regency (riyensi). n. regencia.
regenerate (ríyenerít). i./tr. regenerar(se).// a. regenerado.// **regeneration.** n.
regent (ríyent). a./n. regente.
regime (reyím). n. régimen, gobierno.
regimen (réyimen). n. régimen, dieta.
regiment (réyiment). n. regimiento.// tr. regimentar.// **regimentation.** n. regimentación.

región (ríyen). n. región.// **regional.** a. regional.// **regionalism.** n. regionalismo.
register (réyister). n. **1.** registro, archivo, lista. **2.** archivador, archivista.// tr. **1.** registrar; matricular, anotar. **2.** certificar (una carta).// **registration.** n. registro, inscripción.// **registry.** n. registro, matrícula.
regress (rígres). n. regreso, retroceso.// i. regresar.
regret (rigrét). tr. lamentar, sentir.// n. **1.** pesar, remordimiento. **2.** pl. excusas.// **regretful.** a. pesaroso.// **regrettable.** a. lamentable.
regular (réguiular). a. **1.** regular. **2.** metódico. **3.** bueno.// **regularity.** n.
regulate (reguleit). tr. regular, reglamentar.// **regulation.** n. regla, reglamento.// **regulator.** n. regulador.
rehabilitate (rehabiliteit). tr. rehabilitar, restablecer.
rehearsal (ríjérsal). n. ensayo (teatro).// **rehearse.** tr. **1.** ensayar. **2.** repetir, recitar.
reign (rein). n. **1.** reinado. **2.** dominio.// i. **1.** reinar. **2.** predominar.
reimburse (ríimbérs). tr. reembolsar.// **reimbursement,** n. reembolso, indemnización.
rein. n. **1.** rienda. **2.** freno, control.
reindeer (reindir). n. reno.
reinforce (reinfórs). tr. reforzar.// **reinforcement.** n. refuerzo.
reiterate (ríterelt). tr. reiterar.// **reiteration.** n. reiteración.
reject (riyékt). tr. rechazar; descartar.// **rejection.** n. rechazo.
rejoice (riyóis). i./tr. regocijar(se).// **rejoicing.** n. regocijo.
rejoin. 1. (riyóin). tr. replicar. **2.** (ríyoin). tr. reunir; reincorporar(se).// **rejoinder.** n. respuesta, réplica.
rejuvenate (reyúveneit). tr. rejuvenecer.// **rejuvenation.** n. rejuvenecimiento.
relapse (reláps). i. **1.** recaer. **2.** *r. into:* sumirse en.
relate (riléit). **1.** tr. relatar. **2.** i./tr. relacionar(se). **3.** tener que ver.// **relation.** n. **1.** relato. **2.** relación. **3.** parentesco; pariente.// **relationship.** n. **1.** relación. **2.** parentesco.// **relative.** i. a./n. relativo. **2.** n. pariente.
relax (riláks). i./tr. relajar(se).// n. **1.** relajación, relajamiento. **2.** descanso, esparcimiento.
relay (riléi). tr. **1.** transmitir, retransmitir. **2.** reponer.// n. **1.** relevo. **2.** posta, carrera de postas. **3.** relé.
release (rilís). tr. **1.** soltar, liberar. **2.** relevar, eximir. **3.** emitir, editar (publicaciones).// n. **1.** alivio. **2.** exención. **3.** permiso de publicación. **4.** comunicado.
relegate (rélegueit). tr. **1.** relegar. **2.** posponer.
relent (rilent). i. ceder, aplacarse.// **relentless.** a. implacable.
relevance (rélevans). n. relevancia, oportunidad.// **relevant.** a. relevante.
reliability (relaiabíliti). n. confiabilidad.// **reliable.** a. confiable, seguro.// **reliance.** n. confianza, seguridad.
relic (ré-). n. **1.** reliquia. **2.** pl. ruinas, restos.
relief (rilíf). n. **1.** alivio, consuelo. **2.** relevo. **3.** desagravio. **4.** limosna, caridad. **5.** relieve, realce.//
relieve (rilív). tr. **1.** remediar, aliviar. **2.** relevar. **3.** reemplazar. **4.** desagraviar.

religion

religion (rilíyon). n. religión.// **religious**. a. religioso.
relish. n. **1.** gusto, placer. **2.** sabor, sazón. **3.** dejo.// tr. **1.** gustar de. **2.** paladear. **3.** sazonar.
relocate (rilokéit). tr. establecer nuevamente.
reluctance (relóktans). a. reluctancia, renuencia, mala gana.// **reluctant**. a. reacio
rely (rilái). i. confiar, contar con.
remain (riméin). i. **1.** quedar, sobrar. **2.** permancer. **3.** continuar.// **remainder**. n. **1.** residuo. **2.** saldo, remanente. **3.** n. pl. residuos; restos mortales, despojos.
remake (riméik). tr. rehacer.
remark (rimárk). tr. **1.** notar. **2.** observar, comentar.// n. observación, comentario, nota.// **remarkable**. n. notable.
remedy (rémedi). n. **1.** remedio. **2.** *Der*. recurso.// tr. curar; remediar.
remember (rimémber). tr. **1.** recordar. **2.** conmemorar. **3.** tener presente. **4.** recompensar.// **remembrance**. n. recuerdo, memoria.
remind (rimáind). tr. recordar, acordarse.// **reminder**. n. recordatorio.
reminiscence (remínisens). n. reminiscencia.// **reminiscent**. a.
remiss. a. **1.** negligente, deficiente. **2.** remiso.
remission (rimíshon). n. **1.** remisión, perdón. **2.** cancelación. **3.** disiminución.
remit. tr. **1.** perdonar, eximir de. **2.** remitir, remesar.// **remittance**. n. giro, remesa.
remnant. n. **1.** saldo, remanente. **2.** fragmento.
remodel (rimódel). tr. remodelar.
remorse (rimórs). n. **1.** remordimiento. **2.** *without r*.: sin piedad.// **remorseful**. a. arrepentido, compungido.// **remoseless**. a. despiadado.
remote (remóut). a. remoto, retirado.
removable (remúvabel). a. movible, móvil.// **removal**. n. remoción, traslado.// **remove**. tr. **1.** remover. **2.** destituir. **3.** deshacerse de.
remunerate (rimiunereit). tr. remunerar.// **remuneration**. n.
renaissance (renesáns). n. renacimiento.
rend. tr. **1.** rasgar, desgarrar. **2.** arrancar.
render (ré-). tr. **1.** rendir (honores, intereses, cuentas). **2.** dar, presentar (gracias, saludos). **3.** pronunciar, emitir (sentencia). **4.** convertir, cambiar. traducir. **5.** interpretar (papel, música).// **rendition** (rendíshon). n. **1.** rendición. **2.** interpretación. **3.** traducción. **4.** versión.
renegade (réniguéid). a./n. renegado.
renew (reniú). tr. renovar(se); reiterar, reponer.// **renewal**. n. renovación.
rennet (ré-). n. cuajo.
renounce (rínáuns). i. renunciar (a).// **renouncement**. n. renuncia.
renovate (rénoveit). tr. renovar.// **renovation**. n.
renown (rináun). n. renombre, fama.// **renowned**. a. renombrado, afamado.
rent. tr. rentar, alquilar.// n. **1.** arrendamiento. **2.** renta.// **rental**. n. **1.** alquiler (precio). **2.** propiedad alquilada.
renunciation (rinonsiéshon). n. renunciamiento, abnegación.
reorganize (reórganais). tr. reorganizar.// **reorganization**. n. reorganización.

repair (ripér). tr. **1.** reparar. **2.** sanar.// n. reparación; remiendo.// **repairman**. n. mecánico de reparaciones, reparador.// **reparation**. n. **1.** reparación. **2.** compensación.
repast. n. comida.// i. comer.
repay (ripéi). tr. **1.** reembolsar. **2.** compensar. **3.** pagar con la misma moneda.// **repayment**. n. reembolso; compensación.
repeal (ripíl). tr. derogar.// n. derogación.
repeat (rípít). tr. repetir.// **repeatedly**. adv. repetidamente, reiteradamente.// **repeater**. n. **1.** repetidor (alumno). **2.** reincidente. **3.** arma de repetición. **3.** *Mat*. periódica.
repel (ripél). tr. **1.** repeler. **2.** aborrecer.// **repellent**. a. repelente.
repent (ripént). i. arrepentir(se).// **repentance**. n. arrepentimiento.// **repentant**. a. arrepentido.
repercussion (reperkóshon). n. repercusión.
repertoire (répertuar). n. repertorio.
repetition (repitíshon). n. repetición.// **repetitious**. a. repetitivo; redundante.
replace (ripléis). tr. reponer; reemplazar, restituir.// **replaceable**. a. reemplazable, sustituible.// **replacement**. a. reemplazo; devolución.
replete (riplít). a. repleto.
replica (ré-). n. réplica, copia.
reply (riplei). i./tr. contestar.// n. contestación.
report (ripórt). tr. **1.** reportar(se). **2.** contar. **3.** informar. **4.** denunciar.// n. **1.** reporte, informe. **2.** narración. **3.** rumor. **4.** fama. **5.** estallido.// **reporter**. n. reportero.
repose (ripóus). i. **1.** reposar. **2.** basarse.// n. reposo, paz, calma.
reposit. tr. depositar.// **repository**. n. almacén.
reprehensible (reprijensibl). a. censurable.
represent. tr. representar.// **representation**. n. **1.** representación. **2.** delegación. **3.** protesta.// **representative**. a. representativo.
repress (riprés). tr. **1.** reprimir. **2.** oprimir.// **repression**. n. represión; opresión.// **repressive**. a. represivo.
reprieve (reprív). tr. **1.** indultar. **2.** aliviar.// n. **1.** indulto. **2.** alivio.
reprimand. n. reprimenda.// tr. regañar.
reprint (riprínt). n. reimpresión.// tr. reimprimir.
reprisal (repráisal). n. represalia.
reproach (repróuch). i. reprochar.// n. reproche.// **reproachful**. a reprochable.
reprobate (réprobeit). a. malvado; depravado.
reproduce (riprodiús). i./tr. reproducir(se).// **reproduction**. n. reproducción. // **reproductive**. a. reproductivo.
reproof (ripruf). n. reproche.
reprove (riprúv). tr. reprobar, desaprobar.
reptile (reptáil). a./n. reptil.
republic (ripóblik). n. república.// **republican**. a./n. republicano.
repudiate (ripiúdiet). tr. **1.** repudiar. **2.** negar.// **repudiation**. n. repudio.
repugnance (ripógnans). n. repugnancia.// **repugnant**. a.
repulse (ripóls). tr. **1.** repeler, rechazar. **2.** desairar.// n. rechazo; desaire.// **repulsion**. n.// **repulsive**. a. repulsivo.

reputable (rípiutabl). a. **1.** respetable. **2.** de buena fuente.// **reputation.** n.// **repute.** tr. **1.** estimar, considerar. **2.** *to be reputed as:* tener la reputación de.
request (rikuést). n. ruego; petición; demanda.// tr. pedir; rogar; demandar.
requiem (rékiuem). n. réquiem.
require (rikuáier). tr. **1.** requerir. **2.** ordenar.// **requirement. 1.** requerimiento. **2.** requisito.
requisite (rékuisit). n. requisito.// a. necesario.
requisition (rekuisíshon). n. requisición.// tr. requisar.
requital (rikuátl). n. **1.** compensación. **2.** desquite.// **requite.** i. **1.** corresponder. **2.** recompensar. **3.** vengarse de.
rescind. tr. rescindir.
rescue (réskiu). tr. salvar, rescatar.// n. rescate, salvamento.// **rescuer.** n. salvador, rescatador.
research (risérch). n. **1.** investigar. **2.** buscar.// n. **1.** investigación. **2.** búsqueda.
resemblance (risémblans). n. parecido, semejanza.// **resemble.** i. semejar, parecerse a.
resent (risént). i. resentirse; tomar a mal.// **resentful.** a. resentido, ofendido.// **resentment.** n. resentimiento.
reservation (reservéishon). n. resreva; reservación.// **reserve. 1.** n. reserva. **2.** tr. reservar.
reservoir (réservuar). n. **1.** represa. **2.** depósito de agua, reservorio.
reside (risáid). i. residir.// **residence.** n. residencia.// **resident.** a./n. residente.// **residential.** a. residencial.
residue (résidiu). n. residuo.
resign (risáin). tr. **1.** renunciar. **2.** resignar.// **resignation.** n. **1.** renuncia. **2.** resignación.
resilience (risíliens). n. elasticidad.// **resilient.** a. elástico; flexible.
resin (résen). **1.** n. resina. **2.** pasar resina a.// **resinous.** a. resinoso.
resist (risíst). i./tr. resistir.// **resistance.** n. resistencia.// **resistent.** a.
resolute (résetut). a. resuelto.// **resolution.** n. **1.** resolución. **2.** acuerdo.// **resolve.** i./tr. **1.** resolver(se). **2.** solucionar(se) **3.** *to r. into:* transformar(se) en.
resort (risórt). i. recurrir (a).// n. **1.** recurso. **2.** refugio. **3.** lugar de recreo (club). **4.** *to have r. to:* recurrir a.
resound (risáund). i. **1.** resonar. **2.** repercutir.
resource (risórs). n. **1.** recurso. **2.** inventiva, habilidad. **3.** pl. bienes, riquezas.// **resourceful.** a. inventivo; hábil.
respect (rispékt). tr. **1.** respetar. **2.** concernir, referirse, relacionarse.// n. **1.** respeto. **2.** relación. **3.** aspecto, punto de vista. **4.** *in r. of:* respecto de. **5.** *in that r.:* a ese respecto. **6.** *to pay r. to:* respetar; prestar atención. **7.** pl. *to pay one's r. to:* presentar sus respetos a.// **respectability.** n. respetabilidad.// **respectable.** a. respetable.// **respectful.** a. respetuoso.// **respective.** a.// **respectively.** adv. respectivamente.
respiration (-éishon). n. respiración.// **respiratory.** a. respiratorio.
respite (réspit). n. **1.** respiro, pausa. **2** *Der.* prórroga. **3.** *without r.:* sin tregua.
resplendent (risplén-). a. resplandeciente.

respond (rispánd). n. responder.// **response** (rispáns). n. **1.** respuesta. **2.** reacción.
responsibility (rispánsebílieit). n. responsabilidad.// **responsible.** a. responsable.
rest. n. **1.** descanso, reposo; calma, quietud. **2.** *Mus.* pausa. **3.** base, soporte. **4.** *at r.:* en reposo. **5.** *to come to r.:* detenerse finalmente. **6.** *to lay to r.:* enterrar. **6.** *the r.:* el resto, los demás.// i./tr. **1.** descansar. **2.** apoyar. **3.** permancer. **4.** *r. assured:* pierda cuidado.// **restful.** a. descansado, sosegado.
restaurant. n. restaurante.
restitution (-túshon). n. restitución.
restless. a. inquieto, intranquilo.// **restlessness.** n. inquietud, desasosiego.
restoration (-réishon). n. **1.** restauración. **2.** restitución.// **restore.** tr. **1.** restaurar. **2.** restituir. **3.** curar, reponer.
restrain (ristréin). tr. **1.** refrenar. **2.** restringir. **3.** *Der.* prohibir.// **restraint.** n. restricción; prohibición.
restrict ((ristríkt). tr. restringir.// **restriction.** n.// **restrictive.** a.
result (risólt). n. **1.** resultado. **2.** *as a r. of:* a causa de. **3.** i. resultar.// **resultant.** a.
resume (risúm). tr. **1.** reasumir. **2.** volver a ocupar. **3.** reiniciar.
résumé (résemei). n. **1.** resumen, compendio. **2.** currículum vitae.
resumption (risómshon). n. reanudación.
resurrect (resorékt). i./tr. resucitar.// **resurrection.** n.
retail (ritéil). n. venta minorista.// a. minorista.// tr. vender(se) al por menor.// **retailer.** n. comerciante minorista.
retain (ritéin). tr. **1.** retener. **2.** contener. **3.** *Der.* contratar.
retaliate (ritálieit). tr. ejercer represalias.// **retaliation.** n. represalias.// **retaliatory.** a. vengativo.
retard (ritárd). i./tr. retardar(se).// n. retardo.
retention (riténshon). n. **1.** retención. **2.** retentiva.
reticence (rétisens). n. reserva, discreción.// **reticent.** n. reservado, discreto.
reticule (rétikiul). n. retículo.
retina (ré-). n. retina.
retinue (rétiniu). n. comitiva.
retire (ritáir). i./tr. **1.** retirar(se). **2.** jubilar(se). **3.** irse a dormir.// **retired.** a. **1.** retirado. **2.** retraído. **3.** jubilado.// **retirement.** n. **1.** retiro. **2.** jubilación. **3.** refugio.
retort (ritórt). n. **1.** réplica. **2.** *Quím.* retorta.// tr. **1.** replicar. **2.** retorcer.
retouch (ritóch). n. retoque.// tr. retocar.
retrace (ritréis). **1.** repasar. **2.** trazar de nuevo. **3.** desandar.
retract (ritráckt). i./tr. **1.** retractar(se). **2.** retraer(se). **3.** contraer(se).// **retraction.** n. **1.** retractación; contracción.// **retractable.** a. retráctil.
retreat (ritrít). n. **1.** retirada. **2.** retiro. **3.** refugio. **4.** retreta./i./tr. retirar(se); retraer(se).
retrench (ritrénch). tr. **1.** disminuir. **2.** abreviar. **3.** economizar.
retribution (-búshon). n. retribución.
retrieve (ritrív). tr. **1.** cobrar. **2.** recuperar.
retroactive (retrouáktiv). a. retroactivo.// **retroactivity.** n. retroactividad.

retrograde

retrograde (retróugreid). a. retrógrado.// i./tr. retroceder.
retrogression. n. regresión, retroceso.
restrospect (ré-). n. restrospección.// **retrospective.** a.
return (ritórn). i./tr. 1. regresar. 2. responder. 3. corresponder. 4. rendir. 5. devolver. 6. producir. // n. 1. retorno, vuelta. 2. devolución. 3. pl. ganancias. 4. *in r.:* a cambio. 5. *in r. of:* a cambio de. 6. *by r. mail:* a vuelta de correo.// **returnable.** a. 1. restituible. 2. Com. retornable, con derecho de devolución.
reunion (riúñon). n. reunión.// **reunite.** i./tr. reunir(se), juntar(se).
reuse (riús). tr. volver a usar.// n. uso repetido.
revalue (riváliu). tr. revaluar.// **revaluation.** n. revaluación.
reveal (rivíl). tr. revelar, dar a conocer.
reveille (rivíl). n. toque de diana.
revel (ré-). i. jaranear.
revelation (-léishon). n. revelación.
revelry (ré-). n. parranda, juerga.
revenge (rivendch). n. venganza.// tr. vengar.// **revengeful.** a. vengativo.
revenue (réveniu). n. 1. renta. 2. renta pública.
reverberate (rivérbereit). i. reverberar.
reverence (réverens). n. reverencia, respeto.
reverend (ré-). a./n. reverendo.
reverent (ré-). a. reverente.// **reverential.** a. reverencial.
reversal (rivér-). n. 1. transtorno, trastocamiento. 2. *Der.* revocación.// **reverse.** a. 1. inverso, invertido. 2. contrapuesto. 3. n. reverso, dorso. 4. *the r.:* lo contario. 8. tr. invertir; trasponer; *Der.* revocar.
reversible (rivérsibl). a. reversible.// **revert.** tr. revertir.
review (riviú). tr. 1. repasar. 2. reflexionar. 3. reseñar; analizar. 4. revisar. 5. pasar revista.// n. 1. revista. 2. crítica, reseña. 3. reflexión. 4. repaso. 5. *Der.* revisión.// **reviewer.** n. 1. crítico. 2. revisor.// **revision.** n. revisión; repaso; corrección.
revival (riváival). n. 1. renacimiento. 2. renovación. 3. reestreno, reedición. 4. restauración.// **revive** (riválv). i./tr. 1. revivir. 2. reanimar(se). 3. reactivar. 4. volver en sí.
revocation (rivoukéishon). n. revocación. anulación.// **revoke** (rivóuk). tr. revocar, anular.
revolt (rivóult). i./tr. 1. revelarse. 2. repugnar.// n. 1. revuelta, rebelión. 2. repulsión.// **revolting.** a. repulsivo.
revolution (-lúshon). n. 1. revolución. 2. giro.// **revolutionary.** a.// **revolutionist.** n. revolucionario.// **revolutionize.** tr. revolucionar.
revolve (riválv). tr. 1. revolver. 2. girar. 3. dar vueltas.
revolver (riválver). n. revólver.
revolving (riválving). a. giratorio.
revulsion (rivólshon). n. repugnancia.
reward (riuórd). n. premio, recompensa.// tr. premiar.// **rewarding.** a. provechoso, útil.
rewrite (riráit). tr. reescribir.
rhapsody (rápsodi). n. rapsodia.
rheostat (río-). n. reóstato.
rhetoric (ré-). n. retórica.
rheumatism (rúmatisem). n. reumatismo.
rhinoceros (raináseros). n. rinoceronte.
rhyme (ráim). n. 1. rima. 2. *without r. or reason:* sin ton ni son.// i./tr. rimar, hacer rimar.
rib. n. 1. costilla. 2. nervadura. 3. varilla. 4. cordoncillo.
ribald (ríbold). a. procaz.// **ribaldry.** n. procacidad.
ribbon (ríban). n. 1. cinta, banda, faja, tira. 2. pl. riendas.
rice (ráis). n. arroz.
rich. a. 1. rico. 2. grasoso. 3. muy dulce. 4. intenso. 5. sonoro. 6. *the r.:* los ricos.// **riches** (rí-). n. riqueza.
rickety (rí-). a. 1. raquítico. 2. desvencijado.
rid. tr. 1. librar, quitar de encima. 2. *to be r. of:* estar libre de. 3. *to get r. of:* librarse de.
riddle (rídl). n. acertijo.// 1. tr. resolver. 2. *r. with bullets:* acribillar a balazos.
ride (ráid). i. 1. montar, cabalgar. 2. viajar en un vehículo. 3 flotar. 4. *let it r.:* déjalo pasar, no le prestes atención.// tr. 1. montar, guiar, conducir. 2. recorrer. 3. oprimir, dominar. 4. *r. horseback:* montar a caballo.// n. 1. viaje, paseo (a caballo o en un vehículo). 2. *to go for a r.:* ir de paseo.// **rider.** n. jinete; pasajero.
ridge (rídch). n. 1. cerro, colina, cordillera. 2. cresta; reborde.
ridicule (rídikiul). n. burla, ridículo.// tr. ridiculizar.// **ridiculuous.** a. ridículo.
rife (ráif. a. 1. corriente. 2. *r. with:* repleto de.
rifle (ráifel). n. fusil.// **rifleman.** n. fusilero.
rift. n. 1. hendidura. 2. desaveniencia.// i. agrietarse.
rig. n. 1. aparejo. 2. equipos. 3. fig. vestimenta.// tr. 1. armar, montar (aparatos). 2. erigir provisionalmente. 3. fig. arreglar (juego, carreras).
right (ráit). a. 1. derecho, recto. 2. correcto, cierto, exacto. 3. legítimo. 4. justo, honesto. 5. del lado derecho. 6. *the r. people;* la gente que cuenta.// adv. 1. directo, directamente. 2. exactamente. 3. bien, correctamente. 4. hacia la derecha. 5. *all r.:* bien, muy bien, sano, a salvo. 6. *all r.!:* ¡de acuerdo¡. 7. *r. afterwards:* inmediatamente después. 8. *r. along:* sin cortes, sin cesar. 9. *r. here/there:* aquí/allí mismo. 10. *r. now:* ahora mismo. 11. *to be r.:* tener razón. 12. *to get it r.:* entenderlo bien. 13. *to put r.:* enmendar. 14. *to turn out r.:* salir bien.// n. 1. justicia, derecho, razón. 2. derecha (mano, sector político); derecho (lado). 3. *r. and wrong:* el bien y el mal. 4. *to be in the r.:* tener razón o derecho. 5. *to do one's r.:* ser justo con uno. 6. *to put to rights:* poner en orden.// tr. 1. enderezar; rectificar. 2. corregir. 3. poner en orden. 4. hacer justicia (a). 5. i. enderezarse.// **righteous.** a. recto; virtuoso; justo.// **righteousness.** n. rectitud, probidad.// **rightful.** a. justo, lícito, legítimo.// **right hand.** n. mano derecha.// **righthanded.** a. derecho, diestro.// **rightist.** n. derechista.// **rightly.** adv. 1. rectamente. 2. correctamente. 3. *r. so:* con toda justicia.// **rightness.** n. rectitud; corrección; exactitud.
rigid (ríyid). a. rígido.// **rigidity, rigidness.** n. rigidez.
rigmarole (rígmaroul). n. jerigonza.
rigor. n. rigor.// **rigorous.** a. riguroso.

rim. n. **1.** borde, orilla. **2.** *Mec.* reborde, pestaña. **3.** llanta, aro. **4.** corona.
rind. n. corteza (fruta, queso).
ring. n. **1.** anillo. **2.** aro. **3.** corrillo, círculo (de gente). **4.** arena (circo). **5.** cuadrilátero (boxeo). **6.** *Quím.* cadena. **7.** campanada, tintineo. **8.** tono, timbre. **9.** zumbido.// tr. **1.** circundar, rodear. **2.** tocar, hacer sonar (timbre, teléfono, campana). **3.** dar (la alarma). **4.** i. moverse en círculos. **5.** i. sonar, tocar (timbre, campana, teléfono). **6.** *r. at the door:* tocar a la puerta. **7.** *r. for* (llamar). **8.** fig. *r. a bell:* sonar, hacer recordar.// **ring finger.** n. dedo anular.
ringleader (-líder). n. cabecilla, caudillo.
ringside (-sáid). n. primera fila (boxeo).
ringworm (-uérm). n. culebrilla.
rinse (rins). n. enjuague.// tr. enjuagar.
riot (ráiot). n. **1.** motín. **2.** tumulto, gresca, alboroto.// i. amotinarse.// **riotous.** a. amotinado, tumultuoso.
rip. i./tr. **1.** rasgar(se), desgarrar(se). **2.** descoser. **3.** aserrar (madera). **4.** *r. off:* quitar, robar.
ripe (ráip). a. maduro.// **ripen.** i./tr. madurar(se).// **ripeness.** n. madurez, sazón.
ripple (rípl). n. **1.** onda. **2.** murmullo del agua.// i. agitarse el mar.
ripsaw (rípsou). n. sierra de corte horizontal.
rise (ráis). i. **1.** levantarse, subir, elevarse, surgir, salir (un astro). **2.** ponerse de pie. **3.** extenderse, alcanzar. **4.** rebelarse. **5.** aumentar. **6.** *r. from:* surgir de, originarse en. **7.** *r. to the ocassion:* ponerse a la altura de las circunstancias. **8.** tr. levatar.// n. **1.** ascensión. **2.** salida (de un astro). **3.** subida, alza, ascenso. **4.** fuente, origen.// **rising.** a. ascendente, prometedor, naciente, creciente.
risk. n. riesgo.// i./tr. arriesgar(se).// **risky.** a. riesgoso.
risqué. a. escabroso, subido de tono.
rival (ráival). a./n. rival.// **rivalize.** i. rivalizar.// **rivalry.** n. rivalidad.
river. n. río.
rivet (ri-). n. remache.// tr. **1.** remachar. **2.** afianzar. **3.** clavar los ojos (en).// **riveter.** n. remachador.
rivulet (rívielet). n. riachuelo.
roach (róuch). n. cucaracha.
road (róud). n. camino, sendo, carretera.// **roadhouse.** n. parador.// **roadside.** **1.** n. orilla del camino. **2.** a. a la orilla del camino.// **roadway.** n. carretera, calzada.
roam (róum). i. vagar, vagabundear.// **roamer.** n. vagabundo.
roar (ror). i. **1.** rugir. **2.** reírse estrepitosamente. **3.** tr. hablar a los gritos.// n. **1.** rugido. **2.** estrépito.
roast (róust). tr. **1.** asar. **2.** tostar.// a./n. asado.// a. tostado.// **roast beef.** n. rosbif.
rob. tr. robar, despojar.// **robber.** n. ladrón.// **robbery.** n. robo, hurto.
robe (róub). n. **1.** manto, túnica. **2.** toga. **3.** pl. vestiduras.// i./tr. vestir(se).
robin (rábin). n. petirrojo.
robot (róubast). n. robot.
robust (róubast). a. **1.** robusto, vigoroso. **2.** sano.
rock. n. **1.** roca, peñasco. **2.** piedra. **3.** escollo. **4.** oscilación. **5.** pl. *on the r.:* en la ruina; con hielo (bebida)./ i./tr. **1.** mecer(se). **2.** sacudir. **3.** estremecer(se).
rock-bottom. n. el fondo, lo profundo.// a. mínimo, bajísimo.
rocket. n. cohete.// tr. elevar por cohete.
rocking chair. n. silla mecedora
rocky. a. rocoso; pétreo.
rod. n. **1.** vara (objeto y medida). **2.** azote. **3.** bastón. **4.** caña de pescar.
rodent (róundent). a./n. roedor.
rodeo (róudiou). n. rodeo.
rogue (róug). n. bribón, pícaro.// **roguish.** a. **1.** bribón. **2.** travieso.
role (róul). n. rol, papel.
roll (róul). tr. **1.** enrollar. **2.** hacer girar. **3.** rodar. **4.** envolver. **5.** redoblar (tambor). **6.** balancear(se). **7.** laminar. **8.** *r. back:* hacer retroceder. **9.** *r. in:* entrar a raudales. **10.** *r. out:* desenrollar. **11.** *r. up:* enrolarse; hacerse una bola. **12.** *to be rolling in:* nadar en (dinero, etc.) // n. **1.** rollo, bobina. **2.** cilindro. **3.** balanceo. **4.** ondulación. **5.** cadencia, ritmo. **6.** fajo de dinero. **7.** registro, lista.// **roller.** n. **1.** rodillo, cilindro. **2.** ruedita (de un mueble). **3.** *r. coaster:* montaña rusa. **4.** *r. skate:* patín de ruedas.// **rolling mill.** n. taller de laminación.// **rolling pin.** n. rodillo (palo) de amasar.
romance (roumáns). n. **1.** romance. **2.** novela de amor. **3.** *R.* a. romance.// **romantic.** a.// **romanticism.** n.// **romanticist.** n. romántico.
romp. i. retozar, corretear.// n. retozo, brinco.
rookie (rúki). n. **1.** recluta. **2.** novato.
roof (ruf). n. **1.** techo, tejado, azotea. **2.** *r. of the mouth:* paladar. **3.** *to raise the r.:* poner el grito en el cielo.// tr. techar.
room (rum). n. **1.** lugar, espacio. **2.** cuarto, habitación. **3.** posibilidad. **4.** *to make r. for:* hacer lugar para. **5.** *to take r.:* ocupar lugar. **6.** *there is no r. for:* no cabe.// i./tr. alojar(se).// **roommate.** n. compañero de cuarto.// **roomy.** a. amplio, espacioso.
roost (rust). n. gallinero.
root (rut). n. **1.** raíz. **2.** base, fundamento. **3.** *to take r.:* arraigar.// i./tr. **1.** arraigar(se). **2.** establecer(se). **3.** *r. out:* extirpar. **4.** *r. up:* desarraigar.
rope (róup). n. **1.** cuerda, soga. **2.** lazo. **3.** *to know the ropes:* conocer todos los trucos.// tr. **1.** amarrar con una soga, atar. **2.** enlazar.
rosary (ró). n. rosario.
rose. 1. a./n. rosa. **2.** a./n. rosado.// **rosebud.** n. capullo de rosa.// **rosebush.** n. rosal.
rosette (róusete). n. **1.** rosetón. **2.** escarapela.
rosewood (róuswud). n. palo de rosa.
roster (ráster). n. **1.** lista. **2.** orden del día. **3.** nómina.
rostrum (rástrom). n. tribuna.
rosy (róusy). a. rosado; sonrojado.
rot. i. podrir(se).// n. podredumbre, putrefacción.
rotary (róu-). **1.** a. rotatorio, rotativo. **2.** a./n. rotario.
rotate (róuteit). i./tr. **1.** rotar, girar. **2.** alternar(se).// **rotation.** n. rotación
rotten (ráten). a. **1.** podrido. **2** corrupto.
rotund (rotónd). a. **1.** rotundo. **2.** regordete.
rotunda (rotónda). n. rotonda.
rouge (rush). n. colorete, lápiz de labios.

rough

rough (rof). a. **1.** áspero. **2.** turbulento. **3.** tosco; brusco; grosero; rudo. **4.** en bruto. **5.** en borrador, preliminar, aproximado. **6.** r. time: mal rato.// i. r. it: vivir sin comodidades.// **roughen** (rófen). i./tr. **1.** endurecer(se), curtir(se). **2.** poner(se) tosco o áspero.// **roughly.** adv. **1.** ásperamente. **2.** rudamente. **3.** aproximadamente.
roulette (rulét). n. ruleta.
round (ráund). a. **1.** redondo. **2.** circular. **3.** completo. **5.** rotundo. **6.** severo.// n. **1.** redondel. **2.** giro, vuelta. **3.** ronda, recorrido. **4.** tanda. **5.** ciclo. **6.** rutina. **7.** porción. **8.** in r.: redondeado. **9.** in the r.: en su totalidad. // adv. alrededor, en torno de, en círculos.// tr. **1.** redondear. **2.** doblar, dar la vuelta. **3.** r. off: completar. **4.** r. up. rodear; reunir.// **rondabout. 1.** a. indirecto; tortuoso. **2.** circunloquio.// **roundly.** adv. **1.** completamente. **2.** lisa y llanamente.// **roundness.** n. redondez.
round-shouldered (-shoulderd). a. cargado de hombros.
roundup (ráandap). n. **1.** rodeo. **2.** redada. **3.** resumen.
rouse (ráus). i./tr. **1.** despertar(se). **2.** animar, estimular. **3.** provocar, originar.
rout (raut). n. **1.** derrota. **2.** huida.// tr. **1.** derrotar. **2.** echar fuera, hacer salir.
route (rut). n. **1.** ruta. **2.** itinerario.// tr. **1.** encaminar. **2.** enviar, dirigir.
routine (rutín). n. rutina.
rove (róuv). i. vagar.// **rover.** n. vagabundo.
row (rou). n. **1.** fila, hilera. **2.** columna de cifras. **3.** in a r.: en fila; seguidos.// **1.** i. remar. **2.** alinear.// **rowboat.** n. bote a remos.
row. n. pendencia, trifulca.// i. armar trifulca.// **rowder.** a./n. pendenciero.
royal (róial). a. regio, real.// **royalist.** a./n. realista.// **royalty.** n. **1.** realeza. **2.** pl. regalías.
rub (rab). tr. **1.** frotar. **2.** rozar. **3.** restregar. **4.** r. elbows with: coderase con. **5.** r. off: desgastar. **6.** r. out: borrar con goma.// tr. **1.** roce, frotación. **2.** dificultad.// **rubber.** n. **1.** caucho, gome. **2.** goma de borrar.// **rubbers.** n. galochas.
rubbish (rábish). n. **1.** basura. **2.** disparate.
rubble (ráble). n. **1.** ripio. **2.** escombro. **3.** piedra en bruto.
rubicund (rúbikand). a. rubicundo.
rubric (rú-). n. **1.** rúbrica. **2.** título.
ruby (rúbi). n. rubí.
rucksack (rák-). n. mochila.
rudder (róder). n. timón.
ruddy (ródi). a. **1.** rojizo. **2.** saludable (aspecto).
rude (rud). a. **1.** rudo, tosco. **2.** descortés. **3.** duro, crudo (clima).// **rudeness.** n. rudeza.
rudiment (rúde-). n. rudimento.// **rudimentary.** a.
ruffian (róffian). a./n. rufián.
ruffle (rafl). n. **1.** fruncido (costura). **2.** encrespamiento (de las aguas). **3.** desazón.// tr. **1.** fruncir. **2.** encrespar(se). **3.** enfadar(se).
rug (rog). n. alfombra; manta.
rugged (rágued). a. **1.** áspero. **2.** tosco, basto. **3.** duro, despacible. **4.** resistente.
ruin (rúin). n. **1.** ruina. **2.** pl. escombros. i./tr. arruinar(se).// **ruinous.** a. ruinoso.
rule (rul). n. **1.** regla. **2.** autoridad, gobierno. **3.** costumbre. **4.** raya (signo). **5.** as a r.: como regla general.// tr. **1.** gobernar, mandar. **2.** rayar. **3.** Der. fallar. **4.** to r. out: excluir.// **ruler.** n. **1.** gobernante. **2.** regla (instrumento).// **ruling.** a. predominante.
rum (ram). n. ron.
rumble (rámble). i. retumbar.// n. ruido sordo.
ruminant (rúm-). **1.** a./n. rumiante. **2.** a. pensativo.// **ruminate** (rúmineit). i./tr. rumiar.
rummage (rámadch). n. **1.** búsqueda desordenada. **2.** mezcolanza.// **1.** tr. registrar, buscar en, revolver. **2.** hallar, desenterrar.
rumor (rú-). n. rumor.// tr. rumorear.
rumple (rámpel). tr. arrugar, ajar.
run (ran). i. **1.** correr. **2.** escapar(se). **3.** andar de prisa. **4.** competir, participar. **5.** marchar, funcionar. **6.** llegar, alcanzar (la vista, el oído). **7.** manar, brotar. **8.** circular, estar en vigencia. **9.** correrse (media). **10.** r. about: deambular. **11.** r. across: atravesar; tropezar con. **12.** r. after: perseguir, ir detrás. **13.** r. against: competir; ser contrario. **14.** r. at: arremeter. **15.** r. away: perseguir. **16.** r. by: ser conocido por. **17.** r. down: pararse (reloj, máquina). **18.** r. dry: secarse. **19.** r. high: exaltarse. **20.** r. low: escasear. **21.** r. off: irse de prisa. **22.** r. out: agotarse; expirar (plazo). **23.** r. over: atropellar. **24.** r. up: aumentar; llegar segundo. **25.** r. up with: tropezar con (una dificultad). **26.** r. up and down: correr de un lado al otro. **27.** tr. correr, hacer correr, recorrer, seguir. **28.** r. errands: hacer mandados. **29.** r. in: hacer funcionar.// n. **1.** corrida. **2.** carrera. **3.** viaje. **4.** curso, dirección. **5.** serie, período, racha. **6.** in the long r.: a la larga. **7.** to be on a r.: estar en fuga.
runabout (ránabaut). n. **1.** vagabundo. **2.** coche o lancha ligera.
runaway (runeuei). **1.** a./n. fugitivo. **2.** a. desbocado. **3.** decisivo, amplio.
run-down (rándaun). a. **1.** agotado. **2.** ruinoso. **3.** sin cuerda.
rundown. n. resumen, sumario.
runner (ráner). n. **1.** corredor. **2.** mensajero. **3.** cuchilla de patín. **4.** r.-up: subcampeón.
running (ráning). n. **1.** dirección, manejo. **2.** funcionamiento. **3.** corrida. **4.** in the r.: en carrera.// a. **1.** veloz. **2.** corriente (agua, gastos). **3.** conrinuo. **4.** linear (media). **5.** Com. flotante, abierto.// adv. continuamente,// running board. n. estribo.
runway (ránuei). n. **1.** cauce. **2.** vía. **3.** pista de aterrizaje.
rupture (rápcher). n. **1.** ruptura. **2.** Med. hernia.// i./tr. romper(se); desgarrar(se).
rural (rú-). a. rural.
rush (rásh). n. **1.** prisa, apuro. **2.** torrente. **3.** embestida. **4.** agolpamiento (de gente). **5.** in a rush: apresuradamente.// tr. **1.** apurar. **2.** apremiar. **3.** embestir. **5.** afluir.
rust (rást). n. **1.** óxido, herrumbre. **2.** ronco. **3.** falto de uso, falta de práctica.
rustic (rástik). a./n. rústico.
rusty (rásti). a. **1.** oxidado. **2.** ronco. **3.** falto de uso o de práctica.
rut (rot). n. **1.** surco. **2.** rutina.
ruth (rudz). n. piedad, compasión.// **ruthless.** a. despiadado.
rye (rái). n. centeno.

s (es). n. decimonovena letra del abecedario.
Sabbath (sábadz). n. 1. sábado hebreo. 2. día de descanso.// **sabbatical.** a. sabático.
saber (séiber). n. sable.// tr. herir con sable.
sable (séibel). n. marta cibellina.
sabotage (sábotadch). n. sabotaje.// tr. sabotear.
sack. n. 1. saco, costal. 2. saqueo. 3. fam. despido.// tr. 1. ensacar. 2. saquear. 3. fig. despedir.// **sackcloth.** n. arpillera.
sacrament (sá-). n. sacramento.// **sacral.** a./n. sacro.// **sacred.** a. sagrado.
sacrifice (sákrifais). n. 1. sacrificio. 2. *at the s. of:* con pérdida.// tr. 1. sacrificar. 2. vender con pérdida.
sacrilege (sákrilidch). n. sacrilegio.// **sacrilegious.** a. sacrílego.
sacristy (sá-). n. sacristía.// **sacristan.** n.
sad. a. 1. triste. 2. lamentable. 3. *s. to say:* desgraciadamente.// **sadden.** tr. entristecer.
saddle (sádl). n. 1. silla de montar, montura. 2. sillín (bicicleta). 3. *Mec. silleta.* 4. *in the s.:* al mando.// tr. 1. ensillar. 2. *s. with:* cargar con.// **saddlebag.** n. alforja.
sadism (séidisem). n. sadismo.// **sadist.** a./n. sádico.
sadness (sád-). n. tristeza.
safari. n. safari.
safe (séif). a. 1. seguro, a salvo. 2. sin peligro, sin riesgo. 3. confiable. 4. prudente. 5. *s. and sound:* sano y salvo. 6. *to be s.:* estar a salvo. 7. *to be on the s. side:* actuar sin riesgo. 8. n. caja fuerte.// **safe-conduct.** n. salvoconducto.// **safeguard.** 1. n. salvaguarda. 2. tr. salvaguardar.// **safekeeping.** n. custodia, depósito.// **safely.** adv. sin peligro; sincontratiempos.// **safety.** 1. n. seguridad. 2. a. de seguridad. 3. *s. pin:* alfiler de gancho.
saffron (sáfran). n. azafrán.
sag. n. hundimiento; comba; depresión; deriva.// i./tr. hundir(se), combar(se).
saga. n. saga, leyenda.
sagacious (saguéicios). a. sagaz.// **sagacity.** n. sagacidad.
sage (seidch). a. sabio; juicioso.// n. sabio.
said (sed). a. citado, antedicho.
sail (séil). 1. vela, velamen. 2. paseo en velero. 3. *full s.:* a toda vela. 4. *to set s.:* hacerse a la mar. 5. *under s.:* con las velas desplegadas.// i./tr. 1. navegar; conducir un buque. 2. zarpar. 3. surcar los mares.// **sailboat.** n. velero.// **sailing.** n. 1. náutica, navegación. 2. partida (de un buque). 3. *clear s.:* camino o cosa fácil. 4. adj. náutico.// **sailor.** n. marinero.
saint (séint). a./n. santo.// **saintliness.** n. santidad.// **saintly.** a. santo.
sake (séik). 1. causa, motivo. 2. amor, respeto, bien. 3. *for art's s.:* por amor al arte. 4. *for your own s.:* por tu propio bien. 5. *for the sake of:* por respeto a.
salable (séilabl). a. vendible, comercializable.
salad (sálad). n. ensalada.
salamander (-mán-). n. salamandra.
salary (sá-). n. salario.// **salaried.** a. asalariado.
sale (séil). n. 1. venta. 2. *on s.:* liquidación. 3. *for s.:* a la venta, en venta.// **salesman.** m. vendedor, corredor, viajante.// **salesmanship.** n. arte de vender.// **saleswoman.** f. vendedora.
salient (séi-). a. 1. saliente. 2. prominente, dominante.
saline (séilain). a. salino.// **salinity.** a.
saliva (saláiva). n. saliva.// **salivary.** a. salival.
sallow (sealou). a. cetrino.// **sallowish.** a. aceitunado.
salmon (sálmon). n. salmón.// a./n. color salmón.
salon (sá-). n. salón.// **saloon** (-lún). n. 1. salón. 2. *EE.UU.* bar, taberna.
salt (sólt). n. 1. sal. 2. fig. marinero. 3. *smelling salts:* sales aromáticas.// a. salado; curado con sal; salino.// tr. salar.// **saltcellar.** n. salero.// **salt marsh.** n. salina.// **saltpeter.** n. salitre.// **salty.** a. 1. salado, sabroso. 2. agudo, saleroso.
salubrious (salúbrios). a. salubre.// **salutary.** a. saludable.
salutation (sáliuteishon). n. salutación, saludo.// **salute.** 1. tr. saludar. 2. n. saludo; salva.
salvage (sálvidch). n. salvamento.// tr. salvar, rescatar.// **salvation.** n.// **salve.** tr. salvar.
same (séim). a. 1. mismo, idéntico, igual. 2. *all the s.:* a pesar de todo. 3. *if it's the s. to you:* si a Ud. le es igual. 4. *the s. as:* lo mismo que.// adv. del mismo modo; igualmente.// pron. el mismo.
sample (sámpl). n. muestra, modelo.// tr. 1. probar, catar. 2. tomar muestras de.
sanctify (sánktifai). tr. santificar.// **sanctification.** n.// **sanctimonius.** a. santurrón, mojigato.
sanction (sánkshon). n. sanción.// tr. sancionar.
sanctity (sánkteit). n. santidad.// **sanctuary.** n. 1. santuario. 2. asilo.
sand. n. 1. arena. 2. pl. arenales, playas, bajíos.// tr. 1. arenar; mezclar con arena. 2. lijar.
sandal (sándol). n. sandalia.
sandalwood (sándolwud). n. sándalo.
sandbag (sánd-). n. bolsa de arena.
sandpaper (sándpeipar). n. papel de lija.// tr. lijar.

sandstone

sandstone (sándstoun). n. arenisca.
sandwich. n. emparedado.// tr. intercalar.
sandy. a. 1. arenoso. 2. de color de arena.
sane (séin). a. 1. sensato. 2. cuerdo.
sanguinary (sánguineri). a. sanguinario.// **sanguine.** a. 1. sanguíneo. 2. confiado.
sanitary (sániteri). a. sanitario, higiénico.// **sanitation.** n. 1. saneamiento. 2. higiene pública.
sanity (sániti). n. cordura; sensatez.
sap. n. 1. savia. 2. fig. vigor. 3. fam. tonto.// tr. desecar.
sapling (sáplin). n. árbol joven; vástago.
sapphire (sáfaier). n. zafiro.
sarcasm (sárkasem). n. sarcasmo.// a. sarcástico.
sarcophagus (-kófagos). n. sarcófago.
sardine (sardín). n. sardina.
sardonic (-dó-). a. sardónico.
sash. n. 1. marco de ventana. 2. faja, banda.
satanic (sataník). a. satánico.// **Satanism.** n.
satchel (sáchel). n. cartapacio.
sate (séit). tr. saciar, hartar.
sateen (satín). n. raso, satén.
satellite (sátelait). n. satélite.
satiate (seishiét). tr. saciar.// (séi-). a. saciado.// **satiety.** n. saciedad.
satire (sátair). n. sátira.// **satirical.** a. satírico.// **satirize.** tr. satirizar.
satisfaction (satisfákshon). n. satisfacción.// **satisfactory.** a.// **satisfied.** a. satisfecho.// **satisfy.** i./tr. 1. satisfacer(se). 2. convencerse.
saturate (sáchureit). 1. tr. saturar. 2. a. saturado.// **saturation.** n. saturación.
Saturday (sáterdi). n. sábado.
satyr (sáter). n. sátiro.
sauce (sos). n. 1. salsa. 2. EE.UU. compota. 3. fam. insolencia.// **saucepan.** n. cacerola, cazuela.// **saucer.** n. plato (para taza).// **sauciness.** n. insolencia.// **saucy.** a. insolente.
saunter (sónter). i. deambular.
saurian (sórian). n. saurio.
sauté (sotéi). tr. saltear (comida).// a. salteado.
savage (sávadch). a. salvaje.// **savagery.** n. salvajismo; ferocidad.
savanna. n. sabana.
savant. n. sabio, erudito.
save (séiv). tr. 1. salvar. 2. guardar. 3. proteger. 4. ahorrar. 5. redimir. 6. prep. excepto, salvo. 7. conj. salvo que.// **saver.** n. ahorrador.// **saving.** a. 1. salvador, redentor. 2. ahorrativo.// **savings.** n. ahorros.// **savior.** n. salvador.
savor (séiver). n. sabor, gusto.// 1. i. saber a, tener el sabor de; oler a. 2. tr. sazonar.// **savory.** a. sabroso, sazonado, fragante.
saw (so). 1. n. sierra, serrucho. 2. tr. serrar, aserrar.// **sawdust.** n. aserrín.// **sawhorse.** n. caballete de aserrar.// **sawmill.** n. aserradero.
Saxon (sákson). a./n. sajón.
saxophone (sáksofoun). n. saxofón.
say (sei). tr. 1. decir, expresar. 2. recitar. 3. indicar, marcar. 4. *say!:* ¡oiga! 5. *it's to say:* es decir. 6. *you don't s.!:* ¡no me diga!// **saying.** n. 1. proverbio, refrán, dicho. 2. *as the s. is:* como dice el refrán.
scab. n. 1. costra. 2. fig. esquirol; canalla.// **scabby.** a. 1. costroso. 2. fig. mezquino, vil.

scaffold (ská-). n. 1. andamio. 2. patíbulo.
scald (scold). tr. 1. escaldar. 2. calentar sin hervir, cocer.
scale (skéil). n. 1. escala. 2. balanza. 3. Bot. escama. 4. capa de óxido.// i./tr. 1. pesar. 2. escalar. 3. quitar las escamas. 4. descamar(se); descascarar(se).// a. a escala, en escala.
scallop (ská-). n. 1. concha. 2. escalope. 3. festón.
scalp. n. cuero cabelludo.// tr. escalpar.// **scalpel.** n. escalpelo.
scaly (skéili). a. escamoso.
scan. tr. 1. examinar. 2. explorar. 3. registrar.
scandal (skán-). n. escándalo.// **scandalize.** tr. escandalizar.// **scandalous.** a. escandaloso.
scanner. n. aparato explorador y/o registrador de imágenes y/o sonido.
scant. a. escaso, limitado.// **scantily.** adv. escasamente.// **scantiness.** n. escasez.// **scanty.** a. corto, escaso.
scapegoat (skéipgout). n. chivo expiatorio.
scar. n. cicatriz.// 1. i. cicatrizar. 2. tr. dejar cicatriz.
scarab (ská-). n. escarabajo.
scarce (skers). a. escaso, raro.// **scarcely.** adv. apenas; difícilmente.// **scarcity.** n. escasez.
scare (skér). i./tr. 1. asustar(se). 2. *s. away:* ahuyentar. 3. n. miedo, espanto.// **scarecrow.** n. espantapájaros.
scarf. n. bufanda, chal, chalina.
scarlet (skár-). a./n. escarlata.// **scarlet fever.** n. escarlatina.
scary. a. 1. miedoso. 2. alarmante.
scat. i. largarse, irse corriendo.
scatter. tr. esparcir, dispersar.
scatterbrain (skéitbrein). n. cabeza de chorlito.
scene (sin). n. escena.// **scenery.** n. 1. decorado. 2. vista, paisaje.// **scenic.** a. escénico.
scent. tr. 1. oler, husmear. 2. sospechar. 3. perfumar.// 1. n. aroma, olor. 2. rastro, pista.// **scented.** a. perfumado, aromatizado.
scepter (sépter). n. cetro.
schedule (skéiyul, shéyul). n. 1. plan, esquema. 2. programa, horario. 3. lista, inventario.// tr. 1. programar. 2. proyectar. 3. clasificar.
scheme (skim). n. 1. esquema. 2. plan, proyecto. 3. ardid.// tr. 1. proyectar. 2. urdir, maquinar.// **schemer.** n. maquinador, intrigante.// **scheming.** a. intrigante, astuto.
schism (sism, skism). n. cisma.
schizophrenia (skizofrinia). n. esquizofrenia.
scholar (skóler). n. 1. escolar. 2. docto. 3. becario.// **scholarly.** a. erudito, letrado.// **scholarship.** n. 1. erudición. 2. beca.// **scholastic.** 1. escolar. 2. académico. 3. escolástico.
school (skul). n. 1. escuela. 2. cardumen. 3. tr. educar.// **schoolbook.** n. texto escolar.// **schoolboy.** m. **schoolgirl.** f. escolar, colegial/la.// **schoolhouse.** n. escuela (edificio).// **scholling.** n. instrucción, educación.// **schoolmaster.** n. maestro de escuela.// **schoolmate.** n. compañero de clase, condiscípulo.// **schoolroom.** n. aula.// **schoolteacher.** n. maestro primario.// **schoolyard.** n. patio de recreos.
schooner (skúner). n. goleta.
sciatica (saiátika). n. ciática.

secrecy

science (sáiens). n. ciencia.// **science-fiction.** n. ciencia ficción.// **scientific.** a. científico.// **scientist.** n. científico.
scintillate (síntileit). i. centellear; titilar.
scion (sáion). n. **1.** púa. **2.** vástago.
scissors (sísers). n. tijera, tijeras.
sclerosis (-róusis). n. esclerosis.
scoff. n. mofa, burla.// i. mofarse.
scold. n. **1.** regañón. **2.** regaño.// tr. regañar.
scoop (skup). n. **1.** cuchara. **2.** pala. **3.** cucharada. **4.** hueco, cavidad. **5.** primicia.// tr. **1.** dar la primicia. **2.** s. out: sacar con cuchara. **3.** s. up: cavar, excavar.
scoot (skut). n. pasada veloz.// i. **1.** pasar velozmente. **2.** poner los pies en polvorosa.
scooter (skuter). n. **1.** patineta. **2.** motoneta.
scope (skoup). n. alcance, radio de acción.
scorch. i./tr. **1.** chamuscar(se). **2.** tostar(se).
score (skor). n. **1.** marca, muesca, raya. **2.** cuenta. **3.** motivo. **4.** Sp. tanteador, resultado. **5.** Mus. partitura. **6.** veintena. **7.** on that s.: a ese respecto. **8.** to pay off old scores: ajustar cuentas.// tr. **1.** rayar, marcar. **2.** anotar. **3.** calificar. **4.** Sp. marcar tantos o goles.
scorn. n. desprecio.// tr. despreciar.// **scornful.** a. despectivo.
Scotch. a. escocés.
scot-free. a. **1.** impune. **2.** ileso. **3.** libre de pago.
scour (skaur). tr. **1.** fregar, frotar. **2.** limpiar, pulir. **3.** correr/recorrer en persecución.
scourge (skerdch). n. **1.** azote. **2.** calamidad.// tr. **1.** azotar. **2.** castigar.
scout (skaut). tr. explorar.// n. **1.** exploración. **2.** explorador.
scowl (skaul). i. fruncir el entrecejo.
scrap. n. **1.** recorte, pedazo. **2.** desecho, chatarra. **3.** fam. trifulca.// **scrapbook.** n. álbum de recortes.
scrape (skréip). tr. **1.** raspar, rasgar, arañar. **2.** fig. contar las monedas.// n. **1.** rasguño, arañazo. **2.** lío, embrollo.// **scraper.** n. **1.** raspador, rasqueta. **2.** ahorrador, avaro.
scratch. tr. **1.** arañar, rasgar, rascar. **2.** garabatear. **3.** s. out: tachar.// n. **1.** rasguño. **2.** garabato.
scrawl (skraul). tr. garabatear.// n. garabato.
scream (scrim). i./tr. chillar, gritar.// n. grito, chillido.
screen (skrin). n. **1.** biombo, tabique. **2.** pantalla. **3.** the s.: el cine.// tr. **1.** defender. **2.** ocultar, encubrir. **3.** proyectar (cine). **4.** tamizar.
screw (skrú). n. **1.** tornillo. **2.** rosca. **3.** hélice, espiral.// tr. atornillar, enroscar.// **screw driver.** n. destornillador.
scribe (skraib). n. **1.** amanuense. **2.** escriba.
scrimmage (skrímadch). n. escaramuza.
script. n. **1.** caligrafía. **2.** Der. escritura. **3.** Cine. guión.
Scripture(s) (skrípcher/s). n. las Escrituras, la Biblia.
scrub (skrob). n. **1.** matorral, maleza. **2.** escobilla.// tr. fregar, restregar.
scrupulous (skrpiulos). a. escrupuloso.
scrutinize (skrútinais). tr. escudriñar, escrutar.
scrutiny (skrú-). n. escrutinio.
scuffle (skófl). tr. **1.** caminar arrastrando los pies. **2.** forcejear, luchar.// n. forcejeo.

sculptor (skólpter). n. escultor.// **sculpture. 1.** n. escultura. **2.** tr. esculpir.
scum (skom). n. **1.** espuma. **2.** capa sobre un líquido. **3.** escoria.// **scummy.** a. espumoso.
scurilous (skériles). a. soez, insolente.
scurry (skeri). i. escabullirse, escurrirse.
scuttle (skotl). n. **1.** escotilla. **2.** fuga, huida.
scythe (saidz). n. guadaña.// tr. guadañar, segar.
sea (si). n. **1.** mar. **2.** at s.: en el mar. **3.** by the s.: en la playa. **4.** on the s. en el mar. **5.** to follow the s.: ser marinero. **6.** to put to s.: hacerse a la mar.// a. **1.** del mar, marino. **2.** marítimo, náutico.// **seabag.** n. bolsa marinera.// **sea biscuit.** n. galleta marinera.// **seaboard.** n. costa, litoral.// **seacoast.** n. costa del mar.// **seafaring.** n. navegación.// **seagirt.** a. rodeado por el mar.// **sea food.** n. frutos de mar.// **seagoing.** a. de alta mar.// **sea gull.** n. gaviota.
seal (sil). n. **1.** sello; precinto; lacrado. **2.** foca. **3.** to set one's s. to: autorizar, confirmar.// tr. sellar; lacrar.
sea level. n. nivel del mar.
sealing wax. n. lacre.
sealskin. n. piel de foca.
seam (sim). n. **1.** costura. **2.** juntura. **3.** cicatriz. **4.** arruga. **5.** Med. sutura. **6.** Geol. veta, filón.// tr. **1.** pespuntear. **2.** arrugar(se). **3.** suturar. **4.** marcar cicatrices.
seaman (siman). n. marinero.
seamstress (simstris). f. costurera.
seaplane (siplein). n. hidroavión.// **seaport.** n. puerto marítimo.
sear (sir). tr. **1.** secar. **2.** tostar. **3.** cauterizar. **4.** endurecer. **5.** insensibilizar.
search (serch). tr. **1.** buscar. **2.** examinar. **3.** registrar. **4.** s. out: descubrir.// n. búsqueda; inspección, investigación.// **searchlight.** n. faro, reflector.// **search warrant.** n. orden de allanamiento.
sea shell. n. concha marina.
seashore (sishor). n. costa marina.
seasick (sisik). a. mareado.// **seasickness.** n. mareo.
season (síson). n. **1.** estación (del año). **2.** temporada. **3.** sazón.// i./tr. **1.** sazonar(se). **2.** madurar(se).// **seasonable.** a. oportuno, estacional.// **seasonal.** a. estacional.// **seasoning.** n. **1.** sazón. **2.** condimento.
seat (sit). n. **1.** asiento. **2.** sitio.// tr. sentar, asentar.
seaward (siuard). a./adv. hacia el mar, mar adentro.
seaweed (siiud). n. alga marina.
secant. n. secante.
secede (sísid). i. separarse.// **secession.** n.
seclude (siklúd). tr. recluir; aislar.// **seclusion.** n. reclusión; retiro.
second. (sé-). n. **1.** segundo. **2.** segunda (mercadería). **3.** dos (en fechas).// i. **1.** segundo. **2.** s. best: segundo (clasificación). **3.** s. rate: de segunda. **4.** everey s. day: cada dos días. **5.** on s. thought: después de pensarlo bien.// adv. en segundo lugar.// tr. secundar, ayudar.// **secondary.** a. secundario.// **second-hand.** a. de segunda mano.// **secondly.** adv. en segundo término.
secrecy (síkesi). n. secreto.// **secret.** a secreto.

secretariat. n. secretaría, secretariado.// **secretary.** n. **1.** secretario. **2.** ministro.
secrete (sikrít). tr. **1.** ocultar. **2.** *Biol.* secretar.// **secretion.** n. secreción.// **secretly.** adv. secretamente.// **secretory. 1.** a. secretorio. **2.** glándula secretoria.
sect. n. secta.// **sectarian.** a. sectario.
section (sékshon). n. **1.** sección. **2.** párrafo, inciso.
secular (sékiuler). **1.** a. secular. **2.** a./n. seglar.
secure (sikiúr). **1.** a. seguro; asegurado. **2.** tr. asegurar, garantizar.// **security.** n. **1.** seguridad; firmeza. **2.** pl. valores, títulos.
sedate (sidéit). a. **1.** sereno. **2.** serio.// **sedative.** a./n. sedante.
sedentary (sé-). a. sedentario.
sediment (sé-). n. sedimento.
sedition (sedíshon). n. sedición.// **seditious.** a. sedicioso.
seduce (sedús, sediús). tr. seducir.// **seducer.** n. seductor.// **seduction.** n.// **seductive.** a. seductor.
see (si). tr. **1.** ver. **2.** comprender. **3.** imaginar. **4.** atender. **5.** *s. off:* despedir. **6.** *s. out:* acompañar a la puerta. **7.** *s. things:* tener visiones. **8.** *s. you!:* ¡nos vemos! **9.** i. darse cuenta. **10.** *let me s.:* déjeme pensarlo. **11.** *let's see:* veamos. **12.** fam. *s.?:* ¿comprendido?
see. n. **1.** sede. **2.** *Holy S.:* Santa Sede.
seed (sid). n. **1.** semilla. **2.** simiente. **3.** *in s.:* germinando. **4.** *to go to s.:* envejecer.// i./tr. sembrar.// **seeding.** n. siembra
seek (sik). tr. **1.** buscar. **2.** aspirar a, intentar. **3.** *s. for:* andar en busca de. **4.** *s. from:* solicitar. **5.** *s. out:* seleccionar.
seem (sim). i. parecer.// **seeming.** a. aparente.// **seemingly.** adv. aparentemente.// **seemly.** a. bien parecido; correcto.
seer (síer). n. vidente.
seesaw (siso). n. **1.** balancín. **2.** sube y baja.
segment. (ség-). n. **1.** segmento. **2.** gajo.// (-mént). i./tr. segmentar(se).
segregate (ségregueit). tr. segregar, separar.// **segregation.** n. segregación.
seismic (sáismik). a. sísmico.
seize (siz). tr. **1.** asir, coger. **2.** arrestar. **3.** embargar, decomisar. **4.** comprender. **5.** *s. on:* apoderarse de. **6.** *s. up.:* atascarse.// **seizure** (sízer). n. **1.** embargo. **2.** ataque, acceso.
seldom. adv. rara vez, pocas veces.
select (sélekt). a. selecto.// tr. seleccionar.// **selection.** n.// **selective.** a. selectivo.
self. n. personalidad, identidad.// pron. uno mismo, sí mismo.// a. propio.// **self-centered.** a. egoísta, egocéntrico.// **self-confidence.** n. confianza en sí mismo.// **self-conscious.** a. cohibido, tímido.// **self-consciousness.** n. timidez.// **self-contained.** a. **1.** autónomo. **2.** reservado. **3.** *Mec.* de una pieza.// **self-control.** n. autodominio.// **self-defense.** n. legítima defensa.// **self-denial.** n. abnegación.// **self-esteem.** n. amor propio.// **self-evident.** a. patente, manifiesto.// **self-government.** n. autonomía.// **self-interest.** n. egoísmo.// **selfish.** a. egoísta.// **selfishness.** n. egoísmo.// **self-made.** a. logrado por esfuerzo propio.// **self-protection.** n. defensa propia.//
self-sacrifice. n. abnegación.// **selfsame.** a. igual.// **self-service.** n. autoservicio.// **self-starter.** n. arranque automático.
sell. tr. **1.** vender. **2.** *s. off:* rematar.// **seller.** n. vendedor.
semblance (sémblans). n. **1.** semblante. **2.** parecido.
semester. n. semestre.
semicircle (sémiserkl). n. semicírculo.
semicolon (sémikouln). n. punto y coma.
semifinal (semifáinal). a. semifinal.
seminar. n. seminario (reunión).// **seminary.** n. seminario (colegio; conciliar).
senate (senat). n. senado.// **senator.** n. senador.
send. tr. **1.** enviar. **2.** transmitir. **3.** *s. away:* despedir. **4.** *s. back:* devolver. **5.** *s. out:* exhalar. **6.** *s. up:* condenar a prisión. **7.** *s. words:* dejar un mensaje.// **send-off.** n. despedida amistosa.
senile (sínail). a. senil.// **senility.** n. senilidad.
senior (sínior). a. **1.** mayor de edad. **2.** más antiguo, de más jerarquía.// n. persona mayor.// **seniority.** n. antigüedad.
sensation (senséishon). n. sensación.// **sensational.** a.
sense (sens). n. **1.** sentido. **2.** juicio, sensatez.// tr. sentir.// **senseless.** a. **1.** inconsciente. **2.** insensato.// **sensibility.** n. **1.** sensibilidad. **2.** sensatez.// **sensible.** a. **1.** sensible. **2.** sensato.// **sensitive.** a. **1.** sensitivo. **2.** susceptible.// **sensitiviness.** n. **1.** sensibilidad. **2.** susceptibilidad.// **sensitize.** tr. sensibilizar.// **sensory.** a. sensorio, sensorial.
sensual (sénshual). a. sensual.// **sensuality.** n.// **sensuous.** a. **1.** sensorial. **2.** sensual.
sentence (sétens). n. **1.** *Gram.* oración. **2.** sentencia.
sentiment (sén-). n. **1.** sentimiento. **2.** sensibilidad. **3.** juicio.// **sentimental.** a.// **sentimentality.** n. sentimentalismo.
sentinel, sentry. n. centinela.
separate (sépareit). tr. separar.// **separation.** n.
September. n. setiembre.
septet. n. septeto.
septic. a. séptico.
sepulture (sépulcher). n. **1.** sepultura. **2.** sepulcro.
sequel (síkuel). n. **1.** secuela. **2.** continuación.
sequence (síkuens). n. **1.** secuencia. **2.** serie.
sequoia. n. secoya.
seraph. n. serafín.
serenade (serenéid). n. serenata.
serene (serín). a. sereno.// **serenity.** n. serenidad.
sergeant (sáryent). n. sargento.
serial (sírial). a. **1.** seriado. **2.** por entregas.// **series.** n. serie.
serious (síries). a. serio.// **seriousness.** n. seriedad.
sermon (sérmon). n. sermón.
serpent (sérpent). n. serpiente.
serpentine (sérpentin). n. serpentina.
serum (sírom). n. suero.
servant. n. **1.** sirviente. **2.** *public s.:* servidor público. **3.** pl. servidumbre.
serve (serv). tr. **1.** servir. **2.** prestar servicio militar. **3.** desempeñar. **4.** abastecer. **5.** atender. **6.** cumplir una condena.// **server.** n. **1.** servidor, criado. **2.** mozo.// **service.** n. **1.** servicio. **2.** mantenimiento.// **serviceable.** a. útil; durable.

servile. a. servil.// **servility.** n. servilismo.// **servitude.** n. servidumbre (situación).
session (séshon). n. sesión.
set. tr. 1. poner, colocar. 2. ajustar, armar. 3. engastar, montar. 4. asignar, dar. 5. adornar. 6. endurecer, fraguar. 7. fijar, determinar. 8. ponerse, caer (los astros). 9. *s. aside:* reservar; descartar. 10. *s. back:* echar atrás; retrasar; derrotar. 11. *s. down:* sentar, establecer. 12. *s. down to:* atribuir a. 13. *s. fire:* prender fuego. 14. *s. going:* poner en marcha. 15. *s. off:* partir, irse. 16. *s. on:* incitar. 17. *s. out for:* irse para. 18. *s. up:* levantar; emprender; fundar; originar. 19. *s. upon:* atacar. 20. i. caer (bien o mal).// n. 1. juego, colección. 2. compañía, camilla. 3. forma, postura, configuración. 4. dirección, tendencia. 5. aparato. 6. puesta, caída (de un astro). 6. caída (de una prenda).// a. 1. establecido, fijo. 2. meditado.
setback. n. 1. retraso, parada. 2. derrota. 3. caída (precios).
settee (setí). n. canapé.
setter. n. perro perdiguero.
settle (setl). tr. 1. colocar, asentar, establecer. 2. arreglar, disponer. 3. acordar, resolver. 4. pagar. 5. colonizar, establecer(se). 6. i. calmar(se); asentar(se). 7. *s. on:* decidirse.// **settled.** a. arraigado, establecido.// **settlement.** n. 1. establecimiento, instalación. 2. colonización, colonia, asentamiento. 3. poblado, caserío. 4. arreglo, conciliación. 5. pago. 6. donación.// **settler.** n. 1. colonizador, poblador. 2. árbitro, conciliador.
setup (setap). n. 1. organización, estructura. 2. porte, presencia. 3. plan. 4. situación. 5. cubierto, servicio de mesa.
seven. a./n. siete.
seventeen (seventín). a./n. diecisiete.// **seventeenth.** a./n. decimoséptimo; diecisiete (en fechas).
seventh (sevendz). a./n. séptimo; siete (en fechas).
seventy. a./n. setenta.
several. a. 1. varios. 2. distinto; individual.// **severally.** adv. separadamente; respectivamente.// **severance.** n. 1. separación, ruptura. 2. cesantía.
severe (sevír). a. 1. severo. 2. grave, duro.// **severity.** n. 1. severidad. 2. gravedad.
sew (sou). tr. coser.// **sewing.** n. costura, labor.
sex. n. sexo.
sextet. n. sexteto.
sexton. n. sacristán.
sexual. a. sexual.// **sexuality.** n. sexualidad.
shabby. a. 1. usado, raído. 2. ruin.// **shabbiness.** n. 1. estado ruinoso. 2. ruindad.
shack (yak). n. choza, cabaña.
shackle. n. 1. argolla, abrazadera. 2. pl. grillos, esposas.// tr. 1. esposar. 2. estorbar.
shade (shéid). n. 1. sombra. 2. celosía, persiana. 3. matiz. 4. pantalla.// tr. 1. esconder, ocultar. 2. sombrear (dibujo).// **shadow.** n. 1. sombra, oscuridad. 2. vestigio. 3. *to cast a s.:* dar sombra.// tr. 1. sombrear. 2. fig. seguirle los pasos a uno.// **shadowy.** a. 1. sombrío, tenebroso. 2. vago, impreciso.// **shady.** a. sombreado.
shaft. n. 1. lanza, arpón. 2. rayo; haz de luz. 3. palo, vara. 4. tallo. 5. mango, asa. 6. *Mec.* eje, árbol.

shell

shake (shéik). tr. 1. sacudir, agitar. 2. debilitar. 3. *s. hands:* dar(se) la mano. 4. *s. off:* librarse de. 5. estremecer, hacer temblar.// n. 1. sacudida. 2. estremecimiento, temblor. 3. apretón de manos. 4. batido.// **shaky.** a. 1. tembloroso. 2. vacilante.
shall. aux. Ver **apéndice gramatical.**
shallow (shálou). a. 1. bajo, poco profundo. 2. superficial.// **shallowness.** n. superficialidad.
sham. n. 1. impostura. 2. impostor.// a. simulado, falso.// tr. simular, pretender.
shame (shéim). n. 1. vergüenza. 2. pudor.// tr. avergonzar.// **shamefaced.** a. avergonzado.// **shameful.** a. vergonzoso.// **shameless.** a. desvergonzado.
shampoo (shampú). i./tr. lavar(se) la cabeza.// n. 1. lavado de cabeza. 2. champú.
shamrock. n. trébol.
shape (shéip). n. 1. forma, aspecto. 2. condición, estado. 3. *out of s.:* deformado.// tr. 1. formar, diseñar. 2. dar forma.// **shapeless.** a. deforme.// **shapely.** a. bien formado.// **shaping.** n. conformación.
share (sher). n. 1. porción, cuota. 2. *Com.* acción. 3. *the lion's s.:* la parte del león.// tr. 1. partir, compartir. 2. *s. out:* repartir. 3. *s. in:* participar. 4. *to go shares in:* compartir con otros.// **shareholder.** n. accionista; inversionista.
shark. n. 1. tiburón. 2. fam. estafador.
sharp. a. 1. agudo, afilado. 2. claro, nítido. 3. penetrante. 4. vivo, perspicaz. 5. riguroso. 6. *Mus.* sostenido. 7. certero.// adv. 1. vivamente. 2. puntualmente.// **sharpen.** tr. 1. afilar. 2. agudizar.// **sharpener.** n. 1. afilador. 2. sacapuntas.// **sharpness.** n. 1. agudeza. 2. nitidez. 3. acritud. 4. astucia.
shatter. tr. 1. destrozar, romper. 2. frustrar, aniquilar.
shave (shéiv). i./tr. 1. afeitar(se), rapar(se). 2. cepillar (madera). 3. rebanar. 4. rozar.// n. 1. afeitada. 2. tajada.// **shaver.** n. afeitadora.// **shaving.** n. 1. afeitada. 2. cepillada.
she (shi). pron. ella.// n./prefijo. hembra: *she-bear* (osa).
shear (shir). tr. 1. esquilar. 2. podar.// **shears.** n. pl. 1. tijeras grandes. 2. cizalla.
sheath (shidz). 1. vaina. 2. envoltura.// **sheathe.** tr. 1. envainar. 2. guardar en un estuche.
shed. n. cobertizo, barraca.// tr. 1. verter, derramar. 2. difundir. 3. mudar (pelo).
sheep (ship). n. 1. oveja, carnero. 2. piel o cuero de oveja.// **sheep dog.** n. perro ovejero. // **sheepfold.** n. redil, corral.// **sheepish.** a. tímido.// **sheepskin.** n. pergamino.
sheer (shir). a. 1. delgado, transparente. 2. escarpado, abrupto. 3. verdadero.// adv. abruptamente.
sheet (shit). n. 1. sábana. 2. hoja. 3. lámina, plancha. 4. capa, cortina.
shelf. n. 1. estante, anaquel. 2. banco de arena. 3. plataforma submarina; lecho de roca. 4. *on the s.:* olvidado, arrinconado.
shell. n. 1. cáscara; vaina. 2. concha, caparazón. 3. granada. 4. cápsula, casquillo. 5 lancha liviana.// tr. 1. descascarar; pelar. 2. cañonear.// **shellac.** n. laca, barniz.// **shellfish.** n. molusco, crustáceo, marisco.// **shellproof.** a. a prueba de bombas.

shelter

shelter. n. refugio, amparo.// tr. refugiar.
shelve (shelv). tr. **1.** colocar en estantes. **2.** postergar, arrinconar.
shepherd (shéperd). n. pastor
sheriff. n. alguacil de policía.
sherry. n. jerez.
shield (shild). n. **1.** escudo. **2.** defensa. **3.** blindaje.// tr. escudar, amparar.
shift. tr. **1.** cambiar. **2.** desplazar. **3.** s. *about:* mover de un lado al otro. **4.** *s. gears:* cambiar de marcha (auto). **5.** arreglárselas.// n. **1.** cambio. **2.** turno. **3.** maña, ardid.// **shiftless.** a. inútil, inepto, ocioso.
shilling. n. chelín (moneda).
shimmy. n. vibración.// i. vibrar.
shin. n. *Anat.* canilla.// tr. trepar.
shine (shain). i. **1.** brillar. **2.** relucir. **3.** tr. hacer brillar; dirigir un haz de luz; lustrar.// n. **1.** brillo, resplandor. **2.** *rain or s.:* llueva o truene.
shingle (shíngl). n. **1.** guijarro. **2.** teja.
shiny (shaíni). a. brillante.
ship. n. **1.** buque, nave, barco.// tr. **1.** embarcar. **2.** enviar por (un transporte).// **shipboard.** n. *on s.:* a bordo.// **shipmate.** n. compañero de a bordo.// **shipment.** n. embarque, envío. **2.** **shipping.** n. **1.** embarque. **2.** flota.// **shipper.** n. **1.** embarcador. **2.** remitente.// **shipwreck.** n. naufragio.// **shipyard.** n. astillero.
shirt (shert). n. **1.** camisa. **2.** blusa.
shiver. 1. i. tiritar, temblar. **2.** tr. flamear.// n. temblor, escalofrío.
shoal (shoul). n. **1.** cardumen. **2.** bajío.
shock. n. **1.** choque. **2.** golpe. **3.** sobresalto, susto. **4.** *Med.* conmoción.// tr. **1.** chocar (a). **2.** sobresaltar. **3.** conmover. **4.** escandalizar.
shoddy. a. burdo, de baja calidad.
shoe (shu). n. **1.** zapato, calzado. **2.** herradura. **3.** llanta. **4.** patín, zapata.// tr. **1.** calzar. **2.** herrar.// **shoeblack.** n. lustrabotas.// **shoehorn.** n. calzador.// **shoelace.** n. cordón de zapatos.// **shoemaker.** n. zapatero.
shoot (shut). tr. **1.** tirar, lanzar. **2.** disparar. **3.** herir o matar a tiros. **4.** cazar. **5.** fusilar. **6.** fotografiar, rodar, filmar. **7.** punzar. **8.** *s. up.:* crecer rápidamente.// n. **1.** disparo, tiro, lanzamiento. **2.** punzada. **3.** brote, vástago, retoño.// **shooter.** n. tirador.// **shooting.** n. disparo; lanzamiento.
shop. n. **1.** tienda, comercio. **2.** taller. **3.** tr. comprar.// **shopkeeper.** n. tendero, comerciante.// **shopper.** n. comprador.// **shopping.** n. **1.** compras. **2.** *to go s.:* ir de compras.
shore (shor). n. costa. ribera, orilla.
short. a. **1.** corto. **2.** breve. **3.** pequeño. **4.** bajo. **5.** seco, brusco. **6.** poco. **7.** *for s.:* para abreviar. **8.** *s. of:* escaso de.// n. **1.** corto (cine). **2.** pl. pantalones cortos.// **shortage.** n. déficit, escasez.// **short circuit.** n. cortocircuito.// **shortcoming.** n. defecto, falla.// **shorten.** i./tr. acortar(se), abreviar(se).// **shortening.** n. disminución, reducción.// **shortfall.** n. déficit.
shorthand. n. taquigrafía.
short-lived. a. de corta vida, efímero.
shortly. adv. **1.** en breve. **2.** en pocas palabras. **3.** descortésmente. **4.** *s. after/before:* poco después/antes.
shortsight (shortsait). n. miopía.// **shortsighted.** a. miope.
shot. n. **1.** disparo, tiro. **2.** bala. **3.** toma (foto, cine).// **shotgun.** n. escopeta.
should. aux. Ver **apéndice gramatical.**
shoulder (shóulder). n. **1.** hombro. **2.** borde (del camino). **3.** pl. espaldas. **4.** *to give the cold s.:* dar la espalda.// tr. **1.** empujar con los hombros. **2.** cargar sobre los hombros.// **shoulder blade.** n. omóplato.
shout (shaut). tr. gritar.// n. grito.
shove (shov). n. empujón.// tr. empujar.
shovel (shoval). n. pala.// tr. cavar con pala.
show (shou). tr. **1.** mostrar; lucir; exhibir. **2.** descubrir, revelar. **3.** demostrar. **4.** *Der.* alegar. **5.** *s. off:* alardear, fanfarronear. **6.** *s. the way:* dar el ejemplo. **7.** *s. up:* sacar a la luz. **8.** *s. someone in/out:* hacer pasar/acompañar hasta la puerta. **9.** i. mostrarse, aparecer; parecer; exhibirse (una película).// n. **1.** muestra, exhibición. **2.** apariencia. **3.** señal, indicio. **4.** función, programa.// **showcase.** n. vitrina.
showdown (shoudaun). n. confrontación, ajuste de cuentas.
shower (shóuer). n. **1.** exhibidor. **2.** aguacero. **3.** fig. lluvia. **4.** ducha.// i. **1.** fig. llover. **2.** ducharse. **3.** tr. regar.
showman. n. director o productor teatral.
showroom (shourrum). n. sala de exposición.
showy (shoui). a. vistoso, ostentoso.
shred. n. **1.** filamento. **2.** fragmento. **3.** pl. *in s.:* hecho pedazos.// tr. despedazar.
shrewd (shrud). a. astuto, sagaz.// **shrewdness.** n. astucia.
shrill (shril). a. agudo, estridente.// n. chillido.
shrimp. n. camarón, langostino.
shrine (shrin). n. **1.** relicario. **2.** santuario.
shrink. i./tr. **1.** encoger(se), contraer(se). **2.** acobardarse.// **shrinkage.** n. **1.** contracción, encogimiento. **2.** merma, pérdida.
shroud (shraud). n. **1.** mortaja, sudario. **2.** cubierta.// tr. **1.** amortajar. **2.** ocultar.
shrub (shrob). n. arbusto.// **shrubbery.** n. arbustos, maleza.
shrug (shrog). i. encogerse de hombros.
shuffle (shófl). tr. **1.** mezclar. **2.** barajar. **3.** arrastrar los pies. **4.** i. andar con rodeos.
shunt. n. desviar, apartar, derivar.
shut (shat). tr. **1.** cerrar. **2.** encerrar. **3.** *s. down:* bajar (persiana, ventana). **4.** *s. off:* aislar; cortar. **5.** *s. up:* hacer callar; reducir.// **shutdown.** n. paro laboral.// **shutter.** n. **1.** postigo; persiana. **2.** obturador, disparador (foto).
shuttle (shótl). n. **1.** lanzadera. **2.** trasbordador.
shy. n. **1.** tímido, apocado. **2.** cauteloso.// i. asustarse, apocarse.// **shyness.** n. timidez.
sick. a. **1.** enfermo. **2.** pálido, demacrado. **3.** *to be s. at heart:* estar afligido. **4.** *to be s. for:* anhelar. **5.** *to be s. of:* estar harto de. **6.** *to make s.:* provocar náuseas. **7.** pl. *the s.:* los enfermos.// **sicken.** i./tr. enfermar(se); marear(se).// **sickening.** a. nauseabundo.
sickle (sikl). n. hoz.
sickly. a. enfermizo.// **sickness.** n. enfermedad; náusea.

side (said). n. **1.** lado, costado. **2.** cara. **3.** ladera. **4.** bando, facción. **5.** aspecto, fase.// a. lateral; secundario; indirecto.// i. estar al o del lado de.
sideboard. n. aparador.
sideline. n. **1.** actividad secundaria. **2.** ramal secundario. **3.** *on the s.:* sin tomar parte.// **sidelong. 1.** adv. lateralmente, oblicuamente. **2.** a. de soslayo.
siderurgy (sideradchi). n. siderurgia.
sidetrack. n. desvío.// tr. desviar.
sidewalk (saiduok). n. acera, vereda.
sideways (saidueis). adv. de costado.
siege (sidch). n. sitio, asedio.// tr. sitiar.
sieve (siv). n. tamiz, colador.// tr. tamizar, colar.
sigh (sai). n. suspiro.// i. suspirar.
sight (sait). n. **1.** vista, visión. **2.** mirada, vistazo. **3.** percepción. **4.** campo visual. **5.** *lugar de interés.* **6.** *by s.;* de vista. **7.** *s. unseen:* sin revisar. **8.** *to come in s.:* asomar. **9.** *to loose s. of:* perder de vista. **10.** *out of my s.!:* ¡fuera de mi vista!// **sightless.** a. ciego.// **sight-seeing.** n. paseo a lugares de interés.
sign (sain). n. **1.** signo. **2.** seña, gesto. **3.** aviso, señal. **4.** muestra, prueba. **5.** *s. and contersign:* santo y seña. **6.** *s. language:* lenguaje de señas.// tr. **1.** firmar. **2.** santiguarse. **3.** *s. over:* traspasar, ceder. **3.** *s. up:* firmar/cerrar un contrato.// **signal. 1.** n. señal, contraseña, aviso, indicación. **2.** a. notable, insigne. **3.** tr. indicar por señales.// **signatory.** a. firmante.// **signature.** n. firma.
significance (signíficans). n. significado; importancia.// **significant.** a. significativo, importante.// **signify.** i./tr. significar; tener importancia.
signpost. n. poste indicador, señal de poste.
silence (sáilens). **1.** n. silencio. **2.** tr. silenciar, acallar.// **silencer.** n. silenciador.// **silent.** a. **1.** callado, silencioso. **2.** mudo (cine).
silhouette (siluét). n. silueta.
silicon (sí-). n. silicio.
silk. n. seda.// **silken.** a. sedoso.// **silkworm.** n. gusano de seda.
sill. n. alféizar (ventana); umbral (puerta).
silly. a. **1.** tonto, bobo. **2.** ridículo.
silo (sáilo). n. silo.// tr. almacenar en silo.
silver (síl-). n. **1.** plata. **2.** vajilla de plata.// **silversmith.** n. platero.
similar (sí-). a. similar.// **similarity.** n. similitud.// **simile.** n. símil.
simmer (sí-). tr. cocer o hervir a fuego lento.
simper (sí-). n. sonrisa tonta.
simple (símpol). a. **1.** simple, solo. **2.** sencillo. **3.** humilde. **4.** cándido.// **simpleton.** n. bobalicón.// **simplicity** (-plí-). n. **1.** sencillez, simplicidad. **2.** tontería.// **simplify.** tr. simplificar.// **simplification.** n.// **simply.** adv. **1.** sencillamente. **2.** solamente.
simulate (símioleit). tr. simular.// **simulation.** n.
simultaneous (saimolténios). a. simultáneo.
sin. n. **1.** pecado. **2.** pl. *the seven deadly s.:* los siete pecados capitales.// i. pecar.
since (sins). adv. **1.** desde, desde entonces. **2.** *long s.:* desde hace mucho tiempo.// prep. desde, después de.// conj. desde que, después que.
sincere (sincír). a. sincero.// **sincerely.** adv. sinceramente.// **sincerity.** n. sinceridad.
sinew (síniu). n. **1.** tendón. **2.** fig. vigor, fibra.// **sinewy** (sínui). a. **1.** tendinoso. **2.** vigoroso.

sinful. a. pecaminoso.
sing. cantar.// **singer.** n. cantante, cantor.
single (síngl). a. **1.** solo. **2.** único. **3.** soltero. **4.** sencillo. **5.** singular. **6.** sincero.// **singlehanded.** a. hecho sin ayuda ajena.// **single-minded.** a. **1.** con un solo propósito. **2.** sincero.// **singly.** adv. **1.** individualmente. **2.** sin ayuda.
singular (sínguiuler). a./n. singular.// **singularity.** n.
sinister (sí-). a. siniestro.
sink. i. **1.** hundir(se). **2.** caer, bajar. **3.** sumirse. **4.** declinar. **5.** decaer, debilitarse. **6.** tr. hundir, sumergir, hechar a pique.// n. **1.** sumidero, vertedero, pileta. **2.** Geol. depresión.
sinner. n. pecador.
sinuous (sínioes). a. sinuoso; intrincado.
sinus (sáines). n. seno.
sip. i./tr. sorber, beber a sorbos.// n. sorbo.
siphon (sáifon). n. sifón.
sir (ser). n. señor, caballero.// **sire.** n. majestad.
siren (sáiren). n. sirena.
sister (síster). n. hermana.// **sister-in-law.** f. cuñada.
sit. i. **1.** tomar asiento; estar sentado. **2.** posarse. **3.** reunirse, sesionar. **4.** sentar, caer (bien o mal). **5.** *s. at ease:* arrellanarse. **6.** *s. down:* sentarse. **7.** *s. for:* ser diputado por. **8.** *s. on:* ser miembro de (junta, comité). **9.** *s. up:* quedarse en vela; enderezarse.// tr. **1.** sentar, ubicar. **2.** mandar a sentarse. **3.** tener asientos o sitio. **4.** *s. out:* quedarse hasta el final.
site (sáit). n. sitio; lugar; local.// tr. ubicar.
sitting. n. **1.** incubación. **2.** sesión. **3.** asiento.
sitting room. n. sala de estar, salón.
situated (sichéited). a. **1.** situado. **2.** acomodado, adinerado.
situation (sichuéshon). n. **1.** puesto, colocación. **2.** situación, posición.
six. a./n. seis.// **sixfold.** a. séxtuplo; seis veces.
sixteen (-tín). a./n. dieciséis.// **sixteenth.** a./n. decimosexto; dieciséis (en fechas).
sixth. a./n. sexto; seis (en fechas).
sixty. a./n. sesenta.
sizable (sáisabl). a. grande, considerable.// **size.** n. **1.** tamaño. **2.** talle. **3.** importancia. **4.** tr. clasificar o medir según el tamaño.
skate (skei). **1.** n. patín. **2.** i. patinar.// **skater.** n. patinador.
skein. n. **1.** madeja. **2.** bandada.
skeleton (skelton). n. esqueleto.
skeptic. a./n. escéptico.// **skepticism.** n.
sketch. n. esbozo, bosquejo, esquema, borrador.// tr. esbozar, bosquejar.
skewer (skiúer). n. brocheta; pinche.
ski. n. esquí.// i. esquiar.
skid. n. resbalón, patinazo.// **1.** tr. deslizar sobre rodillos. **2.** patinar, resbalar.
skill. n. habilidad, pericia.
skillet (skí-). n. sartén.
skillful. a. hábil, diestro.
skim. tr. **1.** desnatar. **2.** hojear. **2.** rozar, tocar.// **skim milk.** a. leche desnatada.
skimp. 1. tr. escatimar. **2.** i. economizar.// **skimpy.** a. escaso, limitado.
skin. n. **1.** piel. **2.** pellejo. **3.** odre.// tr. **1.** cubrir con piel. **2.** despellejar, desollar.// **skinny.** a. flaco, enjuto.

skip

skip. i. **1.** saltar, brincar, hacer cabriolas. **2.** rebotar. **3.** pasar por alto. **4.** escapar, huir.// n. **1.** salto, cabriola. **2.** rebote.// **skipper.** n. **1.** saltador. **2.** *Mar.* capitán, patrón.
skirmish (skér-). n. escaramuza.
skirt (skert). n. **1.** falda. **2.** borde, orilla. **3.** pl. alrededores.// tr. bordear; dar un rodeo.
skit. n. burla.// **skittish.** a. vivo, juguetón.
skull (skol). n. cráneo.
skunk (skonk). n. zorrino, zorrillo.
sky (skai). n. cielo, firmamento.
skylark. n. alondra.
skylight (skailait). n. claraboya.
skyscraper (skaiskreiper). n. rascacielos.
slab. n. trozo plano y grueso.
slack. a. **1.** flojo, suelto. **2.** descuidado.// tr. relajar, aflojar.// **slacken.** tr. **1.** aflojar. **2.** disminuir. **3.** volverse negligente.
slam. tr. **1.** cerrar de un golpe. **2.** fam. criticar duramente.// n. golpe; portazo.
slander. 1. n. calumnia. **2.** tr. difamar.// **slanderer.** n. difamador.
slang. n. jerga; lenguaje popular.
slant. n. inclinación.// i./tr. inclinar(se).
slap. n. **1.** palmada. **2.** bofetada.// tr. **1.** dar una palmada. **2.** abofetear.
slash. n. cuchillada, tajo.// tr. acuchillar.
slate (sleit). n. **1.** pizarra. **2.** pizarrón.
slattern. n. mujer sucia y desaliñada.
slaughter (slóter). n. **1.** matanza de reces. **2.** matanza, carnicería.// tr. **1.** sacrificar reces. **2.** masacrar.// **slaughterhouse.** n. matadero.
slave (sleiv). n. esclavo.// **slavery.** n. esclavitud.// **slavish.** a. servil.
slay (slei). tr. asesinar.// **slayer.** n. asesino.
sled. n. trineo.// **sledge.** n. trineo de carga.
sleep (slip). n. sueño, descanso, reposo.// i./tr. **1.** dormir. **2.** *s. at/in:* dormir en. **3.** *s. on it:* consultar con la almohada. **4.** *s. out:* dormir afuera. **5.** *s. with:* dormir con, acostarse con.// **sleepiness.** n. soñolencia.// **sleepless.** a. desvelado.// **sleepy.** a. soñoliento.
sleet (slit). n. aguanieve.
sleeve (sliv). n. manga.
sleigh (slei). n. trineo.// i. ir en trineo.
sleight (slait). n. **1.** artificio; destreza. **2.** *s. of hand:* prestidigitación.
slender (slé-). a. **1.** delgado, esbelto. **2.** leve, escaso.
slice (slais). n. **1.** rebanada. **2.** espátula.// tr. rebanar, tajar.
slick. tr. **1.** pulir, suavizar. **2.** *s. up:* refinar; acicalar.// a. ingenioso; embaucador.
slide (sláid). i. **1.** resbalar (se). **2.** deslizarse. **3.** patinar. **4.** moverse con sigilo. **5.** *s. over:* pasar por alto. **6.** *let things s.:* dejar pasar las cosas. **7.** tr. hacer deslizar o resbalar.// n. **1.** resbalón, desliz. **2.** tobogán. **3.** platina (microscopio). **4.** diapositiva.
slide rule. n. regla de cálculo.
slight (slait). a. **1.** flaco, delgado. **2.** delicado. **3.** lígero. **4.** escaso. **5.** superficial, trivial.// tr. **1.** menospreciar. **2.** descuidar.// n. menosprecio; desdén.// **slightly.** adv. ligeramente, un poco.
slim. a. **1.** delgado, flaco. **2.** leve. 3 escaso, poco.// **1.** i./tr. adelgazar. **2.** hacer bajar de peso.

slime (slaim). n. cieno, fango.// tr. embarrar.// **slimy.** a. fangoso.
sling. n. **1.** honda. **2.** cabestrillo.// tr. **1.** tirar con honda. **2.** poner cabestrillo.
slip. i. **1.** escabullirse, escaparse. **2.** deslizarse, resbalar. **3.** soltarse, zafarse. **4.** pasar rápida o suavemente. **5.** *s. away:* huir. **6.** *s. by:* correr (tiempo, agua). **7.** *s. down:* descolgarse. **8.** *s. in/out:* introducirse/salir en secreto. **9.** *s. one's mind:* olvidársele a uno.// n. **1.** resbalón. **2.** desliz. **3.** huida. **4.** enaguas. **5.** funda de almohada.// a. escurridizo, resbaladizo.
slipper. n. pantufla.
slippery. a. **1.** resbaloso. **2.** astuto, evasivo.
slit. tr. rajar, partir.// n. hendidura, ranura.
slobber (sló-). i. babear.
slogan (slóugan). n. **1.** consigna. **2.** lema publicitario.
slope (slóup). n. **1.** inclinación, declive, pendiente. **2.** cuesta, ladera.// i./tr. inclinar(se); sesgar(se).
sloppy. a. **1.** húmedo, mojado. **2.** desordenado.
slot. n. ranura, muesca.
sloth (slodz). n. pereza.// **slothful.** a. holgazán.
slovenly. a. desaliñado, sucio, descuidado.
slow (slou). a. **1.** lento. **2.** torpe. **3.** atrasado (reloj). **4.** aburrido.// **slowly.** adv. lentamente.
slug. n. **1.** *Zool.* babosa. **2.** bala.
sluggish (slóguish). a. **1.** perezoso. **2.** lento.
slump. i. **1.** hundirse, desplomarse. **2.** *Com.* baja repentina.
slur (sler). tr. **1.** manchar. **2.** difamar. **3.** farfullar. **4.** pasar por alto. **5.** *Mus.* unir dos o más notas.// n. **1.** mancha. **2.** difamación. **3.** *Mus.* unión de notas.
sly (slai). a. **1.** mañoso, solapado. **2.** fam. hábil, astuto. **3.** *on the s.:* a escondidas.
smack. n. **1.** dejo, sabor. **2.** pizca, tris. **3.** chasquido. **4.** palmada. **5.** beso sonoro.// tr. **1.** hacer un chasquido. **2.** besar sonoramente. **3.** dar una palmada. **4.** i. chasquear. **5.** *s. of:* saber/oler a.
small (smol). a. **1.** pequeño. **2.** poco. **3.** insignificante.
smallpox. n. viruela.
smart. a. **1.** inteligente, vivo, ingenioso, agudo. **2.** alerta. **3.** elegante.// i. **1.** escocer, picar. **2.** sufrir, dolerse.
smash. tr. **1.** destrozar(se), hacer(se) pedazos. **2.** golpear con violencia. **3.** destruir. **4.** *s. into:* embestir. **6.** *s. through:* abrirse paso a la fuerza. **7.** *s. up:* aniquilar.// **smashup.** n. **1.** colisión violenta. **2.** ruina.
smattering. n. noción superficial, conocimientos generales sobre un tema.
smell. tr. **1.** olor, olfato.// tr. **2.** oler. **2.** *s. out:* husmear. **3.** *s. of:* oler a.// **smelly.** a. maloliente.
smog. n. mezcla de humo y niebla.
smoke (smouk). n. humo.// i./tr. **1.** fumar. **2.** humear.// **smoker.** n. fumador.// **smokestack.** n. chimenea.// **smoking. 1.** a. humeante. **2.** n. el fumar.// **smoky.** a. humeante; ahumado.
smolder (smoul-). i. arder en llamas.// n. rescoldo.
smooth (smudz). a. **1.** liso, plano. **2.** uniforme, continuo. **3.** afable, sereno. **4.** grato.// tr. **1.** alisar, pulir. **2.** calmar. **3.** suavizar.// **smoothness.** n. **1.** suavidad. **2.** serenidad; afabilidad.

smother (smódzer). n. 1. sofoco. 2. confusión.// tr. 1. sofocar; ahogar. 2. suprimir.
smudge (smodch). n. 1. tizne. 2. humo denso.// i./tr. tiznar(se); manchar(se).
smuggle (smogl). i./tr. contrabandear.// **smuggler.** n. contrabandista.
snack. n. refrigerio; bocadillo.
snail (sneil). n. 1. caracol. 2. *at a s.'s pace*: a paso de tortuga.
snake (snéik). n. serpiente.// i. viborear.
snap. tr. 1. mordiscar. 2. hablar con irritación. 3. romperse; crujir. 4. hacer un chasquido o estampido. 5. sacar una foto.// n. 1. chasquido, crujido, estallido. 2. mordisco. 3. foto instantánea.// **snappy.** a. 1. mordaz; irritable. 2. enérgico. 3. refrescante. 4. crujiente. 5. *make it s.!:* ¡hágalo rápido!// **snapshot.** n. foto instantánea.
snare (sner). n. trampa; tentación.
snatch. tr. 1. agarrar, arrebatar. 2. fig. raptar.// n. 1. arrebato. 2. rapto. 3. rato. 4. trozo.
sneak (snik). i. escabullirse; andar a hurtadillas.// n. 1. salida furtiva. 2. ladrón de guante blanco. 3. pl. zapatillas de gimnasia.
sneer (snir). i. hablar o reír despectivamente.
sneeze (snis). i. estornudar.// n. estornudo.
snicker. n. risita.// i. reír con disimulo.
sniff. tr. olfatear, husmear; aspirar.// n. 1. aspiración. 2. desdén.// **sniffy.** a. altivo, desdeñoso.
snip. tr. cortar de un tijeretazo.// n. 1. tijeretazo. 2. recorte, retazo.
sniper (snaiper). n. franco tirador.
snob. n. esnob, presuntuoso.
snoop (snup). tr. curiosear, husmear.// n. husmeador, curioso.
snooze (snus). n. siesta.// tr. dormitar.
snore (snor). i. roncar.// n. ronquido.
snorkel. n. tubo de respiración.
snot. n. moco.
snout (snaut). n. hocico.
snow (snou). n. 1. nieve.// i./tr. nevar.// **snowfall.** n. nevada.// **snowflake.** n. copo de nieve.// **snowshoe.** n. raqueta de nieve.// **snowstorm.** n. tormenta de nieve.// **snowy.** a. cubierto de nieve.
snub (snob). tr. 1. rechazar; desairar; humillar. 2. detener bruscamente.// n. repulsa, rechazo, desaire.
snub-nosed. a. ñato, chato.
snuff (snof). tr. 1. aspirar; oler. 2. *s. out:* apagar.// n. olfateo.
snug (snog). a. cómodo; abrigado.// tr. acomodar;, abrigar.
so (sou). adv. 1. así, de este modo. 2. tan, tanto. 3. también. 4. *and so on:* y así sucesivamente. 5. *in so far as:* hasta donde. 6. *just so:* ni más ni menos. 7. *or so:* más o menos (después de cantidades). 8. *so long:* hasta pronto. 9. *so much:* tanto. 10. *so so:* tal cual. 11. *so much:* tanto. 12. *so that:* de modo que. 13. *so to say:* por decirlo así.// conj. así que, pues, por lo tanto, para que.// n. *Mus.* sol.// **so-and-so.** n. fulano.
soak (souk). i./tr. 1. empapar(se); remojar(se). 2. beber en exceso. 3. *soaked to the skin:* calado hasta los huesos.
soap (soup). n. jabón.// tr. enjabonar.// **soap dish.** n. jabonera.// **soap opera.** n. novelón.// **soap-**
suds. n. espuma o pompas de jabón.// **soapy.** a. jabonoso.
soar (sor). i. remontarse, encumbrarse, elevarse.
sob. i. sollozar.// n. sollozo.
sober (sóuber). a. 1. sobrio. 2. serio. 3. sensato.// **sobriety.** n. sobriedad; seriedad.
so-called (soukeld). a. llamado, así llamado.
soccer (sóker). *EE.UU.* fútbol.
social (sóushal). a. social.// **socialism.** n.// **socialist.** a./n.// **socialize** (-lais). tr. socializar.// **society** (sosáieti). n. sociedad.// **sociology** (-lódchi). n.// **sociologist.** n. sociólogo.
sock. n. calcetín, media.
socket (só-). n. 1. cuenca. 2. portalámpara.
sod. n. césped.// tr. cubrir de césped.
soda (souda). n. 1. soda. 2. gaseosa.// **sodium.** n. sodio.
sodomy (sódomai). n. sodomía.// **sodomit.** n.
sofa (sóufa). n. sofá.
soft. a. 1. blando. 2. tierno. 3. suave. 4. templado// **soften.** i./tr. ablandar(se); suavizar(se).// **sofhearted.** n. bondadoso.// **software.** n. conjunto de programas y sistemas de informática.
soggy (sógui). a. 1. empapado. 2. blando, pastoso. 3. aburrido, pesado.
soil. n. 1. suelo, tierra. 2. mancha, suciedad.// i./tr. ensuciar(se).
solace (sólas). n. solaz; consuelo.// tr. consolar.
solar (sóuler). a. solar.
solder (sólder). n. soldadura.// i./tr. soldar(se).
soldier (sóuldzier). n. soldado, militar.
sole (soul). n. 1. planta del pie. 2. suela. 3. lenguado (pez).// a. 1. solo. 2. soltero.// **solely.** a. únicamente.
solemn (só-). a. solemne.// **solemnity.** n.
solicit (-lí-). tr. 1. reclamar, solicitar, pedir. 2. inducir, atraer.// **solicitant.** n.// **solicitor.** n. 1. *GB* abogado. 2. *EE.UU.* el que pide contribuciones.// **solicitous.** a. solícito.// **solicitude.** n. solicitud, afán.
solid (sólid). 1. a./n. sólido. 2. a. cúbico; unánime.
solidarity (-dá-). n. solidaridad.// **solidary.** a.
solidify (solídifai). i./tr. solidificar(se).// **solidity.** n. solidez.// **solid-state.** a. *Electr.* a. de estado sólido.
soliloquy (solílokui). n. soliloquio.
solitary (só-). a./n. solitario.// **solitude.** n. soledad.
solo. n. *Mus.* solo.// **soloist.** n. solista.
solution (solúshon). n. solución.
solve (solv). tr. resolver, solucionar.
solvency (sól-). n. solvencia.// **solvent.** a. 1. solvente. 2. soluble. 3. n. solvente, disolvente.
somber (sóm-). a. sombrío.
some (som). a. 1. algún, alguno. 2. un poco de, algunos. 3. cerca de, más o menos.// pron. algunos, algo, un poco.// adv. algo, un poco.// **somebody.** 1. n. alguien. 2. pron. alguien, alguno. 3. *s. else:* algún otro, otra persona.// **someday.** adv. algún día.// **someone.** pron. alguien, alguno.// **someplace.** adv. en/hacia alguna parte.
somersault (somersolt). n. 1. salto mortal. 2. fig. cambio total de actitud u opinión.
something (samzing). n. 1. algo, alguna cosa. 2. *o s.:* o algo así. 3. *s. else:* otra cosa, algo más. 4. *s. of a:* medio (seguido de cualidad). 5. *s. or other:* una cosa u otra.// adv. algo, un poco, cerca de.

sometime

sometime (samtaim). adv. algún día, alguna vez, un día de estos.// **sometimes**. adv. a veces, de vez en cuando.// **someway**. adv. de algún modo.// **somewhat**. 1. s. algo, un poco, en cierto modo, algo/alguien importante. 2. adv. algo, un poco.// **somewhere**. adv. 1. en/hacia alguna parte. 2. s. else: en/hacia otra parte.
son. m. hijo.
song. n. 1. canto, canción. 2. poesía, versos.// **songwriter**. n. compositor de música o letra para canciones.
sonic. sónico.
son-in-law. n. yerno.
sonnet. n. soneto.
sonorous (sonóres). a. sonoro, resonante.
soon (sun). adv. 1. pronto, en breve. 2. temprano. 3. as s. as: tan pronto como. 4. how s.?: ¿cuándo? 5. no sooner: no antes; apenas. 6. the sooner the better: cuanto antes, mejor. 7. sooner or later: tarde o temprano.
soot (sut). n. hollín, tizne.
soothe (sudz). tr. 1. calmar. 2. halagar.
sop. i./tr. 1. empapar(se); ensopar(se). 2. s. up: absorber.
sophistication (sofistikéishon). n. 1. sofisticación. 2. sutileza, refinamiento. 3. complejidad.
sophistry (sófistri). n. sofisma.
soporific (-rí-). a. soporífero.
soprano (-pránou). n. soprano.
sorcerer (sór-). i. m. brujo, hechicero.// **sorceress**. f. bruja, hechicera.// **sorcery**. n. hechicería.
sordid (sór-). a. sórdido.// **sordidness**. n. sordidez.
sore (sor). a. 1. dolorido. 2. inflamado. 3. arduo. 3. triste.// n. 1. úlcera, llaga. 2. dolor, disgusto.// **soreness**. n. 1. estado de dolor. 2. amargura. 3. rigor.
sorrow (sórou). n. dolor, pesar, pena.// i. dolerse, arrepentirse.// **sorrowful**. a. pesaroso; arrepentido.// **sorry**. a. 1. doloroso, penoso. 2. triste. 3. triste, afligido. 4. s.!: ¡perdón!, ¡lo siento! 5. to be s.: sentirlo, arrepentirse.
sort. n. 1. clase, tipo, variedad. 2. forma, modo. 3. índole, naturaleza.
soul. n. 1. alma, espíritu. 2. fig. persona.
sound (saund). a. 1. sano, saludable. 2. ileso. 3. firme. 4. correcto. 5. seguro. 6. profundo. 7. a. sonoro, de sonido.// n. sonido; ruido.// i. 1. sonar, resonar. 2. parecer.// tr. 1. sonar, tocar. 2. expresar. 3. sondear; Med. explorar con sonda.// **soundless**. a. silencioso, mudo.// **soundness**. n. salud; firmeza; rectitud.
soup (sup). n. 1. sopa. 2. fam. in the s.: en apuros.
sour (saur). a. 1. ácido, agrio. 2. rancio. 3. malhumorado.
source (sors). n. fuente, origen.
south (saudz). 1. n. sur. 2. a. meridional, sureño. 3. adv. hacia el sur.// **southest**. n. sudeste.// **southern**. a. meridional, sureño.// **Southerner**. n. sureño.// **southwest**. n. suroeste, sudoeste.
souvenir (súvenir). n. recuerdo.
sovereign (sóvrein). a./n. soberano.// **sovereignty**. n. soberanía.
soviet (sóuviet). 1. n. sóviet. 2. a. soviético.
sow (sau). i./tr. sembrar.// n. marrana.
soya (sóia), **soybean** (sóibin). n. soja.

space (speis). 1. n. espacio. 2. a. espacial. 3. tr. espaciar.// **spacecraft**. n. nave espacial.// **spaceman(woman)**. m./f. astronauta.// **spacious**. a. espacioso.
spade (speid). n. pala, azada.
span. n. 1. cuarta, palmo. 2. tramo. 3. lapso. 4. yunta.// tr. 1. medir. 2. extender.
spangle (spángl). n. lentejuela.// tr. adornar, con lentejuelas; tachonar.
Spaniard. n. español.
spaniel. n. perro de aguas.
Spanish. 1. a/n. español. 2. n. castellano.
spank. tr. dar palmada, azotar.// **spanking**. 1. a. asombroso. 2. fuerte (viento). 3. n. zurra, paliza.
spare (sper). tr. 1. escatimar, no usar, privarse de. 2. ahorrar. 3. exceptuar. 4. perdonar. 5. conceder, dedicar. 6. preocuparse.// i. 1. disponible, sobrante, de repuesto. 2. libre, de ocio. 3. frugal, parco. 4. mezquino.// n. 1. reserva, repuesto. 2. rueda de auxilio. 3. Sp. jugador de reserva.
spark. n. 1. chispa. 2. centella. 3. resplandor. 4. Mec. encendido de bujías.// tr. chispear, echar chispas.// **sparkle**. 1. n. destello, chispa. 2. centellear.// **sparkling**. a. 1. centelleante, chispeante. 2. efervescente.
sparrow (spárou). n. gorrión.
sparse (spars). a. disperso, escaso, ralo.
spasm. n. espasmo.// **spasmodic**. a.
spatter (-pá-). tr. salpicar.// n. salpicadura.
speak (spik). i. 1. hablar. 2. sonar. 3. so to s.: como quien dice. 4. s. about: hablar de/acerca de. 5. s. for: hablar por (en favor, en nombre de). 6. s. ill of: hablar mal de. 7. s. out: hablar claro. 8. s. up: hablar en voz alta.// **speaker**. n. 1. orador. 2. portavoz. 3. altavoz.// **speaking**. a. hablante, que habla.
spear (spir). n. lanza; arpón.
special (spéshal). a. 1. especial. 2. específico. 3. n. cosa o persona especial.// **specialist**. a./n.// **specialization**. n.// **specialize**. i./tr. especializar(se).// **specialty**. n. especialidad.
specie (spíshi). n. moneda, metálico.
species (spíshis). n. especie, variedad.
specificaction (spisifikíishon). n. especificación.// **specific**. a.// **specify**. tr. especificar.
specimen (spé-). espécimen; muestra.
speck. n. 1. manchita, mota. 2. partícula. 3. tr. manchar, motear.// **speckle**. 1. n. manchita, puntito. 2. tr. manchar, salpicar.
spectacle (spéktacl). n. espectáculo.// **spectacled**. a. que usa gafas.// **spectacles**. n. pl. anteojos, gafas.// **spectacular**. a. espectacular.
spectator (spéktéitor). n. espectador.
specter (spék-). n. espectro, aparición.// **spectroscope**. n. espectroscopio.// **spectrum**. n. Fís. espectro.
speculate (spékiuleit). i. especular.// **speculation**. n.// **speculative**. a. // **speculator**. n.
speech (spich). n. 1. habla, palabra. 2. idioma, lenguaje. 3. discurso. 4. to make a s.: pronunciar un discurso.// **speechless**. a. 1. sin habla. 2. to be left s.: quedarse sin habla.
speed (spid). n. 1. velocidad, rapidez. 3. at full s.: a toda velocidad. 4 to put on s.: acelerar.// i. 1. correr, apurarse. 2. tr. despachar, despedir.

speedboat (spídbout). n. lancha de carreras.
speedily. adv. velozmente.// **speedometer**. n. velocímetro. // **speedy**. a veloz.// **speedway**. n. 1. carril de tránsito rápido. 2. pista de carreras.
spell. tr. 1. deletrear; tener (buena o mala) ortografía. 2. significar. 3. hechizar, encantar. 4. relevar, reemplazar.// m. 1. hechizo. 2. turno. 3. tanda. 4. temporada.// **spellbound**. a. encantado, hechizado.// **spelling**. n. ortografía, deletreo.
spend. tr. 1. gastar. 2. emplear. 3. pasar (tiempo).// **spender**. a. gastador, derrochador.
sperm. n. esperma, semen.
sphere (sfir). n. esfera.// **spherical**. a. esférico.
spew (spiu). i./tr. vomitar.// n. vómito.
sphinx (sfinks). n. esfinge.
spice (spais). n. 1. especia. 2. aroma. 3. sazón, sabor.// tr. sazonar.// **spicy**. a. condimentado.
spider (spáider). n. araña.
spike (spaik). n. 1. púa. 2. clavo largo. 3. espiga.// tr. 1. clavar. 2. perforar.
spill. tr. 1. derramar. 2. divulgar. 3. tumbar, hacer caer.
spin. tr. 1. hilar. 2. hacer girar. 3. dar efecto. 4. i. girar, dar vueltas.// n. vuelta, giro, rotación.
spinach (spí-). n. espinaca.
spinal (spainal). n. espinal.
spindle. n. huso; perno; eje.// i. espigarse.
spine (spain). n. 1. espina, púa. 2. espina dorsal, espinazo.// **spineless**. a. invertebrado.
spinner (spí-). n. hilandero.// **spinning**. n. hilado; hilandería.
spinster. f. solterona.
spiral (spairal). a./n. espiral.
spire (spair). n. 1. brizna. 2. chapitel. 3. rosca.
spirit (spí-). n. 1. espíritu. 2. alcohol. 3. pl. licor fuerte.// **spirited**. a. animoso, vivo.// **spiritual**. a. 1. espiritual. 2. EE. UU. canto religioso de los negros.// **spiritualism**. n. espiritismo.// **spirituous**. n. espirituoso (licores)
spit. i./tr. escupir.// n. escupitajo.
spite (spait). n. 1. despecho, rencor. 2. *in s. of*: a pesar de. 3. *out of s.*: por despecho.// tr. 1. despechar. 2. fastidiar.// **spiteful**. a. resentido.
splash. tr. 1. salpicar. 2. rociar. 3. exhibir o publicar llamativamente. 4. chapalear.// n. salpicadura; manchón.
spleen (splín). n. 1. bazo. 2. melancolía; malhumor.
splendid (splén-). a. espléndido.// **splendor**. n. esplendor.
splint. n. 1. astilla, esquirla. 2. *Med*. entablillado.// tr. *Med*. entablillar.// **splinter**. 1. n. astilla, esquirla. 2. i./tr. astillar(se).
split. tr. 1. rajar, partir. 2. resquebrajar. 3. *s. one's sides*: desternillarse (de risa). 4. *s. up*: repartir; fraccionar; separar(se).// n. 1. grieta, fisura. 2. división, cisma.
spoil. tr. 1. estropear(se), averiar(se). 2. mimar, consentir. 3. despojar, desposeer.// **spoilage**. n. 1. corrupción. 2. desecho.
spoke (spouk). n. radio, rayo de rueda.
spoken (spouken). a. oral, hablado.// **spokesman**. n. vocero.
sponge (spondch). 1. esponja. 2. fam. vividor, sablista, manguero.// **spongecake**. n. bizcochuelo.// **sponger**. n. sablista, manguero.// **spongy**. a. esponjoso, poroso.
sponsor (spónser). n. 1. fiador, garante. 2. patrocinador. 3. padrino.// tr. patrocinar, apadrinar.
spontaneity (-níiti). n. espontaneidad.// **spontaneous**. a. espontáneo.
spool (spul) n. carrete, bobina.// tr. devanar.
spoon (spun). n. cuchara.// **spoonful**. n. cucharada.
sporadic (sporádic). a. esporádico.
sport. n. 1. deporte. 2. recreación, diversión. 3. broma.// i. 1. jugar. 2. practicar deportes. 3. divertirse.// **sportive**. a. deportivo; bromista.// **sports**. a. deportivo.// **sportsman** (-woman). m./f. deportista.
spot. n. 1. mancha; defecto; falta. 2. lunar. 3. lugar, paraje. 4. *on the s.*: en el acto, sobre el terreno. 5. *tender s.*: punto débil.// tr. 1. manchar, mancillar. 2. situar, emplazar.// **spotless**. a. inmaculado.// **spotlight**. 1. n. proyector. 2. tr. iluminar con proyector.// **spotted**. a. moteado.
spouse (spaus). n. esposo, esposa.
spout (spaut). tr. echar a borbotones.// n. pico (vasija). 2. canilla, surtidor.
sprain (sprein). tr. dislocarse, torcerse (muñeca o tobillo).// n. torcedura, luxación.
spray (sprei). tr. 1. rociar. 2. pintar con rociador.// n. 1. rocío. 2. vaporizador.
spread (spred). tr. 1. extender, estirar. 2. desplegar. 3. esparcir, untar.// n. 1. extensión, expansión, difusión. 2. cobertor, colcha. 3. alimento untable.
spree (spri). n. parranda, juerga.
spring. tr. 1. saltar, rebotar. 2. salir, brotar. 3. originarse, en provenir. 4. torcerse, combarse. 5. rajarse (madera). 6. explotar, estallar. 7. *s. at*: abalanzarse sobre. 8. *s. up*: nacer, manar.// n. 1. resorte. 2. elasticidad. 3. brinco. 4. manantial. 5. primavera.// a. primaveral.// **springboard**. n. trampolín.// **springtime**. n. primavera.
sprinkle (sprínkl). tr. rociar; espolvorear.
sprint. i. correr a toda velocidad.// *Sp*. n. carrera corta de velocidad.
sprout (spraut). i. brotar, germinar, echar.
spruce (sprus). n. abeto.// a. pulcro, elegante.// i. vestirse con esmero.
spur (sper). n. 1. espuela. 2. estímulo, acicate.// tr. espolear, acicatear.
spurious (spiúrios). a. espurio.
spurt (spert). n. 1. esfuerzo, arranque. 2. momento, rato. 3. chorro repentino.// i. 1. salir a chorros. 2. estar muy activo.
sputter (spóter). tr. farfullar.// n. balbuceo.
spy (spai). tr. 1. divisar. 2. esplar, acechar.// n. espía.// **spyglass**. n. largavista.
squabble (skuábl). i./tr. reñir.// n. riña.
squad. n. 1. cuadrilla, grupo, equipo. 2. escuadrón, patrulla.// **squadron**. n. escuadrón, escuadrilla.
squall (skuol). n. 1. ráfaga (viento); borrasca; chubasco. 2. chillido.// i./tr. chillar, gritar.
squander (skuánder). tr. derrochar.// n. despilfarro.
square (skuer). n. 1. cuadrado. 2. plaza, parque. 3. manzana (casas). 4. *Mat*. cuadrado (potencia). 5.

escuadra. **6.** *s. dance:* contradanza. **7.** *s. root:* raíz cuadrada.// tr. **1.** cuadrar. **2.** cuadricular. **3.** elevar al cuadrado. **4.** empatar. **5.** *s. a debt:* liquidar una deuda. **6.** *s. with:* conformar, conciliar. **7.** *s. away:* prepararse.// a. **1.** rectangular, cuadrado, cuadriculado. **2.** justo, ordenado. **3.** saldado.// **squarely.** adv. **1.** a escuadra. **2.** cara a cara. **3.** honradamente.
squash. tr. **1.** machacar. **2.** aplastar. **3.** reprimir.// n. **1.** pulpa, masa blanda. **2.** aplastamiento. **3.** *Sp.* juego de paleta. **4.** *GB* refresco, jugo. **5.** calabaza.
squat. 1. i. ponerse en cuclillas. **2.** tr. ocupar ilegalmente (terreno, edificio).
squawk (skuok). tr. **1.** graznar. **2.** hablar con voz chillona.// n. graznido.
squeak (skuik). i. **1.** chirriar. **2.** pronunciar en voz chillona. **3.** *s. by:* ingeniarse. **4.** *s. through:* pasar a duras penas.// n. chirrido, chillido.
squeal (skuil). i. chillar; quejarse; protestar.// n. alarido.
squeamish (skuimish). a. remilgado, quisquilloso.
squeeze (eskuiz). tr. **1.** apretar, exprimir. **2.** oprimir, agobiar. **3.** i. estrujarse, apiñarse.// n. **1.** apretón. **2.** apiñamiento.
squelch. tr. aplastar, apabullar.
squid (skuid). n. calamar.
squire (skuair). n. **1.** escudero. **2.** *GB* terrateniente.
squirm (skuerm). i. retorcerse, serpentear.
squirrel (skuirel). n. ardilla.
stab. tr. **1.** apuñalar. **2.** *s. to death:* matar a puñaladas.// n. puñalada.
stability (-bí-). n. estabilidad.// **stabilize.** tr. estabilizar.// **stabilizer.** n. estabilizador.
stable (stéibl). n. establo.// tr. poner en un establo.// a. estable.
stack. n. **1.** pila (montón). **2.** tubo de escape. **3.** pl. estantes para libros.// tr. amontonar, apilar.
stadium. n. estadio.
staff. n. **1.** palo, estaca, bastón, báculo pastoral. **2.** asta (bandera). **3.** personal, empleados. **4.** *Mus.* pentagrama. **5.** *Mil.* estado mayor.// tr. dotar de funcionarios.
stag. n. venado.// a. *EE.UU.* fam. banquete sólo para hombres.
stage (stéidch). n. **1.** escenario. **2.** plataforma. **3.** fig. arte dramático. **4.** etapa. **5.** *to be in its early stages:* estar en pañales.// tr. poner en escena.
stagecoach. n. diligencia (coche).
stagehand. n. tramoyista.
stagger (státguer). i./tr. **1.** tambalearse, hacer tambalear. **2.** dejar perplejo. **3.** escalonar, espaciar.// n. tambaleo, vacilación.
stagnant (státñant). a. estancado.// **stagnate.** i. estancarse.// **stagnation.** n. estancamiento.
stain (stéin). n. **1.** mancha. **2.** tintura, colorante.// i./tr. **1.** manchar(se), ensuciar(se). **2.** oxidar(se), corroer.// **stained glass.** n. **1.** vidrio de color. **2.** *s. g. window:* vitral.// **stainless.** a. **1.** a sin mancha. **2.** inoxidable.
stair (stér). n. peldaño, escalón.// **stairs.** n. **1.** escalera/s. **2.** *flight of s.:* tramo de escalera.// **staircase, stairway.** n. escalera.
stake (stéik). n. **1.** estaca. **2.** postura, apuesta. **3.** aporte, interés. **4.** *to be at s.:* correr riesgo. **5.** *to die at the s.:* morir en la hoguera. **6.** pl. *to pull up s.:* levantar el campamento.// tr. **1.** marcar con estacas. **2.** arriesgar.
stalactite (stálaktait). n. estalactita.// **stalagmite.** n. estalagmita.
stale (stéil). a. **1.** rancio, pasado, viciado. **2.** gastado, anticuado, trillado. **3.** *Sp.* pasado de entrenamiento.// **stalemate.** n. **1.** estancamiento. **2.** ahogo (ajedrez).
stalk (stok). n. **1.** tallo. **2.** cañón de pluma.// tr. **1.** cazar al acecho. **2.** taconear.
stall (stol). n. **1.** establo, caballeriza. **2.** puesto, mostrador. **3.** pl. butacas.// i. **1.** parar(se), ahogar(se) el motor. **2.** dar largas a un asunto. **3.** tr. guardar en establo.
stallion. n. semental.
stalwart (stóluert). a. **1.** fornido. **2.** bravo, denodado. **3.** resuelto.
stamina (stámena). n. vigor, aguante.
stammer. 1. tr. tartamudear. **2.** n. tartamudeo.// **stammerer.** n. tartamudo.
stamp. tr. **1.** patear, pisotear. **2.** estampar; imprimir. **3.** marcar, caracterizar. **4.** estampillar. **5.** extirpar, erradicar. **6.** *s. out:* apagar a pisotones.// n. **1.** estampilla, sello. **2.** estampa. **3.** impresión.
stampede (stampíd). n. **1.** estampida. **2.** pánico colectivo.// i. huir en tropel.
stanch, staunch (stónsh). a. **1.** constante, leal, fiel. **2.** hermético.// tr. taponar, restañar (heridas).// **stanchion. 1.** n. puntal, poste. **2.** tr. apuntalar.
stand. i. **1.** estar o ponerse de pie. **2.** erguirse, levantarse. **3.** tener cierta altura. **4.** estar en cierta posición. **5.** durar, perdurar. **6.** permanecer, mantenerse. **7.** *s. aloof:* aislarse, retraerse. **8.** *s. aside:* hacerse a un lado. **9.** *s. in the way:* ser un obstáculo. **10.** *s. on end:* poner(se) de punta (el pelo). **11.** *s. out:* destacarse. **12.** *s. up:* levantarse.// tr. **1.** poner de pie. **2.** colocar verticalmente. **3.** aguantar, sufrir, someterse a. **4.** sostener, soportar. **5.** sufragar un gasto. **6.** *s. by:* esperar. **7.** *s. corrected:* reconocer su error. **8.** *s. for:* abogar por, representar a. **9.** *s. fast:* no cejar. **10.** *s. up for:* apoyar a. **11.** *s. up to:* hacer frente a.// n. **1.** parada, detención. **2.** posición, postura. **3.** puesto. **4.** pedestal. **5.** estrado, tribuna. **6.** estradas, graderías. **7.** *to take one's s.:* decidirse por. **8.** *to take the s.:* subir al estrado de los testigos.
standard. a. **1.** normal, de uso corriente. **2.** reglamentario. **3.** de ley.// n. **1.** norma, criterio. **2.** tipo, modelo, patrón. **3.** estandarte.// **standarization.** n. uniformación, normalización.// **standarize.** tr. uniformar, normalizar, estandarizar.
standby (stándbai). n. **1.** sustituto. **2.** persona de confianza. **3.** persona en lista de espera para viajar.
standing. a. **1.** vertical, de pie. **2.** parado, inactivo; estancado. **3.** permanente.// n. **1.** postura, posición. **2.** permanente. **3.** fama, reputación.
standoff. n. **1.** alejamiento, retiro. **2.** empate.
stanpoint. n. punto de vista.
standstill. n. parada, alto.
stanza. n. estrofa.
staple (stéipel). n. **1.** grapa, grampa. **2.** renglón o artículo principal de un comercio. **3.** materia prima. **4.** pl. artículos de primera necesidad.// a. principal, básico.// tr. engrampar, fijar con grampas.

star. n. estrella, astro.// tr. **1.** estrellar, adornar con estrellas. **2.** presentar(se) como estrella; protagonizar (cine, teatro).// a. **1.** estrellado. **2.** estelar.
starboard (-bord). n. estribor.
starch. n. almidón, fécula.// tr. almidonar.
stare (stér). tr. mirar fijamente.// n. mirada fija.
starfish. n. estrella de mar.
stargazer (stárgueiser). n. astrólogo.
stark. a. **1.** tieso, **2.** riguroso. **3.** escueto. **4.** árido. **5.** absoluto.// adv. totalmente.
starlight (stárlait). n. luz de las estrellas.// **starlit.** a. iluminado por las estrellas.// **starred.** a. **1.** estrellado. **2.** presentado como estrella.// **starry.** a. estrellado.// **starry-eyed.** a. soñador.// **star-spangled.** a. estrellado; tachonado de estrellas.
start. tr. **1.** comenzar. **2.** poner en marcha, encender, arrancar. **3.** sobresaltar(se). **4.** partir, salir. **5.** iniciar, instalar (un negocio). **6.** s. after: salir en busca de. **7.** s. back: iniciar el regreso. **8.** s. off: salir, ponerse en marcha.// n. **1.** principio, inicio. **2.** sobresalto. **3.** salida, partida. **4.** impulso, arranque, botón de aranque. **5.** ventaja, delantera. **6.** to make a fresh s.: empezar de nuevo.// **starter.** n. **1.** iniciador. **2.** despachador. **3.** arranque (auto).// **startle.** tr. **1.** sobresaltar(se), asustar(se). **2.** sobresalto, susto.
starvation (starvéishon). n. hambre, inanición, hambruna.// **starve. 1.** i. padecer o morir de hambre. **2.** hambrear, matar de hambre. **3.** s. for: sufrir pr falta de. **4.** s. out: rendir por hambre.
state (steit). n. **1.** estado. **2.** pompa; solemnidad. **3.** in s.: con solemnidad.// a. **1.** estatal. **2.** de lujo; de gala.// tr. **1.** manifestar, afirmar. **2.** declarar, exponer.// **stated.** a. **1.** fijo. **2.** reconocido. **3.** dicho, expresado.// **stately.** adv. majestuosamente.// **statement.** n. **1.** declaración. **2.** informe, reporte. **3.** estado de cuenta.
stateroom (stéitrum). n. camarote.
statesman (stéitsman). n. estadista.
state-wide (stéituaid). a. por todo el estado.
static (stá-). a. estático.// **statics.** n. pl. estática.
station (stéishon). n. **1.** estación. **2.** puesto, sitio. **3.** estado, rango. **4.** emisora (radio, TV).// tr. estacionar, situar, apostar.// **stationary.** a. **1.** estacionario. **2.** inalterado.
stationer (stéishoneri). n. papelero.// **stationary.** n. papelería.
statistical (statístekal). a. estadístico.// **statistician.** n. estadístico.// **statistics.** n. **1.** estadística. **2.** datos estadísticos.
statue (estachiu). n. estatua.// **statuesque.** a. escultural.// **statuette.** n. estatuilla.
stature (stacher). n. estatura.
status (stéitos). n. estado, condición (social, civil, etc.).
statute (stáchiut). n. estatuto, ley.// **statutory.** a. estatutario.
stay (stei). tr. **1.** sostener, apoyar. **2.** durar, permanecer, quedar (cierto tiempo). **3.** calmar, aplacar. **4.** Der. posponer (un fallo). **5.** impedir, poner freno.// i. **1.** parar, quedarse, permanecer, detenerse, demorarse. **2.** alojarse, hospedarse. **3.** aguantar, resistir. **4.** s. away: ausentarse. **5.** s. in: quedarse en casa. **6.** s. up: quedarse levantado.// n. **1.** estadía, permanencia. **2.** freno. impedimento. **3.** sostén, apoyo.
stead (stéd). n. ventaja, provecho.
steadfast (stedfast). a. constante, inmutable.// **steadily.** adv. firmemente; continuamente.// **steadiness.** n. firmeza, estabilidad.// **steady** (stédi). a. **1.** firme, estable. **2.** fijo, continuo, constante.// tr. **1.** afianzar, asegurar. **2.** calmar(se).// interj. ¡calma!
steak (stik). n. filete.
steal (stil). i./tr. **1.** robar, hurtar. **2.** mover(se) furtivamente. **3.** fig. cautivar. **4.** s. away: escabullirse. **5.** s. into: entrar clandestinamente. **6.** s. out of: salir a escondidas.// n. robo.// **stealth.** n. by s.: a hurtadillas.// **stealthy.** a. subrepticio.// **stealthily.** adv. subrepticiamente.
steam (stim). n. **1.** vapor; vaho. **2.** vigor, fuerza. **3.** on one's own s.: por sus propios recursos. **4.** to get up s.: levantar vapor. **5.** to let off s.: descargar vapor; desahogarse.// **1.** tr. cocer al vapor. **2.** i. emitir vapor; navegar al vapor.// **steamer.** n. **1.** máquina a vapor. **2.** vapor (buque).// **steamship.** n. vapor (buque).// **steam shovel.** n. pala mecánica.// **steamy.** a. vaporoso, humeante.
steed (stid). n. corcel.
steel (stil). n. acero.// a. de acero.// tr. **1.** acerar. **2.** endurecer, fortalecer.// **steel mill.** n. acería.
steep (stip). a. **1.** empinado, escarpado. **2.** alto, exorbitante.// i./tr. empapar(se); remojar(se).
steeple. n. aguja, torre de iglesia.
steer (stir). n. res, novillo.// tr. **1.** gobernar, guiar, conducir. **2.** encaminar, encauzar. **3.** s. clear of: evitar. **4.** s. for: dirigirse a.// **sterage.** n. gobierno, dirección (de un vehículo).// **steering.** a. directivo, de dirección.// **steersman.** n. timonel, piloto.
stellar (sté-). a. estelar.
stem. n. **1.** tallo. **2.** linaje. **3.** raíz de una palabra. **4.** vástago, varilla. **5.** Bot. pecíolo. **7.** proa. **8.** from s. to stern: de proa a popa.// tr. **1.** estancar; contener. **2.** restañar. **3.** s. from: provenir de, derivar de, originarse.
stench. n. hedor.
stenographer (-nágrafer). n. taquígrafo.// **stenography.** n. estenografía.
step. n. **1.** paso. **2.** pisada. **3.** escalón, peldaño. **4.** grado, etapa. **5.** pl. escalera de mano. **6.** in/out s.: llevando el paso, no llevando el paso; conforme, disconforme. **7.** to break s.: perder el paso. **8.** watch your s.!: ¡fíjese por donde pisa!, ¡tenga cuidado!// i. **1.** dar un paso (pasos), andar. **2.** s. aside: dar un paso al costado. **3.** s. back: dar un paso atrás. **4.** s. down: bajarse. **5.** s. in: entrar. **6.** s. on: pisotear. **7.** s. up: subir, aumentar. **8.**: s. out: salir. **9.** tr. pisar, poner el pie.
stepbrother(sister). m. hermanastro, f. hermanastra.// **stepchild.** n. hijastro(tra).// **stepfather(mother).** m. padrastro, f. madrastra.
stepladder. n. escalera de tijera, escalerilla.
steppe (step). estepa.
stereophony (steriofáni). n. estereofonía.// **stereophonic.** a.
stereotype (steriotaip). n. estereotipo.
sterile (stéril). a. estéril// **sterility.** n. esterilidad.// **sterilize.** tr. esterilizar.// **sterilization.** n.

sterling. n. 1. plata fina.// **a. 1.** genuino. **2. s. pound:** libra esterlina.
stern. a. 1. severo. **2.** inflexible. **3. n.** popa.// **sterness. n. 1.** severidad. **2.** firmeza.
stethoscope (stétoscoup). n. estetoscopio.
stevedore (stívedor). n. estivador.
stew (stiú). tr. cocer a fuego lento.// n. guisado, estofado.
steward (stiúard). m. **1.** mayordomo. **2.** administrador. **3.** camarero.// **stewardess.** f. camarera.
stick. n. 1. palo. **2.** vara. **3.** garrote. **4.** barra. **5.** cartucho. **6.** tallo. **7.** palanca de mando (avión).// tr. **1.** clavar, fijar. **2.** picar, punzar. **3.** pegar, adherir. **4.** timar. **5. s. it on:** cobrar mucho; exagerar. **6. s. up:** poner de punta; robar, atracar. **7. s. to it:** perseverar en algo.// i. **1.** estar pegado o clavado. **2.** pegarse, adherirse. **3.** permanecer, quedarse, atascarse. **4. s. out:** sobresalir; asomar. **5. s. together:** permanecer unidos.// **sticker.** a. etiqueta autoadhesiva.// **sticky.** a. pegajoso.
stiff. a. 1. tieso, duro, rígido. **2.** tenso, tirante. **3.** fuerte. **4.** estirado (modales). **5.** denso. **6.** severo. **7.** alto (precio). **8.** difícil. **9. as s. as a board:** duro como un palo. **10. to be bored s.:** estar aburrido como una ostra. **11. to be scared s.:** estar muerto de miedo.// **stiffen.** i./tr. poner(se) rígido; endurecer(se); fig. obstinar(se).// **stiffness. n. 1.** rigidez, inflexibilidad. **2.** obstinación.// **stiff neck.** n. tortícolis.
stifle (stáifel). i./tr. **1.** sofocar(se). **2.** ahogar(se). **3.** extinguir, reprimir.
stigma. n. estigma.// **stigmatize.** tr. estigmatizar.
still. a. 1. inmóvil, fijo. **2.** callado. **3.** tranquilo.// n. silencio, quietud, tranquilidad.// i./tr. aquietar(se); calmar(se); acallar(se).// adv. **1.** todavía, aún. **2.** habitualmente. **3. s. do:** seguir con la costumbre.// conj. sin embargo, no obstante.// **stillborn.** a. nacido muerto.
stimulant (stímiulant). n. estimulante.// **stimulate.** tr. estimular.// **stimulating.** a. estimulante.// **stimulation.** n.// **stimulus.** n. estímulo.
sting. tr. **1.** picar, aguijonear. **2.** escocer. **3.** estafar. **4.** fig. estimular, acicatear.// n. **1.** aguijón. **2.** picadura. **3.** acicate.
stinginess (stínyines). n. mezquindad; insuficiencia.// **stingy.** a. **1.** avaro, tacaño, mezquino. **2.** escaso, poco.
stink. i. oler mal, heder.// n. hedor.
stint. tr. **1.** coartar, limitar. **2.** escatimar, restringir. **3.** i. ser frugal.// n. **1.** limitación, restricción. **2.** tarea, cuota de trabajo.
stipend (stái-). n. estipendio.
stipulate (stípioleit). tr. estipular.// **stipulation.** n.
stir (stér). i. **1.** i./tr. agitar(se). **2.** mover(se). **3.** i. revolver. **2.** atizar, avivar. **3.** incitar. **4.** despertar, provocar, conmover. **5. s. up:** agitar, provocar. **6.** ref. **s. oneself:** esforzarse.// n. **1.** movimiento. **2.** impresión, sensación. **3.** agitación, alboroto. **4. to create a s.:** meter ruido. **5. to make a s.:** dejar una impresión.// **stirring.** a. conmovedor.
stirrup (estérop). n. estribo.
stitch. n. **1.** puntada, punto. **2.** sutura. **3.** pl. **to be in s.:** descoserse de risa.// tr. coser, hilvanar.
stock (stak). n. **1.** materias primas. **2.** existencias,

surtido (de mercadería). **3.** acciones, títulos, valores. **4.** tronco, poste. **5.** base, puntal. **6.** estirpe, raza. **7.** fuente, origen. **8.** cepo, potro. **9.** esencia. **10.** ganado. **11. in s.:** en existencia. **12. out of s.:** agotado. **13. to take s.:** inventariar. **14. to take s. of:** evaluar, estimar.// tr. **1.** abastecer, surtir. **2.** almacenar.// a. **1.** usual, muy usado. **2.** bursátil. **3.** ganadero, para ganado.// **stockade. 1.** n. empalizada. **2.** tr. empalizar.// **stockbrocker.** n. corredor de bolsa.// **stock exchange.** n. bolsa de valores.// **stockholder.** n. accionista.
stocking. n. media.
stock-still. a. inmóvil, como un poste.
stocky. a. rechoncho, robusto.
stockyard. n. corral para ganado.
stoic. a./s. estoico.// **stoicism.** n. esoicismo.
stolid. a. impasible.
stomach (estámak). n. **1.** estómago. **2.** apetito, deseo.// tr. aguantar, sufrir.
stone (stóun). n. **1.** piedra. **2.** carozo, hueso. **3.** Med. cálculo. **4. s. deaf:** sordo como una tapia.// tr. **1.** apedrear. **2.** descarozar.// **stonecutter.** n. picapedrero.// **stony.** a. **1.** pedregoso,; pétreo. **2.** rígido, inflexible.
stool (stul). n. **1.** taburete. **2.** bacín, inodoro. **3.** evacuación del vientre.// i. **1.** defecar. **2.** fam. fig. dar el soplo, buchonear.
stoop (stup). i. **1.** agacharse. **2.** acceder. **3.** rebajarse.// n. **1.** inclinación. **2.** concesión. **3.** pórtico.
stop. i./tr. **1.** parar(se), detener(se), cesar, interrumpir(se), dejar de. **2.** cerrar, tapar. **3.** hospedarse; quedarse, pasar la noche. **4. s. at nothing:** no detenerse ante nada. **5. s. by:** hacer una visita corta. **6. s. dead:** parar(se) en seco. **7. s. off (at).** apearse, bajarse (en). **8. s. up:** atascarse.// n. **1.** alto, detención, parada. **2.** cese, interrupción. **3.** permanencia, estadía. **4.** apeadero, parada. **5.** tapón. **6.** obstáculo. **7. full s.:** parada completa.// **stopcock.** n. llave de cierre.// **stopgap.** n. recurso provisorio.// **stopover.** n. escala, apeadero.// **stoppage.** n. **1.** parada. **2.** interrupción. **3.** impedimiento.// **stopper.** n. tapón.// **stopwatch.** n. cronómetro.
storage (stóreidch). n. **1.** almacenamiento. **2.** depósito, almacén.// **storage battery.** n. acumulador.
store (stor). n. **1.** tienda, almacén. **2.** depósito. **3.** pl. pertrechos. **4. in s.:** en reserva.// tr. **1.** almacenar; estibar. **2.** abastecer.// **store house.** n. depósito, almacén.// **storekeeper.** n. tendero, comerciante.// **storeroom.** n. bodega.
stork. n. cigüeña.
storm. n. **1.** tormenta, tempestad. **2.** ataque, asalto (militar). **3. to take by s.:** tomar por asalto.// i. **1.** haber tormenta. **2.** estallar en cólera.// **stormy.** a. tempestuoso, borrascoso.
story. n. **1.** historia, cuento, relato. **2.** argumento. **3.** versión. **4.** mentira.
stout (stáut). a. **1.** corpulento, sólido. **2.** firme. **3.** duradero.
stove (stóuv). n. estufa, cocina.
stow (stou). tr. **1.** almacenar, estivar. **2.** alojar.
straddle. i. **1.** ponerse a horcajadas. **2.** nadar entre dos aguas.
straggle. i. **1.** rezagarse. **2.** estar disperso.

straight (stréit). a. **1.** recto, derecho. **2.** continuo, de corrido. **3.** en orden. **4.** correcto, exacto. **5.** puro, sin mezcla. **6.** confiable, de confianza. **7.** fijo, uniforme.// adv. **1.** directamente. **2.** francamente. **3.** correctamente. **4.** *s. off:* sin vacilar. **5.** *to go s. to:* ir directo a. **6.** *to keep s. on:* seguir derecho. **7.** *to put things s.:* poner las cosas en su lugar. **8.** *to set (one) s.:* explicar bien las cosas a. **9.** *to think s.:* pensar correctamente.// **straightway.** adv. inmediatamente.// **straighten.** tr. **1.** enderezar. **2.** *s. out:* arreglar(se), ordenar(se).// **straightforward.** a. franco, directo, honrado.

strain (stréin). n. **1.** tirantez, tensión. **2.** esfuerzo violento. **3.** torcedura, distensión. **4.** raza, casta. **5.** tono, melodía. **6.** modo, estilo. **7.** humor, ánimo.// tr. **1.** poner tirante, forzar. **2.** torcer, distender. **3.** i. esforzarse, tensarse. **4.** *s. every nerve:* esforzarse al máximo.

strainer. n. colador.

strait (stréit). n. (pl). **1.** estrecho. **2.** apuro, aprieto.

strand. n. **1.** hebra, filamento. **2.** cable, cordón. **2.** playa, ribera.// tr. **1.** varar(se). **2.** abandonar.// **stranded.** a. **1.** varado. **2.** abandonado.

strange (streindch). a. **1.** extraño. **2.** nuevo, inusual.// **stranger.** n. **1.** extraño, forastero. **2.** *to be s. to:* ser inexperto en, desconocer. **3.** *to make a s. of:* tratar fríamente.

strangle (stránguel). tr. **1.** extrangular(se). **2.** suprimir.// **strangler.** n. extrangulador.

strap. n. correa, banda, tira.// tr. sujetar o azotar con correa.

stratagem (strátayem). n. estratagema.

strategic(al) (stratíyic). a. estratégico.// **strategist.** n. estratega.// **strategy.** n. estrategia.

stratosphere (strátosfir). n. estratosfera.// **stratum.** n. estrato.

straw (stro). n. **1.** paja. **2.** fig. insignificancia. **3.** *the last s.:* el colmo.// a. pajizo, de color pajizo.

strawberry (stróberi). n. fresa, frutilla.

stray (stréi). i. **1.** perderse, extraviarse; fig. descarriarse. **2.** vagar, deambular.// a. **1.** perdido, extraviado. **2.** disperso, aislado, suelto.

streak (strik). n. **1.** línea, raya, rayo. **2.** veta, filón. **4.** fig. vena. **5.** fam. racha.// **1.** tr. rayar. **2.** i. pasar velozmente.

stream (strim). n. **1.** corriente, curso (de agua). **2.** flujo, chorro. **3.** rayo, haz. **4.** desfile, sucesión. **5.** *down/up s.:* aguas abajo/arriba.// i. **1.** correr, fluir, manar. **2.** *s. up:* salir a chorros.

streamline (strímlain). n. perfil aerodinámico.// **streamlined.** a. aerodinámico.

street (strit). n. calle.// a. de calle, en la calle.// **streetcar.** n. tranvía.

strength (strendz). n. **1.** fuerza, fortaleza. **2.** solidez, firmeza. **3.** *on the s. of:* sobre la base de.// **strengthen.** tr. fortalecer, robustecer.

streptomycin (-máisin). n. estreptomicina.

stress. n. **1.** tensión, carga. **2.** apremio, apuro. **3.** esfuerzo intenso. **4.** acento. **5.** fatiga nerviosa.// tr. **1.** acentuar, dar énfasis. **2.** someter a un esfuerzo, fatigar.

stretch (stréch). i./tr. **1.** estirar(se), extender(se). **2.** alargar(se), dilatar. **3.** forzar, extremar. **4.** ref. *s. oneself:* desperezarse.// n. **1.** estiramiento. **2.** trecho, intervalo. **3.** alcance. **4.** fam. pena, condena.// **stretcher.** n. **1.** tensor, ensanchador. **2.** camilla.

strew (stru). tr. esparcir, regar, diseminar.

strict. a. estricto.// **strictly.** adv. estrictamente.

stride (stráid). **1.** tr. cruzar de un tranco. **2.** i. andar a trancos largos.// n. **1.** zancada, tranco. **2.** adelanto. **3.** pl. *to make great s.:* adelantar a grandes pasos. **4.** *to take in s.:* vencer sin esfuerzo (obstáculos).

strike (stráik). tr. **1.** pegar, golpear. **2.** chocar contra (contra). **3.** herir. **4.** atacar. **5.** caer sobre. **6.** descubrir, hallar. **7.** parecer(le); ocurrírsele). **8.** declararse en huelga. **9.** dar la hora. **10.** cerrar (un trato). **11.** encender (un fósforo). **12.** *s. at:* dar contra. **13.** *s. down:* derribar. **14.** *s. dumb:* dejar mudo. **15.** *s. off:* quitar de golpe. **16.** *s. one's fancy:* antojársele a uno. **17.** *s. out:* trabar (amistad). **18.** *s. out for:* salir para. **19.** *how does it s. you?:* ¿qué le parece?// n. **1.** golpe. **2.** huelga. **3.** hallazgo. **4.** *to go on s.:* declararse en huelga.// **striking.** a. llamativo, impresionante.

string. n. **1.** cuerda, cordón. **2.** hilera, sarta. **3.** pl. *Mus.* instrumentos de cuerda. **4.** pl. *to pull s.:* usar las influencias. **5.** *to touch a s.:* tocar las fibras del corazón.// tr. **1.** encordar. **2.** tender (cables). **3.** ensartar. **4.** colocar en serie.

stringent (strínyent). a. severo, estricto.

strip. n. **1.** franja, tira. **2.** *air s.:* pista de aterrizaje.// tr. **1.** descortezar, depellejar. **2.** desnudar(se). **3.** desmantelar. **4.** *s. of:* privarse de.

stripe (stráip). n. **1.** raya, lista. **2.** pl. galones (grado militar). **3.** fig. índole, calaña.// tr. rayar, listar.

strive (stráiv). i. **1.** esforzarse, procurar. **2.** pugnar, luchar.

stroke (stróuk). n. **1.** golpe. **2.** ataque de apoplejía o parálisis. **3.** lance, jugada. **3.** campanada. **4.** latido, pulsación. **5.** palada. **6.** brazada. **7.** trazo, plumazo. **8.** caricia.// tr. pasar la mano sobre; frotar suavemente.

stroll. i. dar un paseo, pasearse por.// n. paseo.

strong. a. **1.** fuerte, resistente. **2.** vigoroso. **3.** intenso. **4.** firme. **5.** ardiente.// **stronghold.** n. fortaleza, plaza fuerte.// **strong minded.** a. resuelto, decidido.

structure (strókcher). n. **1.** estructura. **2.** construcción.

struggle (stróguel). i. **1.** luchar, combatir. **2.** forcejear.// n. **1.** lucha, contienda. **2.** forcejeo.

strum (stróm). tr. rasguear.// n. rasgueo.

strut (strot). i. pavonearse.// n. pavoneo.

strychine (stríknain). n. estricnina.

stub (stob). n. **1.** cepa. **2.** trozo, fragmento. **3.** talón (de cheque, etc.). **4.** colilla, pucho. **5.** pluma de escribir.// tr. **1.** arrancar. **2.** *s. out:* apagar aplastando (un cigarrillo). **3.** *s. one's toe:* tropezar.

stubble (stóbel). n. **1.** rastrojo. **2.** barba hirsuta.

stubborn (stáborn). a. **1.** porfiado; obstinado. **2.** refractario, intratable.// **stubborness.** n. obstinación, terquedad.

stucco (stóko). n. estuco.// tr. estucar.

stud (stod). n. **1.** yeguada, caballada. **2.** semental, padrillo. **3.** caballeriza. **4.** clavo de adorno; botón de camisa; gemelo. **5.** variante del póquer.// tr. tachonar.

student

student (stú-). n. estudiante, taller de artista.// **studio.** n. estudio, asignatura, curso. **3.** ensayo, boceto. **4.** tr. estudiar.
stuff (stóf). n. **1.** materia, material, sustancia. **2.** género, tejido. **3.** cosas, objetos, asuntos (en general). **4.** cualidades. **5.** fam. droga.// tr. **1.** rellenar. **2.** hartar(se). **3.** obstruir. **4.** disecar (animales).// **stuffing.** n. relleno.
stuffy (stófi). a. **1.** sofocante, mal ventilado. **2.** obstruido. **2.** pesado, aburrido.
stumble (stómbl). i. **1.** tropezar. **2.** tambalearse. **3.** desvariar. **4.** *s. across:* tropezar accidentalmente con. **5.** tr. hacer tropezar.
stump (stomp). n. **1.** cepa. **2.** trozo, fragmento. **3.** muñón. **4.** colilla. **5.** plataforma política.// i. **1.** renquear. **2.** hacer campaña o giras políticas. **3.** tr. dejar perplejo.
stun (ston). tr. aturdir.// n. choque, impacto.// **stunning.** a. asombroso.
stunt (stónt). n. **1.** acto habilidad; truco, malabarismo. **2.** *Aer.* acrobacia.// tr. impedir el crecimiento; achicar.
stupefy (stúpefai). tr. **1.** estupidizar. **2.** dejar estupefacto.
stupendous (stupéndos). a. estupendo.
stupid (stúped, stiú-). a./n. estúpido.// **stupidity.** n. estupidez.
stupor (stú-). n. estupor.
sturdy (stérdi). a. **1.** fuerte, robusto. **2.** firme.
sturgeon (stéryon). n. esturión.
stutter (stóter). i. tartamudear.// n. tartamudo.
sty (stai). n. **1.** pocilga, chiquero. **2.** orzuelo.
style (stáil). n. **1.** estilo. **2.** moda.// **stylish.** a. elegante, de moda.// **stylize.** tr. estilizar.// **stylus.** n. estilo, punzón.
suave (suav). a. suave, afable, cortés.
subaltern (-tern). a./n. subalterno.
subconscious (sabkánshios). a./n. subconsciente.
subdivide (sábdeváid). tr. subdivir.// n. **subdivision.** n.
subdue (sobdú). tr. **1.** someter. **2.** reprimir. **3.** suavizar.
subject (sábyikt). a. **1.** sometido. **2.** propenso. **3.** sujeto (a). **4.** dependiente (de).// n. **1.** súbdito. **2.** sujeto. **3.** materia, tema.// tr. **1.** sojuzgar. **2.** *s. to:* someter a; sujetar a; supeditar a.// **subjection.** n. sujeción, sometimiento.
subjective (sobyéktiv). a subjetivo.
subjugate (sábyigueit). tr. subyugar.
subjunctive (sobyanctiv). a. subjuntivo.
sublimate (sáblemeit). tr. sublimar.// a./s. sublimado.// **sublimation.** n.// **sublime.** a.
submarine (sobmarín). a./n. submarino.
submerge (sabmérsh). i./tr. sumergir(se); inundarse.// **submersion.** n.
submission (sobmíshon). n. **1.** sumisión. **2.** sometimiento, presentación.// **submissive.** a.**1.** sumiso. **2.** obsequioso.// **submit.** i./tr. someter(se).
subordinate (sobórdineit). **1.** a./n. subordinado. **2.** tr. subordinar.// **subordination.** n. subordinación.
subpena, subpoena (sopina). n. citación.// tr. citar.

subscribe (sobskráib). i./tr. suscribir(se).// **subscriber.** n. suscriptor.// **suscription.** n.
subsequent (sábs-). a. subsiguiente.
subside (sobsáid). i. **1.** hundirse, sumirse. **2.** amainarse, serenarse.
subsidiary (sobsídieri). a./n. subsidiario.
subsidize (sóbsidais). tr. subvencionar.// **subsidy.** n. subsidio.
subsist (sobsíst). i. subsistir.// **subsistence.** n.
subsoil. n. subsuelo.
substance (sobstáns). n. sustancia.// **substantial.** a. **1.** sustancial. **2.** cuantioso. **3.** sustancioso.// **substantiate.** tr. justificar, verificar.// **substantive.** a./n. sustantivo.
substitute (sábtitiut). a./n. sustituto.// tr. sustituir.// **substitution.** n.
subterfuge (sábterfiudch). n. subterfugio.
subtle (sátel). a. sutil.// **subtlety.** n. sutileza.
subtract (sobtrakt). tr. sustraer, restar.// **subtraction.** n. sustracción, resta.
suburb (sáberb). n. suburbio.// **suburban.** a.
subversive (sobvérsiv). a. subversivo.// **subversion.** n.
subway (sábuei). n. subterráneo.
succeed (soksíd). i. **1.** suceder. **2.** tener éxito. **3.** *s. in:* triunfar. **4.** *s. in (doing):* lograr (hacer algo).// **success.** n. triunfo, éxito.// **successful.** a. **1.** exitoso. **2.** próspero.
succession (sokséshon). n. **1.** sucesión. **2.** *Der.* herederos. **3.** *in s.:* sucesivamente.// **successive.** a.// **successor.** n.
succor (sóker). n. socorro.// tr. socorrer.
succumb (sókamb). tr. sucumbir.
such (sach). a. **1.** tal. **2.** tan. **3.** *s. as:* tal como. **4.** *s. as it is:* tal cual es.// pron. tal, tales; los mismos.
suck. tr. **1.** mamar. **2.** chupar, succionar. **3.** aspirar.// n. succión.// **sucker.** n. **1.** succionador, chupador. **2.** chupete. **3.** fam. chupetín. **4.** fig. ingenuo, crédulo.// **suckle.** i. lactar, amamantar.// **suction.** n. **1.** succión. **2.** *s. pump:* bomba aspirante.
sudden (sáden). a. repentino, súbito.// **suddenly.** adv. repentinamente.// **suddenness.** n. precipitación.
sue (su). i. **1.** entablar demanada. **2.** pedir. **3.** cortejar.
suede (suéid). n. gamuza.
suet. n. sebo.
suffer (sófer). i./tr. sufrir.// **suffering.** **1.** n. sufrimiento. **2.** a. adolorido; sufrido.
suffice. **1.** i. bastar. **2.** tr. ser suficiente.// **sufficiency.** n. lo bastante, lo suficiente.// **sufficent.** a.
suffix (sófex). n. sufijo.
suffocate (sofókeit). i./tr. sofocar(se).// **suffocation.** n. sofocación, ahogo, asfixia.
suffrage (sófreidch). n. sufragio.
sugar (shúgar). n. azúcar.// **sugar beet.** n. remolacha azucarera.// **sugar cane.** n. caña de azúcar.// **sugar plum.** n. confite.
suggest (sogyést). tr. **1.** sugerir, insinuar. **2.** proponer. **3.** evocar.// **suggestion.** n. **1.** sugerencia. **2.** sugestión.// **suggestive.** a. **1.** sugestivo. **2.** *s. of:* indicativo de.
suicide (súisaid). n. **1.** suicidio. **2.** suicida. **3.** *to commit s.:* suicidarse.// **suicidal.** a. suicida.

suit (sut, siut). n. **1.** traje. **2.** serie. **3.** palo (naipes). **4.** Der. pleito, demanda. **5.** cortejo, galanteo. **6.** *to bring s.:* entablar demanda. **7.** *to follow s.:* seguir el palo; seguir el ejemplo.// tr. **1.** vestir, ataviar. **2.** sentar, venir bien, favorecer. **3.** convenir. **4.** *to be suited for:* ser propio para. **5.** *s. yourself:* haga como guste.// **suitable.** a. conveniente, satisfactorio.
suitcase (sútkes). n. maleta.
suite (suit). n. **1.** séquito, comitiva. **2.** serie de habitaciones, departamento en un hotel. **3.** juego, colección (ej.: muebles). **4.** *Mus.* suite.
suitor (sútor). n. **1.** pretendiente. **2.** Der. demandante.
sulk (solk). i. enfurruñarse.// **sulky.** a. enfurruñado, malhumorado.
sullen (sálen). a. malhumorado, hosco.
sulphate (sólfeit). n. sulfato.// **sulphide.** n. sulfuro.// **sulphur. 1.** n. azufre. **2.** tr. sulfurar.// **sulphuric.** a.
sultan (sáltan). n. sultán.
sultry (sáltri). a. bochornoso, sofocante.
sum (sam). n. **1.** suma. **2.** total.// tr. **1.** sumar. **2.** *s. up:* resumir.
summarize (sámerais). tr. resumir, compendiar.// **summary. 1.** a./n. sumario. **2.** compendio.
summer (sámer). n. verano.// a. veraniego.
summit (sámet). n. cumbre, cúspide.
summon (sámon). tr. **1.** convocar, llamar. **2.** evocar.
sumptuous (sámpchos). a. suntuoso.
sun (san). n. sol.// i./tr. asolear(se).// **sunbeam.** n. rayo de sol.// **sunburn. 1.** n. quemadura de sol. **2.** i. quemarse al sol.
Sunday (sándi). n. domingo.// a. dominical; dominguero.
sundown (sandáun). n. ocaso del sol.
sundries (sándris). n. pl. artículos varios.// **sundry.** a. varios, diversos.
sunflower (sanfláuer). n. girasol.
sung (sang). a. cantado.
sunglasses (sánglases). n. pl. anteojos de sol.
sunk, sunken (sánk/en). a. hundido.
sunlight (sánlait). n. luz de sol.// **sunny.** a. **1.** soleado. **2.** alegre, risueño.// **sunrise.** n. salida del sol.// **sunset.** n. puesta del sol.// **sunshade.** n. **1.** parasol. **2.** toldo. **3.** visera.// **sunshine.** n. **1.** brillo, luz del sol. **2.** fig. alegría. **3.** *in the s.:* al sol.// **sunspot.** n. mancha solar.// **sunstroke.** n. insolación.// **sunup.** n. salida del sol.
sup (sap). i. cenar.
superabundance (supearabóndans). n. superabundancia.// **superabundant.** a.
superb (supérb). a. soberbio.
supercilious (-silios). a. arrogante.
superficial (-físhal). a. superficial.
superfluous (supérflos). a. superfluo.
superhuman (-jiúman). a. superhumano.
superintend (-ténd). tr. vigilar.// **superintendent.** n. superintendente.
superior (supírior). a. superior.// **superiority.** n.
superlative (superlatív). a. superlativo.
superman (sú-). m.. superhombre.
supermarket (sú-). n. supermercado.
supernatural (-náchural). a. sobrenatural.

surprise

superpose (-pous). tr. sobreponer; superponer.
supersede (-síd). tr. **1.** reemplazar. **2.** suplantar.
supersonic (-sánik). a. supersónico.
superstition (-stíshon). n. superstición.// **superstitious.** a. supersticioso.
superestructure (-strákcher). n. superestrucura.
supervise (súpervais). tr. vigilar, supervisar.// **supervision.** n.// **supervisor.** n. supervisor.
supine (supáin). a. supino.
supper (sóper). n. cena.
supplant (soplánt). tr. suplantar.
supple (sópel). a. **1.** flexible. **2.** dúctil.
supplement (sóplement). n. **1.** complemento, **2.** suplemento.// tr. suplementar; complementar.// **supplementary.** a. suplementario.
suppliant (sópliant). a. suplicante.// **supplicate.** tr. suplicar.// **supplication.** n. súplica.
supplier (sopláier). n. proveedor.// **supply** (sóplai). n. **1.** aprovisionamiento. **2.** pl. suministros, provisiones. **3.** *Econ.* oferta.// tr. **1.** proveer, suministrar. **2.** abastecer. **3.** suplir, satisfacer.
support (sóport). tr. **1.** apoyar, sostener, respaldar. **2.** aguantar, tolerar, soportar. **3.** confortar, ayudar. **4.** mantener.// n. **1.** sostén, respaldo, apoyo. **2.** ayuda. **3.** mantenimiento, sustento.// **supporter.** n. defensor, partidario.
suppose (sopóus). tr. **1.** suponer. **2.** presumir, imaginar. **3.** *to be supposed:* deber, corresponder (se usa en voz pasiva).// **suppposedly.** adv. supuestamente.// **supposition.** n. suposición.
suppress (-prés). tr. **1.** suprimir. **2.** reprimir. **3.** ocultar.// **supression.** n. supresión; represión; ocultamiento.
suppurate (sópiureit). i. supurar.// **suppuration.** n.
supremacy (suprémasi). n. supremacía.// **supreme.** a. supremo.
surcease (sersís). n. suspensión.
surcharge (serchárdch). n. **1.** recargo. **2.** sobretasa.// n. **1.** sobrecargar. **2.** recargar.
sure (shur). a. **1.** seguro. **2.** firme. **3.** cierto. **4.** *be s. do it:* no deje de hacerlo. **5.** *for s.:* seguramente. **6.** *to make s. (that).* asegurarse (que). **7.** *to make s. of:* asegurarse de.// adv. realmente, efectivamente.// **surely.** adv. seguramente, ciertamente.// **surety.** n. **1.** seguridad, garantía. **2.** fiador. **3.** *to stand s. for:* ser garante de.
surf (serf). n. **1.** oleaje. **2.** *Sp.* tabla hawaiana.
surface (sérfas). n. superficie.// a. superficial.// i. salir a la superficie.
surfeit (sérfeit). n. **1.** empacho, hartazgo. **2.** demasía.// tr. hartar, saciar.
surge (serch). n. **1.** oleada, marejada.// i. **1.** ondular, bullir, agitarse. **2.** surgir.
surgeon (séryon). n. cirujano.// **surgery.** n. cirugía.// **surgical.** a. quirúrgico.
surmise (sermáis). n. conjetura.// tr. conjeturar.
surmount (sermáunt). tr. **1.** superar, vencer. **2.** coronar. **3.** escalar.
surname (sernéim). n. **1.** apellido. **2.** sobrenombre.// tr. apellidar; apodar.
surpass (serpás). tr. sobrepasar.
surplus (sérples). **1.** a./n. excedente. **2.** *Com.* superávit.
surprise (serpráis). n. sorpresa.// tr. sorprender.

surrender

surrender (seránder). i./tr. rendir(se); entregar(se).// n. rendición; entrega.
surreptitious (sereptíshes). a. clandestino, subrepticio.
surround (seráund). tr. 1. encerrar. 2. sitiar.// **surroundings**. n. pl. alrededores.
surtax (sértaks). n. sobretasa; recargo impositivo.
surveillance (servéilans). n. vigilancia.
survey (servéi). n. 1. examen. 2. estudio. 3. encuesta. 4. panorama general (de un tema).// tr. 1. examinar, investigar. 2. medir tierras.// **surveying**. n. agrimensura.// **surveyor**. n. 1. inspector. 2. investigador. 3. agrimensor.
survival (surváival). n. supervivencia.// **survive**. i./tr. sobrevivir.// **survivor**. n. sobreviviente.
suspect (sóspekt). tr. sospechar; imaginarse.// a./n. sospechoso.
suspend (-pénd). 1. i. cesar. 2. tr. suspender.
suspenders. n. pl. tiraderos.
suspense (sospéns). n. 1. suspensión. 2. suspenso.// **suspension**. n. suspensión.
suspicion (sospíshon). n. 1. sospecha. 2. desconfianza. 3. *above s.:* insospechable.// **suspicious**. a. 1. sospechoso. 2. desconfiado.
sustain (sostéin). tr. 1. mantener, alimentar. 2. soportar, sostener.// **sustenance**. n. 1. sustento, alimento. 2. apoyo.
suture (súcher). n. sutura.// tr. suturar.
suzerain (súseren). n. señor feudal.
swab (suab). tr. fregar, limpiar.// n. 1. estropajo. 2. *Med.* tapón.
swaddle (suádl). tr. fajar, vendar.// n. pañal.
swagger (suáguer). i. 1. menearse. 2. fanfarronear.
swallow (suálou). n. golondrina.// tr. tragar.
swamp. n. pantano.// tr. empantanar.// **swampy**. a. pantanoso.
swan. n. cisne.
swap. n. cambalache.// tr. cambalachear.
swarm. n. 1. enjambre. 2. multitud.
swat. tr. aporrear; aplastar.
sway (suei). i. 1. ladearse, inclinarse. 2. desviarse; virar. 3. influir. 4. ganar.// n. 1. vaivén, balanceo. 2. gobierno, dominio.
swear (suer). i. tr. 1. jurar. 2. blasfemar, maldecir.
sweat (suet). 1. i./tr. sudar. 2. i. sufrir explotación. 3. tr. explotar (obreros).// **sweater**. n. suéter, jersey.
Swede (suid). a. sueco.// **Swedish** (súdish). n. sueco.
sweep (suip). tr. 1. barrer. 2. limpiar. 3. arrebatar, llevarse.// n. 1. barrida. 2. alcance, extensión. 3. recorrido. 4. barrendero; deshollinador. 5. remo largo.// **sweeper**. n. 1. barrendero. 2. máquina barredora.// **sweeping**. 1. a. extenso, total. 2. n. basura (del barrido).
sweet. suet). a. 1. dulce. 2. agradable, delicioso. 3. fragante. 4. suave. 5. sentimental, romántico. 5. *to have a s. tooth:* ser goloso.// n. pl. golosinas, dulces.// **sweeten**. tr. endulzar.// **sweetheart**. n. enamorado, novio.// **sweetmeat**. n. confitura.// **swettness**. n. dulzura.
sweet pea. n. arveja, guisante.
sweet potato. n. batata.
swell (suel). i./tr. 1. hinchar(se). 2. inflar(se). 3. engreírse.// n. 1. hinchazón. 2. oleada.// **swelling**.

n. 1. hinchazón; inflación. 2. chichón, bulto. 3. a. hinchado; ampuloso.
swelter. i. sofocarse de calor, abochornarse.
swerve (suerv). i./tr. desviar(se), virar.
swift. a. 1. rápido. 2. repentino. 3. vivo, listo.// **swiftness**. n. 1. rapidez. 2. viveza.
swim (suim). i. 1. nadar; flotar. 2. resbalar, deslizarse suavemente. 3. ver borroso; marearse. 4. tr. cruzar a nado.// n. 1. natación. 2. vejiga natatoria.// **swimmer**. n. nadador.
swindle (suíndl). tr. trampear, estafar.// **swindler**. n. estafador.
swing (suing). tr. 1. columpiar, mecer, balancear. 2. colgar, pender. 3. blandir. 4. *s. open:* abrir de par en par.// n. 1. balanceo. 2. impulso, brío. 3. libertad de movimiento. 4. columpio, péndulo. 5. *Mus.* ritmo, cadencia. 6. *full s.:* toda velocidad.
swipe (suáip). n. bofetada.// tr. abofetear.
swirl (suérl). n. remolino.
switch (suich). n. 1. fusta. 2. latigazo. 3. postizo. 4. *Electr.* interruptor. 5. cambio. 6. aparato cambiavía.// tr. 1. fustigar, azotar. 2. *s. off/on:* desconectar, apagar/ conectar, prender (luz, electricidad). 3. i. hacer un cambio.// **switchboard**. *Electr.* tablero de control o distribución.// **switchman**. n. guardagujas, cambiavías.
swivel. n. placa giratoria.// tr. girar.
swoon (suun). i. desmayarse.// n. desmayo.
swoop (suup). i. bajar en picada, arremeter.
sword (suord). n. 1. espada. 2. *by fire and s.:* a sangre y fuego. 3. *to draw the s.:* desenvainar la espada.
sycamore (síkamor). n. sicómoro.
syllable (sílabl). n. sílaba.// tr. silabear.// **syllabus**. n. programa de estudio.
sylogism (síloyism). n. silogismo.
sylph (silf). n. sílfide.
sylvan (síl-). a. selvático, boscoso.
symbol (sím-). n. símbolo.// **symbolic**. a.// **symbolism**. n.// **symbolize**. tr. simbolizar.
symmetrical (-mé-). a. simétrico.// **symmetry**. n. simetría.
sympathize (simpadzais). i. 1. simpatizar. 2. compadecerse.// **sympathizer**. n. simpatizante, partidario.// **simpathy**. n. 1. compasión. 2. simpatía.
symphonic (símfoni). a. sinfónico.// **symphony**. n. sinfonía.
symposium (simpósiom). n. simposio.
symptom (sím-). n. síntoma.
synagogue (sínagog). n. sinagoga.
syndicate (síndikeit). n. 1. sindicato. 2. agencia periodística o publicitaria.// tr. 1. agremiar. 2. vender material periodístico o publicaciones.
syndrome (síndroum). n. síndrome.
synod (sí-). n. sínodo.
synonym (sí-). n. sinónimo.// **synonymous**. a. sinónimo.
synopsis. n. sinopsis.
syntax (sín-). n. sintaxis.
synthesis (síndzeses). n. síntesis.// **sinthesize**. tr. sintetizar.// **synthetic**. a.
syringe (sírindch). n. jeringa.
syrup (sírop). n. jarabe, almíbar.
system (sístem). n. sistema.// **systematic**. a.

t (ti). n. vigésima letra del abecedario.
tab. n. **1.** lengüeta. **2.** orejera. **3.** *Aer.* aleta. **4.** etiqueta.// tr. indicar, designar, denominar.
tabernacle (tábernacl). n. tabernáculo.
table (téibl). n. **1.** mesa. **2.** tabla. **3.** comida. **4.** comensales. **4.** cuadro, lista. **5.** meseta. **6.** *to clear the t.:* levantar la mesa. **7.** *to help at t.:* servir la mesa. **8.** *to set the t.:* poner la mesa.// tr. **1.** tabular. **2.** poner sobre la mesa. **3.** *EE.UU.* postergar, dilatar un proyecto.// **table-cloth.** n. mantel.
tableland. n. meseta, altiplanicie.
tablespoon (-spun). n. cuchara sopera.// **tablespoonful.** n. cucharada.
tablet (téblet). n. **1.** placa. **2.** tableta. **3.** bloc de papel.
tableware (-uer). n. vajilla.
tabloid (tábloid). a. sensacionalista (prensa).// n. periódico tabloide.
taboo (tabú). n. tabú.
tabulate (tábiuleit). tr. tabular.// **tabulator.** n.
tachygraphy. n. taquigrafía.
tacit (tá-). a. tácito.
tack. n. **1.** tachuela, clavito. **2.** *Mar.* rumbo. **3.** fig. rumbo político, plan de acción. **4.** adhesión, pegajosidad.// tr. **1.** clavar con tachuelas. **2.** añadir. **3.** cambiar de política.
tackle. n. **1.** aparejo, polea. **2.** equipo, enseres. **3.** jugada de rugby.// tr. **1.** agarrar. **2.** abordar (un tema o problema). **3.** *Sp.* taclear, atajar al adversario.
tact. n. tacto, discreción.// **tactful.** a. discreto, político.// **tactic(al).** a. táctico.// **tactics.** n. táctica.
tactile (téktel). a. táctil.
tactless. a. indiscreto, falto de tacto.
tadpole (tádpoul). n. renacuajo.
taffeta (tá-). n. tafetán.
tag. n. **1.** colgajo. **2.** fleco. **3.** etiqueta, rótulo. **4.** frase de efecto; epíteto. **5.** mancha (juego).// tr. **1.** poner rótulo o etiqueta. **2.** poner nombre; apodar. **3.** fam. seguir los pasos de. **4.** alcanzar y tocar.
tail (teil). n. **1.** cola. **2.** rabo. **3.** extremo. **4.** séquito. **5.** *to turn t.:* poner pies en polvorosa.// tr. **1.** hacer o formar cola. **2.** fam. seguir a alguien.// **tailboard.** n. puerta trasera (carro o camión).
tailor (téilor). n. sastre.// **tailor-made.** a. hecho a medida.
tail pipe. n. caño de escape.
taint (teint). tr. contaminar.// n. mancha; corrupción.
take (teik). tr. **1.** tomar, asir. **2.** prender, agarrar. **3.** obtener, ganar, percibir. **4.** llevar, llevarse. **5.** requerir, costar. **6.** contraer (enfermedad). **7.** entender, interpretar, suponer. **8.** aceptar. **9.** tolerar. **10.** atraer, llamar la atención. **11.** fotografiar. **12.** comer, capturar (ajedrez, damas). **13.** actuar, surtir efecto. **14.** fam. engañar, embaucar. **15.** *t. account of:* tener en cuenta. **16.** *t. a chance (on):* arriesgarse con. **17.** *t. advice:* seguir el consejo. **18.** *t. aim at:* apuntar a. **19.** *t. a leap:* dar un salto. **20.** *t. apart:* desarmar. **21.** *t. away:* quitar, llevarse. **22.** *t. aback:* desconcertar. **23.** *t. down:* bajar, descolgar. **24.** *t. in:* aceptar; recibir; comprender. **25.** *t. off:* quitar; retirar. **26.** *t. on:* encargarse de; adoptar. **27.** *t. out:* sacar, extraer. **28.** *t. place:* tener lugar; ocurrir. **29.** *t. to heart:* tomar a pecho. **30.** *t. up:* alzar, recoger; instalar; patrocinar; interrumpir; reanudar.// i. **1.** arraigar. **2.** adherirse. **3.** tener éxito, actuar. **4.** picar (pez). **5.** salir (bien o mal) en foto.// n. **1.** presa, pesca. **2.** entrada, ingresos. **3.** toma (cine, foto).
takedown (teikdaun). a. desarmable; desmontable.
take-home pay (taikjoum pei). n. salario neto.
take-off. n. **1.** arranque. **2.** *Aer.* despegue. **3.** imitación.
taking (teikin). n. **1.** toma, captura. **2.** pl. ingresos.// a. atractivo.
talc. n. talco (mineral).// **talcum** (tálkom). n. talco (de tocador).
tale (teil). n. **1.** cuento, relato. **2.** rumor, chisme. **3.** pl. *to tell t.:* contar chismes.// **talebearer.** n. cuentero, chismoso.
talent (tá-). n. **1.** talento. **2.** hombre talentoso.// **talented.** a. talentoso.
talk (tok). i. **1.** hablar, conversar. **2.** *t. away:* hablar sin parar. **3.** *t. up:* elevar la voz; hablar claro.// tr. **1.** decir, expresar, hablar de. **2.** *t. (something) over:* discutir (algo). **3.** *t. (someone) over:* convencer (a alguien).// n. **1.** charla;, conversación; discusión. **2.** rumor, chisme.// **talkative.** a. hablador.// **talker.** n. conversador.
tall (tol). a. **1.** alto, espigado. **2.** elevado. **3.** exagerado.
tallow (tálou). n. sebo.// tr. ensebar.
tally (táli). n. **1.** cuenta. **2.** marca, muesca. **3.** lote, grupo.// **1.** i. concordar. **2.** tr. contar.
talon (tálon). n. garra.
tambourine (-borín). n. pandereta.
tame (teim). a. domesticado, manso, dócil.// **1.** i./tr. domesticar. **2.** tr. domar.
tamper. tr. **1.** manosear. **2.** alterar, manipular.
tan. 1. tr. curtir. **2.** i. tostarse, quemarse (al sol).// n. **1.** tanino. **2.** tostado (del sol).// a. tostado.
tandem (tándem). n. tándem.
tangent (tányent). n. **1.** tangente. **2.** *to fly off a t.:* irse por la tangente.

tangerine

tangerine (tányerin). n. mandarina.
tangle (tángl). tr. enredar.// n. enredo.
tango (tángou). n. tango.// i. bailar tango.
tank. n. **1.** tanque. **2.** fig. estanque, laguna.
tanner. n. curtidor.// **tannery.** n. curtiduría.
tantalize (tantalais). tr. tentar, provocar.
tantamount (-máunt). a. equivalente.
tantrum (tántrom). n. rabieta.
tap. n. **1.** canilla. **2.** tapón. **3.** cerveza de barril. **4.** fam. bar. **5.** golpecito, palmada. **6.** Med. drenaje. **7.** zapateo americano. **8.** taco, suela.// tr. **1.** tocar, golpear suavemente **2.** designar, proponer. **3.** poner tacos o suelas (zapatos). **3.** agujerear. **4.** Electr. derivar.
tape (teip). n. cinta.// tr. **1.** grabar en cinta. **2.** medir con cinta.// **tape-measure.** n. cinta métrica.
taper (teiper). n. vela, cirio.// a. **1.** ahusado. **2.** escalonado.
tape-recorder. n. grabador, grabadora.
tapestry (tá-). n. tapiz; tapicería.
tapeworm (téipuerm). n. tenia, lombriz solitaria.
tar. n. **1.** alquitrán. **2.** fig. marinero.
tardiness (tár-). n. tardanza.// **tardy.** a. tardío; dilatorio.
target (tárguet). n. blanco, objetivo, meta.
tariff (tá-). n. tarifa; arancel.// tr. tarifar.
tarmac (tár-). n. superficie o pista asfaltada.
tarnish (tár-). tr. empañar.
tarpaulin (tarpólin). n. encerado.
tarry (tári). a. alquitranado.// i. tardar, demorarse.// n. espera, tardanza.
tart. n. torta.// a. agrio, acre.
tartar (tártar). n. **1.** sarro dental. **2.** T.: tártaro.
task. n. tarea, faena.// tr. **1.** atarear. **2.** poner a prueba.// **task force.** n. fuerza operativa.// **taskmaster.** n. capataz.
tassel (tá-). n. borla.
taste (teist). n. **1.** gusto (sentido). **2.** sabor.// **1.** tr. gustar, saborear. **2.** i. tener sabor.// **tasteful.** a. de buen gusto.// **tasteless.** a. **1.** insípido, soso. **2.** de mal gusto, sin gracia.// **tasty.** a. sabroso.
tatter (tá-). n. harapo.
tattletale (táteltell). n. cuentero, chismoso.
tattoo (tatú). n. tatuaje.// tr. tatuar.
taunt (tant). tr. mofarse, burlarse.// n. mofa, burla.
tavern (tá-). n. **1.** taverna. **2.** posada, mesón.
taw (to). n. canica/s, bolita/s (juego).
tawny (tóni). a. tostado, leonado.
tax. n. impuesto.// tr. imponer, gravar.// **taxable.** a. gravable, imponible.// **taxation.** n. impuestos.
taxi. n. taxi.// i. **1.** ir en taxi. **2.** carretear (avión).// **taxicab.** n. taxi.
taxidermy. n. taxidermia.
taxpayer (taxpéier). n. contribuyente.
tea (ti). n. **1.** té. **2.** caldo, jugo.
teach (tich). i./tr. enseñar.// **teacher.** n. maestro.// **teaching.** n. **1.** enseñanza. **2.** magisterio.
team (tim). n. **1.** equipo (deportes, trabajo). **2.** yunta.// **1.** t. uncir. **2.** i. t. up: asociarse.// **teammate.** n. compañero de equipo.
teamster (timster). n. caminonero; carretero.
teamwork (timuork). n. trabajo en equipo.
teacup (tíkop). n. **1.** taza de té. **2.** a storm in a t.: una tormenta en un vaso de agua.// **teapot.** n. tetera.

tear (tir). n. **1.** lágrima. **2.** gota.// tr. desgarrar, romper, rasgar.// **tearful.** a. **1.** llorón. **2.** lacrimógeno.
tease (tis). tr. **1.** tomar el pelo a. **2.** embromar, fastidiar. **3.** cardar, peinar.// n. fastidio, molestia.
teaspoon (tíspun). n. cucharita de té.// **teaspoonful.** n. cucharadita.// **teatime.** n. hora del té.// **tea wagon.** n. mesita rodante.
tech (tek). abrev. de técnica, tecnología.// **technical.** a. técnico.// **technicality.** n. tecnicismo.// **technician.** n. técnico.// **technique.** n. técnica.// **technology.** n. tecnología.
tedious (tidios). a. tedioso.// **tediousness.** n. tedio.
teen-ager (tínéiyer). n. joven de 13 a 19 años; adolescente// **teens.** n. edad entre 13 y 19 años; adolescencia.
teeter (títer). i. **1.** balancearse; tambalearse. **2.** vacilar, titubear.// n. balanceo, vaivén.
teeth (tidz). n. pl. dientes.// **teething.** n. dentición.
teetotaler (titóutaler). n. abstemio.
telecast. tr. transmitir por televisión.
telegram (té-). n. telegrama.// **telegraph. 1.** n. telégrafo. **2.** tr. telegrafiar; mandar un telegrama.
telephone (té-). n. teléfono.// tr. telefonear.
telescope (télescoup). n. telescopio.
telepathy. n. telepatía.
teleprinter, teletype. n. teletipo.
teleview (télevíu). i./tr. ver (por) televisión.// **televiewer.** n. televidente.// **televise.** tr. televisar.// **television.** n.// **television set.** n. televisor.
tell. tr. **1.** decir. **2.** contar, narrar. **3.** informar. **3.** revelar. **4.** t. on: delatar. **5.** t. one to (do): ordenar a uno (hacer algo). **6.** you never can t.: las apariencias engañan.// **teller.** n. **1.** narrador, relator. **2.** contador. **3.** pagador, cajero.// **telling.** a. **1.** efectivo. **2.** revelador.// **telltale.** n. chismoso; soplón.
temerity (té-). n. temeridad.
temper (tém-). tr. **1.** templar(se). **2.** moderar.// n. **1.** temple. **2.** temperamento. **3.** mal genio. **4.** out of t.: fuera de las casillas. **5.** to keep one's t.: dominarse. **6.** to loose one's t.: perder la paciencia.// **temperament.** n.// **temperance.** n. templanza; moderación.
temperate (témperet). a. templado.// **temperature.** n. **1.** temperatura. **2.** fiebre.
tempest (té-). n. tempestad.// **tempestuous.** a. tempestuoso.
temple (témpl). n. templo.
temporal (tém-). a. temporal.
temporary. a. temporario, efímero.
tempt. tr. **1.** tentar, incitar. **2.** intentar.// **temptation.** n. tentación.// **tempter.** n. tentador.// **tempting.** a. atractivo, tentador.// **temptress.** f. mujer seductora.
ten. a./n. diez.
tenable (ténabl). a. sostenible; defendible.
tenacious (téneishios). a. tenaz.// **tenacity.** n. tenacidad.
tenant. n. inquilino.
tend. i. **1.** dirigirse, moverse. **2.** tender a. **3.** servir para. **4.** i./tr. atender, cuidar, servir, vigilar.// **tendency.** n. tendencia, inclinación.
tender. n. **1.** servidor, vigilante. **2.** buque nodriza. **3.** oferta. **4.** legal t.: moneda de curso legal.// tr. ofrecer, presentar.// a. **1.** tierno. **2.** suave. **3.** débil. **4.** afectuoso.
tenderfoot. n. novato, inexperto.

tenderhearted. a. bondadoso.
tenderloin. n. lomo.
tenderness. n. ternura.
tendon. n. tendón.
tenement (té-). n. vivienda de alquiler.
tennis. n. **1.** tenis. **2.** fig. zapatillas de tenis.
tenor (té-). n. **1.** tenor. **2.** tendencia, rumbo.
tense (tens). n. *Gram.* tiempo.// a. tenso.
tension (ténshon). n. tensión.// **tensor.** n.
tent. n. tienda, carpa.// i. acampar.
tentacle (téntacl). n. tentáculo.
tentative (téntativ). a. tentativo.
tenterhooks (téntejuks). n. pl. *to be on t.:* estar en ascuas, estar muy ansioso.
tenth (tendz). a./n. décimo; diez (en fechas).
tenuous (téniuos). n. tenue.
tenure (téniuer). n. tenencia, posesión.
tepid (té-). a. tibio.
term. n. **1.** término. **2.** período.// **terminal.** a./n.// **terminate.** tr. terminar.// **termination.** n.// **terminology.** n.
termite (térmait). n. comején, termita.
terrace (téras). n. terraza.
terrain (teréin). n. terreno.// **terrestrial.** a. terrestre.
terrible (téribl). a. terrible.
terrific (rí-). a. **1.** terrorífico. **2.** fam. brutal.// **terrify.** (térifai). tr. aterrorizar.
territory (téretori). n. territorio.
terror (téror). n. terror.// **terrorism.** n. // **terrorist.** n.// **terrorize.** tr. aterrorizar.
terse (térs). a. breve, sucinto.
test. **1.** prueba. **2.** examen. **3.** experimento.// tr. probar; poner a prueba.
testament (tés-). n. testamento.
testify (téstifai). **1.** i. ser testigo. **2.** atestiguar.
testimonial (-móunial). a. testimonal.// n. testimonio; certificado.
test tube. n. tubo de ensayo.
tetanus (tétanos). n. tétanos.
text. n. texto.// **textbook.** n. libro de texto.
textile (tékstail). a. textil.// n. tejido.// **texture.** n.
than (dzan). conj. **1.** que (en comparaciones). **2.** de, que (delante de números). **3.** del, del que.
thank. tr. agradecer.// **thanks.** n. pl. gracias.// **thankful.** a. agradecido.// **thankless.** a. desagradecido.// **thanksgiving.** n. acción de gracias.
that. pron. ése, ésa, eso, aquél, aquélla, aquello.// pron. rel. que, quien, el que, la que, lo que.// a. ese, esa, aquel, aquella.// conj. **1.** que. **2.** para (que).
thaw (dzo). i./tr. derretir(se); licuar(se).
the (dze ante consonante; dzi ante vocal). art. el, la, lo, las, los.
theater (dziáter). n. **1.** teatro. **2.** anfiteatro.// **theatrical.** a. **1.** teatral. **2.** escénico.
theft (dzeft). n. robo.
their (dzer). a. su, suyo, suya, de ellos, de ellas.// **theirs.** pron. pos. (el) suyo, (la) suya, (los) suyos, (las) suyas, de ellos, de ellas.
them (dzem). pron. **1.** los, las, les, (a) ellos, (a) ellas. **2.** *to t:* les, a ellos, a ellas.
theme (dzim). n. tema.
themselves (dzemselvs). pron. **1.** ellos mismos, ellas mismas. **2.** sí, sí mismos, sí mismas. **3.** *by t.:* solos, solas. **4.** *with t.:* consigo mismos.

then (den). adv. **1.** entonces. **2.** luego, después. **3.** pues, por lo tanto.// *t. a. de entonces.*// n. entonces.// **thenceforth.** adv. desde entonces.
theology (dióloyi). n. teología.
theorem (díorem). n. teorema.
theoretical (díori-). a. teórico.// **theory.** n. teoría.
therapeutics (dérapiutiks). n. terapéutica.// **therapy.** n. terapia.// **therapeutist.** n. terapeuta.
there (der). adv. **1.** allí, allá. **2.** en eso.// **thereabouts.** adv. **1.** por ahí. **2.** cerca, más o menos.// **thereby.** adv. por lo tanto.// **therefor.** adv. por eso, por esto.// **thereupon.** adv. encima, encima de eso.// **therewith.** adv. con eso, con esto.
thermal (dzérmal). a. termal.// **thermometer.** n. termómetro.// **thermonuclear.** a. termonuclear.// **thermostat.** n. termostato.
these (dis). pl. de **this.**
thesis (dzíses). n. tesis.
thews (dzius). n. pl. tendón, músculo.
they (dei). pron. **1.** ellos, ellas. **2.** la gente. **3.** se usa en verbos impersonales en plural.
thick (dzik). a. **1.** grueso, espeso. **2.** de espesor. **3.** turbio, confuso. **4.** fuerte, marcado.// espesor, grosor.// adv. densamente, confusamente.// **thicken.** i./tr. **1.** espesar(se). **2.** engrosar(se). **3.** complicar(se).// **thicket.** n. espesura, maleza.// **thickness.** n. espesor.// **thickset.** n. corpulento.
thief (dzif). n. ladrón.// **thieve.** i. robar, hurtar.
thigh (dzai). n. muslo.
thimble (dzimbl). n. dedal.
thin (dzin). a. **1.** delgado, fino. **2.** ralo, delgado, escaso. **3.** flaco, descarnado, enjuto. **4.** débil.// i./tr. adelgazar, atenuar, aclarar, diluir.
thing (dzing). n. **1.** cosa, objeto. **2.** asunto, materia. **3.** fam. persona, tipo. **4.** pl. *as t. stand:* tal como están las cosas. **5.** *for one t.:* en primer lugar; por un lado. **6.** *it's the real t.:* esto va en serio. **7.** pl. *of all t.:* ¡qué sorpresa!
think (dzink). i./tr. **1.** pensar. **2.** creer, considerar. **3.** *t. about:* considerarlo, pensar sobre. **4.** *t. matters over:* pensar bien las cosas. **5.** *t. over:* pensar bien. **6.** *t. up:* inventar, imaginar.// **thinker.** n. pensador.
third (dzerd). a./n. tercero; tercio; tres (fechas).
thirst (dzerst). n. **1.** sed. **2.** anhelo.// **thirsty.** a. **1.** sediento. **2.** árido. **3.** *to be t.:* tener sed.
thirteen (zértin). a./n. trece.// **thirteenth.** a./n. decimotercero; trece (en fechas).
thirtieth (dzértiez). a./n. trigésimo; treinta (en fechas).// **thirty.** a./n. treinta.
this (zis). pron. éste, ésta, esto.// a. este, esta.
thorn. n. espina.
thistle (dzíztl). n. cardo.
thorax. n. tórax.
thorough (dzóro). a. completo. **2.** cuidadoso, minucioso.// **thoroughbred.** a. de pura sangre.// **thoroughfare.** n. vía pública.// **thorougly.** adv. completamente; detalladamente.
those (dzous). pl. de **that.**
though (dzou). conj. aunque.// adv. sin embargo.
thought (dzot). n. **1.** pensamiento. **2.** *on second t.:* pensándolo mejor.// **thoughtful.** a. **1.** pensativo. **2.** atento.// **thoughtfulness.** n. cuidado, previsión, atención.// **thouhgtless.** a. descuidado; irreflexivo.
thousand (dzáusand). a./n. mil.

thrash

thrash (dzrash). tr. **1.** trillar. **2.** azotar. **3.** aplastar. **4.** *t. out:* discutir a fondo (algo).// **thrashing.** n. paliza.
thread (dzred). n. **1.** hilo, filamento. **2.** veta. **3.** pl. *to gather up the t.:* atar cabos.// tr. enhebrar.
threadbare (-ber). a. raído, gastado.
threat (dzret). n. amenaza.// **threaten.** tr. amenazar.
three (dzri). a./n. tres.// **threefold.** a. triple, triplicado.
thrift. n. economía, ahorro.// **thriftess.** a. derrochador.// **thrifty.** a. económico, frugal.
thrill (dzril). tr. **1.** emocionar, hacer vibrar.// n. emoción.// **thrilling.** a. emocionante.
throat (dzrout). n. garganta.
throb (dzrob). i. palpitar, latir.// n. latido, pulsación.
throne (dzron). n. trono.
throng (dzrong). n. gentío, tropel.// i. amontonarse.
throtle (dzrotl). n. garguero, tráquea.// tr. estrangular, ahogar.
through (dzru). prep. **1.** a través de. **2.** de un extremo al otro. **3.** por medio de.// **throughout.** prep. por todo, a lo largo de, durante todo.
throw (dzrou). tr. **1.** arrojar, tirar, lanzar, echar. **2.** derribar, tumbar. **3.** dar, producir. **4.** *t. about:* esparcir; derrochar. **5.** *t. aside:* desechar. **6.** *t. down:* echar por tierra. **7.** *t. in:* encimar. **8.** *t. off:* deshacerse de. **9.** *t. out:* echar fuera. **10.** *t. up:* alzar, levantar; renunciar, dejar; vomitar.
thrush (dzrosh). n. petirrojo.
thrust (dzrost). tr. **1.** empujar, penetrar. **2.** *t. in:* zampar, meter en. **3.** *t. out:* sacar.// n. **1.** empujón. **2.** embestida. **3.** estocada.
thud (dzod). n. golpe.
thumb (dzom). n. pulgar.
thumbtack. n. tachuela, chinche.
thunder (dzónder). n. **1.** trueno. **2.** estruendo.// i. **1.** tronar. **2.** hacer estruendo.// **tunderbolt.** n. rayo.// **thundering.** a. **1.** tronante. **2.** descomunal.// **thundershower.** n. tormenta con truenos.
Thursday (dzérsdi). n. jueves.
thus (dzos). adv. **1.** así, de este modo. **2.** por lo tanto. **3.** *t. far:* hasta ahora.
thyroid (dzaíroid). n. tiroides.
tick. n. **1.** garrapata. **2.** funda.// i. **1.** latir, palpitar. **2.** funcionar. **3.** marcar, contar, medir.
ticket (tí-). **1.** billete, pasaje, entrada. **2.** licencia, permiso. **3.** rótulo.// tr. rotular, marcar.
tickle (tíkl). **1.** i. hormiguear. **2.** i./tr. sentir o hacer cosquillas.// n. pl. cosquillas.// **ticklish.** a. **1.** cosquilloso. **2.** quisquilloso.
tide (taid). n. **1.** marea. **2.** fig. ola, corriente.// i. **1.** crecer la marea. **2.** flotar.
tidily (táidili). adv. **1.** pulcramente. **2.** ordenadamente.// **tidy.** **1.** a. limpio; ordenado. **2.** tr. ordenar; limpiar.
tie (tai). tr. **1.** atar, amarrar, unir. **2.** hacer el nudo de. **3.** empatar, igualar. **4.** *t. down:* sujetar. **5.** *t. in:* conectar. **6.** *t. up:* limitar; reservar para; paralizar.// n. **1.** lazo, atadura, ligazón, enlace, obligación. **2.** corbata. **3.** empate.// **tie-up.** n. enlace, conexión.
tiger (tálger). n. tigre.
tight (tait). a. **1.** apretado, ajustado, estrecho. **2.** tirante, tieso. **3.** cerrado, hermético. **4.** riguroso. **5.** breve.// **tighten.** tr. estrechar, ajustar.
tigress (tái-). f. tigresa, tigre hembra.
tile (tail). n. **1.** teja. **2.** baldosa.

till. prep. hasta.// conj. hasta que; recién.// n. caja para el dinero.// tr. cultivar, labrar.
tilt. i./tr. inclinar(se), ladear(se)// n. justa, torneo.
timber (tím-). n. **1.** madera. **2.** bosque, monte.
time (táim). n. **1.** tiempo. **2.** hora. **3.** vez. **4.** rato, momento. **5.** *any t.:* en cualquier momento. **6.** *for the t. being:* por ahora. **7.** *from t. to t.:* de vez en cuando. **8.** *good t.:* rato agradable. **9.** *on t.:* puntual. **9.** *t. off:* tiempo libre.// **timekeeper.** n. cronometrista.// **timeless.** a. eterno, infinito.// **timely.** a. oportuno.// **time-out.** n. intervalo, descanso.// **timer.** n. cronómetro.// **timetable.** n. horario, itinerario.
timid (tí-). n. tímido.
timing (táiming). n. **1.** cualidad de escoger el tiempo y los momentos oportunos (música, deporte). **2.** *Mec.* regulación del encendido.
tin. n. **1.** estaño. **2.** lata, envase de lata. **3.** enlatar, envasar en latas.
tincture (tínkcher). n. **1.** tintura. **2.** fig. vestigio, huella.
tinder (tín-). n. yesca, mecha.
tingle (tínkl). i. **1.** sentir picazón. **2.** tintinear. **3.** zumbar (oídos).// n. picazón.
tinkle (tínkl). i. tintinear.// n. tintineo.
tinsel (tín-). n. oropel.// tr. adornar con lentejuelas.
tinsmith. n. hojalatero.
tiny (táini). a. diminuto.
tip. n. **1.** punta, extremo, cúspide, puntera. **2.** golpecito, palmadita. **3.** propina. **4.** informe, soplo.// tr. **1.** guarnecer. **2.** dar un golpecito. **3.** *t. off:* advertir. **4.** i. dar propina.
tipple (típi). tr. empinar el codo.// n. licor, trago.
tipsy. i. **1.** achispado. **2.** vacilante.
tiptoe (típtou). n. **1.** punta del pie. **2.** *on t.:* de puntillas.// i. andar de puntillas.// a. **1.** de puntillas. **2.** cauto.
tire (tair). i./tr. **1.** cansar(se). **2.** aburrir(se).// n. cubierta, neumático.// **tireless.** a. incansable.// **tiresome.** a. tedioso, pesado.
tissue (tíshu). n. **1.** gasa. **2.** *Biol.* tejido. **3.** *t. paper:* papel de seda.
titanium (taitéiniom). n. titanio.
titbit (tit-). n. golosina.
tithe (táidz). n. diezmo.
title (táitl). n. título.// tr. intitular.
titter (títer). i. reír entre dientes.// n. risitas.
to (tu). prep. **1.** a, hacia, en dirección a (o de). **2.** en. **3.** para. **4.** hasta. **5.** desde, según. **6.** por. **7.** menos (en la hora). **8.** ante. **9.** no se traduce al castellano cuando indica el verbo en infinitivo.
toad (toud). n. sapo.
toadstool (túodstul). n. hongo (venenoso).
toast (tóust). **1.** i./tr. tostar(se). **2.** brindar por.// **toaster.** n. tostadora.// **toastmaster.** n. maestro de ceremonia.
tobacco (tabákou). n. tabaco.
toboggan (-bó-). n. tobogán.// i. deslizarse en tobogán.
tocsin (táksin). n. toque o campana de alarma.
today (tudéi). adv./n. hoy.
toe (tóu). n. **1.** dedo del pie. **2.** punta del pie. **3.** *from top to t.:* de la cabeza a los pies. **4.** *to be on one's toes:* estar alerta.// tr. tocar con la punta del pie.// **toenail.** n. uña del dedo del pie.

together (tuguéder). adv. **1.** junto, juntos, juntamente. **3.** simultáneamente. **4.** *to call t.*: convocar. **5.** *to get t.*: reunir(se).
toil. i. **1.** trabajar duramente. **2.** *t. along*: moverse con mucho esfuerzo.// n. trabajo, esfuerzo.
toilet (tói-). n. **1.** tocado, arreglo. **2.** excusado, baño.
token (tóuken). n. **1.** muestra. **2.** símbolo. **3.** insignia, divisa. **4.** ficha, cospel. **5.** prenda, recuerdo. **6.** *by the same t.*: por la misma razón. **7.** *in t. of*: en señal de.// a. nominal.
tolerance (tálerans). n. tolerancia.// **tolerant.** a.// **tolerate.** tr. tolerar.
toll (tóul). n. **1.** peaje. **2.** impuesto. **3.** bajas, víctimas. **4.** redoble, tañido.// i./tr. tañer, sonar la campana.// **tollgate.** n. barrera de peaje.
tomato (tómeitou). n. tomate.
tomb (tumb). n. tumba.// **tombstone.** n. lápida de tumba.
tomcat. m. gato macho.
tome (toum). n. **1.** tomo. **2.** libraco.
tomorrow (tumórou). adv./n. **1.** mañana. **2.** *day after t.*: pasado mañana.
ton (tan). n. tonelada.
tone (tóun). n. **1.** tono. **2.** timbre de voz. **3.** entonación.// i./tr. **1.** entonar. **2.** matizar. **3.** afinar. **4.** *t. down*: matizar, suavizar el tono. **5.** *t. up*: tonificar.
tongs (tangs). n. pl. alicates, pinzas, tenazas.
tongue (tóng). n. **1.** lengua. **2.** habla. **3.** *to hold one's t.*: callar. **4.** *to stick out one's t.*: sacar la lengua.// tr. lamer, tocar con la lengua.// **tongue-tied.** a. tímido para hablar; mudo.
tonic (tánik). a. tónico.// n. tónico; tónica.
tonight (tunáit). adv./n. esta noche.
tonnage (tánidch). n. tonelaje.
tonsil (tánsel). n. amígdala.
tonsure (tánsher). n. tonsura.// tr. tonsurar.
too (tu). adv. **1.** también, igualmente. **2.** demasiado. **3.** *t. bad*: lástima. **4.** *t. many*: demasiado. **5.** *t. much*: demasiado.
tool (tul). n. **1.** herramienta. **2.** instrumento, medio.// tr. labrar, trabajar.
toot (tut). i./tr. tocar, sonar (pito, corneta, bocina).// n. pitazo, bocinazo, etc.
tooth (tudz). n. **1.** diente, muela. **2.** *by the skin of one's t.*: por un pelo. **3.** *to fight t. and nail*: pelear con uñas y dientes. **4.** *to have a sweet t.*: ser goloso.// **toothache.** n. dolor de muela.// **toothbrush.** n. cepillo de dientes.// **toothed.** a. dentado.// **toothpaste.** n. dentífrico.// **toothpick.** n. escarbadientes.
top. n. **1.** cima, cumbre. **2.** parte superior. **3.** tapa. **4.** primer puesto. **5.** tapa. **6.** lo superior, lo máximo. **7.** *at the t. of*: a la cabeza de. **8.** *at the t. of one's voice*: a voz en cuello. **9.** *from t. to bottom*: de arriba abajo. **10.** *on t.*: encima. **11.** *on t. of*: además de.// a. superior; más alto; de la mejor calidad.// tr. **1.** podar. **2.** coronar. **3.** llegar a la cima. **4.** aventajar. **5.** superar. **6.** *t. off*: rematar.
topaz (toupes). n. topacio.
topcoat (tápkout). n. abrigo ligero.
top hat. n. sombrero de copa, galera.
topic (tápik). n. tópico, tema, asunto.// **topical.** a. **1.** local. **2.** del día.
topless. a. sin la parte de arriba.

topmost (tápmoust). a. superior; máximo.
topography (tapágrafi). n. topografía.// **topographer.** n. topógrafo.
topple (tápl). **1.** tr. derribar, volcar. **2.** venirse abajo.
topsoil (táp-). n. capa vegetal superior.
topsy-turvy (tápsi térvi). a./adv. patas arriba.
torch. n. **1.** antorcha. **2.** *GB* linterna.
torment (-mént). tr. atormentar.// (tór-). n. **1.** tormento. **2.** angustia.// **tormentor.** n. atormentador.
tornado (tornéidou). n. tornado.
torpedo (torpídou). n. torpedo.// tr. torpedear.
torrent (tárent). n. torrente.
torrid (tárid). a. **1.** tórrido. **2.** fig. ardiente.
torsion (tórshon). n. torsión.
torso (tórsou). n. torso.
tortoise (tórtes). n. tortuga.
torture (tórcher). n. tortura.// tr. torturar.
toss. tr. **1.** echar, arrojar. **2.** lanzar al aire. **3.** i. menear(se); cabecear (barco). **4.** *t. aside*: desechar. **5.** *t. and turn*: dar vueltas en la cama.// n. **1.** tiro; meneo; sacudida. **2.** *to win the t.*: ganar a cara o cruz.
tossup (tósap). n. **1.** cara o cruz. **2.** probabilidades parejas.
tot (tat). n. nene.// tr. sumar.
total (tóutal). a./n. total.// tr. totalizar, sumar.
totalitarian. a./n. totalitario.
totem (tóutem). n. tótem.
totter (táter). i. tambalear(se).
touch (tách). i./tr. **1.** tocar(se). **2.** palpar. **3.** alcanzar. **4.** equiparar, igualar. **5.** conmover. **6.** *t. at*: hacer escala. **7.** *t. down*: aterrizar, tocar tierra. **8.** *t. off*: disparar; esbozar, hacer un esbozo. **9.** *t. on (upon)*: aludir a. **10.** *t. up*: corregir, retocar.// n. **1.** toque. **2.** tacto. **3.** sensación, percepción. **4.** contacto. **5.** retoque. **6.** pizca, poco, rastro. **7.** *to be out of t.*: no estar al corriente.// **touch-and-go.** a. de carácter precario e incierto.// **touching.** a. conmovedor.// **touchiness** (táchines). n. **1.** susceptibilidad. **2.** delicadeza.
touchstone. n. **1.** piedra de toque. **2.** fig. criterio de prueba.
touchy (táchi). a. **1.** quisquilloso, susceptible. **2.** a. delicado.
tough (tóf). a. **1.** firme, duro. **2.** correoso. **3.** resistente, robusto. **4.** arduo, difícil. **5.** tenaz. **6.** desagradable, adverso. **7.** *EE.UU.* vulgar, rudo.// n. *EE.UU.* rufián, villano.// **toughen.** i./tr. **1.** endurecer(se). **2.** volver(se) correoso.// **toughness.** n. dureza, firmeza, resistencia.
tour (tur). n. **1.** gira. **2.** viaje de turismo. **3.** turno, jornada.// i./tr. viajar.// **tourism.** n. turismo.// **tourist.** 1. n. turista. **2.** a. turístico.
tournament (térnement). n. torneo, certamen.// **tourney.** **1.** n. torneo, justa. **2.** lidiar, participar en un torneo.
tourniquet (térniket). n. torniquete.
tousle (táusl). tr. enmarañar, despeinar.
tow (tóu). **1.** tr. remolcar. **2.** n. remolque. **3.** *to take in t.*: llevar a remolque.
toward, towards (tórd, tóuord). prep. **1.** hacia, en dirección a. **2.** con respecto a. **3.** para con. **4.** próximo a. **5.** alrededor de.
towboat (tóubout). n. remolcador.
towel (táuel). n. toalla.
tower (táuer). n. torre.// i. sobresalir.

town

town (táun). n. pueblo, población, ciudad.// **township.** n. municipio.// **townspeople.** n. vecinos del pueblo.
toxic (táksik). a. tóxico.// **toxin.** n. toxina.
toy. n. juguete.// **toy.** a. 1. de juguete. 2. diminuto.// i. 1. juguetear. 2. *t. with an idea:* darle vueltas a una idea.
trace (tréis). n. 1. rastro, huella. 2. pizca, vestigio. 3. trazado. 4. tirante.// tr. 1. delinear. 2. calcar. 3. rastrear. 4. *t. back:* reconstruir.
trachea (tréikia). n. tráquea.
tracing (tréising). n. 1. calco. 2. rastreo. 3. trazado.
track. n. 1. rastro, huella, pisada. 2. carril. 3. pista. 4. camino, senda. 5. vía, trayectoria. 6. vía férrea. 7. oruga (de tanque). 8. *to keep t. of:* seguir el rastro de. 9. *to loose t. of:* perder de vista a.// tr. 1. rastrear. 2. seguir la pista o huella de. 3. investigar. 4. *t. down:* perseguir y atrapar.
tract. n. 1. extensión de tierra. 2. folleto. 3. Anat. tracto, canal.
tractable (tráktabl). a. tratable, dócil.
traction (trákshon). n. tracción.// **tractor.** n. tractor.
trade (tréid). n. 1. oficio, ocupación. 2. comercio. 3. gremio. 4. trueque, cambio. 5. clientela. 6. *by t.:* de profesión. 7. *in t:* en canje.// a. comercial; industrial.// tr. 1. canjear. 2. comerciar. 3. hacer sus compras en.// **trade-in.** n. artículo que se entrega como primer pago de otro nuevo.// **trade mark.** n. marca de fábrica.// **trader.** n. comerciante, negociante.// **tradesman.** m. comerciante al por menor.
tradition (tradíshon). n. tradición.
traffic. n. 1. tráfico. 2. tránsito.// tr. traficar.
tragedy (tráyedi). n. tragedia.// **tragic.** a. trágico.
trail (tréil). i./tr. 1. arrastrar(se). 2. rezagarse, venir detrás de. 3. rastrear. 4. *t. behind:* ir rezagado. 5. *t. off:* desvanecerse.// n. 1. rastro, huella. 2. sendero. 3. cola.// **trailer.** n. remolque.
train (tréin). n. 1. tren. 2. cola (de traje). 3. séquito, comitiva. 4. sucesión.// tr. 1. disciplinar, educar. 2. adiestrar, ejercitar, entrenar. 3. apuntar (arma).// **trainer.** n. preparador, entrenador.// **training.** n. enseñanza, instrucción, entrenamiento.
trait (tréit). n. rasgo, peculiaridad.
traitor (tréitor). n. traidor.
trajectory (trayéktori). n. trayectoria.
trammel. n. traba.// tr. trabar, echar trabas.
tramp. i. 1. caminar pesadamente. 2. pisotear. 3. vagar.// n. 1. vago. 2. caminata.// **trample.** tr. hollar, pisotear.// n. 1. pisoteo. 2. ruido de pisadas.
trance (trans). n. 1. trance. 2. estupor. 3. éxtasis.
tranquility (tránkuiliti). n. tranquilidad.// **tranquilize.** i./tr. tranquilizar(se).// **tranquilizer.** n. tranquilizante.
transact. n. 1. negociar, comerciar. 2. tramitar.// **transaction.** n. 1. negociación. 2. transacción.
transcend (-sénd). tr. 1. traspasar, exceder. 2. superar. 3. i. trascender.// **transcendence.** n.
transcribe (transkráib). tr. 1. transcribir. 2. grabar.// **transcript.** n. copia.// **transcription.** n.
transfer (tráns-). n. 1. transferencia. 2. trasbordo. 3. Der. cesión. 4. EE.UU. billete de trasbordo.// tr. 1. transferir. 2. trasbordar. 3. Der. traspasar.
transfigure (transfigíuir). i./t. transfigurar(se).// **transfiguration.** n. transfiguración.

transfix. tr. 1. traspasar, atravesar. 2. inmovilizar.
transform. i./tr. transformar(se).// **transformation.** n.// **trasnformer.** n. transformador.
transfusion (transfiúshon). n. transfusión.
transgress (-grés). tr. 1. transgredir. 2. traspasar. 3. extralimitar(se).// **transgression.** n. 1. transgresión. 2. pecado.// **transgressor.** n. 1. transgresor. 2. pecador.
transient (tránshent). a. pasajero, transitorio.
transit (tránsit). n. 1. tránsito. 2. transporte. 3. *in t.:* de paso.// tr. transitar (por).
transition (transíshon). n. transición.// **transitive.** a./n. transitivo.// **transitory.** a. transitorio.
translate (transléit). i./tr. traducir.// **translation.** n. 1. traducción. 2. traslación.// **translator.** n. traductor.
translucent (-lú-). a. tráslucido.
transmission (-míshon). n. transmisión.// **transmit.** tr. 1. transmitir. 2. emitir.// **transmitter.** n. transmisor; emisor.
transom (trán-). n. 1. dintel. 2. montante.
transparency (-pérenci). n. 1. transparencia. 2. diapositiva.// **transparent.** a.
transpire (-páir). i./tr. 1. trascender, traslucir. 2. fam. acontecer. 3. transpirar.
transplant (-plánt). tr. transplantar.// n. transplante.
transport (tráns-). tr. 1. transportar. 2. fig. arrebatar.// (-pórt). n. 1. transporte. 2. arrobamiento. 3. acceso.// **transportation.** n. transporte.
transpose (-póus). tr. 1. trasponer. 2. Mus. transportar.// **transposition.** n.
transverse (-vérs). a. transverso.// n. travesaño.
trap. n. 1. trampa. 2. celada. 3. sifón. 4. pl. equipaje; instrumentos de percusión.// 1. tr. atrapar. 2. armar trampas.
trapeze (trapís). n. trapecio.
trapper (trá-). n. 1. trampero. 2. cazador de pieles.
trappings (trá-). n. pl. 1. arreos. 2. adornos.
trash. n. 1. basura, desecho. 2. hojarasca. 3. disparate. 4. gentuza.
travel. i. 1. viajar. 2. moverse. 3. pasar. 4. tr. viajar por, recorrer.// n. viaje; recorrido.// **traveller.** n. viajero.// **travelling.** a. viajero, de viaje, para viajes.
traverse (-vérs). i./tr. 1. cruzar, atravesar. 2. recorrer.// (trá-). n. 1. travesaño. 2. a. transversal.
travesty (trá-). n. parodia, farsa.// tr. parodiar.
tray (tréi). n. 1. bandeja. 2. platillo de la balanza.
treacherous (trécheros). a. traicionero.// **treachery.** n. traición.
tread (tred). tr. 1. pisar, hollar. 2. pisotear. 3. caminar. 4. *t. back:* desandar.// n. 1. pisada. 2. paso.
treadmill. n. 1. molino de rueda. 2. noria.
treason (tríson). n. 1. traición.// **treasonable.** a. traicionero, traidor.
treasure (tréshur). n. 1. tesoro.// tr. 1. atesorar. 2. apreciar mucho.// **treasurer.** n. tesorero.// **treasury.** n. 1. tesorería. 2. fisco.
treat (trit). tr. 1. tratar, negociar. 2. atender, curar. 3. convidar.// n. 1. obsequio. 2. placer, deleite.
treatise (trítes). n. tratado (libro).
treatment (trítment). n. 1. tratamiento. 2. régimen. terapia.
treaty (tríti). n. tratado (convenio).
treble (trébl). a. 1. triple. 2. Mus. atiplado.// tr. triplicar.

tree (tri). n. **1.** árbol. **2.** *family t.:* árbol genealógico. **3.** *shoe t.:* horma de zapato. **4.** *to be up a t.:* estar entre la espada y la pared.// **treetop** (tritop). n. copa de árbol.
trefoil (trífoil). n. trébol.
trellis (trélis). n. enrejado.
tremble (trémbl). i. temblar.// n. temblor.
tremendous (treméndos). a. tremendo; formidable; asombroso.
tremor (tré-). n. **1.** temblor. **2.** trepidación.
tremulous (trémiulos). a. **1.** trémulo. **2.** temeroso.
trench. n. **1.** trinchera. **2.** zanja. **3.** fosa submarina.
trenchant (trén-). a. incisivo, penetrante, mordaz.
trend. n. **1.** dirección. **2** curso. **3.** tendencia.// i. **1.** dirigirse, tender. **2.** inclinarse.
trepidation (trepidéishon). n. **1.** perturbación. **2.** trepidación.
trespass (trés-). i. **1.** entrar ilegalmente o sin derecho. **2.** transgredir una ley. **3.** pecar.// n. **1.** ofensa. **2.** pecado. **2.** transgresión.// **trespasser.** n. **1.** intruso. **2.** transgresor.
tress. n. trenza, bucle.
trestle (trestl). n. **1.** caballete. **2.** bastidor.
trial (tráial). n. **1.** ensayo, tentativa. **2.** esfuerzo. **3.** tribulación. **4.** Der. juicio, pleito. **5.** *on t.:* a prueba. **6.** *to be on t.:* estar sujeto a juicio. **7.** *to give (something) a t.:* probar (algo).// a. de prueba.
triangle (tráiangl). n. **1.** triángulo. **2.** escuadra.
tribal (tráibal). n. tribal.// **tribesman.** m. miembro de una tribu.
tribulation (tribuléishon). n. tribulación.
tribunal (traibiúnal). n. tribunal.// **tribune.** n. **1.** tribuno. **2.** tribuna.
tributary (tribiuteri). a tributario.// **tribute** (tríbiut). n. **1.** tributo. **2.** homenaje. **3.** *to pay t.:* rendir homenaje.
trick. n. **1.** truco, ardid. **2.** travesura. **3.** baza (en las barajas). **4.** pl. *to be up to one's old t.:* volver a las andadas. **5.** *to do the t.:* resolver el problema.// tr. **1,** embaucar, estafar. **2.** *t. into:* obligar con engaño. **3.** *t. out of:* despojar con engaño.// a. de truco.//
trickery. n. maraña, embrollo.
trickle (tríkel). i. **1.** gotear. **2.** pasar gradualmente.// n. goteo.
tricky. a. **1.** mañoso, tramposo. **2.** fam. intrincado.
tricycle (tráisikel). n. triciclo.
tried (tráid). a. **1.** probado. **2.** fiel, confiable.
trifle (tráifl). n. **1.** bagatela. **2.** suma muy pequeña.// i. **1.** chancear, bromear. **2.** *t. with:* jugar con.
trigger (tríguer). n. gatillo.// tr. **1.** apretar el gatillo, disparar. **2.** fig. provocar.
trigonometry (-náme-). n. trigonometría.
trill. i. trinar, gorjear.// n. trino, gorjeo.
trillion (trílion). n. **1.** *EE.UU.* billón. **2.** *GB* trillón.
trim. tr. **1.** arreglar, adornar. **2.** recortar, podar. **3.** reducir, ajustar. **4.** i. ser neutral; nadar entre dos aguas.// n. **1.** orden, arreglo. **2.** adorno. **3.** terminación interior. **4.** *to be in the t.:* estar en buenas condiciones.// **trimming.** n. **1.** adorno, aderezo. **2.** ajuste, arreglo. **3.** pl. accesorios; recortes.
trinity (tríneti). n. trinidad.
trinket (trín-). n. chuchería, baratija.
trip. n. **1.** viaje, travesía. **2.** traspié. **3.** zancadilla.// **1.** i. tropezar. **2.** tr. hacer tropezar.

tripartite (traipárteit). a. tripartito.
tripe (tráip). n. tripa, mondongo.
triple (trípel). a./n. triple.// tr. triplicar.// **triplet.** n. **1.** trillizo. **2.** terno.// **triplicate. 1.** a. triplicado. **2.** tr. triplicar.// **tripod.** n.// **triptych** (tríptik). n. tríptico.
trite (tréit). a. gastado, trillado.
triumph (tráiomf). n. **1.** triunfo. **2.** júbilo.// i. triunfar.// **triumphal.** a.// **triumphant.** a.
trivial (trívial). a. trivial.// **triviality.** n. trivialidad.
trolley. n. trole.// **trolley car.** n. tranvía.
trombone (trómboun). n. trombón.
troop (trup). n. **1.** tropa. **2.** tropel. **3.** escuadrón. **4.** pl. tropas, soldados.// i. acudir en tropel.// **trooper.** n. soldado de caballería.
trophy (tróufi). n. trofeo.
tropic (trápik). n. trópico.// a. tropical.
trot (trat). n. trote.// i. trotar.
trouble (trábel). tr. **1.** inquietar, alterar. **2.** molestar, incomodar. **3.** afligir(se), preocupar(se). **4.** i. molestarse; tomarse la molestia. **5.** *to be troubled with:* padecer de. **6.** *may I t. you?:* ¿me hace usted el favor?// n. **1.** disturbio. molestia. **2.** dificultad, problema. **3.** pena, aflicción. **4.** *engine t:* avería del motor. **5.** *heart t.:* enfermedad del corazón. **6.** *what's the t?:* ¿qué pasa?, ¿cuál es el problema?//
troublemaker. n. pertubador.// **troublesome.** a. **1.** penoso, dificultoso. **2.** molesto, inoportuno.
trough (trof). n. **1.** abrevadero. **2.** artesa, batea. **3.** canal, conducto. **4.** depresión. **5.** hondonada.
trousers (tráusers). n. pl. pantalones.
trout (tráut). n. trucha.
trowel (tráuel). n. palustre, cuchara de albañil.// tr. emparejar con palustre (cuchara).
truant (trúant)n. n. **1.** haragán. **2.** rabonero, novillero.// i. hacer novillos, hacerse la rabona o la rata.
truce (trus). n. tregua.// i. acordar una tregua.
truck (trok). n. **1.** camión, carro. **2.** carretilla de mano.// tr. acarrear en camión.// **truck farm.** n. huerto de hortalizas.// **truckman.** n. camionero.
true (tru). a. **1.** verdadero. **2.** verídico. **3.** fiel. **4.** exacto. **5.** legitimo; puro. **6.** *t. to: conforme a.* **7.** *t. to form:* conforme a lo esperado. **8.** *to come t.:* hacerse realidad.// adv. **1.** verídicamente. **2.** con exactitud.
truffle (trófel). n. trufa.
truism (truísem). n. perogrullada.
truly. adv. **1.** verdaderamente. **2.** sinceramente. **3.** con exactitud. **4.** *yours t.:* suyo sinceramente.
trump (tromp). n. triunfo (barajas).// tr. **1.** matar con un triunfo. **2.** *t. up:* inventar, fabricar.// **trumped-up.** a. fraudulento, falso.
trumpet (trámpet). n. **1.** trompeta. **2.** corneta.// i. **1.** tocar la trompeta. **2.** berrear (el elefante).// **trumpeter.** n. trompetista.
truncheon (tránchon). n. **1.** bastón. **2.** cachiporra.
trundle (trándl). n. **1.** rodillo. **2.** carretilla.// **1.** i. rodar. **2.** tr. hacer rodar.
trunk (tronk). n. **1.** tronco. **2.** baúl. **3.** portaequipajes (auto). **4.** trompa (elefante).// a. troncal, principal (cañería, red, cableado).
trust (trost). n. **1.** confianza, fe. **2.** esperanza. **3.** tarea, deber. **4.** responsabilidad. **5.** *Com.* trust, consorcio. **6.** *in t.:* en fideicomiso. **7.** *on t.:* al fiado.// i. **1.** confiar en, fiarse de. **2.** esperar.// tr. **1.** confiar.

2. dar crédito, fiar. **3.** encomendar a. **4.** *to be trusted:* ser digno de confianza.// **trustee.** n. síndico; fideicomisario.// **trustful.** a. confiado.// **trustworthy.** a. digno de confianza.// **trusty.** a. confiable.
truth (trudz). n. verdad.// **truthful.** a. veraz.// **truthfulness.** n. veracidad.
try (trai). tr. **1.** probar. **2.** poner a prueba. **3.** intentar, procurar. **4.** ensayar. **5.** *Der.* enjuiciar, juzgar. **6.** irritar. **7.** forzar, cansar. **8.** i. esforzarse. **9.** *t. on:* probarse.// n. **1.** prueba, ensayo, intento. **2.** anotación (rugby).// **trying.** a. **1.** molesto, exasperante. **2.** penoso, difícil.
tub (tob). n. **1.** tina. tonel. **2.** bañera, bañadera.
tube (tiub). n. **1.** tubo. **2.** cámara (neumático). **3.** túnel ferroviario. **4.** *Anat.* trompa.// **tubeless.** a. sin cámara.
tuber (túber). n. tubérculo.// **tubercular.** a. **1.** tuberculoso. **2.** del tubérculo.// **tuberculosis.** n.
tuck (tok). tr. **1.** plegar(se), doblar(se). **2.** poner en lugar abrigado o cómodo. **3.** *t. away:* ocultar. **4.** *t. in:* meter en. **5.** *t. in bed:* acostar, meter en la cama. **6.** i. caber ajustadamente.
Tuesday (túsdi). n. martes.
tuft (tóft). n. **1.** penacho, copete; mechón. **2.** borla.
tug (tog). tr. **1.** tirar de. **2.** arrastrar. **3.** i. esforzarse, luchar.// n. tirón; esfuerzo; cadena de remolque.// **tugboat.** n. remolcador (buque).// *tug of war.* n. cinchada.
tuition (tuíshon). n. **1.** enseñanza. **2.** derecho de matrícula.
tulip (túlep). n. tulipán.
tumble (tómbl). i. **1.** dar volteretas, brincar. **2.** dar tumbos. **3.** tumbarse, caerse. **4.** tr. tumbar, derribar. **6.** *t. out:* salir a montones. **7.** *t. over:* derribar; volcar(se).// i. **1.** caída. **2.** voltereta. **3.** tumbo. **4.** montón. **5.** *to give a t. to:* mostrar interés por. **7.** *to take a t.:* dar un tumbo, caerse.// **tumbler.** n. **1.** vaso. **2.** acróbata.
tumor (túmor). n. tumor.
tumult (túmalt). n. tumulto.// **tumultuous.** a.
tuna (tiuna). n. atún.
tune (tiun). n. **1.** tonada. **2.** tono. **3.** *in t.:* afinado. **2.** *in t. of:* a tono con. **3.** *out of t.:* desafinado.// i./tr. **1.** afinar, templar. **2.** adaptar a. **3.** armonizar con. **4.** sintonizar. **5.** *t. up:* afinar (instrumento, motor).
tungsten (tóngs-). n. tungsteno.
tunic (tiúnik). n. túnica.
tuning. a. de sintonía.// **tuning dial.** n. cuadrante de sintonía.// **tuning fork.** n. diapasón.
tunnel (tónel). n. **1.** túnel. **2.** socavón.//i. hacer o construir un túnel.
turban (tér-). n. turbante.
turbina (térben, -bin). n. turbina.
turbulence (térbiolens). n. turbulencia.// **turbulent.** a.
turf (térf). n. **1.** césped. **2.** *Sp.* hípica.
turgid (téryid). a. **1.** turgente. **2.** ampuloso.
turkey (térki). n. pavo.
turmoil (térmoil). n. alboroto, tumulto.
turn (térn). tr. **1.** volver(se). **2.** dar vuelta, virar, doblar. **3.** girar, hacer girar. **4.** invertir. **5.** transformar(se), convertir(se), cambiar. **6.** alterar, perturbar. **7.** desviar. **8.** cumplir (años). **9.** formular (frase). **10.** tornear. **11.** i. dar vueltas. **12.** *t. around:* dar la vuelta. **13.** *t. back:* volver atrás. **14.** *t. down:* rechazar. **15.** *t. pale:* palidecer. **16.** *t. inside out:* dar vuelta, volver al revés. **17.** *t. on:* encender, conectar. **18.** *t. out:* apagar, desconectar. **19.** *t. out to be:* resultar ser. **20.** *t. of:* recurrir a. **21.** *t. over:* voltear. **21.** *t. sour:* agriarse. **22.** *t. the stomach:* dar asco. **23.** i. *t. against:* volverse contra.// n. **1.** vuelta. **2.** revolución, giro. **3.** viraje, curva. **4.** rosca. **5.** paseo. **6.** turno. **7.** cambio. **8.** rumbo, dirección. **9.** *Mec.* torno. **10.** *at every t.:* a cada paso. **11.** *bad t.:* mala pasada. **12.** *in t:* a su vez. **13.** *out of t.:* fuera de lugar o de orden. **14.** *to be one's t.:* ser su turno, tocarle a uno.
turnip (térnep). n. nabo.
turnover (térnouver). n. **1.** vuelco. **2.** rotación de personal. **3.** movimiento comercial. **4.** empanada.
turnpike (térnpaik). n. autopista y barrera con peaje.
turstile (térnstail). n. torniquete.
turpitude (térpetud). n. depravación.
turquoise (térkuois). n. turquesa.
turret (téret). n. **1.** torrecilla. **2.** torre blindada.
turtle (tértel). n. tortuga.
tusk (tosk). n. colmillo (animales).
tussle (tásel). i. forcejear.// forcejeo.
tutor (tú-). n. **1.** *Der.* tutor. **2.** maestro particular.// tr. enseñar, instruir.
twang (tuang). i. **1.** producir un sonido vibrante. **2.** hablar nasalmente.// tr. **1.** puntear la guitarra. **2.** disparar una flecha.// n. **1.** punteo. **2.** gangueo.
tweed (tuid). n. paño de lana.
tweezers (tuísers). n. pinzas.
twelfth (tuélfdz). a. duodécimo; doceavo; doce (en fechas).// **twuelve.** a./n. doce.
twentieth (tuentiedz). a./n. vigésimo; veinte (en fechas).// **twenty.** a./n. veinte.
twice (tuáis). adv. dos veces.
twig (tuig). n. ramita.
twin (tuin). a./n. gemelo, mellizo.
twine (tuáin). n. cordel.// i./tr. enroscar(se); retorcer(se).
twinkle (tuínkel). i. titilar; parpadear.// n. **1.** destello; guiño; parpadeo. **2.** instante, momento.
twirl (tuérl). **1.** i. hacer girar. **2.** tr. dar vueltas.// n. **1.** rotación, giro. **2.** rosca.
twist. tr. **1.** torcer, retorcer(se). **2.** enrollar. **3.** enroscar(se). **4.** deformar(se). **5.** serpentear.// n. **1.** giro, vuelta. **2.** curva. **3.** cordoncillo. **4.** rosca.
twitch (tuích). **1.** tr. sacudir bruscamente. **2.** i. crisparse.// n. **1.** tirón, sacudida. **2.** crispamiento. **3.** punzada de dolor.
two (tu). a./n. dos.// **twofold. 1.** a. doble; dual. **2.** adv. dos veces.
type (táip). n. tipo.// tr. escribir a máquina.// **typescript.** n. texto mecanografiado.// **typesetter.** n. compositor, tipógrafo.// **typewrite.** tr. mecanografiar.// **typewriter.** n. máquina de escribir.
typhoid (táifoid). n. fiebre tifoidea.
typhoon (taifún). n. tifón.
typhus (táifos). n. tifus.
typical (tí-). a. típico.
typist (táipist). n. mecanógrafo.
typographical. a. tipográfico.// **typography.** n. tipografía.
tyrannical (tiránekal). a. tiránico.// **tyranny.** n. tiranía.// **tyrant.** n. tirano.

u (iu). n. vigesimoprimera letra del abecedario.
uglify (áglifai). tr. afear.// **ugliness.** n. fealdad.//
ugly. a. **1.** feo. **2.** peligroso. **3.** lamentable. **4.** *an u. customer:* un tipo peligroso.
ulcer (ólser). n. úlcera.// **ulcerate.** tr. ulcerar.// **ulceration.** n. ulceración.
ultimate (últemet). a. **1.** último. **2.** definitivo. **3.** esencial.// **ultimately.** adv. finalmente, en el fondo.
ultraism (áltreizem). n. extremismo.// **ultraist.** a./n. extremista.
ultraviolet (altraváiolet). a. ultravioleta.
umbrella (ambréla). n. **1.** paraguas. **2.** sombrilla.// **u. tree.** n. magnolia.
umpire (ámpaier). n. árbitro.// tr. arbitrar.// **umpirage.** n. arbitraje.
unable (anéibl). a. incapaz.
unacceptable (anakséptabl). a. inaceptable.
unadaptable (anádaptbl). a. inadaptable.
unadvisable (anadváizebl). a. poco aconsejable, imprudente.
unafraid (anáfreid). a. sin miedo.
unalterable (análterabl). a. inalterable.
unanimity (iunánimiti). n. unanimidad.// **unanimous.** a. unánime.
unapt (anápt). a. inadecuado, no apto.
unarm (anárm). tr. desarmar.// **unarmed.** a. desarmado.
unattired (anátaied). a. **1.** desnudo. **2.** sin adornos.
unauthorized (anázoraizd). a. **1.** no autorizado. **2.** ilícito.
unaware (anéwear). a. **1.** ignorante. **2.** inconsciente.// **unawareness.** n. **1.** ignorancia. **2.** inconsciencia.
unbaked (anbéikt). a. crudo.
unbalance (anbálans). n. desequilibrio.// tr. desequilibrar.// **unbalanced.** a. desequilibrado.
unbearable (unbérabl). a. insoportable.
unbeaten (anbítn). a. **1.** no pisado. **2.** virgen, no explorado. **3.** invicto.
unbelief (anbílif). n. incredulidad, escepticismo.// **unbelievable.** a. increíble.// **unbeliever.** n. incrédulo.
unbound (anbáund). a. desatado.// **unbounded.** a. ilimitado.
unbroken (anbróuken). a. **1.** intacto, sin romper. **2.** indómito.
unburden (anbérdn). tr. **1.** descargar. **2.** aliviar.
unbury (anbéri). tr. desenterrar.
uncaught (ankót). a. libre.

unceasing (ansísin). a. incesante, continuo.// **unceasingly.** adv. sin cesar.
uncertain (ansérten). a. **1.** incierto, inseguro, dudoso. **2.** vacilante, indeciso.// **uncertainty.** n. incertidumbre.
uncivil (ansívil). a. incorrecto, descortés, incivil.
uncle (únkl). n. tío.
unclean (anklín). a. sucio.// **uncleanness.** n. suciedad.
unclear (anklíar). a. poco claro, confuso.
unclothe (ankláuz). tr. desnudar.// **unclothed.** a. desnudo.
uncomfortable (ankámfotebl). a. **1.** incómodo, poco confortable. **2.** inquietante. **3.** *to feel i.* sentirse incómodo.
uncommon (ankómon). a. **1.** raro, poco común. **2.** excepcional.
unconcern (ankónsen). n. indiferencia, despreocupación.// **unconcerned.** a. indiferente, despreocupado.
unconscious (ankónshus). a./n. inconsciente; sin sentido.
uncontrollable (ankontróulabl). a. incontrolable, irresistible, ingobernable.
uncover (ankóver). tr. **1.** descubrir, revelar, destapar. **2.** quitarse el sombrero.
uncrowded (ankráudid). a. con poca gente.
unction (ánkchon). n. **1.** unción. **2.** deleite.
uncurl (ankérl). tr. desenroscar.
uncut (ankát). a. **1.** sin cortar. **2.** en bruto.
undecided (andísaidid). a. indeciso.
undefeated (andifítid). a. invicto.
undefined (andifáind). a. indefinido.
under (ánder). a. **1.** inferior. **2.** insuficiente. **3.** subalterno.// adv. **1.** más abajo. **2.** debajo. **3.** menos. **4.** *see u.:* véase más abajo.// prep. **1.** debajo de, bajo. **2.** menor de. **3.** *u. the bed:* debajo de la cama.
underclothes (ánderclouz). n. pl. ropa interior.// **underclothing.** n. ropa interior.
undercover (ándecover). a. clandestino.
undercut (ánderkat). tr. socavar.
underdeveloped (anderdivélopt). a. **1.** poco desarrollado. **2.** subdesarrollado.// **underdevelopment.** n. subdesarrollo.
underdone (anderdan). a. poco hecho.
undergo (andergou). tr. sufrir, aguantar.
underground (ándergraund). a. **1.** subterráneo. **2.** secreto. **3.** no comercial.// adv. **1.** bajo tierra. **2.** secretamente.// n. **1.** metro, subte. **2.** resistencia.

undergrown (andergráun). a. enclenque, poco desarrollado.
underlie (anderlái). tr. 1. estar debajo de. 2. ocultarse tras.// **underlying**. a. 1. subyacente. 2. fundamental.
underline (ánderlain). n. raya, subrayado.// tr. 1. subrayar. 2. hacer hincapié en.// **underlining**. n. subrayado.
underneath (anderníz). a. inferior, de abajo.// adv. debajo.// prep. debajo de.// n. fondo, parte inferior.
underpay (anderpéi). tr./i. 1. pagar mal o poco. 2. *underpaid workers*: obreros mal pagos.
undersea (ándersi). a. submarino.// adv. bajo el mar.
understand (anderstánd). tr. 1. entender, comprender. 2. entender de, ser entendido en. 3. creer. 4. *understood?*: ¿entendido?// **understanding**. 1. a. comprensivo. 2. n. comprensión, entendimiento; opinión.// **understatement** (andersté¡tment). n. 1. eufemismo. 2. subestimación.
undertake (andertéik). tr. emprender.// **undertaking**. n. tarea.
underwear (ánderwear). n. ropa interior.
underworld (ánderweld). n. 1. mundo terrenal. 2. mundo de los muertos. 3. antípodas. 4. hampa, bajo mundo.
undies (ándiz). n. ropa interior.
undiscriminating (andiskrímineitin). a. sin discernimiento, poco juicioso.
undistinguished (andistínguisht). a. mediocre, ordinario.
undo (ándu). tr. 1. deshacer, desatar. 2. abrir.// **undoing**. n. perdición, ruina.// **undone**. a. inacabado, sin hacer.
undress (andrés). n. 1. bata. 2. uniforme.// tr. desnudar.
uneasy (anízi). a. 1. molesto. 2. preocupado.// **uneasiness**. n. intranquilidad.
unemployed (animplóid). a. parado, desempleado, desocupado.// **unemployment**. n. paro, desempleo.
unequal (aníkual). a. 1. desigual, distinto. 2. irregular.
uneven (aníven). a. accidentado, desigual.
unexpected (anikspéktid). a. inesperado, imprevisto.// **unexpectedly**. adv. de improviso, inesperadamente.
unexpressed (anikspré3st). a. inexpresado.// **unexpressive**. a. inexpresivo.
unfailing (anféilin). a. 1. inagotable. 2. constante. 3. seguro, infalible.
unfair (anféar). a. 1. injusto. 2. desleal, sucio.// **unfairness**. n. injusticia; deslealtad.
unfaith (anfeiz). n. falta de fe.// **unfaithful**. a. infiel.
unfeeling (anfílin). a. insensible.
unfit (anfít). a. 1. incapaz. 2. inadecuado. 3. inútil. 4. incompetente.// **unfitness**. n. incapacidad; incompetencia.
unfold (anfáuld). tr. desdoblar, despegar.// i. abrirse, desplegarse.// **unfolding**. n. desdoblamiento.

unfreeze (anfríz). tr. descongelar.// **unfreezing**. n. descongelamiento.
unfruitful (anfrátful). a. estéril, improductivo, infructuoso.
ungraceful (angréisful). a. desgarbado, torpe.
ungrateful (angréitful). a. ingrato, desagradecido.
unhappy (anjápi). a. desdichado, infeliz, triste.
unholy (anhóuli). a. impío, profano.
unicorn (iúnicorn). n. unicornio.
uniform (iúniform). a./n. uniforme.// tr. 1. poner un uniforme. 2. uniformar.// **uniformed**. a. con uniforme.
unify (iúnifai). i./tr. unificar(se).
unimportant (animpórtént). a. poco importante, sin importancia.
uninhabited (aninjábitid). a. deshabitado.
unintelligible (anintéliyibl). a. ininteligible, incomprensible.
uninteresting (aníntristin). a. poco interesante, sin interés.
union (iúnion). 1. unión. 2. armonía. 3. enlace. 4. sindicato.// a. del sindicato.// **Union Jack**. n. bandera del Reino Unido.// **unionist**. n. sindicalista.
unique (iuník). a. 1. único. 2. extraño, extraordinario.
unisex (iúniseks). a. para ambos sexos.
unit (iúnit). n. 1. unidad. 2. elemento. 3. conjunto, equipo. 3. *monetary u.*: unidad monetaria. 4. *film u.*: equipo de filmación. 5. *u. price*: precio unitario.// **unitary**. a. unitario; íntegro.//**unite**. tr. 1. unir. 2. reunir. 3. i. juntarse.// **unity**. n. unidad; unión.
universal (iunivérsel). a. 1. universal. 2. *u. remedy*: panacea.// **universalize**. tr. universalizar, generalizar.// **universally**. adv. universalmente, por todos.
university (iunivérsiti). n. 1. universidad. 2. *u. degree*: título, grado universitario.
unkind (ankáind). a. poco amable.
unknown (annáun). a. 1. desconocido. 2. *the u. soldier*: el soldado desconocido.// n. lo desconocido.
unless (anlés). conj. a no ser que, a menos que.// prep. salvo, excepto.
unlike (anláik). a. 1. diferente, distinto. 2. a diferencia de. 3. impropio. 4. desigual.// **unlikely**. a. improbable, poco probable.// **unlikeness**. n. diferencia.
unlucky (anláki). a. 1. desgraciado, desafortunado. 2. *how u.!*: ¡qué mala suerte! 3. *to be u.*: tener mala suerte.
unmindful (anmáindful). a. descuidado, olvidadizo.
unmixed (anmíkst). a. puro, sin mezcla.
unnatural (annáchurl). a. 1. antinatural, no natural. 2. anormal.// **unnaturally**. adv. de manera poco natural.
unnecessary (annésesari). a. innecesario.
unofficial (anofishel). a. extraoficial, no oficial.
unpack (anpák). tr. desembalar, desempaquetar, desempacar.// **unpacking**. n. desembalaje.
unpaid (anpéid). a. impagado, sin pagar.

unpleasant (anpléznt). a. 1. desagradable. 2. antipático. 3. molesto.// **unpleasantly.** adv. desagradablemente.
unplug (anplág). tr. desenchufar.// **unplugged.** a. 1. desenchufado.
unprofessional (anproféshonel). a. 1. impropio, antiético. 2. inexperto.
unprotected (anprotéktid). a. 1. sin protección, indefenso. 2. sin ayuda, sin apoyo.
unquiet (ankuáiet). a. 1. agitado. 2. ruidoso. 3. inquieto.
unrecorded (anrikórdid). a. 1. sin grabar. 2. sin registrar.
unreel (anríl). tr. desenrollar.
unrelated (anríleitid) a. inconexo, no relacionado.
unrest (anrést). n. inquietud, malestar, agitación, desasosiego.
unrope (anróup). tr. desatar.
unscrew (anskrú). tr. destornillar.
unseeing (ansíin). a. ciego, que no ve.// **unseen.** a. sin ser visto, inadvertido.
unset (ansét). a. 1. no cuajado. 2. no fraguado. 3. no fijado. 4. sin montar.
unsettle (ansétl). tr. perturbar, desequilibrar, trastornar.// **unsettled.** a. 1. perturbado, intranquilo, desequilibrado. 2. indeciso, irresoluto. 3. sin colonizar. 4. pendiente.// **unsettling.** a. inquietante.
unship (anshíp). tr. desembarcar.
unsold (ansóuld). a. no vendido, sin vender.
unsound (ansáund). a. 1. enfermizo. 2. demente. 3. corrompido. 4. defectuoso. 5. podrido. 6. poco sólido.
unsoundable (-deibl). a. insondable.
unspoken (anspóuken). a. 1. tácito. 2. *u. agreement*: acuerdo tácito. 3. *u. word*: palabra sobreentendida.
unsteady (anstédi). a. 1. inestable. 2. tembloroso. 3. irregular. 4. poco serio.// **unsteadiness.** n. 1. inestabilidad. 2. temblor.
unsuccessful (anseksésful). a. 1. sin éxito, fracasado. 2. fallido. 3. vano, infructuoso. 4. suspendido, aplazado. 5. *to be u.*: no tener éxito, fracasar.// **unsuccess.** n. fracaso.// **unsuccessfully.** a. sin éxito.
unsuited (ansiátid). a. 1. no apto, inadecuado. 2. incompatible.
unsuspected (ansespéktid). a. 1. insospechado. 2. desconocido.// **unsuspecting.** a. confiado, poco suspicaz.
untaught (antót). a. 1. sin instrucción, no enseñado. 2. natural.
untested (antéstid). a. no probado, sin comprobar.
untie (antái). tr. 1. desatar. 2. soltar. 3. desamarrar. 4. i. desatar(se).
until (antíl). 1. prep. hasta. 2. *u. now*: hasta ahora. 3. *u. when?*: ¿hasta cuándo?// conj. hasta que.
unthinking (úndzinking). a. irreflexivo.
untimely (antáimli). a. 1. inoportuno. 2. prematuro, temprano.// adv. 1. inoportunamente. 2. prematuramente.

untold (antóuld). a. 1. fabuloso, incalculable. 2. inaudito. 3. indecible, inefable.
untouchable (antáchabl). a./n. intocable.// **untouched.** a. no tocado, sin tocar.
untrue (antrú). a. 1. falso. 2. inexacto, erróneo. 3. infiel, desleal.// **untruth.** n. mentira, falsedad.
unused (aniúzd). a. 1. sin emplear, nuevo. 2. que no se utiliza. 3. libre. 4. no acostumbrado.
unusual (aniáshuel). a. 1. extraño, raro, insólito. 2. original. 3. desacostumbrado, inusual, inhabitual. 4. poco usado.// **unusually.** adv. extraordinariamente.
unveil (anvéil). tr. 1. quitar el velo. 2. destapar, descubrir. 3. revelar.// **unveiling.** n. inauguración.
unwanted (anwóntid). a. 1. no deseado. 2. no solicitado. 3. superfluo.
unweave (anwív). tr. destejer.
unwelcome (anwélkom). a. 1. importuno, molesto. 2. desagradable.
unwell (anwél). a. malo, enfermo.
unwilling (anwílin). a. 1. no dispuesto. 2. de mala gana.// **unwillingly.** adv. de mala gana, a disgusto.
unwise (anwáis). a. 1. imprudente. 2. poco aconsejable.
unworthy (anwérzi). a. 1. no digno, indigno. 2. de poco mérito. 3. despreciable.
up (ap). adv. 1. hacia arriba. 2. arriba. 3. más fuerte. 4. de pie, en pie. 5. completamente. 6. *high u.*: muy arriba. 7. *the moon is u.*: ha salido al Luna. 8. *to be u. against*: enfrentarse con. 9. *to be u. to*: ser capaz de. 10. *to come u. to*: acercarse a. 11. *up!*: ¡arriba! 12. *u. to date*: hasta la fecha, actualizado.// prep. 1. arriba. 2. en. 3. contra. 4. *u. the river*: río arriba. 3. *u. the yard*: en el fondo del patio.// a. 1. ascendente. 2. de subida.// tr. 1. levantar, alzar. 2. aumentar.// i. levantarse, subir.
up-and-down. a. 1. vertical. 2. variable. 3. con altibajos.
upcast. a. dirigido hacia arriba.
upcoming. a. próximo.
up-country. a. del interior.
update. tr. actualizar, poner al día.
upgrade. 1. a. ascendente. 2. n. cuesta, pendiente.
upgrowing. a. que crece.// **upgrowth.** n. desarrollo.
uphold. tr. levantar.
upkeep. n. mantenimiento, conservación.
upmost. a. más alto.
upper. a. 1. más alto. 2. superior.// **upper-class.** a. de la clase alta.// **uppercut.** n. gancho (golpe de boxeo).// tr./i. golpear dando un gancho.
upright. a. 1. vertical, derecho. 2. recto, honesto.// adv. en posición vertical.
uprisal. n. levantamiento.
upset. a. 1. trastornado. 2. preocupado.// n. 1. vuelco. 2. indisposición. 3. trastorno.// tr. 1. volcar. 2. trastornar.
upside. n. parte superior.
upstairs. adv. arriba, en el piso superior.
up-to-date. a. moderno, de moda.

upward. a. ascendente, hacia arriba.
urban (érban). a. urbano.// **urbanity.** n. urbanidad.
ureter (iuríter). n. uréter.// **urethra** (iurízre). n. uretra.
urge (erdsh). n. impulso.// tr. exhortar, incitar.// **urgency.** n. **1.** urgencia. **2.** petición.// **urgent.** a. urgente, apremiante.// **urgently.** adv. urgentemente.
urine (iúorin). n. orina.
urn (árn). n. **1.** urna. **2.** recipiente grande.
urology (iuróleyi). n. urología.// **urologist.** n. urólogo.
us (as). pers. pron. nosotros.
use (ius). n. **1.** uso, empleo. **2.** aplicación. **3.** manejo. **4.** costumbre, usos. **5.** rito. **6.** *fit for u.:* en buen estado. **7.** *in common u.:* de uso corriente. **8.** *for external u.:* de uso externo. **9.** *out of u.:* no funciona. **10.** *to come into u.:* empezar a utilizarse. **11.** *to put to good u.:* sacar partido de.// tr. **1.** emplear, utilizar. **2.** tomar, coger. **3.** aprovechar. **4.** *u. badly:* maltratar. **5.** *u. more care*: tenga más cuidado.// aux. *u. to:* acostumbrar, soler.// **used.** a. **1.** de segunda mano, usado. **2.** acostumbrado.// **useful.** a. útil, provechoso.// **useless.** a. inútil.
usual (iúshual). a. **1.** usual, corriente. **2.** habitual, acostumbrado. **2.** *as per u.:* como de costumbre. **3.** *the u. thing*: lo de siempre.// **usually.** adv. normalmente.
utility (iutíliti). n. **1.** utilidad. **2.** empresa de servicio público.// a. utilitario.
utmost (átmoust). a. **1.** supremo, sumo. **2.** mayor, más grande.// n. máximo.
utter (áter). a. **1.** completo. **2.** total, absoluto. **3.** empedernido.// tr. **1.** pronunciar. **2.** expresar. **3.** poner en circulación.// **utterance.** n. **1.** elocución, pronunciación. **2.** expresión. **3.** emisión monetaria.// **utterly.** adv. completamente, totalmente.

v (vi). n. vigesimosegunda letra del abecedario.
vacancy (véikanci). n. **1.** vacío. **2.** vacante. **3.** hueco, espacio vacío. **4.** habitación libre.// **vacant.** a. **1.** vacío. **2.** libre, disponible. **3.** de ocio. **4.** inexpresivo, vago.// **vacantly.** adv. distraídamente.// **vacate.** tr. **1.** dejar vacante. **2.** desocupar.
vacation (vakéishon). n. **1.** vacaciones. **2.** *on v.:* de vacaciones.// *i.* tomar las vacaciones.// **vacationer.** n. veraneante.
vaccinate (váksineit). tr. vacunar.// **vaccination.** n. vacunación.// **vaccine.** n. vacuna.
vacillation (vasiléishon). n. **1.** vacilación, titubeo. **2.** fluctuación, oscilación.// **vacillating.** a. vacilante, irresoluto.// n. vacilación.
vacuum (vákium). n. **1.** vacío; aislamiento. **2.** *in a v.:* en vacío.// a. de vacío, neumático.// tr. limpiar con aspiradora.// **vacuum bottle.** n. termo.// **vacuum cleaner.** **1.** n. aspiradora. **2.** tr. pasar la aspiradora.// **vacuum pump.** n. bomba neumática.// **vacuum tube.** n. tubo de vacío.
vagrancy (véigransi). n. vagabundeo, vagancia.// **vagrant.** a. **1.** vagabundo, errabundo. **2.** ambulante. **3.** n. vagabundo.
vague (veig). a. **1.** vago; ambiguo. **2.** impreciso. **3.** indeciso. **4.** mínimo. **5.** *to be v.:* andarse con vaguedades.// **vaguely.** adv. **1.** vagamente, con ambigüedad. **2.** apenas.// **vagueness.** n. vaguedad.
vain (vein). a. **1.** vano. **2.** presumido. **3.** adv. *in v.:* en vano, vanamente.// **vainness.** n. **1.** vanidad. **2.** inutilidad.
valet (válit). n. ayuda de cámara.// tr. servir como ayuda de cámara.
valiant (válient). a. valiente, valeroso.
valid (válid). a. **1.** válido, valedero. **2.** vigente.// **validate.** tr. validar, dar validez a; verificar.// **validation.** n. validación.
valley (váli). n. valle.
valor (váler). n. valor, valentía.
value (váliu). n. **1.** valor. **2.** monto. **3.** significado. **4.** *decrease in v.:* depreciación. **5.** pl. *sense of v.:* sentido de los valores. **6.** *to be of v.:* ser valioso. **7.** *to loose v.:* desvalorizarse.// tr. **1.** valorar, tasar. **2.** estimar, apreciar.// **valued.** a. estimado, apreciado.// **valueless.** a. sin valor.
valve (valv). n. **1.** válvula. **2.** *Zool.* valva. **3.** *safety v.:* válvula de seguridad. **4.** *v. set.:* radio de lámparas.
vamp (vamp). n. **1.** pala, empeine. **2.** remiendo. **3.** mujer fatal, vampiresa.// *1.* poner la pala. **2.** remendar.
vampire (vámpaier). n. **1.** vampiro. **2.** mujer fatal, vampiresa.

van (van). n. **1.** furgoneta, camioneta. **2.** vanguardia. **3.** ala. **4.** *prison v.:* coche celular.
vandal. 1. n. vándalo. **2.** a. vandálico.// **vandalism** (vándalizem). n. vandalismo.// **vandalistic.** a. vandálico.
vanguard (vángard). n. vanguardia.
vanila. n. vainilla.
vanish (vánish). i. desaparecer, desvanecerse.// **vanishing. 1.** a. que desaparece. **2.** n. desaparición.
vanity (vániti). n. **1.** vanidad, orgullo. **2.** *out of sheer v.:* por pura vanidad.
vanquish (vánkuish). tr. vencer, conquistar.// **vanquisher.** n. vencedor.// **vanquishing. 1.** a. vencedor. **2.** n. conquista.
vapor, vapour (véipor). n. **1.** vapor. **2.** vaho. **3.** *v. bath:* baño de vapor.// i. vaporizarse, evaporarse.
variable (véariebl). a. variable.// n. viento variable.
variety (varáieti). n. **1.** diversidad. **2.** variedad, surtido. **3.** pl. variedades, espectáculo. **4.** *for v.:* por variar.
variety store. n. bazar.
varnish (várnish). n. **1.** barniz. **2.** charol. **3.** *nail v.:* esmalte para uñas.// tr. **1.** barnizar. **2.** charolar. **3.** pintar las uñas.// **varnish remover.** n. quitaesmalte.// **varnisher.** n. barnizador.// **varnishing.** a. barnizado.
vary (véari). tr. variar, cambiar.// i. **1.** diferir. **2.** desviarse.// **varying.** a. variante, variable.
vase (vaz). n. **1.** vaso. **2.** jarrón. **3.** florero. **4.** vasija.
vast (vast). a. inmenso, vasto, extenso.// **vastly.** adv. extensamente.
vault (volt). n. **1.** bóveda. **2.** sótano. **3.** bodega. **4.** panteón. **5.** cripta. **6.** salto con pértiga. **7.** *v. of heaven:* bóveda celestial.// tr. **1.** saltar. **2.** abovedar.// **vaulted.** a. abovedado.// **vaulter.** n. saltador.// **vaulting** n **1.** construcción de bóvedas. **2.** salto.
vegetable (véshitebl). a. **1.** vegetal. **2.** de verduras.// n. **1.** vegetal, planta. **2.** hortaliza, verdura, legumbre. **3.** pl. *green v.:* verduras.// **vegetable oil.** n. aceite vegetal.
vehicle (víikel). n. **1.** vehículo. **2.** excipiente. **3.** medio.
veil (veil). n. **1.** velo. **2.** pretexto. **3.** *under the v. of:* con el pretexto de. **4.** *beyond the v.:* en el otro mundo.// tr. **1.** velar, cubrir. **2.** disimular.// **veiling.** n. **1.** tela para hacer velos. **2.** acción de velar. **3.** velo.
vein (vein). n. **1.** vena. **2.** veta, filón. **3.** nervadura. **4.** humor. **5.** estilo.// **veined.** a. que tiene venas.// **veining.** a. jaspeado.
veinstone. n. ganga.
veiny. a. **1.** venoso. **2.** veteado.
velocity (vilósiti). n. velocidad.
velvet (vélvit). n. **1.** terciopelo. **2.** vello.// a. aterciopelado.
vengeance (vénshens). n. **1.** venganza. **2.** *to take v.:* vengarse. **4.** *with a v.:* con violencia.// **vengeful.** a. vengativo.
vent (vent). n. **1.** abertura. **2.** respiradero. **3.** válvula. **4.** salida.// tr. **1.** hacer un agujero. **2.** descargar, emitir.
venter (vénter). n. **1.** vientre, abdomen. **2.** matriz.
ventilate (véntileit). tr. **1.** ventilar, airear. **2.** ventilar, discutir.// **ventilating.** n. ventilación, aireación.// **ventilation.** n. ventilación.// **ventilator.** n. ventilador.
venture (vénchur). n. **1.** aventura, empresa. **2.** *at a v.:* al azar. **3.** *business v.:* empresa comercial.// tr. **1.** arriesgar, aventurar. **2.** osar, atreverse a.// i. arriesgarse.// **venturer.** n. aventurero.
verb (vérb). n. verbo.// **verbal.** a. verbal.
verge (versh). n. **1.** borde, margen. **2.** jurisdicción. **3.** *on the v. of:* al borde de.// i. orientarse, inclinarse.
verify (vérifai). tr. verificar, comprobar.
verity (vériti). n. verdad.// **veritable.** a. verdadero.
versatile (vérsatail). a. **1.** versátil, polifacético. **2.** ágil, flexible. **3.** multiuso.// **versatility.** n. **1.** versatilidad. **2.** agilidad, flexibilidad.
verse (vers). n. **1.** verso. **2.** estrofa. **3.** versículo.// a. en verso.// tr./i. poner en versos, versificar.// **versed** (vérst). a. versado.
version (vérshon). n. **1.** versión, interpretación. **2.** *according to his v.:* según él.
vertebrate (vértibreit). a./n. vertebrado.
vertex (vérteks). n. **1.** vértice. **2.** cenit. **3.** cumbre, cúspide.
vertical (vértikal). a./n. vertical.// **vertically.** adv. verticalmente.
very (véri). a. **1.** mismo, mismísimo. **2.** propio. **3.** verdadero, real. **4.** puro. **5.** *the v. truth:* la pura verdad.// adv. **1.** muy. **2.** mucho. **3.** *at the v. least:* por lo menos. **4.** *a v. little:* muy poco. **5.** *the v. best:* el mejor de todos. **6.** *the v. same:* el mismísimo. **7.** *v. v. few:* poquísimos.
vesicle (vésikl). n. vesícula.
vessel (vésel). n. **1.** vasija, vaso, recipiente. **2.** nave, navío, buque. **3.** vaso sanguíneo.
vestige (véstish). n. vestigio, rastro.
vet (vet). n. **1.** veterinario. **2.** veterano.// tr. examinar un animal.
vexation (vekséishon). n. molestia, fastidio.
vibrate (vaibréit). i. vibrar.// **vibrating.** a. vibrante, vibratorio.// **vibration.** n. vibración.
vice (vais). n. **1.** vicio. **2.** resabio.// pref. **vice-**, en lugar de, en vez de.// **vice-squad.** n. brigada contra el vicio.// **vicious.** a. **1.** vicioso, depravado. **2.** malo, malintencionado.// **viciously.** a. viciosamente.
victim (víktim). n. víctima.// **victimize.** tr. **1.** tomar como víctima. **2.** perseguir.
victory (víktori). n. victoria, triunfo, éxito.
view (viu). n. **1.** vista, panorama. **2.** paisaje. **3.** inspección, examinación. **4.** panorama, visión de conjunto. **5.** opinión, parecer. **6.** *at first v.:* a primera vista. **7.** *field of v.:* campo de visión. **8.** *in v. of:* considerando. **9.** *point of v.:* punto de vista. **10.** *to keep in v:* no perder de vista.// tr. **1.** mirar. **2.** ver, visitar. **3.** inspeccionar. **4.** enfocar, considerar.
viewer. n. **1.** televidente. **2.** inspector.
viewing. n. visita.

viewless. a. 1. sin vista. 2. invisible.
viewpoint. n. punto de vista.
vigilance (viyilans). n. vigilancia.// **vigilant.** a. vigilante.
vigor. n. vigor.// **vigorous** (vígoros). a. vigoroso.
vile (vail). a. 1. vil, ruin. 2. malísimo. 3. repugnante, detestable. 4. horrible, espantoso. 5. sin valor. 6. pésimo. 7. odioso.// **vilely.** adv. 1. vilmente. 2. horriblemente.// **vileness.** n. 1. vileza. 2. infamia.
vilify (vilifai). tr. difamar.
village (vilidsh). n. 1. pueblo. 2. aldea.// a. 1. pueblerino. 2. del pueblo.
villain (vílen). n. canalla, maleante.// **villainy.** n. villanía, maldad.
vindicate (vindikeit). tr. vindicar, reivindicar.// **vindication.** n. vindicación, reivindicación.// **vindictive.** a. vengativo.
vine (vain). n. 1. vid. 2. sarmiento. 3. parra.// **vinegar.** n. vinagre.// **vinegary.** a. avinagrado.// **vine leaf.** n. hoja de parra.// **vineyard.** n. viña, viñedo.
violate (váioleit). tr. 1. violar. 2. infringir.// **violation.** n. violación.
violence (váiolens). n. violencia.// **violent.** a. 1. violento. 2. chillón. 3. intenso. 4. profundo.// **violently.** adv. violentamente.
violet (váiolit). n. 1. violeta (flor). 2. color violeta.// a. violado, violeta.
violin (vaiolín). n. violín.// **violinist.** n. violinista.
viper (váiper). n. víbora.
virgin (véryen). n./a. virgen.// **virginal.** a. virginal.
virginhood. n. virginidad.// **virginity.** n. virginidad.
virile (víril). a. viril, varonil.// **virility.** n. virilidad.
virtual (vérchual). a. 1. verdadero. 2. virtual.// **virtually.** adv. prácticamente, casi.
virtue (vértiu). n. 1. virtud. 2. ventaja. 3. castidad. 4. honra.
virus (váiares). n. virus.
vision (víshon). n. 1. visión. 2. vista. 3. sueño. 4. clarividencia. 5. belleza. 6. *a man of v.:* un hombre clarividente. 7. *field of v.:* campo visual.// tr. imaginar.// **visionary.** a./n. 1. visionario. 2. imaginario, quimérico.
visit (vízit). n. 1. visita. 2. *a flying v.:* visita de médico.// tr. 1. visitar. 2. inspeccionar.// i. hacer visitas.// **visitant.** n. 1. ave de paso. 2. visitante.// **visiting.** a. de visita.
visualize (viyualais). tr. visualizar.
vital (váital). a. 1. vital. 2. fundamental, esencial. 3. sumo, capital. 4. enérgico, vivo. 5. crucial. 6. *v. force:* impulso vital.// n. pl. órganos vitales.// **vitality.** n. vitalidad.// **vitally.** adv. de suma importancia.
vitamin (vítamin). n. vitamina.// **vitaminic.** a. vitamínico.
vitrify (vítrifai). tr. vitrificar.
vivacious (viveshios). a. vivaz.// **vivacity.** n. vivacidad.
vivid (vívid). a. 1. vivo, intenso. 2. gráfico, pintoresco.// **vividness.** n. 1. intensidad, viveza. 2. fuerza.
vixen (víksen). f. zorra.

vocal (vóukal). a. 1. vocal. 2. vocálico. 3. sonoro. 4. ruidoso.// **vocalist.** n. vocalista.// **vocalize.** tr. 1. vocalizar. 2. cantar. 3. articular.// **vocalization** n. vocalización.
vocation (voukéishon). n. 1. vocación, inclinación. 2. profesión, carrera.// **vocational.** a. profesional.
vogue (voug). n. voga, moda.
voice (vois). n. 1. voz. 2. tono. 3. *in a loud v.;* en voz alta. 4. *loss of v.:* afonía. 5. *to give v. to:* expresar. 6. *with one v.:* por unanimidad.// tr. 1. expresar, hacerse eco de. 2. articular.// **voiced.** a. expresado.// **voiceless.** a. 1. mudo. 2. afónico.
void (void). a. 1. vacío. 2. vacante. 3. nulo, inválido. 4. *to be v. of:* estar desprovisto de.// n. 1. vacío. 2. fallo.// tr. 1. anular, invalidar. 2. desocupar, vaciar, evacuar.// **voidness.** n. vacío, vacuidad.
volatile (vólatail). a. 1. volátil. 2. voluble, inconstante.
volcano (volkéinou). n. volcán.
volley (vóli). n. 1. andanada, descarga. 2. lluvia. 3. torrente. 4. voleo.// tr. 1. lanzar. 2. volear.// **volleyball.** n. balonvolea, vóleibol.
volt (voult). n. 1. voltio, volt.// **voltage.** n. voltaje, tensión.// **voltaic.** a. voltaico.
volume (vólium). n. 1. volumen. 2. tomo. 3. cantidad. 4. pl. gran cantidad.// **volume control.** n. botón del volumen.
voluntary (vólentari). a. 1. voluntario. 2. espontáneo. 3. benévolo.// **volunteer.** 1. a./n. voluntario. 2. tr. ofrecer, dar. 3. i./tr. alistar(se) como voluntario.
vomit (vómit). n. 1. vómito. 2. vomitivo.// tr. vomitar.
voodoo (vúdu). n. vodú, vudú.// tr. hechizar, embrujar.
voracious (voracios). a. voraz.// **voracity.** n. voracidad.
vortex (vórteks). n. 1. vórtice. 2. torbellino, vorágine.
votary (voutari). a. devoto, partidario.
vote (vout). n. 1. voto. 2. votación. 3. derecho de votar.// tr. 1. votar. 2. elegir. 3. proponer. 4. *to v. down:* rechazar, votar contra. 5. *v. in:* elegir (por votación).// **voter.** n. votante, elector.// **voting.** 1. n. votación. 2. a. de votación, electoral. 3. *v. paper:* papeleta de voto.
vouch (vauch). tr. verificar, comprobar.// i. *v. for:* avalar, responder por.// **voucher** (vaucher). n. 1. fiador. 2. comprobante.
vow (vau). n. 1. voto, promesa solemne.// tr. 1. jurar. 2. prometer.// i. 1. hacer votos.
voyage (vóiish). n. viaje.// i. viajar.// **voyager.** n. viajero.
vulcanize (vulkanais). tr. vulcanizar.
vulgar (vólguer). a. 1. común, corriente. 2. vulgar, cursi.// n. vulgo.// **vulgarism.** n. vulgarismo.// **vulgarity.** n. vulgaridad, grosería.
vulnerability (vulnerabiliti). n. vulnerabilidad.// **vulnerable.** a. vulnerable.
vulture (válchur). n. buitre.
vulva. n. vulva.

w (dabliú). n. vigesimotercera letra del abecedario.
wade (ueid). tr. vadear.// i. andar con dificultad.// **wader.** n. **1.** ave zancuda. **2.** pl. botas altas impermeables.
waffle (uáfl). n. barquillo.// i. perorar.// **waffle iron.** n. molde para hacer barquillos.
wag (uag). n. **1.** guasón, bromista. **2.** meneo.// tr. agitar, menear.
wage (ueish). n. **1.** salario, sueldo. **2.** *basic w.:* sueldo básico. **3.** *starvation w.:* salario de hambre.// tr. **1.** hacer la guerra. **2.** librar una batalla. **3.** emprender una campaña.// **wage freeze.** n. congelamiento de sueldos.// **wage scale.** n. escala salarial.
wager (-er). n. apuesta.// tr./i. apostar.
wageworker. n. asalariado.
waggish (uáguish). a. bromista.
waggon (uágon). n. **1.** carro. **2.** furgón. **3.** vagón. **4.** camioneta.// **waggoner.** n. carretero.// **wagon-lit.** n. coche cama.// **wagon train.** n. tren de equipajes.
wail (ueil). n. quejido, gemido.// i. gemir, lamentarse.
wailing. n. gemidos.
waist (ueist). n. cintura, talle.// **waistband.** n. cinturón.// **waistcoat.** n. chaleco.// **waist-deep.** adv. hasta la cintura.
wait (ueit). n. **1.** espera. **2.** emboscada.// tr. **1.** esperar. **2.** retardar. **3.** atender, servir.// i. **1.** esperar. **2.** ser camarero. **3.** *just you w.!* ¡me las pagarás! **4.** *w. at table:* servir la mesa. **5.** *w. up on:* esperar a alguien (sin acostarse).// **walter.** n. **1.** camarero. **2.** bandeja.// **waiting.** a. **1.** que espera. **2.** de espera.// **waiting room.** n. sala de espera.// **waitress.** f. camarera.
waive (ueiv). tr. **1.** renunciar. **2.** aplazar, diferir.// **waiver.** n. renuncia, desistimiento.
wake (ueik). n. **1.** velatorio. **2.** estela. **3.** huella.// tr. **1.** despertar. **2.** resucitar, revivir. **3.** velar.// i. **1.** despertarse. **2.** estar despierto.// **wakeful.** a. **1.** alerta, vigilante. **2.** desvelado.// **wakefully.** adv. en vela, sin dormir.// **waken.** tr. despertar.// **waking.** a. alerta, vigilante.
walk (uok). n. **1.** manera de andar. **2.** paso. **3.** paseo. **4.** camino, sendero. **5.** ronda. **6.** plantación.// tr. **1.** recorrer. **2.** pasear. **3.** acompañar.// i. **1.** andar, caminar. **2.** pasearse. **3.** ir andando. **4.** *w. away:* irse, marcharse. **5.** *w. back:* volver a pie. **6.** *w. down:* bajar andando a pie. **7.** *w. on:* seguir su camino. **8.** *w. over:* pisotear. **9.** *w. trough:* atravesar. **10.** *w. up:* subir.// **walker.** n. paseante, peatón.// **walking.** n. **1.** andar. **2.** paseo. **3.** caminata. **4.** a. ambulante; oscilante.
walking cane. n. bastón.
walking of life. n. profesión, posición social, estatus.
walking papers. n. despido.
walkout. n. huelga.
walkover. n. victoria fácil.
wall (uol). n. **1.** pared. **2.** tapia. **3.** muro. **4.** barrera. **5.** *blind w.:* pared sin aberturas. **6.** *main w.:* pared maestra. **7.** *within the walls:* intramuros.// a. de pared, mural.// tr. **1.** poner una pared o un muro. **2.** *w. in:* cercar con un muro o una tapia.// **wallboard.** n. panel, tablero.// **wall clock.** n. reloj de pared.// **walled.** a. amurallado, cercado.// **wall lamp.** n. aplique.// **wallpaper. 1.** n. papel de empapelar. **2.** tr. empapelar.// **wall tile.** n. azulejo.
waltz (uols). n. vals.// tr./i. bailar el vals.// **waltzer.** n. persona que baila el vals.
wander (uónder). tr. vagar, errar.// **wanderer.** n. vagabundo, viajero, nómada.// **wandering.** a. **1.** errante. **2.** *The W. Jew:* El Judío Errante. **3.** n. vagabundo.
want (uont). n. **1.** falta. **2.** necesidad. **3.** deseo. **4.** laguna, vacío. **5.** *for w. of:* por falta de.// tr. **1.** querer, desear. **2.** necesitar, hacer falta. **3.** buscar.// **wanting.** a. **1.** ausente. **2.** deficiente.
war (uor). n. **1.** guerra. **2.** *at w.:* en guerra. **3.** *civil w.:* guerra civil. **4.** *to go to w.:* entrar en guerra. **5.** *w. to the knife:* guerra a muerte.// i. estar en guerra.// a. de guerra.// **war chant.** n. canto guerrero.// **war crime.** n. crimen de guerra.// **warfare.** n. guerra.// **war-horse.** n. caballo de batalla.// **warlord.** n. jefe militar.// **warrior.** n. guerrero.// **warship.** n. buque de guerra.// **wartime.** n. tiempo de guerra.
ward (uord). **1.** pupilo. **2.** tutela, custodia. **3.** pabellón. **4.** barrio, distrito. **5.** *muesca.*// tr. guardar, proteger.// **warden.** n. guardia, vigilante.// **warder.** n. carcelero.// **wardrobe.** n. armario, guardarropa, vestuario.
ware (uear). n. **1.** objetos. **2.** pl. mercaderías.// tr. tener cuidado con.
warehouse. n. almacén, depósito.// tr. almacenar, depositar.
warm (uorm). a. **1.** tibio. **2.** caliente. **3.** cálido. **4.** acogedor. **5.** cariñoso. **6.** entusiasta. **7.** *to get w.:* entrar en calor.// n. **1.** calentamiento.// tr. **1.** calentar. **2.** alegrar.// **warmer.** n. calentador.// **warming.** n. paliza, tunda.// **warmly.** adv. calurosamente, afectuosamente.

warmth. n. 1. calor. 2. entusiasmo. 3. cordialidad.
warn (uorn). tr. 1. advertir, prevenir de, avisar de. 2. aconsejar. 3. amonestar.// **warner.** n. persona que advierte o avisa.// **warning.** n. 1. advertencia, aviso. 2. amonestación. 3. señal. 4. alarma.// **warningly.** adv. a modo de advertencia.
warrant (uórent). n. 1. autorización, poder. 2. justificación. 3. garantía. 4. decreto, orden.// tr. 1. justificar. 2. garantizar.// **warrantee.** n. persona que recibe una garantía.// **warrantor.** n. fiador, garante.// **warranty.** n. 1. garantía, fianza. 2. autorización.
wash (uosh). n. 1. lavado, ropa para lavar. 2. aluvión. 3. erosión. 4. rumor, murmullo.// tr. 1. lavar. 2. quitar. 3. fregar. 4. mojar, humedecer. 5. w. away: quitar lavando; erosionar. 6. w. up: fregar.// **washable.** a. lavable.// **wash-and-wear.** a. que no se plancha.// **washboard.** n. tabla de lavar.// **washbowl.** n. lavabo.// **washerman.** m. lavandero.// **washer-up.** n. lavaplatos.// **washerwoman.** f. lavandera.// **washhouse.** n. lavadero.// **washing.** n. 1. lavado. 2. fregado. 3. ropa sucia, para lavar.// **washing machine.** n. lavadora.// **washing powder.** n. jabón en polvo.
waste (ueist). a. 1. yermo, baldío. 2. incultivable. 3. de desecho, residual. 4. sobrante.// n. 1. pérdida. 2. desgaste. 3. residuos. 4. desierto.// tr. 1. derrochar, despilfarrar. 2. perder. 3. consumir. 4. debilitar.// i. 1. desperdiciarse. 2. disminuir.
wastebasket. n. papelera, cesto de papeles.
wastebin. n. cubo de la basura.
wasteful. a. 1. despilfarrador. 2. ruinoso.// **wasteland.** n. yermo, tierra baldía.
wastepaper. n. papel usado.
waste pipe. n. tubo de desagüe.
waster. n. derrochador, despilfarrador.
watch (uotch). n. 1. reloj de pulsera. 2. reloj de bolsillo. 3. vigilancia. 4. vigilante, guarda. 5. ronda. 6. on the w.: alerta, ojo avizor. 7. to keep w.: estar de guardia.// tr. 1. observar, mirar. 2. fijarse en. 3. cuidar. 4. velar. 5. tener cuidado. 6. w. after: seguir con la mirada. 7. w. out: estar atento.// **watchband.** n. correa de reloj.// **watchdog.** n. perro guardián.// **watcher.** n. vigilante.// **watch fire.** n. hoguera.// **watchful.** a. atento, vigilante.// **watchmaker.** n. relojero.// **watchman.** m. guardián, sereno.// **watch night.** n. nochevieja.
water (uóter). n. 1. agua. 2. marea. 3. orina. 4. low w.: marea baja. 4. by w.: por mar. 5. fresh w.: agua dulce. 6. holy w.: agua bendita. 7. salt w.: agua salada.// a. acuático.// tr. 1. mojar, humedecer. 2. dar de beber. 3. aguar, diluir. 4. w. down: moderar, suavizar.
water bath (uóter badz). n. baño de maría, baño maría.// **water boat.** n. barco cisterna.// **water bottle.** n. cantimplora.
water chute. n. tobogán.
water clock. n. clepsidra.
water closet. n. inodoro, excusado.
watercolour. n. acuarela.
watercourse. n. corriente de agua.// **water cure.** n. hidroterapia.

water dog. n. perro de aguas.
water fall. n. cascada, catarata.
waterfowl. n. ave acuática.
waterfront. n. puerto, muelles; terreno ribereño.
water gap. n. desfiladero.
water ice. n. sorbete.
watering. n. riego.
waterless. a. sin agua, árido.
water lily. n. nenúfar.
waterline. n. línea de flotación.
waterlogged. a. inundado.
watermelon. n. sandía.
water mill. n. molino de agua.
water pipe. n. cañería de agua.
water plane. n. hidroavión.
water power. n. energía hidráulica.
waterproof. a. 1. impermeable. 2. sumergible. 3. tr. impermeabilizar.// **waterside.** 1. n. orilla. 2. a. ribereño.// **watershed.** n. línea divisoria de aguas.// **waterspout.** n. 1. canal de desagüe. 2. tromba marina.// **water system.** n. red fluvial.// **water vapour.** n. vapor de agua.// **waterway.** n. vía acuática, vía fluvial.// **watery.** a. acuoso, aguado.
watt (uot). n. vatio.
wave (ueiv). n. 1. ola. 2. ondulación. 3. onda. 4. racha. 5. new w.: nueva ola.// tr. 1. agitar. 2. ondular.// i. ondear.// **waved.** a. ondulado.// **waveless.** a. sin olas, tranquilo.// **waver.** 1. n. vacilación, titubeo. 2. i. dudar, vacilar.// **wavy.** a. ondulado.
wax (uaks). n. cera.// a. de cera.// tr. 1. encerar. 2. crecer (la Luna).// **wax candle.** n. vela de cera.// **wax cloth.** n. hule.// **wax doll.** n. muñeca de cera.// **waxed.** a. encerado.// **waxen.** a. ceroso, encerado.// **wax match.** n. cerilla.
way (uei). n. 1. camino. 2. carretera. 3. trecho, distancia. 4. dirección. 5. manera, modo, estilo, forma. 6. asunto. 7. terreno. 8. estado. 9. costumbre. 10. all the w.: por todo el camino. 11. a long w. from: lejos de. 12. any w.: de cualquier manera. 13. by the w.: en el camino. 14. on the w.: en camino. 15. this w.: por aquí, en esta dirección. 16. to find a w.: encontrar una solución. 17. up w.: en marcha. 18. w. down: bajada. 19. w. off: a lo lejos. 20. w. of life: estilo de vida. 21. w. up: subida. 22. ways and means: medios.// adv. allá.// **wayfarer.** n. caminante, viajero.// **waylay.** i. acechar.// **wayside.** a. al borde del camino.// **way station.** n. apeadero.// **wayworn.** a. agotado por el camino.
we (ui). pers. pron. 1. nosotros. 2. nos.
weak (uik). a. 1. débil, flojo. 2. poco enérgico. 3. claro. 4. poco. 5. w. argument: argumento flojo. 6. w. mind: mente débil. 7. weaker sex: sexo débil. 8. w. moment: momento de debilidad.
weaken. i./tr. 1. debilitar(se). 2. disminuir, atenuar.// **weakly.** a. débil, enfermizo, achacoso.// adv. débilmente.// **weakness.** n. 1. debilidad. 2. punto flaco.
wealth (uelz). n. 1. riqueza, abundancia. 2. man of w.: hombre rico.// **wealthy.** a. rico.
weapon (uépon). n. 1. arma. 2. defensa.// **weaponless.** a. desarmado.

while

wear (uear). n. **1.** uso. **2.** desgaste. **3.** resistencia. **4.** ropa. **5.** summer w.: ropa de verano.// tr. **1.** llevar, vestir, ponerse, usar. **2.** hacer. **3.** tener. **4.** consumir. **5.** w. black: ir vestido de negro.// i. **1.** gastarse, desgastarse. **2.** w. off: raer, gastar. **3.** w. on: pasar lentamente.// **wearable**. a. que se puede llevar o usar.
weasel (uísel). n. comadreja.
weather (uéder). n. **1.** tiempo, clima. **2.** fine w.: buen tiempo. **3.** heavy w.: temporal. **4.** in the w.: a la intemperie.// a. meteorológico, del tiempo.// tr. **1.** exponer a la intemperie. **2.** capear.// i. resistir.// **weather chart**. n. mapa meteorológico.// **weather forecast**. n. boletín o parte meteorológico.// **weatherglass**. n. barómetro.// **weatherman**. m. meteorólogo.// **weatherproof**. **1.** a. resistente a la intemperie. **2.** tr. hacer resistente a la intemperie.// **weather report**. n. reporte meteorológico.// **weather station**. n. estación meteorológica.
weave (uiv). n. tejido.// tr. **1.** tejer. **2.** entrelazar.// i. zigzaguear.// **weaver**. n. tejedor.// **weaverbird**. n. pájaro tejedor.
web (ueb). n. **1.** tejido, tela. **2.** tela de araña, telaraña. **3.** red. **4.** trampa. **5.** membrana.
webbed. a. palmeado.
webbing. n. lona.
web-footed. a. palmípedo.
wed (ued). i./tr. **1.** casarse con. **2.** casar.// **wedded**. a. **1.** casado. **2.** my w. wife: mi legítima esposa.// **wedding**. n. **1.** boda, casamiento. **2.** unión, enlace. **3.** a. de boda, nupcial.// **wedding march**. n. marcha nupcial.
wedge (uesh). n. cuña.// tr. poner cuñas.// **wedge-shaped**. a. en forma de cuña, cuneiforme.
weed (uid). n. **1.** hierba. **2.** mala hierba. **3.** maleza. **4.** jamelgo, rocín. **5.** pl. traje de luto.// tr. **1.** desherbar. **2.** escardar.// i. quitar la maleza.// **weeding**. n. escarda.// **weeding machine**. n. escardadora.// **weed killer**. n. herbicida.// **weedy**. a. cubierto de maleza.
week (uik). n. **1.** semana. **2.** last w.: la semana pasada. **3.** w. by w.: todas las semanas. **4.** working w.: semana laboral.// **weekend**. n. **1.** fin de semana. **2.** a. de fin de semana. **3.** i. pasar el fin de semana.// **weekly**. **1.** a. semanal. **2.** n. semanario. **3.** adv. semanalmente.
wee-wee (ui-ui). n. pipí.// i. hacer pipí.
weigh (uei). tr. **1.** pesar. **2.** sopesar.// i. **1.** pesar. **2.** tener importancia.
weight. n. **1.** peso. **2.** pesa. **3.** pesadez. **4.** carga. **5.** importancia. **6.** influencia. **7.** atomic w.: peso atómico. **8.** net w.: peso neto.// tr. **1.** añadir peso. **2.** lastrar. **3.** dar valor.// **weightless**. a. ingrávido.// **weighty**. a. pesado.
welcome (uélkom). a. **1.** bienvenido. **2.** grato, agradable. **3.** EE.UU. you are w.!: ¡no hay de qué!// n. bienvenida.// interj. ¡bienvenido!// tr. **1.** dar la bienvenida. **2.** alegrarse por.// **welcoming**. a. acogedor.
welfare (uélfear). n. **1.** bienestar. **2.** bien.// **welfare state**. n. estado benefactor.
well (uel). n. pozo.// tr. manar, fluir.
well (uel). adv. **1.** bien. **2.** completamente. **3.** as w.: también. **4.** as w. as: además de.// a. **1.** bien, bueno. **2.** sano.// interj. ¡bueno!// **well-advised**. a. sensato, juicioso.// **well-being**. n. bienestar, buen pasar.// **wellborn**. a. bien nacido.// **well-bred**. a. bien educado.// **well-disposed**. a. **1.** bien dispuesto. **2.** favorable. **3.** bienintencionado.// **well-done**. a. **1.** bien hecho. **2.** bien cocido.// **well-fixed**. a. rico, adinerado.// **well-judged**. a. bien calculado.// **well-known**. a. muy conocido.// **well-timed**. a. oportuno.
werewolf (uérwulf). n. hombre lobo.
west (uest). adv. al oeste, hacia el oeste.// a. del oeste, occidental.// n. **1.** oeste. **2.** occidente.// **western**. **1.** a. occidental. **2.** n. novela o filme que transcurre en el oeste norteamericano.// **westerner**. n. occidental.
wet (uet). a. **1.** mojado, húmedo. **2.** lluvioso. **3.** fresco. **4.** to get w.: mojarse.// n. humedad.// tr. mojar, humedecer.
wet blanket. n. aguafiestas.
wetness. n. humedad.// **wet nurse**. f. ama de leche.// **wetting**. n. remojo.// **wettish**. a. húmedo.
whale (ueil). n. ballena.// i. cazar ballenas.// **whaleboat**. n. ballenero.// **whalebone**. n. barba de ballena.// **whaling**. n. pesca de ballenas.
what (uot). rel. pron. lo que.// interr. pron. **1.** qué. **2.** cuál. **3.** cuánto. **4.** cómo.// rel. a. el que, la que, los que, las que, lo que.// interj. ¡cómo!// **whatever** (uotéver). pron. **1.** todo lo que. **2.** lo que. **3.** cualquier cosa que. **4.** a. cualquier. **5.** cualquiera, cualquiera que sea.// **what for?** ¿para qué?// **what happens**. adv. pase lo que pase.
wheat (uit). n. trigo.// **wheaten**. a. de trigo, triguero.// **wheat field**. n. trigal.
wheel (uil). n. **1.** rueda. **2.** volante. **3.** vuelta, giro. **4.** timón. **5.** fixed w.: piñón fijo. **6.** landing wheels.: tren de aterrizaje.// tr. **1.** hacer rodar. **2.** llevar sobre ruedas. **3.** empujar.// i. rodar, dar vueltas.// **wheelbarrow**. n. carretilla.// **wheelchair**. n. silla de ruedas.// **wheeled**. a. de ruedas.// **wheelsman**. n. timonero, timonel.// **wheelwork**. n. engranajes, rodaje.
when (uen). adv. cuándo. a, qué hora.// conj. **1.** cuando. **2.** en cuanto. **3.** mientras.// pron. cuándo.// n. **1.** cuándo. **2.** momento. **3.** fecha.
whence (uens). conj. de donde.
whenever (uenever). adv./conj. cuando quiera que; cada vez que.
where (uear). interr. adv. dónde, adónde.// rel. adv. donde, en donde, adonde.// **whereas**. conj. mientras que, en tanto que.// **whereby**. adv. **1.** cómo. **2.** por el que, por medio del cual.// **wherein**. adv. en donde, en que, en el cual.// **whereof**. conj. de que, de lo que.// **whereupon**. conj. sobre que, sobre lo cual.// **wherever**. adv. dónde.// conj. dondequiera que.
whether. conj. si.
which (uich). a. **1.** qué. **2.** cuál, cuáles. **3.** cuyo.// interr. pron. cuál.// rel. pron. **1.** que. **2.** el cual, lo cual. **3.** all w.: todo lo cual.
while (uail). n. **1.** rato, tiempo. **2.** a little w.: un ratito. **3.** for a w.: durante algún tiempo.// conj. **1.** mientras. **2.** aunque.// tr. pasar.

whip

whip (uip). n. **1.** látigo. **2.** azote. **3.** aspa.// tr. azotar.// i. **1.** restallar. **2.** w. away: arrebatar. **3.** w. in: reunir. **4.** w. off: quitar rápidamente. **5.** w. round: volverse de repente. **6.** w. up: avivar.// **whipping.** n. azotamiento.// **whipping boy.** n. cabeza de turco, chivo expiatorio.
whippy. a. elástico, flexible.
whip-round. n. colecta.
whirl (uerl). n. **1.** giro, rotación. **2.** remolino, torbellino.// i. **1.** girar, dar vueltas. **2.** arremolinarse. **3.** pasar rápidamente.// **whirlbone.** n. rótula.// **whirlpool.** n. remolino, vorágine.
whisper (úisper). n. **1.** cuchicheo. **2.** susurro, murmullo. **3.** rumor.// tr. **1.** decir en voz baja. **2.** hacer correr un rumor.// i. cuchichear.// **whispering.** n. cuchicheo.// **whispering campaign.** n. campaña de difamación.
white (uait). a. **1.** blanco. **2.** pálido. **3.** piadoso. **4.** honesto. **5.** puro. **6.** to turn w.: ponerse blanco.// n. **1.** blanco. **2.** ropa blanca. **3.** dressed in w.: vestido de blanco.// **white coffee.** n. café con leche.
white beet. n. acelga.
white-collar. a. de oficina, de cuello blanco.
whited. a. blanqueado.// **white-haired.** a. canoso.// **white heat.** n. rojo blanco.
white lily. n. azucena.
whiten. tr./i. blanquear.// **whiteness.** n. blancura.
who (ju). interr. pron. quién, quiénes.// rel. pron. **1.** quien, quienes, el que, la que, los que, las que. **2.** que, el que, la cual, los cuales, las cuales.
whodunit. n. novela o filme policial.
whole (joul). a. **1.** entero. **2.** total. **3.** ileso, sano. **4.** íntegro, completo. **5.** único. **6.** the w. truth: toda la verdad.// n. **1.** todo. **2.** conjunto. **3.** total. **4.** as a w.: en conjunto; como un todo. **5.** on the w.: en general.
wholehearted. a. **1.** sincero, franco. **2.** entusiasta.
whole meal. a. integral (alimentos).
wholeness. n. integridad.
whole number. n. número entero.
wholesale. a. al por mayor.// i. vender al por mayor.// **wholesaler.** n. comerciante mayorista.
wholesome. n. **1.** sano. **2.** saludable.
whole wheat. n. trigo integral.
wholly (hóuli). a. completamente.
whom (jum). interr. pron. quién, quiénes, a quién, a quiénes.// rel pron. que, quien, quienes, a quien, a quienes.
whore (jor). n. prostituta.// i. prostituirse.// **whoredom.** n. prostitución.// **whorehouse.** n. burdel.
whose (jus). pos. pron. cuyo(s), cuya(s).// pron. de quien.
whosoever. pron. quienquiera que, cualquiera que.
why (uai). adv. ¿por qué?// n. porqué.
wicked (úikid). a. **1.** malvado. **2.** travieso, pícaro. **3.** terrible. **4.** the w.: los malos.// **wickedness.** n maldad.
wide (uaid). a. **1.** ancho. **2.** de ancho. **3.** muy abierto. **4.** extenso, grande. **5.** w. views: amplitud de miras.// adv. **1.** lejos. **2.** de par en par. **3.** mucho. **4.** far and w.: por todas partes. **5.** w. apart: muy separados.

wide-angle. n. gran angular.
widely. adv. muy, mucho.// **widen.** tr. ensanchar.
widow (úidou). f. viuda.// tr. **1.** dejar viuda. **2.** to be widowed: enviudar, quedar viuda.// **widower.** m. viudo.// **widowhood.** n. viudez.
width (uidz). n. **1.** anchura. **2.** distancia. **3.** amplitud.
wife (uaif). f. **1.** mujer. **2.** esposa.// **wifeless.** a. sin mujer.
wild (uaild). a. **1.** silvestre. **2.** salvaje. **3.** bravo. **4.** inculto. **5.** extraño. **6.** violento. **7.** alocado. **8.** desordenado. **9.** to get w.: ponerse furioso. **10.** a w. project: un proyecto insensato.// n. naturaleza.// adv. **1.** violentamente. **2.** sin cultivo.
wildcat. n. gato montés.
wildebeest. n. ñu.
wilderness. n. desierto.
wild goat. n. cabra montés.
wild land. n. yermo.
will (uil). aux. Ver **apéndice gramatical.**
will (uil). n. **1.** voluntad. **2.** testamento. **3.** at w.: a voluntad, a gusto. **4.** free w.: libre albedrío. **5.** iron w.: voluntad de hierro.// tr. **1.** legar. **2.** desear, querer. **3.** conseguir. **4.** sugestionar.// **willed.** a. **1.** de voluntad. **2.** dispuesto, decidido.// **willing.** a. **1.** de buena voluntad. **2.** voluntario, espontáneo. **3.** God w.: si Dios quiere, Dios mediante.// **willingly.** a. de buena gana, gustosamente.
willow (úilou). n. sauce.// **willow grove.** n. saucedal.
win (uin). tr. **1.** ganar. **2.** granjearse, captarse. **3.** conseguir, lograr. **4.** conquistar. **5.** w. at: ganar en. **6.** w. away: separar, apartar. **7.** w. back: reconquistar. **8.** w. trough: superar los obstáculos.// **winner.** n. ganador.// **winning.** a. vencedor, victorioso.
wind (uaind). n. vuelta.// tr. **1.** devanar. **2.** enrollar. **3.** curvar, torcer. **4.** dar cuerda a.// i. **1.** enrollarse. **2.** enroscarse. **3.** w. off: desenrollar. **4.** w. up: concluir, terminar.// **winding. 1.** a. tortuoso, sinuoso. **2.** n. devanador, bobina.
wind (uind). n. **1.** viento. **2.** aire. **3.** instrumentos de viento. **4.** aliento. **5.** down the w.: con el viento. **6.** head w.: viento en contra. **7.** to the four winds: a los cuatro vientos.// tr. **1.** dejar sin aliento. **2.** olfatear. **3.** airear, ventilar.// **wind-borne.** a. llevado por el viento.// **windbreak.** n. protección contra el viento.// **winded.** a. jadeante.
windflower. n. anémona.
windmill. n. molino de viento.
window (úindou). n. **1.** ventana. **2.** cristal. **3.** ventanilla. **4.** escaparate, vidirera.// **window blind.** n. persiana.// **window cleaner.** n. limpiacristales.// **window curtain.** n. cortina.
windpipe (uándpaip). n. tráquea.
wine (uain). n. **1.** vino. **2.** red w.: vino tinto. **3.** table w.: vino de mesa. **4.** local w.: vino del país. **5.** to be in w.: estar borracho.// i. beber vino.// **wine cellar.** n. bodega.// **winery.** n. lagar.// **wine taster.** n. catavinos.
wing (uing). n. **1.** ala. **2.** aleta. **3.** extremo. **4.** aspa. **5.** vuelo. **6.** on the w.: volando, al vuelo.// tr. hender, pasar volando.// i. volar.

wingbeat. n. aletazo.// **wing cover.** n. élitro.// **winged.** a. alado.
wink (uink). i. **1.** parpadear. **2.** guiñar el ojo. **3.** titilar.// n. guiño.
winner (uiner). n. ganador.
winter (uínter). n. invierno.// a. invernal.// tr. hacer invernar.// i. invernar.// **winter pasture.** n. invernadero.
wire (uaiar). n. **1.** alambre. **2.** cable. **3.** cordón, cuerda. **4.** telegrama. **5.** adv. *by w.:* telegráficamente.// tr. **1.** alambrar. **2.** telegrafiar.// **wire cloth.** n. tela metálica.// **wire fence.** n. alambrada.// **wireless.** a. **1.** radiofónico. **2.** sin hilos.
wisdom (uízdom). n. **1.** sabiduría. **2.** cordura, sensatez.
wise (uais). a. **1.** sabio. **2.** prudente. **3.** *w. guy:* tipo piola.// n. manera, modo.
wish (uish). n. **1.** deseo. **2.** pl. votos. **3.** *my best wishes:* mis mejores deseos.// tr. **1.** querer, desear. **2.** gustar.// **wisher.** n. persona que desea.// **wishful.** a. deseoso.
wit (uit). n. **1.** agudeza, ingenio. **2.** dicho agudo. **3.** persona aguda. **4.** pl. juicios.// tr./i. saber.// *to w.:* a saber, es decir.// **wittiness.** n. agudeza, ingenio.// **witty.** a. ingenioso.
witch (uitch). f. bruja, hechicera.// tr. hechizar.// **witch ball.** n. bola de cristal.// **witch broom.** escoba de bruja.// **witchcraft.** n. brujería.// **witch hunt.** n. caza de brujas.
with (uidz). prep. con.
withdraw (uizdró). tr. quitar, retirar.// i. apartarse.// **withdrawal.** n. retirada.
within (uizín). adv. **1.** dentro (de). **2.** en casa. **3.** en su fuero interno. **4.** *from w.:* del interior.// prep. **1.** al alcance de. **2.** en.
without (uizáut). prep. **1.** sin. **2.** fuera de.// adv. fuera.
witness (uítnes). n. **1.** testigo. **2.** prueba. **3.** testimonio.// tr. **1.** presenciar, ser testigo de. **2.** demostrar
wizard (uízad). a. estupendo.// n. mago, hechicero.// **wizardry.** n. magia, hechicería.
wolf (gulf). n. lobo.// **wolf cub.** n. lobezno, lobato.// **wolf dog.** n. perro lobo.// **wolfish.** a. lobuno.// **wolf pack.** n. manada de lobos.
woman (guman). n. **1.** mujer. **2.** *w. of the world:* mujer de mundo.
woman chaser (guman caiser). a./n. mujeriego, casanova.
womanhood (gumanjud). f. **1.** mujeres, sexo femenino. **2.** femineidad.// **womanly.** a. femenino.
womb (gum). n. **1.** matriz, útero. **2.** cuna.
wonder (uónder). n. **1.** maravilla, prodigio. **2.** milagro. **3.** asombro, admiración. **4.** *no w.!:* ¡no me extraña! **5.** *to promise wonders:* prometer milagros.// tr. preguntarse.// i. admirarse, asombrarse.// **wonderful.** a. **1.** maravilloso. **2.** asombroso.
wood (gud). n. **1.** madera. **2.** leña. **3.** palo. **4.** pl. bosque.// a. **1.** de los bosques, silvestre. **2.** de madera.
wood alcohol. n. alcohol metílico, metanol.
woodbin. n. leñera.// **wood carving.** n. **1.** talla de madera. **2.** talla en madera.// **wood coal.** n. carbón vegetal.// **woodcutter.** n. leñador.// **wooded.** a. arbolado.// **wooden.** a. de madera.// **woody.** a. **1.** poblado de árboles. **2.** leñoso.
wool (gul). n. **1.** lana. **2.** *knitting w.:* lana para hacer punto.// **wool card.** n. carda.// **woollen.** a. de lana.// **woolly.** a. lanoso.
word (uerd). n. **1.** palabra. **2.** noticia. **3.** recado. **4.** orden. **5.** contraseña. **6.** letra de una canción. **7.** *a w. of advice:* un consejo. **8.** *in a w.:* en una palabra. **9.** *man of his w.:* hombre de palabra. **10.** *upon my w.:* bajo mi palabra.// tr. **1.** expresar. **2.** redactar.// **wordbook.** n. vocabulario.// **wordless.** a. mudo.
work (uerk). n. **1.** trabajo. **2.** obra. **3.** razón. **4.** mecanismo. **5.** *good works:* buenas obras. **6.** *men at w.:* hombres trabajando. **7.** *to make w.:* dar trabajo.// tr. **1.** hacer trabajar. **2.** producir. **3.** dirigir. **4.** explotar.// i. **1.** trabajar. **2.** funcionar. **3.** *w. in:* introducir. **4.** *w. off:* quitarse. **5.** *w. on:* seguir trabajando. **6.** *w. out:* solucionar, resolver. **7.** *w. up:* excitar.// **workable.** a. **1.** que se puede trabajar. **2.** explotable. **3.** realizable.// **workbench.** n. mesa de trabajo.// **work camp.** n. campo de trabajo.// **worker.** n. **1.** trabajador. **2.** obrero.
work ant. n. hormiga obrera.
work force. n. mano de obra.// **workhause.** n. *EE.UU.* correccional; *GB.* asilo, hospicio.// **working.** n. **1.** obrero. **2.** laborable. **3.** activo. **4.** de trabajo.// **working-class.** a. de la clase obrera.// **workless.** a. parado, desocupado.// **workman.** m. trabajador.// **workroom.** n. taller.// **workwoman.** f. trabajadora.
world (uerld). n. **1.** mundo, tierra. **2.** *business w.:* el mundo de los negocios. **3.** *half the w.:* medio mundo.// a. mundial.// **world-famous.** a. conocido mundialmente.// **worldly.** a. mundano.// **world map.** n. mapamundi.
worm (uerm). n. **1.** gusano. **2.** lombriz. **3.** rosca, filete. **4.** tornillo sin fin.// tr. roscar, filetear.// **worm-eaten.** a. apollillado.// **wormy.** a. agusanado.
worry (uori). n. preocupación, inquietud.// tr. preocupar.// i. **1.** preocuparse. **2.** *don't w.:* no te preocupes.// **worrying.** a. inquietante, preocupante.
worse (uers). a. peor.// adv. peor.// n. lo peor.// **worse still.** adv. peor aún.// **worsen.** tr. empeorar.
worship (uérship). n. **1.** culto, oficio. **2.** *freedom of w.:* libertad de cultos.// tr. venerar, rendir culto, adorar, idolatrar.// **worshiper.** n. adorador.
worst (uerst). a. **1.** peor. **2.** más grave.// adv. peor.// n. **1.** el peor, lo peor. **2.** peor momento.// tr. derrotar, vencer.
worth (uerz). a. **1.** digno de, merecedor de. **2.** que vale, equivalente a.// n. valor, mérito, valía.// **worthless.** a. **1.** sin valor. **2.** inútil. **3.** despreciable.// **worthwhile.** a. que vale la pena.// **worthy.** a. **1.** noble, justo. **2.** valioso, meritorio.
wound (gund). n. herida.// tr./i. herir.// **wounded.** a. herido.
wrap (rap). n. **1.** chal. **2.** manta. **3.** capa. **4.** bata. **5.** envoltura.// tr. **1.** envolver. **2.** cubrir. **3.** absorber.// i. enrollarse.// **wrapper.** n. envoltura.// **wrapping.** n. embalaje.

wreck

wreck (rek). n. **1.** naufragio. **2.** restos. **3.** colisión, accidente.// tr. **1.** hacer naufragar, hundir. **2.** destrozar.// i. naufragar, hundirse.
wrinkle (rinkl). n. arruga.// i. arrugarse.
write (rait). n. **1.** escritura. **2.** orden, mandato.// tr. **1.** escribir. **2.** componer. **3.** rellenar, llenar. **4.** suscribir. **5.** *w. back:* contestar. **6.** *w. down:* apuntar, anotar. **7.** *w. up:* hacer un reportaje.// **writer.** n. **1.** escritor. **2.** autor. **3.** escribano.// **write of attachment.** n. mandato de embargo.// **write-up.** n. crítica.// **writing.** n. **1.** acción de escribir. **2.** escrito.// **written.** a. escrito.
wrong (rong). a. **1.** malo. **2.** mal. **3.** erróneo, equivocado. **4.** *at the w. time*: en un mal momento. **5.** *on the w. foot*: a contrapié. **6.** *to be w.:* estar equivocado. **7.** *to do the w. thing:* hacer lo que no se debe.// n. **1.** mal. **2.** error. **3.** daño.// adv. **1.** mal. **2.** incorrectamente.// tr. **1.** ser injusto con. **2.** perjudicar, agraviar. **3.** seducir.// **wrongful.** a. **1.** injusto. **2.** ilegal.
wrought (rot). a. forjado, labrado, trabajado.
wry (rai). a. **1.** torcido, doblado. **2.** irónico.

x (éks). n. vigésimocuarta letra del abecedario.
x-axis (éksaksis). n. **1.** *Mat.* abscisa, eje horizontal del sistema de coordenadas. **2.** *Electr.* eje eléctrico.
xenogamy (zenoguemi). n. xenogamia.
xenon (zinon). n. xenón.
xenophilia (zenefáilie). n. xenofilia.// **xenophilous.** a. xenófilo.
xenophobe (zénefaub). a. xenófobo.// **xenophobia.** n. xenofobia.
xerography (zerógrefi). n. xerografía.
X-mas (krismas). n. Navidad.
X-ray (éksréi). n. **1.** radiografía. **2.** pl. rayos X.// tr. tratar o examinar con rayos X.// **X-ray print.** n. radiografía.// **X-ray therapy.** n. radioterapia.// **X-ray tube.** n. tubo de rayos X.
xylene (zailin). n. xileno.
xylograph (záilograf). n. xilografía.// **xylographer.** n. xilógrafo.// **xylographic.** a. xilográfico.
xylophage (xailafeidch). a. xilófago.
xylophone (zállafoun). n. xilófono.// **xylophonist.** n. xilofonista.

y (uai). n. vigesimoquinta letra del abecedario.
yacht (iot). n. yate.// **yacht club.** n. club náutico.// i. **1.** practicar navegación de recreo. **2.** participar en una regata.// **yachting.** n. navegación en yate, navegación de recreo.// **yacht race.** n. regata.
yahoo (iahú). n. bruto, patán.
yak (iak). n. yac.
yam (iam). n. patata dulce, batata.
yank (iank). i./tr. **1.** tironear. **2.** sacar de un tirón.// n. tirón.
yap. i. ladrar.// n. ladrido.
yard (iard). n. **1.** patio. **2.** corral. **3.** almacén, depósito. **4.** estación. **5.** taller. **6.** yarda.// tr. meter en el corral.
yardage. n. encierro.

yardstik. n. vara de medir.
yarn (iarn). n. **1.** hilo. **2.** fam. cuento, historia.
yawn (ion). n. **1.** bostezo. **2.** abertura.// i. **1.** bostezar. **2.** abrirse.// **yawning.** a. **1.** bostezante. **2.** abierto.
yawp (iop). n. grito, aullido.// i. gritar, aullar.
y-axis (uaiaksis). n. Mat. eje vertical del sistema de coordenadas.
yeah (ie). adv. fam. sí.
year (íer). n. **1.** año. **2.** curso. **3.** by the y.: por año. **4.** calendar y.: año civil. **5.** financial y.: ejercicio económico. **6.** school y.: año escolar.// **yearbook.** n. anuario.
yearling (iarling). n. animal de un año de edad.
yearly. 1. a. anual. **2.** adv. anualmente.
yearn (iern). i. anhelar.// **yearning. 1.** a. anhelante. **2.** n. anhelo.
yeast (ist). n. **1.** levadura. **2.** fermento.// **yeasty.** a. de levadura.
yell (iel). i./tr. gritar.// n. grito.
yellow (ielou). a. **1.** amarillo. **2.** rubio. **3.** de color avellana. **4.** sensacionalista.// n. **1.** color amarillo. **2.** yema.// tr. volver amarillo.// i. ponerse amarillo.
yellowback. n. novelucha.
yellow fever. n. fiebre amarilla.
yellowish. a. amarillento.
yellow jacket. n. avispa.
yen (ien). n. yen.
yes (ies). adv. sí.// n. **1.** sí. **2.** to say y.: dar el sí. **3.** y. indeed: claro que sí.// **yes man.** m. empleado o ayudante servil.
yesterday (iésterdi). adv. **1.** ayer. **2.** I wasn't born y.: no nací ayer, no soy tonto. **3.** late y.: a última hora de ayer.// n. **1.** (el día de) ayer. **2.** pasado. **3.** the day before y.: anteayer.// **yesternight.** adv. anoche.// **yesteryear** (iesteriar). n. el año pasado.
yet (iet). adv. **1.** aún, todavía. **2.** ya. **3.** as y.: hasta ahora. **4.** not y.: todavía no. **5.** y. again: una vez más. **6.** y. more: aún más.// conj. **1.** sin embargo, no obstante. **2.** pero.
yield (ild). n. **1.** producción, rendimiento. **2.** cosecha.// tr. **1.** producir, dar, rendir. **2.** y. up: entregar; revelar (secretos).// i. **1.** ser productivo. **2.** y. up: rendirse.// **yield capacity.** n. productividad.
yielding. a. complaciente.
yoghurt (iógort). n. yogur.
yoke (iouk). n. **1.** yugo. **2.** yunta. **3.** balancín. **4.** servidumbre.// tr./i. uncir.
yokefellow. n. compañero.
yolk (ieuk). n. yema de huevo.
you (iu). pers. pron. **1.** tú, vos. **2.** te. **3.** ti. **4.** vosotros, vosotras. **5.** os. **6.** usted, ustedes. **7.** le, la, los, las.
young (iang). a. **1.** joven. **2.** de juventud. **3.** nuevo. **4.** to grow younger: rejuvenecer. **5.** pl. the y.: los jóvenes, la juventud. **6.** y. lady: señorita. **7.** y. man: joven (varón). **8.** y. woman: joven (mujer).// n. pl. cría.
your (ior). pos. a. **1.** tu, tus. **2.** vuestro, vuestra, vuestros, vuestras. **3.** su, sus, de usted, de ustedes. **4.** y. Majesty: su Majestad.
yours (iors). pron. pers. **1.** (el) tuyo, (la) tuya. **2.** su(s). **3.** de usted (es). **4.** vuestro(s), vuestra(s).
yourself (iorself). pron. pers. sing. **1.** tú, usted, vos (mismo, misma).// pron. ref. sing. te, se.// **yourselves.** pron. pers. pl. **1.** vosotros, vosotras, ustedes (mismos, mismas).// pron. ref. sing. os; se.
youth (iuz). n. **1.** juventud. **2.** joven.// **youthful.** a. joven, juvenil, de la juventud.// **youth hostel.** n. albergue juvenil.
yowl (ioul). i. dar aullidos, aullar.// aullido.
yummy (iami). a. delicioso, para chuparse los dedos.

z (ze). n. vigesimosexta letra de abecedario.
zairian (záirien). n. zairense.
zany (zéini). a. estrafalario, absurdo.// n. persona absurda o estrafalaria.
zap. tr. fig. matar; destruir.
zeal (zel). n. celo, ahínco.
zebra (zíbra). n. cebra.
zebu. n. cebú.
zed (zed). n. zeta.
zeelander (zílander). n. zelandés.
zenith (zéniz). n. **1.** cenit. **2.** apogeo.// **zenithal.** a. cenital.
zephyr (sefar). n. briso.
zero (zíro). n. nulo.// n. cero.// tr./i. poner en cero un instrumento.// **zero hour.** n. hora cero.
zest (zest). n. **1.** ánimo, entusiasmo, brío. **2.** sabor.// **zestful.** a. **1.** entusiasta. **2.** sabroso.// **zestfully.** adv. con entusiasmo.
zigzag (zígzag). a. en zigzag, zigzagueante.// i. zigzaguear.

zing

zing. n. zumbido.
zinc (zink). n. cinc.// tr. galvanizar con cinc.
Zionism (zaionisem). n. sionismo.
zip (zip). n. silbido.// i. silbar.
zip code. n. código postal.
zip fastener. n. cremallera.
zipper. n. cremallera.
zippy. a. vivaz, enérgico.
zodiac (záudiak). n. zodíaco.
zombie (zómbi). n. muerto vivo.
zone (zoun). n. **1.** zona. **2.** *postal z.:* distrito postal. **3.** *industrial z.:* zona industrial. **4.** *z. of influence:* zona de influencia.// tr. dividir en zonas.
zoo (zu). n. zoológico.
zoologist (zouleyist). n. zoólogo.// **zoology** (zooleyi). n. zoología.
zoom (zum). n. **1.** zumbido. **2.** objetivo variable (fotografía).// tr. **1.** enfocar con el objetivo variable. **2.** *z. in:* acercarse. **3.** *z. out:* alejarse.// i. zumbar.
zucchini (zukíni). n. calabacín.
zygoma (zaigóuma). n. cigoma.// **zygomatic.** a. cigomático.
zygote (záigaut). n. cigoto.